SIXTH EDITION

VISTAS

INTRODUCCIÓN A LA LENGUA ESPAÑOLA

José A. Blanco

Philip Redwine Donley, late
Austin Community College

Boston, Massachusetts

On the cover:
Machu Picchu, Peru

Creative Director: José A. Blanco
Publisher: Sharla Zwirek
Editorial Development: Judith Bach, Camilo Cerpa, María Victoria Echeverri, Jo Hanna Kurth
Project Management: Tiffany Kayes, Faith Ryan
Rights Management: Annie Pickert Fuller, Ashley Poreda
Technology Production: David Duque, Jamie Kostecki, Paola Ríos Schaaf
Design: Radoslav Mateev, Gabriel Noreña, Andrés Vanegas
Production: Oscar Díez, Sebastián Díez, Alejandro Rojas

© 2020 by Vista Higher Learning, Inc. All rights reserved.

No part of this work may be reproduced or distributed in any form or by any means, electronic or mechanical, including photocopying and recording, or by any information storage or retrieval system without prior written permission from Vista Higher Learning, 500 Boylston Street, Suite 620, Boston, MA 02116-3736.

Student Text (Casebound) ISBN: 978-1-54330-129-8
Instructor's Annotated Edition ISBN: 978-1-54330-131-1

Library of Congress Control Number: 2018934157

5 6 7 8 9 TC 24 23 22 21

Printed in Canada.

Introduction

To Vista Higher Learning's great pride, **Vistas** became the best-selling new introductory college Spanish program in more than a decade in its first edition, and its success has only grown over time. It is now our pleasure to welcome you to **Vistas**, **Sixth Edition**, your gateway to the Spanish language and to the vibrant cultures of the Spanish-speaking world.

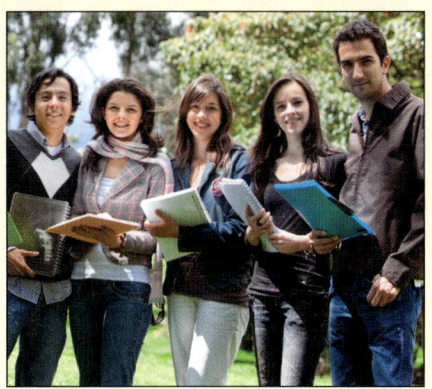

A direct result of extensive reviews and ongoing input from students and instructors, **Vistas 6/e** includes both the highly successful, ground-breaking features of the original program, plus exciting new elements designed to keep **Vistas** the most student-friendly program available.

Original, hallmark features

- A unique, easy-to-navigate design built around color-coded sections that appear either completely on one page or on spreads of two facing pages
- Integration of an appealing video, up-front in each lesson of the student text
- Practical, high-frequency vocabulary in meaningful contexts
- Clear, comprehensive grammar explanations with high-impact graphics and other special features that make structures easier to learn and use
- Ample guided practice to make you comfortable with the vocabulary and grammar you are learning and to give you a solid foundation for communication
- An emphasis on communicative interactions with a classmate, small groups, the full class, and your instructor
- A process approach to the development of reading, writing, and listening skills
- Coverage of the entire Spanish-speaking world and integration of everyday culture
- Unprecedented learning support through on-the-spot student sidebars and on-page correlations to the print and technology components for each lesson section
- A complete set of print and technology components to help you learn Spanish

NEW! to the Sixth Edition

- Pronunciation tutorials with speech recognition
- 7 new **En pantalla** videos
- 5 new **Cultura** readings
- 3 new literary readings in **Lectura**
- New **Panorama cultural** videos
- Video Virtual Chats
- Redesigned textbook icons, including easy-to-identify chat activities
- New music feature **Con ritmo hispano**

Vistas 6/e has eighteen lessons, each of which is organized exactly the same way. To familiarize yourself with the organization of the text, as well as its original and new features, take the **at-a-glance** tour.

table of contents

	contextos	fotonovela
Lección 1 **Hola, ¿qué tal?** 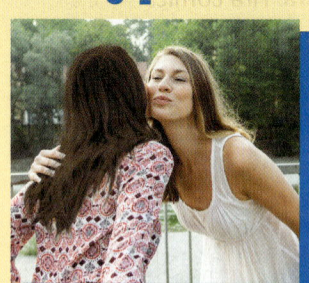	Greetings and farewells .... 2 Identifying yourself and others .. 2 Expressions of courtesy 2	**Bienvenida, Marissa** .... 6 **Pronunciación** The Spanish alphabet 9

Lección 2
 En la universidad
 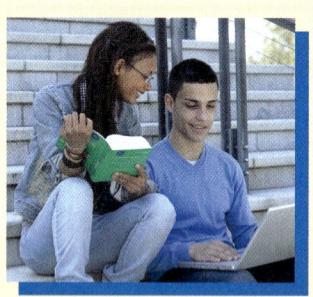
	The classroom and
	   academic life 40
	 Fields of study and
	   academic subjects 40
	 Days of the week 42
	 Class schedules 43
		¿Qué estudias? 44
		 Pronunciación
		 Spanish vowels 47

Lección 3 **La familia** 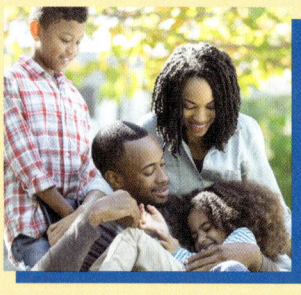	The family .... 78 Identifying people .... 78 Professions and occupations ... 78	**Un domingo en familia** .... 82 **Pronunciación** Diphthongs and linking 85
Lección 4 **Los pasatiempos** 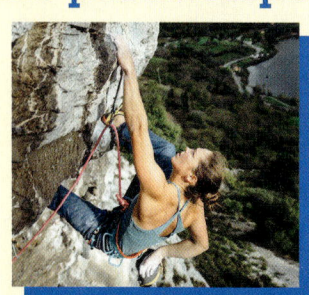	Pastimes .... 116 Sports .... 116 Places in the city 118	**Fútbol, cenotes y mole** ...... 120 **Pronunciación** Word stress and accent marks 123

cultura	estructura	adelante
En detalle: Saludos y besos en los países hispanos ...... 10 **Perfil:** La plaza principal ...... 11 **Con ritmo hispano:** Lin-Manuel Miranda 11	1.1 Nouns and articles ...... 12 1.2 Numbers 0–30 .... 16 1.3 Present tense of **ser** ..... 19 1.4 Telling time .... 24 **Recapitulación** 28	**Lectura:** Tira cómica de Quino .. 30 **Escritura** .... 32 **Escuchar** .... 33 **En pantalla:** Anuncio de MasterCard .... 34 **Flash cultura:** *Encuentros en la plaza* .... 35 **Panorama:** Estados Unidos y Canadá 36
En detalle: La elección de una carrera universitaria .... 48 **Perfil:** La Universidad de Salamanca .... 49 **Con ritmo hispano:** Enrique Iglesias 49	2.1 Present tense of **-ar** verbs .... 50 2.2 Forming questions in Spanish .... 55 2.3 Present tense of **estar** .... 59 2.4 Numbers 31 and higher ... 63 **Recapitulación** 66	**Lectura:** *¡Español en Madrid!* .. 68 **Escritura** .... 70 **Escuchar** .... 71 **En pantalla:** Anuncio de Jumbo. 72 **Flash cultura:** *Los estudios* ..... 73 **Panorama:** España 74
En detalle: ¿Cómo te llamas? ... 86 **Perfil:** Parientes talentosos .... 87 **Con ritmo hispano:** Mirella Cesa 87	3.1 Descriptive adjectives .... 88 3.2 Possessive adjectives .... 93 3.3 Present tense of **-er** and **-ir** verbs .... 96 3.4 Present tense of **tener** and **venir** .... 100 **Recapitulación** 104	**Lectura:** *Gente... Las familias* .... 106 **Escritura** .... 108 **Escuchar** .... 109 **En pantalla:** Anuncio de Banco Galicia .... 110 **Flash cultura:** *La familia* ...... 111 **Panorama:** Ecuador 112
En detalle: Real Madrid y Barça: rivalidad total ...... 124 **Perfil:** Miguel Cabrera y Paola Espinosa .... 125 **Con ritmo hispano:** Maná 125	4.1 Present tense of **ir** ...... 126 4.2 Stem-changing verbs: e → ie, o → ue .... 129 4.3 Stem-changing verbs: e → i .... 133 4.4 Verbs with irregular **yo** forms .... 136 **Recapitulación** 140	**Lectura:** *No sólo el fútbol* .... 142 **Escritura** .... 144 **Escuchar** .... 145 **En pantalla:** *Ejes* .... 146 **Flash cultura:** *¡Fútbol en España!* .... 147 **Panorama:** México 148

	contextos	fotonovela

Lección 5
Las vacaciones

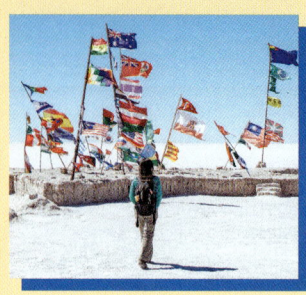

Travel and vacation 152
Months of the year 154
Seasons and weather 154
Ordinal numbers 155

¡Vamos a la playa! 158
Pronunciación
  Spanish **b** and **v** 161

Lección 6
¡De compras!

Clothing and shopping 190
Negotiating a price
  and buying 190
Colors 192
More adjectives 192

En el mercado 194
Pronunciación
  The consonants **d** and **t** 197

Lección 7
La rutina diaria

Daily routine 226
Personal hygiene 226
Time expressions 226

¡Necesito arreglarme! 230
Pronunciación
  The consonant **r** 233

Lección 8
La comida

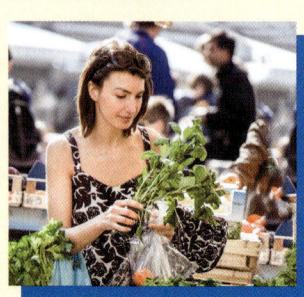

Food 262
Food descriptions 262
Meals 264

Una cena... romántica 268
Pronunciación
  ll, **ñ**, **c**, and **z** 271

cultura	estructura	adelante
En detalle: El Viejo San Juan . 162 **Perfil:** Punta del Este . . . . 163 **Con ritmo hispano:** Luis Fonsi 163	5.1 **Estar** with conditions and emotions . . . . 164 5.2 The present progressive . . . . 166 5.3 **Ser** and **estar** . . . . 170 5.4 Direct object nouns and pronouns . . . . 174 **Recapitulación** 178	**Lectura:** *Turismo ecológico en Puerto Rico* . . . . 180 **Escritura** . . . . 182 **Escuchar** . . . . 183 **En pantalla:** Autoridad de Turismo de Panamá . . . . . . 184 **Flash cultura:** *¡Vacaciones en Perú!* . . . . 185 **Panorama:** Puerto Rico 186
En detalle: Los mercados al aire libre . . . . 198 **Perfil:** Carolina Herrera . . . . . . 199 **Con ritmo hispano:** Gente de Zona 199	6.1 **Saber** and **conocer** . . . . . 200 6.2 Indirect object pronouns . . . . 202 6.3 Preterite tense of regular verbs . . . . 206 6.4 Demonstrative adjectives and pronouns . . . . 210 **Recapitulación** 214	**Lectura:** *¡Real Liquidación en Corona!* . . . . 216 **Escritura** . . . . 218 **Escuchar** . . . . 219 **En pantalla:** Anuncio de Juguettos. . . . . 220 **Flash cultura:** *Comprar en los mercados* . . . . 221 **Panorama:** Cuba 222
En detalle: La siesta . . . . 234 **Perfil:** El mate . . . . 235 **Con ritmo hispano:** Susana Baca 235	7.1 Reflexive verbs . . . . 236 7.2 Indefinite and negative words . . . . 240 7.3 Preterite of **ser** and **ir** . . . 244 7.4 Verbs like **gustar** . . . . 246 **Recapitulación** 250	**Lectura:** *¡Qué día!* . . . . 252 **Escritura** . . . . 254 **Escuchar** . . . . 255 **En pantalla:** Anuncio de Asepxia . . . . 256 **Flash cultura:** *Tapas para todos los días* . . . . 257 **Panorama:** Perú 258
En detalle: Frutas y verduras de América . . . . 272 **Perfil:** Ferran Adrià: arte en la cocina . . . . 273 **Con ritmo hispano:** Ricardo Arjona 273	8.1 Preterite of stem-changing verbs . . . . 274 8.2 Double object pronouns . . . . 277 8.3 Comparisons . . . . 281 8.4 Superlatives. . . . . 286 **Recapitulación** 288	**Lectura:** *Gastronomía* . . . . 290 **Escritura** . . . . 292 **Escuchar** . . . . 293 **En pantalla:** Anuncio de Sopas Roa . . . . 294 **Flash cultura:** *La comida latina* 295 **Panorama:** Guatemala 296

	contextos	fotonovela
Lección 9 **Las fiestas** 	Parties and celebrations ..... 300 Personal relationships .... 301 Stages of life 302	El Día de Muertos .... 304 **Pronunciación** The letters **h, j,** and **g** 307

Lección 10
En el consultorio
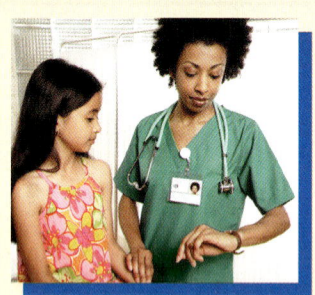
	Health and medical terms.... 332
	Parts of the body 332
	Symptoms and
	  medical conditions 332
	Health professions 332
		¡Qué dolor! 336
		Ortografía
		  El acento y las
		  sílabas fuertes 339

Lección 11
La tecnología
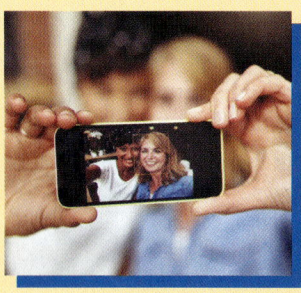
	Computers and the Internet ... 368
	The car and its accessories ... 370
		En el taller 372
		Ortografía
		  La acentuación de
		  palabras similares 375

Lección 12 **La vivienda** 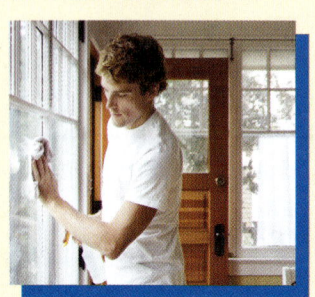	Parts of a house............ 404 Household chores .... 404 Table settings.............. 406	Los quehaceres .... 408 **Ortografía** Mayúsculas y minúsculas ... 411

cultura	estructura	adelante

cultura
En detalle: Semana Santa: más que una celebración... 308
Perfil: Noche Valdiviana 309
Con ritmo hispano: Ana Tijoux 309

estructura
9.1 Irregular preterites 310
9.2 Verbs that change meaning in the preterite .. 314
9.3 ¿Qué? and ¿cuál? 316
9.4 Pronouns after prepositions........... 318
Recapitulación............ 320

adelante
Lectura: *Vida social*......... 322
Escritura 324
Escuchar 325
En pantalla: Fiestas patrias: Chilevisión............. 326
Flash cultura: *Las fiestas*..... 327
Panorama: Chile 328

---

cultura
En detalle: Servicios de salud............... 340
Perfiles: Curanderos y chamanes........... 341
Con ritmo hispano: Cocofunka 341

estructura
10.1 The imperfect tense 342
10.2 The preterite and the imperfect 346
10.3 Constructions with **se** ... 350
10.4 Adverbs 354
Recapitulación............ 356

adelante
Lectura: *Libro de la semana*... 358
Escritura 360
Escuchar 361
En pantalla: Asociación Parkinson Alicante 362
Flash cultura: *La salud*....... 363
Panorama: Costa Rica 364

---

cultura
En detalle: Las redes sociales .. 376
Perfil: Los mensajes de texto .. 377
Con ritmo hispano: Andrés Calamaro 377

estructura
11.1 Familiar commands 378
11.2 **Por** and **para** 382
11.3 Reciprocal reflexives 386
11.4 Stressed possessive adjectives and pronouns .. 388
Recapitulación............ 392

adelante
Lectura: *El celular* por Tute 394
Escritura 396
Escuchar 397
En pantalla: *Book*........... 398
Flash cultura: *Maravillas de la tecnología*............. 399
Panorama: Argentina 400

---

cultura
En detalle: El patio central ... 412
Perfil: Las islas flotantes del lago Titicaca 413
Con ritmo hispano: Erika Ender 413

estructura
12.1 Relative pronouns...... 414
12.2 Formal (**usted/ustedes**) commands........... 418
12.3 The present subjunctive... 422
12.4 Subjunctive with verbs of will and influence 426
Recapitulación............ 430

adelante
Lectura: *Bienvenidos al Palacio de las Garzas* 432
Escritura 434
Escuchar 435
En pantalla: Anuncio de Conforama........... 436
Flash cultura: *La casa de Frida* 437
Panorama: Panamá 438

Lección 13
La naturaleza

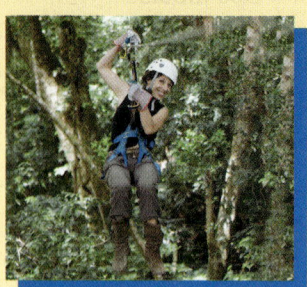

contextos
Nature 442
The environment 442
Recycling
  and conservation 444

fotonovela
**Aventuras en
  la naturaleza** 446
Ortografía
  Los signos de puntuación ... 449

Lección 14
En la ciudad

City life 476
Errands 476
Money and banking 476
At a post office 478

Corriendo por la ciudad 480
Ortografía
  Las abreviaturas 483

Lección 15
El bienestar

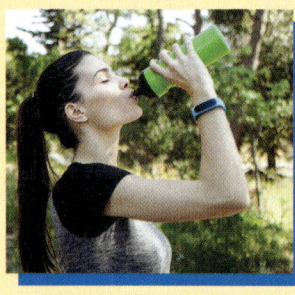

Health and well-being 508
Exercise and
  physical activity 508
Nutrition 510

Chichén Itzá 512
Ortografía
  Las letras **b** y **v** 515

Lección 16
El mundo del trabajo

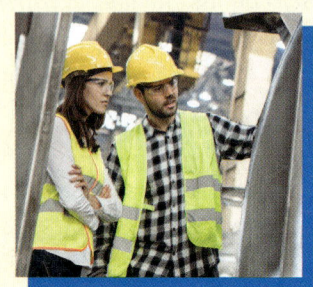

Professions and occupations .. 542
The workplace 542
Job interviews 544

La entrevista de trabajo 546
Ortografía
  y, ll y **h** 549

cultura	estructura	adelante
En detalle: ¡Los Andes se mueven! .... 450 **Perfil:** La Sierra Nevada de Santa Marta .... 451 **Con ritmo hispano:** ChocQuibTown 451	**13.1** The subjunctive with verbs of emotion .... 452 **13.2** The subjunctive with doubt, disbelief, and denial .... 456 **13.3** The subjunctive with conjunctions .... 460 **Recapitulación** 464	**Lectura:** Dos fábulas .... 466 **Escritura** .... 468 **Escuchar** .... 469 **En pantalla:** Anuncio de IDAE . 470 **Flash cultura:** *Naturaleza en Costa Rica* .... 471 **Panorama:** Colombia 472
En detalle: Las bicicletas en la ciudad .... 484 **Perfil:** Luis Barragán: arquitectura y emoción .... 485 **Con ritmo hispano:** Oscar D'León 485	**14.1** The subjunctive in adjective clauses .... 486 **14.2 Nosotros/as** commands .. 490 **14.3** Past participles used as adjectives .... 493 **Recapitulación** 496	**Lectura:** *Los bomberos* por Mario Benedetti .... 498 **Escritura** .... 500 **Escuchar** .... 501 **En pantalla:** Anuncio de Banco Ficensa .... 502 **Flash cultura:** *El Metro del D.F.* 503 **Panorama:** Venezuela 504
En detalle: Spas naturales ... 516 **Perfil:** La quinua .... 517 **Con ritmo hispano:** Chila Jatun 517	**15.1** The present perfect .... 518 **15.2** The past perfect .... 522 **15.3** The present perfect subjunctive .... 525 **Recapitulación** 528	**Lectura:** *La consulta* por Álvaro Menén Desleal .... 530 **Escritura** .... 532 **Escuchar** .... 533 **En pantalla:** *Iker pelos tiesos*... 534 **Flash cultura:** *¿Estrés? ¿Qué estrés?* .... 537 **Panorama:** Bolivia 538
En detalle: Beneficios en los empleos .... 550 **Perfil:** César Chávez .... 551 **Con ritmo hispano:** La Cuneta Son Machín 551	**16.1** The future .... 552 **16.2** The future perfect .... 556 **16.3** The past subjunctive .... 558 **Recapitulación** 562	**Lectura:** *A Julia de Burgos* por Julia de Burgos .... 564 **Escritura** .... 566 **Escuchar** .... 567 **En pantalla:** *La leyenda del espantapájaros* .... 568 **Flash cultura:** *El mundo del trabajo* .... 571 **Panorama:** Nicaragua y la República Dominicana.... 572

Lección 17
Un festival de arte

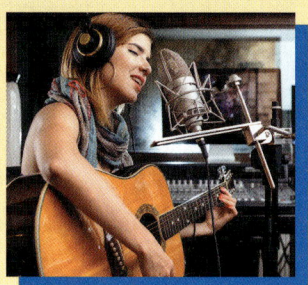

contextos
The arts 578
Movies 580
Television 580

fotonovela
Una sorpresa para Maru 582
Ortografía
　Las trampas ortográficas ... 585

Lección 18
Las actualidades

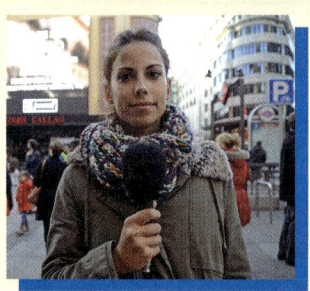

Current events and politics ... 612
The media 612
Natural disasters 612

Hasta pronto, Marissa 616
Ortografía
　Neologismos y
　anglicismos 619

Consulta (*Reference*)

Apéndice A
　Plan de escritura A-2
Apéndice B
　Spanish Terms for Direction Lines
　and Classroom Use A-3
Apéndice C
　Glossary of Grammatical Terms A-5
Apéndice D
　Verb Conjugation Tables A-9
Vocabulario
　Spanish–English A-19
　English–Spanish A-35
Índice A-51
Credits A-56
Bios
　About the Authors A-58
Maps A-59

cultura

En detalle: Museo de Arte Contemporáneo de Caracas 586
Perfil: Fernando Botero: un estilo único 587
Con ritmo hispano: Voces Universitarias de Honduras. 587

estructura

17.1 The conditional 588
17.2 The conditional perfect ... 592
17.3 The past perfect subjunctive 595
Recapitulación 598

adelante

Lectura: *El abecedario* por Luisa Valenzuela 600
Escritura 602
Escuchar 603
En pantalla: *Casting* 604
Flash cultura: *Palacios del arte* 605
Panorama: El Salvador y Honduras 606

En detalle: Protestas sociales .. 620
Perfiles: El proceso de paz en Colombia 621
Con ritmo hispano: Jorge Drexler 621

18.1 *Si* clauses 622
18.2 Summary of the uses of the subjunctive 626
Recapitulación 630

Lectura: *Don Quijote de la Mancha* por Miguel de Cervantes ... 632
Escritura 634
Escuchar 635
En pantalla: Anuncio sobre elecciones chilenas 636
Flash cultura: *Puerto Rico: ¿nación o estado?* 637
Panorama: Paraguay y Uruguay 638

Icons

Familiarize yourself with these icons that appear throughout **Vistas**.

 Presentational content for this section available online

 Textbook activity available online

 Partner Chat or Video Virtual Chat activity available online

 Pair activity

 Group activity

 Activity with handout

 Listening activity/section

 Video available for this paragraph of **Panorama**

 The **More activities** box indicates additional print and online activities.

Each section of your textbook comes with activities on the **Vistas** Supersite, many of which are auto-graded for immediate feedback. Plus, the Supersite is iPad®-friendly*, so it can be accessed on the go! Visit vhlcentral.com to explore this wealth of exciting resources.

CONTEXTOS
- Vocabulary hotspots with audio
- Textbook activities and additional activities for extra practice
- Audio activities
- Chat activities for conversational skill-building and oral practice

FOTONOVELA
- Streaming video of **Fotonovela**, with instructor-managed options for subtitles and transcripts in Spanish and English
- Pronunciation tutorials with speech recognition
- Textbook activities and additional activities for extra practice
- Audio files for **Pronunciación**
- Record-compare practice

CULTURA
- **Con ritmo hispano** information and activities
- **Conexión Internet** activity
- Textbook activities and additional activities for extra practice
- Additional reading

ESTRUCTURA
- Interactive grammar tutorials
- Textbook activities and additional activities for extra practice
- Chat activities for conversational skill-building and oral practice
- Diagnostics in **Recapitulación** section

ADELANTE
- Audio-sync reading in **Lectura**
- Additional reading
- Writing activity in **Escritura** with composition engine
- Audio files for listening activity in **Escuchar**
- Textbook activities and additional activities for extra practice
- Streaming **En pantalla** TV clips or short films, with instructor-managed options for subtitles and transcripts in Spanish and English
- Streaming video of **Flash cultura** series, with instructor-managed options for subtitles and transcripts in Spanish and English

PANORAMA
- Textbook activities and additional activities for extra practice
- **Conexión Internet** activity
- Streaming video of **Panorama cultural** series, with instructor-managed options for subtitles and transcripts in Spanish and English

VOCABULARIO
- Vocabulary list with audio
- Customizable study lists

Plus! Also found on the Supersite:
- All textbook and lab audio MP3 files
- Communication center for instructor notifications and feedback
- Live Chat tool for video chat, audio chat, and instant messaging without leaving your browser
- A single gradebook for all Supersite activities
- WebSAM online Workbook/Video Manual/Lab Manual

*Students must use a computer for audio recording and select presentations.

Vistas-at-a-glance

Lesson Openers
outline the content and features of each lesson.

A primera vista activities jump-start the lessons, allowing you to use the Spanish you know to talk about the photos.

Communicative goals highlight the real-life tasks you will be able to carry out in Spanish by the end of each lesson.

Supersite

- Supersite resources are available for every section of the lesson at **vhlcentral.com**. Icons show you which textbook activities are also available online, and where additional practice activities are available. The description next to the ⓢ icon indicates what additional resources are available for each section: videos, recordings, tutorials, and more!

- Textbook activity

Supersite features vary by access level.

Contextos
presents vocabulary in meaningful contexts.

Más vocabulario boxes call out other important theme-related vocabulary in easy-to-reference Spanish-English lists.

Variación léxica presents alternate words and expressions used throughout the Spanish-speaking world.

Illustrations High-frequency vocabulary is introduced through expansive, full-color illustrations.

More activities The icons in the **More activities** boxes let you know exactly which print and technology components you can use to reinforce and expand on every section of every lesson.

Práctica This section always begins with two listening exercises and continues with activities that practice the new vocabulary in meaningful contexts.

Comunicación activities allow you to use the vocabulary creatively in interactions with a partner, a small group, or the entire class.

Supersite

- Audio support for vocabulary presentation
- Textbook activities
- Additional online-only practice activities
- Chat activities for conversational skill-building and oral practice
- Vocabulary activities in Activity Pack

Supersite features vary by access level.

Fotonovela
follows the adventures of a group of students living and traveling in Mexico.

Personajes The photo-based conversations take place among a cast of recurring characters—a Mexican family with two college-age children, and their group of friends.

Icons signal activities by type (pair, group, audio, handout) and let you know which activities can be completed online.

Fotonovela Video The video episodes that correspond to this section are available for viewing online.

Expresiones útiles These expressions organize new, active structures by language function so you can focus on using them for real-life, practical purposes.

Conversations Taken from the **Fotonovela** Video, the conversations reinforce vocabulary from **Contextos**. They also preview structures from the upcoming **Estructura** section in context and in a comprehensible way.

Supersite

- Streaming video of the **Fotonovela** episode
- Textbook activities
- Additional online-only practice activities

Supersite features vary by access level.

Pronunciación & Ortografía
present the rules of Spanish pronunciation and spelling.

Pronunciación explains the sounds and pronunciation of Spanish in Lessons 1–9.

Ortografía focuses on topics related to Spanish spelling in Lessons 10–18.

- Pronunciation tutorials with speech recognition
- Spelling tutorials
- Record-compare textbook activities

Supersite features vary by access level.

Cultura
exposes you to different aspects of Hispanic culture tied to the lesson theme.

En detalle & Perfil Two articles on the lesson theme focus on a specific place, custom, person, group, or tradition in the Spanish-speaking world. In Spanish starting in Lesson 7, these features also provide reading practice.

Coverage While the **Panorama** section takes a regional approach to cultural coverage, **Cultura** is theme-driven, covering several Spanish-speaking regions in every lesson.

Así se dice & El mundo hispano Lexical and comparative features expand cultural coverage to people, traditions, customs, trends, and vocabulary throughout the Spanish-speaking world.

Con ritmo hispano This new feature profiles musicians of the Spanish-speaking world.

Supersite

- **Con ritmo hispano** information and activities
- Textbook activities
- Additional online-only practice activities
- **Conexión Internet** activity with questions and keywords related to lesson theme
- Additional cultural reading

Supersite features vary by access level.

Estructura
presents Spanish grammar in a graphic-intensive format.

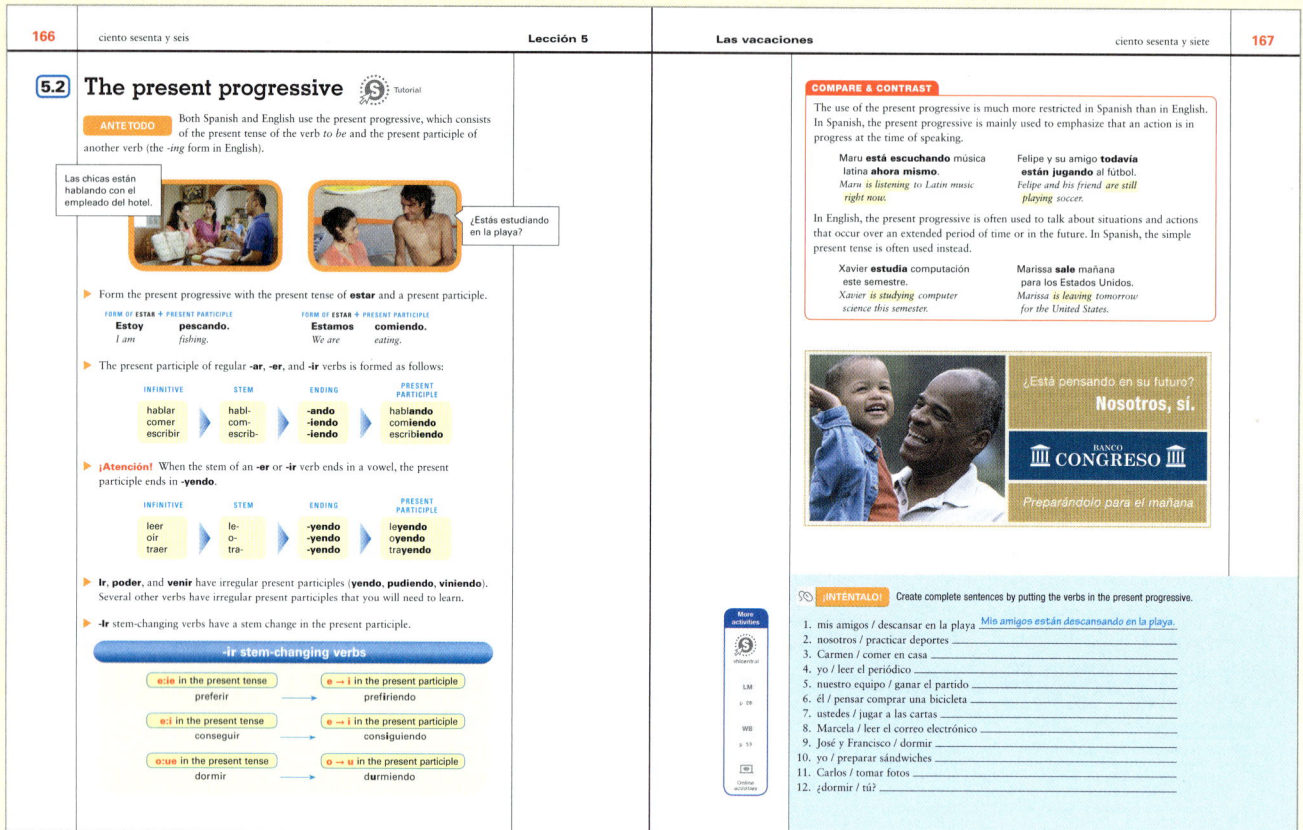

Ante todo Ease into grammar with definitions of grammatical terms, reminders about what you already know of English grammar, and Spanish grammar you have learned in earlier lessons.

Charts To help you learn, colorful, easy-to-use charts call out key grammatical structures and forms, as well as important related vocabulary.

Compare & Contrast This feature focuses on aspects of grammar that native speakers of English may find difficult, clarifying similarities and differences between Spanish and English.

Student sidebars provide you with on-the-spot linguistic, cultural, or language-learning information directly related to the materials in front of you.

Diagrams Clear and easy-to-grasp grammar explanations are reinforced by colorful diagrams that present sample words, phrases, and sentences.

¡Inténtalo! offers an easy first step into each grammar point.

Supersite

- Interactive, animated grammar tutorials with quick checks
- Textbook activities

Supersite features vary by access level.

Estructura
provides directed and communicative practice.

Práctica Guided, yet meaningful exercises weave current and previously learned vocabulary together with the current grammar point.

Activities with handouts In information gap activities, you and your partner each have only half of the information you need, so you must work together to accomplish the task at hand. Other activities with handouts include surveys.

Comunicación Opportunities for creative expression use the lesson's grammar and vocabulary.

Sidebars The **Notas culturales** expand coverage of the cultures of Spanish-speaking peoples and countries, while the other sidebars provide on-the-spot language support.

Síntesis activities integrate the current grammar point with previously learned points, providing built-in, consistent review.

Supersite

- Textbook activities
- Additional online-only practice activities
- Chat activities for conversational skill-building and oral practice
- Grammar activities in Activity Pack

Supersite features vary by access level.

Estructura

Recapitulación reviews the grammar of each lesson and provides a short quiz, available with auto-grading on the Supersite.

Resumen gramatical This review panel provides you with an easy-to-study summary of the basic concepts of the lesson's grammar, with page references to the full explanations.

Points Each activity is assigned a point value to help you track your progress. All **Recapitulación** sections add up to one hundred points, plus four additional points for successfully completing the bonus activity.

Activities A series of activities, moving from directed to open-ended, systematically test your mastery of the lesson's grammar. The section ends with a riddle or puzzle using the grammar from the lesson.

Supersite

- Textbook activity with diagnostics
- Additional online-only review activities
- Review activities in Activity Pack
- Vocabulary practice quiz with diagnostics

Supersite features vary by access level.

Adelante
Lectura develops reading skills in the context of the lesson theme.

Antes de leer Valuable reading strategies and pre-reading activities strengthen your reading abilities in Spanish.

Readings Selections related to the lesson theme recycle vocabulary and grammar you have learned. The selections in Lessons 1–12 are cultural texts, while those in Lessons 13–18 are literary pieces.

Después de leer Activities include post-reading exercises that review and check your comprehension of the reading as well as expansion activities.

Supersite

- Audio-sync reading that highlights text as it is being read
- Textbook activities
- Additional reading

Supersite features vary by access level.

Adelante

Escritura develops writing skills while *Escuchar* practices listening skills in the context of the lesson theme.

Estrategia Strategies help you prepare for the writing and listening tasks to come.

Escritura The **Tema** describes the writing topic and includes suggestions for approaching it.

Escuchar A recorded conversation or narration develops your listening skills in Spanish. **Preparación** prepares you for listening to the recorded passage.

Ahora escucha walks you through the passage, and **Comprensión** checks your listening comprehension.

Supersite

- Composition engine for writing activity in **Escritura**
- Audio for listening activity in **Escuchar**
- Textbook activities

Supersite features vary by access level.

Adelante
En pantalla and *Flash cultura* present additional video tied to the lesson theme.

En pantalla TV clips, many **NEW!** to this edition, give you additional exposure to authentic language. The clips include commercials, documentaries, public service announcements, and short films that feature the language, vocabulary, and theme of the lesson.

Presentation Cultural notes, video stills with captions, and vocabulary support all prepare you to view the clips. Activities check your comprehension and expand on the ideas presented.

Flash cultura An icon lets you know that the enormously successful **Flash cultura** Video offers specially shot content tied to the lesson theme.

Activities Due to the overwhelming popularity of the **Flash cultura** Video, previewing support and comprehension activities are integrated into the student text.

Supersite

- Streaming video of **En pantalla** and **Flash cultura**
- Textbook activities
- Additional online-only practice activities

Supersite features vary by access level.

Panorama
presents the nations of the Spanish-speaking world.

El país en cifras presents interesting key facts about the featured country.

Maps point out major cities, rivers, and geographical features and situate the country in the context of its immediate surroundings and the world.

Readings A series of brief paragraphs explores facets of the country's culture such as history, places, fine arts, literature, and aspects of everyday life.

¡Increíble pero cierto! highlights an intriguing fact about the country or its people.

Activities Three activities related to the lesson's vocabulary, grammar, and/or theme check your comprehension.

Panorama cultural Video This video provides an exciting visual companion for two of the **Panorama** paragraphs about the featured country.

Supersite

- Streaming video of the **Panorama cultural** program
- Textbook activities
- Additional online-only practice activities
- **Conexión Internet** activity with questions and keywords related to lesson theme

Supersite features vary by access level.

Vocabulario summarizes all the active vocabulary of the lesson.

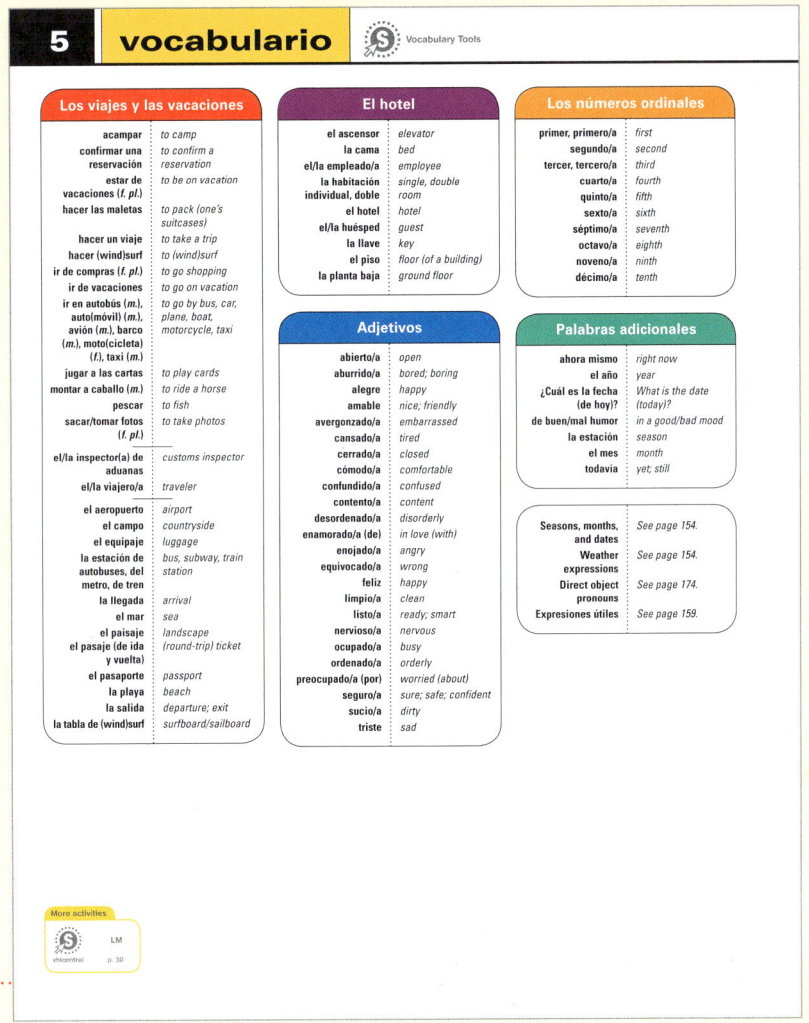

Vocabulario The end-of-lesson page lists the active vocabulary from each lesson. This is the vocabulary that may appear on quizzes or tests.

Supersite

- Audio for all vocabulary items
- Customizable study lists
- Summative vocabulary activity with speech recognition
- Practice test with diagnostics
- Oral practice

Supersite features vary by access level.

video programs

Fotonovela Video Program

The cast

Here are the main characters you will meet in the **Fotonovela** Video:

From Mexico,
Jimena Díaz Velázquez

From Argentina,
Juan Carlos Rossi

From Mexico,
Felipe Díaz Velázquez

From the U.S.,
Marissa Wagner

From Mexico,
María Eugenia (Maru)
Castaño Ricaurte

From Spain,
Miguel Ángel
Lagasca Martínez

The **Vistas 6/e Fotonovela** Video is a dynamic and contemporary window into the Spanish language. The video centers around the Díaz family, whose household includes two college-aged children and a visiting student from the U.S. Over the course of an academic year, Jimena, Felipe, Marissa, and their friends explore **Mexico City** and other parts of Mexico as they make plans for their futures. Their adventures take them through some of the greatest natural and cultural treasures of the Spanish-speaking world, as well as the highs and lows of everyday life.

The **Fotonovela** section in each textbook lesson is actually an abbreviated version of the dramatic episode featured in the video. Therefore, each **Fotonovela** section can be done before you see the corresponding video episode, after it, or as a section that stands alone.

In each dramatic segment, the characters interact using the vocabulary and grammar you are studying. As the storyline unfolds, the episodes combine new vocabulary and grammar with previously taught language, exposing you to a variety of authentic accents along the way. At the end of each episode, the **Resumen** section highlights the grammar and vocabulary you are studying.

We hope you find the **Fotonovela** Video to be an engaging and useful tool for learning Spanish!

En pantalla Video Program

The **Vistas** Supersite features an authentic video clip for each lesson. Clip formats include commercials, documentaries, and even short films. These clips, many **NEW!** to the Sixth Edition, have been carefully chosen to be comprehensible for students learning Spanish, and are accompanied by activities and vocabulary lists to facilitate understanding. More importantly, though, these clips are a fun and motivating way to improve your Spanish!

Here are the countries represented in each lesson in **En pantalla:**

Lesson 1 U.S.	Lesson 7 Argentina	Lesson 13 Spain
Lesson 2 Chile	Lesson 8 Colombia	Lesson 14 Honduras
Lesson 3 Argentina	Lesson 9 Chile	Lesson 15 Mexico
Lesson 4 Spain	Lesson 10 Spain	Lesson 16 Spain
Lesson 5 Panama	Lesson 11 Spain	Lesson 17 Spain
Lesson 6 Spain	Lesson 12 Spain	Lesson 18 Chile

Flash cultura Video Program

In the dynamic **Flash cultura** Video, young people from all over the Spanish-speaking world share aspects of life in their countries with you. The similarities and differences among Spanish-speaking countries that come up through their adventures will challenge you to think about your own cultural practices and values. The segments provide valuable cultural insights as well as linguistic input; the episodes will introduce you to a variety of accents and vocabulary as they gradually move into Spanish.

Panorama cultural Video Program

The **Panorama cultural** Video provides visuals for two of the **Panorama** paragraphs about the featured country.

acknowledgments

On behalf of its authors and editors, Vista Higher Learning expresses its sincere appreciation to the many instructors and college professors across the U.S. and Canada who contributed their ideas and suggestions.

Vistas, Sixth Edition, is the direct result of extensive reviews and ongoing input from both students and instructors using the Fifth Edition. Accordingly, we gratefully acknowledge those who shared their suggestions, recommendations, and ideas as we prepared this Sixth Edition.

We express our sincere appreciation to the instructors who completed our online review.

Reviewers

Elizabeth Aguilar
University of Illinois at Chicago

Soraya Alamdari, PhD
Glendale Community College, CA

Pilar Alcalde, PhD
University of Memphis, TN

Tim Altanero, PhD
Austin Community College, TX

Felipe Amaro
University of Illinois at Chicago

Isabel Anievas-Gamallo
San Joaquin Delta College, CA

Rosalind Arthur
Clark Atlanta University, GA

Collin Ashmore
Washington College, MD

Inge R. Baird
Anderson University, IN

Tim Barnett
St. Mary's University, TX

Wanda Baumgartel
Somerset Community College, KY

Kevin Beard
Richland College, TX

Sarah Beeman
University of St. Thomas, MN

Janet Bell
Tarleton State University, TX

Martha Black de Frías
University of Alaska Anchorage

Tom Blodget
Butte College, CA

Jeanne A. Boettcher
Madison Area Technical College, WI

Stella M. Boghosian
Queens College, CUNY

Teresa L. Borden
Columbia College, CA

Sara Blossom Bostwick
Lansing Community College, MI

Teresa Buzo Salas
Georgia Southern University

Silvia Castellini-Patel
West Valley College, CA

Lisa Celona
Tunxis Community College, CT

Gabriela Cerghedean
Beloit College, WI

Dr. Silvia Choi
Georgia Gwinnett College

Sonia Ciccarelli
San Joaquin Delta College, CA

Carrie Y. Clay
Anderson University, IN

Scott Cooper
Anne Arundel Community College, MD

Fina Coronel
Fresno City College, CA

Miryam Criado, PhD
Hanover College, IN

José V. Cruz
Fayetteville Technical Community College, NC

Walberto Diaz
San Diego City College, CA

Dr. Karen Dollinger
University of Pikeville, KY

Danion L. Doman
Truman State University, MO

Mark A. Dowell
St. Charles Community College, MO

Scott Estes
North Idaho College

Kim Faber
Oberlin College, OH

Kelly Montijo Fink
Kirkwood Community College, IA

Catherine Fountain
Appalachian State University, NC

Lloyd J. Frias
Loyola University Maryland

Lucas Fricke
Bethany Lutheran College, MN

Dr. Vasant Gadre
Richland College, TX

Angélica Galván
Tennessee Tech University

Dr. Eduardo Garcia
Drake University, IA

Raquel Gaytán
Rice University, TX

Hasmik Gharaghazaryan
Richland College, TX

Michael Gismondi
University of Illinois at Chicago

Jill R. Gomez
Miami University Hamilton, OH

Lucila González Cirre
Cerro Coso Community College, CA

Ana González-Gómez
Northern Arizona University

Kate Grovergrys
Madison Area Technical College, WI

Cassandra Gulam
Washington State University Vancouver

Kenneth Habecker, MA
Columbia College, CA

Michael Harrison
San Diego Mesa College, CA

Richard A. Heath
Kirkwood Community College, IA

Valerie Hecht
College of Southern Nevada

Dawn Heston
University of Missouri

Matt Hoch
Northern Arizona University

Lourdes Huici Clever, MA
Community College of Aurora, CO

Rene Iraheta
West Hills College Lemoore, CA

Becky S. Jaimes
Austin Community College, TX

Stacy Jazán, PhD
Glendale Community College, CA

Aggie Johnson
Flagler College, FL

Stephanie H. Langston
Perimeter College at Georgia State University

Katie MacLean, PhD
Kalamazoo College, MI

María José Maguire
Flagler College, FL

Donna Marqués
MiraCosta College, CA

Dr. Cecilia Marrugo
Tarleton State University, TX

Dr. Mark McGraw
Ouachita Baptist University, AR

José Mendoza
Beaufort County Community College, NC

Dr. Joshua Mora
Wayland Baptist University, TX

Arturo Morales
LeTourneau University, TX

Anna Moreno
West Hills Community College, CA

Antonio Olivas
East Los Angeles College, CA

Ruth Ore' Giron
Pima Community College, AZ

Lucía Osa-Melero
Duquesne University, PA

Lulú De Panbehchi
Virginia Commonwealth University

George Pappas
Pace University, NY

Jeana Paul-Ureña
Stephen F. Austin State University, TX

Chachi Perez
Richland College, TX

Susana Pérez Castillejo
University of St. Thomas, MN

Mary Perley
Cairn University, PA

Zorayda H. Pina
Owens Community College, OH

Karry Putzy
Kirkwood Community College, IA

Micaela Ramos
University of San Diego, CA

Aida Ramos-Sellman
Goucher College, MD

Liz Rangel Arriola
Pima Community College, AZ

Dr. John W. Reed
Saint Mary's University of Minnesota

Timothy Reed
Ripon College, WI

Jesus Reyes
Hartnell College, CA

Steve Richman
Mercer County Community College, NJ

Vanessa Rocha
San Joaquin Delta College, CA

Monica Pilar Rodriguez
Lyon College, AR

Linda A. Roy
Tarrant County College - South Campus, TX

Marilin Sarria
Fairfield University, CT

Eduardo Santa Cruz, PhD
Hanover College, IN

Dora Schoenbrun-Fernandez
San Diego Mesa College, CA

Mariana R. Segovia
Palomar College, CA

Albert Shank
Scottsdale Community College, AZ

Angeles Solana
SUNY Cortland

Stacy Spears
Texarkana College, TX

Abbey Stell
Butte College, CA

Cristina Szterensus
Rock Valley College, IL

Karen Tharrington, PhD
Sandhills Community College, NC

Daniel G. Tight
University of St. Thomas, MN

Dr. Ivelisse Urbán
Tarleton State University, TX

Silvia Vazquez
MiraCosta College, CA

Alexandra Vinarov, PhD
LIM College, NY

F. Vivar
University of Memphis, TN

Dr. Lynn Vogel-Zuiderweg
East Los Angeles College, CA

Montana Walsh
Northern New Mexico College

Dr. Wesley J. Weaver III
SUNY Cortland

Sarah Willoughby
Everett Community College, WA

James R. Wilson
Madison Area Technical College, WI

Aurora Wold-Krogmann
Temple College, TX

Mikela Zhezha-Thaumanavar
Kalamazoo College, MI

Hola, ¿qué tal?

1

Communicative Goals

You will learn how to:
- Greet people in Spanish
- Say goodbye
- Identify yourself and others
- Talk about the time of day

A PRIMERA VISTA
- Guess what the people on the photo are saying:
  a. Adiós. b. Hola. c. salsa
- Most likely they would also say:
  a. Gracias. b. fiesta c. Buenos días.
- The women are:
  a. amigas b. chicos c. señores

contextos
pages 2–5
- Greetings and goodbyes
- Identifying yourself and others
- Courtesy expressions

fotonovela
pages 6–9
Marissa arrives from the U.S. for a year abroad in Mexico City. She meets her Mexican hosts, the Díaz family, survives a practical joke, and settles in to unpack.

cultura
pages 10–11
- Greetings in the Spanish-speaking world
- The **plaza principal**

estructura
pages 12–29
- Nouns and articles
- Numbers 0–30
- Present tense of **ser**
- Telling time
- **Recapitulación**

adelante
pages 30–37
Lectura: A comic strip
Escritura: Address list
Escuchar: Conversation in a bus station
En pantalla: A credit card ad
Flash cultura: A video about greetings and **plazas**
Panorama: Estados Unidos y Canadá

1 contextos Hotspots

Hola, ¿qué tal?

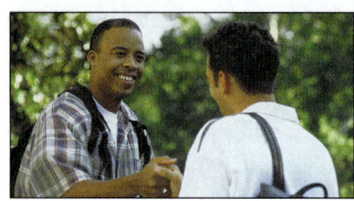

1
ELENA Patricia, le presento a Jorge Perales.
PATRICIA Encantada.
SEÑOR PERALES Igualmente. ¿De dónde es usted, señorita?
PATRICIA Soy de México. ¿Y usted?
SEÑOR PERALES De Puerto Rico.

Más vocabulario

Hola.	Hi.
Buenos días.	Good morning.
Buenas noches.	Good evening; Good night.
Hasta la vista.	See you later.
Hasta pronto.	See you soon.
¿Cómo se llama usted?	What's your name? (form.)
Le presento a…	I would like to introduce you to (name). (form.)
Te presento a…	I would like to introduce you to (name). (fam.)
el nombre	name
¿Cómo estás?	How are you? (fam.)
No muy bien.	Not very well.
¿Qué pasa?	What's happening?; What's going on?
por favor	please
De nada.	You're welcome.
No hay de qué.	You're welcome.
Lo siento.	I'm sorry.
Gracias.	Thank you; Thanks.
Muchas gracias.	Thank you very much; Thanks a lot.

Variación léxica

Items are presented for recognition purposes only.

Buenos días.	⟷	Buenas.
De nada.	⟷	A la orden.
Lo siento.	⟷	Perdón.
¿Qué tal?	⟷	¿Qué hubo? (*Col.*)
Chau.	⟷	Ciao; Chao.

More activities

vhlcentral | LM p. 1 | WB pp. 1–2 | Online activities

3
SEÑOR VARGAS Buenas tardes, señora Wong. ¿Cómo está usted?
SEÑORA WONG Muy bien, gracias. ¿Y usted, señor Vargas?
SEÑOR VARGAS Bien, gracias.
SEÑORA WONG Hasta mañana, señor Vargas. Saludos a la señora Vargas.
SEÑOR VARGAS Adiós.

5
CARMEN Buenas tardes. Me llamo Carmen. ¿Cómo te llamas tú?
ANTONIO Buenas tardes. Me llamo Antonio. Mucho gusto.
CARMEN El gusto es mío. ¿De dónde eres?
ANTONIO Soy de los Estados Unidos, de California.

TOMÁS ¿Qué tal, Alberto?
ALBERTO Regular. ¿Y tú?
TOMÁS Bien. ¿Qué hay de nuevo?
ALBERTO Nada.

BERTA Hasta luego, Tere.
TERESA Chau, Berta. Nos vemos mañana.

AYUDA

In Spanish, people can be addressed either formally or informally. Dialogues 1 and 3 are formal exchanges and use **usted** (*you*) forms. Dialogues 2, 4, and 5 are informal and use the familiar **tú** (*you*) form or other informal expressions. You will learn more about this in **Estructura 1.3.**

Práctica

1 Indicar Check **sí** if you might use the expression you hear to greet someone or **no** if you would not.

	Sí	No		Sí	No
1.	○	○	5.	○	○
2.	○	○	6.	○	○
3.	○	○	7.	○	○
4.	○	○	8.	○	○

2 Escuchar Choose the correct response for each question or statement you hear.

1. a. Muy bien, gracias. b. Me llamo Graciela.
2. a. Lo siento. b. Mucho gusto.
3. a. Soy de Puerto Rico. b. No muy bien.
4. a. No hay de qué. b. Regular.
5. a. Mucho gusto. b. Hasta pronto.
6. a. Nada. b. Igualmente.
7. a. Me llamo Guillermo Montero. b. Muy bien, gracias.
8. a. Buenas tardes. ¿Cómo estás? b. El gusto es mío.

3 Escoger For each expression, write another word or phrase that expresses a similar idea.

modelo
¿Cómo estás? ¿Qué tal?

1. De nada.
2. Encantado.
3. Adiós.
4. Mucho gusto.
5. Hasta la vista.

4 Ordenar Work with a partner to put this scrambled conversation in order. Then act it out.

—Soy de México. ¿Y tú?
—Muy bien, gracias. Soy Rosabel.
—Mucho gusto, Rosabel.
—Hola. Me llamo Carlos. ¿Cómo estás?
—Soy de Argentina.
—Igualmente. ¿De dónde eres, Carlos?

CARLOS _____
ROSABEL _____
CARLOS _____
ROSABEL _____
CARLOS _____
ROSABEL _____

5 Seleccionar Choose the best word or phrase to complete each mini-conversation.

1. —Nos vemos mañana.
   —_____
   a. Gracias.   b. ¡Chau!   c. ¿Y usted?
2. —¿Qué tal?
   —_____
   a. Lo siento.   b. Igualmente.   c. Regular.
3. —Mucho gusto, señora Ochoa.
   —_____
   a. Muy bien.   b. No hay de qué.   c. Encantada, señor Rubio.
4. ¿De dónde eres?
   —_____
   a. De California.   b. El gusto es mío.   c. De nada.
5. —_____
   —No muy bien.
   a. ¿Qué pasa?   b. Hasta la vista.   c. ¿Cómo está usted?

6 Completar Work with a partner to complete these dialogues.

> **modelo**
> **Estudiante 1:** ¿Cómo estás?
> **Estudiante 2:** Muy bien, gracias.

1. **Estudiante 1:** _____
   Estudiante 2: Buenos días. ¿Qué tal?
2. **Estudiante 1:** _____
   Estudiante 2: Me llamo Carmen Sánchez.
3. **Estudiante 1:** _____
   Estudiante 2: De Canadá.
4. **Estudiante 1:** Te presento a Marisol.
   Estudiante 2: _____
5. **Estudiante 1:** Gracias.
   Estudiante 2: _____
6. **Estudiante 1:** _____
   Estudiante 2: Nada.

7 Cambiar Work with a partner and correct the second part of each conversation to make it logical.

> **modelo**
> **Estudiante 1:** ¿Qué tal?
> **Estudiante 2:** ~~No hay de qué.~~ Bien. ¿Y tú?

1. **Estudiante 1:** Hasta mañana, señora Ramírez. Saludos al señor Ramírez.
   Estudiante 2: *Muy bien, gracias.*
2. **Estudiante 1:** ¿Qué hay de nuevo, Alberto?
   Estudiante 2: *Sí, me llamo Alberto. ¿Cómo te llamas tú?*
3. **Estudiante 1:** Gracias, Tomás.
   Estudiante 2: *Regular. ¿Y tú?*
4. **Estudiante 1:** Miguel, te presento a la señorita Perales.
   Estudiante 2: *No hay de qué, señorita.*
5. **Estudiante 1:** ¿De dónde eres, Antonio?
   Estudiante 2: *Muy bien, gracias. ¿Y tú?*
6. **Estudiante 1:** ¿Cómo se llama usted?
   Estudiante 2: *El gusto es mío.*

¡LENGUA VIVA!

The titles **señor**, **señora**, and **señorita** are abbreviated **Sr.**, **Sra.**, and **Srta.** Note that these abbreviations are capitalized, while the titles themselves are not.

•••

There is no Spanish equivalent for the English title *Ms.*; women are addressed as **señora** or **señorita**.

Comunicación

8 **Diálogos** With a partner, complete and act out these conversations.

Conversación 1

—Hola. Me llamo Teresa. ¿Cómo te llamas tú?
—_____

—Soy de Puerto Rico. ¿Y tú?
—_____

Conversación 2

—_____
—Muy bien, gracias. ¿Y usted, señora López?
—_____
—Hasta luego, señora. Saludos al señor López.
—_____

Conversación 3

—_____
—Regular. ¿Y tú?
—_____
—Nada.

9 **Conversaciones** Write four short conversations based on what the people would say.

10 **Situaciones** In groups of three, write and act out these situations.

1. On your way out of class on the first day of school, you strike up a conversation with the two students who were sitting next to you. You find out each student's name and where he or she is from before you say goodbye and go to your next class.
2. At the next class you meet up with a friend and find out how he or she is doing. As you are talking, your friend Elena enters. Introduce her to your friend.
3. As you're leaving the bookstore, you meet your parents' friends Mrs. Sánchez and Mr. Rodríguez. You greet them and ask how each person is. As you say goodbye, you send greetings to Mrs. Rodríguez.
4. Make up and act out a real-life situation that you and your classmates can role-play with the language you've learned.

1 | fotonovela

Bienvenida, Marissa

Marissa llega a México para pasar un año con la familia Díaz.

PERSONAJES MARISSA SRA. DÍAZ

 Video

MARISSA ¿Usted es de Cuba?
SRA. DÍAZ Sí, de La Habana. Y Roberto es de Mérida. Tú eres de Wisconsin, ¿verdad?
MARISSA Sí, de Appleton, Wisconsin.

MARISSA ¿Quiénes son los dos chicos de las fotos? ¿Jimena y Felipe?
SRA. DÍAZ Sí. Ellos son estudiantes.

DON DIEGO ¿Cómo está usted hoy, señora Carolina?
SRA. DÍAZ Muy bien, gracias. ¿Y usted?
DON DIEGO Bien, gracias.

DON DIEGO Buenas tardes, señora. Señorita, bienvenida a la Ciudad de México.
MARISSA ¡Muchas gracias!

MARISSA ¿Cómo se llama usted?
DON DIEGO Yo soy Diego. Mucho gusto.
MARISSA El gusto es mío, don Diego.

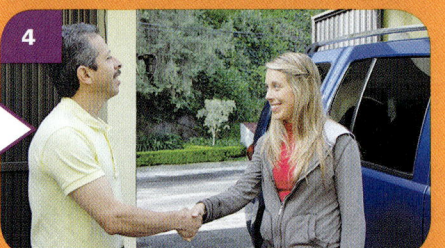

SRA. DÍAZ Ahí hay dos maletas. Son de Marissa.
DON DIEGO Con permiso.

DON DIEGO **SR. DÍAZ** **FELIPE** **JIMENA**

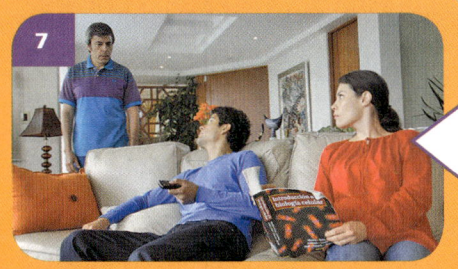

SR. DÍAZ ¿Qué hora es?
FELIPE Son las cuatro y veinticinco.

SRA. DÍAZ Marissa, te presento a Roberto, mi esposo.
SR. DÍAZ Bienvenida, Marissa.
MARISSA Gracias, señor Díaz.

JIMENA ¿Qué hay en esta cosa?
MARISSA Bueno, a ver, hay tres cuadernos, un mapa... ¡Y un diccionario!
JIMENA ¿Cómo se dice mediodía en inglés?
FELIPE "*Noon*".

FELIPE Estás en México, ¿verdad?
MARISSA ¿Sí?
FELIPE Nosotros somos tu diccionario.

Expresiones útiles

Identifying yourself and others

¿Cómo se llama usted?
What's your name?
Yo soy Diego, el portero. Mucho gusto.
I'm Diego, the doorman. Nice to meet you.
¿Cómo te llamas?
What's your name?
Me llamo Marissa.
My name is Marissa.
¿Quién es...? / ¿Quiénes son...?
Who is...? / Who are...?
Es mi esposo.
He's my husband.
Tú eres..., ¿verdad?/¿cierto?/¿no?
You are..., right?

Identifying objects

¿Qué hay en esta cosa?
What's in this thing?
Bueno, a ver, aquí hay tres cuadernos...
Well, let's see, here are three notebooks...
Oye/Oiga, ¿cómo se dice *suitcase* en español?
Hey, how do you say suitcase in Spanish?
Se dice *maleta*.
You say maleta.

Saying what time it is

¿Qué hora es?
What time is it?
Es la una. / Son las dos.
It's one o'clock. / It's two o'clock.
Son las cuatro y veinticinco.
It's four twenty-five.

Polite expressions

Con permiso.
Pardon me; Excuse me. (to request permission)
Perdón.
Pardon me; Excuse me. (to get someone's attention or excuse yourself)
¡Bienvenido/a! *Welcome!*

¿Qué pasó?

1 **¿Cierto o falso?** Indicate if each statement is **cierto** or **falso**. Then correct the false statements.

	Cierto	Falso
1. La Sra. Díaz es de Caracas.	○	○
2. El Sr. Díaz es de Mérida.	○	○
3. Marissa es de Los Ángeles, California.	○	○
4. Jimena y Felipe son profesores.	○	○
5. Las dos maletas son de Jimena.	○	○
6. El Sr. Díaz pregunta "¿qué hora es?".	○	○
7. Hay un diccionario en la mochila (*backpack*) de Marissa.	○	○

2 **Identificar** Indicate which person says the equivalent of each statement.

1. Son las cuatro y veinticinco, papá.
2. Roberto es mi esposo.
3. Igualmente, don Diego.
4. ¿Qué hay de nuevo, doña Carolina?
5. Yo soy de Cuba.
6. ¿Qué hay en la mochila, Marissa?

MARISSA FELIPE SRA. DÍAZ

DON DIEGO JIMENA

> **¡LENGUA VIVA!**
> In Spanish-speaking countries, **don** and **doña** are used with first names to show respect: **don Diego**, **doña Carolina**. Note that these titles, like **señor** and **señora**, are not capitalized.

3 **Completar** Complete this new version of the conversation between Don Diego and Marissa.

DON DIEGO Hola, (1)_____.
MARISSA Hola, señor. ¿Cómo se (2)_____ usted?
DON DIEGO Yo me llamo Diego, ¿y (3)_____?
MARISSA Yo me llamo Marissa. (4)_____.
DON DIEGO (5)_____, señorita Marissa.
MARISSA Nos (6)_____, don Diego.
DON DIEGO Hasta (7)_____, señorita Marissa.

4 **Conversar** With a partner, prepare a conversation between two travelers at an airport.

Estudiante 1	Estudiante 2
Say "good afternoon" to your partner and ask for his or her name.	Say hello and what your name is. Then ask what your partner's name is.
Say what your name is and that you are glad to meet your partner.	Say that the pleasure is yours.
Ask how your partner is.	Say that you're doing well, thank you.
Ask where your partner is from.	Say where you're from.
Say it's one o'clock and say goodbye.	Say goodbye.

Pronunciación
The Spanish alphabet

The Spanish and English alphabets are almost identical, with a few exceptions. For example, the Spanish letter **ñ (eñe)** doesn't occur in the English alphabet. Furthermore, the letters **k (ka)** and **w (doble ve)** are used only in words of foreign origin. Examine the chart below to find other differences.

Letra	Nombre(s)	Ejemplos	Letra	Nombre(s)	Ejemplos
a	a	adiós	m	eme	mapa
b	be	bien, problema	n	ene	nacionalidad
c	ce	cosa, cero	ñ	eñe	mañana
ch	che	chico	o	o	once
d	de	diario, nada	p	pe	profesor
e	e	estudiante	q	cu	qué
f	efe	foto	r	ere	regular, señora
g	ge	gracias, Gerardo, regular	s	ese	señor
h	hache	hola	t	te	tú
i	i	igualmente	u	u	usted
j	jota	Javier	v	ve	vista, nuevo
k	ka, ca	kilómetro	w	doble ve	walkman
l	ele	lápiz	x	equis	existir, México
ll	elle	llave	y	i griega, ye	yo
			z	zeta, ceta	zona

¡LENGUA VIVA!
Note that **ch** and **ll** are digraphs, or two letters that together produce one sound. Conventionally they have been considered part of the alphabet, but **ch** and **ll** do not have their own entries when placing words in alphabetical order, as in a glossary.

AYUDA
The letter combination **rr** produces a strong trilled sound that does not have an English equivalent. English speakers commonly make this sound when imitating the sound of a motor. This sound occurs with the **rr** between vowels and with the **r** at the beginning of a word: **puertorriqueño, terrible, Roberto**, etc. See **Lección 7**, p. 233 for more information.

El alfabeto Repeat the Spanish alphabet and example words after your instructor.

Práctica Spell these words aloud in Spanish.

1. nada
2. maleta
3. quince
4. muy
5. hombre
6. por favor
7. San Fernando
8. Estados Unidos
9. Puerto Rico
10. España
11. Javier
12. Ecuador
13. Maite
14. gracias
15. Nueva York

Refranes Read these sayings aloud.

Ver es creer.[1]

En boca cerrada no entran moscas.[2]

1 Seeing is believing. 2 Silence is golden.

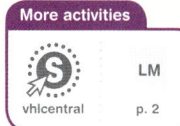

1 cultura

EN DETALLE

Saludos y besos en los países hispanos

In Spanish-speaking countries, kissing on the cheek is a customary way to greet friends and family members. Even when people are introduced for the first time, it is common for them to kiss, particularly in non-business settings. Whereas North Americans maintain considerable personal space when greeting, Spaniards and Latin Americans tend to decrease their personal space and give one or two kisses (**besos**) on the cheek, sometimes accompanied by a handshake or a hug. In formal business settings, where associates do not know one another on a personal level, a simple handshake is appropriate.

Greeting someone with a **beso** varies according to gender and region. Men generally greet each other with a hug or warm handshake, with the exception of Argentina, where male friends and relatives lightly kiss on the cheek. Greetings between men and women, and between women, generally include kissing, but can differ depending on the country and context. In Spain, it is customary to give **dos besos**, starting with the right cheek first. In Latin American countries, including Mexico, Costa Rica, Colombia, and Chile, a greeting consists of a single "air kiss" on the right cheek. Peruvians also "air kiss," but 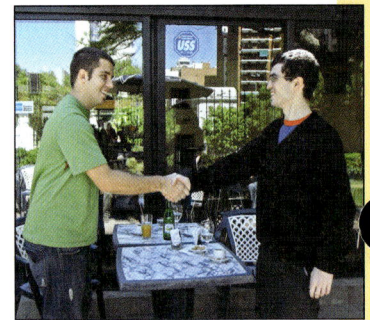 strangers will simply shake hands. In Colombia, female acquaintances tend to simply pat each other on the right forearm or shoulder.

Tendencias

País	Beso	País	Beso
Argentina	💋	España	💋💋
Bolivia	💋	México	💋
Chile	💋	Paraguay	💋💋
Colombia	💋	Puerto Rico	💋
El Salvador	💋	Venezuela	💋 / 💋💋

ACTIVIDADES

1 **¿Cierto o falso?** Indicate whether these statements are true (**cierto**) or false (**falso**). Correct the false statements.

1. In Spanish-speaking countries, people use less personal space when greeting than in the U.S.
2. Men never greet with a kiss in Spanish-speaking countries.
3. Shaking hands is not appropriate for a business setting in Latin America.
4. Spaniards greet with one kiss on the right cheek.
5. In Mexico, people greet with an "air kiss."
6. Gender can play a role in the type of greeting given.
7. If two women acquaintances meet in Colombia, they should exchange two kisses on the cheek.
8. In Peru, a man and a woman meeting for the first time would probably greet each other with an "air kiss."

ASÍ SE DICE
Saludos y despedidas

¿Cómo te/le va?	How are things going (for you)?
¡Cuánto tiempo!	It's been a long time!
Hasta ahora.	See you soon.
¿Qué hay?	What's new?
¿Qué onda? (Méx., Arg., Chi.); ¿Qué más? (Ven., Col.)	What's going on?

EL MUNDO HISPANO
Parejas y amigos famosos

Here are some famous couples and friends from the Spanish-speaking world.

- **Penélope Cruz** (España) y **Javier Bardem** (España) Both Oscar-winning actors, the couple married in 2010. They starred together in *Vicky Cristina Barcelona* (2008) and *Loving Pablo* (2017).

- **Gael García Bernal** (México) y **Diego Luna** (México) These lifelong friends became famous when they starred in the 2001 Mexican film *Y tu mamá también*. They continue to work together on projects, such as the 2012 film *Casa de mi padre*.

- **Salma Hayek** (México) y **Penélope Cruz** (España) These two close friends developed their acting skills in their home countries before meeting in Hollywood.

PERFIL
La plaza principal

In the Spanish-speaking world, public space is treasured. Small city and town life revolves around the **plaza principal**. Often surrounded by cathedrals or municipal buildings like the **ayuntamiento** (*city hall*), the pedestrian **plaza** is designated as a central meeting place for family and friends. During warmer months, when outdoor cafés usually line the **plaza**, it is a popular spot to have a leisurely cup of coffee, chat, and people watch. Many town festivals, or **ferias**, also take place in this space. One of the most famous town squares is the **Plaza Mayor** in the university town of Salamanca, Spain. Students gather underneath its famous clock tower to meet up with friends or simply take a coffee break.

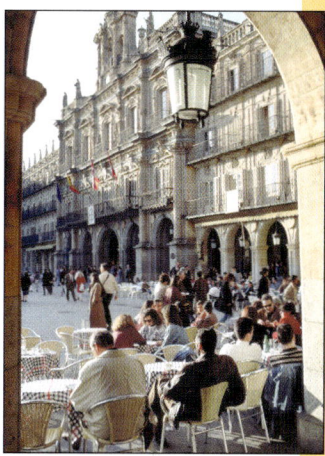
La Plaza Mayor de Salamanca

La Plaza de Armas, Lima, Perú

CON RITMO HISPANO

Lin-Manuel Miranda (1980–)
Birthplace: New York City, New York

He won two Tony Awards for his musical *Hamilton* (2016) and one for *In the Heights* (2008), his musical about the predominantly Latino New York neighborhood of Washington Heights.

Go to **vhlcentral.com** to find out more about **Lin-Manuel Miranda** and his music.

ACTIVIDADES

2 Comprensión Answer these questions.
1. What are two types of buildings found on the **plaza principal**?
2. What two types of events or activities are common at a **plaza principal**?
3. How would Diego Luna greet his friends?
4. Would Salma Hayek and Gael García Bernal greet each other with one kiss or two?

3 Saludos Role-play these greetings with a partner. Include a verbal greeting as well as a kiss or handshake, as appropriate.
1. friends in Mexico
2. business associates at a conference in Chile
3. friends meeting in Madrid's Plaza Mayor
4. Peruvians meeting for the first time
5. relatives in Argentina

More activities

 vhlcentral
 Online activities

1 estructura

1.1 Nouns and articles Tutorial

Spanish nouns

ANTE TODO A noun is a word used to identify people, animals, places, things, or ideas. Unlike English, all Spanish nouns, even those that refer to non-living things, have gender; that is, they are considered either masculine or feminine. As in English, nouns in Spanish also have number, meaning that they are either singular or plural.

▶ Generally, nouns that refer to males, like **el hombre**, are masculine, while nouns that refer to females, like **la mujer**, are feminine.

▶ Many nouns that refer to male beings end in **–o** or **–or**. Their corresponding feminine forms end in **–a** and **–ora**, respectively.

el conductor

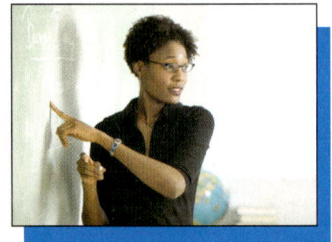
la profesora

▶ The masculine and feminine forms of nouns that end in **–ista**, like **turista**, are the same, so gender is indicated by the article **el** (masculine) or **la** (feminine). Some other nouns have identical masculine and feminine forms.

el joven
the young man

la joven
the young woman

el estudiante
the (male) student

la estudiante
the (female) student

¡LENGUA VIVA!

Profesor(a) and **turista** are *cognates*— words that share similar spellings and meanings in Spanish and English. Recognizing cognates will help you determine the meaning of many Spanish words. Here are some other cognates:
**la administración,
el animal,
el apartamento,
el cálculo, el color,
la decisión, la historia,
la música,
el restaurante,
el/la secretario/a.**

AYUDA

Cognates can certainly be very helpful in your study of Spanish. Beware, however, of "false" cognates, those that have similar spellings in Spanish and English, but different meanings:
la carpeta *folder*
el/la conductor(a) *driver*
el éxito *success*
la fábrica *factory*

¡LENGUA VIVA!

The Spanish word for *video* can be pronounced with the stress on the **i** or the **e**. For that reason, you might see the word written with or without an accent: **video** or **vídeo**.

▸ As shown above, certain noun endings are strongly associated with a specific gender, so you can use them to determine if a noun is masculine or feminine.

▸ Because the gender of nouns that refer to non-living things cannot be determined by foolproof rules, you should memorize the gender of each noun you learn. It is helpful to learn each noun with its corresponding article, **el** for masculine and **la** for feminine.

▸ Another reason to memorize the gender of every noun is that there are common exceptions to the rules of gender. For example, **el mapa** (*map*) and **el día** (*day*) end in **–a**, but are masculine. **La mano** (*hand*) ends in **–o**, but is feminine.

Plural of nouns

▸ To form the plural, add **–s** to nouns that end in a vowel. For nouns that end in a consonant, add **–es**. For nouns that end in **z**, change the **z** to **c**, then add **–es**.

el chic**o** ⟶ los chic**os**   la nacionalida**d** ⟶ las nacionalida**des**

el diari**o** ⟶ los diari**os**   el paí**s** ⟶ los paí**ses**

el problem**a** ⟶ los problem**as**   el lápi**z** (*pencil*) ⟶ los lápi**ces**

CONSULTA

You will learn more about accent marks in **Lección 4, Pronunciación**, p. 123.

▸ In general, when a singular noun has an accent mark on the last syllable, the accent is dropped from the plural form.

la lecc**ión** ⟶ las lecc**iones**   el autob**ús** ⟶ los autob**uses**

▸ Use the masculine plural form to refer to a group that includes both males and females.

1 pasajer**o** + 2 pasajer**as** = 3 pasajer**os**   2 chic**os** + 2 chic**as** = 4 chic**os**

Spanish articles

ANTE TODO As you know, English often uses definite articles (*the*) and indefinite articles (*a, an*) before nouns. Spanish also has definite and indefinite articles. Unlike English, Spanish articles vary in form because they agree in gender and number with the nouns they modify.

Definite articles

▶ Spanish has four forms that are equivalent to the English definite article *the*. Use definite articles to refer to specific nouns.

Masculine		Feminine	
SINGULAR	PLURAL	SINGULAR	PLURAL
el diccionario	**los** diccionarios	**la** computadora	**las** computadoras
the dictionary	*the dictionaries*	*the computer*	*the computers*

¡LENGUA VIVA!
Feminine singular nouns that begin with a stressed **a-** or **ha-** require the masculine articles **el** and **un**. This is done in order to avoid repetition of the **a** sound. The plural forms still use the feminine articles.
el agua *water*
las aguas *waters*
un hacha *ax*
unas hachas *axes*

Indefinite articles

▶ Spanish has four forms that are equivalent to the English indefinite article, which according to context may mean *a*, *an*, or *some*. Use indefinite articles to refer to unspecified persons or things.

Masculine		Feminine	
SINGULAR	PLURAL	SINGULAR	PLURAL
un pasajero	**unos** pasajeros	**una** fotografía	**unas** fotografías
a (one) passenger	*some passengers*	*a (one) photograph*	*some photographs*

¡LENGUA VIVA!
Since **la fotografía** is feminine, so is its shortened form, **la foto**, even though it ends in **–o**.

¡INTÉNTALO! Provide a definite article for each noun in the first column and an indefinite article for each noun in the second column.

¿el, la, los o las?
1. __la__ chica
2. _____ chico
3. _____ cuadernos
4. _____ maleta
5. _____ lápiz
6. _____ mujeres

¿un, una, unos o unas?
1. __un__ autobús
2. _____ hombres
3. _____ computadora
4. _____ escuelas
5. _____ señora
6. _____ lápices

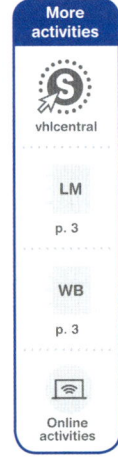

Hola, ¿qué tal? quince **15**

Práctica

1 **¿Singular o plural?** If the word is singular, make it plural. If it is plural, make it singular.

> **modelo**
> el hombre   los hombres
> unas señoritas   una señorita

1. el número
2. un diario
3. la estudiante
4. el conductor
5. el país
6. las cosas
7. unos turistas
8. las nacionalidades
9. unas computadoras
10. los problemas
11. los profesores
12. la señora

2 **Identificar** Provide the nouns with their corresponding definite and indefinite articles.

> **modelo**
> las computadoras, unas computadoras

1. _____

2. _____

3. _____ 4. _____ 5. _____

6. _____ 7. _____ 8. _____

Comunicación

3 **Charadas** In groups, play a game of charades. Individually, think of two nouns for each charade, for example, a boy using a computer (**un chico**; **una computadora**). The first person to guess correctly acts out the next charade.

1.2 Numbers 0–30 Tutorial

Los números 0 a 30

0	cero				
1	uno	11	once	21	veintiuno
2	dos	12	doce	22	veintidós
3	tres	13	trece	23	veintitrés
4	cuatro	14	catorce	24	veinticuatro
5	cinco	15	quince	25	veinticinco
6	seis	16	dieciséis	26	veintiséis
7	siete	17	diecisiete	27	veintisiete
8	ocho	18	dieciocho	28	veintiocho
9	nueve	19	diecinueve	29	veintinueve
10	diez	20	veinte	30	treinta

AYUDA
Though it is less common, the numbers 16 through 29 (except 20) can also be written as three words: **diez y seis, diez y siete…**

▶ The number **uno** (*one*) and numbers ending in **–uno**, such as **veintiuno**, have more than one form. Before masculine nouns, **uno** shortens to **un**. Before feminine nouns, **uno** changes to **una**.

　　un hombre → veinti**ún** hombres　　　**una** mujer → veinti**una** mujeres

▶ **¡Atención!** The forms **uno** and **veintiuno** are used when counting (**uno, dos, tres… veinte, veintiuno, veintidós…**). They are also used when the number *follows* a noun, even if the noun is feminine: **la lección uno**.

▶ To ask *how many people* or *things* there are, use **cuántos** before masculine nouns and **cuántas** before feminine nouns.

▶ The Spanish equivalent of both *there is* and *there are* is **hay**. Use **¿Hay…?** to ask *Is there…?* or *Are there…?* Use **no hay** to express *there is not* or *there are not*.

—¿**Cuántos** estudiantes **hay**?
How many students are there?

—**Hay** seis estudiantes en la foto.
There are six students in the photo.

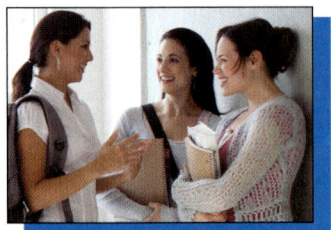

—¿**Hay** chicos en la fotografía?
Are there guys in the picture?

—**Hay** tres chicas y **no hay** chicos.
There are three girls, and there are no guys.

¡INTÉNTALO! Provide the Spanish words for these numbers.

1. 7 _siete_
2. 15 _____
3. 29 _____
4. 1 _____
5. 0 _____
6. 16 _____
7. 21 _____
8. 9 _____
9. 23 _____
10. 11 _____
11. 10 _____
12. 4 _____
13. 12 _____
14. 28 _____
15. 14 _____
16. 30 _____

Hola, ¿qué tal?

Práctica

1 **Contar** Following the pattern, write out the missing numbers in Spanish.

1. 1, 3, 5, …, 29
2. 2, 4, 6, …, 30
3. 3, 6, 9, …, 30
4. 30, 28, 26, …, 0
5. 28, 24, 20, …, 0
6. 30, 25, 20, …, 0

2 **Resolver** Solve these math problems with a partner.

> **modelo**
> 5 + 3 =
> **Estudiante 1:** *cinco más tres son…*
> **Estudiante 2:** *ocho*

AYUDA
+ → más
− → menos
= → son

1. **2 + 15 =**
2. **5 + 7 =**
3. **20 − 1 =**
4. **18 + 12 =**
5. **3 + 22 =**
6. **6 − 3 =**
7. **11 + 12 =**
8. **8 + 5 =**
9. **7 − 2 =**
10. **23 − 14 =**

3 **¿Cuántos hay?** How many persons or things are there in these drawings?

> **modelo**
> Hay tres maletas.

1. _____

2. _____

3. _____

4. _____

5. _____

6. _____

7. _____

8. _____

Comunicación

4 **En la clase** With a partner, take turns asking and answering these questions about your classroom.

1. ¿Cuántos estudiantes hay?
2. ¿Cuántos profesores hay?
3. ¿Hay una computadora?
4. ¿Hay una maleta?
5. ¿Cuántos mapas hay?
6. ¿Cuántos lápices hay?
7. ¿Hay cuadernos?
8. ¿Cuántos diccionarios hay?
9. ¿Hay hombres?
10. ¿Cuántas mujeres hay?

5 **Preguntas** With a partner, take turns asking and answering questions about the drawing. Talk about:

1. how many children there are
2. how many women there are
3. if there are some photographs
4. if there is a boy
5. how many notebooks there are
6. if there is a bus
7. if there are tourists
8. how many pencils there are
9. if there is a man
10. how many computers there are

1.3 Present tense of ser Tutorial

Subject pronouns

ANTE TODO In order to use verbs, you will need to learn about subject pronouns. A subject pronoun replaces the name or title of a person and acts as the subject of a verb.

Subject pronouns

SINGULAR		PLURAL	
yo	I	nosotros	we (masculine)
		nosotras	we (feminine)
tú	you (familiar)	vosotros	you (masc., fam.)
usted (Ud.)	you (formal)	vosotras	you (fem., fam.)
		ustedes (Uds.)	you
él	he	ellos	they (masc.)
ella	she	ellas	they (fem.)

¡LENGUA VIVA!
In Latin America, **ustedes** is used as the plural for both **tú** and **usted**. In Spain, however, **vosotros** and **vosotras** are used as the plural of **tú**, and **ustedes** is used only as the plural of **usted**.

• • •

Usted and **ustedes** are abbreviated as **Ud.** and **Uds.**, or occasionally as **Vd.** and **Vds.**

▶ Spanish has two subject pronouns that mean *you* (singular). Use **tú** when addressing a friend, a family member, or a child you know well. Use **usted** to address a person with whom you have a formal or more distant relationship, such as a superior at work, a professor, or an older person.

Tú eres de Canadá, ¿verdad, David?
You are from Canada, right, David?

¿**Usted** es la profesora de español?
Are you the Spanish professor?

▶ The masculine plural forms **nosotros**, **vosotros**, and **ellos** refer to a group of males or to a group of males and females. The feminine plural forms **nosotras**, **vosotras**, and **ellas** can refer only to groups made up exclusively of females.

nosotros, vosotros, ellos

nosotros, vosotros, ellos

nosotras, vosotras, ellas

▶ There is no Spanish equivalent of the English subject pronoun *it*. Generally *it* is not expressed in Spanish.

Es un problema.
It's a problem.

Es una computadora.
It's a computer.

The present tense of ser

ANTE TODO In **Contextos** and **Fotonovela**, you have already used several present-tense forms of **ser** (*to be*) to identify yourself and others, and to talk about where you and others are from. **Ser** is an irregular verb; its forms do not follow the regular patterns that most verbs follow. You need to memorize the forms, which appear in this chart.

The verb ser (*to be*)		
SINGULAR FORMS		
yo	**soy**	*I am*
tú	**eres**	*you are* (fam.)
Ud./él/ella	**es**	*you are* (form.); *he/she is*
PLURAL FORMS		
nosotros/as	**somos**	*we are*
vosotros/as	**sois**	*you are* (fam.)
Uds./ellos/ellas	**son**	*you are; they are*

Uses of *ser*

▶ Use **ser** to identify people and things.

—¿Quién **es** él?
Who is he?

—**Es** Felipe Díaz Velázquez.
He's Felipe Díaz Velázquez.

—¿Qué **es**?
What is it?

—**Es** un mapa de España.
It's a map of Spain.

Es Marissa.

Es una maleta.

▶ **Ser** also expresses possession, with the preposition **de**. There is no Spanish equivalent of the English construction [*noun*] + 's (*Maru's*). In its place, Spanish uses [*noun*] + **de** + [*owner*].

—¿**De** quién **es**?
Whose is it?

—**Es** el diario **de** Maru.
It's Maru's diary.

—¿**De** quién **son**?
Whose are they?

—**Son** los lápices **de** la chica.
They are the girl's pencils.

▶ When **de** is followed by the article **el**, the two combine to form the contraction **del**. **De** does *not* contract with **la**, **las**, or **los**.

—**Es** la computadora **del** conductor.
It's the driver's computer.

—**Son** las maletas **del** chico.
They are the boy's suitcases.

Hola, ¿qué tal?

¡LENGUA VIVA!
Some geographic locations can be referred to either with or without a definite article:
Soy de Estados Unidos./Soy de los Estados Unidos.
…
Sometimes a definite article is a part of a proper name, as in **El Salvador, El Paso,** and **Los Ángeles**. In these cases, **de** and **el** do not contract:
Soy de El Salvador.

▶ **Ser** also uses the preposition **de** to express origin.

¿De dónde eres?
Yo soy de Wisconsin.

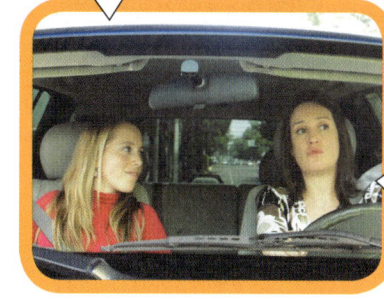
¿De dónde es usted?
Yo soy de Cuba.

—¿**De** dónde **es** Juan Carlos?
Where is Juan Carlos from?

—**Es de** Argentina.
He's from Argentina.

—¿**De** dónde **es** Maru?
Where is Maru from?

—**Es de** Costa Rica.
She's from Costa Rica.

▶ Use **ser** to express profession or occupation.

Don Francisco **es conductor**.
Don Francisco is a driver.

Yo **soy estudiante**.
I am a student.

▶ Unlike English, Spanish does not use the indefinite article (**un, una**) after **ser** when referring to professions, unless accompanied by an adjective or other description.

Marta **es** profesora.
Marta is a teacher.

Marta **es una** profesora excelente.
Marta is an excellent teacher.

CONSULTA
You will learn more about adjectives in **Estructura 3.1**, pp. 88–90.

NOTA CULTURAL
LATAM Perú, named LAN Perú when it was created in 1998, is a subsidiary of Chilean-based LATAM Airlines, one of the largest carriers in South America. LATAM Perú operates out of Lima, offering domestic flights and international service to select major cities in the Americas and Spain.

Somos Perú
LATAMPerú

More activities
vhlcentral
LM p. 5
WB pp. 5–6
Online activities

¡INTÉNTALO! Provide the correct subject pronouns and the present forms of **ser**.

1. Gabriel — _él_ _es_
2. Óscar y Flora — ___ ___
3. Juan y yo — ___ ___
4. Adriana — ___ ___
5. las turistas — ___ ___
6. los conductores — ___ ___
7. el chico — ___ ___
8. los señores Ruiz — ___ ___

Práctica

1 **Pronombres** What subject pronouns would you use to (a) talk *to* these people directly and (b) talk *about* them to others?

> modelo
> un joven tú, él

1. una chica
2. el presidente de México
3. tres chicas y un chico
4. la señora Ochoa
5. un estudiante
6. dos profesoras

2 **Identidad y origen** With a partner, take turns asking and answering these questions about the people indicated: **¿Quién es?/¿Quiénes son?** and **¿De dónde es?/¿De dónde son?**

> modelo
> Selena Gomez (Estados Unidos)
> **Estudiante 1:** ¿Quién es?   **Estudiante 1:** ¿De dónde es?
> **Estudiante 2:** Es Selena Gomez.   **Estudiante 2:** Es de los Estados Unidos.

1. Enrique Iglesias (España)
2. Gustavo Dudamel (Venezuela)
3. America Ferrera y Marc Anthony (Estados Unidos)
4. Carlos Santana y Salma Hayek (México)
5. Shakira (Colombia)
6. Sergio García y Penélope Cruz (España)
7. Ariana Grande y Michael Peña (Estados Unidos)
8. José Abreu (Cuba)

3 **¿Qué es?** Ask your partner what each object is and to whom it belongs.

> modelo
> **Estudiante 1:** ¿Qué es?   **Estudiante 1:** ¿De quién es?
> **Estudiante 2:** Es un diccionario.   **Estudiante 2:** Es del profesor Núñez.

1.   2.   3.   4.

Comunicación

4 **Preguntas** Ask your partner questions about the ad. Be imaginative in your responses.

¿Cuántas?   ¿De dónde?   ¿Qué?
¿Cuántos?   ¿De quién?   ¿Quién?

SOMOS ECOTURISTA, S.A.

Los autobuses oficiales de la Ruta Maya

- 25 autobuses en total
- 30 conductores del área
- pasajeros internacionales
- mapas de la región

¡Todos a bordo!

5 **¿Quién es?** In small groups, take turns pretending to be a famous person from a Spanish-speaking country. Use the list of professions to think of people from a variety of backgrounds. Your partners will ask you questions and try to guess who you are.

| actor *actor* | cantante *singer* | escritor(a) *writer* |
| actriz *actress* | deportista *athlete* | músico/a *musician* |

modelo

Estudiante 3: ¿Eres de Puerto Rico?
Estudiante 1: No. Soy de Colombia.
Estudiante 2: ¿Eres hombre?
Estudiante 1: Sí. Soy hombre.
Estudiante 3: ¿Eres escritor?
Estudiante 1: No. Soy actor.
Estudiante 2: ¿Eres John Leguizamo?
Estudiante 1: ¡Sí! ¡Sí!

NOTA CULTURAL

John Leguizamo was born in Bogotá, Colombia. John is best known for his work as an actor and comedian. He has appeared in movies, on TV, and on stage. Here are some other Hispanic celebrities: Laura Esquivel (writer from Mexico), Sofía Vergara (actress from Colombia), and Luis Fonsi (singer from Puerto Rico).

1.4 Telling time Tutorial

ANTE TODO In both English and Spanish, the verb *to be* (**ser**) and numbers are used to tell time.

▶ To ask what time it is, use **¿Qué hora es?** When telling time, use **es + la** with **una** and **son + las** with all other hours.

Es la una.   **Son las** dos.   **Son las** seis.

▶ As in English, you express time in Spanish from the hour to the half hour by adding minutes.

Son las cuatro **y cinco**.   Son las once **y veinte**.

▶ You may use either **y cuarto** or **y quince** to express fifteen minutes or quarter past the hour. For thirty minutes or half past the hour, you may use either **y media** or **y treinta**.

Es la una **y cuarto**.   Son las nueve **y quince**.   Son las doce **y media**.   Son las siete **y treinta**.

▶ You express time from the half hour to the hour in Spanish by subtracting minutes or a portion of an hour from the next hour.

Es la una **menos cuarto**.   Son las tres **menos quince**.   Son las ocho **menos veinte**.   Son las tres **menos diez**.

Hola, ¿qué tal?

▶ To ask at what time a particular event takes place, use the phrase **¿A qué hora (...)?** To state at what time something takes place, use the construction **a la(s)** + *time*.

¿A qué hora es la clase de biología?
(At) what time is biology class?

La clase es **a las dos**.
The class is at two o'clock.

¿A qué hora es la fiesta?
(At) what time is the party?

A las ocho.
At eight.

▶ Here are some useful words and phrases associated with telling time.

Son las ocho **en punto**.
It's 8 o'clock on the dot/sharp.

Son las nueve **de la mañana**.
It's 9 a.m./in the morning.

Es **el mediodía**.
It's noon.

Son las cuatro y cuarto **de la tarde**.
It's 4:15 p.m./in the afternoon.

Es **la medianoche**.
It's midnight.

Son las diez y media **de la noche**.
It's 10:30 p.m./at night.

> **¡LENGUA VIVA!**
> Other useful expressions for telling time:
> **Son las doce (del día)**. It is twelve o'clock (p.m.).
> **Son las doce (de la noche)**. It is twelve o'clock (a.m.).

¿Qué hora es?
Son las cuatro menos diez.

¿Qué hora es?
Son las cuatro y veinticinco.

¡INTÉNTALO! Practice telling time by completing these sentences.

1. (1:00 a.m.) Es la ____una____ de la mañana.
2. (4:15 p.m.) Son las cuatro y _____ de la tarde.
3. (2:50 a.m.) Son las tres _____ diez de la mañana.
4. (8:30 p.m.) Son las ocho y _____ de la noche.
5. (9:15 a.m.) Son las nueve y quince de la _____.
6. (12:00 p.m.) Es el _____.
7. (6:00 a.m.) Son las seis de la _____.
8. (4:05 p.m.) Son las cuatro y cinco de la _____.
9. (12:00 a.m.) Es la _____.
10. (2:15 a.m.) Son las _____ y cuarto de la mañana.
11. (3:45 a.m.) Son las cuatro menos _____ de la mañana.
12. (1:25 p.m.) Es la una y _____ de la tarde.
13. (6:50 a.m.) Son las _____ menos diez de la mañana.
14. (10:40 p.m.) Son las once menos veinte de la _____.

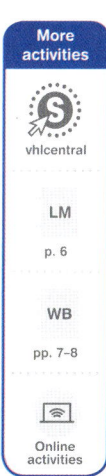

More activities
vhlcentral
LM p. 6
WB pp. 7–8
Online activities

Práctica

1 **Ordenar** Put these times in order, from the earliest to the latest.

a. Son las dos de la tarde.
b. Son las once de la mañana.
c. Son las siete y media de la noche.
d. Son las seis menos cuarto de la tarde.
e. Son las ocho y veintidós de la mañana.
f. Son las dos menos diez de la tarde.

2 **¿Qué hora es?** Give the times shown.

modelo
Son las cuatro y cuarto/quince de la tarde.

1. _____   2. _____   3. _____   4. _____

5. _____   6. _____   7. _____   8. _____

NOTA CULTURAL

Many Spanish-speaking countries use both the 12-hour clock and the 24-hour clock (that is, military time). The 24-hour clock is commonly used in written form on signs and schedules. For example, 1 p.m. is **13h**, 2 p.m. is **14h** and so on. See the photo on p. 33 for a sample schedule.

3 **¿A qué hora?** Ask your partner at what time these events take place. Your partner will answer according to the cues provided.

modelo
la clase de matemáticas (2:30 p.m.)
Estudiante 1: ¿A qué hora es la clase de matemáticas?
Estudiante 2: Es a las dos y media de la tarde.

1. el programa *Las cuatro amigas* (11:30 a.m.)
2. el drama *La casa de Bernarda Alba* (7:00 p.m.)
3. el programa *Las computadoras* (8:30 a.m.)
4. la clase de español (10:30 a.m.)
5. la clase de biología (9:40 a.m.)
6. la clase de historia (10:50 a.m.)
7. el partido (*game*) de béisbol (5:15 p.m.)
8. el partido de tenis (12:45 p.m.)
9. el partido de baloncesto (*basketball*) (7:45 p.m.)

NOTA CULTURAL

La casa de Bernarda Alba is a famous play by Spanish poet and playwright **Federico García Lorca** (1898–1936). Lorca was one of the most famous writers of the 20th century and a close friend of Spain's most talented artists, including the painter Salvador Dalí and the filmmaker Luis Buñuel.

Comunicación

4 **En la televisión** With a partner, take turns asking questions about these television listings.

> **modelo**
> Estudiante 1: ¿A qué hora es el documental *Las computadoras*?
> Estudiante 2: Es a las nueve en punto de la noche.

NOTA CULTURAL

Telenovelas are the Latin American version of soap operas, but they differ from U.S. soaps in many ways. Many **telenovelas** are prime-time shows enjoyed by a large segment of the population. They seldom run for more than one season and they are sometimes based on famous novels.

Hora	Programa
11:00 am	Telenovela: *La casa de la familia Díaz*
12:00 pm	Película: *El cóndor* (drama)
2:00 pm	Telenovela: *Dos mujeres y dos hombres*
3:00 pm	Programa juvenil: *Fiesta*
3:30 pm	Telenovela: *¡Sí, sí, sí!*
4:00 pm	Telenovela: *El diario de la Sra. González*
5:00 pm	Telenovela: *Tres mujeres*
6:00 pm	Noticias
7:00 pm	Especial musical: *Música folklórica de México*
7:30 pm	La naturaleza: *Jardín secreto*
8:00 pm	Noticiero: *Veinticuatro horas*
9:00 pm	Documental: *Las computadoras*

5 **Preguntas** With a partner, answer these questions based on your own knowledge.

1. Son las tres de la tarde en Nueva York. ¿Qué hora es en Los Ángeles?
2. Son las ocho y media en Chicago. ¿Qué hora es en Miami?
3. Son las dos menos cinco en San Francisco. ¿Qué hora es en San Antonio?
4. ¿A qué hora es el programa *Saturday Night Live*?

Síntesis

6 **Situación** With a partner, play the roles of a journalism student interviewing a visiting literature professor (**profesor(a) de literatura**) from Venezuela. Be prepared to act out the conversation for your classmates.

Estudiante	Profesor(a) de literatura
Ask the professor his/her name.	Ask the student his/her name.
Ask the professor what time his/her literature class is.	Ask the student where he/she is from.
Ask how many students are in his/her class.	Ask to whom the notebook belongs.
Say thank you and goodbye.	Say thank you and you are pleased to meet him/her.

Recapitulación

Review the grammar concepts you have learned in this lesson by completing these activities.

1 Completar Complete the charts according to the models. `28 pts.`

Masculino	Femenino
el chico	la chica
	la profesora
	la amiga
el señor	
	la pasajera
el estudiante	
	la turista
el joven	

Singular	Plural
una cosa	unas cosas
un libro	
	unas clases
una lección	
un conductor	
	unos países
	unos lápices
un problema	

2 En la clase Complete each conversation with the correct word. `22 pts.`

 César   Beatriz

CÉSAR ¿(1) _____ (Cuántos/Cuántas) chicas hay en la (2) _____ (maleta/clase)?

BEATRIZ Hay (3) _____ (catorce/cuatro) [14] chicas.

CÉSAR Y, ¿(4) _____ (cuántos/cuántas) chicos hay?

BEATRIZ Hay (5) _____ (tres/trece) [13] chicos.

CÉSAR Entonces (*Then*), en total hay (6) _____ (veintiséis/veintisiete) (7) _____ (estudiantes/chicas) en la clase.

ARIANA ¿Tienes (*Do you have*) (8) _____ (un/una) diccionario?

Ariana   Daniel

DANIEL No, pero (*but*) aquí (9) _____ (es/hay) uno.

ARIANA ¿De quién (10) _____ (son/es)?

DANIEL (11) _____ (Son/Es) de Carlos.

RESUMEN GRAMATICAL

1.1 Nouns and articles *pp. 12–14*

Gender of nouns

Nouns that refer to living things

	Masculine		Feminine
-o	el chico	-a	la chica
-or	el profesor	-ora	la profesora
-ista	el turista	-ista	la turista

Nouns that refer to non-living things

	Masculine		Feminine
-o	el libro	-a	la cosa
-ma	el programa	-ción	la lección
-s	el autobús	-dad	la nacionalidad

Plural of nouns

▶ ending in vowel + -*s*   la chica → las chicas
▶ ending in consonant + -*es*   el señor → los señores
   (-z → -ces un lápiz → unos lápices)
▶ Definite articles: **el, la, los, las**
▶ Indefinite articles: **un, una, unos, unas**

1.2 Numbers 0–30 *p. 16*

0	cero	8	ocho	16	dieciséis
1	uno	9	nueve	17	diecisiete
2	dos	10	diez	18	dieciocho
3	tres	11	once	19	diecinueve
4	cuatro	12	doce	20	veinte
5	cinco	13	trece	21	veintiuno
6	seis	14	catorce	22	veintidós
7	siete	15	quince	30	treinta

1.3 Present tense of *ser* *pp. 19–21*

yo	soy	nosotros/as	somos
tú	eres	vosotros/as	sois
Ud./él/ella	es	Uds./ellos/ellas	son

Hola, ¿qué tal? veintinueve 29

3 **Presentaciones** Complete this conversation with the correct form of the verb **ser**. `12 pts.`

JUAN ¡Hola! Me llamo Juan. (1) _____ estudiante en la clase de español.

DANIELA ¡Hola! Mucho gusto. Yo (2) _____ Daniela y ella (3) _____ Mónica. ¿De dónde (4) _____ (tú), Juan?

JUAN De California. Y ustedes, ¿de dónde (5) _____ ?

MÓNICA Nosotras (6) _____ de Florida.

1.4	**Telling time**	pp. 24–25
	Es la una.	It's 1:00.
	Son las dos.	It's 2:00.
	Son las tres y diez.	It's 3:10.
	Es la una **y cuarto/ quince**.	It's 1:15.
	Son las siete **y media/ treinta**.	It's 7:30.
	Es la una **menos cuarto/quince**.	It's 12:45.
	Son las once **menos veinte**.	It's 10:40.
	Es **el mediodía**.	It's noon.
	Es **la medianoche**.	It's midnight.

4 **¿Qué hora es?** Write out in words the following times, indicating whether it's morning, noon, afternoon, or night. `10 pts.`

1. It's 12:00 p.m.
   _____

2. It's 7:05 a.m.
   _____

3. It's 9:35 p.m.
   _____

4. It's 5:15 p.m.
   _____

5. It's 1:30 p.m.
   _____

5 **¡Hola!** Write five sentences introducing yourself and talking about your classes. You may want to include your name, where you are from, who your Spanish teacher is, the time of your Spanish class, how many students are in the class, etc. `28 pts.`

_____
_____
_____
_____

6 **Canción** Choose the appropriate words to complete this children's song. `4 EXTRA points!`

cinco   cuántas   cuatro   media   quiénes

"_____ patas° tiene un gato°? Una, dos, tres y _____."

patas *legs*   tiene un gato *does a cat have*

1 adelante

 Audio: Reading

Lectura

Antes de leer

Estrategia
Recognizing cognates

As you learned earlier in this lesson, cognates are words that share similar meanings and spellings in two or more languages. When reading in Spanish, it's helpful to look for cognates and use them to guess the meaning of what you're reading. But watch out for false cognates. For example, **librería** means *bookstore*, not *library*, and **embarazada** means *pregnant*, not *embarrassed*. Look at this list of Spanish words, paying special attention to prefixes and suffixes. Can you guess the meaning of each word?

importante	oportunidad
farmacia	cultura
inteligente	activo
dentista	sociología
decisión	espectacular
televisión	restaurante
médico	policía

Joaquín Salvador Lavado nació (*was born*) en Argentina en 1932 (mil novecientos treinta y dos). Su nombre profesional es **Quino**. Es muy popular en Latinoamérica, Europa y Canadá por sus tiras cómicas (*comic strips*). Mafalda es su serie más famosa. La protagonista, Mafalda, es una chica muy inteligente de seis años (*years*). La tira cómica ilustra las aventuras de ella y su grupo de amigos. Las anécdotas de Mafalda y los chicos también presentan temas (*themes*) importantes como la paz (*peace*) y los derechos humanos (*human rights*).

Examinar el texto
Glance quickly at the reading selection and guess what type of document it is. Explain your answer.

Cognados
Read the document and make a list of the cognates you find. Guess their English equivalents, then compare your answers with those of a partner.

More activities

Después de leer

Preguntas
Answer these questions.
1. What is Joaquín Salvador Lavado's pen name?
2. What is Mafalda like?
3. Where is Mafalda in panel 1? What is she doing?
4. What happens to the sheep in panel 3? Why?
5. Why does Mafalda wake up?
6. What number corresponds to the sheep in panel 5?
7. In panel 6, what is Mafalda doing? How do you know?

treinta y uno **31**

Los animales

This comic strip uses a device called onomatopoeia: a word that represents the sound that it stands for. Did you know that many common instances of onomatopoeia are different from language to language? The noise a sheep makes is *baaaah* in English, but in Mafalda's language it is **béeeee**.

Do you think you can match these animals with their Spanish sounds? First, practice saying aloud each animal sound in group B. Then, match each animal with its sound in Spanish. If you need help remembering the sounds the alphabet makes in Spanish, see p. 9.

A

 1. ___ **gato**
 2. ___ **perro**
 3. ___ **vaca**
4. ___ **gallo**

 5. ___ **rana**
 6. ___ **pato**
 7. ___ **cerdo**

B

a. kikirikí   b. muuu   c. croac   d. guau

e. cuac cuac   f. miau   g. oinc

Escritura

Estrategia

Writing in Spanish

Why do we write? All writing has a purpose. For example, we may write an e-mail to share important information or compose an essay to persuade others to accept a point of view. Proficient writers are not born, however. Writing requires time, thought, effort, and a lot of practice. Here are some tips to help you write more effectively in Spanish.

DO

- Try to write your ideas in Spanish
- Use the grammar and vocabulary that you know
- Use your textbook for examples of style, format, and expression in Spanish
- Use your imagination and creativity
- Put yourself in your reader's place to determine if your writing is interesting

AVOID

- Translating your ideas from English to Spanish
- Simply repeating what is in the textbook or on a web page
- Using a dictionary until you have learned how to use foreign language dictionaries

Tema

Hacer una lista

Create a telephone/address list that includes important names, numbers, and websites that will be helpful to you in your study of Spanish. Make whatever entries you can in Spanish without using a dictionary. You might want to include this information:

- The names, phone numbers, and e-mail addresses of at least four other students
- Your professor's name, e-mail address, and office hours
- Three phone numbers and e-mail addresses of campus offices or locations related to your study of Spanish
- Five electronic resources for students of Spanish, such as chat rooms and sites dedicated to the study of Spanish as a second language

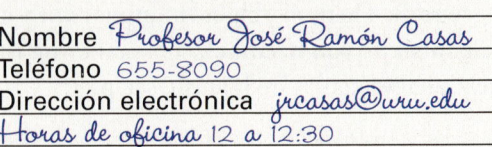

Escuchar

Antes de escuchar

Estrategia
Listening for words you know

You can get the gist of a conversation by listening for words and phrases you already know.

To help you practice this strategy, listen to the following sentence and make a list of the words you have already learned.

Preparación
Based on the photograph, what do you think Dr. Cavazos and Srta. Martínez are talking about? How would you get the gist of their conversation, based on what you know about Spanish?

Ahora escucha

Palabras y frases
Now you are going to hear Dr. Cavazos's conversation with Srta. Martínez. List the familiar words and phrases each person says.

Dr. Cavazos	Srta. Martínez
1. _____	9. _____
2. _____	10. _____
3. _____	11. _____
4. _____	12. _____
5. _____	13. _____
6. _____	14. _____
7. _____	15. _____
8. _____	16. _____

With a partner, use your lists of familiar words as a guide to come up with a summary of what happened in the conversation.

Comprensión

Identificar
Who would say the following things, Dr. Cavazos or Srta. Martínez?

1. Me llamo…
2. De nada.
3. Gracias. Muchas gracias.
4. Aquí tiene usted los documentos de viaje (*trip*), señor.
5. Usted tiene tres maletas, ¿no?
6. Tengo dos maletas.
7. Hola, señor.
8. ¿Viaja usted a Buenos Aires?

Contestar

1. Does this scene take place in the morning, afternoon, or evening? How do you know?
2. How many suitcases does Dr. Cavazos have?
3. Using the words you already know to determine the context, what might the following words and expressions mean?

   - boleto
   - pasaporte
   - un viaje de ida y vuelta
   - ¡Buen viaje!

En pantalla Video

Latinos form the largest minority group in the United States. The Census Bureau projects that by the year 2060, the Latino population will grow to 30 percent. Viewership of the two major Spanish-language TV stations, **Univisión** and **Telemundo**, has skyrocketed, at times surpassing that of the four major English-language networks. With Latino purchasing power estimated at 1.5 trillion dollars a year, many companies have responded by adapting successful marketing campaigns to target a Spanish-speaking audience. Turn on a Spanish-language channel, and you'll see ads for the world's biggest consumer brands, from soft drinks to car makers; many of these advertisements are adaptations of their English-language counterparts.

Vocabulario útil

carne en salsa	beef with sauce
copa de helado	cup of ice cream
no tiene precio	priceless
plato principal	main course
un domingo en familia	Sunday with the family

Preparación
Have you seen any Spanish versions of English-language commercials? If so, which ones? How are they different from the originals? Have you seen any bilingual ads? If so, when did they air and what did they advertise?

Emparejar
Match each item with its price. **¡Ojo!** (*Careful!*) One of the responses will not be used.

___ 1. aperitivo   a. quince dólares
___ 2. plato principal   b. ocho dólares
___ 3. postre   c. treinta dólares
        d. seis dólares

Un comercial
With a partner, brainstorm and write a MasterCard-like TV ad about something you consider priceless. Then read it to the class. Use as much Spanish as you can.

Aperitivo Appetizer *Postre* Dessert

Anuncio de MasterCard

Aperitivo°...

Postre°...

Un domingo en familia...

Hola, ¿qué tal? treinta y cinco **35**

 Video

Encuentros en la plaza

The **Plaza de Mayo** in Buenos Aires, Argentina, is perhaps best known as a place of political protest. Aptly nicknamed **Plaza de Protestas** by the locals, it is the site of weekly demonstrations. Despite this reputation, for many it is also a traditional **plaza**, a spot to escape from the hustle of city life. In warmer months, office workers from neighboring buildings flock to the plaza during lunch hour. **Plaza de Mayo** is also a favorite spot for families, couples, and friends to gather, stroll, or simply sit and chat. Tourists come year-round to take in the iconic surroundings: **Plaza de Mayo** is flanked by the rose-colored presidential palace (**Casa Rosada**), city hall (**municipalidad**), a colonial-era museum (**Cabildo**), and a spectacular cathedral (**Catedral Metropolitana**).

Vocabulario útil

abrazo	hug
¡Cuánto tiempo!	It's been a long time!
encuentro	encounter
plaza	city or town square
¡Qué bueno verte!	It's great to see you!
¡Qué suerte verlos!	How lucky to see you!

Preparación
Where do you and your friends usually meet? Are there public places where you get together? What activities do you take part in there?

Identificar
Identify the person or people who make(s) each of these statements.

1. ¿Cómo están ustedes?   a. Gonzalo
2. ¡Qué bueno verte!   b. Mariana
3. Bien, ¿y vos?   c. Mark
4. Hola.   d. Silvina
5. ¡Qué suerte verlos!

Today we are at the Plaza de Mayo.

People come to walk and get some fresh air...

And children come to play...

1 | panorama

Estados Unidos

El país en cifras°

- **Población° de los EE.UU.:** 326 millones
- **Población de origen hispano:** 57 millones
- **País de origen de hispanos en los EE.UU.:**

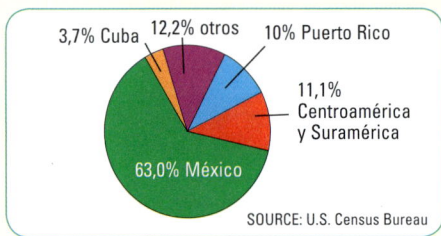

3,7% Cuba
12,2% otros
10% Puerto Rico
11,1% Centroamérica y Suramérica
63,0% México
SOURCE: U.S. Census Bureau

- **Estados con la mayor° población hispana:**

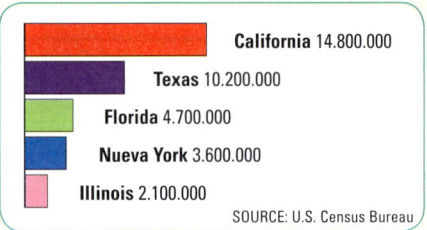

California 14.800.000
Texas 10.200.000
Florida 4.700.000
Nueva York 3.600.000
Illinois 2.100.000
SOURCE: U.S. Census Bureau

Canadá

El país en cifras

- **Población de Canadá:** 36 millones
- **Población de origen hispano:** 461.000
- **País de origen de hispanos en Canadá:**

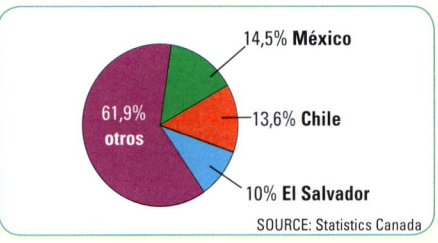

14,5% México
13,6% Chile
10% El Salvador
61,9% otros
SOURCE: Statistics Canada

- **Ciudades° con la mayor población hispana:**
 Montreal, Toronto, Vancouver

en cifras by the numbers **Población** Population **mayor** largest **Ciudades** Cities

 Video

Mission District, en San Francisco

AK   HI

CANADÁ
Vancouver • Calgary
Ottawa ★ • Mor
Toronto
San Francisco •
Chicago • Nueva York
Las Vegas •
EE.UU.
Los Ángeles •
San Diego •
Washington, D.C. ★
San Antonio •
Océano Atlánti
Miami •
Golfo de México
MÉXICO
El Álamo, en San Antonio, Texas
Mar Caribe

More activities
vhlcentral WB pp. 9–10 Online activities

ACTIVIDADES

1 Escoger Elige la opción correcta.

1. ¿Cuántos millones de personas de origen hispano hay en los Estados Unidos?
 a. 57   b. 45   c. 36

2. ¿Cuántos millones de hispanos hay en Illinois?
 a. cuatro   b. tres   c. dos

3. ¿De dónde son las enchiladas y los tacos?
 a. Puerto Rico   b. México   c. Cuba

4. ¿Cómo se llama el barrio cubano de Miami?
 a. La Pequeña Habana   b. El Álamo
 c. Mission District

5. ¿Qué hacen (*do*) los puertorriqueños en junio?
 a. una conversación   b. un desfile
 c. una comida

6. ¿Cuántos millones de personas hablan español en los Estados Unidos?
 a. 60   b. 13   c. 43

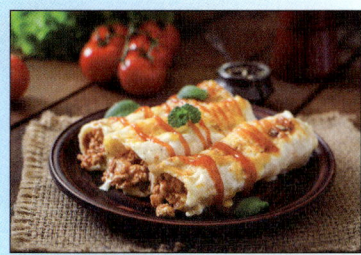

Comida • La comida mexicana

La comida° mexicana es muy popular en los Estados Unidos. Los tacos, las enchiladas, las quesadillas y los frijoles frecuentemente forman parte de las comidas de muchos norteamericanos. También° son populares las variaciones de la comida mexicana en los Estados Unidos: el tex-mex y el cali-mex.

▶ Lugares • La Pequeña Habana

La Pequeña Habana° es un barrio° de Miami, Florida, donde viven° muchos cubanoamericanos. Es un lugar° donde se encuentran° las costumbres° de la cultura cubana, los aromas y sabores° de su comida y la música salsa. La Pequeña Habana es una parte de Cuba en los Estados Unidos.

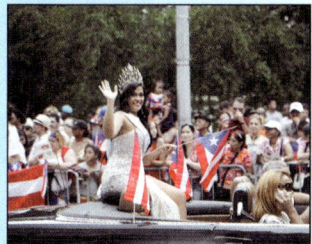

Costumbres • Desfile puertorriqueño

Cada junio, desde° 1958 (mil novecientos cincuenta y ocho), los puertorriqueños celebran su cultura con un desfile° en Nueva York. Es un gran espectáculo con carrozas° y música salsa, merengue y hip-hop. Muchos espectadores llevan° la bandera° de Puerto Rico en su ropa° o pintada en la cara°.

▶ Comunidad • Hispanos en Canadá

En Canadá viven° muchos hispanos. Toronto y Montreal son las ciudades con mayor población hispana. Muchos de ellos tienen estudios universitarios° y hablan° una de las lenguas° oficiales: inglés o francés°. Los hispanos participan activamente en la vida cotidiana° y profesional de Canadá.

comida *food* **También** *Also* **La Pequeña Habana** *Little Havana* **barrio** *neighborhood* **viven** *live* **lugar** *place* **se encuentran** *are found* **costumbres** *customs* **sabores** *flavors* **Cada junio desde** *Each June since* **desfile** *parade* **con carrozas** *with floats* **llevan** *wear* **bandera** *flag* **ropa** *clothing* **cara** *face* **viven** *live* **tienen estudios universitarios** *have a degree* **hablan** *speak* **lenguas** *languages* **inglés o francés** *English or French* **vida cotidiana** *daily life*

¡Increíble pero cierto!

Después° del inglés, el español es la lengua más hablada° en los EE.UU. Aproximadamente 40 millones de hispanos y 3 millones de personas no hispanas hablan esta lengua en los EE.UU. Hoy, 13% de la población habla español en sus hogares°.

Después *After* **hablada** *spoken* **hogares** *homes*

---

2 **¿Qué aprendiste?** Completa las oraciones.

1. Los cuatro estados con las poblaciones hispanas más grandes son California, Texas, Florida y _____.
2. Toronto, Montreal y _____ son las ciudades con más población hispana de Canadá.
3. La Pequeña _____ es un barrio de Miami.
4. Muchos hispanos en Canadá hablan _____ o francés.

3 **Describir** En parejas, describan la población de origen hispano en los Estados Unidos y en Canadá.

modelo
Hay quince millones de hispanos en California.

vocabulario

Saludos

Hola.	*Hi.*
Buenos días.	*Good morning.*
Buenas tardes.	*Good afternoon.*
Buenas noches.	*Good evening; Good night.*

Despedidas

Adiós.	*Goodbye.*
Nos vemos.	*See you.*
Hasta luego.	*See you later.*
Hasta la vista.	*See you later.*
Hasta pronto.	*See you soon.*
Hasta mañana.	*See you tomorrow.*
Saludos a…	*Greetings to…*
Chau.	*Bye.*

¿Cómo está?

¿Cómo está usted?	*How are you?* (form.)
¿Cómo estás?	*How are you?* (fam.)
¿Qué hay de nuevo?	*What's new?*
¿Qué pasa?	*What's happening?; What's going on?*
¿Qué tal?	*How are you?; How is it going?*
(Muy) bien, gracias.	*(Very) well, thanks.*
Nada.	*Nothing.*
No muy bien.	*Not very well.*
Regular.	*So-so; OK.*

Expresiones de cortesía

Con permiso.	*Pardon me; Excuse me.*
De nada.	*You're welcome.*
Lo siento.	*I'm sorry.*
(Muchas) gracias.	*Thank you (very much); Thanks (a lot).*
No hay de qué.	*You're welcome.*
Perdón.	*Pardon me; Excuse me.*
por favor	*please*

Títulos

señor (Sr.); don	*Mr.; sir*
señora (Sra.); doña	*Mrs.; ma'am*
señorita (Srta.)	*Miss*

Presentaciones

¿Cómo se llama usted?	*What's your name?* (form.)
¿Cómo te llamas?	*What's your name?* (fam.)
Me llamo...	*My name is…*
¿Y usted?	*And you?* (form.)
¿Y tú?	*And you?* (fam.)
Mucho gusto.	*Pleased to meet you.*
El gusto es mío.	*The pleasure is mine.*
Encantado/a.	*Delighted; Pleased to meet you.*
Igualmente.	*Likewise.*
Le presento a…	*I would like to introduce you to (name).* (form.)
Te presento a…	*I would like to introduce you to (name).* (fam.)
el nombre	*name*

¿De dónde es?

¿De dónde es usted?	*Where are you from?* (form.)
¿De dónde eres?	*Where are you from?* (fam.)
Soy de…	*I'm from…*

Palabras adicionales

¿cuánto(s)/a(s)?	*how much/many?*
¿de quién…?	*whose…?* (sing.)
¿de quiénes…?	*whose…?* (plural)
(no) hay	*there is (not); there are (not)*

Sustantivos

el autobús	*bus*
el chico	*boy*
la chica	*girl*
la computadora	*computer*
la comunidad	*community*
el/la conductor(a)	*driver*
la conversación	*conversation*
la cosa	*thing*
el cuaderno	*notebook*
el día	*day*
el diario	*diary*
el diccionario	*dictionary*
la escuela	*school*
el/la estudiante	*student*
la foto(grafía)	*photograph*
el hombre	*man*
el/la joven	*young person*
el lápiz	*pencil*
la lección	*lesson*
la maleta	*suitcase*
la mano	*hand*
el mapa	*map*
la mujer	*woman*
la nacionalidad	*nationality*
el número	*number*
el país	*country*
la palabra	*word*
el/la pasajero/a	*passenger*
el problema	*problem*
el/la profesor(a)	*teacher*
el programa	*program*
el/la turista	*tourist*
el video	*video*

Verbo

ser	*to be*

Numbers 0–30	*See page 16.*
Telling time	*See pages 24–25.*
Expresiones útiles	*See page 7.*

More activities

En la universidad 2

Communicative Goals

You will learn how to:

- Talk about your classes and school life
- Discuss everyday activities
- Ask questions in Spanish
- Describe the location of people and things

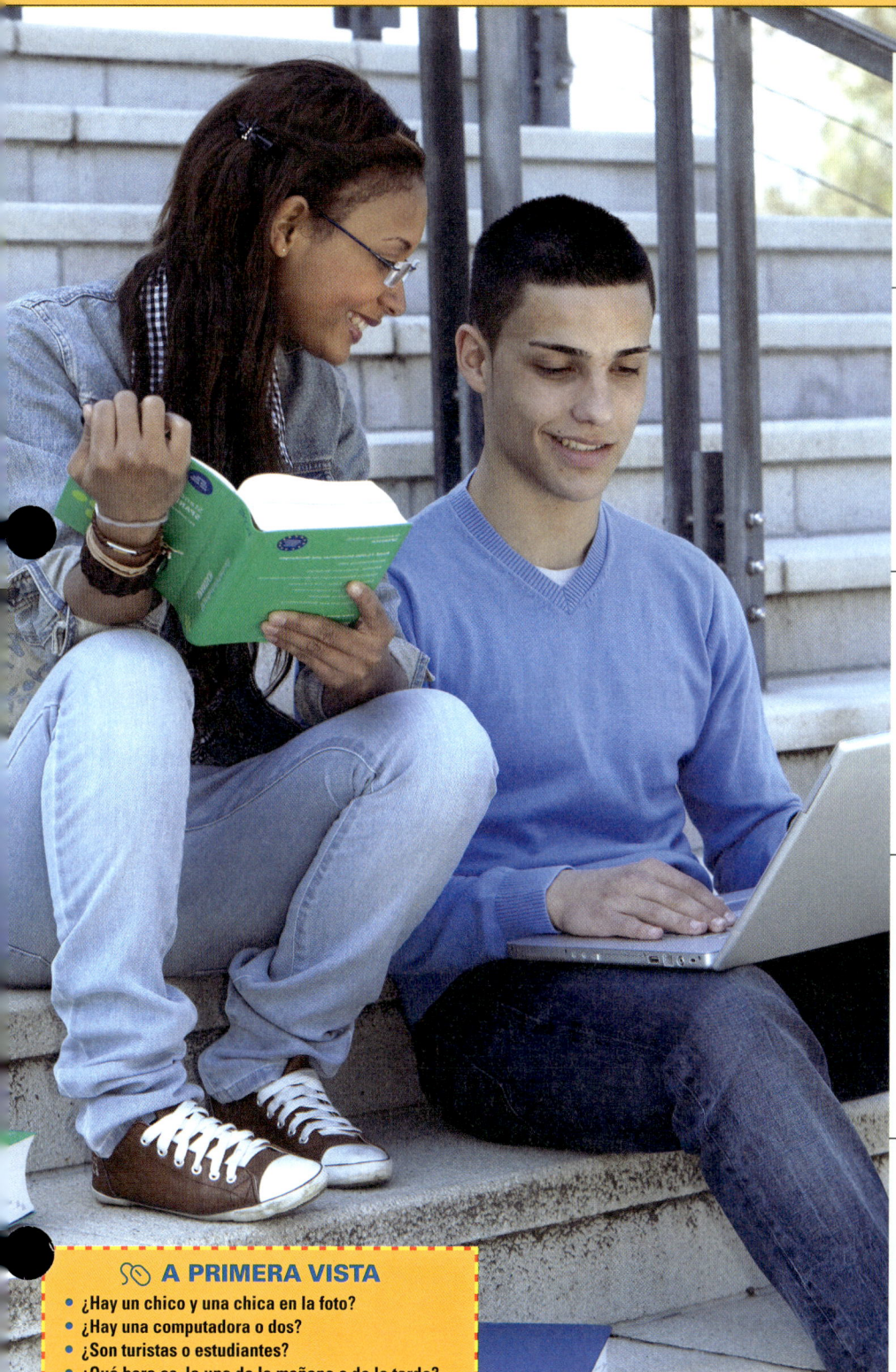

pages 40–43
- The classroom and academic life
- Days of the week
- Fields of study and academic subjects
- Class schedules

pages 44–47
Felipe takes Marissa around Mexico City. Along the way, they meet some friends and discuss the upcoming semester.

pages 48–49
- Universities and majors in the Spanish-speaking world
- The University of Salamanca

pages 50–67
- Present tense of **-ar** verbs
- Forming questions in Spanish
- Present tense of **estar**
- Numbers 31 and higher
- **Recapitulación**

pages 68–75
Lectura: A brochure for a summer course in Madrid
Escritura: A description
Escuchar: A conversation about courses
En pantalla: A TV commercial
Flash cultura: A video about a Mexican university
Panorama: España

contextos | fotonovela | cultura | estructura | adelante

A PRIMERA VISTA
- ¿Hay un chico y una chica en la foto?
- ¿Hay una computadora o dos?
- ¿Son turistas o estudiantes?
- ¿Qué hora es, la una de la mañana o de la tarde?

2 contextos

 Hotspots

En la universidad

Más vocabulario

la biblioteca	library
la cafetería	cafeteria
la casa	house; home
el estadio	stadium
el laboratorio	laboratory
la librería	bookstore
la residencia estudiantil	dormitory
la universidad	university; college
el/la compañero/a de clase	classmate
el/la compañero/a de cuarto	roommate
la clase	class
el curso	course
la especialización	major
el examen	test; exam
el horario	schedule
la prueba	test; quiz
el semestre	semester
la tarea	homework
el trimestre	trimester; quarter
la administración de empresas	business administration
el arte	art
la biología	biology
las ciencias	sciences
la computación	computer science
la contabilidad	accounting
la economía	economics
el español	Spanish
la física	physics
la geografía	geography
la música	music

Variación léxica

pluma ↔ bolígrafo
pizarra ↔ pizarrón (*Amér. L.*); tablero (*Col.*)

LAS MATERIAS	COURSES
la historia	history
las humanidades	humanities
el inglés	English
las lenguas extranjeras	foreign languages
la literatura	literature
las matemáticas	mathematics
el periodismo	journalism
la psicología	psychology
la química	chemistry
la sociología	sociology

la pizarra
la ventana
la profesora
el marcador
el borrador
la mesa
la pluma
la estudiante
la mochila
el estudiante
el papel

More activities

vhlcentral | LM p. 7 | WB pp. 11–12 | Online activities

Práctica

1 Indicar Check **sí** if the word you hear is an academic subject or **no** if it's not.

	Sí	No		Sí	No
1.	○	○	5.	○	○
2.	○	○	6.	○	○
3.	○	○	7.	○	○
4.	○	○	8.	○	○

2 ¿Cierto o falso? Indicate whether each statement about the drawing is **cierto** or **falso**.

1. _____   5. _____
2. _____   6. _____
3. _____   7. _____
4. _____   8. _____

3 Identificar Identify the word that does not belong in each group.

1. examen • casa • tarea • prueba
2. pizarra • marcador • borrador • librería
3. economía • matemáticas • biblioteca • contabilidad
4. lápiz • cafetería • papel • cuaderno
5. veinte • diez • pluma • treinta
6. conductor • laboratorio • autobús • pasajero

4 Emparejar Match each question with its most logical response.

1. ¿Qué clase es?   a. Hay veinticinco.
2. ¿Quiénes son?   b. Es un reloj.
3. ¿Quién es?   c. Es de Perú.
4. ¿De dónde es?   d. Es la clase de química.
5. ¿Cuántos estudiantes hay?   e. Es el señor Bastos.
6. ¿A qué hora es la clase   f. Es a las nueve en punto.
   de inglés?   g. Son los profesores.

5 ¿Qué clase es? Name the class associated with the subject matter.

modelo
los elementos, los átomos *Es la clase de química.*

1. Abraham Lincoln, Winston Churchill
2. África, el océano Pacífico
3. Freud, Jung
4. Picasso, Leonardo da Vinci
5. la cultura de España, verbos
6. Hemingway, Shakespeare
7. geometría, calculadora

Los días de la semana

6 **¿Qué día es hoy?** Complete each statement.

1. Hoy es martes. Mañana es _____. Ayer fue (*Yesterday was*) _____.
2. Ayer fue sábado. Mañana es _____. Hoy es _____.
3. Mañana es viernes. Hoy es _____. Ayer fue _____.
4. Hoy es jueves. Ayer fue _____. Mañana es _____.
5. Ayer fue domingo. Hoy es _____. Mañana es _____.
6. Mañana es lunes. Hoy es _____. Ayer fue _____.

7 **Preguntas** Answer the questions.

ciencias	geografía	residencia estudiantil
domingo	lenguas extranjeras	siete
especialización	libros	veinticuatro

1. ¿Cuántas horas hay en un día? _____
2. ¿Cuántos días hay en una semana? _____
3. ¿Qué día no hay clases? _____
4. ¿En qué clase hay mapas de Asia y Europa? _____
5. ¿Qué es la administración de empresas? _____
6. ¿Qué son el español y el italiano? _____
7. ¿Qué hay en una mochila? _____
8. ¿Qué son la física y la biología? _____

En la universidad

Comunicación

8. Horario
Choose three courses from the chart to create your own class schedule, then discuss it with a classmate.

¡ATENCIÓN!

Use **el** + [*day of the week*] when an activity occurs on a specific day and **los** + [*day of the week*] when an activity occurs regularly.

El lunes tengo un examen.
On Monday I have an exam.

Los lunes y miércoles tomo biología.
On Mondays and Wednesdays I take biology.

•••

Except for **sábados** and **domingos**, the singular and plural forms for days of the week are the same.

AYUDA

tomo *I take*
con *with*

materia	horas	días	profesor(a)
historia	9–10	lunes, miércoles	Prof. Ordóñez
biología	12–1	lunes, jueves	Profa. Dávila
periodismo	2–3	martes, jueves	Profa. Quiñones
matemáticas	2–3	miércoles, jueves	Prof. Jiménez
arte	12–1:30	lunes, miércoles	Prof. Molina

modelo
Estudiante 1: Tomo biología los lunes y jueves, de 12 a 1, con la profesora Dávila.
Estudiante 2: ¿Sí? Yo no tomo biología. Yo tomo arte los lunes y miércoles, de 12 a 1:30, con el profesor Molina.

9. Memoria
Take a good look around your Spanish classroom and then close your eyes. Your partner will ask you questions about the classroom, using these words and other vocabulary. Each person should answer six questions and switch roles every three questions.

escritorio	mapa	pizarra	reloj
estudiante	mesa	profesor(a)	ventana
libro	mochila	puerta	silla

modelo
Estudiante 1: ¿Cuántas ventanas hay?
Estudiante 2: Hay cuatro ventanas.

10. Nuevos amigos
With a partner, prepare a conversation between two students meeting for the first time. Then act it out for the class.

Estudiante 1		**Estudiante 2**
Greet your new acquaintance.	→	Introduce yourself.
Find out about him or her.	→	Tell him or her about yourself.
Ask about your partner's class schedule.	→	Compare your schedule to your partner's.
Say nice to meet you and goodbye.	→	Say nice to meet you and goodbye.

2 fotonovela

¿Qué estudias?

Felipe, Marissa, Juan Carlos y Miguel visitan Chapultepec y hablan de las clases.

PERSONAJES MARISSA FELIPE

 Video

FELIPE Dos boletos, por favor.

EMPLEADO Dos boletos son 64 pesos.
FELIPE Aquí están 100 pesos.
EMPLEADO 100 menos 64 son 36 pesos de cambio.

MIGUEL Marissa, hablas muy bien el español... ¿Y dónde está tu diccionario?
MARISSA En casa de los Díaz. Felipe necesita practicar inglés.
MIGUEL ¡Ay, Maru! Chicos, nos vemos más tarde.

FELIPE Ésta es la Ciudad de México.

FELIPE Oye, Marissa, ¿cuántas clases tomas?
MARISSA Tomo cuatro clases: español, historia, literatura y también geografía. Me gusta mucho la cultura mexicana.

FELIPE Juan Carlos, ¿quién enseña la clase de química este semestre?
JUAN CARLOS El profesor Morales. Ah, ¿por qué tomo química y computación?
FELIPE Porque te gusta la tarea.

cuarenta y cinco 45

JUAN CARLOS

MIGUEL

EMPLEADO

MARU

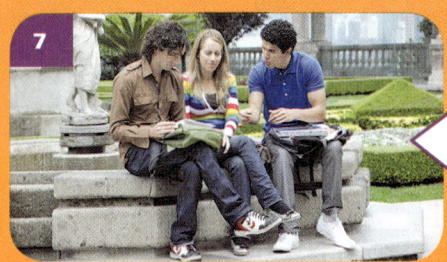

FELIPE Los lunes y los miércoles, economía a las 2:30. Tú tomas computación los martes en la tarde, y química, a ver... Los lunes, los miércoles y los viernes ¿a las 10? ¡Uf!

FELIPE Y Miguel, ¿cuándo regresa?
JUAN CARLOS Hoy estudia con Maru.
MARISSA ¿Quién es Maru?

MIGUEL ¿Hablas con tu mamá?
MARU Mamá habla. Yo escucho. Es la 1:30.
MIGUEL Ay, lo siento. Juan Carlos y Felipe...
MARU Ay, Felipe.

MARU Y ahora, ¿adónde? ¿A la biblioteca?
MIGUEL Sí, pero primero a la librería. Necesito comprar unos libros.

Expresiones útiles

Talking about classes

¿Cuántas clases tomas?
How many classes are you taking?
Tomo cuatro clases.
I'm taking four classes.
Mi especialización es en arqueología.
My major is archeology.
Este año, espero sacar buenas notas y, por supuesto, viajar por el país.
This year, I hope / I'm hoping to get good grades. And, of course, travel through the country.

Talking about likes/dislikes

Me gusta mucho la cultura mexicana.
I like Mexican culture a lot.
Me gustan las ciencias ambientales.
I like environmental science.
Me gusta dibujar.
I like to draw.
¿Te gusta este lugar?
Do you like this place?

Paying for tickets

Dos boletos, por favor.
Two tickets, please.
Dos boletos son sesenta y cuatro pesos.
Two tickets are sixty-four pesos.
Aquí están cien pesos.
Here's a hundred pesos.
Son treinta y seis pesos de cambio.
That's thirty-six pesos change.

Talking about location and direction

¿Dónde está tu diccionario?
Where is your dictionary?
Está en casa de los Díaz.
It's at the Díaz house.
Y ahora, ¿adónde? ¿A la biblioteca?
And now, where to? To the library?
Sí, pero primero a la librería.
Está al lado.
Yes, but first to the bookstore.
It's next door.

More activities
vhlcentral — pp. 3–4 — Online activities

¿Qué pasó?

1 Escoger Choose the answer that best completes each sentence.

1. Marissa toma (*is taking*) _____ en la universidad.
   a. español, psicología, economía y música   b. historia, inglés, sociología y periodismo
   c. español, historia, literatura y geografía
2. El profesor Morales enseña (*teaches*) _____.
   a. química   b. matemáticas   c. historia
3. Juan Carlos toma química _____.
   a. los miércoles, jueves y viernes   b. los lunes, miércoles y viernes
   c. los lunes, martes y jueves
4. Miguel necesita ir a (*needs to go to*) _____.
   a. la biblioteca   b. la residencia estudiantil   c. la librería

2 Identificar Indicate which person made each statement.

1. ¿Quién es Maru? _____
2. Mamá habla. Yo escucho. _____
3. Sí, tomo química con el profesor Morales. _____
4. En clase, me gusta estar cerca de la ventana. _____
5. Necesito comprar unos libros. _____
6. Dos boletos, por favor. _____

MARISSA   MARU

JUAN CARLOS

MIGUEL   FELIPE

NOTA CULTURAL

Maru is a shortened version of the name **María Eugenia**. Other popular "combination names" in Spanish are **Juanjo (Juan José)** and **Maite (María Teresa)**.

3 Completar Complete each sentence that is similar to one in the **Fotonovela** with the correct word(s).

| Castillo de Chapultepec | estudiar | miércoles |
| clase | inglés | tarea |

1. Marissa, éste es el _____.
2. Felipe tiene (*has*) el diccionario porque (*because*) necesita practicar _____.
3. A Juan Carlos le gusta mucho la _____.
4. Hay clase de economía los lunes y _____.
5. Miguel está con Maru para _____.

NOTA CULTURAL

The **Castillo de Chapultepec** is one of Mexico City's most historic landmarks. Constructed in 1785, it was the residence of emperors and presidents. It has been open to the public since 1944 and now houses the National Museum of History.

4 Preguntas personales Interview a partner.

1. ¿Qué clases tomas en la universidad?
2. ¿Qué clases tomas los martes?
3. ¿Qué clases tomas los viernes?
4. ¿En qué clase hay más chicos?
5. ¿En qué clase hay más chicas?
6. ¿Te gusta la clase de español?

En la universidad cuarenta y siete **47**

Pronunciación
Spanish vowels

  Tutorial

a   **e**   **i**   **o**   **u**

Spanish vowels are never silent; they are always pronounced in a short, crisp way without the glide sounds used in English.

| **Álex** | **clase** | **nada** | **encantada** |

The letter **a** is pronounced like the *a* in *father*, but shorter.

| **el** | **ene** | **mesa** | **elefante** |

The letter **e** is pronounced like the *e* in *they*, but shorter.

| **Inés** | **chica** | **tiza** | **señorita** |

The letter **i** sounds like the *ee* in *beet*, but shorter.

| **hola** | **con** | **libro** | **don Francisco** |

The letter **o** is pronounced like the *o* in *tone*, but shorter.

| **uno** | **regular** | **saludos** | **gusto** |

The letter **u** sounds like the *oo* in *room*, but shorter.

Práctica Practice the vowels by saying the names of these places in Spain.
1. Madrid
2. Alicante
3. Tenerife
4. Toledo
5. Barcelona
6. Granada
7. Burgos
8. La Coruña

Oraciones Read the sentences aloud, focusing on the vowels.
1. Hola. Me llamo Ramiro Morgado.
2. Estudio arte en la Universidad de Salamanca.
3. Tomo también literatura y contabilidad.
4. Ay, tengo clase en cinco minutos. ¡Nos vemos!

Refranes Practice the vowels by reading these sayings aloud.

> **AYUDA**
>
> Although **hay** and **ay** are pronounced identically, they do not have the same meaning. As you learned in **Lección 1**, **hay** is a verb form that means *there is/are*. **Hay veinte libros**. (*There are twenty books.*) **¡Ay!** is an exclamation expressing pain, shock, or affliction: *Oh!; Oh, dear!*

Del dicho al hecho hay un gran trecho.[1]

Cada loco con su tema.[2]

1 Easier said than done.
2 To each his own.

More activities

LM p. 8

cultura

EN DETALLE

La elección de una carrera universitaria

Since higher education in the Spanish-speaking world is heavily state-subsidized, tuition is almost free. As a result, public universities see large enrollments. Spanish and Latin American students generally choose their **carrera universitaria** (major) when they're eighteen—which is either the year they enter the university or the year before. In order to enroll, all students must complete a high school degree, known as the **bachillerato**. In countries like Bolivia, Mexico, and Peru, the last year of high school (**colegio***) tends to be specialized in an area of study, such as the arts or natural sciences.

Universidad Central de Venezuela en Caracas

Students then choose their major according to their area of specialization. Similarly, university-bound students in Argentina focus their studies on specific fields, such as the humanities and social sciences, natural sciences, communication, art and design, and economics and business, during their five years of high school. Based on this coursework, Argentine students choose their **carrera**. Finally, in Spain, students choose their major according to the score they receive on the **prueba de aptitud** (skills test or entrance exam).

University graduates receive a **licenciatura**, or bachelor's degree. In Argentina and Chile, a **licenciatura** takes four to six years to complete, and may be considered equivalent to a master's degree. In Peru and Venezuela, a bachelor's degree is a five-year process. Spanish and Colombian **licenciaturas** take four to five years, although some fields, such as medicine, require six or more.

> **Estudiantes hispanos en los EE.UU.**
>
> In the 2015–16 academic year, over 16,500 Mexican students (2% of all international students) studied at U.S. universities. Venezuelans were the second-largest Spanish-speaking group, with over 8,000 students.

*¡Ojo! **El colegio** is a false cognate. In most countries, it means *high school*, but in some regions it refers to an elementary school. All undergraduate study takes place at **la universidad**.

ACTIVIDADES

1 **¿Cierto o falso?** Indicate whether these statements are **cierto** or **falso**. Correct the false statements.

1. Students in Spanish-speaking countries must pay large amounts of money toward their college tuition.
2. **Carrera** refers to any undergraduate or graduate program that students enroll in to obtain a professional degree.
3. After studying at a **colegio**, students receive their **bachillerato**.
4. Undergraduates study at a **colegio** or an **universidad**.
5. In Latin America and Spain, students usually choose their majors in their second year at the university.
6. In Argentina, students focus their studies in their high school years.
7. In Mexico, the **bachillerato** involves specialized study.
8. In Spain, majors depend on entrance exam scores.
9. Venezuelans complete a **licenciatura** in five years.
10. According to statistics, Venezuelans constitute the third-largest Latin American group studying at U.S. universities.

ASÍ SE DICE
Clases y exámenes

aprobar	to pass
la asignatura (Esp.)	la clase, la materia
la clase anual	year-long course
el examen parcial	midterm exam
la facultad	department, school
la investigación	research
el profesorado	faculty
reprobar; suspender (Esp.)	to fail
sacar buenas/ malas notas	to get good/ bad grades
tomar apuntes	to take notes

EL MUNDO HISPANO
Las universidades hispanas

It is not uncommon for universities in Spain and Latin America to have extremely large student body populations.

- **Universidad de Buenos Aires** (Argentina)
  316.000 estudiantes
- **Universidad Autónoma de Santo Domingo** (República Dominicana)
  200.000 estudiantes
- **Universidad Complutense de Madrid** (España)
  83.000 estudiantes
- **Universidad Central de Venezuela** (Venezuela)
  62.600 estudiantes

PERFIL
La Universidad de Salamanca

The University of Salamanca, established in 1218, is the oldest university in Spain. It is located in Salamanca, one of the most spectacular Renaissance cities in Europe. Salamanca is nicknamed **La Ciudad Dorada** (*The Golden City*) for the golden glow of its famous sandstone buildings, and it was declared a UNESCO World Heritage Site in 1988.

Salamanca is a true college town, as its prosperity and city life depend on and revolve around the university population. Over 32,000 students from all over Spain, as well as abroad, come to study here each year. The school offers over 250 academic programs, as well as renowned Spanish courses

for foreign students. To walk through the university's historic grounds is to follow the footsteps of immortal writers like Miguel de Cervantes and Miguel de Unamuno.

CON RITMO HISPANO
Enrique Iglesias (1975–)
Birthplace: Madrid, Spain

He used the name **Enrique Martínez** on demos to get his first record contract; he wanted to succeed without the help or influence of his famous father, Spanish pop singer Julio Iglesias.

Go to vhlcentral.com to find out more about **Enrique Iglesias** and his music.

ACTIVIDADES

2 Comprensión Complete these sentences.
1. The University of Salamanca was established in the year _____.
2. A _____ is a year-long course.
3. Salamanca is called _____.
4. Over 300,000 students attend the _____.
5. An _____ occurs about halfway through a course.

3 La universidad en cifras With a partner, research a Spanish or Latin American university online and find five statistics about that institution (for instance, the total enrollment, majors offered, year it was founded, etc.). Using the information you found, create a dialogue between a prospective student and a university representative. Present your dialogue to the class.

More activities
 vhlcentral
 Online activities

2 estructura

2.1 Present tense of -ar verbs Tutorial

ANTE TODO In order to talk about activities, you need to use verbs. Verbs express actions or states of being. In English and Spanish, the infinitive is the base form of the verb. In English, the infinitive is preceded by the word *to*: *to study*, *to be*. The infinitive in Spanish is a one-word form and can be recognized by its endings: **-ar**, **-er**, or **-ir**.

-ar verb	*-er* verb	*-ir* verb
estudiar · *to study*	comer · *to eat*	escribir · *to write*

▶ In this lesson, you will learn the forms of regular **-ar** verbs.

The verb estudiar (*to study*)

SINGULAR FORMS
yo	estudi**o**	*I study*
tú	estudi**as**	*you* (fam.) *study*
Ud./él/ella	estudi**a**	*you* (form.) *study; he/she studies*

PLURAL FORMS
nosotros/as	estudi**amos**	*we study*
vosotros/as	estudi**áis**	*you* (fam.) *study*
Uds./ellos/ellas	estudi**an**	*you study; they study*

Juan Carlos estudia ciencias ambientales.

Y tú, ¿qué estudias, Miguel?

▶ To create the forms of most regular verbs in Spanish, drop the infinitive endings (**-ar**, **-er**, **-ir**). You then add to the stem the endings that correspond to the different subject pronouns. This diagram will help you visualize verb conjugation.

Conjugation of *-ar* verbs

INFINITIVE	VERB STEM	CONJUGATED FORM
estudi**ar**	estudi-	yo estudi**o**
bail**ar**	bail-	tú bail**as**
trabaj**ar**	trabaj-	nosotros trabaj**amos**

Common -ar verbs

bailar	to dance	estudiar	to study
buscar	to look for	explicar	to explain
caminar	to walk	hablar	to talk; to speak
cantar	to sing	llegar	to arrive
cenar	to have dinner	llevar	to carry
comprar	to buy	mirar	to look (at); to watch
contestar	to answer	necesitar (+ *inf.*)	to need
conversar	to converse, to chat	practicar	to practice
desayunar	to have breakfast	preguntar	to ask (a question)
descansar	to rest	preparar	to prepare
desear (+ *inf.*)	to desire; to wish	regresar	to return
dibujar	to draw	terminar	to end; to finish
enseñar	to teach	tomar	to take; to drink
escuchar	to listen (to)	trabajar	to work
esperar (+ *inf.*)	to wait (for); to hope	viajar	to travel

▶ **¡Atención!** Unless referring to a person, the Spanish verbs **buscar**, **escuchar**, **esperar**, and **mirar** do not need to be followed by prepositions as they do in English.

Busco la tarea.
I'm looking for the homework.

Escucho la música.
I'm listening to the music.

Espero el autobús.
I'm waiting for the bus.

Miro la pizarra.
I'm looking at the board.

COMPARE & CONTRAST

English uses three sets of forms to talk about the present: (1) the simple present (*Paco works*), (2) the present progressive (*Paco is working*), and (3) the emphatic present (*Paco does work*). In Spanish, the simple present can be used in all three cases.

Paco **trabaja** en la cafetería.
1. Paco *works* in the cafeteria.
2. Paco *is working* in the cafeteria.
3. Paco *does work* in the cafeteria.

In Spanish and English, the present tense is also sometimes used to express future action.

Marina **viaja** a Madrid mañana.
1. Marina *travels* to Madrid tomorrow.
2. Marina *will travel* to Madrid tomorrow.
3. Marina *is traveling* to Madrid tomorrow.

▶ When two verbs are used together with no change of subject, the second verb is generally in the infinitive. To make a sentence negative in Spanish, the word **no** is placed before the conjugated verb. In this case, **no** means *not*.

Deseo hablar con el señor Díaz.
I want to speak with Mr. Díaz.

Alicia **no** desea bailar ahora.
Alicia doesn't want to dance now.

▸ Spanish speakers often omit subject pronouns because the verb endings indicate who the subject is. In Spanish, subject pronouns are used for emphasis, clarification, or contrast.

—¿Qué enseñan?
What do they teach?

—**Ella** enseña arte y **él** enseña física.
She teaches art, and he teaches physics.

—¿Quién desea trabajar hoy?
Who wants to work today?

—**Yo** no deseo trabajar hoy.
I don't want to work today.

The verb gustar

▸ **Gustar** is different from other **-ar** verbs. To express your likes and dislikes, use the expression **(no) me gusta** + **el/la** + [*singular noun*] or **(no) me gustan** + **los/las** + [*plural noun*]. Note: You may use the phrase **a mí** for emphasis, but never the subject pronoun **yo**.

Me gusta la música clásica.
I like classical music.

Me gustan las clases de español y biología.
I like Spanish and biology classes.

A mí me gustan las artes.
I like the arts.

A mí no me gusta el programa.
I don't like the program.

▸ To talk about what you like and don't like to do, use **(no) me gusta** + [*infinitive(s)*]. Note that the singular **gusta** is always used, even with more than one infinitive.

No me gusta viajar en autobús.
I don't like to travel by bus.

Me gusta cantar y **bailar**.
I like to sing and dance.

▸ To ask a friend about likes and dislikes, use the pronoun **te** instead of **me**. Note: You may use **a ti** for emphasis, but never the subject pronoun **tú**.

—¿**Te gusta la geografía?**
Do you like geography?

—**Sí, me gusta. Y a ti, ¿te gusta el inglés?**
Yes, I like it. And you, do you like English?

▸ You can use this same structure to talk about other people by using the pronouns **nos**, **le**, and **les**. Unless your instructor tells you otherwise, only the **me** and **te** forms will appear on test materials until **Lección 7**.

Nos gusta dibujar. (nosotros)
We like to draw.

Nos gustan las clases de español e inglés. (nosotros)
We like Spanish class and English class.

No le gusta trabajar.
(usted, él, ella)
You don't like to work.
He/She doesn't like to work.

Les gusta el arte.
(ustedes, ellos, ellas)
You like art.
They like art.

¡ATENCIÓN!
Note that **gustar** does not behave like other **-ar** verbs. You must study its use carefully and pay attention to prepositions, pronouns, and agreement.

AYUDA
Use the construction **a** + [*name/pronoun*] to clarify to whom you are referring. This construction is not always necessary.

A Gabriela le gusta bailar.
A Sara y a él les gustan los animales.
A mí me gusta viajar.
¿**A ti** te gustan las clases?

CONSULTA
For more on **gustar** and other verbs like it, see **Estructura 7.4**, pp. 246–247.

¡INTÉNTALO! Provide the present tense forms of these verbs.

hablar
1. Yo ___hablo___ español.
2. Ellos _____ español.
3. Inés _____ español.
4. Tú _____ español.
5. Nosotras _____ español.

gustar
1. ___Me gusta___ el café. (a mí)
2. ¿_____ las clases? (a ti)
3. No _____ el café. (a ti)
4. No _____ el café. (a mí)
5. No _____ las clases. (a mí)

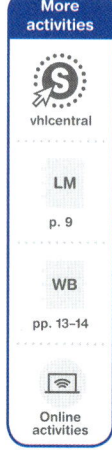

Práctica

1 Completar Complete the conversation with the appropriate forms of the verbs.

JUAN ¡Hola, Linda! ¿Qué tal las clases?

LINDA Bien. (1)_____ (tomar) tres clases… química, biología y computación. Y tú, ¿cuántas clases (2)_____ (tomar)?

JUAN (3)_____ (tomar) tres también… biología, arte y literatura. El doctor Cárdenas (4)_____ (enseñar) la clase de biología.

LINDA ¿Ah, sí? Lily, Alberto y yo (5)_____ (tomar) biología a las diez con la profesora Garza.

JUAN ¿(6)_____ (estudiar) mucho ustedes?

LINDA Sí, nosotros (7)_____ (necesitar) estudiar dos horas todos los días (*every day*).

2 Oraciones Form sentences. Remember to conjugate the verbs and add any other necessary words.

> **modelo**
> ustedes / practicar / vocabulario   Ustedes practican el vocabulario.

1. ¿preparar (tú) / tarea?
2. clase de español / terminar / once
3. ¿qué / buscar / ustedes?
4. (yo) comprar / calculadora
5. (nosotros) buscar / pluma

3 Gustos Use the information in parentheses to tell what the people like.

> **modelo**
> Yo enseño en la universidad. (las clases)   Me gustan las clases.

1. Tú deseas mirar cuadros (*paintings*) de Picasso. (el arte)
2. Busco una computadora. (la computación)
3. Tú estudias italiano y español. (las lenguas extranjeras)
4. No descansas los sábados. (cantar y bailar)
5. Soy estudiante de economía. (estudiar)

4 Actividades Get together with a partner and take turns asking each other if you do these activities. Which activities does your partner like? Which do you both like?

> **modelo**
> tomar el autobús
> **Estudiante 1:** ¿Tomas el autobús?
> **Estudiante 2:** Sí, tomo el autobús, pero (*but*) no me gusta./ No, no tomo el autobús.

bailar merengue	escuchar música rock	practicar el español
cantar bien	estudiar física	trabajar en la universidad
dibujar en clase	mirar la televisión	viajar a Europa

AYUDA

The Spanish **no** translates to both *no* and *not* in English. In negative answers to questions, you will need to use **no** twice:
¿Estudias geografía?
No, no estudio geografía.

Comunicación

5 **Describir** With a partner, describe what you see using the given verbs. Also ask your partner whether or not he/she likes one of the activities.

> **modelo**
> dibujar, escuchar
> **Estudiante 1:** La chica dibuja y escucha música. ¿Te gusta dibujar?
> **Estudiante 2:** Sí, me gusta dibujar.

1. desayunar, estudiar, conversar

2. llegar, cantar, bailar

3. trabajar, viajar, llevar

4. mirar, esperar, cenar

6 **Charadas** In groups of three, play a game of charades using the verbs. For example, if someone is studying, you say "**Estudias**." The first person to guess correctly acts out the next charade.

bailar	cantar	descansar	enseñar	mirar
caminar	conversar	dibujar	escuchar	preguntar

Síntesis

7 **Conversación** With a partner, prepare a conversation between two friends who have not seen each other on campus lately and want to catch up on things. Mention how you're feeling, what classes you're taking, what days and times you have classes, and which classes you like and don't like.

2.2 Forming questions in Spanish

ANTE TODO There are three basic ways to ask questions in Spanish. Can you guess what they are by looking at the photos and photo captions on this page?

Te gusta mucho la tarea, ¿no?

¿Hablas con tu mamá?

¿Estudia Maru?

AYUDA

With a partner, take turns saying out loud the example statements and questions on this page. Your pitch indicates whether you are making a statement or asking a question. Then take turns making up statements of your own and turning them into questions, using all three methods.

▶ One way to form a question is to raise the pitch of your voice at the end of a declarative sentence. When writing any question in Spanish, be sure to use an upside-down question mark (¿) at the beginning and a regular question mark (?) at the end of the sentence.

Statement	**Question**
Ustedes trabajan los sábados.	¿Ustedes trabajan los sábados?
You work on Saturdays.	*Do you work on Saturdays?*
Carlota busca un mapa.	¿Carlota busca un mapa?
Carlota is looking for a map.	*Is Carlota looking for a map?*

▶ You can also form a question by inverting the order of the subject and the verb of a declarative statement. The subject may even be placed at the end of the sentence.

Statement

SUBJECT   VERB
Ustedes trabajan los sábados.
You work on Saturdays.

SUBJECT   VERB
Carlota regresa a las seis.
Carlota returns at six.

Question

VERB   SUBJECT
¿**Trabajan ustedes** los sábados?
Do you work on Saturdays?

VERB   SUBJECT
¿**Regresa** a las seis **Carlota**?
Does Carlota return at six?

▶ Questions can also be formed by adding the tags ¿**no**? or ¿**verdad**? at the end of a statement.

Statement	**Question**
Ustedes trabajan los sábados.	Ustedes trabajan los sábados, ¿**no**?
You work on Saturdays.	*You work on Saturdays, don't you?*
Carlota regresa a las seis.	Carlota regresa a las seis, ¿**verdad**?
Carlota returns at six.	*Carlota returns at six, right?*

Question words

Interrogative words

¿Adónde?	Where (to)?	¿De dónde?	From where?
¿Cómo?	How?	¿Dónde?	Where?
¿Cuál?, ¿Cuáles?	Which?; Which one(s)?	¿Por qué?	Why?
¿Cuándo?	When?	¿Qué?	What?; Which?
¿Cuánto/a?	How much?	¿Quién?	Who?
¿Cuántos/as?	How many?	¿Quiénes?	Who (plural)?

▶ To ask a question that requires more than a *yes* or *no* answer, use an interrogative word.

¿**Cuál** de ellos estudia en la biblioteca?
Which of them studies in the library?

¿**Adónde** caminamos?
Where are we walking (to)?

¿**Cuántos** estudiantes hablan español?
How many students speak Spanish?

¿**Por qué** necesitas hablar con ella?
Why do you need to talk to her?

¿**Dónde** trabaja Ricardo?
Where does Ricardo work?

¿**Quién** enseña la clase de arte?
Who teaches the art class?

¿**Qué** clases tomas?
What classes are you taking?

¿**Cuánta** tarea hay?
How much homework is there?

▶ When you pronounce this type of question, the pitch of your voice falls at the end of the sentence.

¿**Cómo** llegas a clase?
How do you get to class?

¿**Por qué** necesitas estudiar?
Why do you need to study?

▶ Notice the difference between **¿por qué?**, which is written as two words and has an accent, and **porque**, which is written as one word without an accent.

¿**Por qué** estudias español?
Why do you study Spanish?

¡**Porque** es divertido!
Because it's fun!

▶ In Spanish **no** can mean both *no* and *not*. Therefore, when answering a yes/no question in the negative, you need to use **no** twice.

¿Caminan a la universidad?
Do you walk to the university?

No, **no** caminamos a la universidad.
No, we do not walk to the university.

> **CONSULTA**
> You will learn more about the difference between **qué** and **cuál** in **Estructura 9.3**, p. 316.

¡INTÉNTALO!

Make questions out of these statements. Use the intonation method and the tag **¿no?** method.

Statement	Intonation	Tag questions
1. Hablas inglés.	¿Hablas inglés?	Hablas inglés, ¿no?
2. Trabajamos mañana.		
3. Raúl estudia mucho.		
4. Ustedes desean bailar.		
5. Enseño a las nueve.		
6. Luz mira la televisión.		

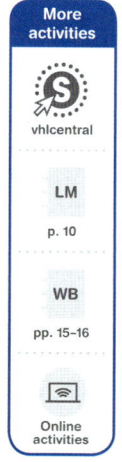

More activities

vhlcentral

LM
p. 10

WB
pp. 15–16

Online activities

En la universidad cincuenta y siete **57**

Práctica

1 **Preguntas** Change these sentences into questions by inverting the word order.

> **modelo**
> Ernesto habla con su compañero de clase.
> ¿Habla Ernesto con su compañero de clase? /
> ¿Habla con su compañero de clase Ernesto?

1. La profesora Cruz prepara la prueba.
2. Sandra y yo necesitamos estudiar.
3. Los chicos practican el vocabulario.
4. Tú trabajas en la biblioteca.
5. Jaime termina la tarea.

2 **Más preguntas** Change each statement into two questions, using the interrogative words given.

> **modelo**
> Ernesto habla bien en la clase de español. (¿quién? ¿dónde?)
> ¿Quién habla bien en la clase de español? /
> ¿Dónde habla bien Ernesto?

1. Ignacio estudia hoy porque hay un examen el jueves. (¿cuándo? ¿por qué?)
2. Tú trabajas seis horas en la librería. (¿cuántas? ¿dónde?)
3. Los chicos practican el vocabulario en clase. (¿quiénes? ¿qué?)
4. Valeria y Sergio viajan a Barcelona en autobús. (¿adónde? ¿cómo?)
5. Catalina y Susana cenan en la cafetería. (¿quiénes? ¿dónde?)

3 **Completar** Complete the conversation with the appropriate questions.

IRENE Hola, Manolo. (1)_____
MANOLO Bien, gracias. (2)_____
IRENE Muy bien. (3)_____
MANOLO Son las nueve.
IRENE (4)_____
MANOLO Estudio historia.
IRENE (5)_____
MANOLO Porque hay un examen mañana.
IRENE (6)_____
MANOLO Sí, me gusta mucho la clase.
IRENE (7)_____
MANOLO El profesor Padilla enseña la clase.
IRENE (8)_____
MANOLO No, no tomo psicología este (*this*) semestre.

Comunicación

4 **Encuesta** Your instructor will give you a worksheet. Change the categories in the first column into questions, then use them to survey your classmates. Find at least one person for each category. Be prepared to report the results of your survey to the class.

5 **Un juego** In groups of four or five, play a game (**un juego**) of Jeopardy®. Each person has to write two clues. Then take turns reading the clues and guessing the questions. The person who guesses correctly reads the next clue.

> **Es algo que...**   **Es un lugar donde...**   **Es una persona que...**
> *It's something that...*   *It's a place where...*   *It's a person that...*

modelo

Estudiante 1: Es un lugar donde estudiamos.
Estudiante 2: ¿Qué es la biblioteca?

Estudiante 1: Es algo que escuchamos.
Estudiante 2: ¿Qué es la música?

Estudiante 1: Es un director de España.
Estudiante 2: ¿Quién es Pedro Almodóvar?

> **NOTA CULTURAL**
> **Pedro Almodóvar** is an award-winning film director from Spain. His films are full of both humor and melodrama, and their controversial subject matter has often sparked great debate. His film **Hable con ella** won the Oscar for Best Original Screenplay in 2002. His 2006 hit **Volver** was nominated for numerous awards, and won the Best Screenplay and Best Actress award for the entire female cast at the Cannes Film Festival.

6 **El nuevo estudiante** You are a transfer student and today is your first day of Spanish class. Ask your partner questions to find out all you can about the class, your classmates, and the university. Use the list for ideas. Then switch roles.

biblioteca	curso	librería
cafetería	especialización	residencia estudiantil
clase	examen	tarea

modelo

Estudiante 1: Hola, me llamo Samuel. ¿Cómo te llamas?
Estudiante 2: Me llamo Laura.
Estudiante 1: En la universidad hay cursos de ciencias, ¿verdad?
Estudiante 2: Sí, hay clases de biología, química y física.
Estudiante 1: ¿Cuántos exámenes hay en esta clase?
Estudiante 2: Hay dos.

Síntesis

7 **Entrevista** You are a reporter for the school newspaper. Write five questions about student life at your school and use them to interview two classmates. Be prepared to report your findings to the class.

En la universidad

2.3 Present tense of estar Tutorial

CONSULTA
To review the forms of **ser**, see **Estructura 1.3**, pp. 19–21.

ANTE TODO In **Lección 1**, you learned how to conjugate and use the verb **ser** (*to be*). You will now learn a second verb which means *to be*, the verb **estar**. Although **estar** ends in **-ar**, it does not follow the pattern of regular **-ar** verbs. The **yo** form (**estoy**) is irregular. Also, all forms have an accented **á** except the **yo** and **nosotros/as** forms.

The verb estar (*to be*)

SINGULAR FORMS
yo	est**oy**	*I am*
tú	est**ás**	*you* (fam.) *are*
Ud./él/ella	est**á**	*you* (form.) *are; he/she is*

PLURAL FORMS
nosotros/as	est**amos**	*we are*
vosotros/as	est**áis**	*you* (fam.) *are*
Uds./ellos/ellas	est**án**	*you are; they are*

¡Estamos en Perú!

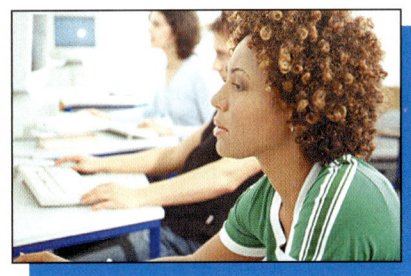
María está en la biblioteca.

COMPARE & CONTRAST

Compare the uses of the verb **estar** to those of the verb **ser**.

Uses of *estar*

Location
Estoy en casa.
I am at home.

Marissa **está** al lado de Felipe.
Marissa is next to Felipe.

Health
Juan Carlos **está** enfermo hoy.
Juan Carlos is sick today.

Well-being
—¿Cómo **estás**, Jimena?
How are you, Jimena?

—**Estoy** muy bien, gracias.
I'm very well, thank you.

Uses of *ser*

Identity
Hola, **soy** Maru.
Hello, I'm Maru.

Occupation
Soy estudiante.
I'm a student.

Origin
—¿**Eres** de México?
Are you from Mexico?

—Sí, **soy** de México.
Yes, I'm from Mexico.

Telling time
Son las cuatro.
It's four o'clock.

AYUDA
Use **la casa** to express *the house*, but **en casa** to express *at home*.

CONSULTA
To learn more about the difference between **ser** and **estar**, see **Estructura 5.3**, pp. 170–171.

▶ **Estar** is often used with certain prepositions and adverbs to describe the location of a person or an object.

Prepositions and adverbs often used with estar

al lado de	next to	delante de	in front of
a la derecha de	to the right of	detrás de	behind
a la izquierda de	to the left of	en	in; on
allá	over there	encima de	on top of
allí	there	entre	between
cerca de	near	lejos de	far from
con	with	sin	without
debajo de	below	sobre	on; over

El marcador **está al lado de** la pluma.
The marker is next to the pen.

Los libros **están encima del** escritorio.
The books are on top of the desk.

El laboratorio **está cerca de** la clase.
The lab is near the classroom.

Maribel **está delante de** José.
Maribel is in front of José.

La maleta **está allí**.
The suitcase is there.

El estadio no **está lejos de** la librería.
The stadium isn't far from the bookstore.

El mapa **está entre** la pizarra y la puerta.
The map is between the board and the door.

Los estudiantes **están en** la clase.
The students are in class.

La calculadora **está sobre** la mesa.
The calculator is on the table.

Los turistas **están allá**.
The tourists are over there.

Estamos lejos de casa.

La biblioteca está al lado de la librería.

¡INTÉNTALO! Provide the present tense forms of **estar**.

1. Ustedes _están_ en la clase.
2. José _____ en la biblioteca.
3. Yo _____ bien, gracias.
4. Nosotras _____ en la cafetería.
5. Tú _____ en el laboratorio.
6. Ellas _____ en la clase.
7. Elena _____ en la librería.
8. Ana y yo _____ en la clase.
9. Javier y Maribel _____ en el estadio.
10. ¿Cómo _____ usted?
11. Nosotros _____ en la cafetería.
12. Yo _____ en el laboratorio.
13. Carmen y María _____ enfermas.
14. Tú _____ en la clase.

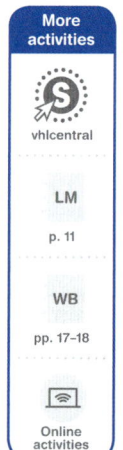

Práctica

1 **Completar** Complete the conversation with the appropriate forms of **ser** or **estar**.

MAMÁ Hola, Daniela. ¿Cómo (1)_____?
DANIELA Hola, mamá. (2)_____ bien. ¿Dónde (3)_____ papá? ¡Ya (*Already*) (4)_____ las ocho de la noche!
MAMÁ No (5)_____ aquí. (6)_____ en la oficina.
DANIELA Y Andrés y Margarita, ¿dónde (7)_____ ellos?
MAMÁ (8)_____ en el restaurante La Palma con Martín.
DANIELA ¿Quién (9)_____ Martín?
MAMÁ (10)_____ un compañero de clase. (11)_____ de México.
DANIELA Ah. Y el restaurante La Palma, ¿dónde (12)_____?
MAMÁ (13)_____ cerca de la Plaza Mayor, en San Modesto.
DANIELA Gracias, mamá. Voy (*I'm going*) al restaurante. ¡Hasta pronto!

NOTA CULTURAL

In many Spanish-speaking countries, students attend college in their home city. Many tend to live at home instead of in a college dormitory. However, students from small towns without universities typically study away from home.

2 **Escoger** Choose the preposition that best completes each sentence.

1. La pluma está (encima de / detrás de) la mesa.
2. La ventana está (a la izquierda de / debajo de) la puerta.
3. La pizarra está (debajo de / delante de) los estudiantes.
4. Los estudiantes llevan los libros (en / sobre) la mochila.
5. España está (cerca de / lejos de) Puerto Rico.
6. La biblioteca está (sobre / al lado de) la residencia estudiantil.
7. Las sillas están (encima de / detrás de) los escritorios.
8. México está (cerca de / lejos de) los Estados Unidos.

3 **La librería** Ask the school bookstore clerk (your partner) the location of items in the drawing.

modelo
Estudiante 1: ¿Dónde están las computadoras?
Estudiante 2: Las computadoras están encima de la mesa.

NOTA CULTURAL

Many universities in the Spanish-speaking world do not have a central campus bookstore. Students generally purchase their texts at designated commercial bookstores.

Comunicación

4 **¿Dónde estás…?** Get together with a partner and take turns asking each other where you normally are at these times.

> **modelo**
>
> lunes / 10:00 a.m.
> **Estudiante 1:** ¿Dónde estás los lunes a las diez de la mañana?
> **Estudiante 2:** Estoy en la clase de español.

1. sábados / 6:00 a.m.
2. miércoles / 9:15 a.m.
3. lunes / 11:10 a.m.
4. jueves / 12:30 a.m.
5. viernes / 2:25 p.m.
6. martes / 3:50 p.m.
7. jueves / 5:45 p.m.
8. miércoles / 8:20 p.m.

5 **La ciudad universitaria** You are an exchange student at a Spanish university. Ask a classmate to identify the people for you.

> **modelo**
>
> **Estudiante 1:** ¿Quién es Valeria? ¿Está a la izquierda de la facultad?
> **Estudiante 2:** Sí, está a la izquierda de la facultad. Está al lado de David.

¡LENGUA VIVA!

La Facultad (*School*) de Filosofía y Letras includes departments such as language, literature, philosophy, history, and linguistics. Fine arts can be studied in **la Facultad de Bellas Artes**. In Spain, the business school is sometimes called **la Facultad de Administración de Empresas**. **Residencias estudiantiles** are referred to as **colegios mayores**.

Síntesis

6 **Entrevista** With a partner, take turns asking and answering these questions.

1. ¿Cómo estás?
2. ¿Dónde tomas la clase de inglés/periodismo/física/computación?
3. ¿Dónde está tu (*your*) compañero/a de cuarto ahora?
4. ¿Cuántos estudiantes hay en tu clase de historia/literatura/química/matemáticas?
5. ¿Quién(es) no está(n) en la clase hoy?
6. ¿A qué hora terminan tus clases los lunes?
7. ¿Estudias mucho?
8. ¿Cuántas horas estudias para (*for*) una prueba?

2.4 Numbers 31 and higher

ANTE TODO You have already learned numbers 0–30. Now you will learn the rest of the numbers.

Numbers 31–100

▶ Numbers 31–99 follow the same basic pattern as 21–29.

Numbers 31–100

31	treinta y uno	40	cuarenta	50	cincuenta
32	treinta y dos	41	cuarenta y uno	51	cincuenta y uno
33	treinta y tres	42	cuarenta y dos	52	cincuenta y dos
34	treinta y cuatro	43	cuarenta y tres	60	sesenta
35	treinta y cinco	44	cuarenta y cuatro	63	sesenta y tres
36	treinta y seis	45	cuarenta y cinco	64	sesenta y cuatro
37	treinta y siete	46	cuarenta y seis	70	setenta
38	treinta y ocho	47	cuarenta y siete	80	ochenta
39	treinta y nueve	48	cuarenta y ocho	90	noventa
		49	cuarenta y nueve	100	cien, ciento

▶ **Y** is used in most numbers from **31** through **99**. Unlike numbers 21–29, these numbers must be written as three separate words.

Hay **noventa y dos** exámenes.
There are ninety-two exams.

Hay **cuarenta y dos** estudiantes.
There are forty-two students.

Hay cuarenta y siete estudiantes en la clase de geografía.

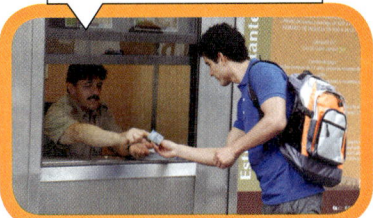

Cien menos sesenta y cuatro son treinta y seis pesos de cambio.

▶ With numbers that end in **uno** (31, 41, etc.), **uno** becomes **un** before a masculine noun and **una** before a feminine noun.

Hay **treinta y un** chicos.
There are thirty-one guys.

Hay **treinta y una** chicas.
There are thirty-one girls.

▶ **Cien** is used before nouns and in counting. The words **un**, **una**, and **uno** are never used before **cien** in Spanish. Use **cientos** to say *hundreds*.

Hay **cien** libros y **cien** sillas.
There are one hundred books and one hundred chairs.

¿Cuántos libros hay? **Cientos.**
How many books are there? Hundreds.

Numbers 101 and higher

▶ As shown in the chart, Spanish uses a period to indicate thousands and millions, rather than a comma, as is used in English.

Numbers 101 and higher

101	ciento uno	1.000	mil
200	doscientos/as	1.100	mil cien
300	trescientos/as	2.000	dos mil
400	cuatrocientos/as	5.000	cinco mil
500	quinientos/as	100.000	cien mil
600	seiscientos/as	200.000	doscientos/as mil
700	setecientos/as	550.000	quinientos/as cincuenta mil
800	ochocientos/as	1.000.000	un millón (de)
900	novecientos/as	8.000.000	ocho millones (de)

▶ Notice that you should use **ciento**, not **cien**, to count numbers over 100.

110 = **ciento diez**   118 = **ciento dieciocho**   150 = **ciento cincuenta**

▶ The numbers 200 through 999 agree in gender with the nouns they modify.

324 plum**as**
trescient**as** veinticuatro plum**as**

3.505 libr**os**
tres mil quinient**os** cinco libr**os**

▶ The word **mil**, which can mean *a thousand* and *one thousand*, is not usually used in the plural form to refer to an exact number, but it can be used to express the idea of *a lot*, *many*, or *thousands*. **Cientos** can also be used to express *hundreds* in this manner.

¡Hay **miles** de personas en el estadio!
There are thousands of people in the stadium!

Hay **cientos** de libros en la biblioteca.
There are hundreds of books in the library.

▶ To express a complex number (including years), string together all of its components.

55.422   cincuenta y cinco mil cuatrocientos veintidós

¡LENGUA VIVA!

In parts of Latin America, you will see a comma instead of a period to indicate thousands and millions.

¡LENGUA VIVA!

In Spanish, years are not expressed as pairs of two-digit numbers as they are in English (1979, *nineteen seventy-nine*): 1776, **mil setecientos setenta y seis**; 1945, **mil novecientos cuarenta y cinco**; 2016, **dos mil dieciséis**.

¡ATENCIÓN!

When **millón** or **millones** is used before a noun, the word **de** is placed between the two:
1.000.000 hombres = un millón de hombres
12.000.000 casas = doce millones de casas.

¡INTÉNTALO! Write out the Spanish equivalent of each number.

1. **102** _ciento dos_
2. **5.000.000** _____
3. **76** _____
4. **201** _____
5. **92** _____
6. **550.300** _____
7. **113** _____
8. **79** _____
9. **235** _____
10. **88** _____
11. **17.123** _____
12. **497** _____

En la universidad sesenta y cinco **65**

Práctica y Comunicación

1 **Baloncesto** Provide these basketball scores in Spanish.

1. Ohio State 76, Michigan 65
2. Florida 92, Florida State 104
3. Stanford 83, UCLA 89
4. Duke 115, Virginia 121
5. Princeton 67, Harvard 55
6. Purdue 81, Indiana 78

2 **Completar** Following the pattern, write out the missing numbers in Spanish.

1. 50, 150, 250 … 1.050
2. 5.000, 20.000, 35.000 … 95.000
3. 100.000.000, 90.000.000, 80.000.000 … 0
4. 100.000, 200.000, 300.000 … 1.000.000

3 **Resolver** In pairs, take turns reading the math problems aloud for your partner to solve.

> **modelo**
> 200 + 300 =
> **Estudiante 1:** Doscientos más trescientos son…
> **Estudiante 2:** …quinientos.

AYUDA
+ → más
− → menos
= → son

1. 1.000 + 753 =
2. 1.000.000 − 30.000 =
3. 10.000 + 555 =
4. 15 + 150 =
5. 100.000 + 205.000 =
6. 29.000 − 10.000 =

4 **Entrevista** Find out the phone numbers and e-mail addresses of four classmates.

> **modelo**
> **Estudiante 1:** ¿Cuál es tu (your) número de teléfono?
> **Estudiante 2:** Es el 635-19-51.
> **Estudiante 1:** ¿Y tu dirección de correo electrónico?
> **Estudiante 2:** Es a-Smith-arroba-pe-ele-punto-e-de-u. (asmith@pl.edu)

AYUDA
arroba *at* (@)
punto *dot* (.)

Síntesis

5 **¿A qué distancia…?** Your instructor will give you and a partner incomplete charts that indicate the distances between Madrid and various locations. Fill in the missing information on your chart by asking your partner questions.

> **modelo**
> **Estudiante 1:** ¿A qué distancia está Arganda del Rey?
> **Estudiante 2:** Está a veintisiete kilómetros de Madrid.

Recapitulación

Review the grammar concepts you have learned in this lesson by completing these activities.

1 **Completar** Complete the chart with the correct verb forms. `24 pts.`

yo	tú	nosotros	ellas
compro			
	deseas		
		miramos	
			preguntan

2 **Números** Write these numbers in Spanish. `16 pts.`

> **modelo**
> 645: seiscientos cuarenta y cinco

1. **49:** _____
2. **97:** _____
3. **113:** _____
4. **632:** _____
5. **1.781:** _____
6. **3.558:** _____
7. **1.006.015:** _____
8. **67.224.370:** _____

3 **Preguntas** Write questions for these answers. `12 pts.`

1. —¿_____ Patricia?
   —Patricia es de Colombia.
2. —¿_____ él?
   —Él es mi amigo (*friend*).
3. —¿_____ (tú)?
   —Hablo dos idiomas (*languages*).
4. —¿_____ (ustedes)?
   —Deseamos tomar café.
5. —¿_____ ?
   —Tomo biología porque me gustan las ciencias.
6. —¿_____ ?
   —Camilo descansa por las mañanas.

RESUMEN GRAMATICAL

2.1 Present tense of -ar verbs *pp. 50–52*

estudiar	
estudi**o**	estudi**amos**
estudi**as**	estudi**áis**
estudi**a**	estudi**an**

The verb gustar

(no) me gusta + el/la + [*singular noun*]

(no) me gustan + los/las + [*plural noun*]

(no) me gusta + [*infinitive(s)*]

Note: You may use **a mí** for emphasis, but never **yo**.

To ask a friend about likes and dislikes, use **te** instead of **me**, but never **tú**.

¿Te gusta la historia?

2.2 Forming questions in Spanish *pp. 55–56*

▶ ¿Ustedes trabajan los sábados?
▶ ¿Trabajan ustedes los sábados?
▶ Ustedes trabajan los sábados, ¿verdad?/¿no?

Interrogative words		
¿Adónde?	¿Cuánto/a?	¿Por qué?
¿Cómo?	¿Cuántos/as?	¿Qué?
¿Cuál(es)?	¿De dónde?	¿Quién(es)?
¿Cuándo?	¿Dónde?	

2.3 Present tense of estar *pp. 59–60*

▶ estar: est**oy**, est**ás**, est**á**, est**amos**, est**áis**, est**án**

2.4 Numbers 31 and higher *pp. 63–64*

31	treinta y uno	101	ciento uno
32	treinta y dos	200	doscientos/as
	(and so on)	500	quinientos/as
40	cuarenta	700	setecientos/as
50	cincuenta	900	novecientos/as
60	sesenta	1.000	mil
70	setenta	2.000	dos mil
80	ochenta	5.100	cinco mil cien
90	noventa	100.000	cien mil
100	cien, ciento	1.000.000	un millón (de)

En la universidad

4 **Al teléfono** Complete this phone conversation with the correct forms of the verb **estar**. `16 pts.`

MARÍA TERESA Hola, señora López. (1) ¿_____ Elisa en casa?
SRA. LÓPEZ Hola, ¿quién es?
MARÍA TERESA Soy María Teresa. Elisa y yo (2) _____ en la misma (*same*) clase de literatura.
SRA. LÓPEZ ¡Ah, María Teresa! ¿Cómo (3) _____ ?
MARÍA TERESA (4) _____ muy bien, gracias. Y usted, ¿cómo (5) _____ ?
SRA. LÓPEZ Bien, gracias. Pues, no, Elisa no (6) _____ en casa. Ella y su hermano (*her brother*) (7) _____ en la Biblioteca Cervantes.
MARÍA TERESA ¿Cervantes?
SRA. LÓPEZ Es la biblioteca que (8) _____ al lado del café Bambú.
MARÍA TERESA ¡Ah, sí! Gracias, señora López.
SRA. LÓPEZ Hasta luego, María Teresa.

5 **¿Qué te gusta?** Write a paragraph of at least five sentences stating what you like and don't like about your university. If possible, explain your likes and dislikes. `32 pts.`

> Me gusta la clase de música porque no hay muchos exámenes. No me gusta cenar en la cafetería...

6 **Canción** Use the appropriate forms of the verb **gustar** to complete the beginning of a popular song by Manu Chao. `4 EXTRA points!`

"Me _____ los aviones°,
me gustas tú,
me _____ viajar,
me gustas tú,
me gusta la mañana,
me gustas tú."

aviones *airplanes*

2 adelante

Audio: Reading

Lectura

Antes de leer

Estrategia
Predicting content through formats

Recognizing the format of a document can help you to predict its content. For instance, invitations, greeting cards, and classified ads follow an easily identifiable format, which usually gives you a general idea of the information they contain. Look at the text and identify it based on its format.

	lunes	martes	miércoles	jueves	viernes
8:30	biología		biología		biología
9:00		historia		historia	
9:30	inglés		inglés		inglés
10:00					
10:30					
11:00					
12:00					
12:30					
1:00					
2:00	arte		arte		arte

If you guessed that this is a page from a student's schedule, you are correct. You can now infer that the document contains information about a student's weekly schedule, including days, times, and activities.

Cognados
Make a list of the cognates in the text and guess their English meanings. What do cognates reveal about the content of the document?

Examinar el texto
Look at the format of the document entitled *¡Español en Madrid!* What type of text is it? What information do you expect to find in this type of document?

More activities

¡ESPAÑOL EN MADRID!

UAE

Programa de Cursos Intensivos de Español
Universidad Autónoma de España

Después de leer

Correspondencias
Provide the letter of each item in Column B that matches the words in Column A.

A
1. profesores
2. vivienda
3. Madrid
4. número de teléfono
5. Español 2B
6. número de fax

B
a. (34) 91 523 4500
b. (34) 91 524 0210
c. 23 junio–30 julio
d. capital cultural de Europa
e. 16 junio–22 julio
f. especializados en enseñar español como lengua extranjera
g. (34) 91 523 4623
h. familias españolas

Universidad Autónoma de España

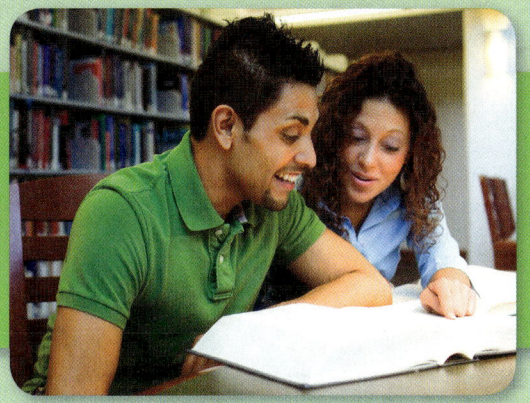

Madrid, la capital cultural de Europa, y la UAE te ofrecen cursos intensivos de verano° para aprender° español como nunca antes°.

¿Dónde?
En el campus de la UAE, edificio° de la Facultad de Filosofía y Letras.

¿Quiénes son los profesores?
Son todos hablantes nativos del español y catedráticos° de la UAE especializados en enseñar el español como lengua extranjera.

¿Qué niveles se ofrecen?
Se ofrecen tres niveles° básicos:
1. Español Elemental, A, B y C
2. Español Intermedio, A y B
3. Español Avanzado, A y B

Viviendas
Para estudiantes extranjeros se ofrece vivienda° con familias españolas.

¿Cuándo?
Este verano desde° el 16 de junio hasta el 10 de agosto. Los cursos tienen una duración de 6 semanas.

Cursos	Empieza°	Termina
Español 1A	16 junio	22 julio
Español 1B	23 junio	30 julio
Español 1C	30 junio	10 agosto
Español 2A	16 junio	22 julio
Español 2B	23 junio	30 julio
Español 3A	16 junio	22 julio
Español 3B	23 junio	30 julio

Información
Para mayor información, sirvan comunicarse con la siguiente° oficina:

Universidad Autónoma de España
Programa de Español como Lengua Extranjera
Calle del Valle de Mena 95, 28039 Madrid, España
Tel. (34) 91 523 4500, **Fax** (34) 91 523 4623
www.uae.es

verano summer aprender to learn nunca antes never before edificio building catedráticos professors niveles levels vivienda housing desde from Empieza Begins siguiente following

¿Cierto o falso?

Indicate whether each statement is **cierto** or **falso**. Then correct the false statements.

1. La Universidad Autónoma de España ofrece (*offers*) cursos intensivos de italiano.
2. La lengua nativa de los profesores del programa es el inglés.
3. Los cursos de español son en la Facultad de Ciencias.
4. Los estudiantes pueden vivir (*can live*) con familias españolas.
5. La universidad que ofrece los cursos intensivos está en Salamanca.
6. Español 3B termina en agosto.
7. Si deseas información sobre (*about*) los cursos intensivos de español, es posible llamar al (34) 91 523 4500.
8. Español 1A empieza en julio.

Escritura

Estrategia
Brainstorming

How do you find ideas to write about? In the early stages of writing, brainstorming can help you generate ideas on a specific topic. You should spend ten to fifteen minutes brainstorming and jotting down any ideas about the topic. Whenever possible, try to write your ideas in Spanish. Express your ideas in single words or phrases, and jot them down in any order. While brainstorming, don't worry about whether your ideas are good or bad. Selecting and organizing ideas should be the second stage of your writing. Remember that the more ideas you write down while you're brainstorming, the more options you'll have to choose from later when you start to organize your ideas.

Me gusta
- bailar
- viajar
- mirar la televisión
- la clase de español
- la clase de psicología

No me gusta
- cantar
- dibujar
- trabajar
- la clase de química
- la clase de biología

Tema
Una descripción

Write a description of yourself to post in a chat room on a website in order to meet Spanish-speaking people. Include this information in your description:

▶ your name and where you are from, and a photo (optional) of yourself
▶ your major and where you go to school
▶ the courses you are taking
▶ where you work (if you have a job)
▶ some of your likes and dislikes

Hola! Me llamo Alicia Roberts. Estudio matemáticas en la Universidad de Toronto.

Escuchar

Antes de escuchar

Estrategia
Listening for cognates

You already know that cognates are words that have similar spellings and meanings in two or more languages: for example, *group* and **grupo** or *stereo* and **estéreo**. Listen for cognates to increase your comprehension of spoken Spanish.

To help you practice this strategy, you will now listen to two sentences. Make a list of all the cognates you hear.

Preparación
Based on the photograph, who do you think Armando and Julia are? What do you think they are talking about?

Ahora escucha

Armando y Julia
Now you are going to hear Armando and Julia's conversation. Make a list of the cognates they use.

Armando	Julia
_____	_____
_____	_____
_____	_____
_____	_____

Based on your knowledge of cognates, decide whether the following statements are **cierto** or **falso**.

	Cierto	Falso
1. Armando y Julia hablan de la familia.	○	○
2. Armando y Julia toman una clase de matemáticas.	○	○
3. Julia toma clases de ciencias.	○	○
4. Armando estudia lenguas extranjeras.	○	○
5. Julia toma una clase de religión.	○	○

Comprensión

Seleccionar
Choose the answer that best completes each sentence.
1. Armando toma _____ clases en la universidad.
   a. cuatro   b. cinco   c. seis
2. Julia toma dos clases de _____.
   a. matemáticas   b. lengua   c. ciencias
3. Armando toma italiano y _____.
   a. astronomía   b. japonés   c. geología
4. Armando y Julia estudian _____ los martes y jueves.
   a. filosofía   b. antropología   c. italiano

Preguntas
Answer the questions.
1. ¿Qué clases toma Armando?
   _____
2. ¿Qué clases toma Julia?
   _____

Preguntas personales
1. ¿Cuántas clases tomas tú este semestre?
2. ¿Qué clases tomas este semestre?
3. ¿Qué clases te gustan y qué clases no te gustan?

En pantalla Video

Christmas isn't always in winter. During the months of cold weather and snow in North America, the southern hemisphere enjoys warm weather and longer days. Since Chile's summer lasts from December to February, school vacation coincides with these months. In Chile, the school year starts in early March and finishes toward the end of December.

Vocabulario útil

quería	I wanted
pedirte	to ask you
te preocupa	it worries you
ahorrar	to save (money)
Navidad	Christmas
aprovecha	take advantage of
nuestras	our
ofertas	offers, deals
calidad	quality
no cuesta	doesn't cost

Preparación

Think about occasions when you normally receive gifts. How do you let your family and friends know what you want? Do you usually get what you want?

¿Qué hay?

For each item, write **sí** if it appears in the TV clip or **no** if it does not.

____ 1. papelera   ____ 5. diccionario
____ 2. lápiz   ____ 6. cuaderno
____ 3. mesa   ____ 7. calculadora
____ 4. computadora   ____ 8. ventana

¿Qué quieres?

Write a list of things that you want for your next birthday. Then read it to the class so they know what to get you. Use as much Spanish as you can.

> Lista de cumpleaños°
>
> Quiero°...

cumpleaños *birthday* Quiero *I want* Viejito Pascuero *Santa Claus (Chile)*

Anuncio de Jumbo

Viejito Pascuero°...

¿Cómo se escribe *mountain bike*?

M... O...

En la universidad

  Video

Mexican author and diplomat Octavio Paz (March 31, 1914–April 19, 1998) studied both law and literature at the **Universidad Nacional Autónoma de México** (**UNAM**), but after graduating he immersed himself in the art of writing. An incredibly prolific writer of poetry and essays, Paz solidified his prestige as Mexico's preeminent author with his 1950 book *El laberinto de la soledad*, a fundamental study of Mexican identity. Among the many awards he received in his lifetime are the **Premio Miguel de Cervantes** (1981) and Nobel Prize for Literature (1990). Paz foremost considered himself a poet and affirmed that poetry constitutes "**la religión secreta de la edad° moderna**".

Vocabulario útil

¿Cuál es tu materia favorita?	What is your favorite subject?
¿Cuántos años tienes?	How old are you?
¿Qué estudias?	What do you study?
el/la alumno/a	student
la carrera (de medicina)	(medical) degree program, major
derecho	law
reconocido	well-known

Preparación

What is the name of your school or university? What degree program are you in? What classes are you taking this semester?

Emparejar

Match the first part of the sentence with the appropriate ending.

1. En la UNAM no hay
2. México, D.F. es
3. La UNAM es
4. La UNAM ofrece

a. una universidad muy grande.
b. 74 carreras de estudio.
c. residencias estudiantiles.
d. la ciudad más grande (*biggest*) de Hispanoamérica.

Los estudios

—¿Qué estudias?
—Ciencias de la comunicación.

Estudio derecho en la UNAM.

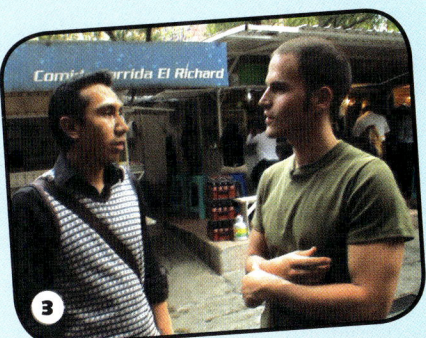

¿Conoces a algún° profesor famoso que dé° clases... en la UNAM?

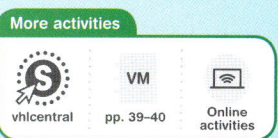

edad *age*   ¿Conoces a algún...? *Do you know any...?*   que dé *that teaches*

2 panorama

España

El país en cifras

- **Área:** 505.370 km² (kilómetros cuadrados) o 195.124 millas cuadradas°, incluyendo las islas Baleares y las islas Canarias
- **Población:** 48.958.000
- **Capital:** Madrid—6.199.000
- **Ciudades° principales:** Barcelona—5.258.000, Valencia—810.000, Sevilla, Zaragoza
- **Moneda°:** euro
- **Idiomas°:** español o castellano, catalán, gallego, valenciano, euskera

Regiones lingüísticas

Bandera de España

Españoles célebres
- **Miguel de Cervantes,** escritor° (1547–1616)
- **Pedro Almodóvar,** director de cine° (1949–)
- **Rosa Montero,** escritora y periodista° (1951–)
- **Fernando Alonso,** corredor de autos° (1981–)
- **Paz Vega,** actriz° (1976–)
- **Severo Ochoa,** Premio Nobel de Medicina, 1959; doctor y científico (1905–1993)

millas cuadradas *square miles* Ciudades *Cities* Moneda *Currency* Idiomas *Languages* escritor *writer* cine *film* periodista *reporter* corredor de autos *race car driver* actriz *actress*

La Sagrada Familia en Barcelona

Plaza Mayor en Madrid

Mar Cantábrico · La Coruña · San Sebastián · FRANCIA · ANDORRA · Pirineos · Zaragoza · Río Ebro · Barcelona · PORTUGAL · Salamanca · ESPAÑA · Madrid · Valencia · Menorca · Mallorca · Ibiza · Islas Baleares · Sevilla · Sierra Nevada · Mar Mediterráneo · Estrecho de Gibraltar · Ceuta · Melilla · MARRUECOS

La costa de Ibiza

El baile flamenco

Islas Canarias: La Palma · Tenerife · Gran Canaria · Lanzarote · Gomera · Hierro

ACTIVIDADES

1 Escoger Elige las respuestas correctas.

1. ¿Qué celebran las personas cada año en Buñol, Valencia?
   a. el día de la lengua española b. el festival de *La Tomatina*
2. ¿Quién es Rosa Montero?
   a. una actriz b. una escritora
3. ¿Cuál es la moneda de España?
   a. el peso b. el euro
4. ¿Cuáles son algunas de las ciudades más importantes de España?
   a. Barcelona y Valencia b. Barcelona y La Coruña
5. ¿Quién es el pintor de *Las meninas*?
   a. El Greco b. Velázquez
6. ¿Quién es un pintor español famoso?
   a. Goya b. Andrés

Gastronomía • José Andrés

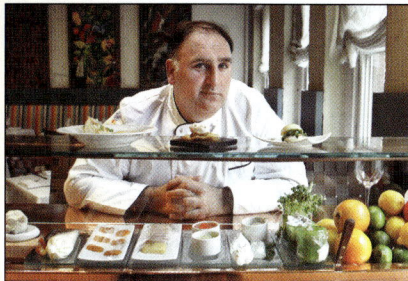

José Andrés es un chef español famoso internacionalmente°. Le gusta combinar platos° tradicionales de España con las técnicas de cocina más innovadoras°. Andrés vive° en Washington, DC, y es dueño° de varios restaurantes en los EE.UU. En 2012 la revista° *Time* lo incluyó° en su lista de las "100 personas más influyentes° del mundo". También° ha estado° en el programa *Top Chef*.

Cultura • La diversidad

La riqueza° cultural y lingüística de España refleja la combinación de las diversas culturas que han habitado° en su territorio durante siglos°. El español es la lengua oficial del país, pero también son oficiales el catalán, el gallego, el euskera y el valenciano.

Póster en catalán

▷ Artes • Velázquez y el Prado

El Prado, en Madrid, es uno de los museos más famosos del mundo°. En el Prado hay pinturas° importantes de Botticelli, de El Greco y de los españoles Goya y Velázquez. *Las meninas* es la obra° más conocida° de Diego Velázquez, pintor° oficial de la corte real° durante el siglo° XVII.

Las meninas, Diego Velázquez, 1656

▷ Comida • La paella

La paella es uno de los platos más típicos de España. Siempre se prepara° con arroz° y azafrán°, pero hay diferentes recetas°. La paella valenciana, por ejemplo, es de pollo° y conejo°, y la paella marinera es de mariscos°.

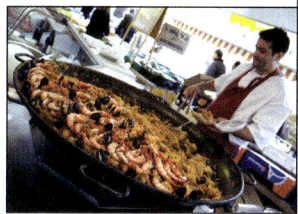

internacionalmente *internationally* platos *dishes* más innovadoras *most innovative* vive *lives* dueño *owner* revista *magazine* lo incluyó *included him* influyentes *influential* También *Also* ha estado *has been* riqueza *richness* han habitado *have lived* durante siglos *for centuries* mundo *world* pinturas *paintings* obra *work* más conocida *best-known* pintor *painter* corte real *royal court* siglo *century* Siempre se prepara *It is always prepared* arroz *rice* azafrán *saffron* recetas *recipes* pollo *chicken* conejo *rabbit* mariscos *seafood*

¡Increíble pero cierto!

En Buñol, un pueblo° de Valencia, la producción de tomates es un recurso económico muy importante. Cada año° se celebra el festival de *La Tomatina*. Durante todo un día°, miles de personas se tiran° tomates. Llegan turistas de todo el país, y se usan varias toneladas° de tomates.

pueblo *town* Cada año *Every year* Durante todo un día *All day long* se tiran *throw at each other* varias toneladas *many tons*

---

2 **¿Qué aprendiste?** Completa las oraciones.

1. El chef español _____ es muy famoso.
2. El arroz y el azafrán son ingredientes básicos de la _____.
3. El Prado está en _____.
4. José Andrés vive en _____.
5. El gallego es una de las lenguas oficiales de _____.

3 **Preguntas** En parejas, formen y contesten preguntas sobre las personas y los lugares de la sección **Panorama**.

modelo
Estudiante 1: ¿Dónde está el Prado?
Estudiante 2: Está en Madrid.

vocabulario

La clase y la universidad

el/la compañero/a de clase	classmate
el/la compañero/a de cuarto	roommate
el/la estudiante	student
el/la profesor(a)	teacher
el borrador	eraser
la calculadora	calculator
el escritorio	desk
el libro	book
el mapa	map
el marcador	marker
la mesa	table
la mochila	backpack
el papel	paper
la papelera	wastebasket
la pizarra	whiteboard
la pluma	pen
la puerta	door
el reloj	clock; watch
la silla	seat
la ventana	window
la biblioteca	library
la cafetería	cafeteria
la casa	house; home
el estadio	stadium
el laboratorio	laboratory
la librería	bookstore
la residencia estudiantil	dormitory
la universidad	university; college
la clase	class
el curso, la materia	course
la especialización	major
el examen	test; exam
el horario	schedule
la prueba	test; quiz
el semestre	semester
la tarea	homework
el trimestre	trimester; quarter

Las materias

la administración de empresas	business administration
la arqueología	archeology
el arte	art
la biología	biology
las ciencias	sciences
la computación	computer science
la contabilidad	accounting
la economía	economics
el español	Spanish
la física	physics
la geografía	geography
la historia	history
las humanidades	humanities
el inglés	English
las lenguas extranjeras	foreign languages
la literatura	literature
las matemáticas	mathematics
la música	music
el periodismo	journalism
la psicología	psychology
la química	chemistry
la sociología	sociology

Preposiciones y adverbios

al lado de	next to
a la derecha de	to the right of
a la izquierda de	to the left of
allá	over there
allí	there
cerca de	near
con	with
debajo de	below
delante de	in front of
detrás de	behind
en	in; on
encima de	on top of
entre	between
lejos de	far from
sin	without
sobre	on; over

Palabras adicionales

¿Adónde?	Where (to)?
ahora	now
¿Cuál?, ¿Cuáles?	Which?; Which one(s)?
¿Por qué?	Why?
porque	because

Verbos

bailar	to dance
buscar	to look for
caminar	to walk
cantar	to sing
cenar	to have dinner
comprar	to buy
contestar	to answer
conversar	to converse, to chat
desayunar	to have breakfast
descansar	to rest
desear	to wish; to desire
dibujar	to draw
enseñar	to teach
escuchar la radio/música	to listen (to) the radio/music
esperar (+ *inf.*)	to wait (for); to hope
estar	to be
estudiar	to study
explicar	to explain
gustar	to like
hablar	to talk; to speak
llegar	to arrive
llevar	to carry
mirar	to look (at); to watch
necesitar (+ *inf.*)	to need
practicar	to practice
preguntar	to ask (a question)
preparar	to prepare
regresar	to return
terminar	to end; to finish
tomar	to take; to drink
trabajar	to work
viajar	to travel

Los días de la semana

¿Cuándo?	When?
¿Qué día es hoy?	What day is it?
Hoy es…	Today is…
la semana	week
lunes	Monday
martes	Tuesday
miércoles	Wednesday
jueves	Thursday
viernes	Friday
sábado	Saturday
domingo	Sunday

Numbers 31 and higher	See pages 63–64.
Expresiones útiles	See page 45.

More activities

La familia

3

Communicative Goals

You will learn how to:
- Talk about your family and friends
- Describe people and things
- Express possession

contextos
pages 78–81
- The family
- Identifying people
- Professions and occupations

fotonovela
pages 82–85
The Díaz family spends Sunday afternoon in Xochimilco. Marissa meets the extended family and answers questions about her own family. The group has a picnic and takes a boat ride through the canals.

cultura
pages 86–87
- Last names and families in the Spanish-speaking world
- Talented families in the Spanish-speaking world

estructura
pages 88–105
- Descriptive adjectives
- Possessive adjectives
- Present tense of **-er** and **-ir** verbs
- Present tense of **tener** and **venir**
- **Recapitulación**

adelante
pages 106–113
Lectura: A brief article about families
Escritura: A letter to a friend
Escuchar: A conversation between friends
En pantalla: A bank commercial
Flash cultura: A video about Ecuadorian families
Panorama: Ecuador

A PRIMERA VISTA
- ¿Cuántos chicos hay en la foto?
- ¿Hay una mujer detrás de la chica? ¿Y a la izquierda?
- ¿Hay una cosa en la mano del chico?
- ¿Conversan ellos? ¿Trabajan? ¿Descansan?
- ¿Están en su casa?

3 contextos Hotspots

La familia

La familia de José Miguel Pérez Santoro

Más vocabulario

los abuelos	grandparents
el/la bisabuelo/a	great-grandfather/great-grandmother
el/la gemelo/a	twin
el/la hermanastro/a	stepbrother/stepsister
el/la hijastro/a	stepson/stepdaughter
la madrastra	stepmother
el medio hermano/la media hermana	half-brother/half-sister
el padrastro	stepfather
los padres	parents
los parientes	relatives
el/la cuñado/a	brother-in-law/sister-in-law
la nuera	daughter-in-law
el/la suegro/a	father-in-law/mother-in-law
el yerno	son-in-law
el/la amigo/a	friend
el apellido	last name
la gente	people
el/la muchacho/a	boy/girl
el/la niño/a	child
el/la novio/a	boyfriend/girlfriend
la persona	person
el/la artista	artist
el/la ingeniero/a	engineer
el/la doctor(a), el/la médico/a	doctor; physician
el/la periodista	journalist
el/la programador(a)	computer programmer

Variación léxica

madre ↔ mamá, mami (*colloquial*)
padre ↔ papá, papi (*colloquial*)
muchacho/a ↔ chico/a

Víctor Miguel Morales Pérez
mi sobrino (*my nephew*)
hermano (*brother*) de Anita

Anita Morales Pérez
mi sobrina (*my niece*)
nieta (*granddaughter*) de mis padres

los hijos (*children*)
de Beatriz Alicia y Felipe

Beatriz Alicia Pérez de Morales
mi hermana (*sister*)

Felipe Morales Zapata
esposo (*husband*) de Beatriz Alicia

José Miguel Pérez Santoro
hijo de Rubén y Mirta

Rubén Ernesto Pérez Gómez
mi padre (*father*)
esposo de mi madre

Mirta Santoro de Pérez
mi madre (*mother*)
hija de Juan y Socorro

Socorro González de Santoro
mi abuela (*grandmother*)

Juan Santoro Sánchez
mi abuelo (*grandfather*)

More activities: vhlcentral | LM p. 13 | WB pp. 23–24 | Online activities

setenta y nueve **79**

Héctor Manuel Santoro Gutiérrez
mi primo (*cousin*)
nieto (*grandson*) de Juan y Socorro

Carmen Santoro Gutiérrez
mi prima
hija de Ernesto y Marina

Silvia Socorro Santoro Gutiérrez
mi prima (*cousin*)
hija (*daughter*) de Ernesto y Marina

Marina Gutiérrez de Santoro
mi tía (*aunt*)
esposa (*wife*) de Ernesto

Ernesto Santoro González
mi tío (*uncle*)
hijo (*son*) de Juan y Socorro

¡LENGUA VIVA!
In Spanish-speaking countries, it is common for people to go by both their first name and middle name, such as **José Miguel** or **Juan Carlos**. You will learn more about names and naming conventions on p. 86.

Práctica

1 Indicar Write **sí** if the word you hear indicates a family member or **no** if it does not.

1. ___   5. ___
2. ___   6. ___
3. ___   7. ___
4. ___   8. ___

2 Escuchar Indicate whether each statement you hear made by José Miguel Pérez Santoro is **cierto** or **falso**, based on his family tree.

	Cierto	Falso		Cierto	Falso
1.	○	○	5.	○	○
2.	○	○	6.	○	○
3.	○	○	7.	○	○
4.	○	○	8.	○	○

3 Emparejar Match the phrase to the description.

1. Mi hermano programa las computadoras.
2. Son los padres de mi esposo.
3. Es el hijo de mi hermana.
4. Mi tía trabaja en un hospital.
5. Es el hijo de mi madrastra y el hijastro de mi padre.
6. Son los hijos de mis (*my*) tíos.
7. Mi hermanastra enseña en la universidad.
8. Mi primo dibuja y pinta mucho.
9. Es el esposo de mi hija.
10. Mi padre trabaja con planos (*blueprints*).

a. Es médica.
b. Es mi hermanastro.
c. Es programador.
d. Es ingeniero.
e. Son mis suegros.
f. Es mi novio.
g. Es mi padrastro.
h. Son mis primos.
i. Es artista.
j. Es profesora.
k. Es mi sobrino.
l. Es mi yerno.

4 Oraciones Complete each sentence.

| abuelo | cuñado | madrastra | nuera |
| apellidos | gemelas | novia | tío |

1. Mi _____ es la esposa de mi hijo.
2. Las muchachas son idénticas porque son _____.
3. El esposo de mi hermana es mi _____.
4. La periodista usa dos _____: Norma *Pardo Alonso*.
5. Es la esposa de mi padre, pero no es mi madre; es mi _____.
6. El padre de mi madre es mi _____.

5 **Escoger** Complete the description of each photo.

1. La _____ de Sara es grande.

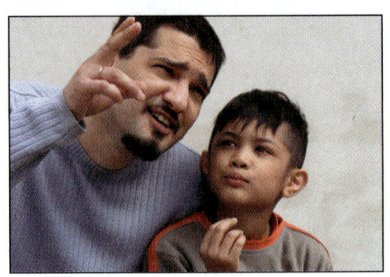
2. Rubén habla con su _____.

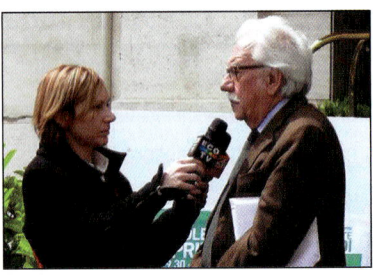
3. Maira Díaz es _____.

4. Héctor y Lupita son _____.

5. Irene es _____.

6. Elena Vargas Soto es _____.

6 **Definiciones** Define these family terms.

> **modelo**
> hijastro *Es el hijo de mi esposo/a, pero no es mi hijo.*

1. abuela
2. cuñado
3. suegra
4. primas
5. tío
6. bisabuelo
7. nietos
8. medio hermano

Comunicación

7 **Una familia** With a classmate, ask each other questions about how each family member is related to Graciela Vargas García.

> **modelo**
>
> **Estudiante 1:** ¿Quién es Beatriz Pardo de Vargas?
> **Estudiante 2:** Es la abuela de Graciela.

CONSULTA
To see the cities where these family members live, look at the map in **Panorama** on p. 112.

Now take turns asking each other these questions. Then invent three original questions.

1. ¿Cómo se llama el primo de Graciela?
2. ¿Cómo se llama la hija de David y de Beatriz?
3. ¿De dónde es María Susana?
4. ¿De dónde son Ramón y Graciela?
5. ¿Cómo se llama el yerno de David y de Beatriz?
6. ¿De dónde es Carlos Antonio?
7. ¿De dónde es Ernesto?
8. ¿Cuáles son los apellidos del sobrino de Lupe?

8 **Preguntas personales** With a classmate, take turns asking each other these questions.

1. ¿Cuántas personas hay en tu familia?
2. ¿Cómo se llaman tus padres? ¿De dónde son? ¿Dónde trabajan?
3. ¿Cuántos hermanos tienes? ¿Cómo se llaman? ¿Dónde estudian o trabajan?
4. ¿Cuántos primos tienes? ¿Cuáles son los apellidos de ellos? ¿Cuántos son niños y cuántos son adultos? ¿Hay más chicos o más chicas en tu familia?
5. ¿Eres tío/a? ¿Cómo se llaman tus sobrinos/as? ¿Dónde estudian o trabajan?
6. ¿Quién es tu pariente favorito?
7. ¿Tienes novio/a? ¿Tienes esposo/a? ¿Cómo se llama?

AYUDA
tu, tus *your* (sing., pl.)
mi, mis *my* (sing., pl.)
tienes *you have*
tengo *I have*

3 | fotonovela

Un domingo en familia

Marissa pasa el día en Xochimilco con la familia Díaz.

PERSONAJES FELIPE TÍA NAYELI

 Video

JIMENA Hola, tía Nayeli.
TÍA NAYELI ¡Hola, Jimena! ¿Cómo estás?
JIMENA Bien, gracias. Y, ¿dónde están mis primas?
TÍA NAYELI No sé. ¿Dónde están mis hijas? ¡Ah!

MARISSA ¡Qué bonitas son tus hijas! Y ¡qué simpáticas!

MARISSA La verdad, mi familia es pequeña.
SRA. DÍAZ ¿Pequeña? Yo soy hija única. Bueno, y ¿qué más? ¿Tienes novio?
MARISSA No. Tengo mala suerte con los novios.

FELIPE Soy guapo y delgado.
JIMENA Ay, ¡por favor! Eres gordo, antipático y muy feo.

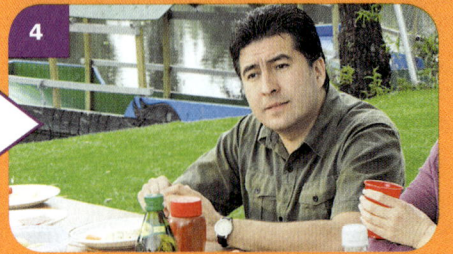

TÍO RAMÓN ¿Tienes una familia grande, Marissa?
MARISSA Tengo dos hermanos mayores, Zack y Jennifer, y un hermano menor, Adam.

MARISSA Tía Nayeli, ¿cuántos años tienen tus hijas?
TÍA NAYELI Marta tiene ocho años y Valentina doce.

ochenta y tres 83

 JIMENA MARTA VALENTINA SRA. DÍAZ TÍO RAMÓN SR. DÍAZ MARISSA

SRA. DÍAZ Chicas, ¿compartimos una trajinera?
MARISSA ¡Claro que sí! ¡Qué bonitas son!
SRA. DÍAZ ¿Vienes, Jimena?
JIMENA No, gracias. Tengo que leer.

MARISSA Me gusta mucho este sitio. Tengo ganas de visitar otros lugares en México.
SRA. DÍAZ ¡Debes viajar a Mérida!
TÍA NAYELI ¡Sí, con tus amigos! Debes visitar a Ana María, la hermana de Roberto y de Ramón.

(*La Sra. Díaz habla por teléfono con la tía Ana María.*)
SRA. DÍAZ ¡Qué bien! Excelente. Sí, la próxima semana. Muchísimas gracias.

MARISSA ¡Gracias, Sra. Díaz!
SRA. DÍAZ Tía Ana María.
MARISSA Tía Ana María.
SRA. DÍAZ ¡Un beso, chau!
MARISSA Bye!

Expresiones útiles

Talking about your family

¿Tienes una familia grande?
Do you have a big family?
Tengo dos hermanos mayores y un hermano menor.
I have two older siblings and a younger brother.
La verdad, mi familia es pequeña.
The truth is, my family is small.
¿Pequeña? Yo soy hija única.
Small? I'm an only child.

Describing people

¡Qué bonitas son tus hijas!
Y ¡qué simpáticas!
Your daughters are so pretty! And so nice!
Soy guapo y delgado.
I'm handsome and slim.
¡Por favor! Eres gordo, antipático y muy feo.
Please! You're fat, unpleasant, and very ugly.

Talking about plans

¿Compartimos una trajinera?
Shall we share a trajinera*?*
¡Claro que sí! ¡Qué bonitas son!
Of course! They're so pretty!
¿Vienes, Jimena?
Are you coming, Jimena?
No, gracias. Tengo que leer.
No, thanks. I have to read.

Saying how old people are

¿Cuántos años tienen tus hijas?
How old are your daughters?
Marta tiene ocho años y Valentina doce.
Marta is eight and Valentina twelve.

Additional vocabulary

ensayo *essay*
pobrecito/a *poor thing*
próxima *next*
sitio *place*
todavía *still*
trajinera *type of barge*

¿Qué pasó?

1 ¿Cierto o falso? Indicate whether each sentence is **cierto** or **falso**. Correct the false statements.

	Cierto	Falso
1. Marissa dice que (*says that*) tiene una familia grande.	○	○
2. La Sra. Díaz tiene dos hermanos.	○	○
3. Marissa no tiene novio.	○	○
4. Valentina tiene veinte años.	○	○
5. Marissa comparte una trajinera con la Sra. Díaz y la tía Nayeli.	○	○
6. A Marissa le gusta mucho Xochimilco.	○	○

NOTA CULTURAL

Xochimilco is famous for its system of canals and **chinampas**, or artificial islands, which have been used for agricultural purposes since Pre-Hispanic times. In 1987, UNESCO declared **Xochimilco** a World Heritage Site.

2 Identificar Indicate which person says the equivalent of each statement.

1. Felipe es antipático y feo.
2. Mis hermanos se llaman Jennifer, Adam y Zack.
3. ¡Soy un joven muy guapo!
4. Mis hijas tienen ocho y doce años.
5. Me gusta Xochimilco.
6. Ana María es la hermana de Ramón y Roberto.
7. No puedo (*I can't*) compartir una trajinera porque tengo que leer.
8. Tus hijas son bonitas y simpáticas, tía Nayeli.

 SRA. DÍAZ   JIMENA
 MARISSA   FELIPE
 TÍA NAYELI

NOTA CULTURAL

Trajineras are large passenger barges that you can rent in **Xochimilco**. Each boat is named and decorated and has a table and chairs so that passengers can picnic while they ride.

3 Escribir In pairs, choose Marissa, Sra. Díaz, or tía Nayeli and write a brief description of her family. Be creative!

 MARISSA   SRA. DÍAZ   TÍA NAYELI

Marissa es de los EE.UU. ¿Cómo es su familia?

La Sra. Díaz es de Cuba. ¿Cómo es su familia?

La tía Nayeli es de México. ¿Cómo es su familia?

4 Conversar With a partner, use these questions to talk about your families.

1. ¿Cuántos años tienes?
2. ¿Tienes una familia grande?
3. ¿Tienes hermanos o hermanas?
4. ¿Cuántos años tiene tu abuelo (tu hermana, tu primo, etc.)?
5. ¿De dónde son tus padres?

AYUDA

Here are some expressions to help you talk about age.

Yo tengo… años.
I am… years old.

Mi abuelo tiene… años.
My grandfather is… years old.

La familia

Pronunciación
Diphthongs and linking

Tutorial

hermano   **niña**   **cuñado**

In Spanish, **a**, **e**, and **o** are considered strong vowels. The weak vowels are **i** and **u**.

ruido   **parientes**   **periodista**

A diphthong is a combination of two weak vowels or of a strong vowel and a weak vowel. Diphthongs are pronounced as a single syllable.

mi hijo   **una clase excelente**

Two identical vowel sounds that appear together are pronounced like one long vowel.

la abuela

con Natalia   **sus sobrinos**   **las sillas**

Two identical consonants together sound like a single consonant.

es ingeniera   **mis abuelos**   **sus hijos**

A consonant at the end of a word is linked with the vowel sound at the beginning of the next word.

mi hermano   **su esposa**   **nuestro amigo**

A vowel at the end of a word is linked with the vowel sound at the beginning of the next word.

Práctica Say these words aloud, focusing on the diphthongs.

1. historia
2. nieto
3. parientes
4. novia
5. residencia
6. prueba
7. puerta
8. ciencias
9. lenguas
10. estudiar
11. izquierda
12. ecuatoriano

Oraciones Read these sentences aloud to practice diphthongs and linking words.

1. Hola. Me llamo Anita Amaral. Soy del Ecuador.
2. Somos seis en mi familia.
3. Tengo dos hermanos y una hermana.
4. Mi papá es del Ecuador y mi mamá es de España.

Refranes Read these sayings aloud to practice diphthongs and linking sounds.

Cuando una puerta se cierra, otra se abre.¹

Hablando del rey de Roma, por la puerta se asoma.²

¹ When one door closes, another opens.
² Speak of the devil and he will appear.

cultura

EN DETALLE

¿Cómo te llamas?

In the Spanish-speaking world, it is common to have two last names: one paternal and one maternal. In some cases, the conjunctions **de** or **y** are used to connect the two. For example, in the name **Juan Martínez de Velasco**, *Martínez* is the paternal surname (**el apellido paterno**), and *Velasco* is the maternal surname (**el apellido materno**); **de** simply links the two. This convention of using two last names (**doble apellido**) is a European tradition that Spaniards brought to the Americas. It continues to be practiced in many countries, including Chile, Colombia, Mexico, Peru, and Venezuela. There are exceptions, however. In Argentina, the prevailing custom is for children to inherit only the father's last name.

When a woman marries in a country where two last names are used, legally she retains her two maiden surnames. However, socially she may take her husband's paternal surname in place of her inherited maternal surname. For example, **Mercedes**

Gabriel García Márquez   **Mercedes Barcha Pardo**

Rodrigo García Barcha

Barcha Pardo, late wife of Colombian writer **Gabriel García Márquez**, might have used the names **Mercedes Barcha García** or **Mercedes Barcha de García** in social situations (although officially her name remained **Mercedes Barcha Pardo**). Adopting a husband's last name for social purposes, though widespread, is only legally recognized in Ecuador and Peru.

Most parents do not break tradition upon naming their children; regardless of the surnames the mother uses, they use the father's first surname followed by the mother's first surname, as in the name **Rodrigo García Barcha**. However, one should note that both surnames come from the grandfathers, and therefore all **apellidos** are effectively paternal.

Hijos en la casa

In Spanish-speaking countries, family and society place very little pressure on young adults to live on their own (**independizarse**), and children often live with their parents well into their thirties. For example, about 60% of Spaniards under 34 years of age live at home with their parents. This delay in moving out is both cultural and economic—lack of job security or low wages coupled with a high cost of living may make it impractical for young adults to live independently before they marry.

ACTIVIDADES

1 **¿Cierto o falso?** Indicate whether these statements are **cierto** or **falso**. Correct the false statements.

1. Most Spanish-speaking people have three last names.
2. Hispanic last names generally consist of the paternal last name followed by the maternal last name.
3. It is common to see **de** or **y** used in a Hispanic last name.
4. Someone from Argentina would most likely have two last names.
5. Generally, married women legally retain two maiden surnames.
6. In social situations, a married woman often uses her husband's last name in place of her inherited paternal surname.
7. Adopting a husband's surname is only legally recognized in Peru and Ecuador.
8. Hispanic last names are effectively a combination of the maternal surnames from the previous generation.

ASÍ SE DICE
Familia y amigos

el/la bisnieto/a	great-grandson/daughter
el/la chamaco/a (Méx.); el/la chamo/a (Ven.); el/la chaval(a) (Esp.); el/la pibe/a (Arg.)	el/la muchacho/a
mi colega (Esp.); mi cuate (Méx.); mi parcero/a (Col.); mi pana (Ven., P. Rico, Rep. Dom.)	my pal; my buddy
la madrina	godmother
el padrino	godfather
el/la tatarabuelo/a	great-great-grandfather/ great-great-grandmother

EL MUNDO HISPANO
Las familias

Although worldwide population trends show a decrease in average family size, households in many Spanish-speaking countries are still larger than their U.S. counterparts.

- **México** 4,0 personas
- **Colombia** 3,4 personas
- **Argentina** 3,6 personas
- **Uruguay** 3,0 personas
- **España** 2,9 personas
- **Estados Unidos** 2,6 personas

PERFIL
Parientes talentosos

Jesse & Joy

Many families have more than one "star" in their midst. **Jesse & Joy** are a brother-and-sister pop music duo from Mexico City. They won a Grammy for Best Latin Pop Album in 2017 for their album *Un besito más*.

One of the world's most famous families has made music a real family affair. Legendary Spanish singer **Julio Iglesias** has recorded albums in 14 different languages and has sold more than 350 million records in a career that spans decades. Following his lead are his sons **Julio Jr.** and **Enrique**, both popular singers in Spain and around the world.

Julio Iglesias

Enrique Iglesias

Julio Iglesias Jr.

CON RITMO HISPANO

Mirella Cesa (1984–)
Birthplace: Guayaquil, Ecuador

Mirella Cesa is known as the "mother of Andipop." Her music is a mix of Latin percussion, Andean instruments, and pop.

Go to **vhlcentral.com** to find out more about **Mirella Cesa** and her music.

ACTIVIDADES

2 Comprensión Complete these sentences.
1. Joy is the _____ of Jesse.
2. In Spanish, your godmother is called _____.
3. Enrique Iglesias is the _____ of Julio Jr.
4. Uruguay's average household has _____ people.
5. If a Venezuelan calls you **mi pana**, you are that person's _____.

3 Una familia famosa Create a genealogical tree of a famous family, using photos or drawings labeled with names and ages. Present the family tree to a classmate and explain who the people are and their relationships to each other.

More activities
 vhlcentral
 Online activities

3 estructura

3.1 Descriptive adjectives Tutorial

ANTE TODO Adjectives are words that describe people, places, and things. In Spanish, descriptive adjectives are used with the verb **ser** to point out characteristics such as nationality, size, color, shape, personality, and appearance.

Forms and agreement of adjectives

COMPARE & CONTRAST

In English, the forms of descriptive adjectives do not change to reflect the gender (masculine/feminine) and number (singular/plural) of the noun or pronoun they describe.

   Juan is **nice**.   Elena is **nice**.   They are **nice**.

In Spanish, the forms of descriptive adjectives agree in gender and/or number with the nouns or pronouns they describe.

   Juan es simpátic**o**.   Elena es simpátic**a**.   Ellos son simpátic**os**.

▶ Adjectives that end in **-o** have four different forms. The feminine singular is formed by changing the **-o** to **-a**. The plural is formed by adding **-s** to the singular forms.

Masculine		Feminine	
SINGULAR	PLURAL	SINGULAR	PLURAL
el muchach**o** alt**o**	los muchach**os** alt**os**	la muchach**a** alt**a**	las muchach**as** alt**as**

¡Qué bonitas son tus hijas, tía Nayeli!

Felipe es gordo, antipático y muy feo.

▶ Adjectives that end in **-e** or a consonant have the same masculine and feminine forms.

Masculine		Feminine	
SINGULAR	PLURAL	SINGULAR	PLURAL
el chico inteligent**e**	los chicos inteligent**es**	la chica inteligent**e**	las chicas inteligent**es**
el examen difíci**l**	los exámenes difíci**les**	la clase difíci**l**	las clases difíci**les**

▶ Adjectives that end in **-or** are variable in both gender and number.

Masculine		Feminine	
SINGULAR	PLURAL	SINGULAR	PLURAL
el hombre trabajad**or**	los hombres trabajad**ores**	la mujer trabajad**ora**	las mujeres trabajad**oras**

AYUDA

Many adjectives are cognates, that is, words that share similar spellings and meanings in Spanish and English. A cognate can be a noun like **profesor** or a descriptive adjective like **interesante**.

¡ATENCIÓN!

Note that **joven** takes an accent in its plural form. **Los jóvenes estudian mucho.**

▶ Use the masculine plural form to refer to groups that include males and females.

Manuel es alt**o**.   Lola es alt**a**.   Manuel y Lola son alt**os**.

Common adjectives

alto/a	tall	gordo/a	fat	mucho/a	much; many; a lot of
antipático/a	unpleasant	grande	big		
bajo/a	short (in height)	guapo/a	good-looking	pelirrojo/a	red-haired
		importante	important	pequeño/a	small
bonito/a	pretty	inteligente	intelligent	rubio/a	blond(e)
bueno/a	good	interesante	interesting	simpático/a	nice; likeable
delgado/a	thin	joven	young	tonto/a	foolish
difícil	difficult	malo/a	bad	trabajador(a)	hard-working
fácil	easy	mismo/a	same	viejo/a	old
feo/a	ugly	moreno/a	brunet(te)		

Adjectives of nationality

▶ Unlike in English, Spanish adjectives of nationality are **not** capitalized. Proper names of countries, however, are capitalized.

Some adjectives of nationality

alemán, alemana	German	francés, francesa	French
argentino/a	Argentine	inglés, inglesa	English
canadiense	Canadian	italiano/a	Italian
chino/a	Chinese	japonés, japonesa	Japanese
costarricense	Costa Rican	mexicano/a	Mexican
cubano/a	Cuban	norteamericano/a	(North) American
ecuatoriano/a	Ecuadorian	puertorriqueño/a	Puerto Rican
español(a)	Spanish	ruso/a	Russian
estadounidense	from the U.S.		

▶ Adjectives of nationality are formed like other descriptive adjectives. Those that end in **-o** change to **-a** when forming the feminine.

chin**o** ⟶ chin**a**   mexican**o** ⟶ mexican**a**

The plural is formed by adding an **-s** to the masculine or feminine form.

argentin**o** ⟶ argentin**os**   cuban**a** ⟶ cuban**as**

▶ Adjectives of nationality that end in **-e** have only two forms, singular and plural.

canadiens**e** ⟶ canadiens**es**   estadounidens**e** ⟶ estadounidens**es**

▶ To form the feminine of adjectives of nationality that end in a consonant, add **–a**.

alemá**n** ⟶ alema**na**   españo**l** ⟶ españo**la**
japoné**s** ⟶ japone**sa**   inglé**s** ⟶ ingle**sa**

¡ATENCIÓN!

Note that adjectives with an accent on the last syllable drop the accent in the feminine and plural forms.

inglés ⟶ inglesa
alemán ⟶ alemanes

Position of adjectives

▶ Descriptive adjectives and adjectives of nationality generally follow the nouns they modify.

El niño **rubio** es de España.
The blond boy is from Spain.

La mujer **española** habla inglés.
The Spanish woman speaks English.

▶ Unlike descriptive adjectives, adjectives of quantity precede the modified noun.

Hay **muchos** libros en la biblioteca.
There are many books in the library.

Hablo con **dos** turistas puertorriqueños.
I am talking with two Puerto Rican tourists.

▶ **Bueno/a** and **malo/a** can appear before or after a noun. When placed before a masculine singular noun, the forms are shortened: **bueno** → **buen**; **malo** → **mal**.

Joaquín es un **buen** amigo.
Joaquín es un amigo **bueno**. → *Joaquín is a good friend.*

Hoy es un **mal** día.
Hoy es un día **malo**. → *Today is a bad day.*

▶ When **grande** appears before a singular noun, it is shortened to **gran**, and the meaning of the word changes: **gran** = *great* and **grande** = *big, large*.

Don Francisco es un **gran** hombre.
Don Francisco is a great man.

La familia de Inés es **grande**.
Inés' family is large.

> **¡LENGUA VIVA!**
>
> Like **bueno** and **grande**, **santo** (*saint*) is also shortened before masculine nouns (unless they begin with **To-** or **Do-**): **San Francisco**, **San José** (but: **Santo Tomás**, **Santo Domingo**). **Santa** is used with names of female saints: **Santa Bárbara**, **Santa Clara**.

¡INTÉNTALO! Provide the appropriate forms of the adjectives.

simpático
1. Mi hermano es _simpático_.
2. La profesora Martínez es _____.
3. Nosotros somos _____.
4. Rosa y Teresa son _____.

alemán
1. Hans es _alemán_.
2. Marcus y yo somos _____.
3. Mis primas son _____.
4. Mi tía es _____.

difícil
1. La química es _difícil_.
2. El curso es _____.
3. Las pruebas son _____.
4. Los libros son _____.

guapo
1. Su esposo es _guapo_.
2. Mis sobrinas son _____.
3. Los padres de ella son _____.
4. Marta es _____.

Práctica

1 **Emparejar** Match the opposites.

A	B
1. guapo	a. delgado
2. alto	b. pequeño
3. joven	c. malo
4. gordo	d. feo
5. moreno	e. viejo
6. grande	f. rubio
7. simpático	g. antipático
	h. bajo

NOTA CULTURAL

Alfonso Cuarón (1961–) became the first Mexican winner of the Best Director Academy Award for his film *Gravity* (2013).

2 **Completar** Indicate the nationalities of these people.

1. Penélope Cruz es _____.
2. Alfonso Cuarón es un gran director de cine de México; es _____.
3. Emma Watson y Daniel Radcliffe son actores _____.
4. Serena Williams y Stephen Curry son _____.
5. Ana de Armas es de La Habana, Cuba; ella es _____.
6. Giorgio Armani es un diseñador de modas (*fashion designer*) _____.
7. Heidi Klum y Michael Fassbender son _____.
8. Ellen Page y Avril Lavigne son _____.

3 **Describir** Describe the family members using as many adjectives as possible.

1. Susana Romero Barcos es _____.
2. Tomás Romero Barcos es _____.
3. Los dos hermanos son _____.
4. Alberto Romero Pereda es _____.
5. Carlos Romero Sandoval es _____.
6. Josefina Barcos de Romero es _____.
7. Susana y su (*her*) madre son _____.
8. Tomás y su (*his*) padre son _____.

Comunicación

4 **¿Cómo es?** With a partner, take turns describing each item on the list. Tell your partner whether you agree (**Estoy de acuerdo**) or disagree (**No estoy de acuerdo**) with their descriptions.

> **modelo**
> San Francisco
> **Estudiante 1:** San Francisco es una ciudad (*city*) muy bonita.
> **Estudiante 2:** No estoy de acuerdo. Es muy fea.

1. Nueva York
2. Ryan Gosling
3. las canciones (*songs*) de Taylor Swift
4. el presidente de los Estados Unidos
5. Christopher Nolan
6. la primera dama (*first lady*) de los Estados Unidos
7. el/la profesor(a) de español
8. las personas de Los Ángeles
9. las residencias de mi universidad
10. mi clase de español

AYUDA
Here are some tips to help you complete the descriptions:
- Ryan Gosling es actor de cine y de televisión.
- Taylor Swift es cantante.
- Christopher Nolan es director de cine.

5 **Anuncio personal** Write a personal ad that describes yourself and your ideal boyfriend, girlfriend, or mate. Then compare your ad with a classmate's. How are you similar and how are you different? Are you looking for the same things in a romantic partner?

★ **SOY ALTA** y bonita.
Soy cubana, de Holguín.
Estudio arte en la universidad.
Busco un chico similar.
Mi novio ideal es alto, inteligente y muy simpático.

AYUDA
casado/a *married*
divorciado/a *divorced*
soltero/a *single; unmarried*

These words and others like them are presented in **Contextos, Lección 9**, p. 302.

Síntesis

6 **Diferencias** Your instructor will give you and a partner each a drawing of a family. Describe your version of the drawing to your partner in order to find at least five differences between your picture and your partner's.

> **modelo**
> **Estudiante 1:** Susana, la madre, es rubia.
> **Estudiante 2:** No, la madre es morena.

3.2 Possessive adjectives

ANTE TODO Possessive adjectives, like descriptive adjectives, are words that are used to qualify people, places, or things. Possessive adjectives express the quality of ownership or possession.

Forms of possessive adjectives

SINGULAR FORMS	PLURAL FORMS	
mi	mis	*my*
tu	tus	*your* (fam.)
su	sus	*his, her, its, your* (form.)
nuestro/a	nuestros/as	*our*
vuestro/a	vuestros/as	*your* (fam.)
su	sus	*their, your*

COMPARE & CONTRAST

In English, possessive adjectives are invariable; that is, they do not agree in gender and number with the nouns they modify. Spanish possessive adjectives, however, do agree in number with the nouns they modify.

my cousin	*my* cousins	*my* aunt	*my* aunts
mi primo	**mis** primos	**mi** tía	**mis** tías

The forms **nuestro** and **vuestro** agree in both gender and number with the nouns they modify.

nuestr**o** prim**o**   nuestr**os** prim**os**   nuestr**a** tí**a**   nuestr**as** tí**as**

▶ Possessive adjectives are always placed before the nouns they modify.

—¿Está **tu novio** aquí? —No, **mi novio** está en la biblioteca.
Is your boyfriend here? *No, my boyfriend is in the library.*

▶ Because **su** and **sus** have multiple meanings (*your, his, her, their, its*), you can avoid confusion by using this construction instead: [*article*] + [*noun*] + **de** + [*subject pronoun*].

sus parientes
  los parientes **de él/ella**   *his/her relatives*
  los parientes **de Ud./Uds.**   *your relatives*
  los parientes **de ellos/ellas**   *their relatives*

AYUDA
Look at the context, focusing on nouns and pronouns, to help you determine the meaning of **su(s)**.

¡INTÉNTALO! Provide the appropriate form of each possessive adjective.

1. Es ___mi___ (*my*) libro.
2. _____ (*My*) familia es ecuatoriana.
3. ____ (*Your*, fam.) esposo es italiano.
4. Es _____ (*her*) reloj.
5. _____ (*Our*) profesor es español.
6. Es _____ (*your*, fam.) mochila.
7. Es _____ (*your*, form.) maleta.
8. _____ (*Their*) sobrina es alemana.

1. ___Sus___ (*Her*) primos son franceses.
2. _____ (*Our*) primos son canadienses.
3. Son _____ (*their*) lápices.
4. _____ (*My*) amigas son inglesas.
5. Son _____ (*our*) plumas.
6. Son _____ (*my*) papeles.
7. _____ (*Their*) nietos son japoneses.
8. Son _____ (*his*) cuadernos.

Práctica

1. La familia de Manolo Complete each sentence with the correct possessive adjective. Use the subject of each sentence as a guide.

1. Me llamo Manolo, y _____ (nuestro, mi, sus) hermano es Federico.
2. _____ (Nuestra, Sus, Mis) madre Silvia es profesora y enseña química.
3. Ella admira a _____ (tu, nuestro, sus) estudiantes porque trabajan mucho.
4. Yo estudio en la misma universidad, pero no tomo clases con _____ (mi, nuestras, tus) madre.
5. Federico trabaja en una oficina con _____ (mis, tu, nuestro) padre.
6. _____ (Mi, Su, Tu) oficina está en el centro de la Ciudad de México.
7. Javier y Óscar son _____ (mis, mi, sus) tíos de Oaxaca.
8. ¿Y tú? ¿Cómo es _____ (mi, su, tu) familia?

AYUDA

Remember that possessive adjectives don't agree in number or gender with the owner of an item; they always agree with the item(s) being possessed.

2. Clarificar Clarify each sentence with a prepositional phrase. Follow the model.

> **modelo**
> Su hermana es muy bonita. (ella)
> La hermana de ella es muy bonita.

1. Su casa es muy grande. (ellos) _____
2. Sus padres trabajan en el centro. (ella) _____
3. ¿Cómo se llama su hermano? (ellas) _____
4. Su primo lee los libros. (ellos) _____
5. Maribel es su prima. (ella) _____
6. Sus abuelos son muy simpáticos. (él) _____

3. ¿Dónde está? With a partner, take turns asking where your belongings are.

> **modelo**
> **Estudiante 1:** ¿Dónde está mi mochila?
> **Estudiante 2:** Tu mochila está encima del escritorio.

CONSULTA

For a list of useful prepositions, refer to the table in **Estructura 2.3**, p. 60.

1.

2.

3.

4.

5.

6.

Comunicación

4 **Describir** With a partner, describe the people and places listed. Make note of any similarities.

> **modelo**
> la biblioteca de su universidad
> La biblioteca de nuestra universidad es muy grande. Hay muchos libros en la biblioteca. Mis amigos y yo estudiamos en la biblioteca.

1. tu profesor favorito
2. tu profesora favorita
3. su clase de español
4. la librería de su universidad
5. tus padres
6. tus abuelos
7. tu mejor (*best*) amigo
8. tu mejor amiga
9. su universidad
10. tu país de origen

5 **Una familia famosa** Assume the identity of a member of a famous family, real or fictional, and write a description of "your" family. Be sure not to use any names! Then, in small groups, take turns reading the descriptions aloud. The other group members may ask follow-up questions to help them identify the famous person.

> **modelo**
> **Estudiante 1:** Soy cantante. Mi padre y mi hermano se llaman Julio.
> **Estudiante 2:** ¿Eres español?
> **Estudiante 1:** Sí.
> **Estudiante 3:** ¿Eres Enrique Iglesias?
> **Estudiante 1:** Sí.

Síntesis

6 **Describe a tu familia** Describe your family in several sentences to two classmates (**Mi padre es alto y moreno. Mi madre es delgada y muy bonita. Mis hermanos son…**). They will work together to try to repeat your description (**Su padre es alto y moreno. Su madre…**). If they forget any details, they can ask you questions (**¿Es alto tu hermano?**). Alternate roles until all of you have described your families.

3.3 Present tense of -er and -ir verbs

ANTE TODO In **Lección 2**, you learned how to form the present tense of regular **-ar** verbs. You also learned about the importance of verb forms, which change to show who is performing the action. The chart below shows the forms from two other important groups, **-er** verbs and **-ir** verbs.

> **CONSULTA**
> To review the conjugation of **-ar** verbs, see **Estructura 2.1**, p. 50.

Present tense of -er and -ir verbs

		comer *(to eat)*	**escrib**ir *(to write)*
SINGULAR FORMS	yo	com**o**	escrib**o**
	tú	com**es**	escrib**es**
	Ud./él/ella	com**e**	escrib**e**
PLURAL FORMS	nosotros/as	com**emos**	escrib**imos**
	vosotros/as	com**éis**	escrib**ís**
	Uds./ellos/ellas	com**en**	escrib**en**

▶ **-Er** and **-ir** verbs have very similar endings. Study the preceding chart to detect the patterns that make it easier for you to use them to communicate in Spanish.

Felipe y su tío comen.

Jimena lee.

> **AYUDA**
> Here are some tips on learning Spanish verbs.
> 1) Learn to identify the verb's stem, to which all endings attach.
> 2) Memorize the endings that go with each verb and verb tense.
> 3) As often as possible, practice using different forms of each verb in speech and writing.
> 4) Devote extra time to learning irregular verbs, such as **ser** and **estar**.

▶ Like **-ar** verbs, the **yo** forms of **-er** and **-ir** verbs end in **-o**.

    Yo com**o**.   Yo escrib**o**.

▶ Except for the **yo** form, all of the verb endings for **-er** verbs begin with **-e**.

-es	-emos	-en
-e	-éis	

▶ **-Er** and **-ir** verbs have the exact same endings, except in the **nosotros/as** and **vosotros/as** forms.

    nosotros ◀ com**emos** / escrib**imos**   vosotros ◀ com**éis** / escrib**ís**

La familia

Common -er and -ir verbs

-er verbs		-ir verbs	
aprender (a + *inf.*)	to learn	abrir	to open
beber	to drink	asistir (a)	to attend
comer	to eat	compartir	to share
comprender	to understand	decidir (+ *inf.*)	to decide
correr	to run	describir	to describe
creer (en)	to believe (in)	escribir	to write
deber (+ *inf.*)	should	recibir	to receive
leer	to read	vivir	to live

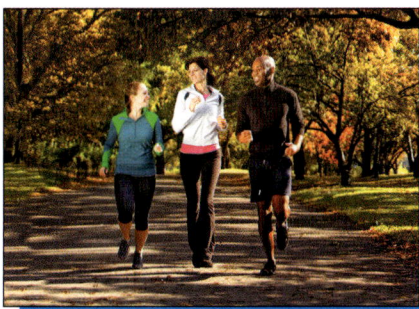

Ellos **corren** en el parque.

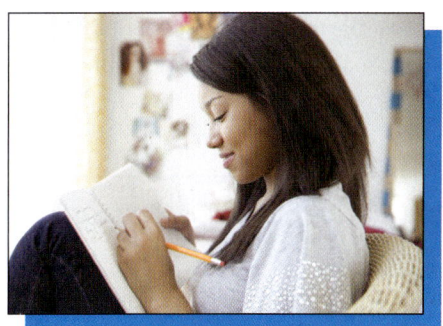

Ella **escribe** en su diario.

¡INTÉNTALO! Provide the appropriate present tense forms of these verbs.

correr
1. Graciela ___corre___.
2. Tú _____.
3. Yo _____.
4. Sara y Ana _____.
5. Usted _____.
6. Marcos y yo _____.
7. La gente _____.
8. Ustedes _____.

abrir
1. Ellos ___abren___ la puerta.
2. Carolina _____ la maleta.
3. Yo _____ las ventanas.
4. Usted _____ el cuaderno.
5. Nosotras _____ los libros.
6. Tú _____ la ventana.
7. Ustedes _____ las maletas.
8. Los muchachos _____ los cuadernos.

aprender
1. Él ___aprende___ español.
2. Maribel y yo _____ inglés.
3. Tú _____ japonés.
4. Mi hijo _____ chino.
5. Tú y tu hermanastra _____ francés.
6. Yo _____ alemán.
7. Usted _____ inglés.
8. Nosotros _____ italiano.

More activities

vhlcentral

LM p. 17

WB pp. 29–30

Online activities

Práctica

1 **Completar** Complete Susana's sentences about her family with the correct forms of the verbs. One of the verbs will remain in the infinitive.

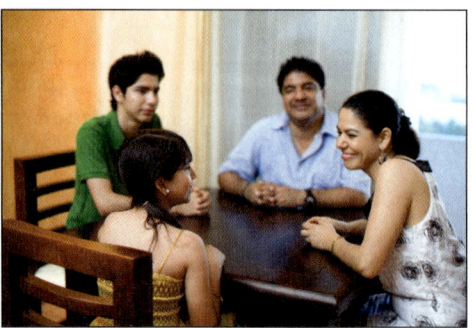

1. Mi familia y yo _____ (vivir) en Mérida, Yucatán.
2. Tengo muchos libros. Me gusta _____ (leer).
3. Mi hermano Alfredo es muy inteligente. Alfredo _____ (asistir) a clases los lunes, miércoles y viernes.
4. Los martes y jueves Alfredo y yo _____ (correr) en el Parque del Centenario.
5. Mis padres _____ (comer) mucha lasaña los domingos y se quedan dormidos (*they fall asleep*).
6. Yo _____ (creer) que (*that*) mis padres deben comer menos (*less*).

2 **Oraciones** Form complete sentences by adding any other necessary elements.

> **modelo**
> yo / correr / amigos / lunes y miércoles
> Yo corro con mis amigos los lunes y miércoles.

1. Manuela / asistir / clase / yoga
2. Isabel y yo / leer / biblioteca
3. Sofía y Roberto / aprender / hablar / inglés
4. Eugenio / abrir / correo electrónico (*e-mail*)
5. tú / comer / cafetería / universidad
6. mi novia y yo / compartir / libro de historia

3 **Consejos** In pairs, say what Mario and/or his family members are doing or should do to adjust to living in Japan for a year to learn Japanese. Then, create one more sentence using a verb not on the list.

> **modelo**
> recibir libros / deber practicar japonés
> **Estudiante 1:** Mario y su esposa reciben muchos libros en japonés.
> **Estudiante 2:** Los hijos deben practicar japonés.

aprender japonés	decidir explorar el país
asistir a clases	escribir listas de palabras en japonés
beber sake	leer novelas japonesas
deber comer cosas nuevas	vivir con una familia japonesa

Comunicación

4 **Entrevista** In pairs, use these questions to interview each other.

1. ¿Dónde comes al mediodía? ¿Comes mucho?
2. ¿Cuándo asistes a tus clases?
3. ¿Cuál es tu clase favorita? ¿Por qué?
4. ¿Dónde vives?
5. ¿Con quién vives?
6. ¿Qué cursos debes tomar el próximo (*next*) semestre?
7. ¿Recibes muchos mensajes de texto (*text messages*)? ¿De quién(es)?
8. ¿Crees en fantasmas (*ghosts*)?

5 **¿Acción o descripción?** In small groups, take turns choosing a verb. Then choose to act out the verb or give a description. The other members of the group will say what you are doing. Be creative!

abrir (un libro, una puerta, una mochila)
aprender (a bailar, a hablar francés, a dibujar)
asistir (a una clase de yoga, a un concierto de rock, a una clase interesante)
beber (agua, Coca-Cola)
comer (pasta, un sándwich, pizza)
compartir (un libro, un sándwich)
correr (en el parque, en un maratón)
escribir (una composición, un mensaje de texto [*text message*], con lápiz)
leer (una carta [*letter*] de amor, un mensaje electrónico [*e-mail message*], un periódico [*newspaper*])
recibir un regalo (*gift*)
¿?

modelo

Estudiante 1: (*pantomimes typing on a keyboard*)
Estudiante 2: ¿Escribes un mensaje electrónico?
Estudiante 1: Sí.

modelo

Estudiante 1: Soy estudiante y tomo muchas clases. Vivo en Roma.
Estudiante 2: ¿Comes pasta?
Estudiante 1: No, no como pasta.
Estudiante 3: ¿Aprendes a hablar italiano?
Estudiante 1: ¡Sí!

Síntesis

6 **Horario** Your instructor will give you and a partner incomplete versions of Alicia's schedule. Fill in the missing information on the schedule by talking to your partner.

3.4 Present tense of **tener** and **venir** Tutorial

ANTE TODO The verbs **tener** (*to have*) and **venir** (*to come*) are among the most frequently used in Spanish. Because most of their forms are irregular, you will have to learn each one individually.

The verbs **tener** and **venir**

		ten**er**	ven**ir**
SINGULAR FORMS	yo	ten**go**	ven**go**
	tú	tien**es**	vien**es**
	Ud./él/ella	tien**e**	vien**e**
PLURAL FORMS	nosotros/as	ten**emos**	ven**imos**
	vosotros/as	ten**éis**	ven**ís**
	Uds./ellos/ellas	tien**en**	vien**en**

▶ The endings are the same as those of regular **-er** and **-ir** verbs, except for the **yo** forms, which are irregular: **tengo, vengo.**

▶ In the **tú, Ud.,** and **Uds.** forms, the **e** of the stem changes to **ie,** as shown below.

INFINITIVE	VERB STEM	VERB FORM
tener →	ten- →	tú t**ie**nes
		Ud./él/ella t**ie**ne
		Uds./ellos/ellas t**ie**nen
venir →	ven- →	tú v**ie**nes
		Ud./él/ella v**ie**ne
		Uds./ellos/ellas v**ie**nen

AYUDA

Use what you already know about regular **-er** and **-ir** verbs to identify the irregularities in **tener** and **venir**.
1) Which verb forms use a regular stem? Which use an irregular stem?
2) Which verb forms use the regular endings? Which use irregular endings?

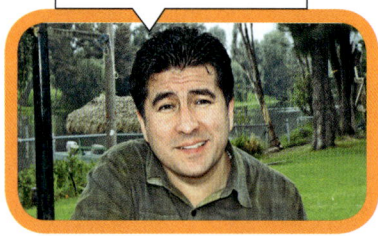
¿Tienes una familia grande, Marissa?

No, tengo una familia pequeña.

▶ Only the **nosotros** and **vosotros** forms are regular. Compare them to the forms of **comer** and **escribir** that you learned on page 96.

	tener	**comer**	**venir**	**escribir**
nosotros/as	ten**emos**	com**emos**	ven**imos**	escrib**imos**
vosotros/as	ten**éis**	com**éis**	ven**ís**	escrib**ís**

La familia

▶ In certain idiomatic or set expressions in Spanish, you use the construction **tener** + [*noun*] to express *to be* + [*adjective*]. This chart contains a list of the most common expressions with **tener**.

Expressions with tener

tener… años	to be… years old	**tener (mucha) prisa**	to be in a (big) hurry
tener (mucho) calor	to be (very) hot	**tener razón**	to be right
tener (mucho) cuidado	to be (very) careful	**no tener razón**	to be wrong
tener (mucho) frío	to be (very) cold	**tener (mucha) sed**	to be (very) thirsty
tener (mucha) hambre	to be (very) hungry	**tener (mucho) sueño**	to be (very) sleepy
tener (mucho) miedo (de)	to be (very) afraid/scared (of)	**tener (mucha) suerte**	to be (very) lucky

—¿**Tienen** hambre ustedes?
Are you hungry?

—Sí, y **tenemos** sed también.
Yes, and we're thirsty, too.

▶ To express an obligation, use **tener que** (*to have to*) + [*infinitive*].

—¿Qué **tienes que** estudiar hoy?
What do you have to study today?

—**Tengo que** estudiar biología.
I have to study biology.

▶ To ask people if they feel like doing something, use **tener ganas de** (*to feel like*) + [*infinitive*].

—¿**Tienes ganas de** comer?
Do you feel like eating?

—No, **tengo ganas de** dormir.
No, I feel like sleeping.

Usted tiene que visitarnos. miciudad.com

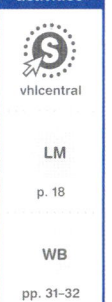

¡INTÉNTALO! Provide the appropriate forms of **tener** and **venir**.

tener
1. Ellos __tienen__ dos hermanos.
2. Nosotros _____ diez tíos.
3. El artista _____ tres primos.
4. Yo _____ una hermana.
5. Eva y Diana _____ un sobrino.
6. Usted _____ cinco nietos.
7. Tú _____ dos hermanastras.
8. Ustedes _____ cuatro hijos.
9. Ella _____ una hija.

venir
1. Mis padres __vienen__ de México.
2. Yo _____ de Francia.
3. Nosotras _____ de Cuba.
4. Pepe _____ de Italia.
5. Tú _____ de España.
6. Ustedes _____ de Canadá.
7. Alfonso y yo _____ de Portugal.
8. Ellos _____ de Alemania.
9. Usted _____ de Venezuela.

Práctica

1 Emparejar Match the items to the most appropriate expressions with **tener**. Then, come up with a new item that corresponds with the leftover expression in column B.

A	B
1. el Polo Norte	a. tener calor
2. una sauna	b. tener sed
3. una dieta	c. tener frío
4. un abuelo	d. tener razón
5. la comida salada (*salty food*)	e. tener ganas de
6. una persona muy inteligente	f. tener hambre
	g. tener 75 años

2 Completar Complete the sentences with the correct forms of **tener** or **venir**.

1. Hoy nosotros _____ una reunión familiar (*family reunion*).
2. Todos mis parientes _____, excepto mi tío Manolo y su esposa.
3. Ellos no _____ ganas de venir porque viven en Portoviejo.
4. Yo _____ en autobús de la Universidad de Quito.
5. Mi prima Susana y su novio no _____ hasta las ocho porque ella _____ que trabajar.
6. En las fiestas, mi hermana siempre (*always*) _____ muy tarde (*late*).
7. Nosotros _____ mucha suerte porque las reuniones son divertidas (*fun*).
8. Mi madre cree que mis sobrinos son muy simpáticos. Creo que ella _____ razón.

3 Describir Describe what these people are doing or feeling using an expression with **tener**.

1. _____   2. _____   3. _____

4. _____   5. _____   6. _____

Comunicación

4 **¿Sí o no?** Indicate whether these statements apply to you by checking either **Sí** or **No**.

	Sí	No
1. Mi padre tiene 50 años.	○	○
2. Mis amigos vienen a mi casa todos los días (*every day*).	○	○
3. Vengo a la universidad los martes.	○	○
4. Tengo hambre.	○	○
5. Tengo dos computadoras.	○	○
6. Tengo sed.	○	○
7. Tengo que estudiar los domingos.	○	○
8. Tengo una familia grande.	○	○

Now interview a classmate by transforming each statement into a question.

> **modelo**
> **Estudiante 1:** ¿Tiene tu padre 50 años?
> **Estudiante 2:** No, no tiene 50 años. Tiene 65.

5 **Preguntas** Get together with a classmate and ask each other these questions.

1. ¿Tienes que estudiar hoy?
2. ¿Cuántos años tienes? ¿Y tus hermanos/as?
3. ¿Cuándo vienes a la clase de español?
4. ¿Cuándo vienen tus amigos a tu casa, apartamento o residencia estudiantil?
5. ¿De qué tienes miedo? ¿Por qué?
6. ¿Qué tienes ganas de hacer esta noche (*tonight*)?

6 **Conversación** Use an expression with **tener** to hint at what's on your mind. Your partner will ask questions to find out why you feel that way. If your partner cannot guess what's on your mind after three attempts, tell him/her. Then switch roles.

> estar cerca/lejos de la ventana
> hablar/cantar en público
> no beber/desayunar/descansar
> tener una clase/un examen/buenos amigos

> **modelo**
> **Estudiante 1:** Tengo miedo.
> **Estudiante 2:** ¿Tienes que hablar en público?
> **Estudiante 1:** No.
> **Estudiante 2:** ¿Tienes un examen hoy?
> **Estudiante 1:** Sí, y no tengo tiempo para estudiar.

Síntesis

7 **Minidrama** Act out this situation with a partner: you are introducing your boyfriend/girlfriend to your extended family. To avoid any surprises before you go, talk about who is coming and what each family member is like. Switch roles.

Recapitulación

Review the grammar concepts you have learned in this lesson by completing these activities.

1 **Adjetivos** Complete each phrase with the appropriate adjective. Make all necessary changes. **12 pts.**

> antipático   interesante   mexicano
> difícil   joven   moreno

1. Mi tía es _____. Vive en Guadalajara.
2. Mi primo no es rubio, es _____.
3. Mi novio cree que la clase no es fácil; es _____.
4. Los libros son _____; me gustan mucho.
5. Mis hermanos son _____; no tienen muchos amigos.
6. Las gemelas tienen quince años. Son _____.

2 **Completar** For each set of sentences, provide the appropriate form of the verb **tener** and the possessive adjective. Follow the model. **24 pts.**

> **modelo**
> Él *tiene* un libro. Es *su* libro.

1. Esteban y Julio _____ una tía. Es _____ tía.
2. Yo _____ muchos amigos. Son _____ amigos.
3. Tú _____ tres primas. Son _____ primas.
4. María y tú _____ un hermano. Es _____ hermano.
5. Nosotras _____ unas mochilas. Son _____ mochilas.
6. Usted _____ dos sobrinos. Son _____ sobrinos.

3 **Oraciones** Arrange the words in the correct order to form complete logical sentences. ¡Ojo! Don't forget to conjugate the verbs. **10 pts.**

1. libros / unos / tener / interesantes / tú / muy
   _____
2. dos / leer / fáciles / compañera / tu / lecciones
   _____
3. mi / francés / ser / amigo / buen / Hugo
   _____
4. ser / simpáticas / dos / personas / nosotras
   _____
5. a / clases / menores / mismas / sus / asistir / hermanos / las
   _____

RESUMEN GRAMATICAL

3.1 Descriptive adjectives *pp. 88–90*

Forms and agreement of adjectives

Masculine		Feminine	
Singular	Plural	Singular	Plural
alt**o**	alt**os**	alt**a**	alt**as**
inteligent**e**	inteligent**es**	inteligent**e**	inteligent**es**
trabajad**or**	trabajad**ores**	trabajad**ora**	trabajad**oras**

▶ Descriptive adjectives follow the noun:
  el chico rubio

▶ Adjectives of nationality also follow the noun:
  la mujer española

▶ Adjectives of quantity precede the noun:
  muchos libros, dos turistas

▶ When placed before a masculine singular noun, these adjectives are shortened.
  bueno → buen   malo → mal

▶ When placed before a singular noun, **grande** is shortened to **gran**.

3.2 Possessive adjectives *p. 93*

Singular		Plural	
mi	nuestro/a	mis	nuestros/as
tu	vuestro/a	tus	vuestros/as
su	su	sus	sus

3.3 Present tense of -er and -ir verbs *pp. 96–97*

com**er**		escrib**ir**	
com**o**	com**emos**	escrib**o**	escrib**imos**
com**es**	com**éis**	escrib**es**	escrib**ís**
com**e**	com**en**	escrib**e**	escrib**en**

3.4 Present tense of tener and venir *pp. 100–101*

tener		venir	
ten**go**	ten**emos**	ven**go**	ven**imos**
t**ie**nes	ten**éis**	v**ie**nes	ven**ís**
t**ie**ne	t**ie**nen	v**ie**ne	v**ie**nen

La familia

4 **Carta** Complete this letter with the correct forms of the appropriate verbs. **20 pts.**

abrir	correr	recibir
asistir	creer	tener
compartir	escribir	venir
comprender	leer	vivir

Hola, Ángel:

¿Qué tal? (Yo) (1) _____ esta carta (this letter) en la biblioteca. Todos los días (2) _____ aquí y (3) _____ un buen libro. Yo (4) _____ que es importante leer por diversión. Mi compañero de apartamento no (5) _____ por qué me gusta leer. Él sólo (6) _____ los libros de texto. Pero nosotros (7) _____ unos intereses. Por ejemplo, los dos somos atléticos; por las mañanas nosotros (8) _____. También nos gustan las ciencias; por las tardes (9) _____ a nuestra clase de biología. Y tú, ¿cómo estás? ¿(Tú) (10) _____ mucho trabajo (work)?

5 **Su familia** Write a brief description of a friend's family. Describe the family members using vocabulary and structures from this lesson. Write at least five sentences. **34 pts.**

> **modelo**
> La familia de mi amiga Gabriela es grande. Ella tiene tres hermanos y una hermana. Su hermana mayor es periodista...

6 **Proverbio** Complete this proverb with the correct forms of the verbs. **4 EXTRA points!**

" Dos andares° _____ (tener) el dinero°, _____ (venir) despacio° y se va° ligero°. "

andares *speeds* dinero *money* despacio *slowly*
se va *it leaves* ligero *quickly*

3 adelante

Audio: Reading

Lectura

Antes de leer

Estrategia
Guessing meaning from context

As you read in Spanish, you'll often come across words you haven't learned. You can guess what they mean by looking at the surrounding words and sentences. Look at the following text and guess what **tía abuela** means, based on the context.

> ¡Hola, Claudia!
> ¿Qué hay de nuevo?
> ¿Sabes qué? Ayer fui a ver a mi tía abuela, la hermana de mi abuela. Tiene 85 años, pero es muy independiente. Vive en un apartamento en Quito con su prima Lorena, quien también tiene 85 años.

If you guessed *great-aunt*, you are correct, and you can conclude from this word and the format clues that this is a letter about someone's visit with his or her great-aunt.

Examinar el texto
Quickly read through the paragraphs and find two or three words you don't know. Using the context as your guide, guess what these words mean. Then glance at the paragraphs where these words appear and try to predict what the paragraphs are about.

Examinar el formato
Look at the format of the reading. What clues do the captions, photos, and layout give you about its content?

More activities: vhlcentral, Online activities

Gente... Las familias

1. Me llamo Armando y tengo setenta años, pero no me considero viejo. Tengo seis nietas y un nieto. Vivo con mi hija y tengo la oportunidad de pasar mucho tiempo con ella y con mi nieto. Por las tardes salgo a pasear° por el parque con él y por la noche le leo cuentos°.

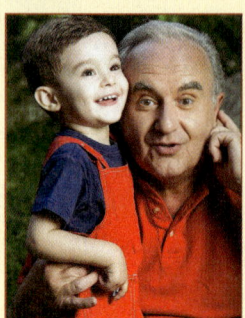
Armando. Tiene seis nietas y un nieto.

2. Mi prima Victoria y yo nos llevamos muy bien. Estudiamos juntas° en la universidad y compartimos un apartamento. Ella es muy inteligente y me ayuda° con los estudios. Además°, es muy simpática y generosa. Si necesito cualquier° cosa, ¡ella me la compra!

Diana. Vive con su prima.

3. Me llamo Ramona y soy paraguaya, aunque° ahora vivo en los Estados Unidos. Tengo tres hijos, uno de nueve años, uno de doce y el mayor de quince. Es difícil a veces, pero mi esposo y yo tratamos° de ayudarlos y comprenderlos siempre°.

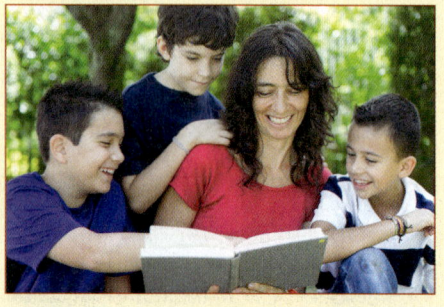
Ramona. Sus hijos son muy importantes para ella.

4. Tengo mucha suerte. Aunque mis padres están divorciados, tengo una familia muy unida. Tengo dos hermanos y dos hermanas. Me gusta hablar y salir a fiestas con ellos. Ahora tengo novio en la universidad y él no conoce a mis hermanos. ¡Espero que se lleven bien!

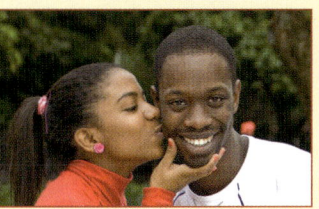
Ana María. Su familia es muy unida.

5. Antes quería° tener hermanos, pero ya no° es tan importante. Ser hijo único tiene muchas ventajas°: no tengo que compartir mis cosas con hermanos, no hay discusiones° y, como soy nieto único también, ¡mis abuelos piensan° que soy perfecto!

Fernando. Es hijo único.

6. Como soy joven todavía°, no tengo ni esposa ni hijos. Pero tengo un sobrino, el hijo de mi hermano, que es muy especial para mí. Se llama Benjamín y tiene diez años. Es un muchacho muy simpático. Siempre tiene hambre y por lo tanto vamos° frecuentemente a comer hamburguesas. Nos gusta también ir al cine° a ver películas de acción. Hablamos de todo. ¡Creo que ser tío es mejor que ser padre!

Santiago. Cree que ser tío es divertido.

salgo a pasear *I go take a walk* **cuentos** *stories* **juntas** *together* **me ayuda** *she helps me* **Además** *Besides* **cualquier** *any* **aunque** *although* **tratamos** *we try* **siempre** *always* **quería** *I wanted* **ya no** *no longer* **ventajas** *advantages* **discusiones** *arguments* **piensan** *think* **todavía** *still* **vamos** *we go* **ir al cine** *to go to the movies*

Después de leer

Emparejar
Glance at the paragraphs and see how these words and phrases are used in context. Then find their English equivalents.

A
1. me la compra
2. nos llevamos bien
3. no conoce
4. películas
5. mejor que
6. el mayor

B
a. the oldest
b. movies
c. the youngest
d. buys it for me
e. borrows it from me
f. we see each other
g. doesn't know
h. we get along
i. portraits
j. better than

Seleccionar
Choose the sentence that best summarizes each paragraph.

1. Párrafo 1
   a. Me gusta mucho ser abuelo.
   b. No hablo mucho con mi nieto.
   c. No tengo nietos.
2. Párrafo 2
   a. Mi prima es antipática.
   b. Mi prima no es muy trabajadora.
   c. Mi prima y yo somos muy buenas amigas.
3. Párrafo 3
   a. Tener hijos es un gran sacrificio, pero es muy bonito también.
   b. No comprendo a mis hijos.
   c. Mi esposo y yo no tenemos hijos.
4. Párrafo 4
   a. No hablo mucho con mis hermanos.
   b. Comparto mis cosas con mis hermanos.
   c. Mis hermanos y yo somos como (*like*) amigos.
5. Párrafo 5
   a. Me gusta ser hijo único.
   b. Tengo hermanos y hermanas.
   c. Vivo con mis abuelos.
6. Párrafo 6
   a. Mi sobrino tiene diez años.
   b. Me gusta mucho ser tío.
   c. Mi esposa y yo no tenemos hijos.

Escritura

Estrategia

Using idea maps

How do you organize ideas for a first draft? Often, the organization of ideas represents the most challenging part of the process. Idea maps are useful for organizing pertinent information. Here is an example of an idea map you can use:

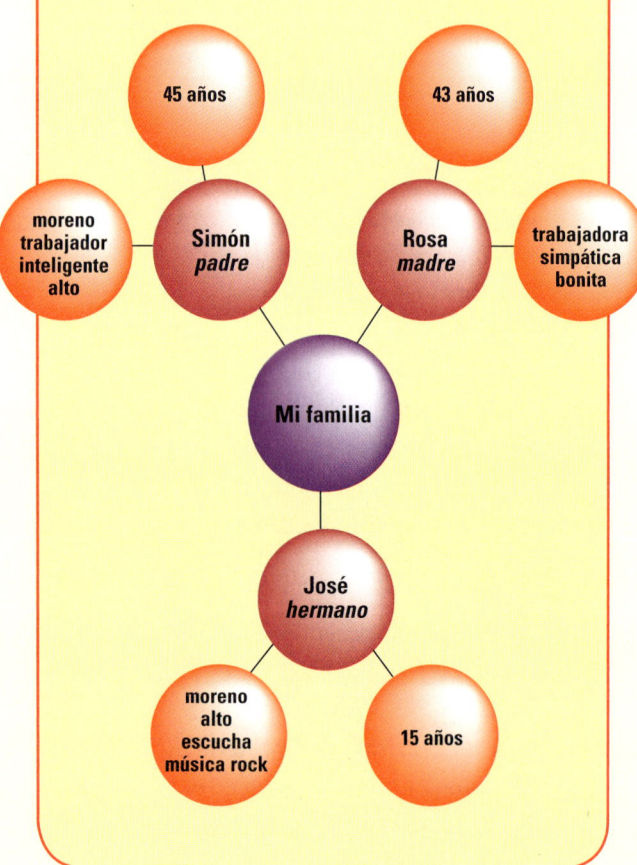

MAPA DE IDEAS

- 45 años
- 43 años
- moreno, trabajador, inteligente, alto
- Simón *padre*
- Rosa *madre*
- trabajadora, simpática, bonita
- Mi familia
- José *hermano*
- moreno, alto, escucha música rock
- 15 años

Tema

Escribir un mensaje electrónico

A friend you met in a chat room for Spanish speakers wants to know about your family. Using some of the verbs and adjectives you have learned in this lesson, write a brief e-mail describing your family or an imaginary family, including:

▶ Names and relationships
▶ Physical characteristics
▶ Hobbies and interests

Here are some useful expressions for writing an e-mail or letter in Spanish:

Salutations	
Estimado/a Julio/Julia:	*Dear Julio/Julia,*
Querido/a Miguel/Ana María:	*Dear Miguel/Ana María,*

Closings	
Un abrazo,	*A hug,*
Abrazos,	*Hugs,*
Cariños,	*Much love,*
¡Hasta pronto!	*See you soon!*
¡Hasta la próxima semana!	*See you next week!*

La familia   ciento nueve **109**

Escuchar

Antes de escuchar

> **Estrategia**
>
> **Asking for repetition/
> Replaying the recording**
>
> Sometimes it is difficult to understand what people say, especially in a noisy environment. During a conversation, you can ask someone to repeat by saying **¿Cómo?** (*What?*) or **¿Perdón?** (*Pardon me?*). In class, you can ask your teacher to repeat by saying **Repita, por favor** (*Repeat, please*). If you don't understand a recorded activity, you can simply replay it.
>
> ---
>
> To help you practice this strategy, you will listen to a short paragraph. Ask your professor to repeat it or replay the recording, and then summarize what you heard.

Preparación
Based on the photograph, where do you think Cristina and Laura are?

Ahora escucha

Adjetivos
Now you are going to hear Laura and Cristina's conversation. Use **R** to indicate which adjectives describe Cristina's boyfriend, Rafael. Use **E** for adjectives that describe Laura's boyfriend, Esteban. Some adjectives will not be used.

____ rubio   ____ interesante
____ feo   ____ antipático
____ alto   ____ inteligente
____ trabajador   ____ moreno
____ un poco gordo   ____ viejo

Comprensión

Identificar
Which person would make each statement: Cristina or Laura?

	Cristina	Laura
1. Mi novio habla sólo de fútbol y de béisbol.	○	○
2. Tengo un novio muy interesante y simpático.	○	○
3. Mi novio es alto y moreno.	○	○
4. Mi novio trabaja mucho.	○	○
5. Mi amiga no tiene buena suerte con los muchachos.	○	○
6. El novio de mi amiga es un poco gordo, pero guapo.	○	○

¿Cierto o falso?
Indicate whether each sentence is **cierto** or **falso**, then correct the false statements.

	Cierto	Falso
1. Esteban es un chico interesante y simpático.	○	○
2. Laura tiene mala suerte con los chicos.	○	○
3. Rafael es muy interesante.	○	○
4. Laura y su novio hablan de muchas cosas.	○	○

En pantalla Video

With over 440 million native Spanish speakers worldwide and the number growing due to an increasing popularity in learning Spanish, it is not uncommon to hear words that end in **-ito(a)** used not only to denote small size (for example, **niñita** and **pequeñito**), but also to express affection (for example, **abuelita** and **papito**). These words are called diminutives. The use of diminutives can vary by country and region; in some places the diminutive endings **-ico(a), -illo(a),** and **-uelo(a)** are more commonly used than **-ito(a)**.

Vocabulario útil	
cerraremos	we will close
conjuntito	little outfit
par de zapatitos	little pair of shoes
piecitos	little feet
saquito	little coat
¿Te falta mucho?	Are you almost done?

Preparación
Do you like shopping or spending time in malls? Do you prefer buying things for yourself or for others?

Completar
Complete the sentences.

| comprar | hija | regresar |
| esposo | prisa | zapatitos |

1. Marcos es el _____ de Claudia.
2. Claudia compra _____ y otras cosas.
3. Marcos y Claudia tienen una _____.
4. Claudia tiene _____ porque debe _____ pronto a casa.
5. Claudia necesita _____ algo para la beba en diez minutos.

Descripción
Write descriptions of the characters. Then compare your descriptions with a partner's.

Anuncio de Banco Galicia

¡Un saquito te compró° mamá!

Un par de zapatitos...

Tengo que buscar algo° para la beba, si no, Marcos me mata°.

compró *bought* **algo** *something* **me mata** *is going to kill me*

La familia

If a Spanish-speaking friend told you he was going to a **reunión familiar**, what type of event would you picture? Most likely, your friend would not be referring to an annual event reuniting family members from far-flung cities. In Hispanic culture, family gatherings are much more frequent and relaxed, and thus do not require intensive planning or juggling of schedules. Some families gather every Sunday afternoon to enjoy a leisurely meal; others may prefer to hold get-togethers on a Saturday evening, with food, music, and dancing. In any case, gatherings tend to be laid-back events in which family members spend hours chatting, sharing stories, and telling jokes.

Vocabulario útil

el Día de la Madre	Mother's Day
estamos celebrando	we are celebrating
familia grande y feliz	a big, happy family
familia numerosa	a large family
hacer (algo) juntos	to do (something) together
el patio interior	courtyard
pelear	to fight
reuniones familiares	family gatherings, reunions

Preparación
What is a "typical family" like where you live? Is there such a thing? What members of a family usually live together?

Completar
Complete this paragraph with the correct options.

Los Valdivieso y los Bolaños son dos ejemplos de familias en Ecuador. Los Valdivieso son una familia (1) _____ (difícil/numerosa). Viven en una casa (2) _____ (grande/buena). En el patio, hacen (*they do*) muchas reuniones (3) _____ (familiares/con amigos). Los Bolaños son una familia pequeña. Ellos comen (4) _____ (separados/juntos) y preparan canelazo, una bebida (*drink*) típica ecuatoriana.

La familia

—Érica, ¿y cómo se llaman tus padres?
—Mi mamá, Lorena y mi papá, Miguel.

¡Qué familia tan° grande tiene!

Te presento a la familia Bolaños.

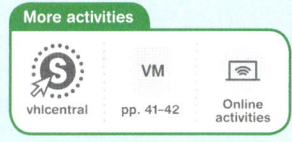

tan *so*

3 panorama

Ecuador

El país en cifras

- **Área:** 283.560 km² (109.483 millas²), incluyendo las islas Galápagos, aproximadamente el área de Colorado
- **Población:** 16.290.00
- **Capital:** Quito—1.726.000
- **Ciudades° principales:**
  Guayaquil—2.709.000, Cuenca, Machala, Portoviejo
- **Moneda:** dólar estadounidense
- **Idiomas:** español (oficial), quichua

La lengua oficial de Ecuador es el español, pero también se hablan° otras° lenguas en el país. Aproximadamente unos 4.000.000 de ecuatorianos hablan lenguas indígenas; la mayoría° de ellos habla quichua. El quichua es el dialecto ecuatoriano del quechua, la lengua de los incas.

Bandera de Ecuador

Ecuatorianos célebres
- **Francisco Eugenio de Santa Cruz y Espejo,** médico, periodista y patriota (1747–1795)
- **Juan León Mera,** novelista (1832–1894)
- **Eduardo Kingman,** pintor° (1913–1997)
- **Rosalía Arteaga,** abogada°, política y ex vicepresidenta (1956–)
- **Iván Vallejo Ricaurte,** montañista (1959–)

Ciudades *cities* se hablan *are spoken* otras *other* mayoría *majority* pintor *painter* abogada *lawyer*

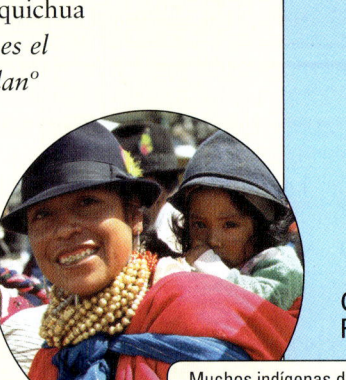

ACTIVIDADES

1 Seleccionar Escoge la respuesta correcta.

1. ¿Por qué es famoso Oswaldo Guayasamín?
   a. por ser escultor y muralista
   b. por estudiar la evolución de las especies

2. ¿Por qué son famosas las islas Galápagos?
   a. por el monumento la Mitad del Mundo
   b. por las tortugas gigantes

3. ¿Quién es Juan León Mera?
   a. un ingeniero
   b. un novelista

4. Además del español, ¿cuál es la lengua más popular en Ecuador?
   a. el alemán
   b. el quichua

5. ¿Cuál es la moneda oficial de Ecuador?
   a. el dólar estadounidense
   b. el peso ecuatoriano

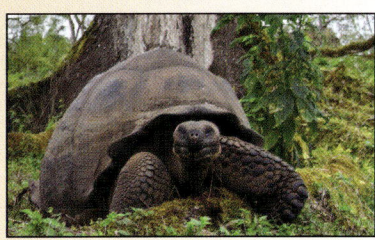

Lugares • Las islas Galápagos
Muchas personas vienen de lejos a visitar las islas Galápagos porque son un verdadero tesoro° ecológico. Aquí Charles Darwin estudió° las especies que inspiraron° sus ideas sobre la evolución. Como las Galápagos están lejos del continente, sus plantas y animales son únicos. Las islas son famosas por sus tortugas° gigantes.

Artes • Oswaldo Guayasamín
Oswaldo Guayasamín fue° uno de los artistas latinoamericanos más famosos del mundo. Fue escultor° y muralista. Su expresivo estilo viene del cubismo y sus temas preferidos son la injusticia y la pobreza° sufridas° por los indígenas de su país.

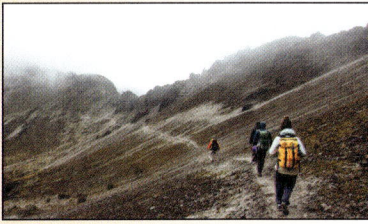

Deportes • El *trekking*
El sistema montañoso de los Andes cruza° y divide Ecuador en varias regiones. La Sierra, que tiene volcanes, grandes valles y una variedad increíble de plantas y animales, es perfecta para el *trekking*. Muchos turistas visitan Ecuador cada° año para hacer° *trekking* y escalar montañas°.

Lugares • Latitud 0
Hay un monumento en Ecuador, a unos 22 kilómetros (14 millas) de Quito, donde los visitantes están en el hemisferio norte y el hemisferio sur a la vez°. Este monumento se llama la Mitad del Mundo° y es un destino turístico muy popular.

verdadero tesoro *true treasure* **estudió** *studied* **inspiraron** *inspired* **tortugas** *tortoises* **fue** *was* **escultor** *sculptor* **pobreza** *poverty* **sufridas** *suffered* **cruza** *crosses* **cada** *every* **hacer** *to do* **escalar montañas** *to climb mountains* **a la vez** *at the same time* **Mitad del Mundo** *Equatorial Line Monument (lit. Midpoint of the World)*

¡Increíble pero cierto!
El volcán Cotopaxi, situado a unos 50 kilómetros al sur° de Quito, es considerado uno de los volcanes activos más altos del mundo°. Tiene una altura de 5.897 metros (19.340 pies°). Es dos veces más alto que° el monte Santa Elena (2.550 metros o 9.215 pies) en el estado de Washington.

sur *south* **mundo** *world* **pies** *feet* **dos veces más alto que** *twice as tall as*

---

2 ¿Qué aprendiste? Completa las oraciones.
1. La ciudad más grande (*biggest*) de Ecuador es _____.
2. La capital de Ecuador es _____.
3. Unos 4.000.000 de ecuatorianos hablan _____.
4. Un monumento muy popular es _____.
5. La Sierra es un lugar perfecto para el _____.

3 Conversar En parejas, describan uno de los lugares más importantes de Ecuador y expliquen por qué creen que es interesante.

modelo
La Mitad del Mundo es un lugar fantástico. Es interesante porque...

vocabulario

La familia

el/la abuelo/a	grandfather/grandmother
los abuelos	grandparents
el apellido	last name
el/la bisabuelo/a	great-grandfather/great-grandmother
el/la cuñado/a	brother-in-law/sister-in-law
el/la esposo/a	husband/wife; spouse
la familia	family
el/la gemelo/a	twin
el/la hermanastro/a	stepbrother/stepsister
el/la hermano/a	brother/sister
el/la hijastro/a	stepson/stepdaughter
el/la hijo/a	son/daughter
los hijos	children
la madrastra	stepmother
la madre	mother
el/la medio/a hermano/a	half-brother/half-sister
el/la nieto/a	grandson/granddaughter
la nuera	daughter-in-law
el padrastro	stepfather
el padre	father
los padres	parents
los parientes	relatives
el/la primo/a	cousin
el/la sobrino/a	nephew/niece
el/la suegro/a	father-in-law/mother-in-law
el/la tío/a	uncle/aunt
el yerno	son-in-law

Otras personas

el/la amigo/a	friend
la gente	people
el/la muchacho/a	boy/girl
el/la niño/a	child
el/la novio/a	boyfriend/girlfriend
la persona	person

Profesiones

el/la artista	artist
el/la doctor(a), el/la médico/a	doctor; physician
el/la ingeniero/a	engineer
el/la periodista	journalist
el/la programador(a)	computer programmer

Adjetivos

alto/a	tall
antipático/a	unpleasant
bajo/a	short (in height)
bonito/a	pretty
buen, bueno/a	good
delgado/a	thin
difícil	difficult
fácil	easy
feo/a	ugly
gordo/a	fat
grande	big
guapo/a	good-looking
importante	important
inteligente	intelligent
interesante	interesting
joven (sing.), jóvenes (pl.)	young
mal, malo/a	bad
mismo/a	same
moreno/a	brunet(te)
mucho/a	much; many; a lot of
pelirrojo/a	red-haired
pequeño/a	small
rubio/a	blond(e)
simpático/a	nice; likeable
tonto/a	foolish
trabajador(a)	hard-working
viejo/a	old

Nacionalidades

alemán, alemana	German
argentino/a	Argentine
canadiense	Canadian
chino/a	Chinese
costarricense	Costa Rican
cubano/a	Cuban
ecuatoriano/a	Ecuadorian
español(a)	Spanish
estadounidense	from the U.S.
francés, francesa	French
inglés, inglesa	English
italiano/a	Italian
japonés, japonesa	Japanese
mexicano/a	Mexican
norteamericano/a	(North) American
puertorriqueño/a	Puerto Rican
ruso/a	Russian

Verbos

abrir	to open
aprender (a + *inf.*)	to learn
asistir (a)	to attend
beber	to drink
comer	to eat
compartir	to share
comprender	to understand
correr	to run
creer (en)	to believe (in)
deber (+ *inf.*)	should
decidir (+ *inf.*)	to decide
describir	to describe
escribir	to write
leer	to read
recibir	to receive
tener	to have
venir	to come
vivir	to live

Possessive adjectives	See page 93.
Expressions with *tener*	See page 101.
Expresiones útiles	See page 83.

Los pasatiempos 4

Communicative Goals

You will learn how to:
- Talk about pastimes, weekend activities, and sports
- Make plans and invitations

contextos — pages 116–119
- Pastimes
- Sports
- Places in the city

fotonovela — pages 120–123
The friends spend the day exploring Mérida and the surrounding area. Maru, Jimena, and Miguel take Marissa to a **cenote**; Felipe and Juan Carlos join Felipe's cousins for soccer and lunch.

cultura — pages 124–125
- Soccer rivalries
- Miguel Cabrera and Paola Espinosa

estructura — pages 126–141
- Present tense of **ir**
- Stem–changing verbs: e→ie; o→ue
- Stem–changing verbs: e→i
- Verbs with irregular **yo** forms
- **Recapitulación**

adelante — pages 142–149
Lectura: Popular sports
Escritura: A pamphlet
Escuchar: A conversation about pastimes
En pantalla: A sports documentary
Flash cultura: A video about soccer in Spain
Panorama: México

A PRIMERA VISTA
- ¿Es esta persona una atleta o una artista?
- ¿Tiene cuidado?
- ¿Es vieja? ¿Es delgada?
- ¿Tiene frío o calor?

4 contextos

Los pasatiempos

Más vocabulario

el baloncesto	basketball
el béisbol	baseball
el ciclismo	cycling
el esquí (acuático)	(water) skiing
el fútbol americano	football
el hockey	hockey
la natación	swimming
el equipo	team
el parque	park
el partido	game; match
la piscina	swimming pool
la plaza	city or town square
bucear	to scuba dive
escalar montañas (f., pl.)	to climb mountains
esquiar	to ski
ganar	to win
ir de excursión	to go on a hike
nadar	to swim
patinar	to skate
practicar deportes (m., pl.)	to play sports
visitar monumentos (m., pl.)	to visit monuments
escribir una carta/ un mensaje electrónico	to write a letter/ an e-mail
leer el correo electrónico	to read e-mail
leer el periódico	to read the newspaper
deportivo/a	sports-related

Variación léxica

piscina ↔ pileta (*Arg.*); alberca (*Méx.*)
baloncesto ↔ básquetbol (*Amér. L.*)
béisbol ↔ pelota (*P. Rico, Rep. Dom.*)

Pasean. (pasear)
Pasea en bicicleta. (pasear)
Lee una revista. (leer)
el fútbol
el vóleibol
la pelota
el jugador
la jugadora
el tenis

ciento diecisiete 117

Práctica

1 Indicar Write **sí** if each activity you hear requires a ball or **no** if does not.

1. ____   5. ____
2. ____   6. ____
3. ____   7. ____
4. ____   8. ____

2 Escuchar Indicate the activity that best corresponds to each statement you hear.

A   **B**

1. _____   a. leer el correo electrónico
2. _____   b. tomar el sol
3. _____   c. ir de excursión
4. _____   d. ir a un partido de fútbol americano
5. _____   e. escribir una carta
6. _____   f. practicar muchos deportes
           g. nadar
           h. pasear en bicicleta

3 ¿Cierto o falso? Indicate whether each statement is **cierto** or **falso** based on the illustration.

	Cierto	Falso
1. Una persona pasea en bicicleta.	○	○
2. Hay un partido de baloncesto.	○	○
3. Las personas viejas esquían.	○	○
4. Hay dos jugadores de vóleibol.	○	○
5. Dos niñas tienen una pelota.	○	○
6. Una mujer lee el periódico.	○	○
7. Hay un equipo de hockey.	○	○
8. Un chico anda en patineta.	○	○

4 Clasificar Fill in the chart with as many terms from **Contextos** as you can.

Actividades	Deportes	Personas
_____	_____	_____
_____	_____	_____
_____	_____	_____
_____	_____	_____
_____	_____	_____
_____	_____	_____

Más vocabulario

la diversión	fun activity; entertainment; recreation
el fin de semana	weekend
el pasatiempo	pastime; hobby
los ratos libres	spare (free) time
el videojuego	video game
la iglesia	church
el lugar	place
ver películas (f., pl.)	to watch movies
favorito/a	favorite

5 **Identificar** Identify the place where these activities would take place.

modelo
Esquiamos. Es una montaña.

1. Tomamos una limonada.
2. Vemos una película.
3. Practicamos deportes.
4. Hay muchos monumentos.
5. Comemos tacos y fajitas.
6. Nadamos y tomamos el sol.
7. Hay mucho tráfico.
8. Miramos pinturas (*paintings*) de Diego Rivera y Frida Kahlo.

6 **Preguntar** Ask a classmate what he or she does in the places mentioned. Your classmate will respond using one of the verbs.

modelo
una plaza
Estudiante 1: ¿Qué haces (*do you do*) cuando estás en una plaza?
Estudiante 2: Camino por la plaza y miro a las personas.

beber	escalar	mirar	practicar
caminar	escribir	nadar	tomar
correr	leer	patinar	visitar

1. una biblioteca
2. las montañas
3. un café
4. una piscina
5. un estadio
6. un parque
7. una plaza
8. un museo

Comunicación

7

Crucigrama Your instructor will give you and your partner an incomplete crossword puzzle. Yours has the words your partner needs and vice versa. In order to complete the puzzle, take turns giving each other clues, using definitions, examples, and phrases.

> **modelo**
>
> **2 horizontal:** Es un deporte que practicamos en la piscina.
> **6 vertical:** Es un mensaje que escribimos con lápiz o con pluma.

8

Entrevista In pairs, take turns asking and answering these questions.

CONSULTA
To review expressions with **gustar**, see **Estructura 2.1**, p. 52.

1. ¿Hay un café cerca de la universidad? ¿Dónde está?
2. ¿Cuál es tu restaurante favorito?
3. ¿Te gusta viajar y visitar monumentos? ¿Por qué?
4. ¿Te gusta ir al cine los fines de semana?
5. ¿Cuáles son tus películas favoritas?
6. ¿Te gusta practicar deportes?
7. ¿Cuáles son tus deportes favoritos? ¿Por qué?
8. ¿Cuáles son tus pasatiempos favoritos?

9

Conversación Work with a partner to prepare a short conversation about pastimes.

> ¿a qué hora?   ¿con quién(es)?   ¿dónde?
> ¿cómo?   ¿cuándo?   ¿qué?

> **modelo**
>
> **Estudiante 1:** ¿Cuándo patinas?
> **Estudiante 2:** Patino los domingos. Y tú, ¿patinas?
> **Estudiante 1:** No, no me gusta patinar. Me gusta practicar el béisbol.

10

Pasatiempos In pairs, tell each other what pastimes three of your friends and family members enjoy. Be prepared to share with the class any pastimes you noticed they have in common.

> **modelo**
>
> **Estudiante 1:** Mi hermana pasea mucho en bicicleta, pero mis padres practican la natación. Mi hermano no nada, pero visita muchos museos.
> **Estudiante 2:** Mi primo lee muchas revistas, pero no practica muchos deportes. Mis tíos esquían y practican el golf...

4 fotonovela

Fútbol, cenotes y mole

Maru, Miguel, Jimena y Marissa visitan un cenote, mientras Felipe y Juan Carlos van a un partido de fútbol.

PERSONAJES MIGUEL PABLO

 Video

MIGUEL Buenos días a todos.
TÍA ANA MARÍA Hola, Miguel. Maru, ¿qué van a hacer hoy?
MARU Miguel y yo vamos a llevar a Marissa a un cenote.

MARISSA ¿No vamos a nadar? ¿Qué es un cenote?
MIGUEL Sí, sí vamos a nadar. Un cenote... difícil de explicar. Es una piscina natural en un hueco profundo.
MARU ¡Ya vas a ver! Seguro que te va a gustar.

(*unos minutos después*)
EDUARDO Hay un partido de fútbol en el parque. ¿Quieren ir conmigo?
PABLO Y conmigo. Si no consigo más jugadores, nuestro equipo va a perder.

ANA MARÍA Marissa, ¿qué te gusta hacer? ¿Escalar montañas? ¿Ir de excursión?
MARISSA Sí, me gusta ir de excursión y practicar el esquí acuático. Y usted, ¿qué prefiere hacer en sus ratos libres?

PABLO Mi mamá tiene muchos pasatiempos y actividades.
EDUARDO Sí. Ella nada y juega al tenis y al golf.
PABLO Va al cine y a los museos.
ANA MARÍA Sí, salgo mucho los fines de semana.

FELIPE ¿Recuerdas el restaurante del mole?
EDUARDO ¿Qué restaurante?
JIMENA El mole de mi tía Ana María es mi favorito.
MARU Chicos, ya es hora. ¡Vamos!

ANA MARÍA **MARU** **MARISSA** **EDUARDO** **FELIPE** **JUAN CARLOS** **JIMENA** **DON GUILLERMO**

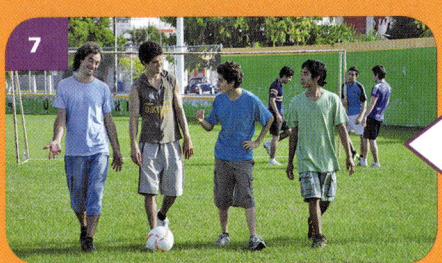

(*más tarde, en el parque*)

PABLO No puede ser. ¡Cinco a uno!

FELIPE ¡Vamos a jugar! Si perdemos, compramos el almuerzo. Y si ganamos...

EDUARDO ¡Empezamos!

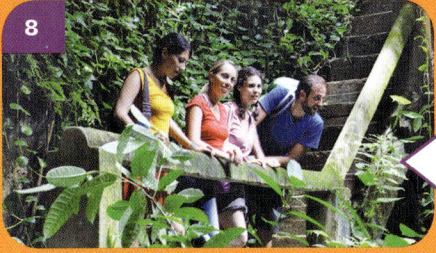

(*mientras tanto, en el cenote*)

MARISSA ¿Hay muchos cenotes en México?

MIGUEL Sólo en la península de Yucatán.

MARISSA ¡Vamos a nadar!

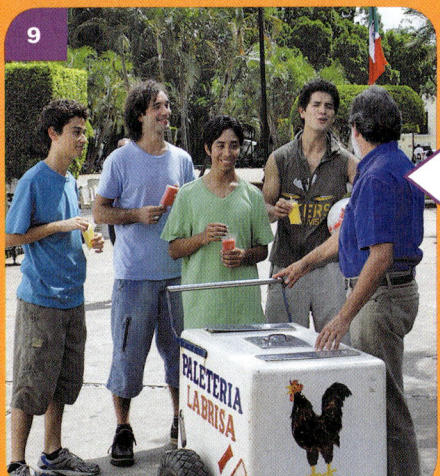

(*Los chicos visitan a don Guillermo, un vendedor de paletas heladas.*)

JUAN CARLOS Don Guillermo, ¿dónde podemos conseguir un buen mole?

FELIPE Eduardo y Pablo van a pagar el almuerzo. Y yo voy a pedir un montón de comida.

FELIPE Sí, éste es el restaurante. Recuerdo la comida.

EDUARDO Oye, Pablo... No tengo...

PABLO No te preocupes, hermanito.

FELIPE ¿Qué buscas? (*muestra la cartera de Pablo*) ¿Esto?

Expresiones útiles

Making invitations

Hay un partido de fútbol en el parque. ¿Quieren ir conmigo?
There's a soccer game in the park. Do you want to come with me?

¡Yo puedo jugar!
I can play!

Mmm... no quiero.
Hmm... I don't want to.

Lo siento, pero no puedo.
I'm sorry, but I can't.

¡Vamos a nadar!
Let's go swimming!

Sí, vamos.
Yes, let's go.

Making plans

¿Qué van a hacer hoy?
What are you going to do today?

Vamos a llevar a Marissa a un cenote.
We are taking Marissa to a cenote.

Vamos a comprar unas paletas heladas.
We're going to buy some popsicles.

Vamos a jugar. Si perdemos, compramos el almuerzo.
Let's play. If we lose, we'll buy lunch.

Talking about pastimes

¿Qué te gusta hacer? ¿Escalar montañas? ¿Ir de excursión?
What do you like to do? Mountain climbing? Hiking?

Sí, me gusta ir de excursión y practicar esquí acuático.
Yes, I like hiking and water skiing.

Y usted, ¿qué prefiere hacer en sus ratos libres?
And you, what do you like to do in your free time?

Salgo mucho los fines de semana.
I go out a lot on the weekends.

Voy al cine y a los museos.
I go to the movies and to museums.

Additional vocabulary

el/la aficionado/a *fan*
la cartera *wallet*   **el hueco** *hole*
un montón de *a lot of*

¿Qué pasó?

1 Escoger Choose the answer that best completes each sentence.

1. Marissa, Maru y Miguel desean _____.
   a. nadar   b. correr por el parque   c. leer el periódico
2. A Marissa le gusta _____.
   a. el tenis   b. el vóleibol   c. ir de excursión y practicar esquí acuático
3. A la tía Ana María le gusta _____.
   a. jugar al hockey   b. nadar y jugar al tenis y al golf   c. hacer ciclismo
4. Pablo y Eduardo pierden el partido de _____.
   a. fútbol   b. béisbol   c. baloncesto
5. Juan Carlos y Felipe desean _____.
   a. patinar   b. esquiar   c. comer mole

2 Identificar Identify the person who made each statement.

1. ¿Qué es un cenote? _____
2. Mi mamá tiene muchos pasatiempos y actividades. _____
3. Yo voy a pedir un montón de comida. _____
4. Hay un partido de fútbol en el parque. ¿Quieren ir conmigo? _____
5. Sí, salgo mucho los fines de semana. _____

MARISSA
FELIPE
EDUARDO
PABLO
TÍA ANA MARÍA

3 Preguntas Answer the questions.

1. ¿Qué van a hacer Miguel y Maru?
2. ¿Adónde van Felipe y Juan Carlos mientras sus amigos van al cenote?
3. ¿Quién gana el partido de fútbol?
4. ¿Quiénes van al cenote con Maru y Miguel?

4 Conversación With a partner, prepare a conversation in which you talk about pastimes and invite each other to do some activity together. Use these expressions and also look at **Expresiones útiles** on the previous page.

¿A qué hora?	¿Dónde? *Where?*	Nos vemos a las siete.
(At) What time?	No puedo porque...	*See you at seven.*
contigo *with you*	*I can't because...*	

▶ ¿Eres aficionado/a a...? ▶ ¿Por qué no...? ▶ ¿Qué vas a hacer esta noche?
▶ ¿Te gusta...? ▶ ¿Quieres... conmigo?

NOTA CULTURAL

Mole is a typical sauce in Mexican cuisine. It is made from pumpkin seeds, chile, and chocolate, and it is usually served with chicken, beef, or pork. To learn more about **mole**, go to page 272.

NOTA CULTURAL

Cenotes are deep, freshwater sinkholes found in caves throughout the Yucatán peninsula. They were formed in prehistoric times by the erosion and collapse of cave walls. The Mayan civilization considered the **cenotes** sacred, and performed rituals there. Today, they are popular destinations for swimming and diving.

Pronunciación
Word stress and accent marks

Tutorial

pe-lí-cu-la　　**e-di-fi-cio**　　**ver**　　**yo**

Every Spanish syllable contains at least one vowel. When two vowels are joined in the same syllable they form a **diphthong***. A **monosyllable** is a word formed by a single syllable.

bi-blio-te-ca　　**vi-si-tar**　　**par-que**　　**fút-bol**

The syllable of a Spanish word that is pronounced most emphatically is the "stressed" syllable.

pe-lo-ta　　**pis-ci-na**　　**ra-tos**　　**ha-blan**

Words that end in **n, s,** or a **vowel** are usually stressed on the next-to-last syllable.

na-ta-ción　　**pa-pá**　　**in-glés**　　**Jo-sé**

If words that end in **n, s,** or a **vowel** are stressed on the last syllable, they must carry an accent mark on the stressed syllable.

bai-lar　　**es-pa-ñol**　　**u-ni-ver-si-dad**　　**tra-ba-ja-dor**

Words that do not end in **n, s,** or a **vowel** are usually stressed on the last syllable.

béis-bol　　**lá-piz**　　**ár-bol**　　**Gó-mez**

If words that do not end in **n, s,** or a **vowel** are stressed on the next-to-last syllable, they must carry an accent mark on the stressed syllable.

*The two vowels that form a diphthong are either both weak or one is weak and the other is strong.

En la unión está la fuerza.²

Práctica Pronounce each word, stressing the correct syllable. Then give the word stress rule for each word.

1. profesor
2. Puebla
3. ¿Cuántos?
4. Mazatlán
5. examen
6. ¿Cómo?
7. niños
8. Guadalajara
9. programador
10. México
11. están
12. geografía

Oraciones Read the conversation aloud to practice word stress.

MARINA Hola, Carlos. ¿Qué tal?
CARLOS Bien. Oye, ¿a qué hora es el partido de fútbol?
MARINA Creo que es a las siete.
CARLOS ¿Quieres ir?
MARINA Lo siento, pero no puedo. Tengo que estudiar biología.

Quien ríe de último, ríe mejor.¹

Refranes Read these sayings aloud to practice word stress.

1 He who laughs last, laughs best.
2 United we stand.

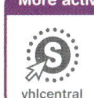

4 cultura

EN DETALLE

Real Madrid y Barça: rivalidad total

Soccer in Spain is a force to be reckoned with, and no two teams draw more attention than **Real Madrid** and the **Fútbol Club Barcelona**. Whether the venue is Madrid's **Santiago Bernabéu** or Barcelona's **Camp Nou**, the two cities shut down for the showdown, paralyzed by **fútbol** fever. A ticket to the actual game is always the hottest ticket in town.

The rivalry between **Real Madrid** and **Barça** is about more than soccer. As the two biggest, most powerful cities in Spain, Barcelona and Madrid are constantly compared to one another and have a natural rivalry. There is also a political component to the dynamic. Barcelona, with its distinct language and culture, has long struggled for increased autonomy from Madrid's centralized government. Under Francisco Franco's rule (1939–1975), when repression of the Catalan identity was at its height, a game between **Real Madrid** and **FC Barcelona** was wrapped up with all the symbolism of the regime versus the resistance, even though both teams suffered casualties in Spain's civil war and the subsequent Franco dictatorship.

Although the dictatorship is long over, the momentum of all those decades of competition still transforms both cities into a frenzied, tense panic leading up to the game. Once the final score is announced, one of those cities is transformed again, this time into the best party in the country.

Rivalidades del fútbol

Argentina: Boca Juniors vs. River Plate
México: Águilas del América vs. Chivas del Guadalajara
Chile: Colo Colo vs. Universidad de Chile
Guatemala: Comunicaciones vs. Municipal
Uruguay: Peñarol vs. Nacional
Colombia: Millonarios vs. Independiente Santa Fe

ACTIVIDADES

1 **¿Cierto o falso?** Indicate whether each statement is **cierto** or **falso**. Correct the false statements.

1. People from Spain don't like soccer.
2. Madrid and Barcelona are the most important cities in Spain.
3. Santiago Bernabéu is a stadium in Barcelona.
4. The rivalry between Real Madrid and FC Barcelona is not only in soccer.
5. Barcelona has resisted Madrid's centralized government.
6. Only the FC Barcelona team was affected by the civil war.
7. During Franco's regime, the Catalan culture thrived.
8. There are many famous rivalries between soccer teams in the Spanish-speaking world.
9. River Plate is a popular team from Argentina.
10. Comunicaciones and Peñarol are famous rivals in Guatemala.

ASÍ SE DICE
Los deportes

el/la árbitro/a	referee
el/la atleta	athlete
la bola; el balón	la pelota
el campeón/ la campeona	champion
la carrera	race
competir	to compete
empatar	to tie
la medalla	medal
el/la mejor	the best
mundial	worldwide
el torneo	tournament

EL MUNDO HISPANO
Atletas importantes

World-renowned Hispanic athletes:

- **Rafael Nadal** (España) has won 20 Grand Slam singles titles and the 2008 Olympic gold medal in singles tennis.

- **Lionel Andrés Messi** (Argentina) is one of the world's top soccer players. He plays for **FC Barcelona** and for the Argentine national team.

- **Mireia Belmonte García** (España) won two silver medals in swimming at the 2012 Olympics. She also won a gold and a bronze at the 2016 Olympics.

- **Lorena Ochoa** (México) was the top-ranked female golfer in the world when she retired in 2010 at the age of 28. She still hosts an LPGA golf tournament every year.

PERFIL
Miguel Cabrera y Paola Espinosa

Miguel Cabrera, considered one of the best hitters in baseball, now plays first base for the Detroit Tigers. Born in Venezuela in 1983, he made his Major League debut at the age of 20. Cabrera has been selected for both the National League and American League All-Star Teams. In 2012, he became the first player since 1967 to win the Triple Crown.

Mexican diver **Paola Milagros Espinosa Sánchez**, born in 1986, has competed in four Olympics (2004, 2008, 2012, and 2016). She and her partner Tatiana Ortiz took home a bronze medal in 2008. In 2012, she won a silver medal with partner Alejandra Orozco. She won three gold medals at the Pan American Games in 2007 and again in 2011; in 2015 she won two.

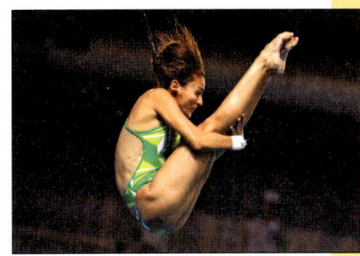

CON RITMO HISPANO
Maná (1987–)
Place of origin: Guadalajara, Mexico

Maná has sold over 40 million copies of its 21 albums worldwide, which makes it the most successful and one of the most influential Latin American rock bands of all time.

Go to **vhlcentral.com** to find out more about **Maná**.

ACTIVIDADES

2 **Comprensión** Write the name of the athlete described in each sentence.
1. Es un jugador de fútbol de Argentina. _____
2. Es una mujer que practica el golf. _____
3. Es un jugador de béisbol de Venezuela. _____
4. Es una mujer mexicana que practica un deporte en la piscina. _____

3 **¿Quién es?** Write a short paragraph describing an athlete that you like, but do not mention his/her name. What does he/she look like? What sport does he/she play? Where does he/she live? Read your description to the class to see if they can guess who it is.

More activities
 vhlcentral
 Online activities

4 estructura

4.1 Present tense of ir Tutorial

ANTE TODO The verb **ir** (*to go*) is irregular in the present tense. Note that, except for the **yo** form (**voy**) and the lack of a written accent on the **vosotros** form (**vais**), the endings are the same as those for regular present tense **-ar** verbs.

The verb ir (to go)

Singular forms		Plural forms	
yo	voy	nosotros/as	vamos
tú	vas	vosotros/as	vais
Ud./él/ella	va	Uds./ellos/ellas	van

▶ **Ir** is often used with the preposition **a** (*to*). If **a** is followed by the definite article **el**, they combine to form the contraction **al**. If **a** is followed by the other definite articles (**la, las, los**), there is no contraction.

a + el = al

Voy **al** parque con Juan.
I'm going to the park with Juan.

Mis amigos van **a las** montañas.
My friends are going to the mountains.

▶ The construction **ir a** + [*infinitive*] is used to talk about actions that are going to happen in the future. It is equivalent to the English *to be going* + [*infinitive*].

Va a leer el periódico.
He is going to read the newspaper.

Van a pasear por el pueblo.
They are going to walk around town.

¡Voy a ir con ellos!

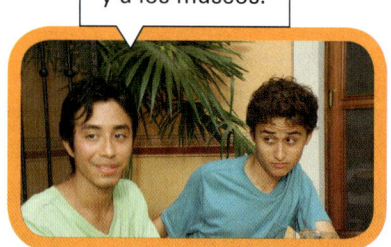
Ella va al cine y a los museos.

▶ **Vamos a** + [*infinitive*] can also express the idea of *let's* (*do something*).

Vamos a pasear.
Let's take a walk.

¡Vamos a comer!
Let's eat!

CONSULTA
To review the contraction **de + el**, see **Estructura 1.3**, pp. 20–21.

AYUDA
When asking a question that contains a form of the verb **ir**, remember to use **adónde**:
¿Adónde vas?
(To) Where are you going?

¡INTÉNTALO! Provide the present tense forms of **ir**.

1. Ellos ___van___.
2. Yo _____.
3. Tu novio _____.
4. Tú _____.
5. Mi prima y yo _____.
6. Adela _____.
7. Ustedes _____.
8. Nosotros _____.
9. Usted _____.
10. Ellas _____.
11. Miguel _____.
12. Nosotras _____.

Práctica

1 **¿Adónde van?** Tell where the people are going.

> **modelo**
> los chicos / el parque Los chicos van al parque.

1. la señora Castillo / el centro
2. las hermanas Gómez / la piscina
3. yo / el Museo de Arte Moderno
4. tu tío y tu papá / el partido de fútbol
5. nosotros / el restaurante Miramar

2 **¿Qué van a hacer?** Use **ir a** + [*infinitive*] to say that these people are also going to do the same activities tomorrow.

> **modelo**
> Ellas nadan en la piscina. Van a nadar en la piscina mañana también.

1. Sara lee una revista.
2. Yo practico deportes.
3. Paseamos con nuestros amigos.
4. Tú tomas el sol.
5. Ustedes van de excursión.

3 **Preguntas** With a partner, take turns asking and answering questions about where the people are going and what they are going to do there.

> **modelo**
> **Estudiante 1:** ¿Adónde va Estela?
> **Estudiante 2:** Va a la librería.
> **Estudiante 1:** Va a comprar un libro.

Estela

1. ustedes

2. mi amigo

3. los estudiantes

4. tú

5. la profesora Torres

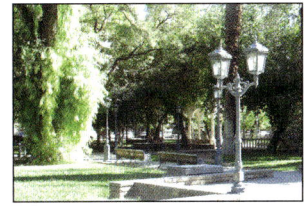
6. Álex y Miguel

Comunicación

4 **Situaciones** Work with a partner and say where you and your friends go in these situations.

1. Cuando deseo descansar…
2. Cuando mi novio/a tiene que estudiar…
3. Si deseo hablar con mis amigos…
4. Cuando mis amigos y yo tenemos hambre…
5. En mis ratos libres…
6. Cuando mis amigos desean esquiar…
7. Si estoy de vacaciones…
8. Si tengo ganas de leer…

5 **Encuesta** Your instructor will give you a worksheet. Walk around the class and ask your classmates if they are going to do these activities today. Find one person to answer **Sí** and one to answer **No** for each item and note their names on the worksheet in the appropriate column.

modelo
Tú: ¿Vas a leer el periódico hoy?
Ana: Sí, voy a leer el periódico hoy.
Luis: No, no voy a leer el periódico hoy.

Actividades	Sí	No
1. comer en un restaurante chino		
2. leer el periódico	Ana	Luis
3. escribir un mensaje electrónico		
4. correr 20 kilómetros		
5. ver una película de terror		
6. pasear en bicicleta		

6 **Entrevista** Talk to two classmates in order to find out where they are going and what they are going to do on their next vacation.

modelo
Estudiante 1: ¿Adónde vas de vacaciones (*on vacation*)?
Estudiante 2: Voy a Guadalajara con mis amigos.
Estudiante 3: ¿Y qué van a hacer (*to do*) ustedes en Guadalajara?
Estudiante 2: Vamos a visitar unos monumentos y museos. ¿Y tú?

Síntesis

7 **Planes** Make a schedule of your activities for the weekend. Then, share with a partner.

▶ For each day, list at least three things you have to do.
▶ For each day, list at least two things you will do for fun.
▶ Tell a classmate what your weekend schedule is like. He or she will write down what you say.
▶ Switch roles to see if you have any plans in common.
▶ Take turns asking each other to participate in some of the activities you listed.

Los pasatiempos

4.2 Stem-changing verbs: e→ie, o→ue

ANTE TODO Stem-changing verbs deviate from the normal pattern of regular verbs. When stem-changing verbs are conjugated, they have a vowel change in the last syllable of the stem.

CONSULTA

To review the present tense of regular **-ar** verbs, see **Estructura 2.1**, p. 50.

...

To review the present tense of regular **-er** and **-ir** verbs, see **Estructura 3.3**, p. 96.

INFINITIVE	VERB STEM	STEM CHANGE	CONJUGATED FORM
empezar	empez-	empiez-	empiezo
volver	volv-	vuelv-	vuelvo

▶ In many verbs, such as **empezar** (*to begin*), the stem vowel changes from **e** to **ie**. Note that the **nosotros/as** and **vosotros/as** forms don't have a stem change.

The verb empezar (e:ie) (*to begin*)

Singular forms		Plural forms	
yo	empiezo	nosotros/as	empezamos
tú	empiezas	vosotros/as	empezáis
Ud./él/ella	empieza	Uds./ellos/ellas	empiezan

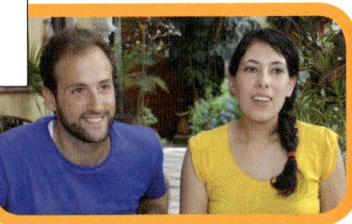

Los chicos empiezan a hablar de su visita al cenote.

Ellos vuelven a comer en el restaurante.

▶ In many other verbs, such as **volver** (*to return*), the stem vowel changes from **o** to **ue**. The **nosotros/as** and **vosotros/as** forms have no stem change.

The verb volver (o:ue) (*to return*)

Singular forms		Plural forms	
yo	vuelvo	nosotros/as	volvemos
tú	vuelves	vosotros/as	volvéis
Ud./él/ella	vuelve	Uds./ellos/ellas	vuelven

▶ To help you identify stem-changing verbs, they will appear as follows throughout the text:

empezar (e:ie), volver (o:ue)

Common stem-changing verbs

e:ie		o:ue	
cerrar	to close	almorzar	to have lunch
comenzar (a + *inf.*)	to begin	contar	to count; to tell
empezar (a + *inf.*)	to begin	dormir	to sleep
entender	to understand	encontrar	to find
pensar	to think	mostrar	to show
perder	to lose; to miss	poder (+ *inf.*)	to be able to; can
preferir (+ *inf.*)	to prefer	recordar	to remember
querer (+ *inf.*)	to want; to love	volver	to return

¡LENGUA VIVA!
The verb **perder** can mean *to lose* or *to miss*, in the sense of "to miss a train."
Siempre pierdo mis llaves.
I always lose my keys.
Es importante no perder el autobús.
It's important not to miss the bus.

▶ **Jugar** (*to play a sport or a game*) is the only Spanish verb that has a **u:ue** stem change. **Jugar** is followed by **a** + [*definite article*] when the name of a sport or game is mentioned.

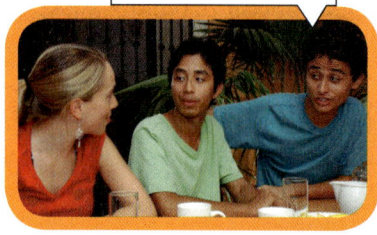

Ella juega al tenis y al golf.

Los chicos juegan al fútbol.

▶ **Comenzar** and **empezar** require the preposition **a** when they are followed by an infinitive.

Comienzan a jugar a las siete.
They begin playing at seven.

Ana **empieza a** escribir una postal.
Ana is starting to write a postcard.

▶ **Pensar** + [*infinitive*] means *to plan* or *to intend to do something*. **Pensar en** means *to think about someone* or *something*.

¿**Piensan** ir al gimnasio?
Are you planning to go to the gym?

¿**En** qué **piensas**?
What are you thinking about?

¡INTÉNTALO! Provide the present tense forms of these verbs.

cerrar (e:ie)
1. Ustedes _cierran_.
2. Ella _____.
3. Nosotras _____.
4. Mi hermano _____.
5. Yo _____.
6. Usted _____.
7. Los chicos _____.
8. Tú _____.

dormir (o:ue)
1. Mi abuela no _duerme_.
2. Yo no _____.
3. Mis hijos no _____.
4. Tú no _____.
5. Usted no _____.
6. Nosotros no _____.
7. Él no _____.
8. Ustedes no _____.

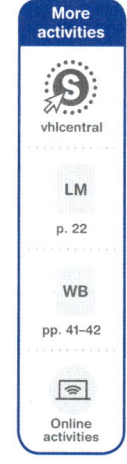

More activities

vhlcentral

LM p. 22

WB pp. 41–42

Online activities

Práctica

1 **Completar** Complete this conversation with the appropriate forms of the verbs. Then act it out with a partner.

PABLO Óscar, voy al centro ahora.
ÓSCAR ¿A qué hora (1)_____ (pensar) volver? El partido de fútbol (2)_____ (empezar) a las dos.
PABLO (3)_____ (volver) a la una. (4)_____ (querer) ver el partido.
ÓSCAR (5)¿_____ (recordar) que (*that*) nuestro equipo es muy bueno? (6)¡_____ (poder) ganar!
PABLO No, (7)_____ (pensar) que va a (8)_____ (perder). Los jugadores de Guadalajara son salvajes (*wild*) cuando (9)_____ (jugar).

NOTA CULTURAL

Dominó (*Dominoes*) is a popular pastime throughout Colombia, Venezuela, Central America, and the Spanish-speaking countries of the Caribbean. It's played both socially and competitively by people of all ages.

2 **Preferencias** With a partner, take turns asking and answering questions about what these people want to do.

modelo
Guillermo: estudiar / pasear en bicicleta
Estudiante 1: ¿Quiere estudiar Guillermo?
Estudiante 2: No, prefiere pasear en bicicleta.

1. tú: trabajar / dormir
2. ustedes: mirar la televisión / jugar al dominó
3. Elisa: ver una película / leer una revista
4. tú: comer en la cafetería / ir a un restaurante
5. tus amigos: ir de excursión / descansar
6. María y su hermana: tomar el sol / practicar el esquí acuático

3 **Describir** Use the verbs to describe what these people are doing.

almorzar   cerrar   contar   dormir   jugar   mostrar

1. yo

2. las niñas

3. Pedro

4. tú

5. nosotros

6. Teresa

Comunicación

4 **Frecuencia** In pairs, take turns using the verbs from the list and other stem-changing verbs you know to tell your partner which activities you do daily (**todos los días**), which you do once a month (**una vez al mes**), and which you do once a year (**una vez al año**). Record your partner's responses in the chart so that you can report back to the class.

> **modelo**
> **Estudiante 1:** Yo recuerdo a mi familia todos los días.
> **Estudiante 2:** Yo pierdo uno de mis libros una vez al año.

cerrar	perder
dormir	poder
empezar	preferir
encontrar	querer
jugar	recordar
¿?	¿?

todos los días	una vez al mes	una vez al año

5 **En la televisión** In pairs, write a conversation between two siblings arguing about what to watch on TV. Be creative and be prepared to act out your conversation for the class.

> **modelo**
> **Hermano:** Podemos ver la Copa Mundial.
> **Hermana:** ¡No, no quiero ver la Copa Mundial! Prefiero ver...

NOTA CULTURAL

Iker Casillas Fernández was a famous goalkeeper for **Real Madrid**. A native of Madrid, he is among the best goalkeepers of his generation.

Síntesis

6 **Situación** Your instructor will give you and your partner each a partially illustrated itinerary of a city tour. Complete the itineraries by asking each other questions using the verbs in the captions and vocabulary you have learned.

> **modelo**
> **Estudiante 1:** Por la mañana, empiezan en el café.
> **Estudiante 2:** Y luego...

Los pasatiempos

4.3 Stem-changing verbs: e→i

ANTE TODO You've already seen that many verbs in Spanish change their stem vowel when conjugated. There is a third kind of stem-vowel change in some verbs, such as **pedir** (*to ask for; to request*). In these verbs, the stressed vowel in the stem changes from **e** to **i**, as shown in the diagram.

INFINITIVE	VERB STEM	STEM CHANGE	CONJUGATED FORM
pedir	ped-	pid-	pido

▶ As with other stem-changing verbs you have learned, there is no stem change in the **nosotros/as** or **vosotros/as** forms in the present tense.

The verb pedir (e:i) (*to ask for; to request*)

Singular forms		Plural forms	
yo	pido	nosotros/as	pedimos
tú	pides	vosotros/as	pedís
Ud./él/ella	pide	Uds./ellos/ellas	piden

▶ To help you identify verbs with the **e:i** stem change, they will appear as follows throughout the text:

pedir (e:i)

▶ These are the most common **e:i** stem-changing verbs:

conseguir	decir	repetir	seguir
to get; to obtain	*to say; to tell*	*to repeat*	*to follow; to continue; to keep (doing something)*

Pido favores cuando es necesario.
I ask for favors when it's necessary.

Sigue con su tarea.
He continues with his homework.

Javier **dice** la verdad.
Javier is telling the truth.

Consiguen ver buenas películas.
They get to see good movies.

▶ **¡Atención!** The verb **decir** is irregular in its **yo** form: **yo digo**.

▶ The **yo** forms of **seguir** and **conseguir** have a spelling change in addition to the stem change **e:i**.

Sigo su plan.
I'm following their plan.

Consigo novelas en la librería.
I get novels at the bookstore.

¡LENGUA VIVA!

As you learned in **Lección 2, preguntar** means *to ask a question*. **Pedir**, however, means *to ask for something*:

Ella me pregunta cuántos años tengo.
She asks me how old I am.

Él me pide ayuda.
He asks me for help.

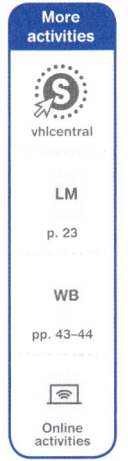

¡INTÉNTALO! Provide the correct forms of the verbs.

repetir (e:i)
1. Arturo y Eva ___repiten___.
2. Nosotros _____.
3. Yo _____.
4. Julia _____.
5. Sofía y yo _____.

decir (e:i)
1. Yo ___digo___.
2. Él _____.
3. Tú _____.
4. Ellas _____.
5. Usted _____.

seguir (e:i)
1. Yo ___sigo___.
2. Los chicos _____.
3. Tú _____.
4. Nosotros _____.
5. Usted _____.

Práctica

1 **Completar** Complete these sentences with the correct form of the verb.

1. Cuando mi familia pasea por la ciudad, mi madre siempre (*always*) va a un café y _____ (pedir) una soda.
2. Pero mi padre _____ (decir) que perdemos mucho tiempo. Tiene prisa por llegar al Bosque de Chapultepec.
3. Mi padre tiene suerte, porque él siempre _____ (conseguir) lo que (*that which*) desea.
4. Cuando llegamos al parque, mis hermanos y yo _____ (seguir) conversando (*talking*) con nuestros padres.
5. Mis padres siempre _____ (repetir) la misma cosa: "Nosotros tomamos el sol aquí sin ustedes".
6. Yo siempre _____ (pedir) permiso para volver a casa un poco más tarde porque me gusta mucho el parque.

> **NOTA CULTURAL**
>
> A popular weekend destination for residents and tourists, **el Bosque de Chapultepec** is a beautiful park located in Mexico City. It occupies over 1.5 square miles and includes lakes, wooded areas, several museums, and a botanical garden. You may recognize this park from **Fotonovela**, **Lección 2**.

2 **Combinar** Combine words from the two columns to create sentences about yourself and people you know.

> **modelo**
>
> Mi hermana consigue libros en Internet.

A	B
yo	nunca (*never*) pedir perdón
mi compañero/a de cuarto	(no) pedir muchos favores
mi mejor (*best*) amigo/a	nunca seguir las instrucciones
mi familia	siempre seguir las instrucciones
mis amigos/as	repetir el vocabulario
mis amigos/as y yo	conseguir libros en Internet
mis padres	poder hablar dos lenguas
mi hermano/a	dormir hasta el mediodía
mi profesor(a) de español	siempre perder sus libros

> **CONSULTA**
>
> To review possessive adjectives, see **Estructura 3.2**, p. 93.

3 **Opiniones** In pairs, take turns guessing how your partner completed the sentences from **Actividad 2**. If you guess incorrectly, your partner must supply the correct answer.

> **modelo**
>
> **Estudiante 1:** Creo que tus padres consiguen libros en Internet.
> **Estudiante 2:** ¡No! Mi hermana consigue libros en Internet.

4 **¿Quién?** Your instructor will give you a worksheet. Talk to your classmates until you find one person who does each of the activities. Use **e:ie**, **o:ue**, and **e:i** stem-changing verbs.

> **modelo**
>
> **Tú:** ¿Pides consejos con frecuencia?
> **Maira:** No, no pido consejos con frecuencia.
> **Tú:** ¿Pides consejos con frecuencia?
> **Lucas:** Sí, pido consejos con frecuencia.

Comunicación

5 **Las películas** Use these questions to interview a classmate.

1. ¿Prefieres las películas románticas, las películas de acción o las películas de terror? ¿Por qué?
2. ¿Dónde consigues información sobre (*about*) cine y televisión?
3. ¿Dónde consigues las entradas (*tickets*) para ver una película?
4. Para decidir qué películas vas a ver, ¿sigues las recomendaciones de los críticos de cine? ¿Qué dicen los críticos en general?
5. ¿Qué cines en tu comunidad muestran las mejores (*best*) películas?
6. ¿Vas a ver una película esta semana? ¿A qué hora empieza la película?

Síntesis

6 **El cine** In pairs, first scan the ad and jot down all the stem-changing verbs. Then answer the questions.

1. ¿Qué palabras indican que *Dunkirk* es una película dramática?
2. ¿Cómo está el personaje (*character*) del póster? ¿Qué quiere hacer?
3. ¿Te gustan las películas como ésta (*this one*)? ¿Por qué?
4. Describe tu película favorita con los verbos de la **Lección 4**.

Una de las mejores películas del año

Dunkerque: un momento decisivo de la Segunda Guerra Mundial

Cuando los nazis comienzan a controlar toda Francia, las fuerzas aliadas no pierden la esperanza. Sólo quieren cumplir su misión: evacuar las tropas de Dunkerque y seguir luchando por la libertad de Europa.

¿Consiguen escapar? ¿Vuelven a Inglaterra?

Una película dramática de acción histórica, con actuación y efectos especiales espectaculares. Escrita y dirigida por Christopher Nolan.

4.4 Verbs with irregular yo forms

ANTE TODO In Spanish, several verbs have irregular **yo** forms in the present tense. You have already seen three verbs with the **-go** ending in the **yo** form: **decir → digo**, **tener → tengo**, and **venir → vengo**.

▶ Here are some common expressions with **decir**.

decir la verdad *to tell the truth*	**decir mentiras** *to tell lies*
decir que *to say that*	**decir la respuesta** *to say the answer*

▶ The verb **hacer** is often used to ask questions about what someone does. Note that when answering, **hacer** is frequently replaced with another, more specific action verb.

Verbs with irregular yo forms

	hacer (to do; to make)	poner (to put; to place)	salir (to leave)	suponer (to suppose)	traer (to bring)
SINGULAR FORMS	hago	pongo	salgo	supongo	traigo
	haces	pones	sales	supones	traes
	hace	pone	sale	supone	trae
PLURAL FORMS	hacemos	ponemos	salimos	suponemos	traemos
	hacéis	ponéis	salís	suponéis	traéis
	hacen	ponen	salen	suponen	traen

Salgo mucho los fines de semana.

Yo no salgo, yo hago la tarea y veo películas en la televisión.

▶ **Poner** can also mean *to turn on* a household appliance.

Carlos **pone** la radio.
Carlos turns on the radio.

María **pone** la televisión.
María turns on the television.

▶ **Salir de** is used to indicate that someone is leaving a particular place.

Hoy **salgo del** hospital.
Today I leave the hospital.

Sale de la clase a las cuatro.
He leaves class at four.

Los pasatiempos

▶ **Salir para** is used to indicate someone's destination.

> Mañana **salgo para** México.
> *Tomorrow I leave for Mexico.*

> Hoy **salen para** España.
> *Today they leave for Spain.*

▶ **Salir con** means *to leave with someone* or *something*, or *to date someone*.

> Alberto **sale con** su mochila.
> *Alberto is leaving with his backpack.*

> Margarita **sale con** Guillermo.
> *Margarita is going out with Guillermo.*

The verbs ver and oír

▶ The verb **ver** (*to see*) has an irregular **yo** form. The other forms of **ver** are regular.

The verb ver (to see)

Singular forms		Plural forms	
yo	**veo**	nosotros/as	vemos
tú	ves	vosotros/as	veis
Ud./él/ella	ve	Uds./ellos/ellas	ven

▶ The verb **oír** (*to hear*) has an irregular **yo** form and the spelling change **i:y** in the **tú**, **usted/él/ella**, and **ustedes/ellos/ellas** forms. The **nosotros/as** and **vosotros/as** forms have an accent mark.

The verb oír (to hear)

Singular forms		Plural forms	
yo	**oigo**	nosotros/as	o**í**mos
tú	o**y**es	vosotros/as	o**í**s
Ud./él/ella	o**y**e	Uds./ellos/ellas	o**y**en

▶ While most commonly translated as *to hear*, **oír** is also used in contexts where the verb *to listen* would be used in English.

> **Oigo** a unas personas en la otra sala.
> *I hear some people in the other room.*

> ¿**Oyes** la radio por la mañana?
> *Do you listen to the radio in the morning?*

More activities
vhlcentral
LM p. 24
WB pp. 45–46
Online activities

¡INTÉNTALO! Provide the correct forms of these verbs.

1. salir   Isabel _sale_.   Nosotros _____.   Yo _____.
2. ver   Yo _____.   Ustedes _____.   Tú _____.
3. poner   Rita y yo _____.   Yo _____.   Los niños _____.
4. traer   Ellas _____.   Yo _____.   Tú _____.
5. oír   Él _____.   Nosotros _____.   Yo _____.
6. hacer   Yo _____.   Tú _____.   Usted _____.
7. suponer   Yo _____.   Mi amigo _____.   Nosotras _____.

Práctica

1. Completar Complete this conversation with the correct forms of the verbs. Then act it out with a partner.

ERNESTO David, ¿qué (1)_____ (hacer) hoy?
DAVID Ahora estudio biología, pero esta noche (2)_____ (salir) con Luisa. Vamos al cine. Los críticos (3)_____ (decir) que la nueva (*new*) película de Almodóvar es buena.
ERNESTO ¿Y Diana? ¿Qué (4)_____ (hacer) ella?
DAVID (5)_____ (salir) a comer con sus padres.
ERNESTO ¿Qué (6)_____ (hacer) Andrés y Javier?
DAVID Tienen que (7)_____ (hacer) las maletas. (8)_____ (salir) para Monterrey mañana.
ERNESTO Pues, ¿qué (9)_____ (hacer) yo?
DAVID Yo (10)_____ (suponer) que puedes estudiar o (11)_____ (ver) la televisión.
ERNESTO No quiero estudiar. Mejor (12)_____ (poner) la televisión. Mi programa favorito empieza en unos minutos.

2. Oraciones Form sentences using verbs from **Estructura 4.4**.

> **modelo**
> tú / _____ / cosas / en / su lugar / antes de (*before*) / salir
> Tú pones las cosas en su lugar antes de salir.

1. mis amigos / _____ / conmigo / centro
2. yo / no / _____ / muchas películas
3. Alberto / _____ / música del café Pasatiempos
4. tú / _____ / mentiras / pero / yo _____ / verdad
5. domingo / nosotros / _____ / mucha / tarea
6. si / yo / _____ / que / yo / querer / ir / cine / mis amigos / ir / también

3. Describir Use the verbs from **Estructura 4.4** to describe what these people are doing.

1. Fernán

2. el estudiante

3. los aficionados

4. nosotros

5. la señora Vargas

6. yo

Comunicación

4

Tu rutina In pairs, take turns asking each other these questions.

1. ¿Qué traes a clase?
2. ¿A qué hora sales de tu residencia estudiantil o de tu casa por la mañana? ¿A qué hora sale tu compañero/a de cuarto?
3. ¿Dónde pones tus libros cuando regresas de clase?
   ¿Siempre (*Always*) pones tus cosas en su lugar?
4. ¿Oyes música cuando estudias?
5. ¿Ves películas en casa o prefieres ir al cine?
6. ¿Haces mucha tarea los fines de semana?
7. ¿Sales con tus amigos los fines de semana? ¿A qué hora? ¿Qué hacen?
8. ¿Te gusta ver deportes en la televisión o prefieres ver otros programas? ¿Cuáles?

5

Charadas In groups, play a game of charades. Each person should think of two phrases containing the verbs **hacer, oír, poner, salir, traer,** or **ver**. The first person to guess correctly acts out the next charade.

6

Entrevista You are doing a market research report on lifestyles. Interview a classmate to find out when he or she goes out with these people and what they do for entertainment.

▶ los/las amigos/as
▶ el/la novio/a
▶ el/la esposo/a
▶ la familia

Síntesis

7

Situación With a partner, prepare a conversation between two roommates.

Estudiante 1	Estudiante 2
Ask your partner what he or she is doing.	→ Tell your partner that you are watching TV.
Say what you suppose he or she is watching.	→ Say that you like the show _____. Ask if he or she wants to watch.
Say no, because you are going out with friends, and tell where you are going.	→ Say you think it's a good idea, and ask what your partner and his or her friends are doing there.
Say what you are going to do, and ask your partner whether he or she wants to come along.	→ Say no and tell your partner what you prefer to do.

Recapitulación

Review the grammar concepts you have learned in this lesson by completing these activities.

1 Completar Complete the chart with the correct verb forms. **30 pts.**

Infinitive	yo	nosotros/as	ellos/as
	vuelvo		
comenzar		comenzamos	
		hacemos	hacen
ir			
	juego		
repetir			repiten

2 Un día típico Complete the paragraph with the correct forms of the appropriate verbs. **20 pts.**

almorzar	ir	salir
cerrar	jugar	seguir
empezar	mostrar	ver
hacer	querer	volver

¡Hola! Me llamo Cecilia y vivo en Puerto Vallarta, México. ¿Cómo es un día típico en mi vida (*life*)? Por la mañana bebo café con mis padres y juntos (*together*) (1) _____ las noticias (*news*) en la televisión. A las siete y media, (yo) (2) _____ de mi casa y tomo el autobús. Me gusta llegar temprano (*early*) a la universidad porque siempre (*always*) (3) _____ a mis amigos en la cafetería. Tomamos café y planeamos lo que (4) _____ hacer cada (*each*) día. A las ocho y cuarto, mi amiga Sandra y yo (5) _____ al laboratorio de lenguas. La clase de francés (6) _____ a las ocho y media. ¡Es mi clase favorita! A las doce y media (yo) (7) _____ en la cafetería con mis amigos. Después (*Afterward*), yo (8) _____ con mis clases. Por las tardes, mis amigos (9) _____ a sus casas, pero yo (10) _____ al vóleibol con mi amigo Tomás.

RESUMEN GRAMATICAL

4.1 Present tense of ir *p. 126*

yo	voy	nos.	vamos
tú	vas	vos.	vais
él	va	ellas	van

▶ **ir a** + [*infinitive*] = *to be going* + [*infinitive*]
▶ **a + el = al**
▶ **vamos a** + [*infinitive*] = *let's* (*do something*)

4.2 Stem-changing verbs e:ie, o:ue, u:ue *pp. 129–130*

	empezar	volver	jugar
yo	emp**ie**zo	v**ue**lvo	j**ue**go
tú	emp**ie**zas	v**ue**lves	j**ue**gas
él	emp**ie**za	v**ue**lve	j**ue**ga
nos.	empezamos	volvemos	jugamos
vos.	empezáis	volvéis	jugáis
ellas	emp**ie**zan	v**ue**lven	j**ue**gan

▶ Other **e:ie** verbs: **cerrar, comenzar, entender, pensar, perder, preferir, querer**
▶ Other **o:ue** verbs: **almorzar, contar, dormir, encontrar, mostrar, poder, recordar**

4.3 Stem-changing verbs e:i *p. 133*

	pedir		
yo	p**i**do	nos.	pedimos
tú	p**i**des	vos.	pedís
él	p**i**de	ellas	p**i**den

▶ Other **e:i** verbs: **conseguir, decir, repetir, seguir**

4.4 Verbs with irregular yo forms *pp. 136–137*

hacer	poner	salir	suponer	traer
hago	pongo	salgo	supongo	traigo

▶ **ver**: **veo**, ves, ve, vemos, veis, ven
▶ **oír**: **oigo**, o**y**es, o**y**e, oímos, oís, o**y**en

Los pasatiempos

3 Oraciones Arrange the cues in the correct order to form complete sentences. Make all necessary changes. **14 pts.**

1. tarea / los / hacer / sábados / nosotros / la
   _____
2. en / pizza / Andrés / una / restaurante / el / pedir
   _____
3. a / ? / museo / ir / ¿ / el / (tú)
   _____
4. de / oír / amigos / bien / los / no / Elena
   _____
5. libros / traer / yo / clase / mis / a
   _____
6. película / ver / en / Jorge y Carlos / pensar / cine / una / el
   _____
7. unos / escribir / Mariana / electrónicos / querer / mensajes
   _____

4 Escribir Write a short paragraph about what you do on a typical day. Use at least six of the verbs you have learned in this lesson. You can use the paragraph on the opposite page (**Actividad 2**) as a model. **36 pts.**

> *Un día típico*
>
> *Hola, me llamo Julia y vivo en Vancouver, Canadá. Por la mañana, yo...*

5 Rima Complete the rhyme with the correct forms of the appropriate verbs. **4 EXTRA points!**

| contar | poder |
| oír | suponer |

"Si no _____ dormir
y el sueño deseas,
lo vas a conseguir
si _____ ovejas°."

ovejas *sheep*

Lectura

Antes de leer

Estrategia
Predicting content from visuals

When you are reading in Spanish, be sure to look for visual clues that will orient you as to the content and purpose of what you are reading. Photos and illustrations, for example, will often give you a good idea of the main points that the reading covers. You may also encounter very helpful visuals that are used to summarize large amounts of data in a way that is easy to comprehend; these include bar graphs, pie charts, flow charts, lists of percentages, and other sorts of diagrams.

Examinar el texto
Take a quick look at the visual elements of the magazine article in order to generate a list of ideas about its content. Then compare your list with a classmate's. Are they the same or are they different? Discuss your lists and make any changes needed to produce a final list of ideas.

Contestar
Read the list of ideas you wrote in **Examinar el texto**, and look again at the visual elements of the magazine article. Then answer the questions.

1. Who is the woman in the photo, and what is her role?
2. What is the article about?
3. What is the subject of the pie chart?
4. What is the subject of the bar graph?

por María Úrsula Echevarría

El fútbol es el deporte más popular en el mundo° hispano, según° una encuesta° reciente realizada entre jóvenes universitarios. Mucha gente practica este deporte y tiene un equipo de fútbol favorito. Cada cuatro años se realiza la Copa Mundial°. Argentina y Uruguay han ganado° este campeonato° más de una vez°. Los aficionados siguen los partidos de fútbol en casa por tele y en muchos otros lugares como bares, restaurantes, estadios y clubes deportivos. Los jóvenes juegan al fútbol con sus amigos en parques y gimnasios.

Países hispanos en campeonatos mundiales de fútbol (1930–2018)

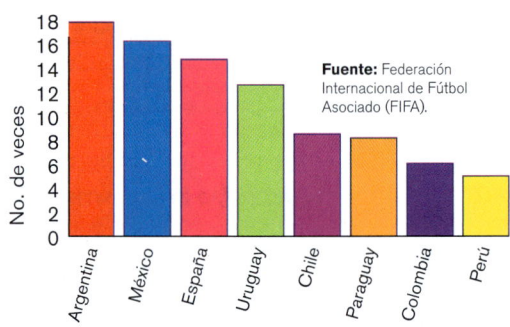

Pero, por supuesto°, en los países de habla hispana también hay otros deportes populares. ¿Qué deporte sigue al fútbol en estos países? Bueno, ¡depende del país y de otros factores!

Después de leer

Evaluación y predicción
Which of the following sporting events would be most popular among the college students surveyed? Rate them from one (most popular) to five (least popular). Which would be the most popular at your college or university?

_____ 1. la Copa Mundial de Fútbol

_____ 2. los Juegos Olímpicos

_____ 3. el Campeonato de Wimbledon

_____ 4. la Serie Mundial de Béisbol

_____ 5. el Tour de Francia

No sólo el fútbol

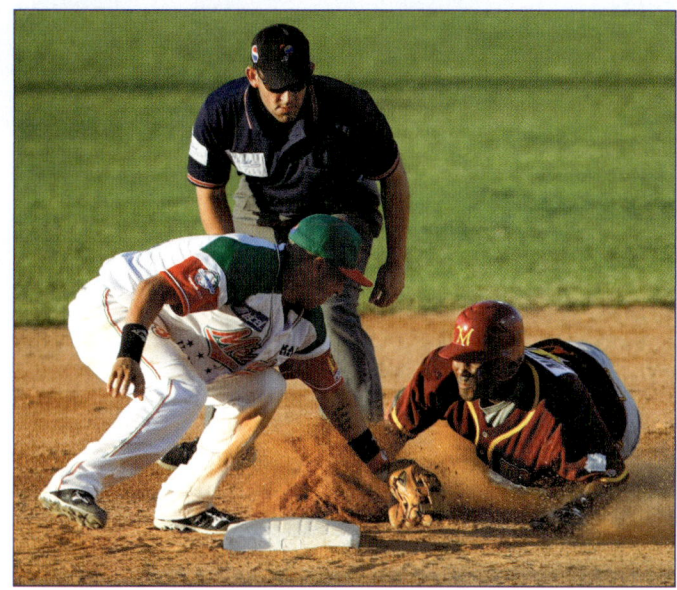

En Colombia, el béisbol también es muy popular después del fútbol, aunque° esto varía según la región del país. En la costa del norte de Colombia, el béisbol es una pasión. Y el ciclismo también es un deporte que los colombianos siguen con mucho interés.

Donde el béisbol es más popular

En los países del Caribe, el béisbol es el deporte predominante. Éste es el caso en Puerto Rico, Cuba y la República Dominicana. Los niños empiezan a jugar cuando son muy pequeños. En Puerto Rico y la República Dominicana, la gente también quiere participar en otros deportes, como el baloncesto, o ver los partidos en la tele. Y para los espectadores aficionados del Caribe, el boxeo es número dos.

Deportes más populares

Donde el fútbol es más popular

En México, el béisbol es el segundo° deporte más popular después° del fútbol. Pero en Argentina, después del fútbol, el rugby tiene mucha importancia. En Perú a la gente le gusta mucho ver partidos de vóleibol. ¿Y en España? Muchas personas prefieren el baloncesto, el tenis y el ciclismo.

---

mundo *world* **según** *according to* **encuesta** *survey* **se realiza la Copa Mundial** *the World Cup is held* **han ganado** *have won* **campeonato** *championship* **más de una vez** *more than once* **por supuesto** *of course* **segundo** *second* **después** *after* **aunque** *although*

¿Cierto o falso?

Indicate whether each sentence is **cierto** or **falso**, then correct the false statements.

	Cierto	Falso
1. El vóleibol es el segundo deporte más popular en México.	○	○
2. En España a la gente le gustan varios deportes como el baloncesto y el ciclismo.	○	○
3. En la costa del norte de Colombia, el tenis es una pasión.	○	○
4. En el Caribe, el deporte más popular es el béisbol.	○	○

Preguntas

Answer these questions.

1. ¿Dónde ven el fútbol los aficionados? Y tú, ¿cómo ves tus deportes favoritos?
2. ¿Te gusta el fútbol? ¿Por qué?
3. ¿Miras la Copa Mundial en la televisión?
4. ¿Qué deportes miras en la televisión?
5. En tu opinión, ¿cuáles son los tres deportes más populares en tu universidad? ¿En tu comunidad? ¿En tu país?
6. ¿Practicas deportes en tus ratos libres?

Escritura

Estrategia
Using a dictionary

A common mistake made by beginning language learners is to embrace the dictionary as the ultimate resource for reading, writing, and speaking. While it is true that the dictionary is a useful tool that can provide valuable information about vocabulary, using the dictionary correctly requires that you understand the elements of each entry.

If you glance at a Spanish-English dictionary, you will notice that its format is similar to that of an English dictionary. The word is listed first, usually followed by its pronunciation. Then come the definitions, organized by parts of speech. Sometimes the most frequently used definitions are listed first.

To find the best word for your needs, you should refer to the abbreviations and the explanatory notes that appear next to the entries. For example, imagine that you are writing about your pastimes. You want to write, "I want to buy a new racket for my match tomorrow," but you don't know the Spanish word for "racket." In the dictionary, you may find an entry like this:

> **racket** *s* **1.** alboroto; **2.** raqueta (*dep.*)

The abbreviation key at the front of the dictionary says that *s* corresponds to **sustantivo** (*noun*). Then, the first word you see is **alboroto**. The definition of **alboroto** is *noise* or *racket*, so **alboroto** is probably not the word you're looking for. The second word is **raqueta**, followed by the abbreviation *dep.*, which stands for **deportes**. This indicates that the word **raqueta** is the best choice for your needs.

Tema

Escribir un folleto

Choose one topic to write a brochure.

1. You are the head of the Homecoming Committee at your school this year. Create a pamphlet that lists events for Friday night, Saturday, and Sunday. Include a brief description of each event and its time and location. Include activities for different age groups, since some alumni will bring their families.

2. You are on the Freshman Student Orientation Committee and are in charge of creating a pamphlet for new students that describes the sports offered at your school. Write the flyer and include activities for both men and women.

3. You work for the Chamber of Commerce in your community. It is your job to market your community to potential residents. Write a brief pamphlet that describes the recreational opportunities your community provides, the areas where the activities take place, and the costs, if any. Be sure to include activities that will appeal to singles as well as couples and families; you should include activities for all age groups and for both men and women.

Escuchar

Antes de escuchar

> **Estrategia**
>
> **Listening for the gist**
>
> Listening for the general idea, or gist, can help you follow what someone is saying even if you can't hear or understand some of the words. When you listen for the gist, you simply try to capture the essence of what you hear without focusing on individual words.
>
> To help you practice this strategy, you will listen to a paragraph made up of three sentences. Jot down a brief summary of what you hear.

Preparación

Based on the photo, what do you think Anabela is like? Do you and Anabela have similar interests?

Ahora escucha

Pasatiempos favoritos

You will hear first José talking, then Anabela. As you listen, check off each person's favorite activities.

Pasatiempos favoritos de José

1. _____ leer el correo electrónico
2. _____ jugar al béisbol
3. _____ ver películas de acción
4. _____ ir al café
5. _____ ir a partidos de béisbol
6. _____ ver películas románticas
7. _____ dormir la siesta
8. _____ escribir mensajes electrónicos

Pasatiempos favoritos de Anabela

9. _____ esquiar
10. _____ nadar
11. _____ practicar el ciclismo
12. _____ jugar al golf
13. _____ jugar al baloncesto
14. _____ ir a ver partidos de tenis
15. _____ escalar montañas
16. _____ ver televisión

Comprensión

Preguntas

Answer these questions about José's and Anabela's pastimes.

1. ¿Quién practica más deportes?
2. ¿Quién piensa que es importante descansar?
3. ¿A qué deporte es aficionado José?
4. ¿Por qué Anabela no practica el baloncesto?
5. ¿Qué películas le gustan a la novia de José?
6. ¿Cuál es el deporte favorito de Anabela?

Seleccionar

Which person do these statements best describe?

1. Le gusta practicar deportes.
2. Prefiere las películas de acción.
3. Le gustan las computadoras.
4. Le gusta nadar.
5. Siempre (*Always*) duerme una siesta por la tarde.
6. Quiere ir de vacaciones a las montañas.

En pantalla Video

BMX, skateboarding, surfing, and other extreme sports are passions for many young men and women who, in search of speed and adrenaline, make their bikes and boards the center of their lives. Communities around the world are responding to the demand for extreme sports by constructing bike and skate parks, and Spanish-speaking countries are no exception. The UCI BMX World Championship was held in Medellín in 2016. Colombian Olympic Gold Medalist Mariana Pajón has won gold at the games three times (2011, 2014, 2016).

Vocabulario útil

andar	to go
bici	bike
callejón	alley
campeonato	championship
conocer	to be acquainted with
molar	to be cool
rampas	ramps

Preparación
What role do sports play in your life? Which sports do you enjoy? Why?

Comprensión
Indicate whether each statement is **cierto** or **falso**.

	Cierto	Falso
1. A Diego le gusta la bici.	○	○
2. Sarini cree que patinar es un arte.	○	○
3. Pequesaurio prefiere la patineta.	○	○
4. A Pequesaurio le gusta la rampa.	○	○

Conversación
With a partner, discuss these questions in Spanish.

1. ¿Qué deportes se pueden practicar fácilmente en tu comunidad? ¿Qué deportes son fomentados (*encouraged*) en tu comunidad?

2. ¿Cuál es la diferencia entre un deporte y un juego? ¿Cuál es la diferencia entre un deporte y un deporte extremo?

Me quedo con la bici *I'll stick with the bike*

Ejes

Patino por pasión más que por otra cosa.

Es un deporte también, pero creo que es un arte.

A mí me gusta la bici y me quedo con la bici°.

Los pasatiempos

The rivalry between the teams **Real Madrid** and **FC Barcelona** is perhaps the fiercest in all of soccer—just imagine if they occupied the same city! Well, each team also has competing clubs within its respective city: Spain's capital has the **Club Atlético de Madrid**, and Barcelona is home to **Espanyol**. In fact, across the Spanish-speaking world, it is common for a city to have more than one professional team, often with strikingly dissimilar origins, identity, and fan base. For example, in Bogotá, the **Millonarios** were so named for the large sums spent on players, while the **Santa Fe** team is one of the most traditional in Colombian soccer. **River Plate** and **Boca Juniors**, who enjoy a famous rivalry, are just two of twenty-four clubs in Buenos Aires—the city with the most professional soccer teams in the world.

Vocabulario útil	
afición	*fans*
celebran	*they celebrate*
preferido/a	*favorite*
rivalidad	*rivalry*
se junta con	*it's tied up with*

Preparación
What is the most popular sport at your school? What teams are your rivals? How do students celebrate a win?

Escoger
Select the correct answer.

1. Un partido entre el Barça y el Real Madrid es un _____ (deporte/evento) importante en toda España.

2. Los aficionados _____ (miran/celebran) las victorias de sus equipos en las calles (*streets*).

3. La rivalidad entre el Real Madrid y el Barça está relacionada con la _____ (religión/política).

¡Fútbol en España!

(Hay mucha afición al fútbol en España.)

¿Y cuál es vuestro jugador favorito?

—¿Y quién va a ganar?
—El Real Madrid.

4 panorama

México

El país en cifras

▶ **Área:** 1.972.550 km² (761.603 millas²), *casi° tres veces° el área de Texas*

La situación geográfica de México, al sur° de los Estados Unidos, ha influido en° la economía y la sociedad de los dos países. Una de las consecuencias es la emigración de la población mexicana al país vecino°. Hoy día, más de 34 millones de personas de ascendencia mexicana viven en los Estados Unidos.

▶ **Población:** 124.574.000
▶ **Capital:** Ciudad de México (y su área metropolitana)—20.999.000
▶ **Ciudades principales:** Guadalajara—4.843.000, Monterrey—4.513.000, Puebla—2.984.000, Ciudad Juárez—1.391.000
▶ **Moneda:** peso mexicano
▶ **Idiomas:** español (oficial), náhuatl, otras lenguas indígenas

Bandera de México

Mexicanos célebres

▶ **Benito Juárez,** héroe nacional (1806–1872)
▶ **Octavio Paz,** poeta (1914–1998)
▶ **Elena Poniatowska,** periodista y escritora (1932–)
▶ **Mario Molina,** Premio Nobel de Química, 1995; químico (1943–)
▶ **Paulina Rubio,** cantante (1971–)

casi almost *veces* times *sur* south *ha influido en* has influenced *vecino* neighboring

Cabo San Lucas

ESTADOS UNIDOS

Autorretrato con collar de espinas, 1940, Frida Kahlo

Ciudad Juárez

Golfo de California
Baja California
Río Bravo del Norte
Río Grande
Sierra Madre Oriental
Sierra Madre Occidental

Monterrey
Ciudad de México
Puerto Vallarta
Guadalajara
Pueb[la]
Acapulco

Océano Pacífico

Artesanías en Taxco, Guerrero

Pirámide de Kukulcán en Chichén Itzá

More activities
vhlcentral | WB pp. 47–48 | Online activities

ACTIVIDADES

1 ¿Cierto o falso? Indica si lo que dice cada oración es **cierto** o **falso**.

1. México está en América del Sur.
2. La moneda de México es el dólar estadounidense.
3. Mario Molina tiene un Premio Nobel de Química.
4. Cabo San Lucas es una iglesia mexicana.
5. Encuentras artesanías en Taxco.
6. Muchos inmigrantes y turistas van a la Ciudad de México.
7. Uno puede ver obras de Frida Kahlo en el Museo de Arte Moderno de la Ciudad de México.
8. Tenochtitlán, la capital azteca, es la Ciudad de México hoy día.
9. Zacatecas es una ciudad principal de México.
10. Cada año, el dos de noviembre, los mexicanos ponen flores en los cementerios.

Ciudades • Ciudad de México

La Ciudad de México, fundada° en 1525, también es conocida como el D.F. o el Distrito Federal. Muchos turistas e inmigrantes vienen a la ciudad porque es el centro cultural y económico del país. El crecimiento° de la población es de los más altos° del mundo. La población de la Ciudad de México es mayor que la de ciudades como Nueva York, Madrid o París.

Artes • Diego Rivera y Frida Kahlo

Frida Kahlo y Diego Rivera eran° artistas mexicanos muy famosos. Se casaron° en 1929. Los dos se interesaron° en las condiciones sociales de la gente indígena de su país. Puedes ver algunas° de sus obras° en el Museo de Arte Moderno de la Ciudad de México.

▷ Historia • Los aztecas

Los aztecas dominaron° en México del siglo° XIV al siglo XVI. Sus canales, puentes° y pirámides con templos religiosos eran muy importantes. El fin del imperio azteca comenzó° con la llegada° de los españoles en 1519, pero la presencia azteca sigue hoy. La Ciudad de México está situada en la capital azteca de Tenochtitlán, y muchos turistas van a visitar sus ruinas.

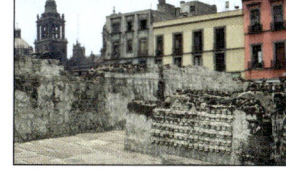

▷ Economía • La plata

México es el mayor productor de plata° del mundo°. Estados como Zacatecas y Durango tienen ciudades fundadas cerca de los más grandes yacimientos° de plata del país. Estas ciudades fueron° en la época colonial unas de las más ricas e importantes. Hoy en día, aún° conservan mucho de su encanto° y esplendor.

fundada founded crecimiento growth más altos highest eran were Se casaron They got married se interesaron were interested algunas some obras works dominaron dominated siglo century puentes bridges comenzó started llegada arrival plata silver mundo world yacimientos deposits fueron were aún still encanto charm

¡Increíble pero cierto!

Cada dos de noviembre los cementerios de México se llenan de luz°, música y flores°. El Día de Muertos° no es un evento triste; es una fiesta en honor a las personas muertas. En ese día, los mexicanos se ríen° de la muerte°, lo cual se refleja° en detalles como las calaveras de azúcar° y el pan° de muerto (pan en forma de huesos°).

se llenan de luz get filled with light flores flowers Muertos Dead se ríen laugh muerte death lo cual se refleja which is reflected calaveras de azúcar sugar skulls pan bread huesos bones

---

2 ¿Qué aprendiste? Contesta las preguntas.

1. ¿Qué lenguas hablan los mexicanos?
2. ¿En qué se interesaron Frida Kahlo y Diego Rivera?
3. Nombra algunas de las estructuras de la arquitectura azteca.
4. ¿Qué estados de México tienen los mayores yacimientos de plata?

3 Turistas En parejas, imaginen que viajan a México. Hablen de las cosas que quieren ver y hacer allí.

modelo
Estudiante 1: *Quiero ir a Chichén Itzá.*
Estudiante 2: *Sí. Quiero ver la pirámide de Kukulcán.*

vocabulario

Pasatiempos

andar en patineta	to skateboard
bucear	to scuba dive
escalar montañas (*f., pl.*)	to climb mountains
escribir una carta	to write a letter
escribir un mensaje electrónico	to write an e-mail
esquiar	to ski
ganar	to win
ir de excursión	to go on a hike
leer el correo electrónico	to read e-mail
leer un periódico	to read a newspaper
leer una revista	to read a magazine
nadar	to swim
pasear	to take a walk
pasear en bicicleta	to ride a bicycle
patinar	to skate
practicar deportes (*m., pl.*)	to play sports
tomar el sol	to sunbathe
ver películas (*f., pl.*)	to watch movies
visitar monumentos (*m., pl.*)	to visit monuments
la diversión	fun activity; entertainment; recreation
el fin de semana	weekend
el pasatiempo	pastime; hobby
los ratos libres	spare (free) time
el videojuego	video game

Deportes

el baloncesto	basketball
el béisbol	baseball
el ciclismo	cycling
el equipo	team
el esquí (acuático)	(water) skiing
el fútbol	soccer
el fútbol americano	football
el golf	golf
el hockey	hockey
el/la jugador(a)	player
la natación	swimming
el partido	game; match
la pelota	ball
el tenis	tennis
el vóleibol	volleyball

Adjetivos

deportivo/a	sports-related
favorito/a	favorite

Lugares

el café	café
el centro	downtown
el cine	movie theater
el gimnasio	gymnasium
la iglesia	church
el lugar	place
el museo	museum
el parque	park
la piscina	swimming pool
la plaza	city or town square
el restaurante	restaurant

Verbos

almorzar (o:ue)	to have lunch
cerrar (e:ie)	to close
comenzar (e:ie)	to begin
conseguir (e:i)	to get; to obtain
contar (o:ue)	to count; to tell
decir (e:i)	to say; to tell
dormir (o:ue)	to sleep
empezar (e:ie)	to begin
encontrar (o:ue)	to find
entender (e:ie)	to understand
hacer	to do; to make
ir	to go
jugar (u:ue)	to play (a sport or a game)
mostrar (o:ue)	to show
oír	to hear
pedir (e:i)	to ask for; to request
pensar (e:ie)	to think
pensar (+ *inf.*)	to intend
pensar en	to think about
perder (e:ie)	to lose; to miss
poder (o:ue)	to be able to; can
poner	to put; to place
preferir (e:ie)	to prefer
querer (e:ie)	to want; to love
recordar (o:ue)	to remember
repetir (e:i)	to repeat
salir	to leave
seguir (e:i)	to follow; to continue
suponer	to suppose
traer	to bring
ver	to see
volver (o:ue)	to return

Decir expressions	See page 136.
Expresiones útiles	See page 121.

Las vacaciones

5

Communicative Goals

You will learn how to:
- Discuss and plan a vacation
- Describe a hotel
- Talk about how you feel
- Talk about the seasons and the weather

A PRIMERA VISTA
- ¿La persona es vieja o joven?
- ¿Lleva una pelota o una mochila?
- ¿Pasea o ve una película? ¿Anda en patineta o va de excursión?
- ¿Es posible nadar en este lugar?

contextos
pages 152–157
- Travel and vacation
- Months of the year
- Seasons and weather
- Ordinal numbers

fotonovela
pages 158–161
Felipe plays a practical joke on Miguel, and the friends take a trip to the coast. They check in to their hotel and go to the beach, where Miguel gets his revenge.

cultura
pages 162–163
- El Viejo San Juan
- Punta del Este

estructura
pages 164–179
- **Estar** with conditions and emotions
- The present progressive
- **Ser** and **estar**
- Direct object nouns and pronouns
- **Recapitulación**

adelante
pages 180–187
Lectura: A hotel brochure from Puerto Rico
Escritura: A travel brochure for a hotel
Escuchar: A weather report
En pantalla: A tourism ad
Flash cultura: A video about Machu Picchu
Panorama: Puerto Rico

5 contextos Hotspots

Las vacaciones

Más vocabulario

la cama	bed
la habitación individual, doble	single, double room
la llave	key
el piso	floor (of a building)
la planta baja	ground floor
el campo	countryside
el paisaje	landscape
la estación de autobuses, del metro, de tren	bus, subway, train station
el/la inspector(a) de aduanas	customs inspector
la llegada	arrival
el pasaje (de ida y vuelta)	(round-trip) ticket
el pasaporte	passport
la salida	departure; exit
la tabla de (wind)surf	surfboard/sailboard
acampar	to camp
confirmar una reservación	to confirm a reservation
estar de vacaciones	to be on vacation
hacer las maletas	to pack (one's suitcases)
hacer un viaje	to take a trip
hacer (wind)surf	to (wind)surf
ir de compras	to go shopping
ir de vacaciones	to go on vacation
ir en autobús (m.), auto(móvil) (m.), motocicleta (f.)	to go by bus, car, motorcycle
jugar a las cartas	to play cards

Variación léxica

automóvil ↔ coche (*Esp.*), carro (*Amér. L.*)
autobús ↔ camión (*Méx.*), guagua (*Caribe*)
motocicleta ↔ moto (*coloquial*)

el aeropuerto
el avión
el autobús
el viajero
Monta a caballo. (montar)
Saca/Toma fotos. (sacar, tomar)
la playa
Hace surf. (hacer)
la tabla de surf
Va en barco. (ir)
el mar

More activities

 vhlcentral   LM p. 25   WB pp. 49–50   Online activities

Práctica

1 **Escuchar** Check **aeropuerto**, **hotel**, or **playa** to indicate where you would find each thing you hear.

	Aeropuerto	Hotel	Playa
1.	○	○	○
2.	○	○	○
3.	○	○	○
4.	○	○	○
5.	○	○	○
6.	○	○	○
7.	○	○	○
8.	○	○	○

2 **¿Cierto o falso?** Indicate whether each statement about the drawing is **cierto** or **falso**.

1. _____   5. _____
2. _____   6. _____
3. _____   7. _____
4. _____   8. _____

3 **Escoger** Choose the best answer for each sentence.

1. Abrimos la puerta con _____.
   a. una llave   b. un caballo   c. una llegada
2. Un huésped es una persona que _____.
   a. toma fotos   b. está en un hotel   c. pesca en el mar
3. Enrique tiene _____ porque va a viajar a otro (*another*) país.
   a. un pasaporte   b. una foto   c. una llegada
4. Antes de (*Before*) ir de vacaciones, hay que _____.
   a. pescar   b. ir en tren   c. hacer las maletas
5. Nosotros vamos en _____ al aeropuerto.
   a. autobús   b. pasaje   c. viajero
6. Me gusta mucho ir al campo. El _____ es increíble.
   a. paisaje   b. pasaje   c. equipaje

4 **Preguntas** Answer the questions.

| el ascensor | la cama | el pasaje | la salida |
| el auto | el equipaje | la playa | el viajero |

1. ¿Dónde duermes cada (*each*) noche? _____
2. ¿Qué necesitas para ir en tren? _____
3. ¿Quién va en avión? _____
4. ¿Qué tomas para llegar al piso de tu habitación en un hotel grande? _____
5. ¿Qué necesitas para hacer las maletas? _____
6. ¿Adónde vas para tomar el sol, nadar y hacer surf? _____

Las estaciones y los meses del año

el invierno: diciembre, enero, febrero

la primavera: marzo, abril, mayo

el verano: junio, julio, agosto

el otoño: septiembre, octubre, noviembre

—¿Cuál es la fecha de hoy? *What is today's date?*
—Es el primero de octubre. *It's the first of October.*
—Es el dos de marzo. *It's March 2nd.*
—Es el diez de noviembre. *It's November 10th.*

Más vocabulario

Está (muy) nublado.	*It's (very) cloudy.*
Hace fresco.	*It's cool.*
Hace (mucho) sol.	*It's (very) sunny.*
Hace (mucho) viento.	*It's (very) windy.*

El tiempo

—¿Qué tiempo hace? *How's the weather?*
—Hace buen/mal tiempo. *The weather is good/bad.*

Hace (mucho) calor.
It's (very) hot.

Hace (mucho) frío.
It's (very) cold.

Llueve. (llover o:ue)
It's raining.
Está lloviendo.
It's raining.

Nieva. (nevar e:ie)
It's snowing.
Está nevando.
It's snowing.

Las vacaciones

5 El Hotel Regis
Label the floors of the hotel.

Números ordinales	
primer *(before a masculine singular noun)*, **primero/a**	first
segundo/a	second
tercer *(before a masculine singular noun)*, **tercero/a**	third
cuarto/a	fourth
quinto/a	fifth
sexto/a	sixth
séptimo/a	seventh
octavo/a	eighth
noveno/a	ninth
décimo/a	tenth

a. _____ piso
b. _____ piso
c. _____ piso
d. _____ piso
e. _____ piso
f. _____ piso
g. _____ piso
h. _____ baja

6 Contestar
In pairs, take turns asking each other these questions. Use the illustrations on the previous page to answer the questions about the seasons.

modelo
Estudiante 1: ¿Cuál es el primer mes de la primavera?
Estudiante 2: marzo

1. ¿Cuál es el primer mes del invierno?
2. ¿Cuál es el tercer mes del otoño?
3. ¿Cuál es el segundo mes de la primavera?
4. ¿Cuál es el primer mes del año?
5. ¿Cuál es el octavo mes del año?
6. ¿Cuál es el quinto mes del año?
7. ¿Cuál es el décimo mes del año?
8. ¿Cuál es el segundo mes del verano?
9. ¿Cuál es el tercer mes del invierno?
10. ¿Cuál es el sexto mes del año?

7 Las estaciones
Name the season that applies to the description.

1. Las clases terminan.
2. Vamos a la playa.
3. Nieva mucho.
4. Acampamos.
5. Las clases empiezan.
6. Llueve mucho.
7. Hace mucho calor.
8. Esquiamos.
9. el entrenamiento (*training*) de béisbol
10. el Día de Acción de Gracias (*Thanksgiving*)

8 ¿Cuál es la fecha?
Give the dates for these holidays.

modelo
el día de San Valentín   14 de febrero

1. el día de Halloween
2. el día de San Patricio
3. el primer día de verano
4. el Año Nuevo
5. mi cumpleaños (*birthday*)
6. mi día de fiesta favorito

9 Seleccionar
Choose the word or phrase that best completes each sentence.

1. A mis padres les gusta ir a Yucatán porque (hace sol, nieva).
2. Mis amigos van a esquiar si (nieva, está nublado).
3. Mi primo de Kansas dice que durante (*during*) un tornado, hace mucho (sol, viento).
4. Tomo el sol cuando (hace calor, llueve).
5. Nosotros vamos a ver una película si hace (buen, mal) tiempo.
6. Mi hermana prefiere correr cuando (hace mucho calor, hace fresco).
7. Mi padre no quiere jugar al golf si (hace fresco, llueve).
8. Mis tíos van de excursión si hace (buen, mal) tiempo.
9. Cuando hace mucho (sol, frío), tomo chocolate caliente (*hot*).
10. Hoy mi sobrino va al parque porque (está lloviendo, hace buen tiempo).

10 El clima
With a partner, take turns asking and answering questions about the weather and temperatures in these cities.

modelo

Estudiante 1: ¿Qué tiempo hace hoy en Nueva York?
Estudiante 2: Hace frío y hace viento.
Estudiante 1: ¿Cuál es la temperatura máxima?
Estudiante 2: Treinta y un grados (*degrees*).
Estudiante 1: ¿Y la temperatura mínima?
Estudiante 2: Diez grados.

NOTA CULTURAL
In most Spanish-speaking countries, temperatures are given in degrees Celsius. Use these formulas to convert between **grados centígrados** and **grados Fahrenheit**.
degrees C × 9 ÷ 5 + 32 = degrees F
degrees F - 32 × 5 ÷ 9 = degrees C

11 Completar
Complete these sentences with your own ideas.

1. Cuando hace sol, yo...
2. Cuando llueve, mis amigos y yo...
3. Cuando hace calor, mi familia...
4. Cuando hace viento, la gente...
5. Cuando hace frío, yo...
6. Cuando hace mal tiempo, mis amigos...
7. Cuando nieva, muchas personas...
8. Cuando está nublado, mis amigos y yo...
9. Cuando hace fresco, mis padres...
10. Cuando hace buen tiempo, mis amigos...

CONSULTA
Calor and **frío** can apply to both weather and people. Use **hacer** to describe weather conditions or climate.
Hace frío en Santiago. *It's cold in Santiago.*
Use **tener** to refer to people.
El viajero tiene frío. *The traveler is cold.*
See **Estructura 3.4**, p. 101.

Comunicación

12 **Preguntas personales** In pairs, ask each other these questions.

1. ¿Cuál es la fecha de hoy? ¿Qué estación es?
2. ¿Te gusta esta estación? ¿Por qué?
3. ¿Qué estación prefieres? ¿Por qué?
4. ¿Prefieres el mar o las montañas? ¿La playa o el campo? ¿Por qué?
5. Cuando haces un viaje, ¿qué te gusta hacer y ver?
6. ¿Piensas ir de vacaciones este verano? ¿Adónde quieres ir? ¿Por qué?
7. ¿Qué deseas ver y qué lugares quieres visitar?
8. ¿Cómo te gusta viajar? ¿En avión? ¿En motocicleta...?

13 **Encuesta** Your instructor will give you a worksheet. How does the weather affect what you do? Walk around the class and ask your classmates what they prefer or like to do in the weather conditions given. Note their responses on your worksheet. Make sure to personalize your survey by adding a few original questions.

14 **La reservación** In pairs, prepare a conversation between a hotel receptionist and a tourist calling to make a reservation. Read only the information that pertains to you. Then role-play the situation.

Turista

Vas a viajar a Yucatán con un amigo. Llegan a Cancún el 23 de febrero y necesitan una habitación con baño privado para cuatro noches. Ustedes quieren descansar y prefieren una habitación con vista (*view*) al mar. Averigua (*Find out*) toda la información que necesitas (el costo, cuántas camas, etc.) y decide si quieres hacer la reservación o no.

Empleado/a

Trabajas en la recepción del Hotel Oceanía en Cancún. Para el mes de febrero, sólo quedan (*remain*) dos habitaciones: una individual ($168/noche) en el primer piso y una doble ($134/noche) en el quinto piso que tiene descuento porque no hay ascensor. Todas las habitaciones tienen baño privado y vista (*view*) a la piscina.

15 **Minidrama** With two or three classmates, prepare a skit about people who are on vacation or are planning a vacation. The skit should take place in one of these locations.

- la playa
- una casa
- un aeropuerto, una estación de tren/autobuses
- un hotel
- el campo

Síntesis

16 **Un viaje** You are planning a trip to Mexico and have many questions about your itinerary on which your partner, a travel agent, will advise you. Your instructor will give you and your partner each a sheet with different instructions for acting out the roles.

5 | fotonovela

¡Vamos a la playa!

Los seis amigos hacen un viaje a la playa.

PERSONAJES FELIPE JUAN CARLOS

 Video

TÍA ANA MARÍA ¿Están listos para su viaje a la playa?
TODOS Sí.
TÍA ANA MARÍA Excelente... ¡A la estación de autobuses!
MARU ¿Dónde está Miguel?
FELIPE Yo lo traigo.

(*se escucha un grito de Miguel*)
FELIPE Ya está listo. Y tal vez enojado. Ahorita vamos.

FELIPE No está nada mal el hotel, ¿verdad? Limpio, cómodo... ¡Oye, Miguel! ¿Todavía estás enojado conmigo? (*a Juan Carlos*) Miguel está de mal humor. No me habla.
JUAN CARLOS ¿Todavía?

EMPLEADO Bienvenidas. ¿En qué puedo servirles?
MARU Hola. Tenemos una reservación para seis personas para esta noche.
EMPLEADO ¿A nombre de quién?
JIMENA ¿Díaz? ¿López? No estoy segura.

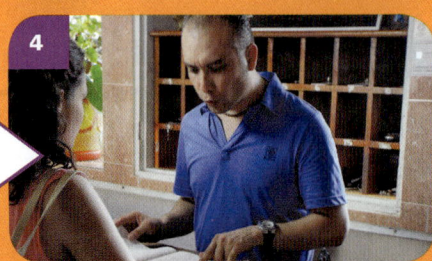

EMPLEADO No encuentro su nombre. Ah, no, ahora sí lo veo, aquí está. Díaz. Dos habitaciones en el primer piso para seis huéspedes.

EMPLEADO Aquí están las llaves de sus habitaciones.
MARU Gracias. Una cosa más. Mi novio y yo queremos hacer windsurf, pero no tenemos tablas.
EMPLEADO El botones las puede conseguir para ustedes.

MARISSA JIMENA MARU MIGUEL MAITE FUENTES ANA MARÍA EMPLEADO

Expresiones útiles

Talking with hotel personnel

¿En qué puedo servirles?
How can I help you?
Tenemos una reservación.
We have a reservation.
¿A nombre de quién?
In whose name?
¿Quizás López? ¿Tal vez Díaz?
Maybe López? Maybe Díaz?
Ahora lo veo, aquí está. Díaz.
Now I see it. Here it is. Díaz.
Dos habitaciones en el primer piso para seis huéspedes.
Two rooms on the first floor for six guests.
Aquí están las llaves.
Here are the keys.

Describing a hotel

No está nada mal el hotel.
The hotel isn't bad at all.
Todo está tan limpio y cómodo.
Everything is so clean and comfortable.
Es excelente/estupendo/fabuloso/ fenomenal/increíble/magnífico/ maravilloso/perfecto.
It's excellent/stupendous/fabulous/ phenomenal/incredible/magnificent/ marvelous/perfect.

Talking about how you feel

Yo estoy un poco cansado/a.
I am a little tired.
Estoy confundido/a. *I'm confused.*
Todavía estoy/Sigo enojado/a contigo.
I'm still angry with you.

Additional vocabulary

afuera *outside*
amable *nice; friendly*
el balde *bucket*
el/la botones *bellhop*
la crema de afeitar *shaving cream*
el frente (frío) *(cold) front*
el grito *scream*
la temporada *period of time*
entonces *so, then*
es igual *it's the same*

7

JUAN CARLOS ¿Qué hace este libro aquí? ¿Estás estudiando en la playa?
JIMENA Sí, es que tengo un examen la próxima semana.

8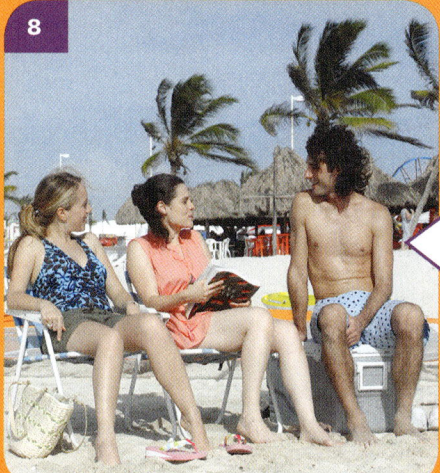

JUAN CARLOS Ay, Jimena. ¡No! ¿Vamos a nadar?
JIMENA Bueno, como estudiar es tan aburrido y el tiempo está tan bonito...

MARISSA Yo estoy un poco cansada. ¿Y tú? ¿Por qué no estás nadando?
FELIPE Es por causa de Miguel.

9

10

MARISSA Hmm, estoy confundida.
FELIPE Esta mañana. ¡Sigue enojado conmigo!
MARISSA No puede seguir enojado tanto tiempo.

¿Qué pasó?

1 Completar Complete these sentences.

aburrido	botones	la llave
el aeropuerto	la estación de autobuses	montar a caballo
amable	habitaciones	reservación

1. Los amigos van a _____ para ir a la playa.
2. La _____ del hotel está a nombre de los Díaz.
3. Los amigos tienen dos _____ para seis personas.
4. El _____ puede conseguir tablas de windsurf para Maru.
5. Jimena dice que estudiar en vacaciones es muy _____.

> **CONSULTA**
>
> The meaning of some adjectives, such as **aburrido**, changes depending on whether they are used with **ser** or **estar**. See **Estructura 5.3**, pp. 170–171.

2 Identificar Identify the person who made each statement.

1. Aquí están las llaves de sus habitaciones. El botones puede llevar su equipaje al primer piso.
2. ¿Qué hace este libro aquí? ¿Estás estudiando en la playa?
3. Tenemos una reservación para seis personas para esta noche.
4. Miguel está de mal humor. No me habla.
5. ¿Están listos para su viaje a la playa?

EMPLEADO MARU

FELIPE

JUAN CARLOS TÍA ANA MARÍA

3 Ordenar Place these events in the correct order.

_____ a. El empleado busca la reservación.
_____ b. Marissa dice que está confundida.
_____ c. Los amigos están listos para ir a la playa.
_____ d. El empleado da (*gives*) las llaves de las habitaciones a las chicas.
_____ e. Miguel grita (*screams*).

4 Conversar With a partner, create a conversation between a hotel employee and a guest in Mexico.

Huésped	**Empleado/a**
Say hi to the employee and ask for your reservation.	→ Tell the guest that you can't find his/her reservation.
Tell the employee that the reservation is in your name.	→ Tell him/her that you found the reservation and that it's for a double room.
Tell the employee that the hotel is very clean and comfortable.	→ Say that you agree with the guest, welcome him/her, and give him/her the keys.

Pronunciación
Spanish b and v

  Tutorial

bueno   **vóleibol**   **biblioteca**   **vivir**

There is no difference in pronunciation between the Spanish letters **b** and **v**. However, each letter can be pronounced two different ways, depending on which letters appear next to them.

bonito   **viajar**   **también**   **investigar**

B and **v** are pronounced like the English hard *b* when they appear either as the first letter of a word, at the beginning of a phrase, or after **m** or **n**.

deber   **novio**   **abril**   **cerveza**

In all other positions, **b** and **v** have a softer pronunciation, which has no equivalent in English. Unlike the hard **b**, which is produced by tightly closing the lips and stopping the flow of air, the soft **b** is produced by keeping the lips slightly open.

bola   **vela**   **Caribe**   **declive**

In both pronunciations, there is no difference in sound between **b** and **v**. The English *v* sound, produced by friction between the upper teeth and lower lip, does not exist in Spanish. Instead, the soft **b** comes from friction between the two lips.

Verónica y su esposo cantan boleros.

When **b** or **v** begins a word, its pronunciation depends on the previous word. At the beginning of a phrase or after a word that ends in **m** or **n**, it is pronounced as a hard **b**.

Benito es de Boquerón pero vive en Victoria.

Words that begin with **b** or **v** are pronounced with a soft **b** if they appear immediately after a word that ends in a vowel or any consonant other than **m** or **n**.

Práctica
Read these words aloud to practice the **b** and the **v**.

1. hablamos
2. trabajar
3. botones
4. van
5. contabilidad
6. bien
7. doble
8. novia
9. béisbol
10. nublado
11. llave
12. invierno

Oraciones
Read these sentences aloud to practice the **b** and the **v**.

1. Vamos a Guaynabo en autobús.
2. Voy de vacaciones a la Isla Culebra.
3. Tengo una habitación individual en el octavo piso.
4. Víctor y Eva van en avión al Caribe.
5. La planta baja es bonita también.
6. ¿Qué vamos a ver en Bayamón?
7. Beatriz, la novia de Víctor, es de Arecibo, Puerto Rico.

Refranes
Read these sayings aloud to practice the **b** and the **v**.

No hay mal que por bien no venga.[1]

Hombre prevenido vale por dos.[2]

[1] Every cloud has a silver lining.
[2] An ounce of prevention equals a pound of cure.

5 cultura

EN DETALLE

El Viejo San Juan

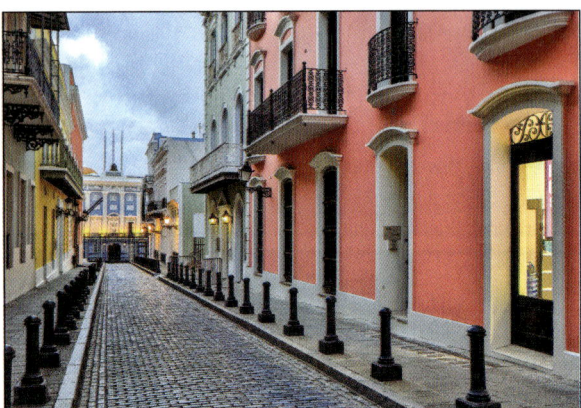

San Juan, the capital of Puerto Rico, was founded by Juan Ponce de León in 1508. The original settlement was called **Caparra**. In 1521 the name was formally changed to **San Juan Bautista°** de Puerto Rico. The city has served as the island's capital ever since. The oldest part of the capital, known as **el Viejo San Juan**, is an international tourist destination. Many Caribbean cruise ships make stops there.

El Viejo San Juan is most famous for its Spanish colonial architecture, which according to strict regulations can neither be altered nor demolished. Furthermore, all new construction must maintain the integrity of the Spanish colonial style.

Visitors flock to this historic site to stroll the colonial **callejones°**, tour monuments such as the **Casa Blanca** and the fortress known as **El Morro**, and enjoy the climate of **la Isla del Encanto°**.

El Viejo San Juan was added to the U.S. National Register of Historic Places in 1966, and in 1983 it was designated a World Heritage Site by UNESCO.

In 2017, Hurricane María severely damaged parts of the old city, causing a disruption to tourism. In time, the people of the city cleaned up and repaired. As one reporter put it, "Old San Juan has already survived 500 hurricane seasons. It will survive this one, too!"

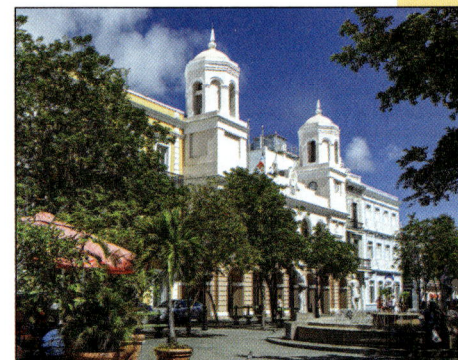

Plaza de Armas

San Juan Bautista *Saint John the Baptist* callejones *narrow lanes, alleyways*
la Isla del Encanto *the Isle of Enchantment (nickname for Puerto Rico)*

Sitios históricos del Viejo San Juan

- **Plaza de Armas:** the main public square in el Viejo San Juan
- **Catedral Metropolitana Basílica de San Juan Bautista:** the second oldest cathedral in the Western Hemisphere
- **El Morro** and **Castillo de San Cristóbal:** forts built to protect the city and San Juan Bay
- **Casa Blanca:** historic house and museum, residence of Ponce de León's family from 1521 to the mid-18th century

ACTIVIDADES

1 **¿Cierto o falso?** Indicate whether these statements are **cierto** or **falso**. Correct the false statements.

1. **Caparra** was the name of the original settlement.
2. Puerto Rico's capital is named after a saint.
3. To protect its historic sites, most of **el Viejo San Juan** is off-limits to the public.
4. The buildings in **el Viejo San Juan** maintain a Spanish colonial architectural style.
5. The city is culturally important in the United States but not internationally.
6. Hurricane María completely spared **el Viejo San Juan**.
7. **El Viejo San Juan** does not have a main public square.
8. The second oldest cathedral in the Americas is in San Juan.
9. **El Castillo de San Cristóbal** was principally a colonial trading post.
10. You can visit Ponce de León's family home in **el Viejo San Juan**.

ASÍ SE DICE
Viajes y turismo

el asiento del medio, del pasillo, de la ventanilla	center, aisle, window seat
el itinerario	itinerary
media pensión	breakfast and one meal included
el ómnibus (Perú)	el autobús
pensión completa	all meals included
el puente	long weekend (lit., bridge)

EL MUNDO HISPANO
Destinos populares

- **Las playas del Parque Nacional Manuel Antonio** (Costa Rica) ofrecen° la oportunidad de nadar y luego caminar por el bosque tropical°.
- **Teotihuacán** (México) Desde antes de la época° de los aztecas, aquí se celebra el equinoccio de primavera en la Pirámide del Sol.
- **Puerto Chicama** (Perú), con sus olas° de cuatro kilómetros de largo°, es un destino para surfistas expertos.
- **Tikal** (Guatemala) Aquí puedes ver las maravillas de la selva° y ruinas de la civilización maya.
- **Las playas de Rincón** (Puerto Rico) Son ideales para descansar y observar ballenas°.

ofrecen *offer* bosque tropical *rain forest*
Desde antes de la época *Since before the time* olas *waves*
de largo *in length* selva *jungle* ballenas *whales*

PERFIL
Punta del Este

One of South America's largest and most fashionable beach resort towns is Uruguay's **Punta del Este**, a narrow strip of land containing twenty miles of pristine beaches. Its peninsular shape gives it two very different seascapes. **La Playa Mansa**, facing the bay and therefore the more protected side, has calm waters. Here, people practice water sports like swimming, water skiing, windsurfing, and diving. **La Playa Brava**, facing the east, receives the Atlantic Ocean's powerful, wave-producing winds, making it popular for surfing, body boarding, and kite surfing. Besides the beaches, posh shopping, and world-famous nightlife, **Punta** offers its 620,000 yearly visitors yacht and fishing clubs, golf courses, and excursions to observe sea lions at the **Isla de Lobos** nature reserve.

CON RITMO HISPANO

Luis Fonsi (1978–)
Birthplace: San Juan, Puerto Rico

He has released ten albums and worked with artists such as Christina Aguilera, David Bisbal, Laura Pausini, and Juan Luis Guerra. His song "Despacito," featuring Daddy Yankee, was an international hit.

Go to **vhlcentral.com** to find out more about **Luis Fonsi** and his music.

ACTIVIDADES

2 Comprensión Complete the sentences.
1. En las playas de Rincón puedes ver _____.
2. Cerca de 620.000 turistas visitan _____ cada año.
3. En el avión pides un _____ si te gusta ver el paisaje.
4. En Punta del Este, la gente prefiere nadar en la Playa _____.
5. El _____ es un medio de transporte en Perú.

3 De vacaciones Spring break is coming up, and you want to go on a short vacation with some friends. Working in a small group, decide which of the locations featured on these pages best suits the group's likes and interests. Come to an agreement about how you will get there, where you prefer to stay and for how long, and what each of you will do during free time.

5 estructura

5.1 Estar with conditions and emotions

ANTE TODO As you learned in **Lecciones 1** and **2**, the verb **estar** is used to talk about how you feel and to say where people, places, and things are located. **Estar** is also used with adjectives to talk about certain emotional and physical conditions.

▶ Use **estar** with adjectives to describe the physical condition of places and things.

La habitación **está** sucia.
The room is dirty.

La puerta **está** cerrada.
The door is closed.

▶ Use **estar** with adjectives to describe how people feel, both mentally and physically.

Yo estoy cansada.

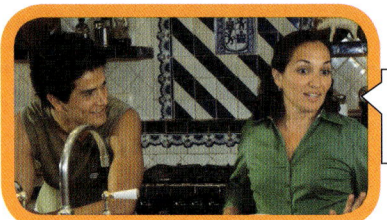
¿Están listos para su viaje?

▶ **¡Atención!** Two important expressions with **estar** that you can use to talk about conditions and emotions are **estar de buen humor** (*to be in a good mood*) and **estar de mal humor** (*to be in a bad mood*).

Adjectives that describe emotions and conditions

abierto/a	open	**contento/a**	content	**listo/a**	ready
aburrido/a	bored	**desordenado/a**	disorderly	**nervioso/a**	nervous
alegre	happy	**enamorado/a (de)**	in love (with)	**ocupado/a**	busy
avergonzado/a	embarrassed			**ordenado/a**	orderly
cansado/a	tired	**enojado/a**	angry	**preocupado/a (por)**	worried (about)
cerrado/a	closed	**equivocado/a**	wrong		
cómodo/a	comfortable	**feliz**	happy	**seguro/a**	sure
confundido/a	confused	**limpio/a**	clean	**sucio/a**	dirty
				triste	sad

CONSULTA
To review the present tense of **estar**, see **Estructura 2.3**, p. 59.

To review the present tense of **ser**, see **Estructura 1.3**, p. 20.

¡INTÉNTALO! Provide the present tense forms of **estar**, and choose which adjective best completes the sentence.

1. La biblioteca ___está___ (cerrada / nerviosa) los domingos por la noche. *cerrada*
2. Nosotros _____ muy (ocupados / equivocados) todos los lunes.
3. Ellas _____ (alegres / confundidas) porque tienen vacaciones.
4. Javier _____ (enamorado / ordenado) de Maribel.
5. Yo _____ (nerviosa / abierta) por el viaje.
6. Diana _____ (enojada / limpia) con su novio.
7. La habitación siempre _____ (ordenada / segura) cuando vienen sus padres.
8. Ustedes no comprenden; _____ (equivocados / tristes).

Práctica y Comunicación

1 **¿Cómo están?** In the first blank of each statement made by Martín, fill in the correct form of **estar**. In the second blank, fill in the adjective that best fits the context.

1. Yo _____ un poco _____ porque tengo un examen mañana.
2. Mis hermanos Juan y José salen de la casa a las cinco de la mañana. Por la noche, siempre _____ muy _____.
3. Mi hermana Patricia _____ muy _____ porque mañana va a hacer una excursión al campo.
4. Mi amigo Ramiro _____ _____; su novia se llama Adela.
5. Mi papá y sus colegas _____ muy _____ hoy. ¡Hay mucho trabajo!
6. Patricia y yo _____ un poco _____ por ellos porque trabajan mucho.
7. Mi amiga Mónica _____ un poco _____ porque su novio no puede salir esta noche.
8. Esta clase no es muy interesante. ¿Tú _____ _____ también?

AYUDA
Make sure that there is agreement between:
• Subjects and verbs in person and number
• Nouns and adjectives in gender and number
Ell**os** no est**án** enferm**os**.
They are not sick.

2 **Describir** Describe these people and places.

1. Anabela

2. Juan y Luisa

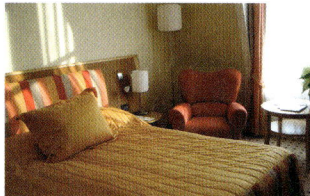
3. la habitación de Teresa

4. César

3 **Situaciones** With a partner, use **estar** to talk about how you feel in these situations.

1. Cuando hace sol…
2. Cuando tomas un examen…
3. Cuando viajas en avión…
4. Cuando estás en la clase de español…
5. Cuando ves una película con tu actor/actriz favorito/a…

4 **En la tele** In small groups, imagine that you are a family that stars on a reality TV show. You are vacationing together, but the trip isn't going well for everyone. Write the script of a scene from the show and then act it out. Use at least six adjectives from the previous page and be creative!

> **modelo**
> **Papá:** ¿Por qué estás enojada, María Rosa? El hotel es muy bonito y las habitaciones están limpias.
> **Mamá:** ¡Pero mira, Roberto! Las maletas de Elisa están abiertas y, como siempre, sus cosas están muy desordenadas.

5.2 The present progressive

ANTE TODO Both Spanish and English use the present progressive, which consists of the present tense of the verb *to be* and the present participle of another verb (the *-ing* form in English).

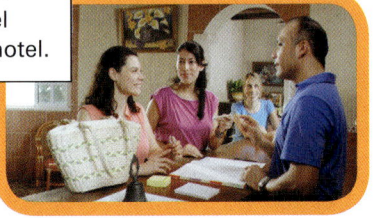

Las chicas están hablando con el empleado del hotel.

¿Estás estudiando en la playa?

▶ Form the present progressive with the present tense of **estar** and a present participle.

FORM OF ESTAR + PRESENT PARTICIPLE	FORM OF ESTAR + PRESENT PARTICIPLE
Estoy **pescando.**	**Estamos** **comiendo.**
I am *fishing.*	*We are* *eating.*

▶ The present participle of regular **-ar**, **-er**, and **-ir** verbs is formed as follows:

INFINITIVE	STEM	ENDING	PRESENT PARTICIPLE
hablar	habl-	-ando	hablando
comer	com-	-iendo	comiendo
escribir	escrib-	-iendo	escribiendo

▶ **¡Atención!** When the stem of an **-er** or **-ir** verb ends in a vowel, the present participle ends in **-yendo**.

INFINITIVE	STEM	ENDING	PRESENT PARTICIPLE
leer	le-	-yendo	leyendo
oír	o-	-yendo	oyendo
traer	tra-	-yendo	trayendo

▶ **Ir**, **poder**, and **venir** have irregular present participles (**yendo**, **pudiendo**, **viniendo**). Several other verbs have irregular present participles that you will need to learn.

▶ **-Ir** stem-changing verbs have a stem change in the present participle.

-ir stem-changing verbs

e:ie in the present tense	e → i in the present participle
preferir	prefiriendo

e:i in the present tense	e → i in the present participle
conseguir	consiguiendo

o:ue in the present tense	o → u in the present participle
dormir	durmiendo

Las vacaciones

COMPARE & CONTRAST

The use of the present progressive is much more restricted in Spanish than in English. In Spanish, the present progressive is mainly used to emphasize that an action is in progress at the time of speaking.

Maru **está escuchando** música latina **ahora mismo**.
Maru is listening to Latin music right now.

Felipe y su amigo **todavía están jugando** al fútbol.
Felipe and his friend are still playing soccer.

In English, the present progressive is often used to talk about situations and actions that occur over an extended period of time or in the future. In Spanish, the simple present tense is often used instead.

Xavier **estudia** computación este semestre.
Xavier is studying computer science this semester.

Marissa **sale** mañana para los Estados Unidos.
Marissa is leaving tomorrow for the United States.

¿Está pensando en su futuro?
Nosotros, sí.
BANCO CONGRESO
Preparándolo para el mañana

¡INTÉNTALO! Create complete sentences by putting the verbs in the present progressive.

1. mis amigos / descansar en la playa *Mis amigos están descansando en la playa.*
2. nosotros / practicar deportes _____
3. Carmen / comer en casa _____
4. yo / leer el periódico _____
5. nuestro equipo / ganar el partido _____
6. él / pensar comprar una bicicleta _____
7. ustedes / jugar a las cartas _____
8. Marcela / leer el correo electrónico _____
9. José y Francisco / dormir _____
10. yo / preparar sándwiches _____
11. Carlos / tomar fotos _____
12. ¿dormir / tú? _____

Práctica

1 Completar Use the present progressive of the verb to complete Alfredo's description of what everyone in his class is doing to prepare for a trip to Puerto Rico.

1. Yo _____ (investigar) la situación política de la isla (*island*).
2. Marta y José Luis _____ (buscar) información sobre San Juan en Internet.
3. La esposa del profesor _____ (hacer) las maletas.
4. Enrique y yo _____ (leer) un correo electrónico de nuestro amigo puertorriqueño.
5. Javier _____ (aprender) mucho sobre la cultura puertorriqueña.
6. Y tú _____ (practicar) el español, ¿verdad?

2 ¿Qué están haciendo? Complete María's description of what she and her friends are doing right now as they vacation in Puerto Rico.

CONSULTA
For more information about Puerto Rico, see **Panorama**, pp. 186–187.

 1. Alejandro y Rebeca

 2. Javier

 3. Yo

 4. Celia y yo

 5. Samuel

 6. Lorenzo

3 Personajes famosos Say what these celebrities are doing right now.

> **modelo**
> Shakira
> Shakira está cantando una canción ahora mismo.

A
Isabel Allende   Daymé Arocena
Rachael Ray   Kevin Durant
James Cameron   Las Rockettes de
Venus y Serena   Nueva York
  Williams   ¿?
José Altuve   ¿?

B
bailar   hacer
cantar   jugar
correr   preparar
escribir   ¿?
hablar   ¿?

AYUDA
Isabel Allende: **novelas**
Rachael Ray: **televisión, negocios** (*business*)
James Cameron: **cine**
Venus y Serena Williams: **tenis**
José Altuve: **béisbol**
Daymé Arocena: **canciones**
Kevin Durant: **baloncesto**
Las Rockettes de Nueva York: **baile**

Comunicación

4 **Preguntar** With a partner, take turns asking each other what you are doing at these times.

> **modelo**
> 8:00 a.m.
> **Estudiante 1:** ¡Hola, Andrés! Son las ocho de la mañana. ¿Qué estás haciendo?
> **Estudiante 2:** Estoy desayunando.

1. 5:00 a.m.
2. 9:30 a.m.
3. 11:00 a.m.
4. 12:00 p.m.
5. 2:00 p.m.
6. 5:00 p.m.
7. 9:00 p.m.
8. 11:30 p.m.

5 **Describir** Work with a partner and use the present progressive to describe what is going on in this Spanish beach scene.

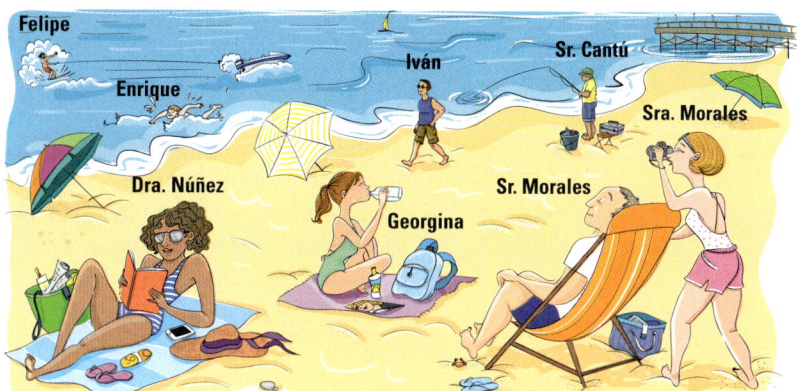

NOTA CULTURAL

Nearly 70 million tourists travel to Spain every year, many of them drawn by the warm climate and beautiful coasts. Tourists wanting a beach vacation go mostly to the **Costa del Sol** or the Balearic Islands, in the Mediterranean.

6 **Conversar** With a partner, prepare a phone conversation between two babysitters. Be creative and add further comments.

Estudiante 1	Estudiante 2
Say hello and ask what the kids are doing.	Say hello and tell your partner that two of your kids are doing their homework. Then ask what the kids at his/her house are doing.
Tell your partner that two of your kids are running and dancing in the house.	Tell your partner that one of the kids is reading.
Tell your partner that you are tired and that two of your kids are watching TV and eating pizza.	Tell your partner that one of the kids is sleeping.
Tell your partner you have to go; the kids are playing soccer in the house.	Say goodbye and good luck (**¡Buena suerte!**).

Síntesis

7 **¿Qué están haciendo?** A group of classmates is traveling to San Juan, Puerto Rico, for a week-long Spanish immersion program. In order for the participants to be on time for their flight, you and your partner must locate them. Your instructor will give you each a handout to help you complete this task.

5.3 Ser and estar Tutorial

ANTE TODO You have already learned that **ser** and **estar** both mean *to be* but are used for different purposes. These charts summarize the key differences in usage between **ser** and **estar**.

Uses of ser

1. Nationality and place of origin . . . . Juan Carlos **es** argentino.
   Es de Buenos Aires.
2. Profession or occupation . . . . Adela **es** inspectora de aduanas.
   Francisco **es** médico.
3. Characteristics of people and things . . . José y Clara **son** simpáticos.
   El clima de Puerto Rico **es** agradable.
4. Generalizations . . . . ¡**Es** fabuloso viajar!
   Es difícil estudiar a la una de la mañana.
5. Possession . . . . **Es** la pluma de Jimena.
   Son las llaves del señor Díaz.
6. What something is made of . . . . La bicicleta **es** de metal.
   Los pasajes **son** de papel.
7. Time and date . . . . Hoy **es** martes. **Son** las dos.
   Hoy **es** el primero de julio.
8. Where or when an event takes place . . El partido **es** en el estadio Santa Fe.
   La conferencia **es** a las siete.

> **¡ATENCIÓN!**
> **Ser de** expresses not only origin (**Es de Buenos Aires.**) and possession (**Es la pluma de Jimena.**), but also what material something is made of (**La bicicleta es de metal.**).

Ellos son mis amigos.

Miguel está enojado conmigo.

Uses of estar

1. Location or spatial relationships . . . . . El aeropuerto **está** lejos de la ciudad.
   Tu habitación **está** en el tercer piso.
2. Health . . . . ¿Cómo **estás**?
   Estoy bien, gracias.
3. Physical states and conditions . . . . . . El profesor **está** ocupado.
   Las ventanas **están** abiertas.
4. Emotional states . . . . Marissa **está** feliz hoy.
   Estoy muy enojado con Maru.
5. Certain weather expressions . . . . **Está** lloviendo.
   Está nublado.
6. Ongoing actions (progressive tenses) . . **Estamos** estudiando para un examen.
   Ana **está** leyendo una novela.

Ser and estar with adjectives

▶ With many descriptive adjectives, **ser** and **estar** can both be used, but the meaning will change.

Juan **es** delgado.
Juan is thin.

Juan **está** más delgado hoy.
Juan looks thinner today.

Ana **es** nerviosa.
Ana is a nervous person.

Ana **está** nerviosa por el examen.
Ana is nervous because of the exam.

▶ In the examples above, the statements with **ser** are general observations about the inherent qualities of Juan and Ana. The statements with **estar** describe conditions that are variable.

▶ Here are some adjectives that change in meaning when used with **ser** and **estar**.

With ser	With estar
El chico **es listo**. *The boy is smart.*	El chico **está listo**. *The boy is ready.*
La profesora **es mala**. *The professor is bad.*	La profesora **está mala**. *The professor is sick.*
Jaime **es aburrido**. *Jaime is boring.*	Jaime **está aburrido**. *Jaime is bored.*
Las peras **son verdes**. *Pears are green.*	Las peras **están verdes**. *The pears are not ripe.*
El gato **es muy vivo**. *The cat is very clever.*	El gato **está vivo**. *The cat is alive.*
Iván **es un hombre seguro**. *Iván is a confident man.*	Iván no **está seguro**. *Iván is not sure.*

¡ATENCIÓN!
When referring to objects, **ser seguro/a** means *to be safe*.
El puente es seguro.
The bridge is safe.

 ¡INTÉNTALO! Form complete sentences by using the correct form of **ser** or **estar** and making any other necessary changes.

1. Alejandra / cansado
   Alejandra está cansada.
2. ellos / pelirrojo
3. yo / la clase de español
4. Carmen / alto
5. película / a las once
6. hoy / viernes
7. Romeo y Julieta / enamorado
8. Antonio / médico
9. nosotras / enojado
10. libros / de Ana
11. Mariana y Juan / estudiando
12. partido de baloncesto / gimnasio

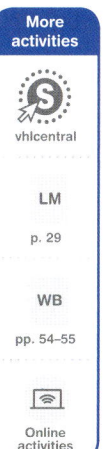

Práctica

1 **¿Ser o estar?** Indicate whether each adjective takes **ser** or **estar**. ¡Ojo! Three of them can take both verbs.

	ser	estar		ser	estar
1. canadiense	○	○	5. enojada	○	○
2. delgada	○	○	6. seguro	○	○
3. enamorado	○	○	7. importante	○	○
4. lista	○	○	8. avergonzada	○	○

2 **Completar** Complete this conversation with the appropriate forms of **ser** and **estar**.

EDUARDO ¡Hola, Ceci! ¿Cómo (1)_____?
CECILIA Hola, Eduardo. Bien, gracias. ¡Qué guapo (2)_____ hoy!
EDUARDO Gracias. (3)_____ muy amable. Oye, ¿qué (4)_____ haciendo? (5)¿_____ ocupada?
CECILIA No, sólo le (6)_____ escribiendo una carta a mi prima Pilar.
EDUARDO ¿De dónde (7)_____ ella?
CECILIA Pilar (8)_____ de Ecuador. Su papá (9)_____ médico en Quito. Pero ahora Pilar y su familia (10)_____ de vacaciones en Ponce, Puerto Rico.
EDUARDO Y… ¿cómo (11)_____ Pilar?
CECILIA (12)_____ muy lista. Y también (13)_____ alta, rubia y muy bonita.

3 **En el parque** With a partner, take turns describing the people in the drawing. Your descriptions should answer the questions.

1. ¿Quiénes son?
2. ¿Dónde están?
3. ¿Cómo son?
4. ¿Cómo están?
5. ¿Qué están haciendo?
6. ¿Qué estación es?
7. ¿Qué tiempo hace?
8. ¿Quiénes están de vacaciones?

Comunicación

4 **Describir** With a classmate, take turns describing these people. Mention where they are from, what they are like, how they are feeling, and what they are doing right now.

> **modelo**
> tu compañero/a de cuarto
> Mi compañera de cuarto es de San Juan, Puerto Rico. Es muy inteligente. Está cansada pero está estudiando porque tiene un examen.

1. tu mejor (*best*) amigo/a
2. tu actor/actriz favorito/a
3. tu profesor(a) favorito/a
4. tu novio/a o esposo/a
5. tus abuelos
6. tus padres

5 **Adivinar** Get together with a partner and take turns describing a celebrity. Don't mention the celebrity's name. Can your partner guess who you are describing?

- descripción física
- cómo está ahora
- origen
- dónde está ahora
- qué está haciendo ahora
- profesión u ocupación

6 **En el aeropuerto** In groups of three, take turns assuming the identity of a character from this drawing. Your partners will ask you questions using **ser** and **estar** until they figure out who you are.

> **modelo**
> **Estudiante 3:** ¿Dónde estás?
> **Estudiante 1:** Estoy cerca de la puerta.
> **Estudiante 2:** ¿Qué estás haciendo?
> **Estudiante 1:** Estoy escuchando a otra persona.
> **Estudiante 3:** ¿Eres uno de los pasajeros?
> **Estudiante 1:** No, soy empleado del aeropuerto.
> **Estudiante 2:** ¿Eres Camilo?

Síntesis

7 **Conversación** With a partner, role-play a conversation between two airline passengers seated next to each other.

5.4 Direct object nouns and pronouns

▶ A direct object noun receives the action of the verb directly and generally follows the verb. In the example above, the direct object noun answers the question *What are Juan Carlos and Jimena taking?*

▶ When a direct object noun in Spanish is a person or a pet, it is preceded by the word **a**. This is called the personal **a**; there is no English equivalent for this construction.

Mariela mira **a** Carlos.
Mariela is watching Carlos.

Mariela mira televisión.
Mariela is watching TV.

▶ In the first sentence above, the personal **a** is required because the direct object is a person. In the second sentence, the personal **a** is not required because the direct object is a thing, not a person.

Miguel no me perdona.

No tenemos tablas de windsurf.

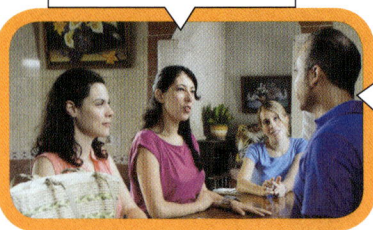

El botones las puede conseguir para ustedes.

▶ Direct object pronouns are words that replace direct object nouns. Like English, Spanish uses a direct object pronoun to avoid repeating a noun already mentioned.

	DIRECT OBJECT			DIRECT OBJECT PRONOUN	
Maribel hace	las maletas.	▶	Maribel	las	hace.
Felipe compra	el sombrero.		Felipe	lo	compra.
Vicky tiene	la llave.		Vicky	la	tiene.

Direct object pronouns

SINGULAR		PLURAL	
me	me	nos	us
te	you (fam.)	os	you (fam.)
lo	you (m., form.)	los	you (m.)
	him; it (m.)		them (m.)
la	you (f., form.)	las	you (f.)
	her; it (f.)		them (f.)

Las vacaciones

▸ In affirmative sentences, direct object pronouns generally appear before the conjugated verb. In negative sentences, the pronoun is placed between the word **no** and the verb.

Adela practica **el tenis.**	Gabriela no tiene **las llaves.**
Adela **lo** practica.	Gabriela **no las** tiene.
Carmen compra **los pasajes.**	Diego no hace **las maletas.**
Carmen **los** compra.	Diego **no las** hace.

▸ When the verb is an infinitive construction, such as **ir a** + [*infinitive*], the direct object pronoun can be placed before the conjugated form or attached to the infinitive.

Ellos van a escribir **unas postales.** ⟵ Ellos **las** van a escribir. / Ellos van a escribir**las.**

Lidia quiere ver **una película.** ⟵ Lidia **la** quiere ver. / Lidia quiere ver**la.**

▸ When the verb is in the present progressive, the direct object pronoun can be placed before the conjugated form or attached to the present participle. **¡Atención!** When a direct object pronoun is attached to the present participle, an accent mark is added to maintain the proper stress.

Gerardo está leyendo **la lección.** ⟵ Gerardo **la** está leyendo. / Gerardo está leyéndo**la.**

Toni está mirando **el partido.** ⟵ Toni **lo** está mirando. / Toni está mirándo**lo.**

CONSULTA
To learn more about accents, see **Lección 4, Pronunciación,** p. 123, **Lección 10, Ortografía,** p. 339, and **Lección 11, Ortografía,** p. 375.

¡INTÉNTALO! Choose the correct direct object pronoun for each sentence.

1. Tienes el libro de español. *c*
   a. La tienes.   b. Los tienes.   c. Lo tienes.
2. Marcos busca la llave.
   a. Me busca.   b. La busca.   c. Las busca.
3. El artista quiere dibujar a Luisa y a su mamá.
   a. Quiere dibujarme.   b. Quiere dibujarla.   c. Quiere dibujarlas.
4. Voy a ver el partido de baloncesto.
   a. Voy a verlo.   b. Voy a verte.   c. Voy a vernos.
5. Puedo oír a Gerardo y a Miguel.
   a. Puedo oírte.   b. Puedo oírlos.   c. Puedo oírlo.
6. Rita me lleva al aeropuerto y también lleva a Tomás.
   a. Nos lleva.   b. Las lleva.   c. Te lleva.
7. Quieren estudiar la gramática.
   a. Quieren estudiarnos.   b. Quieren estudiarlo.   c. Quieren estudiarla.
8. ¿Practicas los verbos irregulares?
   a. ¿Los practicas?   b. ¿Las practicas?   c. ¿Lo practicas?
9. Ignacio ve la película.
   a. La ve.   b. Lo ve.   c. Las ve.
10. Sandra va a invitar a Mario a la excursión. También me va a invitar a mí.
    a. Los va a invitar.   b. Lo va a invitar.   c. Nos va a invitar.

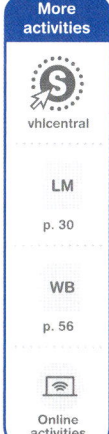

More activities

vhlcentral

LM p. 30

WB p. 56

Online activities

Práctica

1 Simplificar Describe preparations for a class trip to Costa Rica by changing the direct object nouns into direct object pronouns.

> **modelo**
> La profesora Vega tiene su pasaporte.
> La profesora Vega lo tiene.

1. Nosotros leemos los folletos (*brochures*).
2. Gustavo y Héctor confirman las reservaciones.
3. Ana María estudia el mapa.
4. Yo aprendo los nombres de los monumentos de San José.
5. Alicia escucha a la profesora.
6. Miguel escribe las instrucciones para ir al hotel.
7. Esteban busca el pasaje.
8. Nosotros planeamos una excursión.

¡LENGUA VIVA!
There are many Spanish words that correspond to *ticket*. **Billete** and **pasaje** usually refer to a ticket for travel, such as an airplane ticket. **Entrada** refers to a ticket to an event, such as a concert or a movie. **Boleto** can be used in either case.

2 Vacaciones Restate Ramón's thoughts about his trip to San Juan more succinctly using direct object pronouns.

> **modelo**
> Quiero hacer una excursión.
> Quiero hacerla./La quiero hacer.

1. Marcos está pidiendo el folleto turístico.
2. Necesitamos llevar los pasaportes.
3. Voy a hacer mi maleta.
4. Javier debe llamar a sus padres.
5. Ellos desean visitar el Viejo San Juan.
6. Puedo llamar a Javier por la mañana.
7. Prefiero llevar mi cámara.
8. No queremos perder nuestras reservaciones de hotel.

NOTA CULTURAL
Puerto Rico is a U.S. territory, so people do not need travel documents when traveling to and from Puerto Rico from the U.S. mainland. However, everyone must meet all requirements for entering the U.S. when traveling directly to Puerto Rico from abroad.

3 ¿Quién? Answer the questions about the Garza family's trip to Puerto Rico. Use direct object pronouns in your answers.

> **modelo**
> ¿Quién hace las reservaciones para el hotel? (el Sr. Garza)
> El Sr. Garza las hace.

1. ¿Quién compra los pasajes para el vuelo (*flight*)? (la Sra. Garza)
2. ¿Quién tiene que hacer las maletas de los niños? (María)
3. ¿Quién compra un mapa de Puerto Rico? (Antonio)
4. ¿Quién va a confirmar las reservaciones de hotel? (la Sra. Garza)
5. ¿Quién busca la cámara? (María)
6. ¿Quiénes buscan los pasaportes? (Antonio y María)

Comunicación

4 **Entrevista** Take turns asking and answering these questions with a classmate. Be sure to use direct object pronouns in your responses.

1. ¿Ves mucho la televisión?
2. ¿Cuándo vas a ver tu programa favorito?
3. ¿Quién prepara la comida (*food*) en tu casa?
4. ¿Te visita mucho tu familia?
5. ¿Visitas mucho a tus abuelos?
6. ¿Nos entienden nuestros padres a nosotros?
7. ¿Cuándo ves a tus amigos/as?
8. ¿Cuándo te llaman tus amigos/as?

5 **Los pasajeros** Get together with a partner and take turns asking each other questions about the drawing. Use the verbs and direct object pronouns.

AYUDA
For travel-related vocabulary, see **Contextos**, pp. 152–153.

modelo

Estudiante 1: ¿Quién está leyendo el libro?
Estudiante 2: Susana lo está leyendo./Susana está leyéndolo.

| buscar | escuchar | llevar | tener | ¿? |
| encontrar | leer | mirar | traer | |

Síntesis

6 **Adivinanzas** In pairs, take turns describing a person, place, or thing for your partner to guess. Each of you should give at least five descriptions.

modelo

Estudiante 1: Lo uso para (*I use it to*) escribir en mi cuaderno. No es muy grande y tiene borrador. ¿Qué es?
Estudiante 2: ¿Es un lápiz?
Estudiante 1: ¡Sí!

Recapitulación

Review the grammar concepts you have learned in this lesson by completing these activities.

1 **Completar** Complete the chart with the correct present participle of these verbs. **16 pts.**

Infinitive	Present participle	Infinitive	Present participle
hacer		estar	
acampar		ser	
tener		vivir	
venir		estudiar	

2 **Vacaciones en París** Complete this paragraph with the correct form of **ser** or **estar**. **24 pts.**

Hoy (1) _____ (es/está) el 3 de julio y voy a París por tres semanas. (Yo) (2) _____ (Soy/Estoy) muy feliz porque voy a ver a mi mejor amiga. Ella (3) _____ (es/está) de Puerto Rico, pero ahora (4) _____ (es/está) viviendo en París. También (yo) (5) _____ (soy/estoy) un poco nerviosa porque (6) _____ (es/está) mi primer viaje a Francia. El vuelo (*flight*) (7) _____ (es/está) hoy por la tarde, pero ahora (8) _____ (es/está) lloviendo. Por eso (9) _____ (somos/estamos) preocupadas, porque probablemente el avión va a salir tarde. Mi equipaje ya (10) _____ (es/está) listo. (11) _____ (Es/Está) tarde y me tengo que ir. ¡Va a (12) _____ (ser/estar) un viaje fenomenal!

3 **¿Qué hacen?** Respond to these questions by indicating what people do with the items mentioned. Use direct object pronouns. **10 pts.**

> **modelo**
> ¿Qué hacen ellos con la película? (ver)
> La ven.

1. ¿Qué haces tú con el libro de viajes? (leer) _____
2. ¿Qué hacen los turistas en la ciudad? (explorar) _____
3. ¿Qué hace el botones con el equipaje? (llevar) _____
4. ¿Qué hace la agente con las reservaciones? (confirmar) _____
5. ¿Qué hacen ustedes con los pasaportes? (mostrar) _____

RESUMEN GRAMATICAL

5.1 Estar with conditions and emotions *p. 164*

- Yo est**oy** aburrido/a, feliz, nervioso/a.
- El cuarto est**á** desordenado, limpio, ordenado.
- Estos libros est**án** abiertos, cerrados, sucios.

5.2 The present progressive *pp. 166–167*

- The present progressive is formed with the present tense of **estar** plus the present participle.

Forming the present participle

infinitive	stem	ending	present participle
hablar	habl-	-ando	habl**ando**
comer	com-	-iendo	com**iendo**
escribir	escrib-	-iendo	escrib**iendo**

-ir stem-changing verbs

	infinitive	present participle
e:ie	preferir	pref**i**riendo
e:i	conseguir	cons**i**guiendo
o:ue	dormir	d**u**rmiendo

- Irregular present participles: **yendo (ir), pudiendo (poder), viniendo (venir)**

5.3 Ser and estar *pp. 170–171*

- Uses of **ser**: nationality, origin, profession or occupation, characteristics, generalizations, possession, what something is made of, time and date, time and place of events
- Uses of **estar**: location, health, physical states and conditions, emotional states, weather expressions, ongoing actions
- Many adjectives can be used with both **ser** and **estar**, but the meaning of the adjectives will change.

Juan **es** delgado.   Juan **está** más delgado hoy.
Juan is thin.   *Juan looks thinner today.*

Las vacaciones

4 Opuestos Complete these sentences with the appropriate form of the verb **estar** and an antonym for the underlined adjective. **10 pts.**

> **modelo**
> Mis respuestas están <u>bien</u>, pero las de Susana *están mal*.

1. Las tiendas están <u>abiertas</u>, pero la estación del metro _____ _____.
2. No me gustan las habitaciones <u>desordenadas</u>. Incluso (*Even*) mi habitación de hotel _____ _____.
3. Nosotras estamos <u>tristes</u> cuando trabajamos. Hoy comienzan las vacaciones y _____ _____.
4. En esta ciudad los autobuses están <u>sucios</u>, pero los taxis _____ _____.
5. —El avión sale a las 5:30, ¿verdad? —No, estás <u>confundida</u>. Yo _____ _____ de que el avión sale a las 5:00.

5.4 Direct object nouns and pronouns *pp. 174–175*

Direct object pronouns

Singular		Plural	
me	lo	nos	los
te	la	os	las

In affirmative sentences:
Adela practica **el tenis**. → Adela **lo** practica.

In negative sentences: Adela no **lo** practica.

With an infinitive:
Adela **lo** va a practicar./Adela va a practicar**lo**.

With the present progressive:
Adela **lo** está practicando./Adela está practicándo**lo**.

5 En la playa Describe what these people are doing. Complete the sentences using the present progressive tense. **8 pts.**

1. El Sr. Camacho _____.
2. Felicia _____.
3. Ana _____.
4. Nosotros _____.

6 Antes del viaje Write a paragraph of at least six sentences describing the time right before you go on a trip. Say how you feel and what you are doing. You can use **Actividad 2** as a model. **32 pts.**

> **modelo**
> Hoy es viernes, 27 de octubre. Estoy en mi habitación…

7 Refrán Complete this Spanish saying by filling in the missing present participles. Refer to the translation and the drawing. **4 EXTRA points!**

" Se consigue más _____ que _____. "

(*You can accomplish more by doing than by saying.*)

5 adelante

Audio: Reading

Lectura

Antes de leer

Estrategia
Scanning

Scanning involves glancing over a document in search of specific information. For example, you can scan a document to identify its format, to find cognates, to locate visual cues about the document's content, or to find specific facts. Scanning allows you to learn a great deal about a text without having to read it word for word.

Examinar el texto

Scan the reading selection for cognates and write down a few of them.

1. _____   4. _____
2. _____   5. _____
3. _____   6. _____

Based on the cognates you found, what do you think this document is about?
_____

Preguntas

Read these questions. Then scan the document again to look for answers.

1. What is the format of the reading selection?
   _____

2. Which place is the document about?
   _____

3. What are some of the visual cues this document provides? What do they tell you about the content of the document?
   _____

4. Who produced the document, and what do you think it is for?
   _____

More activities

Turismo ecológico en Puerto Rico

Hotel Vistahermosa
~ Lajas, Puerto Rico ~

- 40 habitaciones individuales
- 15 habitaciones dobles
- Teléfono/TV por cable/Internet
- Aire acondicionado
- Restaurante (Bar)
- Piscina
- Área de juegos
- Cajero automático°

El hotel está situado en Playa Grande, un pequeño pueblo de pescadores del mar Caribe. Es el lugar perfecto para el viajero que viene de vacaciones. Las playas son seguras y limpias, ideales para tomar el sol, descansar, tomar fotografías y nadar. Está abierto los 365 días del año. Hay una rebaja° especial para estudiantes universitarios.

DIRECCIÓN: Playa Grande 406, Lajas, PR 00667, cerca del Parque Nacional Foresta.

Cajero automático ATM *rebaja* discount

Atracciones cercanas

Playa Grande ¿Busca la playa perfecta? Playa Grande es la playa que está buscando. Usted puede pescar, sacar fotos, nadar y pasear en bicicleta. Playa Grande es un paraíso para el turista que quiere practicar deportes acuáticos. El lugar es bonito e interesante y usted va a tener muchas oportunidades para descansar y disfrutar en familia.

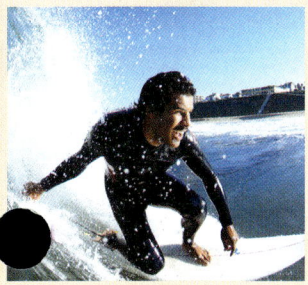

Valle Niebla Ir de excursión, tomar café, montar a caballo, caminar, hacer picnics. Más de cien lugares para acampar.

Bahía Fosforescente Sacar fotos, salidas de noche, excursión en barco. Una maravillosa experiencia llena de luz°.

Arrecifes de Coral Sacar fotos, bucear, explorar. Es un lugar único en el Caribe.

Playa Vieja Tomar el sol, pasear en bicicleta, jugar a las cartas, escuchar música. Ideal para la familia.

Parque Nacional Foresta Sacar fotos, visitar el Museo de Arte Nativo. Reserva Mundial de la Biosfera.

Santuario de las Aves Sacar fotos, observar aves°, seguir rutas de excursión.

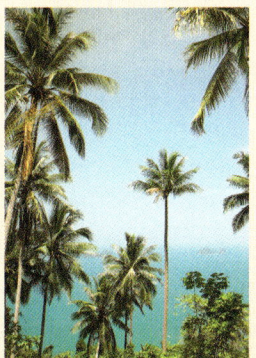

llena de luz *full of light*   **aves** *birds*

Después de leer

Listas
Which amenities of Hotel Vistahermosa would most interest these potential guests? Explain your choices.

1. dos padres con un hijo de seis años y una hija de ocho años
   _____

2. un hombre y una mujer en su luna de miel (*honeymoon*)
   _____

3. una persona en un viaje de negocios (*business trip*)
   _____

Conversaciones
With a partner, take turns asking each other these questions.

1. ¿Quieres visitar el Hotel Vistahermosa? ¿Por qué?
2. Tienes tiempo de visitar sólo tres de las atracciones turísticas que están cerca del hotel. ¿Cuáles vas a visitar? ¿Por qué?
3. ¿Qué prefieres hacer en Valle Niebla? ¿En Playa Vieja? ¿En el Parque Nacional Foresta?

Situaciones
You have just arrived at Hotel Vistahermosa. Your partner is the concierge. Use the phrases to express your interests and ask for suggestions about where to go.

1. montar a caballo
2. bucear
3. pasear en bicicleta
4. pescar
5. observar aves

Contestar
Answer these questions.

1. ¿Quieres visitar Puerto Rico? Explica tu respuesta.
   _____

2. ¿Adónde quieres ir de vacaciones el verano que viene? Explica tu respuesta.
   _____

Escritura

Estrategia
Making an outline

When we write to share information, an outline can serve to separate topics and subtopics, providing a framework for the presentation of data. Consider the following excerpt from an outline of the tourist brochure on pages 180–181.

IV. Descripción del sitio (con foto)
   A. Playa Grande
      1. Playas seguras y limpias
      2. Ideal para tomar el sol, descansar, tomar fotografías, nadar
   B. El hotel
      1. Abierto los 365 días del año
      2. Rebaja para estudiantes universitarios

Mapa de ideas
Idea maps can be used to create outlines. The major sections of an idea map correspond to the Roman numerals in an outline. The minor idea map sections correspond to the outline's capital letters, and so on. Examine the idea map that led to the outline above.

Tema
Escribir un folleto
Write a tourist brochure for a hotel or resort you have visited. If you wish, you may write about an imaginary location. You may want to include some of this information in your brochure:

▸ the name of the hotel or resort
▸ phone and fax numbers that tourists can use to make contact
▸ the hotel website that tourists can consult
▸ an e-mail address that tourists can use to request information
▸ a description of the exterior of the hotel or resort
▸ a description of the interior of the hotel or resort, including facilities and amenities
▸ a description of the surrounding area, including its climate
▸ a listing of nearby scenic natural attractions
▸ a listing of nearby cultural attractions
▸ a listing of recreational activities that tourists can pursue in the vicinity of the hotel or resort

Escuchar

Antes de escuchar

> **Estrategia**
>
> **Listening for key words**
>
> By listening for key words or phrases, you can identify the subject and main ideas of what you hear, as well as some of the details.
>
> To practice this strategy, you will now listen to a short paragraph. As you listen, jot down the key words that help you identify the subject of the paragraph and its main ideas.

Preparación

Based on the illustration, who do you think Hernán Jiménez is, and what is he doing? What key words might you listen for to help you understand what he is saying?

Ahora escucha

El pronóstico del tiempo

Now you are going to listen to a weather report by Hernán Jiménez. Note which phrases are correct according to the key words and phrases you hear.

Santo Domingo
1. hace sol
2. va a hacer frío
3. una mañana de mal tiempo
4. va a estar nublado
5. buena tarde para tomar el sol
6. buena mañana para la playa

San Francisco de Macorís
1. hace frío
2. hace sol
3. va a nevar
4. va a llover
5. hace calor
6. mal día para excursiones

Comprensión

¿Cierto o falso?

Indicate whether each statement is **cierto** or **falso**, based on the weather report. Correct the false statements.

1. Según el meteorólogo, la temperatura en Santo Domingo es de 26 grados.
   _____

2. La temperatura máxima en Santo Domingo hoy va a ser de 30 grados.
   _____

3. Está lloviendo ahora en Santo Domingo.
   _____

4. En San Francisco de Macorís la temperatura mínima de hoy va a ser de 20 grados.
   _____

5. Va a llover mucho hoy en San Francisco de Macorís.
   _____

Preguntas

Answer these questions about the weather report.

1. ¿Hace viento en Santo Domingo ahora?
2. ¿Está nublado en Santo Domingo ahora?
3. ¿Está nevando ahora en San Francisco de Macorís?
4. ¿Qué tiempo hace en San Francisco de Macorís?

En pantalla Video

Known as the "Crossroads of the Americas," Panama is a Central American country that borders Colombia in the southeast and Costa Rica in the northwest. The Panama Canal bridges the Atlantic and Pacific Oceans. Panama boasts an amazing variety of flora and fauna with over 900 different bird species, as well as rivers, mountains, rain forests, and hiking trails both near and far from urban areas. Visitors can enjoy an array of water sports as well as culturally diverse activities in fairly moderate temperatures, ranging from 75° to 90°F, year-round.

Vocabulario útil

a nadie le viene mal	doesn't hurt anyone
aventura	adventure
estrellas	stars
redes	(social) networks

Preparación

Where do you like to go on vacation? What do you like to do there?

¿Qué hacen?

Check **sí** if the activity is shown in the ad or **no** if it's not.

	Sí	No
1. bucear	○	○
2. acampar	○	○
3. pescar	○	○
4. hacer surf	○	○
5. escalar montañas	○	○
6. nadar en una piscina	○	○
7. ir de excursión	○	○
8. montar a caballo	○	○

Conversación

With a partner, take turns asking each other these questions.

1. ¿Quieres ir de vacaciones a Panamá? Explica tu respuesta.
2. ¿Qué prefieres: la montaña o la playa?
3. ¿Qué deportes o actividades del anuncio te gusta practicar?

cortada *cut through* ríos *rivers* trochas *narrow paths* senderos *trails*
Deja atrás *Leave behind*

Autoridad de Turismo de Panamá

Tu Panamá está cortada° por ríos°, trochas° y senderos°...

Deja atrás° la ciudad.

Nos vemos en el camino.

Las vacaciones

  Video

¡Vacaciones en Perú!

Between 1438 and 1533, when the vast and powerful Incan Empire was at its height, the Incas built an elaborate network of **caminos** (*trails*) that traversed the Andes Mountains and converged on the empire's capital, Cuzco. Today, hundreds of thousands of tourists come to Peru annually to walk the surviving trails and enjoy the spectacular scenery. The most popular trail, **el Camino Inca**, leads from Cuzco to **Intipunku** (*Sun Gate*), the entrance to the ancient mountain city of Machu Picchu.

Vocabulario útil	
ciudadela	citadel
de cultivo	farming
el/la guía	guide
maravilla	wonder
quechua	Quechua (indigenous Peruvian)
sector (urbano)	(urban) sector

Preparación
Have you ever visited an archeological or historic site? Where? Why did you go there?

Completar
Complete these sentences. Make the necessary changes.

1. Las ruinas de Machu Picchu son una antigua _____ inca.
2. La ciudadela estaba (*was*) dividida en tres sectores: _____ , religioso y de cultivo.
3. Cada año los _____ reciben a cientos de turistas de diferentes países.
4. Hoy en día, la cultura _____ está presente en las comunidades andinas (*Andean*) de Perú.

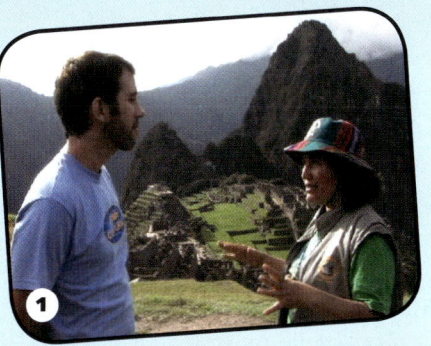

Machu Picchu [...] se encuentra aislada sobre° esta montaña...

... siempre he querido° venir [...] Me encantan° las civilizaciones antiguas°.

Somos una familia francesa [...] Perú es un país muy, muy bonito de verdad.

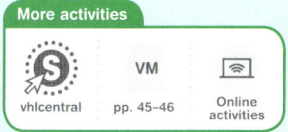

se encuentra aislada sobre *it is isolated on* siempre he querido *I have always wanted* Me encantan *I love* antiguas *ancient*

5 panorama Video

Puerto Rico

El país en cifras

▶ **Área:** 8.959 km² (3.459 millas²)
  menor° que el área de Connecticut
▶ **Población:** 3.351.000

Puerto Rico es una de las islas más densamente pobladas° del mundo. Más de la mitad de la población vive en San Juan, la capital.

▶ **Capital:** San Juan—2.463.000
▶ **Ciudades principales:** Arecibo, Bayamón, Fajardo, Mayagüez, Ponce
▶ **Moneda:** dólar estadounidense
▶ **Idiomas:** español (oficial); inglés (oficial)

Aproximadamente la cuarta parte de la población puertorriqueña habla inglés, pero en las zonas turísticas este porcentaje es mucho más alto. El uso del inglés es obligatorio para documentos federales.

Bandera de Puerto Rico

Puertorriqueños célebres
▶ **Raúl Juliá,** actor (1940–1994)
▶ **Roberto Clemente,** beisbolista (1934–1972)
▶ **Julia de Burgos,** escritora (1914–1953)
▶ **Benicio del Toro,** actor y productor (1967–)
▶ **Rosie Pérez,** actriz y bailarina (1964–)
▶ **José Rivera,** dramaturgo y guionista (1955–)

menor *less* pobladas *populated*

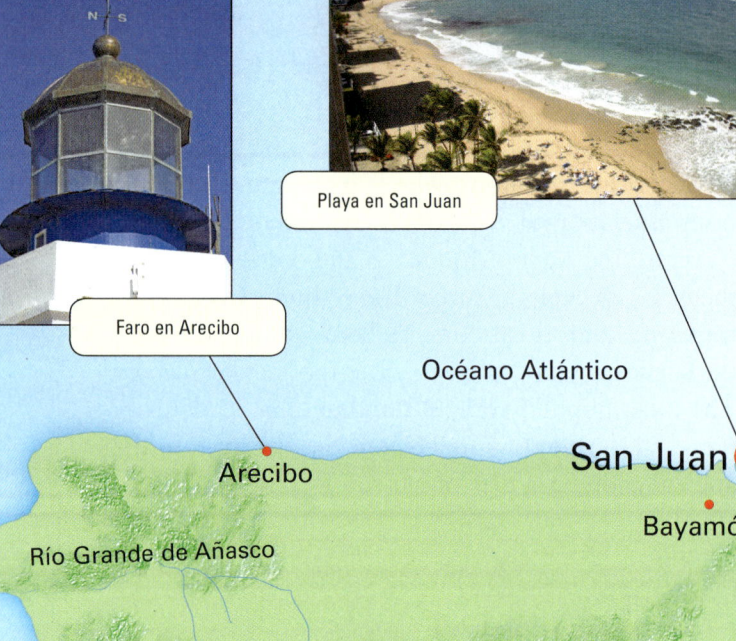

Playa en San Juan
Faro en Arecibo
Océano Atlántico
Arecibo
San Juan
Bayamón
Río Grande de Añasco
Mayagüez
Cordillera Central
Sierra de Cave
Ponce
Iglesia en Ponce
Mar Caribe
Universidad de Puerto Rico en Mayagüez
OCÉANO ATLÁNTICO
PUERTO RICO
OCÉANO PACÍFICO

More activities
 vhlcentral
 WB pp. 57–58
 Online activities

ACTIVIDADES

1 **¿Cierto o falso?** Indica si lo que dice cada oración es **cierto** o **falso**.

1. Benicio del Toro es un beisbolista puertorriqueño.
2. María es un famoso río de Puerto Rico.
3. La salsa es un estilo musical que nace en el barrio latino de Nueva York.
4. En el Observatorio de Arecibo es posible estudiar el arte y la arquitectura de Puerto Rico.
5. El Morro, hoy en día, es un museo que recibe muchos turistas.
6. Los puertorriqueños son ciudadanos estadounidenses desde 1898.
7. Felipe Rodríguez es un músico famoso de Nueva York.
8. Más de la mitad (*half*) de la población de Puerto Rico vive en la capital.

Lugares • El Morro

El Morro es una fortaleza que se construyó para proteger° la bahía° de San Juan desde principios del siglo° XVI hasta principios del siglo XX. Hoy día muchos turistas visitan este lugar, convertido en un museo. Es el sitio más fotografiado de Puerto Rico. La arquitectura de la fortaleza es impresionante. Tiene misteriosos túneles, oscuras mazmorras° y vistas fabulosas de la bahía.

Artes • Salsa

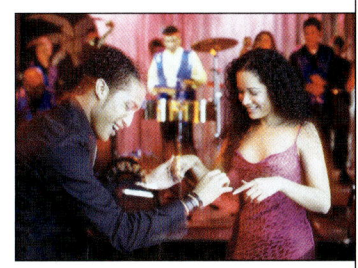

La salsa, un estilo musical de origen puertorriqueño y cubano, nació° en el barrio latino de la ciudad de Nueva York. Dos de los músicos de salsa más famosos son Tito Puente y Willie Colón, los dos de Nueva York. Las estrellas° de la salsa en Puerto Rico son Felipe Rodríguez y Héctor Lavoe. Hoy en día, Puerto Rico es el centro internacional de este estilo musical. El Gran Combo de Puerto Rico es una de las orquestas de salsa más famosas del mundo°.

Ciencias • El Observatorio de Arecibo

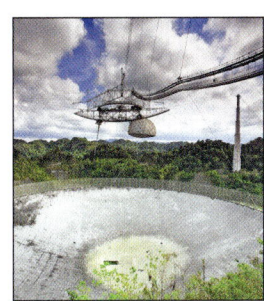

El Observatorio de Arecibo tiene uno de los radiotelescopios más grandes del mundo. Gracias a este telescopio, los científicos° pueden estudiar las propiedades de la Tierra°, la Luna° y otros cuerpos celestes. También pueden analizar fenómenos celestiales como los quasares y pulsares, y detectar emisiones de radio de otras galaxias, en busca de inteligencia extraterrestre.

Historia • Relación con los Estados Unidos

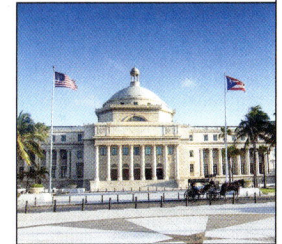

Puerto Rico pasó a ser° parte de los Estados Unidos después de° la guerra° de 1898 y se hizo° un estado libre asociado en 1952. Los puertorriqueños, ciudadanos° estadounidenses desde° 1917, tienen representación política en el Congreso, pero sólo pueden participar en las elecciones presidenciales si viven en los Estados Unidos continentales. En el referendo de 2017, los puertorriqueños votaron° "sí" a favor de convertirse° en el estado 51 de los Estados Unidos. Sin embargo, la decisión final depende del Congreso estadounidense.

proteger *protect* bahía *bay* siglo *century* mazmorras *dungeons* nació *was born* estrellas *stars* mundo *world* científicos *scientists* Tierra *Earth* Luna *Moon* pasó a ser *became* después de *after* guerra *war* se hizo *became* ciudadanos *citizens* desde *since* votaron *voted* convertirse *to become*

¡Increíble pero cierto!

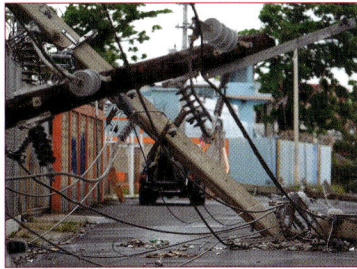

El 20 de septiembre de 2017, el huracán María atravesó° Puerto Rico. Pasó° a sólo 25 millas de San Juan, a una velocidad° de 155 millas por hora. María afectó° a toda la población. Miles de personas perdieron° sus casas y, además, quedaron incomunicadas° por la falta de energía eléctrica°.

atravesó *crossed* Pasó *It passed* velocidad *speed* afectó *affected* perdieron *lost* quedaron incomunicadas *were cut off* falta de energía eléctrica *lack of electrical power*

---

2 ¿Qué aprendiste? Responde a cada pregunta.

1. ¿Cuál es la moneda de Puerto Rico?
2. ¿Qué idiomas se hablan (*are spoken*) en Puerto Rico?
3. ¿Cuál es el sitio más fotografiado de Puerto Rico?
4. ¿Qué es el Gran Combo?

3 Adivinanzas Describe dos lugares o personas de Puerto Rico a un(a) compañero/a. Cada uno/a debe adivinar (*guess*) qué está describiendo el/la otro/a.

modelo
Estudiante 1: Es un cantante de salsa.
Estudiante 2: ¿Es Héctor Lavoe?
Estudiante 1: Sí.

vocabulario

 Vocabulary Tools

Los viajes y las vacaciones

acampar	to camp
confirmar una reservación	to confirm a reservation
estar de vacaciones (f. pl.)	to be on vacation
hacer las maletas	to pack (one's suitcases)
hacer un viaje	to take a trip
hacer (wind)surf	to (wind)surf
ir de compras (f. pl.)	to go shopping
ir de vacaciones	to go on vacation
ir en autobús (m.), auto(móvil) (m.), avión (m.), barco (m.), moto(cicleta) (f.), taxi (m.)	to go by bus, car, plane, boat, motorcycle, taxi
jugar a las cartas	to play cards
montar a caballo (m.)	to ride a horse
pescar	to fish
sacar/tomar fotos (f. pl.)	to take photos
el/la inspector(a) de aduanas	customs inspector
el/la viajero/a	traveler
el aeropuerto	airport
el campo	countryside
el equipaje	luggage
la estación de autobuses, del metro, de tren	bus, subway, train station
la llegada	arrival
el mar	sea
el paisaje	landscape
el pasaje (de ida y vuelta)	(round-trip) ticket
el pasaporte	passport
la playa	beach
la salida	departure; exit
la tabla de (wind)surf	surfboard/sailboard

El hotel

el ascensor	elevator
la cama	bed
el/la empleado/a	employee
la habitación individual, doble	single, double room
el hotel	hotel
el/la huésped	guest
la llave	key
el piso	floor (of a building)
la planta baja	ground floor

Adjetivos

abierto/a	open
aburrido/a	bored; boring
alegre	happy
amable	nice; friendly
avergonzado/a	embarrassed
cansado/a	tired
cerrado/a	closed
cómodo/a	comfortable
confundido/a	confused
contento/a	content
desordenado/a	disorderly
enamorado/a (de)	in love (with)
enojado/a	angry
equivocado/a	wrong
feliz	happy
limpio/a	clean
listo/a	ready; smart
nervioso/a	nervous
ocupado/a	busy
ordenado/a	orderly
preocupado/a (por)	worried (about)
seguro/a	sure; safe; confident
sucio/a	dirty
triste	sad

Los números ordinales

primer, primero/a	first
segundo/a	second
tercer, tercero/a	third
cuarto/a	fourth
quinto/a	fifth
sexto/a	sixth
séptimo/a	seventh
octavo/a	eighth
noveno/a	ninth
décimo/a	tenth

Palabras adicionales

ahora mismo	right now
el año	year
¿Cuál es la fecha (de hoy)?	What is the date (today)?
de buen/mal humor	in a good/bad mood
la estación	season
el mes	month
todavía	yet; still

Seasons, months, and dates	See page 154.
Weather expressions	See page 154.
Direct object pronouns	See page 174.
Expresiones útiles	See page 159.

¡De compras!

6

Communicative Goals

You will learn how to:
- Talk about and describe clothing
- Express preferences in a store
- Negotiate and pay for items you buy

A PRIMERA VISTA
- ¿Está buscando algo la chica?
- ¿Hace las maletas o va de compras?
- ¿Está de buen o mal humor?
- ¿Es rubia o morena?

pages 190–193
- Clothing and shopping
- Negotiating a price and buying
- Colors
- More adjectives

contextos

pages 194–197
The friends are back in Mérida where they go to the market to do some shopping. Who will get the best deal?

fotonovela

pages 198–199
- Open-air markets
- Carolina Herrera

cultura

pages 200–215
- **Saber** and **conocer**
- Indirect object pronouns
- Preterite tense of regular verbs
- Demonstrative adjectives and pronouns
- **Recapitulación**

estructura

pages 216–223
Lectura: A clothes sale ad
Escritura: A report for the school newspaper
Escuchar: A conversation about clothes
En pantalla: A toy store ad
Flash cultura: A video about markets
Panorama: Cuba

adelante

¡De compras!

Más vocabulario

el abrigo	coat
los calcetines (el calcetín)	sock(s)
el cinturón	belt
las gafas (de sol)	(sun)glasses
los guantes	gloves
el impermeable	raincoat
las medias	pantyhose; stockings
la ropa	clothes
la ropa interior	underwear
el traje	suit
los zapatos de tenis	sneakers
el regalo	gift
el almacén	department store
el centro comercial	shopping mall
el mercado (al aire libre)	(open-air) market
el precio (fijo)	(fixed; set) price
la rebaja	sale
la tarjeta de débito	debit card
la tienda	store
comprar en línea	to buy online
costar (o:ue)	to cost
gastar	to spend (money)
pagar	to pay
regatear	to bargain
vender	to sell
hacer juego (con)	to match (with)
llevar	to wear; to take
usar	to wear; to use

Variación léxica

calcetines	↔	medias (*Amér. L.*)
cinturón	↔	correa (*Col., Venez.*)
gafas/lentes	↔	espejuelos (*Cuba, P.R.*), anteojos (*Arg., Chile*)
zapatos de tenis	↔	zapatillas de deporte (*Esp.*), zapatillas (*Arg., Perú*)

- el traje de baño
- el vestido
- el dependiente/ el vendedor
- la dependienta/ la vendedora
- el dinero en efectivo
- la tarjeta de crédito
- la bolsa
- la caja
- la cartera
- el suéter
- los pantalones cortos
- los (blue)jeans
- las sandalias
- los zapatos
- la clienta
- el cliente

Práctica

1 Indicar Check **invierno** or **verano** to indicate when someone would be most likely to wear each item you hear.

	Invierno	Verano		Invierno	Verano
1.	○	○	5.	○	○
2.	○	○	6.	○	○
3.	○	○	7.	○	○
4.	○	○	8.	○	○

2 ¿Lógico o ilógico? Indicate whether each statement you hear is **lógico** or **ilógico**.

1. _____   3. _____   5. _____   7. _____
2. _____   4. _____   6. _____   8. _____

3 Escoger Choose the item in each group that does not belong.

1. almacén • centro comercial • mercado • sombrero
2. jeans • bolsa • falda • pantalones
3. camisa • camiseta • blusa • botas
4. abrigo • suéter • corbata • chaqueta
5. pagar • llevar • hacer juego (con) • usar
6. mercado • tienda • almacén • cartera
7. botas • sandalias • zapatos de tenis • traje
8. vender • regatear • ropa interior • gastar

4 Completar Complete each sentence with the correct word(s), adding definite or indefinite articles when necessary.

caja	medias	tarjeta de crédito
centro comercial	par	traje de baño
dependientas	ropa	vendedores

1. Hoy voy a ir de compras al _____.
2. Voy a ir a la tienda de ropa para mujeres. Siempre hay muchas rebajas y las _____ son muy simpáticas.
3. Necesito comprar _____ de zapatos.
4. También voy a comprar unas _____ para mi mamá.
5. Y tengo que comprar _____ porque el sábado voy a la playa con mis amigos.
6. Voy a pagar todo (*everything*) en _____.
7. Pero hoy no tengo dinero. Voy a tener que usar mi _____.
8. Mañana voy al mercado al aire libre. Me gusta regatear con los _____.

Los colores

amarillo/a, azul, gris, anaranjado/a, blanco/a, marrón, café, morado/a, negro/a, rojo/a, rosado/a, verde

¡LENGUA VIVA!
The names of colors vary throughout the Spanish-speaking world. For example, in some countries, **anaranjado/a** may be referred to as **naranja**, **morado/a** as **púrpura**, and **rojo/a** as **colorado/a**.
Other terms that will prove helpful include **claro** (*light*) and **oscuro** (*dark*): **azul claro, azul oscuro**.

Adjetivos

barato/a	cheap
bueno/a	good
cada	each
caro/a	expensive
corto/a	short (in length)
elegante	elegant
hermoso/a	beautiful
largo/a	long
loco/a	crazy
nuevo/a	new
otro/a	other; another
pobre	poor
rico/a	rich

5 Contrastes Complete each phrase with the opposite of the underlined word.

1. un vestido <u>corto</u> • una falda…
2. unas vendedoras <u>malas</u> • unos dependientes…
3. una corbata <u>barata</u> • unas camisas…
4. un hombre muy <u>pobre</u> • una mujer muy…
5. una cartera <u>nueva</u> • un cinturón…
6. unos trajes <u>hermosos</u> • unos jeans…
7. unos calcetines <u>blancos</u> • unas medias…
8. un impermeable <u>caro</u> • unos suéteres…

6 Preguntas Answer these questions with a classmate.

> **modelo**
> ¿De qué color es el flamenco (*flamingo*)?
> Es rosado.

1. ¿De qué color es la nieve?
2. ¿De qué color es el océano Atlántico?
3. ¿De qué color es la casa donde vive el presidente de los EE.UU.?
4. ¿De qué color es la bandera (*flag*) de Canadá?
5. ¿De qué color es el sol?
6. ¿De qué color es la pelota de baloncesto?
7. ¿De qué color es el dólar de los EE.UU.?
8. ¿De qué color es la cebra (*zebra*)?

CONSULTA
Like other adjectives you have seen, color words must agree in gender and number with the nouns they modify.
Ex: **las camisas verdes, el vestido amarillo.**
For a review of descriptive adjectives, see **Estructura 3.1**, pp. 88–89.

Comunicación

7 **Las maletas** With a classmate, answer these questions about the drawings.

1. ¿Qué hay al lado de la maleta de Carmela?
2. ¿Qué hay en la maleta?
3. ¿De qué color son las sandalias? ¿Y la camiseta?
4. ¿Adónde va Carmela?
▶ 5. ¿Qué tiempo va a hacer?
6. ¿Qué hay al lado de la maleta de Pepe?
7. ¿Qué hay en la maleta?
8. ¿De qué color es el suéter? ¿Y los pantalones?
▶ 9. ¿Qué va a hacer Pepe en Bariloche?
10. ¿Qué tiempo va a hacer?

CONSULTA

To review weather, see **Lección 5, Contextos**, p. 154.

NOTA CULTURAL

Bariloche is a popular resort for skiing in South America. Located in Argentina's Patagonia region, the town is also known for its chocolate factories and its beautiful lakes, mountains, and forests.

8 **El viaje** You are going on vacation with two classmates. Pick a destination and then draw three suitcases. Write in each one what clothing each person is taking. Present your drawings to the rest of the class, answering these questions.

- ¿Adónde van?
- ¿Qué tiempo va a hacer allí?
- ¿Qué van a hacer allí?
- ¿Qué hay en sus maletas?
- ¿De qué color es la ropa que llevan?

9 **Preferencias** Take turns asking and answering these questions with a classmate.

1. ¿Adónde vas a comprar ropa? ¿Por qué?
2. ¿Qué tipo de ropa prefieres? ¿Por qué?
3. ¿Cuáles son tus colores favoritos?
4. En tu opinión, ¿es importante comprar ropa nueva frecuentemente? ¿Por qué?
5. ¿Gastas mucho dinero en ropa cada mes? ¿Buscas rebajas?
6. ¿Regateas cuando compras ropa? ¿Usas tarjetas de crédito?
7. ¿Cómo prefieres pagar? ¿Con dinero en efectivo? ¿Con tarjeta de crédito o débito?
8. ¿Prefieres ir de compras o comprar en línea? ¿Por qué?

6 fotonovela

En el mercado

Los chicos van de compras al mercado. ¿Quién hizo la mejor compra?

PERSONAJES FELIPE JUAN CARLOS

 Video

MARISSA Oigan, vamos al mercado.
JUAN CARLOS ¡Sí! Los chicos en un equipo y las chicas en otro.
FELIPE Tenemos dos horas para ir de compras.
MARU Y don Guillermo decide quién gana.

JIMENA Esta falda azul es muy elegante.
MARISSA ¡Sí! Además, este color está de moda.
MARU Éste rojo es de algodón.

(*Las chicas encuentran unas bolsas.*)
VENDEDOR Ésta de rayas cuesta 190 pesos, ésta 120 pesos y ésta 220 pesos.

MARISSA ¿Me das aquella blusa rosada? Me parece que hace juego con esta falda, ¿no? ¿No tienen otras tallas?
JIMENA Sí, aquí. ¿Qué talla usas?
MARISSA Uso talla 4.
JIMENA La encontré. ¡Qué ropa más bonita!

(*En otra parte del mercado*)
FELIPE Juan Carlos compró una camisa de muy buena calidad.
MIGUEL (*a la vendedora*) ¿Puedo ver ésos, por favor?
VENDEDORA Sí, señor. Le doy un muy buen precio.

VENDEDOR Son 530 por las tres bolsas. Pero como ustedes son tan bonitas, son 500 pesos.
MARU Señor, no somos turistas ricas. Somos estudiantes pobres.
VENDEDOR Bueno, son 480 pesos.

MARISSA **JIMENA** **MARU** **MIGUEL** **DON GUILLERMO** **VENDEDORA** **VENDEDOR**

JUAN CARLOS Miren, mi nueva camisa. Elegante, ¿verdad?

FELIPE A ver, Juan Carlos... te queda bien.

MARU ¿Qué compraste?

MIGUEL Sólo esto.

MARU ¡Qué bonitos aretes! Gracias, mi amor.

JUAN CARLOS Y ustedes, ¿qué compraron?

JIMENA Bolsas.

MARU Acabamos de comprar tres bolsas por sólo 480 pesos. ¡Una ganga!

FELIPE Don Guillermo, usted tiene que decidir quién gana. ¿Los chicos o las chicas?

DON GUILLERMO El ganador es... Miguel. ¡Porque no compró nada para él, sino para su novia!

Expresiones útiles

Talking about clothing

¡Qué ropa más bonita!
What nice clothing!
Esta falda azul es muy elegante.
This blue skirt is very elegant.
Está de moda.
It's in style.
Éste rojo es de algodón/lana.
This red one is cotton/wool.
Ésta de rayas/lunares/cuadros es de seda.
This striped / polka-dotted / plaid one is silk.
Es de muy buena calidad.
It's very good quality.
¿Qué talla usas/llevas?
What size do you wear?
Uso/Llevo talla 4.
I wear a size 4.
¿Qué número calza?
What size shoe do you wear?
Yo calzo siete.
I wear a size seven.
Te queda bien.
That looks good on you.

Negotiating a price

¿Cuánto cuesta?
How much does it cost?
Demasiado caro/a.
Too expensive.
Es una ganga.
It's a bargain.

Saying what you bought

¿Qué compraste?/¿Qué compró usted?
What did you buy?
Sólo compré esto.
I only bought this.
¡Qué bonitos aretes!
What beautiful earrings!
Y ustedes, ¿qué compraron?
And you guys, what did you buy?

Additional vocabulary

híjole *wow*

¿Qué pasó?

1 ¿Cierto o falso? Indicate whether each sentence is **cierto** or **falso**. Correct the false statements.

	Cierto	Falso
1. Jimena dice que la falda azul no es elegante.	○	○
2. Juan Carlos compra una camisa.	○	○
3. Marissa dice que el azul es un color que está de moda.	○	○
4. Miguel compra unas sandalias para Maru.	○	○

> **NOTA CULTURAL**
>
> **Las guayaberas** are a popular men's shirt worn in hot climates. They are usually made of cotton, linen, or silk and decorated with pleats, pockets, and sometimes embroidery. They can be worn instead of a jacket to formal occasions or as everyday clothing.

2 Identificar Provide the first initial of the person who says the equivalent of each statement.

____ 1. Gracias por los aretes.
____ 2. Te queda muy bien esa camisa, Juan Carlos.
____ 3. No podemos pagar 500, señor, eso es muy caro.
____ 4. ¿Qué talla necesitas, Marissa?
____ 5. Esta falda me gusta mucho, el color azul es muy elegante.
____ 6. ¿Ganan los chicos o las chicas?

MARU

FELIPE

JIMENA

3 Completar Answer the questions.

1. ¿Qué talla usa Marissa?
2. ¿Cuánto les pide el vendedor por las tres bolsas?
3. ¿Cuál es el precio que pagan las tres amigas por las bolsas?
4. ¿Qué dice Juan Carlos sobre su nueva camisa?
5. ¿Quién ganó al hacer las compras? ¿Por qué?

> **AYUDA**
>
> When discussing prices, it's important to keep in mind singular and plural forms of verbs.
>
> La **camisa cuesta** diez dólares.
> Las **botas cuestan** sesenta dólares.
> El **precio** de las botas **es** sesenta dólares.
> Los **precios** de la ropa **son** altos.

4 Conversar With a partner, role-play a conversation between a customer and a salesperson in an open-air market. Use these expressions and also look al **Expresiones útiles** on the previous page.

¿Qué desea?	Estoy buscando...	Prefiero el/la rojo/a.
What would you like?	*I'm looking for...*	*I prefer the red one.*

Cliente/a

Say good afternoon.

Explain that you are looking for a particular item of clothing.

Discuss colors and sizes.

Ask for the price and begin bargaining.

Settle on a price and purchase the item.

Vendedor(a)

Greet the customer and ask what he/she would like.

Show him/her some items and ask what he/she prefers.

Discuss colors and sizes.

Tell him/her a price. Negotiate a price.

Accept a price and say thank you.

Pronunciación
The consonants **d** and **t**

¿Dónde?   ven**d**er   na**d**ar   verda**d**

Like **b** and **v**, the Spanish **d** can have a hard sound or a soft sound, depending on which letters appear next to it.

Don   **d**inero   tien**d**a   fal**d**a

At the beginning of a phrase and after **n** or **l**, the letter **d** is pronounced with a hard sound. This sound is similar to the English *d* in *dog*, but a little softer and duller. The tongue should touch the back of the upper teeth, not the roof of the mouth.

me**d**ias   ver**d**e   vesti**d**o   huéspe**d**

In all other positions, **d** has a soft sound. It is similar to the English *th* in *there*, but a little softer.

Don Diego no tiene e**l d**iccionario

When **d** begins a word, its pronunciation depends on the previous word. At the beginning of a phrase or after a word that ends in **n** or **l**, it is pronounced as a hard **d**.

Doña **D**olores es **d**e la capital

Words that begin with **d** are pronounced with a soft **d** if they appear immediately after a word that ends in a vowel or any consonant other than **n** or **l**.

traje   pan**t**alones   **t**arje**t**a   **t**ienda

When pronouncing the Spanish **t**, the tongue should touch the back of the upper teeth, not the roof of the mouth. Unlike the English *t*, no air is expelled from the mouth.

Práctica Read these phrases aloud to practice the **d** and the **t**.
1. Hasta pronto.
2. De nada.
3. Mucho gusto.
4. Lo siento.
5. No hay de qué.
6. ¿De dónde es usted?
7. ¡Todos a bordo!
8. No puedo.
9. Es estupendo.
10. No tengo computadora.
11. ¿Cuándo vienen?
12. Son las tres y media.

Oraciones Read these sentences aloud to practice the **d** and the **t**.
1. Don Teodoro tiene una tienda en un almacén en La Habana.
2. Don Teodoro vende muchos trajes, vestidos y zapatos todos los días.
3. Un día un turista, Federico Machado, entra en la tienda para comprar un par de botas.
4. Federico regatea con don Teodoro y compra las botas y también un par de sandalias.

Refranes Read these sayings aloud to practice the **d** and the **t**.

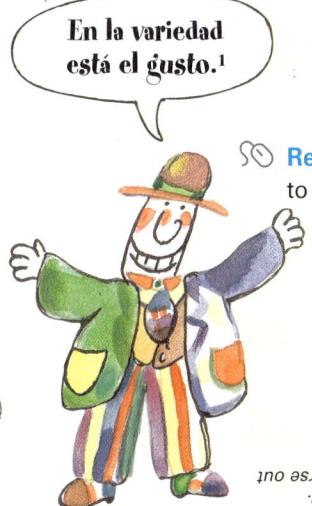

En la variedad está el gusto.[1]

Aunque la mona se vista de seda, mona se queda.[2]

1 Variety is the spice of life.
2 You can't make a silk purse out of a sow's ear.

6 cultura

EN DETALLE

Los mercados al aire libre

Mercados al aire libre are an integral part of commerce and culture in the Spanish-speaking world. Whether they take place daily or weekly, these markets are an important forum where tourists, locals, and vendors interact. People come to the marketplace to shop, socialize, taste local foods, and watch street performers. Wandering from one **puesto** (*stand*) to the next, one can browse for fresh fruits and vegetables, clothing, CDs and DVDs, and **artesanías** (*crafts*). Some markets offer a mix of products, while others specialize in food, fashion, or used merchandise, such as antiques and books.

When shoppers see an item they like, they can bargain with the vendor. Friendly bargaining is an expected ritual and may result in a significantly lower price. When selling food, vendors may give the customer a little extra of what they purchase; this free addition is known as **la ñapa**.

Many open-air markets are also tourist attractions. The market in Otavalo, Ecuador, is world-famous and has taken place every Saturday since pre-Incan times. This market is well-known for the colorful textiles woven by the **otavaleños**, the indigenous people of the area. One can also find leather goods and wood carvings from nearby towns. Another popular market is **El Rastro**, held every Sunday in Madrid, Spain. Sellers set up **puestos** along the streets to display their wares, which range from local artwork and antiques to inexpensive clothing and electronics.

Mercado de Otavalo

Otros mercados famosos

Mercado	Lugar	Productos
Feria Artesanal de Recoleta	Buenos Aires, Argentina	artesanías
Mercado Central	Santiago, Chile	mariscos°, pescado°, frutas, verduras°
Tianguis Cultural del Chopo	Ciudad de México, México	ropa, música, revistas, libros, arte, artesanías
El mercado de Chichicastenango	Chichicastenango, Guatemala	frutas y verduras, flores°, cerámica, textiles

mariscos *seafood* pescado *fish* verduras *vegetables* flores *flowers*

ACTIVIDADES

1 ¿Cierto o falso? Indicate whether these statements are **cierto** or **falso**. Correct the false statements.

1. Generally, open-air markets specialize in one type of goods.
2. Bargaining is commonplace at outdoor markets.
3. Only new goods can be found at open-air markets.
4. A Spaniard in search of antiques could search at **El Rastro**.
5. If you are in Guatemala and want to buy ceramics, you can go to Chichicastenango.
6. A **ñapa** is a tax on open-air market goods.
7. The **otavaleños** weave colorful textiles to sell on Saturdays.
8. Santiago's **Mercado Central** is known for books and music.

ASÍ SE DICE
La ropa

la chamarra (Méx.)	la chaqueta
de manga corta/larga	short/long-sleeved
los mahones (P. Rico); el pantalón de mezclilla (Méx.); los tejanos (Esp.); los vaqueros (Arg., Cuba, Esp., Uru.)	los bluejeans
la marca	brand
la playera (Méx.); la remera (Arg.)	la camiseta

EL MUNDO HISPANO
Diseñadores de moda

- **Adolfo Domínguez** (España) Su ropa tiene un estilo minimalista y práctico. Usa telas° naturales y cómodas en sus diseños.

- **Silvia Tcherassi** (Colombia) Los colores vivos y las líneas asimétricas de sus vestidos y trajes muestran influencias tropicales.

- **Óscar de la Renta** (República Dominicana) Diseñó ropa opulenta para la mujer clásica.

- **Narciso Rodríguez** (EE.UU.) En sus diseños delicados y finos predominan los colores blanco y negro. Hizo° el vestido de boda° de Carolyn Bessette Kennedy. También diseñó varios vestidos para Michelle Obama.

telas *fabrics* Hizo *He made* de boda *wedding*

PERFIL
Carolina Herrera

In 1980, at the urging of some friends, **Carolina Herrera** created a fashion collection as a "test." The Venezuelan designer received such a favorable response that within one year she moved her family from Caracas to New York City and created her own label, Carolina Herrera, Ltd.

"I love elegance and intricacy, but whether it is in a piece of clothing or a fragrance, the intricacy must appear as simplicity," Herrera once stated. She quickly found that many sophisticated women agreed; from the start, her sleek and glamorous designs have been in constant demand. Over the years, Herrera has grown her brand into a veritable fashion empire that encompasses her fashion and bridal collections, cosmetics, perfume, and accessories that are sold around the globe.

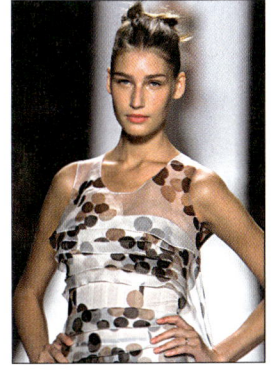

CON RITMO HISPANO

Gente de Zona (2000–)
Place of origin: Havana, Cuba

This duo, consisting of Alexander Delgado and Randy Malcolm Martínez, gained worldwide recognition thanks to the song "Bailando," in collaboration with Enrique Iglesias.

Go to **vhlcentral.com** to find out more about **Gente de Zona** and their music.

ACTIVIDADES

2 Comprensión Complete these sentences.
1. Adolfo Domínguez usa telas _____ y _____ en su ropa.
2. Si hace fresco en el D.F., puedes llevar una _____.
3. La diseñadora _____ hace ropa, perfumes y más.
4. La ropa de _____ muestra influencias tropicales.
5. Los _____ son una ropa casual en Puerto Rico.

3 Mi ropa favorita Write a brief description of your favorite article of clothing. Mention what store it is from, the brand, colors, fabric, style, and any other information. Then get together with a small group, collect the descriptions, and take turns reading them aloud at random. Can the rest of the group guess whose favorite piece of clothing is being described?

More activities

6 estructura

6.1 Saber and conocer Tutorial

ANTE TODO Spanish has two verbs that mean *to know*: **saber** and **conocer**. They cannot be used interchangeably. Note the irregular **yo** forms.

The verbs saber and conocer

		saber *(to know)*	**conocer** *(to know)*
SINGULAR FORMS	yo	sé	conozco
	tú	sabes	conoces
	Ud./él/ella	sabe	conoce
PLURAL FORMS	nosotros/as	sabemos	conocemos
	vosotros/as	sabéis	conocéis
	Uds./ellos/ellas	saben	conocen

▶ **Saber** means *to know a fact or piece(s) of information* or *to know how to do something*.

No **sé** tu número de teléfono.
I don't know your phone number.

Mi hermana **sabe** hablar francés.
My sister knows how to speak French.

▶ **Conocer** means *to know* or *be familiar/acquainted* with a person, place, or thing.

¿**Conoces** la ciudad de Nueva York?
Do you know New York City?

No **conozco** a tu amigo Esteban.
I don't know your friend Esteban.

▶ When the direct object of **conocer** is a person or pet, the personal **a** is used.

¿Conoces La Habana?   but   ¿Conoces **a** Celia Cruz?
Do you know Havana?   *Do you know Celia Cruz?*

▶ **¡Atención!** **Parecer** (*to seem*) and **ofrecer** (*to offer*) are conjugated like **conocer**.

▶ **¡Atención!** **Conducir** (*to drive*) and **traducir** (*to translate*) also have an irregular **yo** form, but since they are **-ir** verbs, they are conjugated differently from **conocer**.

| conducir | **conduzco**, conduces, conduce, condu**cimos**, condu**cís**, conducen |
| traducir | **traduzco**, traduces, traduce, tradu**cimos**, tradu**cís**, traducen |

> **NOTA CULTURAL**
>
> Cuban singer **Celia Cruz** (1925–2003), known as the "Queen of Salsa," recorded many albums over her long career. Adored by her fans, she was famous for her colorful and lively on-stage performances.

¡INTÉNTALO! Provide the appropriate forms of these verbs.

saber
1. José no _sabe_ la hora.
2. Sara y yo _____ jugar al tenis.
3. ¿Por qué no _____ tú estos verbos?
4. Mis padres _____ hablar japonés.
5. Yo _____ a qué hora es la clase.
6. Nosotros _____ muchas cosas.
7. Mi hermano no _____ nadar.
8. Usted no _____ dónde vivo.

conocer
1. Usted y yo _conocemos_ bien Miami.
2. ¿Tú _____ a mi amigo Manuel?
3. Sergio y Taydé _____ mi pueblo.
4. Yo _____ muy bien el centro.
5. Emiliano _____ a mis padres.
6. ¿Ustedes _____ la tienda Gigante?
7. Nosotras _____ una playa hermosa.
8. ¿Usted _____ a mi profesora?

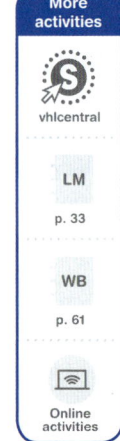

More activities

vhlcentral

LM p. 33

WB p. 61

Online activities

Práctica y Comunicación

1 **Completar** Indicate the correct verb for each sentence.

1. —¿(Conocen/Saben) ustedes dónde está el estadio? —No, no lo (conocemos/sabemos).
2. Mis hermanos (conocen/saben) conducir, pero yo no (sé/conozco).
3. —¿(Conoces/Sabes) a Lady Gaga? —Bueno, (sé/conozco) quién es, pero no la (conozco/sé).
4. Mi profesora (sabe/conoce) Cuba y también (conoce/sabe) bailar salsa.

2 **Combinar** Combine elements from each column to create sentences.

A	B	C
Shakira	(no) conocer	Jimmy Kimmel
los Yankees	(no) saber	cantar y bailar
el primer ministro de Canadá		La Habana Vieja
mis amigos y yo		muchas personas importantes
tú		hablar dos lenguas extranjeras
		jugar al béisbol

3 **Preguntas** In pairs, ask each other these questions. Answer with complete sentences.

1. ¿Conoces a un(a) cantante famoso/a? ¿Te gusta cómo canta?
2. En tu familia, ¿quién sabe cantar bien? ¿Tu opinión es objetiva?
3. Y tú, ¿conduces bien o mal? ¿Y tus amigos?
4. Si un(a) amigo/a no conduce muy bien, ¿le ofreces crítica constructiva?
5. ¿Cómo parece estar el/la profesor(a) hoy? ¿Y tus compañeros de clase?

4 **Entrevista** Jot down three things you know how to do, three people you know, and three places you are familiar with. Then, in a small group, find out what you have in common.

> **modelo**
> **Estudiante 1:** ¿Conocen ustedes a David Lomas?
> **Estudiante 2:** Sí, conozco a David. Vivimos en la misma residencia estudiantil.
> **Estudiante 3:** No, no lo conozco. ¿Cómo es?

5 **Anuncio** In groups, answer these questions about the ad.

1. Busquen ejemplos de los verbos **saber** y **conocer**.
2. ¿Qué saben del Centro Comercial Málaga?
3. ¿Qué pueden hacer en el Centro Comercial Málaga?
4. ¿Conocen otros centros comerciales similares? ¿Cómo se llaman? ¿Dónde están?
5. ¿Conocen un centro comercial en otro país? ¿Cómo es?

6.2 Indirect object pronouns Tutorial

ANTE TODO In **Lección 5**, you learned that a direct object receives the action of the verb directly. In contrast, an indirect object receives the action of the verb indirectly.

SUBJECT	I.O. PRONOUN	VERB	DIRECT OBJECT	INDIRECT OBJECT
Roberto	**le**	presta	cien pesos	**a Luisa**.
Roberto		*lends*	*100 pesos*	*to Luisa.*

An indirect object is a noun or pronoun that answers the question *to whom* or *for whom* an action is done. In the preceding example, the indirect object answers this question: **¿A quién le presta Roberto cien pesos?** *To whom does Roberto lend 100 pesos?*

Indirect object pronouns

Singular forms		Plural forms	
me	(to, for) *me*	nos	(to, for) *us*
te	(to, for) *you* (fam.)	os	(to, for) *you* (fam.)
le	(to, for) *you* (form.) (to, for) *him; her*	les	(to, for) *you* (to, for) *them*

▶ **¡Atención!** The forms of indirect object pronouns for the first and second persons (**me**, **te**, **nos**, **os**) are the same as the direct object pronouns. Indirect object pronouns agree in number with the corresponding nouns, but not in gender.

Bueno, le doy un descuento.

Acabo de mostrarles que sí sabemos regatear.

Using indirect object pronouns

▶ Spanish speakers commonly use both an indirect object pronoun and the noun to which it refers in the same sentence. This is done to emphasize and clarify to whom the pronoun refers.

I.O. PRONOUN		INDIRECT OBJECT	I.O. PRONOUN		INDIRECT OBJECT
Ella **le**	vende la ropa	**a Elena**.	**Les**	prestamos el dinero	**a Inés y a Álex**.

▶ Indirect object pronouns are also used without the indirect object noun when the person for whom the action is being done is known.

Ana **le** presta la falda **a Elena**. También **le** presta unos jeans.
Ana lends her skirt to Elena. *She also lends her a pair of jeans.*

¡De compras!

▶ Indirect object pronouns are usually placed before the conjugated form of the verb. In negative sentences the pronoun is placed between **no** and the conjugated verb.

Martín **me** compra un regalo.
Martín is buying me a gift.

Eva **no me** escribe cartas.
Eva doesn't write me letters.

▶ When a conjugated verb is followed by an infinitive or the present progressive, the indirect object pronoun may be placed before the conjugated verb or attached to the infinitive or present participle. **¡Atención!** When an indirect object pronoun is attached to a present participle, an accent mark is added to maintain the proper stress.

Él no quiere **pagarte**./
Él no **te** quiere pagar.
He does not want to pay you.

Él está **escribiéndole** una postal a ella./
Él **le** está escribiendo una postal a ella.
He is writing a postcard to her.

▶ Because the indirect object pronouns **le** and **les** have multiple meanings, Spanish speakers often clarify to whom the pronouns refer with the preposition **a** + [*pronoun*] or **a** + [*noun*].

UNCLARIFIED STATEMENTS
Yo **le** compro un abrigo.

Ella **le** describe un libro.

CLARIFIED STATEMENTS
Yo **le** compro un abrigo **a usted/él/ella**.

Ella **le** describe un libro **a Juan**.

UNCLARIFIED STATEMENTS
Él **les** vende unos sombreros.

Ellos **les** hablan muy claro.

CLARIFIED STATEMENTS
Él **les** vende unos sombreros **a ustedes/ellos/ellas**.

Ellos **les** hablan muy claro **a los clientes**.

▶ The irregular verbs **dar** (*to give*) and **decir** (*to say; to tell*) are often used with indirect object pronouns.

The verbs dar and decir

	Singular forms			Plural forms	
	dar	**decir**		**dar**	**decir**
yo	doy	digo	nosotros/as	damos	decimos
tú	das	dices	vosotros/as	dais	decís
Ud./él/ella	da	dice	Uds./ellos/ellas	dan	dicen

Me dan una fiesta cada año.
They give (throw) me a party every year.

Voy a **darle** consejos.
I'm going to give her advice.

Te digo la verdad.
I'm telling you the truth.

No **les digo** mentiras a mis padres.
I don't tell lies to my parents.

CONSULTA
For more information on accents, see **Lección 4, Pronunciación**, p. 123, **Lección 10, Ortografía**, p. 339, and **Lección 11, Ortografía**, p. 375.

¡INTÉNTALO! Provide the correct indirect object pronoun for each sentence.

1. Juan ___le___ quiere dar un regalo. (*to Elena*)
2. María _____ prepara un café. (*for us*)
3. Beatriz y Felipe _____ escriben desde (*from*) Cuba. (*to me*)
4. Los vendedores _____ venden ropa. (*to you, fam. sing.*)
5. Marta y yo _____ compramos unos guantes. (*for them*)
6. La dependienta _____ muestra los guantes. (*to us*)

Práctica

1 Completar Fill in the blanks with the correct pronouns to complete Mónica's description of her family's holiday shopping.

1. Juan y yo _____ damos una blusa a nuestra hermana Gisela.
2. Mi tía _____ da a nosotros una mesa para la casa.
3. Mis padres _____ dan un traje nuevo a mí.
4. A mi mamá yo _____ doy un par de guantes negros.
5. A mi profesora _____ doy dos libros de José Martí.
6. Juan _____ da un regalo a mis padres.
7. Gisela _____ da dos corbatas a su novio.
8. Y a ti, yo _____ doy un regalo también. ¿Quieres verlo?

NOTA CULTURAL

Cuban writer and patriot **José Martí** (1853–1895) was born in **La Habana Vieja**, the old colonial center of Havana. Founded by Spanish explorers in the early 1500s, Havana, along with San Juan, Puerto Rico, served as a major stopping point for Spaniards traveling to Mexico and South America.

2 En La Habana Describe what happens on Pascual's trip to Cuba.

1. yo / preparar el almuerzo (*lunch*) / (ti)
2. él / comprar / libros / (sus hijos) / Plaza de Armas
3. ellos / cantar / canción / (mí)

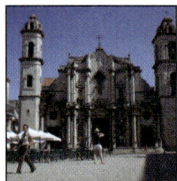

4. él / explicar cómo llegar / (conductor)
5. mi novia / sacar / foto / (nosotros)
6. el guía (*guide*) / mostrar / catedral de San Cristóbal / (ustedes)

NOTA CULTURAL

La Habana Vieja, Cuba, is the site of another well-known outdoor market. Located in the **Plaza de la Catedral**, it is a place where Cuban painters, artists, and sculptors sell their work, and other vendors offer handmade crafts and clothing.

3 Combinar Use an item from each column and an indirect object pronoun to create logical sentences.

modelo
Mis padres les dan regalos a mis primos.

A	B	C	D
yo	comprar	mensajes electrónicos	mí
el dependiente	dar	corbata	ustedes
el profesor Arce	decir	dinero en efectivo	clienta
la vendedora	escribir	tarea	novia
mis padres	explicar	problemas	primos
tú	pagar	regalos	ti
nosotros/as	prestar	ropa	nosotros
¿?	vender	¿?	¿?

Comunicación

4

Preguntas In pairs, take turns asking and answering to/for whom you do these activities.

> cantar canciones de amor (*love songs*)
> comprar ropa
> dar una fiesta
> decir mentiras
> escribir mensajes electrónicos
> mostrar fotos de un viaje
> pedir dinero
> preparar comida (*food*) mexicana

modelo
escribir mensajes electrónicos
Estudiante 1: ¿A quién le escribes mensajes electrónicos?
Estudiante 2: Le escribo mensajes electrónicos a mi hermano.

5

¡Somos ricos! You and your classmates chipped in on a lottery ticket and you won! Now you want to spend money on your loved ones. In groups of three, discuss what each person is buying for family and friends.

modelo
Estudiante 1: Quiero comprarle un vestido de Carolina Herrera a mi madre.
Estudiante 2: Y yo voy a darles un automóvil nuevo a mis padres.
Estudiante 3: Voy a comprarles una casa a mis padres, pero a mis amigos no les voy a dar nada.

6

Entrevista Use these questions to interview a classmate.

1. ¿Qué tiendas, almacenes o centros comerciales prefieres?
2. ¿A quién le compras regalos cuando hay rebajas?
3. ¿A quién le prestas dinero cuando lo necesita?
4. Quiero ir de compras. ¿Cuánto dinero me puedes prestar?
5. ¿Te dan tus padres su tarjeta de crédito cuando vas de compras?

Síntesis

7

Minidrama In groups of three, take turns playing the roles of two shoppers and a clerk in a clothing store. The shoppers should talk about the articles of clothing they are looking for and for whom they are buying the clothes. The clerk should recommend several items based on the shoppers' descriptions. Use these expressions and also look at **Expresiones útiles** on page 195.

> Me queda grande/pequeño.
> *It's big/small on me.*
> ¿Tiene otro color?
> *Do you have another color?*
> ¿Está en rebaja?
> *Is it on sale?*
> También estoy buscando...
> *I'm also looking for...*

6.3 Preterite tense of regular verbs

ANTE TODO In order to talk about events in the past, Spanish uses two simple tenses: the preterite and the imperfect. In this lesson, you will learn how to form the preterite tense, which is used to express actions or states completed in the past.

Preterite of regular -ar, -er, and -ir verbs

		-ar verbs comprar	-er verbs vender	-ir verbs escribir
SINGULAR FORMS	yo	compr**é** / *I bought*	vend**í** / *I sold*	escrib**í** / *I wrote*
	tú	compr**aste**	vend**iste**	escrib**iste**
	Ud./él/ella	compr**ó**	vend**ió**	escrib**ió**
PLURAL FORMS	nosotros/as	compr**amos**	vend**imos**	escrib**imos**
	vosotros/as	compr**asteis**	vend**isteis**	escrib**isteis**
	Uds./ellos/ellas	compr**aron**	vend**ieron**	escrib**ieron**

▶ ¡Atención! The **yo** and **Ud./él/ella** forms of all three conjugations have written accents on the last syllable to show that it is stressed.

▶ As the chart shows, the endings for regular **-er** and **-ir** verbs are identical in the preterite.

¿Qué compraste?

Compré estos aretes.

▶ Note that the **nosotros/as** forms of regular **-ar** and **-ir** verbs in the preterite are identical to the present tense forms. Context will help you determine which tense is being used.

En invierno **compramos** ropa.
In the winter, we buy clothes.

Anoche **compramos** unos zapatos.
Last night we bought some shoes.

▶ **-Ar** and **-er** verbs that have a stem change in the present tense are regular in the preterite. They do *not* have a stem change.

	PRESENT	PRETERITE
cerrar (e:ie)	La tienda **cierra** a las seis.	La tienda **cerró** a las seis.
volver (o:ue)	Carlitos **vuelve** tarde.	Carlitos **volvió** tarde.
jugar (u:ue)	Él **juega** al fútbol.	Él **jugó** al fútbol.

▶ ¡Atención! **-Ir** verbs that have a stem change in the present tense also have a stem change in the preterite.

CONSULTA
There are a few high-frequency irregular verbs in the preterite. You will learn more about them in **Estructura 9.1**, p. 310.

CONSULTA
You will learn about the preterite of **-ir** stem-changing verbs in **Estructura 8.1**, p. 274.

¡De compras!

▶ Verbs that end in **-car**, **-gar**, and **-zar** have a spelling change in the first person singular (**yo** form) in the preterite.

▶ Except for the **yo** form, all other forms of **-car**, **-gar**, and **-zar** verbs are regular in the preterite.

▶ Three other verbs—**creer**, **leer**, and **oír**—have spelling changes in the preterite. The **i** of the verb endings of **creer**, **leer**, and **oír** carries an accent in the **yo**, **tú**, **nosotros/as**, and **vosotros/as** forms, and changes to **y** in the **Ud./él/ella** and **Uds./ellos/ellas** forms.

▶ **Ver** is regular in the preterite, but none of its forms has an accent.

ver ⟶ vi, viste, vio, vimos, visteis, vieron

Words commonly used with the preterite

anoche	last night	pasado/a (*adj.*)	last; past
anteayer	the day before yesterday	el año pasado	last year
		la semana pasada	last week
ayer	yesterday	una vez	once
de repente	suddenly	dos veces	twice
desde… hasta…	from… until…	ya	already

Ayer llegué a Santiago de Cuba.
Yesterday I arrived in Santiago de Cuba.

Anoche oí un ruido extraño.
Last night I heard a strange noise.

▶ **Acabar de** + [*infinitive*] is used to say that something has just occurred. Note that **acabar** is in the present tense in this construction.

Acabo de comprar una falda.
I just bought a skirt.

Acabas de ir de compras.
You just went shopping.

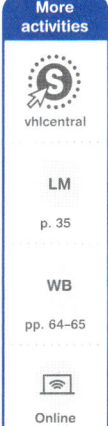

¡INTÉNTALO! Provide the appropriate preterite forms of the verbs.

	comer	salir	comenzar	leer
1. ellas	comieron	salieron	comenzaron	leyeron
2. tú	_____	_____	_____	_____
3. yo	_____	_____	_____	_____
4. nosotros	_____	_____	_____	_____
5. usted	_____	_____	_____	_____

Práctica

1 **Completar** Complete each sentence by choosing the correct verb and putting it in the preterite.

1. El viernes a las cuatro de la tarde, la profesora Mora _____ (asistir, costar, usar) a una reunión (*meeting*) de profesores.
2. A la una, yo _____ (llegar, bucear, llevar) a la tienda con mis amigos.
3. Mis amigos y yo _____ (comprar, regatear, gastar) dos o tres cosas.
4. Yo _____ (costar, comprar, escribir) unos pantalones negros y mi amigo Mateo _____ (gastar, pasear, comprar) una camisa azul.
5. Después, nosotros _____ (llevar, vivir, comer) cerca de un mercado.
6. A las tres, Pepe _____ (hablar, pasear, nadar) con su novia por teléfono.
7. El sábado por la tarde, mi mamá _____ (escribir, beber, vivir) una carta.
8. El domingo mi tía _____ (decidir, salir, escribir) comprarme un traje.
9. A las cuatro de la tarde, mi tía _____ (beber, salir, encontrar) el traje y después nosotras _____ (acabar, ver, salir) una película.

2 **Preguntas** Ask a partner if he/she did these activities. Your partner will respond that he/she already did or has just done them. Take turns asking and answering.

> **modelo**
> leer la lección
> **Estudiante 1:** ¿Leíste la lección?
> **Estudiante 2:** Sí, ya la leí./Sí, acabo de leerla.

1. lavar (*to wash*) la ropa
2. escribir el mensaje electrónico
3. oír las noticias (*news*)
4. comprar pantalones cortos
5. practicar los verbos
6. pagar la cuenta (*bill*)
7. empezar la composición
8. ver la película *Diarios de motocicleta*

NOTA CULTURAL

Based on Ernesto "Che" Guevara's diaries, *Diarios de motocicleta* (2004) traces the road trip of Che (played by Gael García Bernal) with his friend Alberto Granado (played by Rodrigo de la Serna) through Argentina, Chile, Peru, Colombia, and Venezuela.

3 **¿Cuándo?** Use the time expressions to talk about when you and others did the activities.

| anoche | anteayer | el mes pasado | una vez |
| ayer | la semana pasada | el año pasado | dos veces |

1. mi compañero/a de cuarto: llegar tarde (*late*) a clase
2. mi mejor (*best*) amigo/a: salir con un(a) chico/a guapo/a
3. mis padres: ver una película
4. yo: llevar un traje/vestido
5. el presidente/primer ministro de mi país: asistir a una conferencia internacional
6. mis amigos y yo: comer en un restaurante
7. ¿?: comprar algo (*something*) bueno, bonito y barato

Comunicación

4 **Ayer** Jot down at what time you did these activities yesterday. Then get together with a classmate and find out at what time he or she did these activities.

1. desayunar
2. empezar la primera clase
3. almorzar
4. ver a un(a) amigo/a
5. salir de clase
6. volver a la residencia/casa

5 **Las vacaciones** Get together with a partner and use the pictures to tell him or her about your vacation with friends.

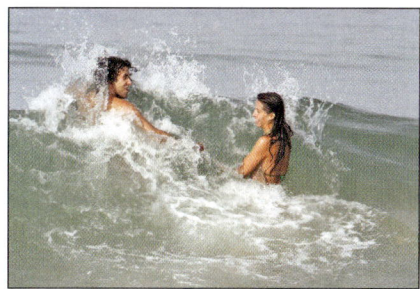

6 **El fin de semana** Your instructor will give you and your partner different incomplete charts about what four employees at **Almacén Gigante** did last weekend. After you fill out the chart based on each other's information, you will fill out the final column about your partner.

Síntesis

7 **Conversación** Get together with a partner and have a conversation about what you did last week using the verbs. Don't forget to include school activities, shopping, and pastimes.

acampar	comer	gastar	tomar
asistir	comprar	hablar	trabajar
bailar	correr	jugar	vender
beber	escribir	leer	ver
buscar	estudiar	oír	viajar

6.4 Demonstrative adjectives and pronouns

Demonstrative adjectives

ANTE TODO In Spanish, as in English, demonstrative adjectives are words that "demonstrate" or "point out" nouns. Demonstrative adjectives precede the nouns they modify and, like other Spanish adjectives you have studied, agree with them in gender and number. Observe these examples and then study the chart.

esta camisa	**ese** vendedor	**aquellos** zapatos
this shirt	*that salesman*	*those shoes (over there)*

Demonstrative adjectives

Singular		Plural		
MASCULINE	FEMININE	MASCULINE	FEMININE	
este	esta	estos	estas	*this; these*
ese	esa	esos	esas	*that; those*
aquel	aquella	aquellos	aquellas	*that; those (over there)*

▶ There are three sets of demonstrative adjectives. To determine which one to use, you must establish the relationship between the speaker and the noun(s) being pointed out.

▶ The demonstrative adjectives **este**, **esta**, **estos**, and **estas** are used to point out things that are close to the speaker and the listener.

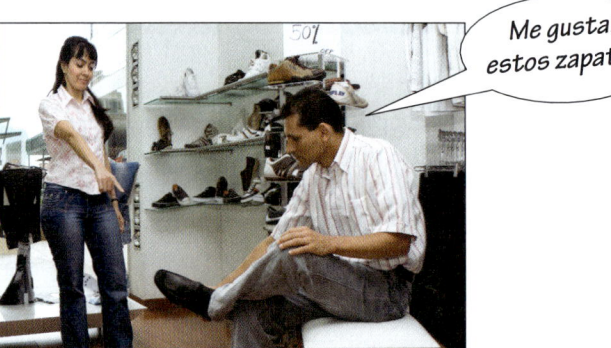

Me gustan estos zapatos.

▶ The demonstrative adjectives **ese**, **esa**, **esos**, and **esas** are used to point out things that are not close in space and time to the speaker. They may, however, be close to the listener.

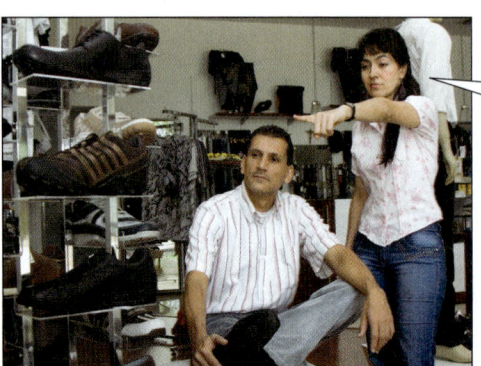

Prefiero esos zapatos.

¡De compras!

▶ The demonstrative adjectives **aquel**, **aquella**, **aquellos**, and **aquellas** are used to point out things that are far away from the speaker and the listener.

Aquel auto es de mi hermana.

Demonstrative pronouns

▶ Demonstrative pronouns are identical to their corresponding demonstrative adjectives, with the exception that they traditionally carry an accent mark on the stressed vowel. The **Real Academia** no longer requires this accent, but it is still used.

Demonstrative pronouns

Singular		Plural	
MASCULINE	FEMININE	MASCULINE	FEMININE
éste	ésta	éstos	éstas
ése	ésa	ésos	ésas
aquél	aquélla	aquéllos	aquéllas

—¿Quieres comprar **este suéter**?
Do you want to buy this sweater?

—No, no quiero **éste**. Quiero **ése**.
No, I don't want this one. I want that one.

—¿Vas a leer **estas revistas**?
Are you going to read these magazines?

—Sí, voy a leer **éstas**. También voy a leer **aquéllas**.
Yes, I'm going to read these. I'll also read those (over there).

▶ **¡Atención!** Like demonstrative adjectives, demonstrative pronouns agree in gender and number with the corresponding noun.

Este libro es de Pablito.   **Éstos** son de Juana.

▶ There are three neuter demonstrative pronouns: **esto**, **eso**, and **aquello**. These forms refer to unidentified or unspecified things, situations, ideas, and concepts. They do not change in gender or number and never carry an accent mark.

—¿Qué es **esto**?
What's this?

—**Eso** es interesante.
That's interesting.

—**Aquello** es bonito.
That's pretty.

¡INTÉNTALO! Provide the correct form of the demonstrative adjective for these nouns.

1. la falda / este ___ esta falda ___
2. los países / aquel _____
3. los estudiantes / este _____
4. la ventana / ese _____
5. el chico / aquel _____
6. los periodistas / ese _____
7. las sandalias / este _____
8. las chicas / aquel _____

More activities

vhlcentral

LM p. 36

WB pp. 66–68

Online activities

Práctica

1 Cambiar Make the singular sentences plural and the plural sentences singular.

> **modelo**
> Estas camisas son blancas.
> Esta camisa es blanca.

1. Aquellos sombreros son muy elegantes.
2. Ese abrigo es muy caro.
3. Estos cinturones son hermosos.
4. ¿Quieres ir a aquel almacén?
5. Estas faldas son muy cortas.
6. Esos precios son muy buenos.
7. Esas blusas son baratas.
8. Esta corbata hace juego con mi traje.

2 Completar Complete the sentences with the correct demonstrative pronouns.

1. Esta guayabera es bonita, pero prefiero _____. (*that one*)
2. Estas corbatas rojas son muy bonitas, pero _____ son fabulosas. (*those*)
3. No me gustan esos zapatos. Voy a comprar _____. (*these*)
4. ¿Vas a comprar ese traje o _____? (*this one*)
5. Estos cinturones cuestan demasiado. Prefiero _____. (*those over there*)
6. ¿Te gustan esas botas o _____? (*these*)
7. Esa bolsa roja es bonita, pero prefiero _____. (*that one over there*)
8. ¿Prefieres estos pantalones o _____? (*those*)
9. No voy a comprar estas botas; voy a comprar _____. (*those over there*)
10. Me gusta este vestido, pero voy a comprar _____. (*that one*)
11. Me gusta ese almacén, pero _____ es mejor (*better*). (*that one over there*)
12. Esa blusa es bonita, pero cuesta demasiado. Voy a comprar _____. (*this one*)

3 Describir With your partner, look for two items in the classroom that are one of these colors: **amarillo, azul, blanco, marrón, negro, verde, rojo**. Take turns pointing them out to each other, first using demonstrative adjectives, and then demonstrative pronouns.

> **modelo**
> azul
> **Estudiante 1:** Esta silla es azul. Aquella mochila es azul.
> **Estudiante 2:** Ésta es azul. Aquélla es azul.

Now use demonstrative adjectives and pronouns to discuss the colors of your classmates' clothing. One of you can ask a question about an article of clothing, using the wrong color. Your partner will correct you and point out that color somewhere else in the room.

> **modelo**
> **Estudiante 1:** ¿Esa camisa es negra?
> **Estudiante 2:** No, ésa es azul. Aquélla es negra.

Comunicación

4 Conversación With a classmate, use demonstrative adjectives and pronouns to ask each other questions about the people around you.

> ¿A qué hora...? ¿Cuántos años tiene(n)...?
> ¿Cómo es/son...? ¿De dónde es/son...?
> ¿Cómo se llama...? ¿De quién es/son...?
> ¿Cuándo...? ¿Qué clases toma(n)...?

modelo

Estudiante 1: ¿Cómo se llama esa chica?
Estudiante 2: Se llama Rebeca.
Estudiante 1: ¿A qué hora llegó aquel chico a la clase?
Estudiante 2: A las nueve.

5 En una tienda You and a classmate are in Madrid shopping at Zara. Study the floor plan, then have a conversation about your surroundings. Use demonstrative adjectives and pronouns.

modelo

Estudiante 1: Me gusta este suéter gris.
Estudiante 2: Yo prefiero aquella chaqueta azul.

NOTA CULTURAL

Zara is an international clothing company based in Spain. Its innovative processes take a product from the design room to the manufacturing shelves in less than a month. This means that the merchandise is constantly changing to keep up with the most current trends.

Síntesis

6 Diferencias Your instructor will give you and a partner each a drawing of a store. They are almost identical, but not quite. Use demonstrative adjectives and pronouns to find seven differences.

modelo

Estudiante 1: Aquellas gafas de sol son feas, ¿verdad?
Estudiante 2: No. Aquellas gafas de sol son hermosas.

Recapitulación

Review the grammar concepts you have learned in this lesson by completing these activities.

1 Completar Complete the chart with the correct preterite or infinitive form of the verbs. **30 pts.**

Infinitive	yo	ella	ellos
			tomaron
		abrió	
comprender			
	leí		
pagar			

2 En la tienda Complete the conversation with demonstrative adjectives and pronouns. **14 pts.**

CLIENTE Buenos días, señorita. Deseo comprar (1) _____ corbata.

VENDEDORA Muy bien, señor. ¿No le interesa mirar (2) _____ trajes que están allá? Hay unos que hacen juego con la corbata.

CLIENTE (3) _____ de allá son de lana, ¿no? Prefiero ver (4) _____ traje marrón que está detrás de usted.

VENDEDORA Estupendo. Como puede ver, es de seda. Cuesta seiscientos cincuenta dólares.

CLIENTE Ah… eh… no, creo que sólo voy a comprar la corbata, gracias.

VENDEDORA Bueno… si busca algo más económico, hay rebaja en (5) _____ sombreros de allá. Cuestan sólo treinta dólares.

CLIENTE ¡Magnífico! Me gusta (6) _____, el blanco que está hasta arriba (*at the top*). Y quiero pagar todo con (7) _____ tarjeta.

VENDEDORA Sí, señor. Ahora mismo le traigo el sombrero.

RESUMEN GRAMATICAL

6.1 Saber and conocer *p. 200*

saber	conocer
sé	conozco
sabes	conoces
sabe	conoce
sabemos	conocemos
sabéis	conocéis
saben	conocen

▶ **saber** = to know facts/how to do something
▶ **conocer** = to know a person, place, or thing

6.2 Indirect object pronouns *pp. 202–203*

Indirect object pronouns

Singular	Plural
me	nos
te	os
le	les

▶ **dar** = doy, das, da, damos, dais, dan
▶ **decir (e:i)** = digo, dices, dice, decimos, decís, dicen

6.3 Preterite tense of regular verbs *pp. 206–207*

comprar	vender	escribir
compré	vendí	escribí
compraste	vendiste	escribiste
compró	vendió	escribió
compramos	vendimos	escribimos
comprasteis	vendisteis	escribisteis
compraron	vendieron	escribieron

Verbs with spelling changes in the preterite

▶ **-car:** buscar → yo busqué
▶ **-gar:** llegar → yo llegué
▶ **-zar:** empezar → yo empecé
▶ **creer:** creí, creíste, creyó, creímos, creísteis, creyeron
▶ **leer:** leí, leíste, leyó, leímos, leísteis, leyeron
▶ **oír:** oí, oíste, oyó, oímos, oísteis, oyeron
▶ **ver:** vi, viste, vio, vimos, visteis, vieron

¡De compras!

3 **¿Saber o conocer?** Complete each dialogue with the correct form of **saber** or **conocer**. `20 pts.`

1. —¿Qué _____ hacer tú?
   —(Yo) _____ jugar al fútbol.
2. —¿_____ tú esta tienda de ropa?
   —No, (yo) no la _____. ¿Es buena?
3. —¿Tus padres no _____ a tu novio?
   —No, ¡ellos no _____ que tengo novio!
4. —Mi compañero de cuarto todavía no me _____ bien.
   —Y tú, ¿lo quieres _____ a él?
5. —¿_____ ustedes dónde está el mercado?
   —No, nosotros no _____ bien esta ciudad.

6.4 Demonstrative adjectives and pronouns *pp. 210–211*

Demonstrative adjectives

Singular		Plural	
Masc.	Fem.	Masc.	Fem.
este	esta	estos	estas
ese	esa	esos	esas
aquel	aquella	aquellos	aquellas

Demonstrative pronouns

Singular		Plural	
Masc.	Fem.	Masc.	Fem.
éste	ésta	éstos	éstas
ése	ésa	ésos	ésas
aquél	aquélla	aquéllos	aquéllas

4 **Oraciones** Form complete sentences using the information provided. Use indirect object pronouns and the present tense of the verbs. `10 pts.`

1. Javier / prestar / el abrigo / a Maripili
   _____
2. nosotros / vender / ropa / a los clientes
   _____
3. el vendedor / traer / las camisetas / a mis amigos y a mí
   _____
4. yo / querer dar / consejos / a ti
   _____
5. ¿tú / ir a comprar / un regalo / a mí?
   _____

5 **Mi última compra** Write a short paragraph describing the last time you went shopping. Use at least four verbs in the preterite tense. `26 pts.`

> **modelo**
> El viernes pasado, busqué unos zapatos en el centro comercial...

6 **Poema** Write the missing words to complete the excerpt from the poem *Romance sonámbulo* by Federico García Lorca. `4 EXTRA points!`

> " Verde que _____ quiero verde.
> Verde viento. Verdes ramas°.
> El barco sobre la mar
> y el caballo en la montaña, [...]
> Verde que te quiero _____ (*green*). "

ramas *branches*

adelante

 Audio: Reading

Lectura

Antes de leer

> ### Estrategia
> #### Skimming
> Skimming involves quickly reading through a document to absorb its general meaning. This allows you to understand the main ideas without having to read word for word. When you skim a text, you might want to look at its title and subtitles. You might also want to read the first sentence of each paragraph.

Examinar el texto
Look at the format of the reading selection. How is it organized? What does the organization of the document tell you about its content?

Buscar cognados
Scan the reading selection to locate at least five cognates. Based on the cognates, what do you think the reading selection is about?

1. _____   4. _____
2. _____   5. _____
3. _____

The reading selection is about _____.

Impresiones generales
Now skim the reading selection to understand its general meaning. Jot down your impressions. What new information did you learn about the document by skimming it? Based on all the information you now have, answer these questions in Spanish.

1. Who created this document?
2. What is its purpose?
3. Who is its intended audience?

---

http://corona.cl

Corona ¡Corona tiene las ofertas más locas del verano!

La tienda más elegante de la ciudad con precios increíbles

niños | **mujeres** | casa | baño | equipaje

Faldas largas
ROPA BONITA
Algodón. De distintos colores
Talla mediana
Precio especial: 8.000 pesos

Blusas de seda
BAMBÚ
De cuadros y de lunares
Ahora: 21.000 pesos
40% de rebaja

Vestido de algodón
PANAMÁ
Colores blanco, azul y verde
Ahora: 18.000 pesos
30% de rebaja

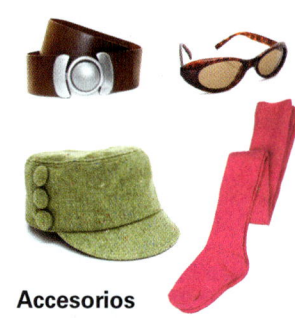

Accesorios
BELLEZA
Cinturones, gafas de sol, sombreros, medias
Diversos estilos
Todos con un 40% de rebaja

Carteras
ELEGANCIA
Colores anaranjado, blanco, rosado y amarillo
Ahora: 15.000 pesos
50% de rebaja

Sandalias de playa
GINO
Números del 35 al 38
A sólo 12.000 pesos
50% de descuento

Lunes a sábado de 9 a 21 horas.
Domingo de 10 a 14 horas.

Real° Liquidación°
¡La rebaja está de moda en Corona! ¡Grandes rebajas!

y con la tarjeta de crédito más conveniente del mercado.

bebé | **hombres** | jardín | joyas | electrónica

Chaquetas
CASINO
Microfibra. Colores negro, café y gris
Tallas: P, M, G, XG
Ahora: 22.500 pesos

Traje inglés
GALES
Modelos originales
Ahora: 105.000 pesos
30% de rebaja

Pantalones
OCÉANO
Colores negro, gris y café
Ahora: 11.500 pesos
30% de rebaja

Accesorios
GUAPO
Gafas de sol, corbatas, cinturones, calcetines
Diversos estilos
Todos con un 40% de rebaja

Zapatos
COLOR
Italianos y franceses
Números del 40 al 45
A sólo 20.000 pesos

Ropa interior
ATLÁNTICO
Tallas: P, M, G
Colores blanco, negro y gris
40% de rebaja

Real *Royal* Liquidación *Clearance sale*

Por la compra de 40.000 pesos, puede llevar un regalo gratis.
- Un hermoso cinturón de mujer
- Un par de calcetines
- Una corbata de seda
- Una bolsa para la playa
- Una mochila
- Unas medias

Después de leer

Completar
Complete this paragraph with the correct forms of the words.

almacén	hacer juego	tarjeta de crédito
caro	increíble	tienda
dinero	pantalones	verano
falda	rebaja	zapato

En este anuncio, el _____ Corona anuncia la liquidación de _____ con grandes _____. Con muy poco _____ usted puede conseguir ropa fina y elegante. Si no tiene dinero en efectivo, puede utilizar su _____ y pagar luego. Para el hombre con gustos refinados, hay _____ importados de París y Roma. La señora elegante puede encontrar blusas de seda que _____ con todo tipo de _____ o _____. Los precios de esta liquidación son realmente _____.

¿Cierto o falso?
Indicate whether each statement is **cierto** or **falso**. Correct the false statements.

1. Hay sandalias de playa.
2. Las corbatas tienen una rebaja del 30%.
3. El almacén Corona tiene un departamento de zapatos.
4. Normalmente las sandalias cuestan 22.000 pesos.
5. Cuando gastas 30.000 pesos en la tienda, llevas un regalo gratis.
6. Tienen carteras amarillas.

Preguntas
In pairs, take turns asking and answering these questions.

1. Imagina que vas a ir a la tienda Corona. ¿Qué departamentos vas a visitar? ¿El departamento de ropa para mujeres, el departamento de ropa para hombres…?
2. ¿Qué vas a buscar en Corona?
3. ¿Hay tiendas similares a la tienda Corona en tu pueblo o ciudad? ¿Cómo se llaman? ¿Tienen muchas gangas?

Escritura

Estrategia
How to report an interview

There are several ways to prepare a written report about an interview. For example, you can transcribe the interview verbatim, you can simply summarize it, or you can summarize it but quote the speakers occasionally. In any event, the report should begin with an interesting title and a brief introduction, which may include the five Ws (*what, where, when, who, why*) and the H (*how*) of the interview. The report should end with an interesting conclusion. Note that when you transcribe dialogue in Spanish, you should pay careful attention to format and punctuation.

Writing dialogue in Spanish

- If you need to transcribe an interview verbatim, you can use speakers' names to indicate a change of speaker.

    CARMELA ¿Qué compraste? ¿Encontraste muchas gangas?

    ROBERTO Sí, muchas. Compré un suéter, una camisa y dos corbatas. Y tú, ¿qué compraste?

    CARMELA Una blusa y una falda muy bonitas. ¿Cuánto costó tu camisa?

    ROBERTO Sólo diez dólares. ¿Cuánto costó tu blusa?

    CARMELA Veinte dólares.

- You can also use a dash (*raya*) to mark the beginning of each speaker's words.

    —¿Qué compraste?
    —Un suéter y una camisa muy bonitos. Y tú, ¿encontraste muchas gangas?
    —Sí… compré dos blusas, tres camisetas y un par de zapatos.
    —¡A ver!

Tema

Escribe un informe

Write a report for the school newspaper about an interview you conducted with a student about his or her shopping habits and clothing preferences. First, brainstorm a list of interview questions. Then conduct the interview using the questions as a guide, but feel free to ask other questions as they occur to you.

Examples of questions:

- ¿Cuándo vas de compras?
- ¿Adónde vas de compras?
- ¿Con quién vas de compras?
- ¿Qué tiendas, almacenes o centros comerciales prefieres?
- ¿Compras ropa de catálogos o en línea?
- ¿Prefieres comprar ropa cara o barata? ¿Por qué? ¿Te gusta buscar gangas?
- ¿Qué ropa llevas cuando vas a clase?
- ¿Qué ropa llevas cuando sales a bailar?
- ¿Qué ropa llevas cuando practicas un deporte?
- ¿Cuáles son tus colores favoritos? ¿Compras mucha ropa de esos colores?
- ¿Les das ropa a tu familia o a tus amigos/as?

Escuchar

Antes de escuchar

Estrategia
Listening for linguistic cues

You can enhance your listening comprehension by listening for specific linguistic cues. For example, if you listen for the endings of conjugated verbs, or for familiar constructions, such as **acabar de** + [*infinitive*] or **ir a** + [*infinitive*], you can find out whether an event already took place, is taking place now, or will take place in the future. Verb endings also give clues about who is participating in the action.

To practice listening for linguistic cues, you will now listen to four sentences. As you listen, note whether each sentence refers to a past, present, or future action. Also jot down the subject of each sentence.

Preparación
Based on the photograph, what do you think Marisol has recently done? What do you think Marisol and Alicia are talking about? What else can you guess about their conversation from the visual clues in the photograph?

Ahora escucha

La ropa
Now you are going to hear Marisol and Alicia's conversation. Make a list of the clothing items that each person mentions. Then put a check mark after the item if the person actually purchased it.

Marisol	Alicia
1. _____	1. _____
2. _____	2. _____
3. _____	3. _____
4. _____	4. _____

Comprensión

¿Cierto o falso?
Indicate whether each statement is **cierto** or **falso**. Then correct the false statements.
1. Marisol y Alicia acaban de ir de compras juntas (*together*).
2. Marisol va a comprar unos pantalones y una blusa mañana.
3. Marisol compró una blusa de cuadros.
4. Alicia compró unos zapatos nuevos hoy.
5. Alicia y Marisol van a ir al café.
6. Marisol gastó todo el dinero de la semana en ropa nueva.

Preguntas
Discuss the following questions with a classmate.
1. ¿Crees que Alicia y Marisol son buenas amigas? ¿Por qué?
2. ¿Cuál de las dos estudiantes es más ahorradora (*frugal*)? ¿Por qué?
3. ¿Crees que a Alicia le gusta la ropa que Marisol compró?
4. ¿Crees que la moda es importante para Alicia? ¿Para Marisol? ¿Por qué?
5. ¿Es importante para ti estar a la moda? ¿Por qué?

En pantalla Video

Juguettos, first established in Villena (Comunidad de Valencia), Spain, in the 1980s, now has chain stores all over the country. Juguettos offers both brand-name toys you would recognize (and maybe own) and those that specifically cater to a child's life and cultural experiences in Spain. But children's toys, like their imaginations, are very similar throughout the world. Indeed, the company declares it has founded its own "country," el País de Siempre Jugar.

Vocabulario útil	
copionas	copycats
despistado/a	distracted
sean	they may be
pidan	they may ask for

Preparación

¿Cómo eres? Escribe tres adjetivos que te describan. ¿Qué actividades ilustran (*illustrate*) tu personalidad?

Emparejar

Match the personality trait with its visual representation in the ad.

___ 1. valiente
___ 2. galáctico/a
___ 3. artista
___ 4. generoso/a
___ 5. intrépido/a

   a. Tienen una batalla (*battle*) imaginaria.
   b. Le compra juguetes a su mascota (*pet*).
   c. Está en un cartón con forma de nave espacial (*spaceship*).
   d. Hacen música con parte de una basurera (*trashcan*).
   e. Imagina que puede volar (*fly*).

Conversación

Answer these questions with a classmate.

1. ¿Por qué es importante la imaginación en la vida de los niños?
2. ¿Qué importancia tiene la imaginación en la vida de los adultos?

Anuncio de Juguettos

Me lo pido.

Me pido éste, éste.

¿Te lo pido?

¡De compras!

In the Spanish-speaking world, most city dwellers shop at large supermarkets and little stores that specialize in just one item, such as a butcher shop (**carnicería**), vegetable market (**verdulería**), perfume shop (**perfumería**), or hat shop (**sombrerería**). In small towns where supermarkets are less common, many people rely exclusively on specialty shops. This requires shopping more frequently—often every day or every other day for perishable items—but also means that the foods they consume are fresher and the goods are usually locally produced. Each neighborhood generally has its own shops, so people don't have to walk far to find fresh bread (at a **panadería**) for the midday meal.

Vocabulario útil

colones (pl.)	currency from Costa Rica
¿Cuánto vale?	¿Cuánto cuesta?
descuento	discount
disculpe	excuse me
¿Dónde queda...?	Where is... located?
los helados	ice cream
el regateo	bargaining

Preparación
Have you ever been to an open-air market? What did you buy? Have you ever negotiated a price? What did you say?

¿Cierto o falso?
Indicate whether each statement is **cierto** or **falso**.

	Cierto	Falso
1. Randy lleva una camiseta verde.	○	○
2. El Mercado de Guadalupe está abierto cada domingo.	○	○
3. Randy regatea cuando compra papayas.	○	○
4. El Mercado Central es un mercado al aire libre.	○	○
5. Venden zapatos en el Mercado Central.	○	○

Comprar en los mercados

Trescientos colones.

... pero me hace un buen descuento.

¿Qué compran en el Mercado Central?

6 panorama

Cuba

El país en cifras

- **Área:** 110.860 km^2 (42.803 millas^2), *aproximadamente el área de Pensilvania*
- **Población:** 11.147.400
- **Capital:** La Habana—2.137.000

La Habana Vieja fue declarada° Patrimonio° Cultural de la Humanidad por la UNESCO en 1982. Este distrito es uno de los lugares más fascinantes de Cuba. En la Plaza de Armas, se puede visitar el majestuoso Palacio de Capitanes Generales, que ahora es un museo. En la calle° Obispo, frecuentada por el autor Ernest Hemingway, hay hermosos cafés, clubes nocturnos y tiendas elegantes.

- **Ciudades principales:** Santiago de Cuba, Camagüey, Holguín, Guantánamo
- **Moneda:** peso cubano
- **Idiomas:** español (oficial)

Bandera de Cuba

Cubanos célebres
- **Carlos Finlay,** doctor y científico (1833–1915)
- **José Martí,** político y poeta (1853–1895)
- **Fidel Castro,** ex primer ministro, ex comandante en jefe° de las fuerzas armadas (1926–2016)
- **Zoé Valdés,** escritora (1959–)
- **Ibrahim Ferrer,** músico (1927–2005)
- **Carlos Acosta,** bailarín (1973–)

fue declarada *was declared* Patrimonio *Heritage* calle *street*
comandante en jefe *commander in chief*

Gran Teatro de La Habana

Golfo de México

ESTADOS UNIDOS

Los coco taxis son un medio de transporte cubano muy popular.

Plaza del Capitolio

Océano Atlántico

La Habana

Cordillera de Guaniguanico

Isla de la Juventud

Mar Caribe

Camagüe

OCÉANO PACÍFICO — ESTADOS UNIDOS — CUBA — OCÉANO ATLÁNTICO — AMÉRICA DEL SUR

La música es parte esencial de la vida en Cuba.

ACTIVIDADES

1 Completar Completa las oraciones con la información correcta.

1. La moneda oficial de Cuba es el _____.
2. _____ es una escritora cubana.
3. _____ es Patrimonio Cultural de la Humanidad desde 1982.
4. El ave más pequeña del mundo es _____ y está en Cuba.
5. El Palacio de Capitanes Generales es actualmente un _____.
6. En la calle _____ encontramos cafés y tiendas elegantes.
7. Los _____ son un medio de transporte muy popular en Cuba.
8. Alicia Alonso es una _____ cubana muy famosa.

Baile • Ballet Nacional de Cuba
La bailarina Alicia Alonso (1920–2019) fundó el Ballet Nacional de Cuba en 1948, después de° convertirse en una estrella° internacional en el Ballet de Nueva York y en Broadway. El Ballet Nacional de Cuba es famoso en todo el mundo por su creatividad y perfección técnica.

Economía • La caña de azúcar y el tabaco
La caña de azúcar° es el producto agrícola° que más se cultiva en la isla y su exportación es muy importante para la economía del país. El tabaco, que se usa para fabricar los famosos puros° cubanos, es otro cultivo° de mucha importancia.

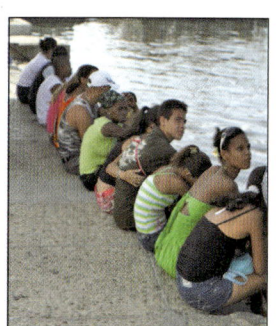

Gente • Población
La población cubana tiene raíces° muy heterogéneas. La inmigración a la isla fue determinante° desde la colonia hasta mediados° del siglo° XX. Los cubanos de hoy son descendientes de africanos, europeos, chinos y antillanos, entre otros.

Música • Buena Vista Social Club
En 1997 nace° el fenómeno musical conocido como *Buena Vista Social Club*. Este proyecto reúne° a un grupo de importantes músicos de Cuba, la mayoría ya mayores, con una larga trayectoria interpretando canciones clásicas del son° cubano. Ese mismo año ganaron un *Grammy*. Hoy en día estos músicos son conocidos en todo el mundo, y personas de todas las edades bailan al ritmo° de su música.

Holguín
Santiago de Cuba
Guantánamo
Sierra Maestra

después de *after* estrella *star* caña de azúcar *sugar cane* agrícola *farming* puros *cigars* cultivo *crop* raíces *roots* determinante *deciding* mediados *halfway through* siglo *century* nace *is born* reúne *gets together* son *Cuban musical genre* ritmo *rhythm*

¡Increíble pero cierto!
Pequeño y liviano°, el colibrí abeja° de Cuba es una de las más de 320 especies de colibrí y es también el ave° más pequeña del mundo°. Menores que muchos insectos, estas aves minúsculas miden° 5 centímetros y pesan° sólo 1,95 gramos.

liviano *light* colibrí abeja *bee hummingbird* ave *bird* mundo *world* miden *measure* pesan *weigh*

---

2 ¿Qué aprendiste? Responde a las preguntas.
1. ¿Qué autor está asociado con La Habana Vieja?
2. ¿Por qué es famoso el Ballet Nacional de Cuba?
3. ¿Cuáles son los dos cultivos más importantes para la economía cubana?
4. ¿En qué año ganó un *Grammy* el disco *Buena Vista Social Club*?

3 Conversar En parejas, háganse preguntas sobre lo que saben y conocen sobre Cuba.

modelo
Estudiante 1: ¿Sabes cuál es la capital de Cuba?
Estudiante 2: Sí, es La Habana.

vocabulario

 Vocabulary Tools

La ropa

el abrigo	coat
los (blue)jeans	jeans
la blusa	blouse
la bolsa	purse; bag
la bota	boot
los calcetines (el calcetín)	sock(s)
la camisa	shirt
la camiseta	t-shirt
la cartera	wallet
la chaqueta	jacket
el cinturón	belt
la corbata	tie
la falda	skirt
las gafas (de sol)	(sun)glasses
los guantes	gloves
el impermeable	raincoat
las medias	pantyhose; stockings
los pantalones	pants
los pantalones cortos	shorts
la ropa	clothes
la ropa interior	underwear
las sandalias	sandals
el sombrero	hat
el suéter	sweater
el traje	suit
el traje de baño	bathing suit
el vestido	dress
los zapatos de tenis	sneakers

Verbos

conducir	to drive
conocer	to know; to be acquainted with
dar	to give
ofrecer	to offer
parecer	to seem
saber	to know; to know how
traducir	to translate

Ir de compras

el almacén	department store
la caja	cash register
el centro comercial	shopping mall
el/la cliente/a	customer
el/la dependiente/a	clerk
el dinero	money
(en) efectivo	cash
el mercado (al aire libre)	(open-air) market
un par (de zapatos)	a pair (of shoes)
el precio (fijo)	(fixed; set) price
la rebaja	sale
el regalo	gift
la tarjeta de crédito	credit card
la tarjeta de débito	debit card
la tienda	store
el/la vendedor(a)	salesperson
comprar en línea	to buy online
costar (o:ue)	to cost
gastar	to spend (money)
hacer juego (con)	to match (with)
llevar	to wear; to take
pagar	to pay
regatear	to bargain
usar	to wear; to use
vender	to sell

Adjetivos

barato/a	cheap
bueno/a	good
cada	each
caro/a	expensive
corto/a	short (in length)
elegante	elegant
hermoso/a	beautiful
largo/a	long
loco/a	crazy
nuevo/a	new
otro/a	other; another
pobre	poor
rico/a	rich

Los colores

el color	color
amarillo/a	yellow
anaranjado/a	orange
azul	blue
blanco/a	white
gris	gray
marrón, café	brown
morado/a	purple
negro/a	black
rojo/a	red
rosado/a	pink
verde	green

Palabras adicionales

acabar de (+ *inf.*)	to have just done something
anoche	last night
anteayer	the day before yesterday
ayer	yesterday
de repente	suddenly
desde	from
dos veces	twice
hasta	until
pasado/a (*adj.*)	last; past
el año pasado	last year
la semana pasada	last week
prestar	to lend; to loan
una vez	once
ya	already

Indirect object pronouns	See page 202.
Demonstrative adjectives and pronouns	See page 210.
Expresiones útiles	See page 195.

More activities

 vhlcentral 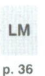 LM p. 36

La rutina diaria

7

Communicative Goals

You will learn how to:
- Describe your daily routine
- Talk about personal hygiene
- Reassure someone

A PRIMERA VISTA
- ¿Está él en casa o en una tienda?
- ¿Está contento o enojado?
- ¿Lleva camisa?
- ¿De qué color es la crema de afeitar?

pages 226–229
- Daily routine
- Personal hygiene
- Time expressions

contextos

pages 230–233
Marissa, Felipe, and Jimena all compete for space in front of the mirror as they get ready to go out on Friday night.

fotonovela

pages 234–235
- La siesta
- El mate

cultura

pages 236–251
- Reflexive verbs
- Indefinite and negative words
- Preterite of **ser** and **ir**
- Verbs like **gustar**
- **Recapitulación**

estructura

pages 252–259
Lectura: An e-mail from Guillermo
Escritura: A daily routine
Escuchar: An interview with a famous actor
En pantalla: A makeup ad
Flash cultura: A video about tapas
Panorama: Perú

adelante

7 contextos

La rutina diaria

Más vocabulario

el baño, el cuarto de baño	bathroom
el inodoro	toilet
el jabón	soap
el maquillaje	makeup
la rutina diaria	daily routine
bañarse	to take a bath
cepillarse el pelo	to brush one's hair
dormirse (o:ue)	to go to sleep; to fall asleep
lavarse la cara	to wash one's face
levantarse	to get up
maquillarse	to put on makeup
antes (de)	before
después	afterward; then
después (de)	after
durante	during
entonces	then
luego	then
más tarde	later (on)
por la mañana	in the morning
por la noche	at night
por la tarde	in the afternoon; in the evening
por último	finally

Variación léxica

afeitarse ↔ rasurarse (*Méx., Amér. C.*)
ducha ↔ regadera (*Col., Méx., Venez.*)
ducharse ↔ bañarse (*Amér. L.*)
pantuflas ↔ chancletas (*Méx., Col.*); zapatillas (*Esp.*)

En la habitación por la mañana

Se viste. (vestirse)
el despertador
Se despierta. (despertarse)

En el baño por la mañana

el espejo
Se afeita. (afeitarse)
Se pone crema de afeitar. (ponerse)
Se ducha. (ducharse)
la crema de afeitar
el champú
el lavabo
la ducha

En la habitación por la noche

Se acuesta. (acostarse)
Se peina. (peinarse)

En el baño por la noche

Se cepilla los dientes. (cepillarse los dientes)
la toalla
Se lava las manos. (lavarse las manos)
las pantuflas
la pasta de dientes

Práctica

1 Escuchar Indica si, en general, las personas hacen las acciones que vas a escuchar por la mañana o por la noche.

	Por la mañana	Por la noche
1.	○	○
2.	○	○
3.	○	○
4.	○	○
5.	○	○
6.	○	○
7.	○	○
8.	○	○

2 ¿Lógico o ilógico? Indica si lo que dice cada oración es **lógico** o **ilógico**.

1. _____   5. _____
2. _____   6. _____
3. _____   7. _____
4. _____   8. _____

3 Seleccionar Selecciona la palabra que no está relacionada con cada grupo.

1. manos • antes de • después de • por último _____
2. lavabo • toalla • despertador • jabón _____
3. acostarse • jabón • despertarse • dormirse _____
4. espejo • lavabo • despertador • entonces _____
5. dormirse • toalla • vestirse • levantarse _____
6. espejo • champú • jabón • pasta de dientes _____
7. pelo • cara • manos • inodoro _____
8. maquillarse • vestirse • peinarse • dientes _____
9. baño • dormirse • despertador • acostarse _____
10. ducharse • luego • bañarse • lavarse _____

4 La rutina de Andrés Ordena esta rutina de una manera lógica.

a. Se afeita después de cepillarse los dientes. _____
b. Se acuesta a las once y media de la noche. _____
c. Después de afeitarse, sale para las clases. _____
d. Por último, se duerme. _____
e. Asiste a todas sus clases y vuelve a su casa. _____
f. Andrés se despierta a las seis y media de la mañana. _____
g. Después de volver a casa, come un poco. Luego estudia en su habitación. _____
h. Se viste y entonces se cepilla los dientes. _____
i. Se cepilla los dientes antes de acostarse. _____
j. Se ducha antes de vestirse. _____

5 La rutina diaria
Identifica las actividades de las personas.

modelo
dormirse

1.

2.

3.

4.

5.

6.

7.

6 Identificar
Con un(a) compañero/a, identifica las cosas que cada persona necesita. Sigue el modelo.

modelo
Jorge / lavarse la cara
Estudiante 1: ¿Qué necesita Jorge para lavarse la cara?
Estudiante 2: Necesita jabón y una toalla.

1. Gerardo / despertarse
2. Mariana / maquillarse
3. Gabriel / ducharse
4. Roberto / afeitarse
5. Sonia / lavarse el pelo
6. Vanesa / lavarse las manos
7. Manuel / vestirse
8. Simón / acostarse

Comunicación

7 **La farmacia** Lee el anuncio y responde a las preguntas con un(a) compañero/a.

www.lafarmacianuevosol.com

LA FARMACIA NUEVO SOL tiene todo lo que necesitas para la vida diaria.

Esta semana tenemos grandes rebajas. Con poco dinero puedes comprar lo que necesitas para el cuarto de baño ideal.

Para los hombres ofrecemos…
Excelentes cremas de afeitar de Guapo y Máximo

Para las mujeres ofrecemos…
Nuevo maquillaje de Marisol y jabones de baño Ilusiones y Belleza

Y para todos tenemos los mejores jabones, pastas de dientes y cepillos de dientes.

¡Visita LA FARMACIA NUEVO SOL!
Tenemos los mejores precios. Visita nuestra tienda muy cerca de tu casa.

1. ¿Qué tipo de tienda es?
2. ¿Qué productos ofrecen para las mujeres?
3. ¿Qué productos ofrecen para los hombres?
4. Haz (*Make*) una lista de los verbos que asocias con los productos del anuncio.
5. ¿Dónde compras tus productos de higiene?
6. ¿Tienes una tienda favorita? ¿Cuál es?

8 **Preguntas** En parejas, túrnense para hacerse estas preguntas.

modelo
Estudiante 1: ¿Qué hay en tu cuarto de baño?
Estudiante 2: Hay un lavabo, un espejo, un inodoro y una ducha.

1. ¿Cómo es tu cuarto de baño?
2. ¿Cuántas personas comparten tu cuarto de baño?
3. ¿Qué pasta de dientes usas?
4. ¿De qué color es tu toalla?
5. ¿Cuánto cuesta tu jabón?
6. ¿Qué champú usas?
7. ¿A qué hora oyes tu despertador?
8. ¿Cuándo estudias? ¿Por la mañana, por la tarde, por la noche?

7 fotonovela

¡Necesito arreglarme!

Es viernes por la tarde y Marissa, Jimena y Felipe se preparan para salir.

PERSONAJES MARISSA JIMENA

 Video

MARISSA ¿Hola? ¿Está ocupado?
JIMENA Sí. Me estoy lavando la cara.
MARISSA Necesito usar el baño.

MARISSA Tengo que terminar de arreglarme. Voy al cine esta noche.
JIMENA Yo también tengo que salir. ¿Te importa si me maquillo primero? Me voy a encontrar con mi amiga Elena en una hora.

JIMENA No te preocupes, Marissa. Llegaste primero. Entonces, te arreglas el pelo y después me maquillo.
FELIPE ¿Y yo? Tengo crema de afeitar en la cara. No me voy a ir. Estoy aquí y aquí me quedo.

JIMENA ¡Felipe! ¿Qué estás haciendo?
FELIPE Me estoy afeitando. ¿Hay algún problema?
JIMENA ¡Siempre haces lo mismo!
FELIPE Pues, yo no vi a nadie aquí.

JIMENA ¿Por qué no te afeitaste por la mañana?
FELIPE Porque cada vez que quiero usar el baño, una de ustedes está aquí. O bañándose o maquillándose.

MARISSA Tú ganas. ¿Adónde vas a ir esta noche, Felipe?
FELIPE Juan Carlos y yo vamos a ir a un café en el centro. Siempre hay música en vivo. (*Sale.*) Me siento guapísimo. Todavía me falta cambiarme la camisa.

FELIPE

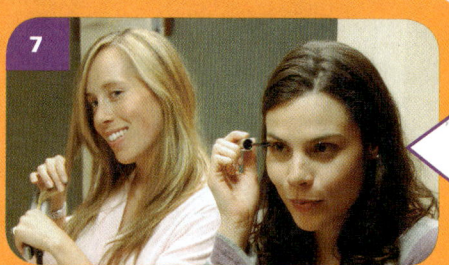

MARISSA ¿Adónde vas esta noche?
JIMENA A la biblioteca.
MARISSA ¡Es viernes! ¡Nadie debe estudiar los viernes! Voy a ver una película de Pedro Almodóvar con unas amigas.

MARISSA ¿Por qué no vienen tú y Elena al cine con nosotras? Después, podemos ir a ese café y molestar a Felipe.

JIMENA No sé.
MARISSA ¿Cuándo fue la última vez que viste a Juan Carlos?
JIMENA Cuando fuimos a Mérida.

MARISSA A ti te gusta ese chico.
JIMENA No tengo idea de qué estás hablando. Si no te importa, nos vemos en el cine.

Expresiones útiles

Talking about getting ready

Necesito arreglarme.
I need to get ready.
Me estoy lavando la cara.
I'm washing my face.
¿Te importa si me maquillo primero?
Is it OK with you if I put on my makeup first?
Tú te arreglas el pelo y después yo me maquillo.
You fix your hair and then I'll put on my makeup.
Todavía me falta cambiarme la camisa.
I still have to change my shirt.

Reassuring someone

Tranquilo/a.
Relax.
No te preocupes.
Don't worry.

Talking about past actions

¿Cuándo fue la última vez que viste a Juan Carlos?
When was the last time you saw Juan Carlos?
Cuando fuimos a Mérida.
When we went to Mérida.

Talking about likes and dislikes

Me fascinan las películas de Almodóvar.
I love Almodóvar's movies.
Me encanta la música en vivo.
I love live music.
Me molesta compartir el baño.
It bothers me to share the bathroom.

Additional vocabulary

encontrarse con *to meet up with*
molestar *to bother*
nadie *no one*

¿Qué pasó?

1 **¿Cierto o falso?** Indica si lo que dicen estas oraciones es cierto o falso. Corrige las oraciones falsas.

1. Marissa va a ver una película de Pedro Almodóvar con unas amigas.
2. Jimena se va a encontrar con Elena en dos horas.
3. Felipe se siente muy feo después de afeitarse.
4. Jimena quiere maquillarse.
5. Marissa quiere ir al café para molestar a Juan Carlos.

2 **Identificar** Identifica quién dice estas oraciones.

1. No me voy a ir. Estoy aquí y aquí me quedo. _____
2. Tengo que terminar de arreglarme. Voy al cine esta noche. _____
3. Me voy a encontrar con mi amiga Elena en una hora. _____
4. Juan Carlos y yo vamos a ir a un café en el centro. _____
5. ¿Cuándo fue la última vez que viste a Juan Carlos? _____
6. ¿Por qué no te afeitaste por la mañana? _____

FELIPE

MARISSA

JIMENA

3 **Ordenar** Ordena correctamente los planes que tiene Marissa.

_____ a. Voy al café.
_____ b. Me arreglo el pelo.
_____ c. Molesto a Felipe.
_____ d. Me encuentro con unas amigas.
_____ e. Entro al baño.
_____ f. Voy al cine.

4 **En el baño** Trabajen en parejas para representar los papeles de dos compañeros/as de cuarto que deben usar el baño al mismo tiempo para hacer su rutina diaria.

Estudiante 1	Estudiante 2
Di (*Say*) que quieres arreglarte porque vas a ir al cine.	Di (*Say*) que necesitas arreglarte porque te vas a encontrar con tus amigos/as.
Pregunta si puedes secarte (*dry*) el pelo.	Responde que no porque necesitas lavarte la cara.
Di que puede lavarse la cara, pero que después necesitas secarte el pelo.	Di que puede secarse el pelo, pero que después necesitas peinarte.

La rutina diaria

Pronunciación
The consonant r

Tutorial

| **ropa** | **rutina** | **rico** | **Ramón** |

In Spanish, **r** has a strong trilled sound at the beginning of a word. No English words have a trill, but English speakers often produce a trill when they imitate the sound of a motor.

| gusta**r** | du**r**ante | p**r**ime**r**o | c**r**ema |

In any other position, **r** has a weak sound similar to the English *tt* in *better* or the English *dd* in *ladder*. In contrast to English, the tongue touches the roof of the mouth behind the teeth.

| piza**rr**a | co**rr**o | ma**rr**ón | abu**rr**ido |

The letter combination **rr**, which only appears between vowels, always has a strong trilled sound.

| caro | ca**rr**o | pero | pe**rr**o |

Between vowels, the difference between the strong trilled **rr** and the weak **r** is very important, as a mispronunciation could lead to confusion between two different words.

Práctica Lee las palabras en voz alta, prestando (*paying*) atención a la pronunciación de la **r** y la **rr**.

1. Perú
2. Rosa
3. borrador
4. madre
5. comprar
6. favor
7. rubio
8. reloj
9. Arequipa
10. tarde
11. cerrar
12. despertador

Oraciones Lee las oraciones en voz alta, prestando atención a la pronunciación de la **r** y la **rr**.

1. Ramón Robles Ruiz es programador. Su esposa Rosaura es artista.
2. A Rosaura Robles le encanta regatear en el mercado.
3. Ramón nunca regatea… le aburre regatear.
4. Rosaura siempre compra cosas baratas.
5. Ramón no es rico, pero prefiere comprar cosas muy caras.
6. ¡El martes Ramón compró un carro nuevo!

Refranes Lee en voz alta los refranes, prestando atención a la **r** y a la **rr**.

Perro que ladra no muerde.[1]

No se ganó Zamora en una hora.[2]

1 A dog's bark is worse than its bite.
2 Rome wasn't built in a day.

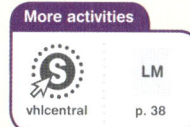

More activities
LM p. 38

EN DETALLE

La siesta

¿Sientes cansancio° después de comer? ¿Te cuesta° volver al trabajo° o a clase después del almuerzo? Estas sensaciones son normales. A muchas personas les gusta relajarse° después de almorzar. Este momento de descanso es **la siesta**. La siesta es popular en los países hispanos y viene de una antigua costumbre° del área del Mediterráneo. La palabra *siesta* viene del latín y significa "sexta hora". La sexta hora del día es después del mediodía, el momento de más calor. Debido al° calor y al cansancio, los habitantes de España, Italia, Grecia y Portugal tienen la costumbre de dormir la siesta desde hace° más de° dos mil años. Los españoles y los portugueses llevaron la costumbre a los países americanos.

Aunque° hoy día esta costumbre está desapareciendo° en las grandes ciudades, la siesta todavía es importante en la cultura hispana. En pueblos pequeños, por ejemplo, muchas oficinas° y tiendas tienen la costumbre de cerrar por dos o tres horas después del mediodía. Los empleados van a su casa, almuerzan con sus familias, duermen la siesta o hacen actividades, como ir al gimnasio, y luego regresan al trabajo entre las 2:30 y las 4:30 de la tarde.

Los estudios científicos explican que una siesta corta después de almorzar ayuda° a trabajar más y mejor° durante la tarde. Pero, ¡cuidado! Esta siesta sólo debe durar° entre veinte y cuarenta minutos. Si dormimos más, entramos en la fase de sueño profundo y es difícil despertarse.

Hoy, algunas empresas° de los EE.UU., Canadá, Japón, Inglaterra y Alemania tienen salas° especiales donde los empleados pueden dormir la siesta.

¿Dónde duermen la siesta?

En los lugares donde la siesta es una costumbre antigua, las personas la duermen en su casa. En los países donde la siesta es una costumbre nueva, la gente duerme en sus lugares de trabajo o en centros de siesta.

Sientes cansancio *Do you feel tired* Te cuesta *Is it hard for you* trabajo *work* relajarse *to relax* antigua costumbre *old custom* Debido al *Because (of)* desde hace *for* más de *more than* Aunque *Although* está desapareciendo *is disappearing* oficinas *offices* ayuda *helps* mejor *better* durar *last* algunas empresas *some businesses* salas *rooms*

ACTIVIDADES

1 **¿Cierto o falso?** Indica si lo que dicen las oraciones es **cierto** o **falso**. Corrige la información falsa.

1. La costumbre de la siesta empezó en Asia.
2. La palabra *siesta* está relacionada con la sexta hora del día.
3. Los españoles y los portugueses llevaron la costumbre de la siesta a Latinoamérica.
4. La siesta ayuda a trabajar más y mejor durante la tarde.
5. Los horarios de trabajo de las grandes ciudades hispanas son los mismos que los de pueblos pequeños.
6. Una siesta larga siempre es mejor que una siesta corta.
7. En los Estados Unidos, los empleados de algunas empresas pueden dormir la siesta en el trabajo.
8. Es fácil despertar de un sueño profundo.

ASÍ SE DICE
El cuidado personal

el aseo; el excusado; el servicio; el váter (Esp.)	el baño
el cortaúñas	nail clippers
el desodorante	deodorant
el enjuague bucal	mouthwash
el hilo dental/ la seda dental	dental floss
la máquina de afeitar/ de rasurar (Méx.)	electric razor

EL MUNDO HISPANO
Costumbres especiales

- **México y El Salvador** Los vendedores pasan por las calles anunciando a gritos° su mercancía°: tanques de gas y flores° en México; pan y tortillas en El Salvador.

- **Costa Rica** Para encontrar las direcciones°, los costarricenses usan referencias de anécdotas, lugares o características geográficas. Por ejemplo: *200 metros norte de la iglesia, frente al° supermercado Mi Mega.*

- **Argentina** En Tigre, una ciudad junto al Río° de la Plata, la gente usa barcos particulares°, barcos colectivos y barcos-taxi para ir de una isla a otra. Todas las mañanas, un barco colectivo recoge° a los niños y los lleva a la escuela.

gritos shouts **mercancía** merchandise **flores** flowers **direcciones** addresses **frente al** opposite **Río** River **particulares** private **recoge** picks up

PERFIL
El mate

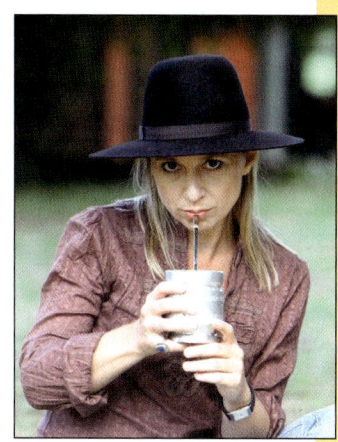

El mate es una parte muy importante de la rutina diaria en muchos países. Es una bebida° muy similar al té que se consume en Argentina, Uruguay y Paraguay. Tradicionalmente se bebe caliente° con una *bombilla*° y en un recipiente° que también se llama *mate*. Por ser amarga°, algunos le agregan° azúcar para suavizar su sabor°. El mate se puede tomar a cualquier° hora y en cualquier lugar, aunque en Argentina las personas prefieren sentarse en círculo e ir pasando el mate de mano en mano mientras° conversan. Los uruguayos, por otra parte, acostumbran llevar el agua° caliente para el mate en

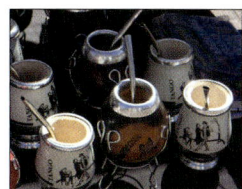

un termo° bajo el brazo° y lo beben mientras caminan. Si ves a una persona con un termo bajo el brazo y un mate en la mano, ¡es casi seguro que es de Uruguay!

bebida drink **caliente** hot **bombilla** straw (in Argentina) **recipiente** container **amarga** bitter **agregan** add **suavizar su sabor** soften its flavor **cualquier** any **mientras** while **agua** water **termo** thermos **bajo el brazo** under their arm

CON RITMO HISPANO

Susana Baca (1944–)
Lugar de nacimiento: Lima, Perú

Susana Baca es representante destacada de la música afroperuana. Fue ministra de Cultura de Perú y presidenta de la Comisión Interamericana de Cultura.

Go to **vhlcentral.com** to find out more about **Susana Baca** and her music.

ACTIVIDADES

2 **Comprensión** Completa las oraciones.
1. Uso _____ para limpiar (*to clean*) entre los dientes.
2. En _____ las personas compran pan y tortillas a los vendedores que pasan por la calle.
3. El _____ es una bebida similar al té.
4. Los uruguayos beben mate mientras _____.

3 **¿Qué costumbres tienes?** Escribe cuatro oraciones sobre una costumbre que compartes con tus amigos o con tu familia (por ejemplo: ir al cine, ir a eventos deportivos, leer, comer juntos, etc.). Explica qué haces, cuándo lo haces y con quién.

7 estructura

7.1 Reflexive verbs Tutorial

ANTE TODO A reflexive verb is used to indicate that the subject does something to or for himself or herself. In other words, it "reflects" the action of the verb back to the subject. Reflexive verbs always use reflexive pronouns.

SUBJECT → REFLEXIVE VERB
Joaquín **se ducha** por la mañana.

The verb lavarse (to wash oneself)

SINGULAR FORMS
yo	**me lavo**	I wash (myself)
tú	**te lavas**	you wash (yourself)
Ud.	**se lava**	you wash (yourself)
él/ella	**se lava**	he/she washes (himself/herself)

PLURAL FORMS
nosotros/as	**nos lavamos**	we wash (ourselves)
vosotros/as	**os laváis**	you wash (yourselves)
Uds.	**se lavan**	you wash (yourselves)
ellos/ellas	**se lavan**	they wash (themselves)

▶ The pronoun **se** attached to an infinitive identifies the verb as reflexive: **lavarse**.

▶ When a reflexive verb is conjugated, the reflexive pronoun agrees with the subject.

Me afeito.   **Te despiertas** a las siete.

AYUDA

Except for **se**, reflexive pronouns have the same forms as direct and indirect object pronouns.

...

Se is used for both singular and plural subjects—there is no individual plural form:
Pablo **se** lava.
Ellos **se** lavan.

¿Te importa si me maquillo primero?

A las chicas les encanta maquillarse durante horas y horas.

▶ Like object pronouns, reflexive pronouns generally appear before a conjugated verb. With infinitives and present participles, they may be placed before the conjugated verb or attached to the infinitive or present participle.

Ellos **se** van a vestir.   **Nos** estamos lavando las manos.
Ellos van a vestir**se**.   Estamos lavándo**nos** las manos.
They are going to get dressed.   *We are washing our hands.*

▶ **¡Atención!** When a reflexive pronoun is attached to a present participle, an accent mark is added to maintain the original stress.

bañando ⟶ bañándo**se**   durmiendo ⟶ durmiéndo**se**

Common reflexive verbs

acordarse (de) (o:ue)	to remember	llamarse	to be called; to be named
acostarse (o:ue)	to go to bed		
afeitarse	to shave	maquillarse	to put on makeup
bañarse	to take a bath	peinarse	to comb one's hair
cepillarse	to brush	ponerse	to put on
despertarse (e:ie)	to wake up	ponerse (+ *adj.*)	to become (+ *adj.*)
dormirse (o:ue)	to go to sleep; to fall asleep	preocuparse (por)	to worry (about)
		probarse (o:ue)	to try on
ducharse	to take a shower	quedarse	to stay
enojarse (con)	to get angry (with)	quitarse	to take off
irse	to go away; to leave	secarse	to dry (oneself)
lavarse	to wash (oneself)	sentarse (e:ie)	to sit down
levantarse	to get up	sentirse (e:ie)	to feel
		vestirse (e:i)	to get dressed

AYUDA

You have already learned several adjectives that can be used with **ponerse** when it means *to become*:

alegre, cómodo/a, contento/a, elegante, guapo/a, nervioso/a, rojo/a, and **triste**.

COMPARE & CONTRAST

Unlike English, a number of verbs in Spanish can be reflexive or non-reflexive. If the verb acts upon the subject, the reflexive form is used. If the verb acts upon something other than the subject, the non-reflexive form is used. Compare these sentences.

Lola **lava** los platos.

Lucía **se lava** la cara.

As the preceding sentences show, reflexive verbs sometimes have different meanings than their non-reflexive counterparts. For example, **lavar** means *to wash*, while **lavarse** means *to wash oneself, to wash up*.

▶ **¡Atención!** Parts of the body or clothing are generally not referred to with possessives, but with articles.

La niña se quitó **un** zapato.   Necesito cepillarme **los** dientes.

¡INTÉNTALO! Indica el presente de estos verbos reflexivos.

despertarse
1. Mis hermanos _se despiertan_ tarde.
2. Tú _____ tarde.
3. Nosotros _____ tarde.
4. Yo _____ tarde.
5. Benito _____ tarde.

ponerse
1. Él _se pone_ una chaqueta.
2. Yo _____ una chaqueta.
3. Las niñas _____ una chaqueta.
4. Nosotras _____ una chaqueta.
5. Usted _____ una chaqueta.

Práctica

1 **La fiesta elegante** Selecciona el verbo apropiado y completa las oraciones con la forma correcta.

1. Nosotros _____ (bañar / bañarse) antes de ir a la fiesta.
2. Tú _____ (lavar / lavarse) el auto antes de ir a la fiesta.
3. Para llegar a tiempo, Raúl y Marta _____ (acostar / acostarse) a los niños antes de salir.
4. Cecilia _____ (maquillar / maquillarse) antes de salir.
5. Mis amigos siempre _____ (vestir / vestirse) con ropa muy elegante.
6. Julia y Ana _____ (poner / ponerse) los vestidos nuevos.
7. Usted _____ (ir / irse) a llegar antes que (*before*) los demás invitados, ¿no?
8. En general, _____ (afeitar / afeitarse) yo mismo, pero hoy es un día especial y el barbero (*barber*) me _____ (afeitar / afeitarse). ¡Será una fiesta inolvidable!

¡LENGUA VIVA!
In Spain a car is called **un coche**, while in many parts of Latin America it is known as **un carro**. Although you'll be understood using either of these terms, using **auto (automóvil)** will surely get you where you want to go.

2 **Nuestra rutina** Escribe oraciones sobre la rutina diaria de la familia de Blanca.

> **modelo**
> mamá / despertarse a las 5:00
> Mamá se despierta a las cinco.

1. Roberto y yo / levantarse a las 7:00
2. papá / ducharse primero y / luego afeitarse
3. mamá / peinarse y / luego maquillarse
4. yo / lavarse la cara y / vestirse antes de tomar café
5. todos (nosotros) / sentarse a la mesa para comer
6. Roberto / cepillarse los dientes después de comer
7. yo / ponerse el abrigo antes de salir
8. nosotros / irse

NOTA CULTURAL
Como en los EE.UU., **tomar café** en el desayuno es muy común en los países hispanos.

En muchas familias, incluso los niños toman café con leche (*milk*) en el desayuno antes de ir a la escuela.

El café en los países hispanos generalmente es más fuerte que en los EE.UU., y el descafeinado no es muy popular.

3 **Describir** Describe lo que estas personas hacen.

> **modelo**
> Toni   Toni se enoja.

1. el joven

2. Carmen

3. Juan

4. los pasajeros

5. Estrella

Comunicación

4 **Preguntas personales** En parejas, túrnense para hacerse estas preguntas.

1. ¿A qué hora te levantas durante la semana?
2. ¿A qué hora te levantas los fines de semana?
3. ¿Prefieres levantarte tarde o temprano? ¿Por qué?
4. ¿Te enojas frecuentemente con tus amigos?
5. ¿Te preocupas fácilmente? ¿Qué te preocupa?
6. ¿Qué haces cuando te sientes triste? ¿Y cuando te sientes alegre?
7. ¿Te acuestas tarde o temprano durante la semana?
8. ¿A qué hora te acuestas los fines de semana?

5 **Charadas** En grupos, jueguen a las charadas. Cada persona debe pensar en dos oraciones con verbos reflexivos. La primera persona que adivina la charada dramatiza la siguiente.

6 **Debate** En grupos, discutan este tema: ¿Quiénes necesitan más tiempo para arreglarse (*to get ready*) antes de salir, los hombres o las mujeres? Hagan una lista de las razones (*reasons*) que tienen para defender sus ideas e informen a la clase.

7 **Mi rutina diaria** Escribe un párrafo para describir cómo fue tu rutina diaria ayer. Usa los verbos.

acostarse   despertarse
afeitarse/maquillarse   dormirse
bañarse/ducharse   levantarse
cepillarse   vestirse

Síntesis

8 **La familia ocupada** Tú y tu compañero/a asisten a un programa de verano en Lima, Perú. Viven con la familia Ramos. Tu profesor(a) te va a dar la rutina incompleta que la familia sigue en las mañanas. Trabaja con tu compañero/a para completarla.

modelo

Estudiante 1: ¿Qué hace el señor Ramos a las seis y cuarto?
Estudiante 2: El señor Ramos se levanta.

7.2 Indefinite and negative words

ANTE TODO Indefinite words refer to people and things that are not specific, for example, *someone* or *something*. Negative words deny the existence of people and things or contradict statements, for instance, *no one* or *nothing*. Spanish indefinite words have corresponding negative words, which are opposite in meaning.

Indefinite and negative words

Indefinite words		Negative words	
algo	something; anything	nada	nothing; not anything
alguien	someone; somebody; anyone	nadie	no one; nobody; not anyone
alguno/a(s), algún	some; any	ninguno/a, ningún	no; none; not any
o... o	either... or	ni... ni	neither... nor
siempre	always	nunca, jamás	never, not ever
también	also; too	tampoco	neither; not either

▶ There are two ways to form negative sentences in Spanish. You can place the negative word before the verb, or you can place **no** before the verb and the negative word after.

Nadie se levanta temprano.
No one gets up early.

No se levanta nadie temprano.
No one gets up early.

Ellos **nunca gritan**.
They never shout.

Ellos **no gritan nunca**.
They never shout.

¿Hay algún problema?

Siempre haces esto.

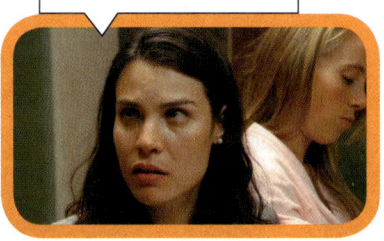

▶ Because they refer to people, **alguien** and **nadie** are often used with the personal **a**. The personal **a** is also used before **alguno/a, algunos/as,** and **ninguno/a** when these words refer to people and they are the direct object of the verb.

—Perdón, señor, ¿busca usted **a alguien**?
—No, gracias, señorita, no busco **a nadie**.

—Tomás, ¿buscas **a alguno** de tus hermanos?
—No, mamá, no busco **a ninguno**.

▶ **¡Atención!** Before a masculine singular noun, **alguno** and **ninguno** are shortened to **algún** and **ningún**.

—¿Tienen ustedes **algún** amigo peruano?

—No, no tenemos **ningún** amigo peruano.

AYUDA

Alguno/a, algunos/as are not always used in the same way English uses *some* or *any*. Often, **algún** is used where *a* would be used in English.

¿Tienes algún libro que hable de los incas?
Do you have a book that talks about the Incas?

Note that **ninguno/a** is rarely used in the plural.

—¿Visitaste algunos museos?
—No, no visité ninguno.

COMPARE & CONTRAST

In English, it is incorrect to use more than one negative word in a sentence. In Spanish, however, sentences frequently contain two or more negative words. Compare these Spanish and English sentences.

Nunca le escribo a **nadie**.
I never write to anyone.

No me preocupo **nunca** por **nada**.
I do not ever worry about anything.

As the preceding sentences show, once an English sentence contains one negative word (for example, *not* or *never*), no other negative word may be used. Instead, indefinite (or affirmative) words are used. In Spanish, however, once a sentence is negative, no other affirmative (that is, indefinite) word may be used. Instead, all indefinite ideas must be expressed in the negative.

▶ **Pero** is used to mean *but*. The meaning of **sino** is *but rather* or *on the contrary*. It is used when the first part of the sentence is negative and the second part contradicts it.

Los estudiantes no se acuestan
  temprano **sino** tarde.
*The students don't go to bed
  early, but rather late.*

Esas gafas son caras,
  pero bonitas.
*Those glasses are expensive,
  but pretty.*

María no habla francés
  sino español.
*María doesn't speak French,
  but rather Spanish.*

José es inteligente, **pero**
  no saca buenas notas.
*José is intelligent but
  doesn't get good grades.*

¡INTÉNTALO! Cambia las oraciones para que sean negativas.

1. Siempre se viste bien.
   <u>Nunca</u> se viste bien.
   <u>No</u> se viste bien <u>nunca</u>.
2. Alguien se ducha.
   _____ se ducha.
   _____ se ducha _____.
3. Ellas van también.
   Ellas _____ van.
   Ellas _____ van _____.
4. Voy a traer algo.
   _____ voy a traer _____.
5. Tú siempre te lavas las manos.
   Tú _____ te lavas las manos.
   Tú ____ te lavas las manos _____.
6. Alguien se pone nervioso.
   _____ se pone nervioso.
   _____ se pone nervioso _____.
7. Juan se afeita también.
   Juan _____ se afeita.
   Juan _____ se afeita _____.
8. Mis amigos viven en una residencia o en casa.
   Mis amigos _____ viven _____ en una residencia _____ en casa.
9. La profesora hace algo en su escritorio.
   La profesora _____ hace _____ en su escritorio.
10. Tienen un espejo en su casa.
    _____ tienen _____ espejo en su casa.
11. Tú y yo vamos al mercado.
    _____ tú _____ yo vamos al mercado.
12. Algunos niños se ponen los abrigos.
    _____ niño se pone el abrigo.

Práctica

1 **¿Pero o sino?** Forma oraciones sobre estas personas usando **pero** o **sino**.

> **modelo**
> muchos estudiantes viven en residencias estudiantiles / muchos de ellos quieren vivir fuera del (*off*) campus
> Muchos estudiantes viven en residencias estudiantiles, pero muchos de ellos quieren vivir fuera del campus.

1. Lisa y Katarina no se acuestan temprano / muy tarde
2. Marcos nunca se despierta temprano / siempre llega puntual a clase
3. Alfonso es inteligente / algunas veces es antipático
4. los directores de la residencia no son ecuatorianos / peruanos
5. no nos acordamos de comprar champú / compramos jabón
6. no quiero levantarme / tengo que ir a clase
7. Emilia no es estudiante / profesora
8. Miguel no se afeita por la mañana / por la noche

2 **Completar** Completa esta conversación. Usa expresiones negativas en tus respuestas. Luego, dramatiza la conversación con un(a) compañero/a.

AURELIO Ana María, ¿encontraste algún regalo para Eliana?
ANA MARÍA (1)_____
AURELIO ¿Viste a alguna amiga en el centro comercial?
ANA MARÍA (2)_____
AURELIO ¿Me llamó alguien?
ANA MARÍA (3)_____
AURELIO ¿Quieres ir al teatro o al cine esta noche?
ANA MARÍA (4)_____
AURELIO ¿No quieres salir a comer?
ANA MARÍA (5)_____
AURELIO ¿Hay algo interesante en la televisión esta noche?
ANA MARÍA (6)_____
AURELIO ¿Tienes algún problema?
ANA MARÍA (7)_____

Comunicación

3 **Opiniones** Completa estas oraciones de una manera lógica. Luego, compara tus respuestas con las de un(a) compañero/a.

1. Mi habitación es _____, pero _____.
2. Por la noche me gusta _____, pero _____.
3. Un(a) profesor(a) ideal no es _____, sino _____.
4. Mis amigos son _____, pero _____.

4 **En el campus** En parejas, háganse preguntas sobre qué hay en su universidad: residencias bonitas, departamento de ingeniería, cines, librerías baratas, estudiantes guapos/as, equipo de fútbol, playa, clases fáciles, museo, profesores/as estrictos/as. Sigan el modelo.

> **modelo**
> **Estudiante 1:** ¿Hay algunas residencias bonitas?
> **Estudiante 2:** Sí, hay una/algunas. Está(n) detrás del estadio.
> **Estudiante 1:** ¿Hay algún museo?
> **Estudiante 2:** No, no hay ninguno.

5 **Quejas** En parejas, hagan una lista de cinco quejas (*complaints*) comunes que tienen los estudiantes. Usen expresiones negativas.

> **modelo**
> Nadie me entiende.

6 **Anuncios** En parejas, lean el anuncio y contesten las preguntas.

1. ¿Es el anuncio positivo o negativo? ¿Por qué?
2. ¿Qué palabras indefinidas hay?
3. Escriban el texto del anuncio cambiando todo por expresiones negativas.

Ahora preparen su propio (*own*) anuncio usando expresiones indefinidas y negativas.

¿Buscas algún producto especial?

¡Siempre hay algo para todos en las tiendas García!

Síntesis

7 **Encuesta** Tu profesor(a) te va a dar una hoja de actividades para hacer una encuesta. Circula por la clase y pídeles a tus compañeros que comparen las actividades que hacen durante la semana con las que hacen durante los fines de semana. Escribe las respuestas.

7.3 Preterite of ser and ir

ANTE TODO In **Lección 6**, you learned how to form the preterite tense of regular **-ar**, **-er**, and **-ir** verbs. The following chart contains the preterite forms of **ser** (*to be*) and **ir** (*to go*). Since these forms are irregular, you will need to memorize them.

Preterite of ser and ir

		ser (to be)	ir (to go)
SINGULAR FORMS	yo	fui	fui
	tú	fuiste	fuiste
	Ud./él/ella	fue	fue
PLURAL FORMS	nosotros/as	fuimos	fuimos
	vosotros/as	fuisteis	fuisteis
	Uds./ellos/ellas	fueron	fueron

AYUDA
Note that, whereas regular **-er** and **-ir** verbs have accent marks in the **yo** and **Ud./él/ella** forms of the preterite, **ser** and **ir** do not.

▶ Since the preterite forms of **ser** and **ir** are identical, context clarifies which of the two verbs is being used.

Él **fue** a comprar champú y jabón.
He went to buy shampoo and soap.

¿Cómo **fue** la película anoche?
How was the movie last night?

¿Cuándo fue la última vez que viste a Juan Carlos?

Cuando fuimos a Mérida.

¡INTÉNTALO! Completa las oraciones usando el pretérito de ser e ir.

ir
1. Los viajeros __fueron__ a Perú.
2. Patricia _____ a Cuzco.
3. Gregorio y yo _____ a Lima.
4. Tú _____ a Iquitos.
5. Yo _____ a Trujillo.
6. Ustedes _____ a Arequipa.
7. Mi padre _____ a Lima.
8. Él _____ a Machu Picchu.
9. Nosotras _____ a Cuzco.
10. Usted _____ a Nazca.

ser
1. Usted __fue__ muy amable.
2. Yo _____ muy cordial.
3. Ellos _____ simpáticos.
4. Nosotros _____ muy tontos.
5. Tú _____ muy generoso.
6. Ella _____ antipática.
7. Ustedes _____ cordiales.
8. Tomás y yo _____ muy felices.
9. La gente _____ amable.
10. Los profesores _____ buenos.

La rutina diaria

Práctica y Comunicación

1 Completar
Completa estas conversaciones con la forma correcta del pretérito de **ser** o **ir**. Indica el infinitivo de cada forma verbal.

NOTA CULTURAL

La ciudad peruana de **El Callao**, fundada en 1537, fue por muchos años el puerto (*port*) más activo de la costa del Pacífico en Suramérica. En el siglo XVIII, se construyó (*was built*) una fortaleza allí para proteger (*protect*) la ciudad de los ataques de piratas y bucaneros.

Conversación 1

		ser	ir
RAÚL	¿Adónde (1)_____ ustedes de vacaciones?	○	○
PILAR	(2)_____ a Perú.	○	○
RAÚL	¿Cómo (3)_____ el viaje?	○	○
▶ PILAR	¡(4)_____ estupendo! Machu Picchu y El Callao son increíbles.	○	○
RAÚL	¿(5)_____ caro el viaje?	○	○
PILAR	No, el precio (6)_____ muy bajo. Sólo costó tres mil dólares.	○	○

Conversación 2

		ser	ir
ISABEL	Tina y Vicente (7)_____ novios, ¿no?	○	○
LUCÍA	Sí, pero ahora no. Anoche Tina (8)_____ a comer con Gregorio	○	○
	y la semana pasada ellos (9)_____ al partido de fútbol.	○	○
ISABEL	¿Ah sí? Javier y yo (10)_____ al partido y no los vimos.	○	○

2 Descripciones
Forma oraciones con estos elementos. Usa el pretérito.

A	B	C	D
yo	(no) ir	a un restaurante	ayer
tú	(no) ser	en autobús	anoche
mi compañero/a		estudiante	anteayer
nosotros		muy simpático/a	la semana pasada
mis amigos		a la playa	año pasado
ustedes		dependiente/a en una tienda	

3 Preguntas
En parejas, túrnense para hacerse estas preguntas.

1. ¿Cuándo fuiste al cine por última vez? ¿Con quién fuiste?
2. ¿Fuiste en auto, en autobús o en metro? ¿Cómo fue el viaje?
3. ¿Cómo fue la película?
4. ¿Fue una película de terror, de acción o un drama?
5. ¿Fue una de las mejores películas que viste? ¿Por qué?
6. ¿Fueron buenos los actores o no? ¿Cuál fue el mejor?
7. ¿Adónde fuiste/fueron después?
8. ¿Fue una buena idea ir al cine?

4 El viaje

En parejas, preparen un diálogo de un(a) viajero/a hablando con un(a) amigo/a sobre un viaje que hizo recientemente. Usen el pretérito de **ser** e **ir**.

modelo
Amigo: ¿Cómo fue el viaje?
Viajero: El viaje fue maravilloso/horrible…

7.4 Verbs like gustar Tutorial

ANTE TODO In **Lección 2**, you learned how to express preferences with **gustar**. You will now learn more about the verb **gustar** and other similar verbs. Observe these examples.

Me gusta ese champú.
> ENGLISH EQUIVALENT
> *I like that shampoo.*
> LITERAL MEANING
> *That shampoo is pleasing to me.*

¿**Te gustaron** las clases?
> ENGLISH EQUIVALENT
> *Did you like the classes?*
> LITERAL MEANING
> *Were the classes pleasing to you?*

▶ As the examples show, constructions with **gustar** do not have a direct equivalent in English. The literal meaning of this construction is *to be pleasing to* (*someone*), and it requires the use of an indirect object pronoun.

INDIRECT OBJECT PRONOUN	VERB	SUBJECT	SUBJECT	VERB	DIRECT OBJECT
Me	gusta	ese champú.	I	like	that shampoo.

▶ In the diagram above, observe how in the Spanish sentence the object being liked (**ese champú**) is really the subject of the sentence. The person who likes the object, in turn, is an indirect object because it answers the question: *To whom is the shampoo pleasing?*

¿Te gusta Juan Carlos?

Me gustan los cafés que tienen música en vivo.

▶ Other verbs in Spanish are used in the same way as **gustar**. Here is a list of the most common ones.

Verbs like gustar

aburrir	to bore	importar	to be important to; to matter
encantar	to like very much; to love (inanimate objects)	interesar	to be interesting to; to interest
faltar	to lack; to need	molestar	to bother; to annoy
fascinar	to fascinate; to like very much	quedar	to be left over; to fit (clothing)

¡ATENCIÓN!

Faltar expresses what is lacking or missing.
Me falta una página.
I'm missing one page.
Quedar expresses how much of something is left.
Nos quedan tres pesos.
We have three pesos left.

•••

Quedar also means *to fit*. It can be used to tell how something looks (on someone).
Estos zapatos me quedan bien. *These shoes fit me well.*
Esa camisa te queda muy bien. *That shirt looks good on you.*

La rutina diaria

▶ The most commonly used verb forms of **gustar** and similar verbs are the third person (singular and plural). When the object or person being liked is singular, the singular form (**gusta**) is used. When two or more objects or persons are being liked, the plural form (**gustan**) is used. Observe the following diagram:

▶ To express what someone likes or does not like to do, use an appropriate verb followed by an infinitive. The singular form is used even if there is more than one infinitive.

Nos molesta comer a las nueve.
It bothers us to eat at nine o'clock.

Les encanta bailar y **cantar** en las fiestas.
They love to dance and sing at parties.

▶ As you learned in **Lección 2**, the construction **a** + [*pronoun*] (**a mí, a ti, a usted, a él,** etc.) is used to clarify or to emphasize who is pleased, bored, etc. The construction **a** + [*noun*] can also be used before the indirect object pronoun to clarify or to emphasize who is pleased.

A los turistas les gustó mucho Machu Picchu.
The tourists liked Machu Picchu a lot.

A ti te gusta cenar en casa, pero **a mí** me aburre.
You like eating dinner at home, but I get bored.

▶ **¡Atención!** **Mí** (*me*) has an accent mark to distinguish it from the possessive adjective **mi** (*my*).

AYUDA
Note that the **a** must be repeated if there is more than one person.
A Armando y a **Carmen** les molesta levantarse temprano.

¡INTÉNTALO!
Indica el pronombre de objeto indirecto y la forma del tiempo presente adecuados en cada oración.

fascinar
1. A él _le fascina_ viajar.
2. A nosotras _____ cantar.
3. A mí _____ bailar.
4. A ustedes _____ leer.
5. A ti _____ correr y patinar.
6. A ellos _____ los aviones.
7. A usted _____ jugar al tenis.
8. A mis padres _____ caminar.
9. A mi esposo y a mí _____ dormir.
10. A Alberto _____ dibujar y pintar.
11. A todos _____ opinar.
12. A Pili _____ los sombreros.

aburrir
1. A ellos _les aburren_ los deportes.
2. A ti _____ las películas.
3. A usted _____ los viajes.
4. A Jorge y a Luis _____ los perros.
5. A mí _____ las revistas.
6. A nosotros _____ las vacaciones.
7. A ustedes _____ el béisbol.
8. A Marcela _____ los libros.
9. A mis amigos _____ los museos.
10. A ella _____ el ciclismo.
11. A ti y a mí _____ el baile.
12. A Omar _____ ir de compras.

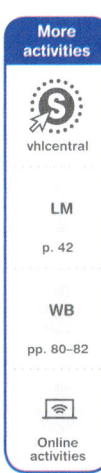

Práctica

1 Completar Completa las oraciones con todos los elementos necesarios.

1. _____ Adela _____ (encantar) la música de Tito "El Bambino".
2. A _____ me _____ (interesar) la música de otros países.
3. A Juan y _____ Rafael no les _____ (molestar) la música alta (*loud*).
4. A mis amigos _____ (encantar) las canciones (*songs*) de Calle 13.
5. _____ nosotros _____ (fascinar) los grupos de pop latino.
6. _____ señor Ruiz _____ (interesar) más la música clásica.
7. A _____ me _____ (aburrir) la música clásica.
8. ¿A _____ te _____ (faltar) dinero para el concierto de Carlos Santana?
9. No. Ya compré el boleto y _____ (quedar) cinco dólares.
10. ¿Cuánto dinero te _____ (quedar) a _____?

> **NOTA CULTURAL**
>
> Hoy día, la música latina es popular en los EE.UU. gracias a artistas como **Shakira**, de nacionalidad colombiana, y **Tito "El Bambino"**, puertorriqueño. Otros artistas, como **Carlos Santana** y **Gloria Estefan**, difundieron (*spread*) la música latina en los años 60, 70, 80 y 90.

2 Describir Usa los verbos para describir lo que está pasando.

| aburrir | faltar | molestar |
| encantar | interesar | quedar |

1. a Ramón

2. a nosotros

3. a Sara

4. a ti

3 Gustos Forma oraciones con los elementos de las columnas.

> **modelo**
> A ti te interesan las ruinas de Machu Picchu.

A	B	C
yo	aburrir	despertarse temprano
tú	encantar	mirarse en el espejo
mi mejor amigo/a	faltar	la música rock
mis amigos y yo	fascinar	las pantuflas rosadas
Bart y Homero Simpson	interesar	la pasta de dientes con menta (*mint*)
Shakira	molestar	las ruinas de Machu Picchu
Gael García Bernal		los zapatos caros

Comunicación

4 Preguntas En parejas, túrnense para hacer y contestar estas preguntas.

1. ¿Te gusta levantarte temprano o tarde? ¿Por qué? ¿Y a tu compañero/a de cuarto?
2. ¿Te gusta acostarte temprano o tarde? ¿Y a tu compañero/a de cuarto?
3. ¿Te gusta dormir la siesta?
4. ¿Te encanta acampar o prefieres quedarte en un hotel cuando estás de vacaciones?
5. ¿Qué te gusta hacer en el verano?
6. ¿Qué te fascina de esta universidad? ¿Qué te molesta?
7. ¿Te interesan más las ciencias o las humanidades? ¿Por qué?
8. ¿Qué cosas te aburren?

5 Completar Trabajen en parejas. Túrnense para completar estas frases de una manera lógica.

1. A mi novio/a le fascina(n)…
2. A mi mejor (*best*) amigo/a no le interesa(n)…
3. A mis padres les importa(n)…
4. A nosotros nos molesta(n)…
5. A mis hermanos les aburre(n)…
6. A mi compañero/a de cuarto le aburre(n)…
7. A los turistas les interesa(n)…
8. A los jugadores profesionales les encanta(n)…
9. A nuestro/a profesor(a) le molesta(n)…
10. A mí me importa(n)…

6 La residencia Tú y tu compañero/a de clase son los directores de una residencia estudiantil en Perú. Su profesor(a) les va a dar a cada uno de ustedes las descripciones de cinco estudiantes. Con la información tienen que escoger quiénes van a ser compañeros de cuarto. Después, completen la lista.

Síntesis

7 Situación Trabajen en parejas para representar los papeles de un(a) cliente/a y un(a) dependiente/a en una tienda de ropa.

Dependiente/a	Cliente/a
Saluda al/a la cliente/a y pregúntale en qué le puedes servir.	→ Saluda al/a la dependiente/a y dile (*tell him/her*) qué quieres comprar y qué colores prefieres.
Pregúntale si le interesan los estilos modernos y empieza a mostrarle la ropa.	→ Explícale que los estilos modernos te interesan. Escoge las cosas que te interesan.
Habla de los gustos del/de la cliente/a.	→ Habla de la ropa (me queda(n) bien/mal, me encanta(n)…).
Da opiniones favorables al/a la cliente/a (las botas te quedan fantásticas…).	→ Decide cuáles son las cosas que te gustan y qué vas a comprar.

Recapitulación

Completa estas actividades para repasar los conceptos de gramática que aprendiste en esta lección.

1 Completar Completa la tabla con la forma correcta de los verbos. **24 pts.**

yo	tú	nosotros	ellas
me levanto			
	te afeitas		
		nos vestimos	
			se secan

2 Hoy y ayer Cambia los verbos del presente al pretérito. **10 pts.**

1. Vamos de compras hoy. _____ de compras hoy.
2. Por último, voy a poner el despertador. Por último, _____ a poner el despertador.
3. Lalo es el primero en levantarse. Lalo _____ el primero en levantarse.
4. ¿Vas a tu habitación? ¿_____ a tu habitación?
5. Ustedes son profesores. Ustedes _____ profesores.

3 Reflexivos Completa cada conversación con la forma correcta de los verbos reflexivos. **22 pts.**

TOMÁS Yo siempre (1) _____ (bañarse) antes de (2) _____ (acostarse). Esto me relaja porque no (3) _____ (dormirse) fácilmente. Y así puedo (4) _____ (levantarse) más tarde. Y tú, ¿cuándo (5) _____ (ducharse)?

LETI Pues por la mañana, para poder (6) _____ (despertarse).

DAVID ¿Cómo (7) _____ (sentirse) Pepa hoy?

MARÍA Todavía está enojada.

DAVID ¿De verdad? Ella nunca (8) _____ (enojarse) con nadie.

BETO ¿(Nosotros) (9) _____ (irse) de esta tienda? Estoy cansado.

SARA Pero antes vamos a (10) _____ (probarse) estos sombreros. Si quieres, después (nosotros) (11) _____ (sentarse) un rato.

RESUMEN GRAMATICAL

7.1 Reflexive verbs pp. 236–237

lavarse	
me lavo	nos lavamos
te lavas	os laváis
se lava	se lavan

7.2 Indefinite and negative words pp. 240–241

Indefinite words	Negative words
algo	nada
alguien	nadie
alguno/a(s), algún	ninguno/a, ningún
o... o	ni... ni
siempre	nunca, jamás
también	tampoco

7.3 Preterite of ser and ir p. 244

▶ The preterite of **ser** and **ir** are identical. Context will determine the meaning.

ser and ir	
fui	fuimos
fuiste	fuisteis
fue	fueron

7.4 Verbs like gustar pp. 246–247

aburrir	importar
encantar	interesar
faltar	molestar
fascinar	quedar

me, te, le, nos, os, les

SINGULAR
encanta / interesó → la película / el concierto

PLURAL
importan / fascinaron → las vacaciones / los museos

▶ Use the construction **a** + [noun/pronoun] to clarify the person in question.

A mí me encanta ver películas, ¿y a ti?

4 **Conversaciones** Completa cada conversación de manera lógica con palabras de la lista. `18 pts.`

algo	nada	ningún	siempre
alguien	nadie	nunca	también
algún	ni... ni	o... o	tampoco

1. —¿Tienes _____ plan para esta noche?
   —No, prefiero quedarme en casa. Hoy no quiero ver a _____.
   —Yo _____ me quedo. Estoy muy cansado.
2. —¿Puedo entrar? ¿Hay _____ en el cuarto de baño?
   —Sí. ¡Un momento! Ahora mismo salgo.
3. —¿Puedes prestarme _____ para peinarme? No encuentro _____ mi cepillo _____ mi peine.
   —Lo siento, yo _____ encuentro los míos (*mine*).
4. —¿Me prestas tu maquillaje?
   —Lo siento, no tengo. _____ me maquillo.

5 **Oraciones** Forma oraciones completas con los elementos dados (*given*). Usa el presente de los verbos. `8 pts.`

1. David y Juan / molestar / levantarse temprano
2. Lucía / encantar / las películas de terror
3. todos (nosotros) / importar / la educación
4. tú / aburrir / ver / la televisión

6 **Rutinas** Escribe seis oraciones que describan las rutinas de dos personas que conoces. `18 pts.`

> **modelo**
> Mi tía **se despierta** temprano, pero mi primo...

7 **Adivinanza** Completa la adivinanza con las palabras que faltan y adivina la respuesta. `¡4 puntos EXTRA!`

"Cuanto más° _____ (*it dries you*), más se moja°."
¿Qué es? _____

Cuanto más *The more* se moja *it gets wet*

Lectura

Antes de leer

Estrategia
Predicting content from the title

Prediction is an invaluable strategy in reading for comprehension. For example, we can usually predict the content of a newspaper article from its headline. We often decide whether to read the article based on its headline. Predicting content from the title will help you increase your reading comprehension in Spanish.

Examinar el texto
Lee el título de la lectura y haz tres predicciones sobre el contenido. Escribe tus predicciones en una hoja de papel.

Compartir
Comparte tus ideas con un(a) compañero/a de clase.

Cognados
Haz una lista de seis cognados que encuentres en la lectura.

1. _____
2. _____
3. _____
4. _____
5. _____
6. _____

¿Qué te dicen los cognados sobre el tema de la lectura?

Mensaje

De: Guillermo Zamora
Para: Lupe; Marcos; Sandra; Jorge
Asunto: ¡Qué día!

Hola, chicos:

La semana pasada me di cuenta° de que necesito organizar mejor° mi rutina... pero especialmente debo prepararme mejor para los exámenes. Me falta disciplina, me molesta no tener control de mi tiempo y nunca deseo repetir los eventos de la semana pasada.

El miércoles pasé todo el día y toda la noche estudiando para el examen de biología del jueves por la mañana. Me aburre la biología y no empecé a estudiar hasta el día antes del examen. El jueves a las 8, después de no dormir en toda la noche, fui exhausto al examen. Fue difícil, pero afortunadamente° me acordé de todo el material. Esa noche me acosté temprano y dormí mucho.

Me desperté a las 7, y fue extraño° ver a mi compañero de cuarto, Andrés, preparándose para ir a dormir. Como° siempre se enferma°, tiene problemas para dormir y no hablamos mucho, no le comenté nada. Fui al baño a cepillarme los dientes para ir a clase. ¿Y Andrés? Él se acostó. "Debe estar enfermo°, ¡otra vez!", pensé.

Mi clase es a las 8, y fue necesario hacer las cosas rápido. Todo empezó a ir mal... 😠 eso pasa siempre cuando uno tiene prisa. Cuando busqué mis cosas para el baño, no las encontré. Entonces me duché sin jabón, me cepillé los dientes sin cepillo de dientes y me peiné con las manos. Tampoco encontré ropa limpia y usé la sucia. Rápido, tomé mis libros. ¿Y Andrés? Roncando°... ¡a las 7:50!

Cuando salí corriendo para la clase, la prisa no me permitió ver el campus desierto. Cuando llegué a la clase, no vi a nadie. No vi al profesor ni a los estudiantes. Por último miré mi reloj, y vi la hora. Las 8 en punto... ¡de la noche!

¡Dormí 24 horas!

Guillermo

me di cuenta *I realized*   mejor *better*   afortunadamente *fortunately*
extraño *strange*   Como *Since*   se enferma *he gets sick*   enfermo *sick*
Roncando *Snoring*

Después de leer

Seleccionar
Selecciona la respuesta correcta.
1. ¿Quién es el/la narrador(a)?
   a. Andrés
   b. una profesora
   c. Guillermo
2. ¿Qué le molesta al narrador?
   a. Le molestan los exámenes de biología.
   b. Le molesta no tener control de su tiempo.
   c. Le molesta mucho organizar su rutina.
3. ¿Por qué está exhausto?
   a. Porque fue a una fiesta la noche anterior.
   b. Porque no le gusta la biología.
   c. Porque pasó la noche anterior estudiando.
4. ¿Por qué no hay nadie en clase?
   a. Porque es de noche.
   b. Porque todos están de vacaciones.
   c. Porque el profesor canceló la clase.
5. ¿Cómo es la relación de Guillermo y Andrés?
   a. Son buenos amigos.
   b. No hablan mucho.
   c. Tienen una buena relación.

Ordenar
Ordena los sucesos de la narración. Utiliza los números del 1 al 9.
a. Toma el examen de biología. ___
b. No encuentra sus cosas para el baño. ___
c. Andrés se duerme. ___
d. Pasa todo el día y toda la noche estudiando para un examen. ___
e. Se ducha sin jabón. ___
f. Se acuesta temprano. ___
g. Vuelve a su cuarto después de las 8 de la noche. ___
h. Se despierta a las 7 y su compañero de cuarto se prepara para dormir. ___
i. Va a clase y no hay nadie. ___

Contestar
Contesta estas preguntas.
1. ¿Cómo es tu rutina diaria? ¿Muy organizada?
2. ¿Cuándo empiezas a estudiar para los exámenes?
3. ¿Tienes compañero/a de cuarto? ¿Es tu amigo/a?
4. Para comunicarte con tus amigos/as, ¿prefieres el teléfono o el correo electrónico? ¿Por qué?

Escritura

Estrategia
Sequencing events

Paying strict attention to sequencing in a narrative will ensure that your writing flows logically from one part to the next.

Every composition should have an introduction, a body, and a conclusion. The introduction presents the subject, the setting, the situation, and the people involved. The main part, or the body, describes the events and people's reactions to these events. The conclusion brings the narrative to a close.

Adverbs and adverbial phrases are sometimes used as transitions between the introduction, the body, and the conclusion. Here is a list of commonly used adverbs in Spanish:

Adverbios	
además; también	in addition; also
al principio; en un principio	at first
antes (de)	before
después	then
después (de)	after
entonces; luego	then
más tarde	later (on)
primero	first
pronto	soon
por fin; finalmente	finally
al final	finally

Tema
Escribe tu rutina

Imagina tu rutina diaria en uno de estos lugares:

- una isla desierta
- el Polo Norte
- un crucero° transatlántico
- un desierto

Escribe una composición en la que describes tu rutina diaria en uno de estos lugares o en algún otro lugar interesante que imagines°. Mientras planeas tu composición, considera cómo cambian algunos de los elementos más básicos de tu rutina diaria en el lugar que escogiste°. Por ejemplo, ¿dónde te acuestas en el Polo Norte? ¿Cómo te duchas en el desierto?

Usa el presente de los verbos reflexivos que conoces e incluye algunos de los adverbios de esta página para organizar la secuencia de tus actividades. Piensa también en la información que debes incluir en cada sección de la narración. Por ejemplo, en la introducción puedes hacer una descripción del lugar y de las personas que están allí, y en la conclusión puedes dar tus opiniones acerca del° lugar y de tu vida diaria allí.

crucero *cruise ship* **que imagines** *that you dream up* **escogiste** *you chose* **acerca del** *about the*

Escuchar

Antes de escuchar

> ### Estrategia
> **Using background information**
>
> Once you discern the topic of a conversation, pause to think about what you already know about the subject. Using this background information will help you guess the meaning of unknown words or structures.
>
> To help you practice this strategy, you will now listen to a short paragraph. Jot down the subject of the paragraph, and then use your knowledge of the subject to listen for and write down the paragraph's main points.

Preparación
Según la foto, ¿dónde están Carolina y Julián? Piensa en lo que sabes de este tipo de situación. ¿De qué van a hablar?

Ahora escucha

La entrevista

Ahora escucha la entrevista y piensa en lo que sabes sobre este tipo de situación. Elige la información que completa correctamente cada oración.

1. Julián es ___.
    a. político
    b. deportista profesional
    c. artista de cine
2. El público de Julián quiere saber de ___.
    a. sus películas
    b. su vida
    c. su novia
3. Julián habla de ___.
    a. sus viajes y sus rutinas
    b. sus parientes y amigos
    c. sus comidas favoritas
4. Julián ___.
    a. se levanta y se acuesta a diferentes horas todos los días
    b. tiene una rutina diaria
    c. no quiere hablar de su vida

Comprensión

¿Cierto o falso?
Indica si las oraciones son **ciertas** o **falsas** según la información que Julián da en la entrevista.

1. Es difícil despertarme; generalmente duermo hasta las diez.
2. Pienso que mi vida no es más interesante que las vidas de ustedes.
3. Me gusta tener tiempo para pensar y meditar.
4. Nunca hago mucho ejercicio; no soy una persona activa.
5. Me fascinan las actividades tranquilas, como escribir y escuchar música clásica.
6. Los viajes me parecen aburridos.

Preguntas
1. ¿Qué tiene Julián en común con otras personas de su misma profesión?
2. ¿Te parece que Julián siempre fue rico? ¿Por qué?
3. ¿Qué piensas de Julián como persona?

En pantalla

La fiesta de quince años se celebra en algunos países de Latinoamérica cuando las chicas cumplen° quince años. Los quince años representan la transición de niña a mujer. Los orígenes de esta ceremonia son mayas y aztecas, pero también tiene influencias del catolicismo. La celebración varía según el país, pero es común en todas la importancia del vestido de la quinceañera°, el baile de la quinceañera con su padre y con otros familiares° y el banquete para los invitados°.

Vocabulario útil	
cubren	cover
granos	zits, pimples
hice	I did
peor	worse
tapar	to cover
tenía	I had

Preparación
¿Qué fechas especiales son importantes para ti? ¿Por qué?

Escoger
Escoge la opción correcta para cada oración.
1. La chica se levantó ___ el día de las fotos.
   a. con granos   b. muy tarde
2. Después de levantarse, la chica ___.
   a. se bañó   b. se maquilló
3. Para las fotos, la chica tapó los granos con ___.
   a. la flora y la fauna   b. maquillaje Asepxia
4. Ahora la chica ___.
   a. tiene muchos granos   b. usa maquillaje Asepxia

Una fiesta
Habla con un(a) compañero/a sobre la última fiesta a la que fuiste. Puedes usar estas preguntas como guía. Luego, presenta la experiencia de tu compañero/a a la clase.
- ¿Qué te gustó más? ¿Te aburrió algo?
- ¿Cuántas personas fueron?
- ¿Cómo te preparaste para la fiesta? ¿Te duchaste antes de ir a la fiesta? ¿Te maquillaste? ¿Te afeitaste?

cumplen *turn* quinceañera *young woman celebrating her fifteenth birthday* familiares *family members* invitados *guests* Tuve que *I had to* lo que pude *what I could*

Anuncio de Asepxia

Me levanté con una invasión de granos.

Tuve que° taparlos con lo que pude°...

Ahora Florencia usa maquillajes Asepxia.

La rutina diaria

En este episodio de *Flash cultura* vas a conocer unos entremeses° españoles llamados **tapas**. Hay varias teorías sobre el origen de su nombre. Una dice que viene de la costumbre antigua° de **tapar**° los vasos de vino para evitar° que insectos o polvo entren en° ellos. Otra teoría cuenta que el rey Alfonso X debía° beber un poco de vino por indicación médica y decidió acompañarlo° con algunos bocados° para tapar los efectos del alcohol. Cuando el rey estuvo° mejor, ordenó que siempre en Castilla se sirviera° algo de comer con las bebidas° alcohólicas.

Vocabulario útil

económicas	inexpensive
montaditos	bread slices with assorted toppings
pagar propinas	to tip
tapar el hambre	to take the edge off (lit. putting the lid on one's hunger)

Preparación

En el área donde vives, ¿qué hacen las personas normalmente después del trabajo (*work*)? ¿Van a sus casas? ¿Salen con amigos? ¿Comen?

Ordenar

Ordena estos sucesos.

_____ a. El empleado cuenta los palillos (*counts the toothpicks*) de los montaditos que Mari Carmen comió.

_____ b. Mari Carmen va al barrio de la Ribera.

_____ c. Un hombre en un bar explica cuándo sale a tomar tapas.

_____ d. Un hombre explica la tradición de los montaditos o pinchos.

_____ e. Carmen le pregunta a la chica si los montaditos son buenos para la salud.

entremeses appetizers *antigua* ancient *tapar* cover *evitar* avoid
entren en would get in *debía* should *acompañarlo* accompany it *bocados* snacks
estuvo was *se sirviera* they should serve *bebidas* drinks *sueles* do you tend

Tapas para todos los días

Estamos en la Plaza Cataluña, el puro centro de Barcelona.

—¿Cuándo sueles° venir a tomar tapas?
—Generalmente, después del trabajo.

Éstos son los montaditos, o también llamados pinchos. ¿Te gustan?

7 panorama

Perú

El país en cifras

- **Área:** 1.285.220 km² (496.224 millas²), un poco menos que el área de Alaska
- **Población:** 31.036.000
- **Capital:** Lima—9.897.000
- **Ciudades principales:** Arequipa—850.000, Trujillo, Chiclayo, Callao, Iquitos

Iquitos es un puerto muy importante en el río Amazonas. Desde Iquitos se envían° muchos productos a otros lugares, incluyendo goma°, nueces°, madera°, arroz°, café y tabaco. Iquitos es también un destino popular para los ecoturistas que visitan la selva°.

- **Moneda:** nuevo sol
- **Idiomas:** español (oficial); quechua, aimara y otras lenguas indígenas (oficiales en los territorios donde se usan)

Bandera de Perú

Peruanos célebres

- **Clorinda Matto de Turner,** escritora (1852–1909)
- **César Vallejo,** poeta (1892–1938)
- **Javier Pérez de Cuéllar,** diplomático (1920–)
- **Juan Diego Flórez,** cantante de ópera (1973–)
- **Mario Vargas Llosa,** escritor (1936–)

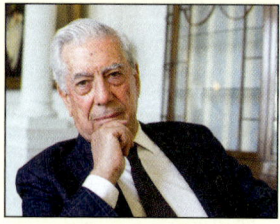
Mario Vargas Llosa, Premio Nobel de Literatura 2010

se envían are shipped *goma* rubber *nueces* nuts *madera* timber
arroz rice *selva* jungle

Bailando marinera norteña en Trujillo

Calle en la ciudad de Iquitos

Pasaje Santa Rosa de Lima

Mercado indígena en Cuzco

More activities: vhlcentral WB pp. 83–84 Online activities

ACTIVIDADES

1 **¿Cierto o falso?** Indica si lo que dice cada oración es **cierto** o **falso**.

1. Ni Arequipa ni Callao son ciudades principales de Perú.
2. El nuevo sol es la moneda de Perú.
3. Juan Diego Flórez nunca canta en público.
4. El escritor peruano Mario Vargas Llosa ganó el Premio Nobel de Literatura en el año 2010.
5. Hay algunas lenguas indígenas en Perú.
6. Hiram Bingham descubrió las Líneas de Nazca en 1911.
7. En el Museo Oro del Perú y en el Museo Nacional de Antropología y Arqueología podemos ver exhibiciones sobre los aztecas.
8. Los españoles nunca encontraron Machu Picchu durante la Conquista.
9. La música andina tiene influencias francesas e italianas.
10. Los peruanos usan las llamas para la carga y el transporte.

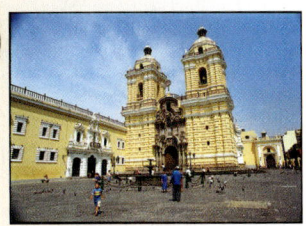

Lugares • Lima
Lima es una ciudad moderna y antigua° a la vez°. La Iglesia de San Francisco es notable por su arquitectura barroca colonial. También son fascinantes las exhibiciones sobre los incas en el Museo Oro del Perú y en el Museo Nacional de Antropología y Arqueología. Barranco, el barrio° bohemio de la ciudad, es famoso por su ambiente cultural y sus bares y restaurantes.

Historia • Machu Picchu
A 80 kilómetros al noroeste de Cuzco está Machu Picchu, una antigua ciudad del Imperio inca. Está a una altitud de 2.430 metros (7.972 pies), entre dos cimas° de los Andes. Cuando los españoles llegaron a Perú y recorrieron la región, nunca encontraron Machu Picchu. En 1911, el arqueólogo estadounidense Hiram Bingham la redescubrió. Todavía no se sabe ni cómo se construyó° una ciudad a esa altura, ni por qué los incas la abandonaron. Sin embargo°, esta ciudad situada en desniveles° naturales es el ejemplo más conocido de la arquitectura inca.

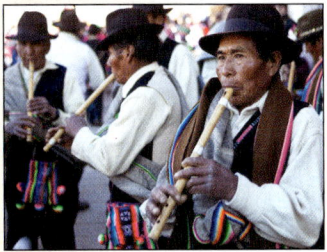

Artes • La música andina
Machu Picchu aún no existía° cuando se originó la música cautivadora° de las culturas indígenas de los Andes. Los ritmos actuales de la música andina tienen influencias españolas y africanas. Varios tipos de flauta°, entre ellos la quena y la zampoña, caracterizan esta música. En las décadas de los sesenta y los setenta se popularizó un movimiento para preservar la música andina, y hasta° Simon y Garfunkel incorporaron a su repertorio la canción *El cóndor pasa*.

Economía • Llamas y alpacas
Perú se conoce por sus llamas, alpacas, guanacos y vicuñas, todos ellos animales mamíferos° parientes del camello. Estos animales todavía tienen una enorme importancia en la economía del país. Dan lana para exportar a otros países y para hacer ropa, mantas°, bolsas y otros artículos artesanales. La llama se usa también para la carga y el transporte.

antigua *old* a la vez *at the same time* barrio *neighborhood* cimas *summits* se construyó *was built* Sin embargo *However* desniveles *uneven pieces of land* aún no existía *didn't exist yet* cautivadora *captivating* flauta *flute* hasta *even* mamíferos *mammalian* mantas *blankets*

¡Increíble pero cierto!
Hace más de° dos mil años la civilización nazca de Perú grabó° más de dos mil kilómetros de líneas en el desierto. Los dibujos sólo son descifrables desde el aire. Uno de ellos es un cóndor del tamaño° de un estadio. Las Líneas de Nazca son uno de los grandes misterios de la humanidad.

Hace más de *More than... ago* grabó *engraved* tamaño *size*

---

2 **¿Qué aprendiste?** Contesta las preguntas.
1. ¿Cuáles son las lenguas oficiales de Perú?
2. ¿Por qué es notable la Iglesia de San Francisco en Lima?
3. ¿Qué información sobre Machu Picchu no se sabe todavía?
4. ¿Qué son la quena y la zampoña?
5. ¿Qué hacen los peruanos con la lana de sus llamas y alpacas?

3 **Descripción** Viajaste a Perú y conociste los lugares turísticos más importantes de este país. Describe a un(a) compañero/a el lugar que más te gustó.

modelo
Cuando fui a Perú, conocí Machu Picchu. Fue un viaje muy interesante porque...

vocabulario

Vocabulary Tools

Los verbos reflexivos

acordarse (de) (o:ue)	to remember
acostarse (o:ue)	to go to bed
afeitarse	to shave
bañarse	to take a bath
cepillarse el pelo	to brush one's hair
cepillarse los dientes	to brush one's teeth
despertarse (e:ie)	to wake up
dormirse (o:ue)	to go to sleep; to fall asleep
ducharse	to take a shower
enojarse (con)	to get angry (with)
irse	to go away; to leave
lavarse la cara	to wash one's face
lavarse las manos	to wash one's hands
levantarse	to get up
llamarse	to be called; to be named
maquillarse	to put on makeup
peinarse	to comb one's hair
ponerse	to put on
ponerse (+ *adj.*)	to become (+ *adj.*)
preocuparse (por)	to worry (about)
probarse (o:ue)	to try on
quedarse	to stay
quitarse	to take off
secarse	to dry (oneself)
sentarse (e:ie)	to sit down
sentirse (e:ie)	to feel
vestirse (e:i)	to get dressed

Palabras de secuencia

antes (de)	before
después	afterward; then
después (de)	after
durante	during
entonces	then
luego	then
más tarde	later (on)
por último	finally

Palabras indefinidas y negativas

algo	something; anything
alguien	someone; somebody; anyone
alguno/a(s), algún	some; any
jamás	never; not ever
nada	nothing; not anything
nadie	no one; nobody; not anyone
ni... ni	neither... nor
ninguno/a, ningún	no; none; not any
nunca	never; not ever
o... o	either... or
siempre	always
también	also; too
tampoco	neither; not either

Verbos similares a *gustar*

aburrir	to bore
encantar	to like very much; to love (inanimate objects)
faltar	to lack; to need
fascinar	to fascinate; to like very much
importar	to be important to; to matter
interesar	to be interesting to; to interest
molestar	to bother; to annoy
quedar	to be left over; to fit (clothing)

Palabras adicionales

el despertador	alarm clock
las pantuflas	slippers
la rutina diaria	daily routine
por la mañana	in the morning
por la noche	at night
por la tarde	in the afternoon; in the evening

Expresiones útiles	See page 231.

En el baño

el baño, el cuarto de baño	bathroom
el champú	shampoo
la crema de afeitar	shaving cream
la ducha	shower
el espejo	mirror
el inodoro	toilet
el jabón	soap
el lavabo	sink
el maquillaje	makeup
la pasta de dientes	toothpaste
la toalla	towel

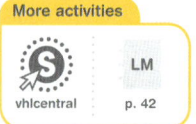

La comida

8

Communicative Goals

You will learn how to:
- Order food in a restaurant
- Talk about and describe food

contextos
pages 262–267
- Food
- Food descriptions
- Meals

fotonovela
pages 268–271
Miguel and Maru are at one of Mexico City's best restaurants enjoying a romantic dinner... until Felipe and Juan Carlos show up.

cultura
pages 272–273
- Fruits and vegetables from the Americas
- Ferran Adrià

estructura
pages 274–289
- Preterite of stem-changing verbs
- Double object pronouns
- Comparisons
- Superlatives
- **Recapitulación**

adelante
pages 290–297
Lectura: A menu and restaurant review
Escritura: A restaurant review
Escuchar: A conversation at a restaurant
En pantalla: A soup commercial
Flash cultura: A video about Latin food in the U.S.
Panorama: Guatemala

A PRIMERA VISTA
- ¿Dónde está ella?
- ¿Qué hace?
- ¿Es parte de su rutina diaria?
- ¿Qué ropa lleva la mujer?

8 contextos

La comida

Más vocabulario

el/la camarero/a	waiter/waitress
la comida	food; meal
la cuenta	bill
el/la dueño/a	owner
los entremeses	appetizers
el menú	menu
el plato (principal)	(main) dish
la propina	tip
la sección de (no) fumar	(non) smoking section
el agua (*f.*) (mineral)	(mineral) water
la bebida	drink
la cerveza	beer
la leche	milk
el refresco	soft drink
el ajo	garlic
las arvejas	peas
los cereales	cereal; grains
los frijoles	beans
el melocotón	peach
el pollo (asado)	(roast) chicken
el queso	cheese
el sándwich	sandwich
el yogur	yogurt
el aceite	oil
la margarina	margarine
la mayonesa	mayonnaise
el vinagre	vinegar
delicioso/a	delicious
sabroso/a	tasty; delicious
saber (a)	to taste (like)

Variación léxica

arvejas ⟷ chícharos (*Méx.*), guisantes (*Esp.*)
camarones ⟷ gambas (*Esp.*)
camarero ⟷ mesero (*Amér. L.*), mesonero (*Ven.*), mozo (*Arg., Chile, Urug., Perú*)
refresco ⟷ gaseosa (*Amér. C., Amér. S.*)

Hotspots

Frutas y verduras

- el jamón
- las uvas
- el limón
- la pera
- el tomate
- la zanahoria
- la banana
- el maíz
- la lechuga
- la cebolla
- el champiñón
- la naranja

More activities

vhlcentral | LM p. 43 | WB pp. 85–86 | Online activities

Práctica

1 Escuchar Indica si un vegano puede comer las comidas que vas a escuchar.

	Sí	No		Sí	No
1.	○	○	5.	○	○
2.	○	○	6.	○	○
3.	○	○	7.	○	○
4.	○	○	8.	○	○

2 Escoger Indica en qué casos se habla de bebidas y en qué casos se habla de comidas.

1. _____
2. _____
3. _____
4. _____
5. _____
6. _____
7. _____
8. _____

3 Identificar Identifica la palabra que no está relacionada con cada grupo.

1. champiñón • cebolla • propina • zanahoria
2. camarones • ajo • atún • salmón
3. pollo • naranja • limón • melocotón
4. jamón • chuleta de cerdo • vinagre • carne de res
5. cerveza • lechuga • arvejas • frijoles
6. carne • pescado • mariscos • camarero
7. aceite • leche • refresco • agua mineral
8. maíz • queso • tomate • champiñón
9. cuenta • menú • camarera • mayonesa
10. uva • pera • langosta • banana

4 Completar Completa las oraciones con las palabras más lógicas.

1. Camarero, ¿puedo ver el _____, por favor?
   a. aceite   b. maíz   c. menú
2. ¡Me gusta mucho este plato! Sabe _____.
   a. mal   b. delicioso   c. antipático
3. Carlos y yo bebemos siempre agua _____.
   a. cómoda   b. mineral   c. principal
4. El plato del día es _____.
   a. pollo asado   b. mayonesa   c. ajo
5. Margarita es vegetariana. Ella come _____.
   a. frijoles   b. chuletas   c. jamón
6. Mi hermana le da _____ a su niña.
   a. ajo   b. vinagre   c. yogur

el desayuno

NOTA CULTURAL

En Guatemala, un desayuno típico incluye huevos, frijoles, fruta, tortillas, jugo y café.

Otros desayunos populares son:

madalenas (*muffins*) España

pan dulce (*assorted breads/pastries*) México

champurradas (*sugar cookies*) Guatemala

gallo pinto (*fried rice and beans*) Costa Rica

perico (*scrambled eggs with peppers and onions*) Venezuela

el almuerzo

Más vocabulario

escoger	to choose
merendar (e:ie)	to snack
probar (o:ue)	to taste; to try
recomendar (e:ie)	to recommend
servir (e:i)	to serve
el té	tea
el vino blanco	white wine

la cena

5 En el supermercado
Completa la conversación.

| aceite | carne | escojo | meriendo | tinto |
| arroz | cena | espárragos | recomiendo | vino |

LAURA ¿Sabes qué necesitamos comprar para la (1)_____ de hoy?

EDUARDO No lo sé, quiero probar ese (2)_____ especial que tú haces.

LAURA Bueno, para ese plato necesitamos también (3)_____.

EDUARDO ¿Verdes o blancos?

LAURA Verdes, por supuesto. Y también (4)_____ de oliva.

EDUARDO ¿Y compramos (5)_____?

LAURA No, ahora soy vegetariana.

EDUARDO Ah. Y para beber, ¿compramos (6)_____?

LAURA Sí, te (7)_____ uno blanco, porque el vino (8)_____ no va bien con este plato.

EDUARDO Mira, ¿(9)_____ éste? Está a buen precio.

LAURA Sí. Bueno, vamos rápido a casa, ¡ya tengo mucha hambre!

6 Adivinanzas
En parejas, completen las adivinanzas (*riddles*).

bistec	manzana	pimienta	sopa
ensalada	pan	refresco	té
langosta	papas fritas	sal	yogur

1. Es un condimento blanco.
2. Es una fruta que puede ser de color rojo, verde o amarillo.
3. Puede tener lechuga, tomates y zanahoria.
4. Es una bebida que puede saber a naranja.
5. Es una carne roja.
6. Puedes beberlo frío o caliente.
7. Lo necesitas para hacer un sándwich.
8. Es un marisco muy caro.
9. Puedes comerlo en el desayuno con cereales.
10. Es un condimento negro.

7 Cambiar
En parejas, corrijan las oraciones para que sean lógicas.

modelo
El cereal favorito de mi hermana es la banana.
La fruta favorita de mi hermana es la banana.

1. El pollo y el bistec son entremeses.
2. El camarero va a darnos una propina.
3. Los niños de Susana beben café todas las mañanas.
4. Marcos siempre come su yogur con camarones.
5. Me encantan los pescados, en especial el pavo.
6. Las arvejas y los espárragos son anaranjados.
7. Sirven té helado con frijoles.
8. Muchas personas desayunan langosta.
9. Para beber, quiero un jugo de pimienta, por favor.
10. Para hacer pizza, necesitas arroz.

8 Combinar
Combina palabras de cada columna, en cualquier (*any*) orden, para formar diez oraciones lógicas.

modelo
La camarera nos sirve la ensalada.

A	B	C
el/la camarero/a	almorzar	la sección de no fumar
el/la dueño/a	escoger	el desayuno
mi familia	gustar	la ensalada
mi novio/a	merendar	las uvas
mis amigos y yo	pedir	el restaurante
mis padres	preferir	el jugo de naranja
mi hermano/a	probar	el refresco
el/la médico/a	recomendar	el plato
yo	servir	el arroz

NOTA CULTURAL

El arroz es un alimento básico en el Caribe, Centroamérica y México, entre otros países. Aparece frecuentemente como acompañamiento del plato principal y muchas veces se sirve con frijoles. Un plato muy popular en varios países es **el arroz con pollo** *(chicken and rice casserole)*.

9 Un menú
En parejas, van a crear un menú para una cena especial. Incluyan los entremeses, los platos principales y las bebidas.

modelo
La cena especial que vamos a preparar es deliciosa. Primero, hay dos entremeses: ensalada César y sopa de langosta. El plato principal es salmón con salsa de ajo y espárragos. También vamos a servir arroz…

Comunicación

10 **Conversación** En parejas, túrnense para hacerse estas preguntas.

1. ¿Qué te gusta cenar?
2. ¿A qué hora, dónde y con quién almuerzas?
3. ¿Cuáles son las comidas más (*most*) típicas de tu almuerzo?
4. ¿Desayunas? ¿Qué comes y bebes por la mañana?
5. ¿Qué comida te gusta más? ¿Qué comida no conoces y quieres probar?
6. ¿Cuáles son las comidas y bebidas más frecuentes en tu dieta?
7. ¿Qué comida recomiendas a tus amigos? ¿Por qué?
8. ¿Te gusta preparar la comida? ¿Qué comidas preparas para tus amigos? ¿Para tu familia?

11 **Describir** Con dos compañeros/as de clase, describe las dos fotos, contestando estas preguntas.

▶ ¿Quiénes están en las fotos?

▶ ¿Dónde están?

▶ ¿Qué hora es?

▶ ¿Qué comen y qué beben?

12 **Crucigrama** Tu profesor(a) les va a dar a ti y a tu compañero/a un crucigrama (*crossword puzzle*) incompleto. Tú tienes las palabras que necesita tu compañero/a y él/ella tiene las palabras que tú necesitas. Tienen que darse pistas (*clues*) para completarlo. No pueden decir la palabra; deben utilizar definiciones, ejemplos y frases.

modelo

6 vertical: Es un condimento que normalmente viene con la sal.
12 horizontal: Es una fruta amarilla.

8 | fotonovela

Una cena... romántica

Maru y Miguel quieren tener una cena romántica, pero les espera una sorpresa.

PERSONAJES MARU MIGUEL

 Video

1

MARU No sé qué pedir. ¿Qué me recomiendas?
MIGUEL No estoy seguro. Las chuletas de cerdo se ven muy buenas.
MARU ¿Vas a pedirlas?
MIGUEL No sé.

2

MIGUEL ¡Qué bonitos! ¿Quién te los dio?
MARU Me los compró un chico muy guapo e inteligente.
MIGUEL ¿Es tan guapo como yo?
MARU Sí, como tú, guapísimo.

5

MIGUEL Por nosotros.
MARU Dos años.

3

(El camarero llega a la mesa.)
CAMARERO ¿Les gustaría saber nuestras especialidades del día?
MARU Sí, por favor.
CAMARERO Para el entremés, tenemos ceviche de camarón. De plato principal ofrecemos bistec con verduras a la plancha.

4

MARU Voy a probar el jamón.
CAMARERO Perfecto. ¿Y para usted, caballero?
MIGUEL Pollo asado con champiñones y papas, por favor.
CAMARERO Excelente.

6

(en otra parte del restaurante)
JUAN CARLOS Disculpe. ¿Qué me puede contar del pollo? ¿Dónde lo consiguió el chef?
CAMARERO ¡Oiga! ¿Qué está haciendo?

CAMARERO   **JUAN CARLOS**   **FELIPE**   **GERENTE**

7

FELIPE Los espárragos están sabrosísimos esta noche. Usted pidió el pollo, señor. Estos champiñones saben a mantequilla.

8

GERENTE ¿Qué pasa aquí, Esteban?
CAMARERO Lo siento, señor. Me quitaron la comida.
GERENTE (*a Felipe*) Señor, ¿quién es usted? ¿Qué cree que está haciendo?

9

JUAN CARLOS Felipe y yo les servimos la comida a nuestros amigos. Pero desafortunadamente, salió todo mal.
FELIPE Soy el peor camarero del mundo. ¡Lo siento! Nosotros vamos a pagar la comida.
JUAN CARLOS ¿Nosotros?

10

FELIPE Todo esto fue idea tuya, Juan Carlos.
JUAN CARLOS ¿Mi idea? ¡Felipe! (*al gerente*) Señor, él es más responsable que yo.
GERENTE Tú y tú, vamos.

Expresiones útiles

Ordering food

¿Qué me recomiendas?
What do you recommend?
Las chuletas de cerdo se ven muy buenas.
The pork chops look good.
¿Les gustaría saber nuestras especialidades del día?
Would you like to hear our specials?
Para el entremés, tenemos ceviche de camarón.
For an appetizer, we have shrimp ceviche.
De plato principal ofrecemos bistec con verduras a la plancha.
For a main course, we have beef with grilled vegetables.
Voy a probar el jamón.
I am going to try the ham.

Describing people and things

¡Qué bonitos! ¿Quién te los dio?
How pretty! Who gave them to you?
Me los compró un chico muy guapo e inteligente.
A really handsome, intelligent guy bought them for me.
¿Es tan guapo como yo?
Is he as handsome as I am?
Sí, como tú, guapísimo.
Yes, like you, gorgeous.
Soy el peor camarero del mundo.
I am the worst waiter in the world.
Él es más responsable que yo.
He is more responsible than I am.

Additional vocabulary

el/la gerente *manager*
caballero *gentleman, sir*

¿Qué pasó?

1 Escoger
Escoge la respuesta que completa mejor cada oración.

1. Miguel lleva a Maru a un restaurante para _____.
   a. almorzar   b. desayunar   c. cenar
2. El camarero les ofrece _____ como plato principal.
   a. ceviche de camarón   b. bistec con verduras a la plancha
   c. pescado, arroz y ensalada
3. Miguel va a pedir _____.
   a. pollo asado con champiñones y papas
   b. langosta al horno   c. pescado con verduras a la mantequilla
4. Felipe les lleva la comida a sus amigos y prueba _____.
   a. el jamón y los vinos   b. el atún y la lechuga
   c. los espárragos y los champiñones

NOTA CULTURAL

El **ceviche** es un plato típico de varios países hispanos como México, Perú y Costa Rica. En México, se prepara con pescado o mariscos frescos, jugo de limón, jitomate, cebolla, chile y cilantro. Se puede comer como plato fuerte, pero también como entremés o botana (*snack*). Casi siempre se sirve con tostadas (*fried tortillas*) o galletas saladas (*crackers*).

2 Identificar
Indica quién dice las oraciones equivalentes.

1. ¡Qué desastre! Soy un camarero muy malo.
2. Tenemos bistec con verduras a la plancha.
3. Recomiendo las chuletas de cerdo, creo que son muy sabrosas.
4. Vamos a la cocina.
5. Quiero el jamón con los espárragos, por favor.
6. No fue mi idea. Felipe es más responsable que yo.

 FELIPE MARU JUAN CARLOS
 CAMARERO MIGUEL GERENTE

3 Preguntas
Contesta estas preguntas.

1. ¿Por qué fueron Maru y Miguel a un restaurante?
2. ¿Qué entremés es una de las especialidades del día?
3. ¿Qué pidió Maru?
4. ¿Quiénes van a pagar la cuenta?

4 En el restaurante

1. Prepara con un(a) compañero/a una conversación en la que le preguntas si conoce algún buen restaurante en tu comunidad. Tu compañero/a responde que él/ella sí conoce un restaurante que sirve una comida deliciosa. Lo/La invitas a cenar y tu compañero/a acepta. Determinan la hora para verse en el restaurante.

2. Trabaja con un(a) compañero/a para representar los papeles de un(a) cliente/a y un(a) camarero/a en un restaurante. El/La camarero/a te pregunta qué te puede servir y tú preguntas cuál es la especialidad de la casa. El/La camarero/a te dice cuál es la especialidad y te recomienda algunos platos del menú. Tú pides entremeses, un plato principal y escoges una bebida. El/La camarero/a te sirve la comida y tú le das las gracias.

CONSULTA

To review indefinite words like **algún**, see **Estructura 7.2**, p. 240.

Pronunciación
ll, ñ, c, and z

Tutorial

| po**ll**o | **ll**ave | e**ll**a | cebo**ll**a |

Most Spanish speakers pronounce **ll** like the *y* in *yes*.

| ma**ñ**ana | se**ñ**or | ba**ñ**o | ni**ñ**a |

The letter **ñ** is pronounced much like the *ny* in *canyon*.

| **c**afé | **c**olombiano | **c**uando | ri**c**o |

Before **a**, **o**, or **u**, the Spanish **c** is pronounced like the *c* in *car*.

| **c**ereales | deli**c**ioso | **c**ondu**c**ir | **c**ono**c**er |

Before **e** or **i**, the Spanish **c** is pronounced like the *s* in *sit*. (In parts of Spain, **c** before **e** or **i** is pronounced like the *th* in *think*.)

| **z**eta | **z**anahoria | almuer**z**o | cerve**z**a |

The Spanish **z** is pronounced like the *s* in *sit*. (In parts of Spain, **z** is pronounced like the *th* in *think*.)

Práctica Lee las palabras en voz alta.

1. mantequilla
2. cuñado
3. aceite
4. manzana
5. español
6. cepillo
7. zapato
8. azúcar
9. quince
10. compañera
11. almorzar
12. calle

Oraciones Lee las oraciones en voz alta.

1. Mi compañero de cuarto se llama Toño Núñez. Su familia es de la Ciudad de Guatemala y de Quetzaltenango.
2. Dice que la comida de su mamá es deliciosa, especialmente su pollo al champiñón y sus tortillas de maíz.
3. Creo que Toño tiene razón porque hoy cené en su casa y quiero volver mañana para cenar allí otra vez.

Refranes Lee los refranes en voz alta.

Las apariencias engañan.[1]

Panza llena, corazón contento.[2]

[1] Looks can be deceiving.
[2] A full belly makes a happy heart.

cultura

EN DETALLE

Frutas y verduras de América

Imagínate una pizza sin salsa° de tomate o una hamburguesa sin papas fritas. Ahora piensa que quieres ver una película, pero las palomitas de maíz° y el chocolate no existen. ¡Qué mundo° tan insípido°! Muchas de las comidas más populares del mundo tienen ingredientes esenciales que son originarios del continente americano. Después de la conquista de América, estas frutas y verduras fueron introducidas en Europa.

El tomate, por ejemplo, cuando llegó por primera vez a Europa, fue usado como planta ornamental porque pensaron que era° venenoso°. El maíz, por su parte, era ya la base de la comida de muchos países latinoamericanos muchos siglos° antes de la llegada de los españoles.

La papa fue un alimento° básico para los incas. Incluso consiguieron deshidratarla para almacenarla° por largos períodos de tiempo. El cacao (planta con la que se hace el chocolate) fue muy importante para los aztecas y los mayas. Ellos usaban sus semillas° como moneda° y como ingrediente de diversas salsas. También las molían° para preparar una bebida: las mezclaban° con agua ¡y con chile!

El aguacate°, la guayaba°, la papaya, la piña y el maracuyá (o fruta de la pasión) son otros ejemplos de frutas originarias de América que son hoy día conocidas en todo el mundo.

Mole

¿En qué alimentos encontramos estas frutas y verduras?

Tomate: pizza, ketchup, salsa de tomate, sopa de tomate

Maíz: palomitas de maíz, tamales, tortillas, arepas (Colombia y Venezuela), pan

Papa: papas fritas, frituras de papa°, puré de papas°, sopa de papas, tortilla de patatas (España)

Cacao: mole (México), chocolatinas°, cereales, helados°, tartas°

Aguacate: guacamole (México), coctel de camarones, sopa de aguacate, nachos, enchiladas hondureñas

---

salsa *sauce* palomitas de maíz *popcorn* mundo *world* insípido *flavorless* era *was* venenoso *poisonous* siglos *centuries* alimento *food* almacenarla *to store it* semillas *seeds* moneda *currency* las molían *they used to grind them* mezclaban *they used to mix* aguacate *avocado* guayaba *guava* frituras de papa *chips* puré de papas *mashed potatoes* chocolatinas *chocolate bars* helados *ice cream* tartas *cakes*

ACTIVIDADES

1 **¿Cierto o falso?** Indica si lo que dicen las oraciones es **cierto** o **falso**. Corrige la información falsa.

1. El tomate se introdujo a Europa como planta ornamental.
2. Los incas sólo consiguieron almacenar las papas por poco tiempo.
3. Los aztecas y los mayas usaron las papas como moneda.
4. El maíz era una comida poco popular en Latinoamérica.
5. El aguacate era el alimento básico de los incas.
6. En México se hace una salsa con chocolate.
7. El aguacate, la guayaba, la papaya, la piña y el maracuyá son originarios de América.
8. Las arepas se hacen con cacao.
9. El aguacate es un ingrediente del cóctel de camarones.
10. En España hacen una tortilla con papas.

ASÍ SE DICE
La comida

el banano (Col.), el cambur (Ven.), el guineo (Nic.), el plátano (Amér. L., Esp.)	la banana
el choclo (Amér. S.), el elote (Méx.), el jojoto (Ven.), la mazorca (Esp.)	*corncob*
las caraotas (Ven.), los porotos (Amér. S.), las habichuelas (P. R.)	los frijoles
el durazno (Méx.)	el melocotón
el jitomate (Méx.)	el tomate

EL MUNDO HISPANO
Algunos platos típicos

- **Ceviche peruano:** Es un plato de pescado crudo° que se marina° en jugo de limón, con sal, pimienta, cebolla y ají°. Se sirve con lechuga, maíz, camote° y papa amarilla.

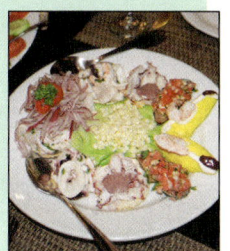

- **Gazpacho andaluz:** Es una sopa fría típica del sur de España. Se hace con verduras crudas y molidas°: tomate, ají, pepino° y ajo. También lleva pan, sal, aceite y vinagre.

- **Sancocho colombiano:** Es una sopa de pollo, pescado o carne con plátano, maíz, zanahoria, yuca, papa, cebolla, cilantro y ajo. Se sirve con arroz blanco.

crudo *raw* se marina *gets marinated* ají *pepper* camote *sweet potato* molidas *mashed* pepino *cucumber*

PERFIL
Ferran Adrià: arte en la cocina°

¿Qué haces si un amigo te invita a comer croquetas líquidas o paella de *Kellogg's*? ¿Piensas que es una broma°? ¡Cuidado! Puedes estar perdiendo la oportunidad de probar los platos de uno de los chefs más innovadores del mundo°: **Ferran Adrià.**

Este artista de la cocina basa su éxito° en la creatividad y en la química. Adrià modifica combinaciones de ingredientes y juega con contrastes de gustos y sensaciones: frío-caliente, crudo-cocido°, dulce°-salado°... A partir de nuevas técnicas, altera la textura de los alimentos sin alterar su sabor°. Sus platos sorprendentes° y divertidos atraen a muchos nuevos chefs a su academia de cocina experimental. Quizás un día compraremos° en el supermercado té esférico°, carne líquida y espuma° de tomate.

Aire de zanahorias

cocina *kitchen* broma *joke* mundo *world* éxito *success* cocido *cooked* dulce *sweet* salado *savory* sabor *taste* sorprendentes *surprising* compraremos *we will buy* esférico *spheric* espuma *foam*

CON RITMO HISPANO

Ricardo Arjona (1964–)
Lugar de nacimiento: Jocotenango, Guatemala

Las canciones de Ricardo Arjona abordan (*tackle*) temas como el amor, el racismo y la política. Antes de ser cantante, fue jugador de baloncesto y profesor de escuela primaria.

Go to **vhlcentral.com** to find out more about **Ricardo Arjona** and his music.

ACTIVIDADES

2 Comprensión Empareja cada palabra con su definición.

1. fruta amarilla
2. sopa típica de Colombia
3. ingrediente del ceviche
4. chef español

a. gazpacho
b. Ferran Adrià
c. sancocho
d. guineo
e. pescado

3 ¿Qué plato especial hay en tu región? Escribe cuatro oraciones sobre un plato típico de tu región. Explica los ingredientes que contiene y cómo se sirve.

More activities

vhlcentral / Online activities

8 estructura

8.1 Preterite of stem-changing verbs Tutorial

ANTE TODO As you learned in **Lección 6**, **–ar** and **–er** stem-changing verbs have no stem change in the preterite. **–Ir** stem-changing verbs, however, do have a stem change. Study the following chart and observe where the stem changes occur.

Preterite of –ir stem-changing verbs

		servir (to serve)	**dormir** (to sleep)
SINGULAR FORMS	yo	serví	dormí
	tú	serviste	dormiste
	Ud./él/ella	s**i**rvió	d**u**rmió
PLURAL FORMS	nosotros/as	servimos	dormimos
	vosotros/as	servisteis	dormisteis
	Uds./ellos/ellas	s**i**rvieron	d**u**rmieron

CONSULTA
There are a few high-frequency irregular verbs in the preterite. You will learn more about them in **Estructura 9.1**, p. 310.

▶ Stem-changing **–ir** verbs, in the preterite only, have a stem change in the third-person singular and plural forms. The stem change consists of either **e** to **i** or **o** to **u**.

(e → i) pedir: **pi**dió, **pi**dieron   (o → u) morir (*to die*): m**u**rió, m**u**rieron

¿Quién pidió el jamón?

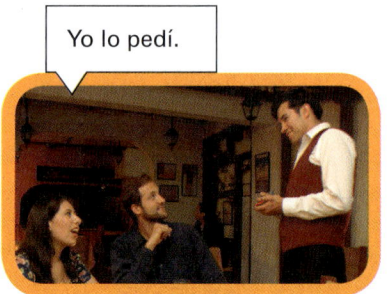
Yo lo pedí.

¡INTÉNTALO! Cambia cada infinitivo al pretérito.

1. Yo ___serví, dormí, pedí...___ . (servir, dormir, pedir, preferir, repetir, seguir)

2. Usted _____. (morir, conseguir, pedir, sentirse, servir, vestirse)

3. Ellas _____. (repetir, dormir, seguir, preferir, morir, servir)

4. Tú _____. (conseguir, servir, morir, pedir, dormir, repetir)

5. Nosotros _____. (seguir, preferir, servir, vestirse, pedir, dormirse)

6. Ustedes _____. (sentirse, vestirse, conseguir, pedir, repetir, dormirse)

7. Él _____. (dormir, morir, preferir, repetir, seguir, pedir)

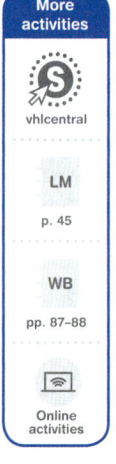

Práctica

1 **Completar** Completa estas oraciones.

1. Paula y Humberto Suárez llegaron al restaurante El Famoso a las ocho y _____ (seguir) al camarero a una mesa en la sección de no fumar.
2. El señor Suárez _____ (pedir) una chuleta de cerdo.
3. La señora Suárez _____ (preferir) probar los camarones.
4. De tomar, los dos _____ (pedir) vino tinto.
5. El camarero _____ (repetir) el pedido (*the order*) para confirmarlo.
6. La comida tardó mucho (*took a long time*) en llegar y los señores Suárez _____ (dormirse) esperando la comida.
7. A las nueve y media el camarero les _____ (servir) la comida.
8. Después de comer la chuleta, el señor Suárez _____ (sentirse) muy mal.
9. Pobre señor Suárez… ¿por qué no _____ (pedir) los camarones?

NOTA CULTURAL

El horario de las comidas en España es distinto al de los EE.UU. El desayuno es ligero (*light*). La hora del almuerzo es entre las 2 y las 3 de la tarde. Es la comida más importante del día. Mucha gente merienda o come unas tapas por la tarde. La cena, normalmente ligera, suele (*tends*) ser entre las 9 y las 11 de la noche.

2 **El camarero loco** Indica lo que los clientes pidieron y lo que el camarero les sirvió por error.

modelo
Armando / papas fritas
Armando pidió papas fritas, pero el camarero le sirvió pan.

1. nosotros / jugo de naranja

2. Beatriz / queso

3. tú / arroz

4. Elena y Alejandro / atún

5. usted / agua mineral

6. yo / hamburguesa

Comunicación

3 El almuerzo Trabajen en parejas. Túrnense para completar las oraciones de una manera lógica.

> **modelo**
> Mi compañero de cuarto se despertó temprano, pero yo...
> Mi compañero de cuarto se despertó temprano, pero yo me desperté tarde.

1. Yo llegué al restaurante a tiempo, pero mis amigos...
2. Beatriz pidió la ensalada de frutas, pero yo...
3. Yolanda les recomendó el bistec, pero Eva y Paco...
4. Nosotros preferimos las papas fritas, pero Yolanda...
5. El camarero sirvió la carne, pero yo...
6. Beatriz y yo pedimos café, pero Yolanda y Paco...
7. Eva se sintió enferma, pero Paco y yo...
8. Nosotros repetimos postre (*dessert*), pero Eva...
9. Ellos salieron tarde, pero yo...
10. Yo me dormí temprano, pero mi compañero de cuarto...

¡LENGUA VIVA!

In Spanish, the verb **repetir** is used to express *to have a second helping (of something)*.

Cuando mi mamá prepara sopa de champiñones, yo siempre repito. *When my mom makes mushroom soup, I always have a second helping.*

4 Entrevista Trabajen en parejas y túrnense para entrevistar a su compañero/a.

1. ¿Te acostaste tarde o temprano anoche? ¿A qué hora te dormiste? ¿Dormiste bien?
2. ¿A qué hora te despertaste esta mañana? Y, ¿a qué hora te levantaste?
3. ¿A qué hora vas a acostarte esta noche?
4. ¿Qué almorzaste ayer? ¿Quién te sirvió el almuerzo?
5. ¿Qué cenaste ayer?
6. ¿Cenaste en un restaurante recientemente? ¿Con quién(es)?
7. ¿Qué pediste en el restaurante? ¿Qué pidieron los demás?
8. ¿Se durmió alguien en alguna de tus clases la semana pasada? ¿En qué clase?

Síntesis

5 Describir En grupos, describan la primera (¿y la última?) cita de César y Libertad.

- ¿Adónde salieron a cenar?
- ¿Qué pidieron?
- ¿Les gustó la comida?
- ¿Quién prefirió una cena vegetariana? ¿Por qué?
- ¿Cómo se vistieron?
- ¿De qué hablaron? ¿Les gustó la conversación?
- ¿Van a volver a verse? ¿Por qué?

CONSULTA

To review words commonly associated with the preterite, such as **anoche**, see **Estructura 6.3**, p. 207.

8.2 Double object pronouns

ANTE TODO In **Lecciones 5** and **6**, you learned that direct and indirect object pronouns replace nouns and that they often refer to nouns that have already been referenced. You will now learn how to use direct and indirect object pronouns together. Observe the following diagram.

Indirect Object Pronouns		Direct Object Pronouns	
me	nos	lo	los
te	os	la	las
le (se)	les (se)		

▶ When direct and indirect object pronouns are used together, the indirect object pronoun always precedes the direct object pronoun.

     I.O.   D.O.   **DOUBLE OBJECT PRONOUNS**
La camarera **me** muestra **el menú**. → La camarera **me lo** muestra.
The waitress shows me the menu. *The waitress shows it to me.*

 I.O.   D.O.   **DOUBLE OBJECT PRONOUNS**
Nos sirven **los platos**. → **Nos los** sirven.
They serve us the dishes. *They serve them to us.*

    I.O.   D.O.   **DOUBLE OBJECT PRONOUNS**
Maribel **te** pidió **una hamburguesa**. → Maribel **te la** pidió.
Maribel ordered a hamburger for you. *Maribel ordered it for you.*

¿Quién te los dio?

Me los compró un chico muy guapo.

▶ In Spanish, two pronouns that begin with the letter **l** cannot be used together. Therefore, the indirect object pronouns **le** and **les** always change to **se** when they are used with **lo, los, la,** and **las**.

 I.O.   D.O.   **DOUBLE OBJECT PRONOUNS**
Le escribí **la carta**. → **Se la** escribí.
I wrote him the letter. *I wrote it to him.*

  I.O.   D.O.   **DOUBLE OBJECT PRONOUNS**
Les sirvió **los sándwiches**. → **Se los** sirvió.
He served them the sandwiches. *He served them to them.*

▶ Because **se** has multiple meanings, Spanish speakers often clarify to whom the pronoun refers by adding **a usted, a él, a ella, a ustedes, a ellos,** or **a ellas**.

¿El sombrero? Carlos **se** lo vendió **a ella**.
The hat? Carlos sold it to her.

¿Las verduras? Ellos **se** las compran **a usted**.
The vegetables? They are buying them for you.

▶ Double object pronouns are placed before a conjugated verb. With infinitives and present participles, they may be placed before the conjugated verb or attached to the end of the infinitive or present participle.

DOUBLE OBJECT PRONOUNS
Te lo voy a mostrar.

DOUBLE OBJECT PRONOUNS
Voy a mostrár**telo**.

DOUBLE OBJECT PRONOUNS
Nos las están comprando.

DOUBLE OBJECT PRONOUNS
Están comprándo**noslas**.

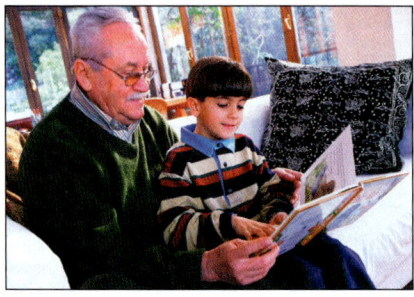
Mi abuelo **me lo** está leyendo.
Mi abuelo está leyéndo**melo**.

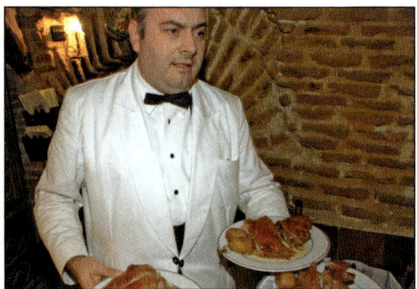
El camarero **se los** va a servir.
El camarero va a servír**selos**.

▶ As you can see above, when double object pronouns are attached to an infinitive or a present participle, an accent mark is added to maintain the original stress.

¡INTÉNTALO! Escribe el pronombre de objeto directo o indirecto que falta en cada oración.

Objeto directo

1. ¿La ensalada? El camarero nos ___la___ sirvió.
2. ¿El salmón? La dueña me _____ recomienda.
3. ¿La comida? Voy a preparárte_____.
4. ¿Los refrescos? Te _____ puedo traer ahora.
5. ¿Las bebidas? Estamos pidiéndose_____.
6. ¿Los platos de arroz? Van a servírnos_____ después.

Objeto indirecto

1. ¿Puedes traerme tu plato? No, no ___te___ lo puedo traer.
2. ¿Quieres mostrarle la carta? Sí, voy a mostrár_____ la ahora.
3. ¿Les serviste la carne? No, no _____ la serví.
4. ¿Me recomiendas la langosta? Sí, _____ la recomiendo.
5. ¿Vas a leerle el menú? No, no _____ lo voy a leer.
6. ¿Cuándo vas a prepararnos la cena? _____ la voy a preparar en una hora.

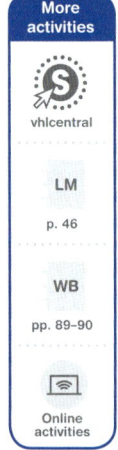

La comida

Práctica

1. Responder Trabajas de camarero/a en un restaurante. Responde a los pedidos (*requests*) de estos clientes usando pronombres.

> **modelo**
> Sra. Gómez: Una ensalada, por favor.
> Sí, señora. Enseguida (*Right away*) se la traigo.

1. Sra. Lugones: El pollo asado, por favor.
2. Srta. Rivas: Los camarones, por favor.
3. Sres. López: La mantequilla, por favor.
4. Tus compañeros/as de cuarto: Café, por favor.
5. Tu profesor(a) de español: Papas fritas, por favor.
6. Dra. González: La chuleta de cerdo, por favor.
7. Tu padre: Los champiñones, por favor.
8. Dr. Torres: La cuenta, por favor.

AYUDA

Here are some other useful expressions:
ahora mismo
right now
inmediatamente
immediately
¡A la orden!
At your service!
¡Ya voy!
I'm on my way!

2. ¿Quién? La señora Cevallos está planeando una cena. En parejas, túrnense para decir lo que ella está pensando. Cambien los sustantivos subrayados por pronombres de objeto directo y hagan los otros cambios necesarios.

> **modelo**
> ¡No tengo carne! ¿Quién va a traerme la carne del supermercado? (mi esposo)
> Mi esposo va a traérmela./Mi esposo me la va a traer.

1. ¡Las invitaciones! ¿Quién les manda <u>las invitaciones</u> a los invitados (*guests*)? (mi hija)
2. No tengo tiempo de ir a la bodega. ¿Quién me puede comprar <u>el vino</u>? (mi hijo)
3. Nos falta mantequilla. ¿Quién nos trae <u>la mantequilla</u>? (mi cuñada)
4. ¡Ay! No tengo suficientes platos (*plates*). ¿Quién puede prestarme <u>los platos</u> que necesito? (mi mamá)
5. ¡Los entremeses! ¿Quién está preparándonos <u>los entremeses</u>? (Silvia y Renata)
6. No tengo tiempo de pedirle el aceite a Mónica. ¿Quién puede pedirle <u>el aceite</u>? (mi hijo)
7. No hay suficientes sillas. ¿Quién nos trae <u>las sillas</u> que faltan? (Héctor y Lorena)
8. ¿Quién va a servirles <u>la cena</u> a los invitados? (mis hijos)
9. Quiero poner buena música de fondo (*background*). ¿Quién me va a recomendar <u>la música</u>? (mi esposo)
10. ¡Los postres! ¿Quién va a preparar <u>los postres</u> para los invitados? (Sra. Villalba)

NOTA CULTURAL

Los vinos de Chile son conocidos internacionalmente. **Concha y Toro** es el productor y exportador más grande de vinos de Chile. Las zonas más productivas de vino están al norte de Santiago, en el Valle Central.

Comunicación

3 **Contestar** Trabajen en parejas. Túrnense para hacer preguntas, usando las palabras interrogativas **¿Quién?** o **¿Cuándo?**, y para responderlas.

> **modelo**
> nos enseña español
> **Estudiante 1:** ¿Quién nos enseña español?
> **Estudiante 2:** La profesora Camacho nos lo enseña.

1. te puede explicar la tarea cuando no la entiendes
2. les vende el almuerzo a los estudiantes
3. vas a comprarme boletos (*tickets*) para un concierto
4. te escribe mensajes de texto
5. nos prepara los entremeses
6. me vas a prestar tu computadora
7. te compró esa bebida
8. nos va a recomendar el menú de la cafetería
9. le enseñó español al/a la profesor(a)
10. me vas a mostrar tu casa o apartamento

4 **Preguntas** En parejas, túrnense para hacerse estas preguntas.

> **modelo**
> **Estudiante 1:** ¿Les prestas tu casa a tus amigos? ¿Por qué?
> **Estudiante 2:** No, no se la presto a mis amigos porque no son muy responsables.

1. ¿Me prestas tu auto? ¿Ya le prestaste tu auto a otro/a amigo/a?
2. ¿Quién te presta dinero cuando lo necesitas?
3. ¿Les prestas dinero a tus amigos? ¿Por qué?
4. ¿Nos compras el almuerzo a mí y a los otros compañeros de clase?
5. ¿Les escribes mensajes electrónicos a tus amigos? ¿Y a tu familia?
6. ¿Les das regalos a tus amigos? ¿Cuándo?
7. ¿Quién te va a preparar la cena esta noche?
8. ¿Quién te va a preparar el desayuno mañana?

Síntesis

5 **Regalos de Navidad** Tu profesor(a) te va a dar a ti y a un(a) compañero/a una parte de la lista de los regalos de Navidad (*Christmas*) que Berta pidió y los regalos que sus parientes le compraron. Conversen para completar sus listas.

> **modelo**
> **Estudiante 1:** ¿Qué le pidió Berta a su mamá?
> **Estudiante 2:** Le pidió una computadora. ¿Se la compró?
> **Estudiante 1:** Sí, se la compró.

NOTA CULTURAL

Las fiestas navideñas (*Christmas season*) en los países hispanos duran hasta enero. En muchos lugares celebran **la Navidad** (*Christmas*), pero no se dan los regalos hasta el seis de enero, **el Día de los Reyes Magos** (*Three Kings' Day/The Feast of the Epiphany*).

8.3 Comparisons Tutorial

ANTE TODO Both Spanish and English use comparisons to indicate which of two people or things has a lesser, equal, or greater degree of a quality.

Comparisons

menos interesante	**más grande**	**tan sabroso como**
less interesting	*bigger*	*as delicious as*

Comparisons of inequality

▶ Comparisons of inequality are formed by placing **más** (*more*) or **menos** (*less*) before adjectives, adverbs, and nouns and **que** (*than*) after them.

$$\text{más/menos} + \begin{bmatrix} \text{adjective} \\ \text{adverb} \\ \text{noun} \end{bmatrix} + \text{que}$$

▶ **¡Atención!** Note that while English has a comparative form for short adjectives (*tall**er***), such forms do not exist in Spanish (**más** alto).

adjectives

Los bistecs son **más caros que** el pollo.
Steaks are more expensive than chicken.

Estas uvas son **menos ricas que** esa pera.
These grapes are less tasty than that pear.

adverbs

Me acuesto **más tarde que** tú.
I go to bed later than you (do).

Luis se despierta **menos temprano que** yo.
Luis wakes up less early than I (do).

nouns

Juan prepara **más platos que** José.
Juan prepares more dishes than José (does).

Susana come **menos carne que** Enrique.
Susana eats less meat than Enrique (does).

La ensalada es menos cara que la sopa.

¿El pollo es más rico que el jamón?

▶ When the comparison involves a numerical expression, **de** is used before the number instead of **que**.

Hay más **de** cincuenta naranjas.
There are more than fifty oranges.

Llego en menos **de** diez minutos.
I'll be there in less than ten minutes.

▶ With verbs, this construction is used to make comparisons of inequality.

$$\boxed{\text{verb}} + \text{más/menos que}$$

Mis hermanos **comen más que** yo.
My brothers eat more than I (do).

Arturo **duerme menos que** su padre.
Arturo sleeps less than his father (does).

Comparisons of equality

▶ This construction is used to make comparisons of equality.

tan + [adjective / adverb] + **como**   **tanto/a(s)** + [singular noun / plural noun] + **como**

¿Es tan guapo como yo?

¿Aquí vienen tantos mexicanos como extranjeros?

▶ **¡Atención!** Note that unlike **tan**, **tanto** acts as an adjective and therefore agrees in number and gender with the noun it modifies.

Estas uvas son **tan ricas como** aquéllas.
These grapes are as tasty as those ones (are).

Yo probé **tantos platos como** él.
I tried as many dishes as he did.

▶ **Tan** and **tanto** can also be used for emphasis, rather than to compare, with these meanings: **tan** *so*, **tanto** *so much*, **tantos/as** *so many*.

¡Tu almuerzo es **tan** grande!
Your lunch is so big!

¡Comes **tantas** manzanas!
You eat so many apples!

¡Comes **tanto**!
You eat so much!

¡Preparan **tantos** platos!
They prepare so many dishes!

▶ Comparisons of equality with verbs are formed by placing **tanto como** after the verb. Note that in this construction **tanto** does not change in number or gender.

[verb] + **tanto como**

Tú viajas **tanto como** mi tía.
You travel as much as my aunt (does).

Ellos hablan **tanto como** mis hermanas.
They talk as much as my sisters.

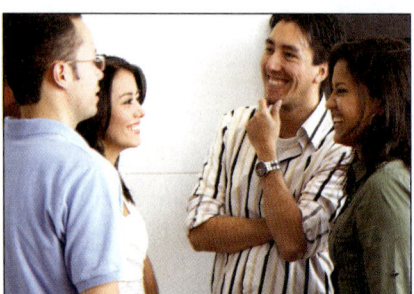

Sabemos **tanto como** ustedes.
We know as much as you (do).

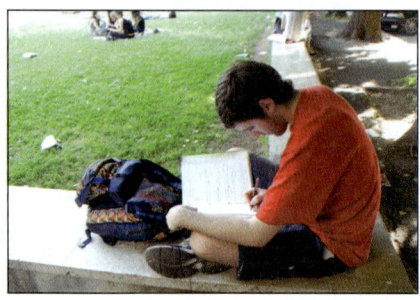

No estudio **tanto como** Felipe.
I don't study as much as Felipe (does).

Irregular comparisons

▶ Some adjectives have irregular comparative forms.

Irregular comparative forms

Adjective		Comparative form	
bueno/a	good	mejor	better
malo/a	bad	peor	worse
grande	grown, adult	mayor	older
pequeño/a	young	menor	younger
joven	young	menor	younger
viejo/a	old	mayor	older

▶ When **grande** and **pequeño/a** refer to age, the irregular comparative forms, **mayor** and **menor**, are used. However, when these adjectives refer to size, the regular forms, **más grande** and **más pequeño/a**, are used.

Yo soy **menor** que tú.
I'm younger than you.

Pedí un plato **más pequeño**.
I ordered a smaller dish.

Nuestro hijo es **mayor** que el hijo de los Andrade.
Our son is older than the Andrades' son.

La ensalada de Isabel es **más grande** que ésa.
Isabel's salad is bigger than that one.

▶ The adverbs **bien** and **mal** have the same irregular comparative forms as the adjectives **bueno/a** and **malo/a**.

Julio nada **mejor** que los otros chicos.
Julio swims better than the other boys.

Ellas cantan **peor** que las otras chicas.
They sing worse than the other girls.

CONSULTA
To review how descriptive adjectives like **bueno**, **malo**, and **grande** are shortened before nouns, see **Estructura 3.1**, p. 90.

¡INTÉNTALO! Escribe el equivalente de las palabras en inglés.

1. Ernesto mira más televisión ___que___ (*than*) Alberto.
2. La camarera sirve _____ (*as much*) carne como pescado.
3. Tú eres _____ (*less*) simpático que Federico.
4. No estudio _____ (*as much as*) tú.
5. Recibo _____ (*more*) propinas que tú.
6. ¿Sabes jugar al tenis tan bien _____ (*as*) tu hermana?
7. ¿Puedes beber _____ (*as many*) refrescos como yo?
8. Mis amigos parecen _____ (*as*) simpáticos como ustedes.

Práctica

1 **Escoger** Escoge la palabra correcta para comparar a dos hermanas muy diferentes. Haz los cambios necesarios.

1. Lucila es más alta y más bonita _____ Tita. (de, más, menos, que)
2. Tita es vegetariana y por eso come _____ verduras que su hermana. (de, más, menos, que)
3. Lucila es más _____ que Tita porque es alegre. (listo, simpático, bajo)
4. A Tita le gusta comer en casa. Va a _____ restaurantes que su hermana. (más, menos, que) Es tímida, pero activa. Hace _____ ejercicio (*exercise*) que su hermana. (más, tanto, menos) Todos los días toma más _____ cinco vasos (*glasses*) de agua mineral. (que, tan, de)
5. Lucila come muchas papas fritas y se preocupa _____ que Tita por comer frutas. (de, más, menos) ¡Son _____ diferentes! Pero se llevan (*they get along*) muy bien. (como, tan, tanto)

2 **Emparejar** Compara a Mario y a Luis, los novios de Lucila y Tita, completando las oraciones con las palabras o frases apropiadas.

A
1. Mario es _____ como Luis.
2. Luis toma _____ clases de cocina (*cooking*) como Mario.
3. Mario viaja tanto _____ Luis.
4. Luis habla _____ tan bien como Mario.
5. Mario tiene tantos _____ como Luis.
6. ¡Qué casualidad (*coincidence*)! Mario y Luis también son hermanos, pero no hay tanta _____ entre ellos como entre Lucila y Tita.

B
tantas
diferencia
tan interesante
amigos extranjeros
como
francés

3 **Oraciones** Combina elementos de las columnas para hacer comparaciones. Escribe oraciones completas.

modelo
Chris Hemsworth tiene tantos autos como Emma Stone.
Emma Stone es menos musculosa que Chris Hemsworth.

A
la comida japonesa
el fútbol
Chris Hemsworth
el pollo
la gente de Vancouver
la primera dama (*lady*) de los EE.UU.
las universidades privadas
las espinacas
la música rap

B
costar
saber
ser
tener
¿?

C
la gente de Montreal
la música *country*
el brócoli
el presidente de los EE.UU.
la comida italiana
el hockey
Emma Stone
las universidades públicas
la carne de res

Comunicación

4 **Intercambiar** En parejas, hagan comparaciones sobre diferentes cosas. Pueden usar las sugerencias de la lista u otras ideas.

> **modelo**
>
> **Estudiante 1:** Los pollos de *Pollitos del Corral* son muy ricos.
> **Estudiante 2:** Pues yo creo que los pollos de *Rostipollos* son tan buenos como los pollos de *Pollitos del Corral*.
> **Estudiante 1:** Ummm... no tienen tanta mantequilla como los pollos de *Pollitos del Corral*. Tienes razón. Son muy sabrosos.

podcasts favoritos   comidas favoritas
revistas favoritas   los profesores
libros favoritos   los cursos que toman

restaurantes en tu ciudad/pueblo
cafés en tu comunidad
tiendas en tu ciudad/pueblo

AYUDA

You can use these adjectives in your comparisons:
bonito/a
caro/a
elegante
interesante
inteligente

5 **Conversar** En grupos, túrnense para hacer comparaciones entre ustedes mismos (*yourselves*) y una persona de cada categoría de la lista.

▶ una persona de tu familia
▶ un(a) amigo/a especial
▶ una persona famosa

Síntesis

6 **La familia López** En grupos, túrnense para hablar de Sara, Sabrina, Cristina, Ricardo y David y hacer comparaciones entre ellos.

> **modelo**
>
> **Estudiante 1:** Sara es tan alta como Sabrina.
> **Estudiante 2:** Sí, pero David es más alto que ellas.
> **Estudiante 3:** En mi opinión, él es guapo también.

8.4 Superlatives

ANTE TODO Both English and Spanish use superlatives to express the highest or lowest degree of a quality.

el/la mejor	**el/la peor**	**el/la más alto/a**
the best	*the worst*	*the tallest*

▶ This construction is used to form superlatives. Note that the noun is always preceded by a definite article and that **de** is equivalent to the English *in* or *of*.

> el/la/los/las + [noun] + más/menos + [adjective] + de

▶ The noun can be omitted if the person, place, or thing referred to is clear.

¿El restaurante Las Delicias? Recomiendo el pollo asado.
Es **el más elegante** de la ciudad. Es **el más sabroso** del menú.
The restaurant Las Delicias? *I recommend the roast chicken.*
It's the most elegant (one) in the city. *It's the most delicious on the menu.*

▶ Here are some irregular superlative forms.

Irregular superlatives

Adjective		Superlative form	
bueno/a	good	el/la mejor	(the) best
malo/a	bad	el/la peor	(the) worst
grande	grown, adult	el/la mayor	(the) oldest
pequeño/a	young	el/la menor	(the) youngest
joven	young	el/la menor	(the) youngest
viejo/a	old	el/la mayor	(the) oldest

¡ATENCIÓN!
While **más** alone means *more*, after **el, la, los,** or **las**, it means *most*. Likewise, **menos** can mean *less* or *least*.
Es **el café más rico del** país.
It's the most delicious coffee in the country.
Es **el menú menos caro de** todos éstos.
It is the least expensive menu of all of these.

CONSULTA
The rule you learned in **Estructura 8.3** (p. 283) regarding the use of **mayor/menor** with age, but not with size, is also true with superlative forms.

▶ The absolute superlative is equivalent to *extremely*, *super*, or *very*. To form the absolute superlative of most adjectives and adverbs, drop the final vowel, if there is one, and add **-ísimo/a(s)**.

malo → mal- → malísimo   mucho → much- → muchísimo
¡El bistec está **malísimo**!   Comes **muchísimo**.

▶ Note these spelling changes.

ri**c**o → ri**qu**ísimo   lar**g**o → lar**gu**ísimo   feli**z** → feli**c**ísimo
fá**c**il → fa**c**ilísimo   jove**n** → jove**n**císimo   trabajado**r** → trabajado**r**císimo

¡INTÉNTALO! Escribe el equivalente de las palabras en inglés.

1. Mónica es ___la más inteligente___ (*the most intelligent*) de todas.
2. Ricardo y Tomás son _____ (*the least boring*) de la fiesta.
3. Mi profesor de biología es _____ (*the oldest*) de la universidad.
4. Miguel y Antonio son _____ (*the worst*) estudiantes de la clase.

La comida doscientos ochenta y siete **287**

Práctica y Comunicación

1 **El más...** Responde a las preguntas afirmativamente. Usa las palabras entre paréntesis.

> **modelo**
> El cuarto está sucísimo, ¿no? (residencia)
> Sí, es el más sucio de la residencia.

1. La silla de tu madre es comodísima, ¿no? (casa)
2. El almacén Velasco es buenísimo, ¿no? (centro comercial)
3. Ángela y Julia están nerviosísimas por el examen, ¿no? (clase)
4. Jorge es jovencísimo, ¿no? (mis amigos)

2 **Completar** Tu profesor(a) te va a dar una hoja de actividades con descripciones de José Valenzuela Carranza y Ana Orozco Hoffman. Completa las oraciones con las palabras de la lista.

altísima	del	mayor	peor
atlética	guapísimo	mejor	periodista
bajo	la	menor	trabajadorcísimo
de	más	Orozco	Valenzuela

1. José tiene 22 años; es el _____ y el más _____ de su familia. Es _____ y _____. Es el mejor _____ de la ciudad y el _____ jugador de baloncesto.
2. Ana es la más _____ y _____ mejor jugadora de baloncesto del estado. Es la _____ de sus hermanos (tiene 28 años) y es _____. Estudió la profesión _____ difícil _____ todas: medicina.
3. Jorge es el _____ jugador de videojuegos de su familia.
4. Mauricio es el menor de la familia _____.
5. El abuelo es el _____ de todos los miembros de la familia Valenzuela.
6. Fifí es la perra más antipática _____ mundo.

3 **Superlativos** Trabajen en parejas para hacer comparaciones. Usen los superlativos.

> **modelo**
> Emma Watson, Bill Gates, Warren Buffett
> **Estudiante 1:** Bill Gates es el más rico de los tres.
> **Estudiante 2:** Sí, ¡es riquísimo! Y Warren Buffett es el mayor de los tres.

1. Guatemala, Argentina, España
2. Jaguar, Prius, Smart
3. la comida mexicana, la comida francesa, la comida árabe
4. Amy Adams, Cate Blanchett, Jennifer Lawrence
5. Ciudad de México, Buenos Aires, Nueva York
6. *Don Quijote de la Mancha*, *Cien años de soledad*, *Como agua para chocolate*
7. el fútbol americano, el golf, el béisbol
8. las películas románticas, las películas de acción, las películas cómicas

Recapitulación

Completa estas actividades para repasar los conceptos de gramática que aprendiste en esta lección.

1. Completar Completa la tabla con la forma correcta del pretérito. **18 pts.**

Infinitive	yo	usted	ellos
dormir			
servir			
vestirse			

2. La cena Completa la conversación con el pretérito de los verbos. **14 pts.**

PAULA ¡Hola, Daniel! ¿Qué tal el fin de semana?

DANIEL Muy bien. Marta y yo (1) _____ (conseguir) hacer muchas cosas, pero lo mejor fue la cena del sábado.

PAULA Ah, ¿sí? ¿Adónde fueron?

DANIEL Al restaurante Vistahermosa. Es elegante, así que (nosotros) (2) _____ (vestirse) bien.

PAULA Y, ¿qué platos (3) _____ (pedir, ustedes)?

DANIEL Yo (4) _____ (pedir) camarones y Marta (5) _____ (preferir) el pollo. Y al final, el camarero nos (6) _____ (servir) flan.

PAULA ¡Qué rico!

DANIEL Sí. Pero después de la cena Marta no (7) _____ (sentirse) bien.

3. Camareros Completa la conversación usando pronombres. **8 pts.**

JEFE Úrsula, ¿le ofreciste agua fría al cliente de la mesa 22?

ÚRSULA Sí, (1) _____ de inmediato.

JEFE Genaro, ¿los clientes de la mesa 5 te pidieron ensaladas?

GENARO Sí, (2) _____.

ÚRSULA Genaro, ¿recuerdas si ya me mostraste los vinos nuevos?

GENARO Sí, ya (3) _____.

JEFE Genaro, ¿van a pagarte la cuenta los clientes de la mesa 5?

GENARO Sí, (4) _____ ahora mismo.

RESUMEN GRAMATICAL

8.1 Preterite of stem-changing verbs *p. 274*

servir	dormir
serví	dormí
serviste	dormiste
sirvió	durmió
servimos	dormimos
servisteis	dormisteis
sirvieron	durmieron

8.2 Double object pronouns *pp. 277–278*

Indirect Object Pronouns: me, te, le (se), nos, os, les (se)

Direct Object Pronouns: lo, la, los, las

Le escribí la carta. → Se la escribí.
Nos van a servir los platos. → Nos los van a servir./ Van a servírnoslos.

8.3 Comparisons *pp. 281–283*

La comida

8.4 Superlatives p. 286

el/la/los/las +	noun	+ más/menos +	adjective	+ de

▶ Irregular superlatives follow the same pattern as irregular comparatives.

4 El menú Completa las oraciones basándote en los elementos dados. Usa comparativos y superlativos. **14 pts.**

Ensaladas	*Precio*	*Calorías*
Ensalada de tomates	$9.00	170
Ensalada de mariscos	$12.99	325
Ensalada de zanahorias	$9.00	200
Platos principales		
Pollo con champiñones	$13.00	495
Cerdo con papas	$10.50	725
Atún con espárragos	$18.95	495

1. ensalada de mariscos / otras ensaladas / costar
   La ensalada de mariscos _____ las otras ensaladas.
2. pollo con champiñones / cerdo con papas / calorías
   El pollo con champiñones tiene _____ el cerdo con papas.
3. atún con espárragos / pollo con champiñones / calorías
   El atún con espárragos tiene _____ el pollo con champiñones.
4. ensalada de tomates / ensalada de zanahorias / caro
   La ensalada de tomates es _____ la ensalada de zanahorias.
5. cerdo con papas / platos principales / caro
   El cerdo con papas es _____ los platos principales.
6. ensalada de zanahorias / ensalada de tomates / costar
   La ensalada de zanahorias _____ la ensalada de tomates.
7. ensalada de mariscos / ensaladas / caro
   La ensalada de mariscos es _____ las ensaladas.

5 Dos restaurantes ¿Cuál es el mejor restaurante que conoces? ¿Y el peor? Escribe un párrafo de por lo menos (*at least*) seis oraciones donde expliques por qué piensas así. Puedes hablar de la calidad de la comida, el ambiente, los precios, el servicio, etc. **46 pts.**

6 Adivinanza Completa la adivinanza y adivina la respuesta. **¡4 puntos EXTRA!**

"En el campo yo nací°,
mis hermanos son
los _____ (*garlic, pl.*),
y aquél que llora° por mí
me está partiendo°
en pedazos°."
¿Quién soy? _____

nací *was born* llora *cries* partiendo *cutting* pedazos *pieces*

Lectura

Antes de leer

Estrategia
Reading for the main idea

As you know, you can learn a great deal about a reading selection by looking at the format and looking for cognates, titles, and subtitles. You can skim to get the gist of the reading selection and scan it for specific information. Reading for the main idea is another useful strategy; it involves locating the topic sentences of each paragraph to determine the author's purpose for writing a particular piece. Topic sentences can provide clues about the content of each paragraph, as well as the general organization of the reading. Your choice of which reading strategies to use will depend on the style and format of each reading selection.

Examinar el texto
En esta sección tenemos dos textos diferentes. ¿Qué estrategias puedes usar para leer la crítica culinaria°? ¿Cuáles son las apropiadas para familiarizarte con el menú? Utiliza las estrategias más eficaces° para cada texto. ¿Qué tienen en común? ¿Qué tipo de comida sirven en el restaurante?

Identificar la idea principal
Lee la primera oración de cada párrafo de la crítica culinaria del restaurante **La feria del maíz**. Apunta° el tema principal de cada párrafo. Luego lee todo el primer párrafo. ¿Crees que el restaurante le gustó al autor de la crítica culinaria? ¿Por qué? Ahora lee la crítica entera. En tu opinión, ¿cuál es la idea principal de la crítica? ¿Por qué la escribió el autor? Compara tus opiniones con las de un(a) compañero/a.

crítica culinaria *restaurant review*   eficaces *effective*
Apunta *Jot down*

MENÚ

Entremeses
Tortilla servida con
• Ajiaceite (chile, aceite)   • Ajicomino (chile, comino)

Pan tostado servido con
• Queso frito a la pimienta   • Salsa de ajo y mayonesa

Sopas
• Tomate   • Cebolla   • Verduras   • Pollo y huevo
• Carne de res   • Mariscos

Entradas
Tomaticán
(tomate, papas, maíz, chile, arvejas y zanahorias)

Tamales
(maíz, azúcar, ajo, cebolla)

Frijoles enchilados
(frijoles negros, carne de cerdo o de res, arroz, chile)

Chilaquil
(tortilla de maíz, queso, hierbas y chile)

Tacos
(tortillas, pollo, verduras y salsa)

Cóctel de mariscos
(camarones, langosta, vinagre, sal, pimienta, aceite)

Postres°
• Plátanos caribeños   • Cóctel de frutas al ron°
• Uvate (uvas, azúcar de caña y ron)   • Flan napolitano
• Helado° de piña y naranja   • Pastel° de yogur

Después de leer

Preguntas
En parejas, contesten estas preguntas sobre la crítica culinaria de **La feria del maíz.**

1. ¿Quién es el dueño y chef de **La feria del maíz**?
2. ¿Qué tipo de comida se sirve en el restaurante?
3. ¿Cuál es el problema con el servicio?
4. ¿Cómo es el ambiente del restaurante?
5. ¿Qué comidas probó el autor?
6. ¿Quieren ir ustedes al restaurante **La feria del maíz**? ¿Por qué?

Gastronomía

Por Eduardo Fernández

La feria del maíz

Sobresaliente°. En el nuevo restaurante **La feria del maíz** va a encontrar la perfecta combinación entre la comida tradicional y el encanto° de la vieja ciudad de Antigua. Ernesto Sandoval, antiguo jefe de cocina° del famoso restaurante **El fogón**, está teniendo mucho éxito° en su nueva aventura culinaria.

El gerente°, el experimentado José Sierra, controla a la perfección la calidad del servicio. El camarero que me atendió esa noche fue muy amable en todo momento. Sólo hay que comentar que, debido al éxito inmediato de **La feria del maíz**, se necesitan más camareros para atender a los clientes de una forma más eficaz. En esta ocasión, el mesero se tomó unos veinte minutos en traerme la bebida.

Afortunadamente, no me importó mucho la espera entre plato y plato, pues el ambiente es tan agradable que me sentí como en casa. El restaurante mantiene el estilo colonial de Antigua. Por dentro°, es elegante y rústico a la vez. Cuando el tiempo lo permite, se puede comer también en el patio, donde hay muchas flores.

El servicio de camareros y el ambiente agradable del local pasan a un segundo plano cuando llega la comida, de una calidad extraordinaria. Las tortillas de casa se sirven con un ajiaceite delicioso. La sopa de mariscos es excelente y los tamales, pues, tengo que confesar que son mejores que los de mi abuelita. También recomiendo los tacos de pollo, servidos con un mole buenísimo. De postre, don Ernesto me preparó su especialidad, unos plátanos caribeños sabrosísimos.

Los precios pueden parecer altos° para una comida tradicional, pero la calidad de los productos con que se cocinan los platos y el exquisito ambiente de **La feria del maíz** garantizan° una experiencia inolvidable°.

La feria del maíz
13 calle 4-41 Zona 1
La Antigua, Guatemala
2329912

lunes a sábado
10:30am-11:30pm
domingo 10:00am-10:00pm

Comida 🍴🍴🍴🍴🍴
Servicio 🍴🍴🍴
Ambiente 🍴🍴🍴🍴
Precio 🍴🍴🍴

Bebidas

- Cerveza negra
- Chilate (bebida de maíz, chile y cacao)
- Jugos de fruta
- Agua mineral
- Té helado
- Vino tinto/blanco
- Ron

Postres *Desserts* **ron** *rum* **Helado** *Ice cream* **Pastel** *Cake* **Sobresaliente** *Outstanding* **encanto** *charm* **jefe de cocina** *head chef* **éxito** *success* **gerente** *manager* **Por dentro** *Inside* **altos** *high* **garantizan** *guarantee* **inolvidable** *unforgettable*

Un(a) guía turístico/a

Tú eres un(a) guía turístico/a en Guatemala. Estás en el restaurante **La feria del maíz** con un grupo de turistas norteamericanos. Ellos no hablan español y quieren pedir de comer, pero necesitan tu ayuda. Lee nuevamente el menú e indica qué error comete cada turista.

1. La señora Johnson es diabética y no puede comer azúcar. Pide sopa de verduras y tamales. No pide nada de postre.

2. Los señores Petit son vegetarianos y piden sopa de tomate, frijoles enchilados y plátanos caribeños.

3. El señor Smith, que es alérgico al chocolate, pide tortilla servida con ajiaceite, chilaquil y chilate para beber.

4. La adorable hija del señor Smith tiene sólo cuatro años y le gustan mucho las verduras y las frutas naturales. Su papá le pide tomaticán y un cóctel de frutas.

5. La señorita Jackson está a dieta y pide uvate, flan napolitano y helado.

Escritura

Estrategia
Expressing and supporting opinions

Written reviews are just one of the many kinds of writing which require you to state your opinions. In order to convince your reader to take your opinions seriously, it is important to support them as thoroughly as possible. Details, facts, examples, and other forms of evidence are necessary. In a restaurant review, for example, it is not enough just to rate the food, service, and atmosphere. Readers will want details about the dishes you ordered, the kind of service you received, and the type of atmosphere you encountered. If you were writing a concert or album review, what kinds of details might your readers expect to find?

It is easier to include details that support your opinions if you plan ahead. Before going to a place or event that you are planning to review, write a list of questions that your readers might ask. Decide which aspects of the experience you are going to rate and list the details that will help you decide upon a rating. You can then organize these lists into a questionnaire and a rating sheet. Bring these forms with you to help you make your opinions and to remind you of the kinds of information you need to gather in order to support those opinions. Later, these forms will help you organize your review into logical categories. They can also provide the details and other evidence you need to convince your readers of your opinions.

Tema

Escribir una crítica

Escribe una crítica culinaria° sobre un restaurante local para el periódico de la universidad. Clasifica el restaurante dándole de una a cinco estrellas° y anota tus recomendaciones para futuros clientes del restaurante. Incluye tus opiniones acerca de°:

▶ La comida
  ¿Qué tipo de comida es? ¿Qué tipo de ingredientes usan?
  ¿Es de buena calidad? ¿Cuál es el mejor plato?
  ¿Y el peor?
  ¿Quién es el/la chef?

▶ El servicio
  ¿Es necesario esperar mucho para conseguir una mesa?
  ¿Tienen los camareros un buen conocimiento del menú?
  ¿Atienden a los clientes con rapidez° y cortesía?

▶ El ambiente
  ¿Cómo es la decoración del restaurante?
  ¿Es el ambiente informal o elegante?
  ¿Hay música o algún tipo de entretenimiento°?
  ¿Hay un bar? ¿Un patio?

▶ Información práctica
  ¿Cómo son los precios?
  ¿Se aceptan tarjetas de crédito?
  ¿Cuál es la dirección° y el número de teléfono?
  ¿Quién es el/la dueño/a? ¿El/La gerente?

crítica culinaria *restaurant review* estrellas *stars* acerca de *about* rapidez *speed* entretenimiento *entertainment* dirección *address*

La comida doscientos noventa y tres 293

Escuchar

Antes de escuchar

Estrategia

Jotting down notes as you listen

Jotting down notes while you listen to a conversation in Spanish can help you keep track of the important points or details. It will help you to focus actively on comprehension rather than on remembering what you have heard.

To practice this strategy, you will now listen to a paragraph. Jot down the main points you hear.

Preparación Mira la foto. ¿Dónde están estas personas y qué hacen? ¿Sobre qué crees que están hablando?

Ahora escucha

En el restaurante

Rosa y Roberto están en un restaurante. Escucha la conversación y toma nota de cuáles son los especiales del día, qué pidieron y qué bebidas se mencionan.

Especiales del día

Entremeses
_____

Plato principal
_____
_____
_____

¿Qué pidieron?

Roberto
_____

Rosa
_____

Bebidas
_____
_____

Comprensión

Seleccionar

Usa tus notas para seleccionar la opción correcta para completar cada oración.

1. Dos de los mejores platos del restaurante son _____.
   a. los entremeses del día y el cerdo
   b. el salmón y el arroz con pollo
   c. la carne y el arroz con pollo

2. La camarera _____.
   a. los lleva a su mesa, les muestra el menú y les sirve el postre
   b. les habla de los especiales del día, les recomienda unos platos y ellos deciden qué van a comer
   c. les lleva unas bebidas, les recomienda unos platos y les sirve pan

3. Roberto va a comer _____ Rosa.
   a. tantos platos como
   b. más platos que
   c. menos platos que

Preguntas

En grupos de tres o cuatro, respondan a las preguntas: ¿Conocen los platos que Rosa y Roberto pidieron? ¿Conocen platos con los mismos ingredientes? ¿En qué son diferentes o similares? ¿Cuál les gusta más? ¿Por qué?

En pantalla Video

La sopa es un plato muy importante en las cocinas° del mundo hispano. Se pueden tomar° frías, como el famoso gazpacho español, a base de tomate y otras verduras y servida totalmente líquida. La mayoría se sirven calientes, como el pozole de México, un plato precolombino preparado con nixtamal°, cerdo, chiles y otras especias°. Otra sopa de origen indígena es la changua, de la región andina central de Colombia. Aunque° las sopas normalmente forman parte del almuerzo, la changua siempre se toma en el desayuno: se hace con agua, leche, huevo y cilantro.

Vocabulario útil

bajar	to descend
la escalera	staircase
lo que yo quiera	whatever I want
sabor marinero	seafood flavor

Preparación
¿Qué comidas son irresistibles para ti? ¿Te gusta la sopa?

Ordenar
Ordena cronológicamente estas oraciones.

_____ a. El niño abre la puerta.
_____ b. El niño decide almorzar.
_____ c. El niño baja la escalera con una maleta.
_____ d. El niño se va a lavar las manos.
_____ e. La madre dice que la sopa está servida.

Sopas
En parejas, túrnense para describir su sopa favorita. ¿Cuál es tu sopa favorita? ¿Quién la prepara o dónde la compras? ¿Qué ingredientes tiene? ¿Con qué se sirve? ¿Cómo la prefieres, caliente o fría? ¿La tomas en el almuerzo o en la cena? ¿En invierno o en verano?

Anuncio de Sopas Roa

Me voy de esta casa.

Ya está servida° la sopa...

... y lavarme las manos.

cocinas *cuisines* tomar *to eat (soup)* nixtamal *hominy* especias *spices*
Aunque *Although* está servida *it is served*

La comida

España y la mayoría de los países de Latinoamérica tienen una abundante producción de frutas y verduras. Es por esto que en los hogares° hispanos se acostumbra° cocinar° con productos frescos° más que con alimentos° que vienen en latas° o en frascos°. Las salsas mexicanas, el gazpacho español y el sancocho colombiano, por ejemplo, deben prepararse con ingredientes frescos para que mantengan° su sabor° auténtico. Actualmente, en los Estados Unidos está creciendo el interés en cocinar con productos frescos y orgánicos. Cada vez hay más mercados donde los agricultores° pueden vender sus frutas y verduras directamente° al público. Además, las personas prefieren consumir productos locales de temporada°. En este episodio de *Flash cultura* vas a ver algunas de las frutas y verduras típicas de la comida hispana.

Vocabulario útil	
blanda	soft
cocinar	to cook
dura	hard
¿Está lista para ordenar?	Are you ready to order?
pruébala	try it, taste it
las ventas	sales

Preparación
¿Probaste alguna vez comida latina? ¿La compraste en un supermercado o fuiste a un restaurante? ¿Qué plato(s) probaste? ¿Te gustó?

¿Cierto o falso?
Indica si cada oración es **cierta** o **falsa**.
1. En Los Ángeles hay comida de países latinoamericanos y de España.
2. Leticia explica que la tortilla del taco americano es blanda y la del taco mexicano es dura.
3. Las ventas de salsa son bajas en los Estados Unidos.
4. Leticia fue a un restaurante ecuatoriano.
5. Leticia probó Inca Kola en un supermercado.

hogares *homes* **se acostumbra** *they are used* **cocinar** *to cook* **frescos** *fresh* **alimentos** *foods* **latas** *cans* **frascos** *jars* **para que mantengan** *so that they keep* **sabor** *flavor* **agricultores** *farmers* **directamente** *directly* **de temporada** *seasonal* **mostrará** *will show*

La comida latina

La mejor comida latina no sólo se encuentra en los grandes restaurantes.

Marta nos mostrará° algunos de los platos de la comida mexicana.

... hay más lugares donde podemos comprar productos hispanos.

8 panorama Video

Guatemala

El país en cifras

- **Área:** 108.890 km² (42.042 millas²), un poco más pequeño que Tennessee
- **Población:** 15.460.732
- **Capital:** Ciudad de Guatemala—2.918.000
- **Ciudades principales:** Quetzaltenango, Escuintla, Mazatenango, Puerto Barrios
- **Moneda:** quetzal
- **Idiomas:** español (oficial), lenguas mayas, xinca, garífuna

El español es la lengua de 69 por ciento° de la población; el otro 31 por ciento tiene como lengua materna el xinca, el garífuna o, en su mayoría°, una de las lenguas mayas (cakchiquel, quiché y kekchí como, entre otras). Una palabra que las lenguas mayas tienen en común es ixim, que significa 'maíz', un cultivo° de mucha importancia en estas culturas.

Bandera de Guatemala

Guatemaltecos célebres
- **Carlos Mérida,** pintor (1891–1984)
- **Miguel Ángel Asturias,** escritor (1899–1974)
- **Margarita Carrera,** poeta y ensayista (1929–)
- **Rigoberta Menchú Tum,** activista (1959–), Premio Nobel de la Paz° en 1992
- **Jaime Viñals Massanet,** montañista (1966–)

por ciento *percent*   en su mayoría *most of them*   cultivo *crop*
Paz *Peace*

Palacio Nacional de la Cultura en la Ciudad de Guatemala

Lago de Atitlán

Iglesia de la Merced en Antigua Guatemala

ACTIVIDADES

1 ¿Cierto o falso? Indica si lo que dice cada oración es **cierto** o **falso**.

1. Huipil es una de las ciudades más importantes de Guatemala.
2. Carlos Mérida murió en 1974.
3. Miguel Ángel Asturias fue un importante pintor guatemalteco.
4. La lengua materna del noventa por ciento de los guatemaltecos es el español.
5. Tennessee es más grande que Guatemala.
6. La famosa Iglesia de la Merced se encuentra en Antigua Guatemala.
7. Un terremoto destruyó Antigua Guatemala en 1773.
8. El quetzal está en peligro de extinción.
9. Los mayas inventaron un calendario preciso.
10. Los guatemaltecos muestran en su ropa el amor a la arquitectura.

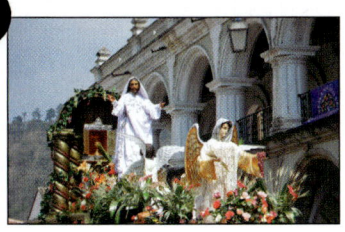

Ciudades • Antigua Guatemala

Antigua Guatemala fue fundada en 1543. Fue una capital de gran importancia hasta 1773, cuando un terremoto° la destruyó. Sin embargo, conserva el carácter original de su arquitectura y hoy es uno de los centros turísticos del país. Su celebración de la Semana Santa° es, para muchas personas, la más importante del hemisferio.

Naturaleza • El quetzal

El quetzal simbolizó la libertad para los antiguos° mayas porque creían° que este pájaro° no podía° vivir en cautiverio°. Hoy el quetzal es el símbolo nacional. El pájaro da su nombre a la moneda nacional y aparece también en los billetes° del país. Desafortunadamente, está en peligro° de extinción. Para su protección, el gobierno mantiene una reserva ecológica especial.

Historia • Los mayas

Desde 1500 a.C. hasta 900 d.C., los mayas habitaron gran parte de lo que ahora es Guatemala. Su civilización fue muy avanzada. Los mayas fueron arquitectos y constructores de pirámides, templos y observatorios. También descubrieron° el cero y lo usaron antes que los europeos, e inventaron un calendario complejo° y preciso.

Artesanía • La ropa tradicional

La ropa tradicional de los guatemaltecos es el *huipil* y muestra el amor° de la cultura maya por la naturaleza. Ellos se inspiran en las flores°, las plantas y los animales para crear sus diseños° de colores vivos° y formas geométricas. El diseño y los colores de cada *huipil* indican el pueblo de origen y a veces también el sexo y la edad° de la persona que lo lleva.

terremoto *earthquake* **Semana Santa** *Holy Week* **antiguos** *ancient* **creían** *they believed* **pájaro** *bird* **no podía** *couldn't* **cautiverio** *captivity* **los billetes** *bills* **peligro** *danger* **descubrieron** *they discovered* **complejo** *complex* **amor** *love* **flores** *flowers* **diseños** *designs* **vivos** *bright* **edad** *age*

¡Increíble pero cierto!

¿Qué "ingrediente" secreto se encuentra en las telas° tradicionales de Guatemala? ¡El mosquito! El excepcional tinte° de estas telas es producto de una combinación de flores y de mosquitos aplastados°. El insecto hace que los colores no se destiñan°. Quizás es por esto que los artesanos representan la figura del mosquito en muchas de sus telas.

telas *fabrics* **tinte** *dye* **aplastados** *crushed* **hace... destiñan** *keeps the colors from running*

---

2 ¿Qué aprendiste? Contesta las preguntas.

1. ¿Qué significa la palabra *ixim*?
2. ¿Quién es Rigoberta Menchú?
3. ¿Qué simbolizó el quetzal para los mayas?
4. ¿De qué fueron arquitectos los mayas?
5. ¿Qué descubrieron los mayas antes que los europeos?

3 Comparaciones Escribe seis comparaciones entre Guatemala y otros lugares de América Latina. Después, comparte tu lista con un(a) compañero/a y discutan si están de acuerdo con lo que escribieron de estos lugares.

modelo
Guatemala es más pequeño que México...

vocabulario Vocabulary Tools

Las comidas

el/la camarero/a	waiter/waitress
la comida	food; meal
la cuenta	bill
el/la dueño/a	owner
el menú	menu
la propina	tip
la sección de (no) fumar	(non) smoking section
el almuerzo	lunch
la cena	dinner
el desayuno	breakfast
los entremeses	appetizers
el plato (principal)	(main) dish
delicioso/a	delicious
rico/a	tasty; delicious
sabroso/a	tasty; delicious

Las frutas

la banana	banana
las frutas	fruits
el limón	lemon
la manzana	apple
el melocotón	peach
la naranja	orange
la pera	pear
la uva	grape

Las verduras

las arvejas	peas
la cebolla	onion
el champiñón	mushroom
la ensalada	salad
los espárragos	asparagus
los frijoles	beans
la lechuga	lettuce
el maíz	corn
las papas/patatas (fritas)	(fried) potatoes; French fries
el tomate	tomato
las verduras	vegetables
la zanahoria	carrot

La carne y el pescado

el atún	tuna
el bistec	steak
los camarones	shrimp
la carne	meat
la carne de res	beef
la chuleta (de cerdo)	(pork) chop
la hamburguesa	hamburger
el jamón	ham
la langosta	lobster
los mariscos	shellfish
el pavo	turkey
el pescado	fish
el pollo (asado)	(roast) chicken
la salchicha	sausage
el salmón	salmon

Otras comidas

el aceite	oil
el ajo	garlic
el arroz	rice
el azúcar	sugar
los cereales	cereal; grains
el huevo	egg
la mantequilla	butter
la margarina	margarine
la mayonesa	mayonnaise
el pan (tostado)	(toasted) bread
la pimienta	black pepper
el queso	cheese
la sal	salt
el sándwich	sandwich
la sopa	soup
el vinagre	vinegar
el yogur	yogurt

Las bebidas

el agua (f.) (mineral)	(mineral) water
la bebida	drink
el café	coffee
la cerveza	beer
el jugo (de fruta)	(fruit) juice
la leche	milk
el refresco	soft drink
el té (helado)	(iced) tea
el vino (blanco/tinto)	(white/red) wine

Verbos

escoger	to choose
merendar (e:ie)	to snack
morir (o:ue)	to die
pedir (e:i)	to order (food)
probar (o:ue)	to taste; to try
recomendar (e:ie)	to recommend
saber (a)	to taste (like)
servir (e:i)	to serve

Las comparaciones

como	like; as
más de (+ number)	more than
más... que	more... than
menos de (+ number)	fewer than
menos... que	less... than
tan... como	as... as
tantos/as... como	as many... as
tanto... como	as much... as
el/la mayor	the oldest
el/la mejor	the best
el/la menor	the youngest
el/la peor	the worst
mejor	better
peor	worse

Expresiones útiles	See page 269.

More activities

 vhlcentral 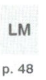 LM p. 48

Las fiestas

9

Communicative Goals
You will learn how to:
- Express congratulations
- Express gratitude
- Ask for and pay the bill at a restaurant

pages 300–303
- Parties and celebrations
- Personal relationships
- Stages of life

pages 304–307
The Díaz family gets ready for their annual **Día de Muertos** celebration. The whole family participates in the preparations, and even friends are invited to the main event.

pages 308–309
- **Semana Santa** celebrations
- **Noche Valdiviana**

pages 310–321
- Irregular preterites
- Verbs that change meaning in the preterite
- ¿Qué? and ¿cuál?
- Pronouns after prepositions
- **Recapitulación**

pages 322–329
Lectura: The society section
Escritura: An essay
Escuchar: A conversation about an anniversary party
En pantalla: A TV ad about holidays in Chile
Flash cultura: A video about a Puerto Rican celebration
Panorama: Chile

contextos | fotonovela | cultura | estructura | adelante

A PRIMERA VISTA
- ¿Se visten ellos con ropa elegante?
- ¿Cómo se sienten, alegres o tristes?
- ¿Quién es el menor?
- ¿Qué lleva la chica?

9 contextos

Las fiestas

Más vocabulario

la alegría	happiness
la amistad	friendship
el amor	love
la sorpresa	surprise
el aniversario (de bodas)	(wedding) anniversary
la boda	wedding
el cumpleaños	birthday
el día de fiesta	holiday
el divorcio	divorce
el matrimonio	marriage
la Navidad	Christmas
la pareja	(married) couple; partner
la quinceañera	young woman celebrating her fifteenth birthday
cambiar (de)	to change
celebrar	to celebrate
divertirse (e:ie)	to have fun
graduarse (de/en)	to graduate (from/in)
invitar	to invite
jubilarse	to retire (from work)
nacer	to be born
odiar	to hate
pasarlo bien/mal	to have a good/bad time
reírse (e:i)	to laugh
relajarse	to relax
sonreír (e:i)	to smile
sorprender	to surprise
juntos/as	together
¡Felicidades!/ ¡Felicitaciones!	Congratulations!

Variación léxica

pastel ↔ torta (Arg., Col., Venez.)
comprometerse ↔ prometerse (Esp.)

Felicitaciones

los recién casados
el beso
regalar
la botella de vino
el helado
los dulces
los postres
el champán
las galletas

Relaciones personales	
casarse (con)	to get married (to)
comprometerse (con)	to get engaged (to)
divorciarse (de)	to get divorced (from)
enamorarse (de)	to fall in love (with)
llevarse bien/mal (con)	to get along well/badly (with)
romper (con)	to break up (with)
salir (con)	to go out (with); to date
separarse (de)	to separate (from)
tener una cita	to have a date; to have an appointment

Práctica

1 Connotaciones Indica si las palabras que vas a escuchar tienen connotaciones **positivas** o **negativas**.

	Positivo	Negativo		Positivo	Negativo
1.	○	○	5.	○	○
2.	○	○	6.	○	○
3.	○	○	7.	○	○
4.	○	○	8.	○	○

2 ¿Lógico o ilógico? Indica si cada afirmación es **lógica** o **ilógica**.

1. _____   3. _____   5. _____   7. _____
2. _____   4. _____   6. _____   8. _____

3 Emparejar Indica la frase que mejor completa cada oración.

cambió de	nos divertimos	se llevan bien
lo pasaron mal	se casaron	sonrió
nació	se jubiló	tenemos una cita

1. Manuel y Felipe _____ en el cine. La película fue muy mala.
2. Pablo y yo _____ en la fiesta. Bailamos y comimos.
3. Jaime y Laura _____ el septiembre pasado. La boda fue maravillosa.
4. ¡Tengo una nueva sobrina! Ella _____ ayer.
5. Mi madre _____ profesión. Ahora es artista.
6. Mi padre _____ el año pasado. Ahora no trabaja.
7. Jorge y yo _____ esta noche. Vamos a ir a un restaurante muy elegante.
8. María y sus compañeras de cuarto _____. Son buenas amigas.

4 Acciones Escoge la acción apropiada y escribe una oración.

> **modelo**
> Camila terminó sus estudios. (enamorarse/nacer/graduarse)
> *Se graduó.*

1. Liliana ya no trabaja más. (jubilarse/salir/graduarse)
2. Francisco sale con Elena. (separarse/tener una cita/jubilarse)
3. Carlos terminó su relación sentimental. (separarse/casarse/llevarse bien)
4. Marcela quiere estar siempre con Javier. (pasarlo mal/relajarse/casarse)
5. Gabriel y Mauricio siempre se divierten juntos. (odiar/romper/llevarse bien)

Las etapas de la vida de Sergio

el nacimiento

la niñez

la adolescencia

la juventud

la madurez

la vejez

Más vocabulario

la edad	age
el estado civil	marital status
las etapas de la vida	the stages of life
la muerte	death
casado/a	married
divorciado/a	divorced
separado/a	separated
soltero/a	single
viudo/a	widower/widow

5 Las etapas de la vida Identifica las etapas de la vida que se describen.

modelo
Mi hermano acaba de graduarse de la universidad.
la juventud

1. Mi abuela se jubiló y se mudó (*moved*) a Viña del Mar.
2. Mi padre trabaja para una compañía grande en Santiago.
3. ¿Viste a mi nuevo sobrino en el hospital? Es precioso y ¡tan pequeño!
4. Mi hermana celebró su fiesta de quince años.
5. Mi abuelo murió este año.
6. Mi hermana pequeña juega con muñecas (*dolls*).

6 Cambiar En parejas, túrnense para decir que las afirmaciones son falsas y corregirlas cambiando las expresiones subrayadas (*underlined*).

modelo
Estudiante 1: La niñez es cuando trabajamos mucho.
Estudiante 2: No, te equivocas. La madurez es cuando trabajamos mucho.

1. La juventud es la etapa cuando nos jubilamos.
2. El nacimiento es el fin de la vida.
3. A los sesenta y cinco años, muchas personas comienzan a trabajar.
4. Julián y nuestra prima se divorcian mañana.
5. Mamá odia a su hermana.
6. El abuelo murió, por eso la abuela es separada.
7. Mi tío nunca se casó; es viudo.
8. Cuando te gradúas de la universidad, estás en la etapa de la adolescencia.

NOTA CULTURAL

Viña del Mar es una ciudad en la costa de Chile, situada al oeste de Santiago. Tiene playas hermosas, excelentes hoteles, casinos y buenos restaurantes. El poeta Pablo Neruda pasó muchos años allí.

¡LENGUA VIVA!

The term **quinceañera** refers to a girl who is celebrating her 15th birthday. The party is called **la fiesta de quince años**.

AYUDA

Ways to contradict someone:
Te equivocas.
You're wrong.
No es verdad.
It's not true.
Creo que no.
I don't think so.
¡Claro que no!
Of course not!
¡Qué va!
No way!

Comunicación

7 **Una fiesta** Trabaja con un(a) compañero/a para planear una fiesta. Recuerda incluir la siguiente información.

1. ¿Qué tipo de fiesta es? ¿Dónde va a ser? ¿Cuándo va a ser?
2. ¿A quiénes van a invitar?
3. ¿Qué van a comer? ¿Quiénes van a llevar o a preparar la comida?
4. ¿Qué van a beber? ¿Quiénes van a traer las bebidas?
5. ¿Cómo planean entretener a los invitados? ¿Van a bailar o a jugar algún juego?
6. Después de la fiesta, ¿quiénes van a limpiar (*to clean*)?

8 **Encuesta** Tu profesor(a) va a darte una hoja de actividades. Haz las preguntas de la hoja a dos o tres compañeros/as de clase para saber qué actitudes tienen en sus relaciones personales.

Preguntas	Nombres	Actitudes
1. ¿Te importa la amistad? ¿Por qué?		
2. ¿Es mejor tener un(a) buen(a) amigo/a o muchos/as amigos/as?		
3. ¿Cuáles son las características que buscas en tus amigos/as?		
4. ¿Tienes novio/a? ¿A qué edad es posible enamorarse?		
5. ¿Deben las parejas hacer todo juntos? ¿Deben tener las mismas opiniones? ¿Por qué?		

¡LENGUA VIVA!

While a **buen(a) amigo/a** is a *good friend*, the term **amigo/a íntimo/a** refers to a *close friend*, or a very good friend, without any romantic overtones.

9 **Minidrama** En parejas, consulten la ilustración de la página 302 y luego, usando las palabras de la lista, preparen un minidrama para representar las etapas de la vida de Sergio. Pueden inventar más información sobre su vida.

amor	celebrar	enamorarse	romper
boda	comprometerse	graduarse	salir
cambiar	cumpleaños	jubilarse	separarse
casarse	divorciarse	nacer	tener una cita

9 | fotonovela

El Día de Muertos

La familia Díaz conmemora el Día de Muertos.

PERSONAJES MARISSA JIMENA FELIPE JUAN CARLOS

 Video

MAITE FUENTES El Día de Muertos se celebra en México el primero y el segundo de noviembre. Como pueden ver, hay calaveras de azúcar, flores, música y comida por todas partes. Ésta es una fiesta única que todos deben ver por lo menos una vez en la vida.

MARISSA Holy moley! ¡Está delicioso!

TÍA ANA MARÍA Mi mamá me enseñó a prepararlo. El mole siempre fue el plato favorito de mi papá. Mi hijo Eduardo nació el día de su cumpleaños. Por eso le pusimos su nombre.

MARISSA ¿Cómo se conocieron?

TÍA ANA MARÍA En la fiesta de un amigo. Fue amor a primera vista.

MARISSA (*Señala la foto.*) La voy a llevar al altar.

TÍO RAMÓN ¿Dónde están mis hermanos?

JIMENA Mi papá y Felipe están en el otro cuarto. Esos dos antipáticos no quieren decirnos qué están haciendo. Y la tía Ana María...

TÍO RAMÓN ... está en la cocina.

TÍA ANA MARÍA Marissa, ¿le puedes llevar esa foto que está ahí a Carolina? La necesita para el altar.

MARISSA Sí. ¿Son sus padres?

TÍA ANA MARÍA Sí, el día de su boda.

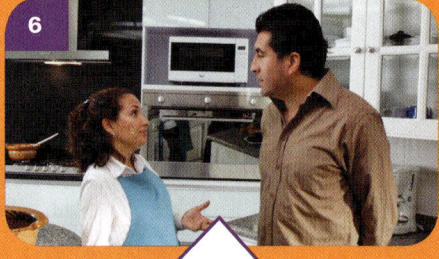

TÍA ANA MARÍA Ramón, ¿cómo estás?

TÍO RAMÓN Bien, gracias. ¿Y Mateo? ¿No vino contigo?

TÍA ANA MARÍA No. Ya sabes que me casé con un doctor y, pues, trabaja muchísimo.

SRA. DÍAZ | **SR. DÍAZ** | **TÍA ANA MARÍA** | **TÍO RAMÓN** | **TÍA NAYELI** | **DON DIEGO** | **MARTA** | **VALENTINA** | **MAITE FUENTES**

7

SR. DÍAZ Familia Díaz, deben prepararse...
FELIPE ... ¡para la sorpresa de sus vidas!

8

JUAN CARLOS Gracias por invitarme.
SR. DÍAZ Juan Carlos, como eres nuestro amigo, ya eres parte de la familia.

9

(*En el cementerio*)
JIMENA Yo hice las galletas y el pastel. ¿Dónde los puse?
MARTA Postres... ¿Cuál prefiero? ¿Galletas? ¿Pastel? ¡Dulces!
VALENTINA Me gustan las galletas.

10

SR. DÍAZ Brindamos por ustedes, mamá y papá.
TÍO RAMÓN Todas las otras noches estamos separados. Pero esta noche estamos juntos.
TÍA ANA MARÍA Con gratitud y amor.

Expresiones útiles

Discussing family history

El mole siempre fue el plato favorito de mi papá.
Mole was always my dad's favorite dish.
Mi hijo Eduardo nació el día de su cumpleaños.
My son Eduardo was born on his birthday.
Por eso le pusimos su nombre.
That's why we named him after him (after my father).
¿Cómo se conocieron sus padres?
How did your parents meet?
En la fiesta de un amigo. Fue amor a primera vista.
At a friend's party. It was love at first sight.

Talking about a party/celebration

Ésta es una fiesta única que todos deben ver por lo menos una vez.
This is a unique celebration that everyone should see at least once.
Gracias por invitarme.
Thanks for inviting me.
Brindamos por ustedes.
A toast to you.

Additional vocabulary

alma *soul*
altar *altar*
ángel *angel*
calavera de azúcar *skull made out of sugar*
cementerio *cemetery*
cocina *kitchen*
disfraz *costume*

¿Qué pasó?

1 Completar Completa las oraciones.

1. El Día de Muertos es una _____ única que todos deben ver.
2. La tía Ana María preparó _____ para celebrar.
3. Marissa lleva la _____ al altar.
4. Jimena hizo las _____ y el _____.
5. Marta no sabe qué _____ prefiere.

2 Identificar Identifica quién dice estas oraciones.

1. Es difícil hacer las cosas bien la primera vez, Jimena.
2. Como pueden ver, hay calaveras de azúcar, flores, música y comida por todas partes.
3. Gracias por invitarme.
4. Ya sabes que me casé con un doctor y, pues, trabaja muchísimo.
5. Me gustan mucho las galletas.
6. Juan Carlos, como eres nuestro amigo, ya eres parte de la familia.

 SR. DÍAZ   **MAITE FUENTES**
 JUAN CARLOS   **VALENTINA**
 TÍA ANA MARÍA

3 Seleccionar Selecciona algunas de las opciones para completar las oraciones.

amor	días de fiesta	pasarlo bien	salieron
el champán	divorciarse	postres	se enamoraron
cumpleaños	flan	la quinceañera	una sorpresa

1. El Sr. Díaz y Felipe prepararon _____ para la familia.
2. Los _____, como el Día de Muertos, se celebran con la familia.
3. Eduardo, el hijo de Ana María, nació el día del _____ de su abuelo.
4. La tía Ana María siente gratitud y _____ hacia (*toward*) sus padres.
5. Los días de fiesta también son para _____ con los amigos.
6. El Día de Muertos se hacen muchos _____.
7. Los padres de la tía Ana María _____ a primera vista.

4 Una cena Trabajen en grupos para representar una conversación en una cena de Año Nuevo.

- Una persona brinda por el año que está por comenzar y por estar con su familia y amigos.
- Cada persona del grupo habla de cuál es su comida favorita en año nuevo.
- Después de la cena, una persona del grupo dice que es hora de (*it's time to*) comer las uvas.
- Cada persona del grupo dice qué desea para el año que empieza.
- Después, cada persona del grupo debe desear Feliz Año Nuevo a las demás.

NOTA CULTURAL

Comer doce uvas a las doce de la noche del 31 de diciembre de cada año es una costumbre que nació en España y que también se observa en varios países de Latinoamérica. Se debe comer una uva por cada una de las 12 campanadas (*strokes*) del reloj y se cree que (*it's believed that*) quien lo hace va a tener un año próspero.

Pronunciación
The letters h, j, and g

  Tutorial

| **h**elado | **h**ombre | **h**ola | **h**ermosa |

The Spanish **h** is always silent.

| **J**osé | **j**ubilarse | de**j**ar | pare**j**a |

The letter **j** is pronounced much like the English *h* in *his*.

| a**g**encia | **g**eneral | **G**il | **G**isela |

The letter **g** can be pronounced three different ways. Before **e** or **i**, the letter **g** is pronounced much like the English *h*.

Gustavo, **g**racias por llamar el domi**ng**o.

At the beginning of a phrase or after the letter **n**, the Spanish **g** is pronounced like the English *g* in *girl*.

Me **g**radué en a**g**osto.

In any other position, the Spanish **g** has a somewhat softer sound.

| **gu**erra | conse**gu**ir | **gu**antes | a**gu**a |

In the combinations **gue** and **gui**, the **g** has a hard sound and the **u** is silent. In the combination **gua**, the **g** has a hard sound and the **u** is pronounced like the English *w*.

Práctica Lee las palabras en voz alta, prestando atención a la **h**, la **j** y la **g**.

1. hamburguesa
2. jugar
3. oreja
4. guapa
5. geografía
6. magnífico
7. espejo
8. hago
9. seguir
10. gracias
11. hijo
12. galleta
13. Jorge
14. tengo
15. ahora
16. guantes

Oraciones Lee las oraciones en voz alta, prestando atención a la **h**, la **j** y la **g**.

1. Hola. Me llamo Gustavo Hinojosa Lugones y vivo en Santiago de Chile.
2. Tengo una familia grande; somos tres hermanos y tres hermanas.
3. Voy a graduarme en mayo.
4. Para celebrar mi graduación, mis padres van a regalarme un viaje a Egipto.
5. ¡Qué generosos son!

Refranes Lee los refranes en voz alta, prestando atención a la **h**, la **j** y la **g**.

A la larga, lo más dulce amarga.[1]

El hábito no hace al monje.[2]

1 Too much of a good thing.
2 The clothes don't make the man.

cultura

EN DETALLE

Semana Santa: más que una celebración

De todas las celebraciones hispanas, la **Semana Santa°** es una de las más importantes. Esta fiesta religiosa se celebra la semana antes de Pascua° y conmemora la muerte y resurrección de Jesucristo, figura central del cristianismo.

Procesión en Sevilla, España

Pero, ¿por qué es tan importante esta celebración? Para los cristianos, durante la Semana Santa se recuerdan los principales hechos° que forman la base de su religión. Cada día tiene su significado. Por ejemplo, el Viernes Santo, con la representación del Vía Crucis°, se recuerdan el juicio° y la muerte de Jesucristo. Por esta razón, cada año tienen lugar diferentes celebraciones populares, famosas alrededor del mundo gracias a su originalidad y despliegue°. Así, aunque algunas personas aprovechan° estos días para viajar, muchas prefieren participar en estas celebraciones religiosas en las calles°. Por ejemplo, en **Sevilla**, España, los fieles° sacan a las calles imágenes religiosas sobre plataformas decoradas con abundantes flores° y velas°. En **Antigua**, Guatemala, los fieles hacen alfombras° de flores y altares, además de organizar Vía Crucis y danzas. Estos son sólo algunos ejemplos del tipo de celebraciones que se presentan en casi todos los países hispanos durante la Semana Santa. Esta fiesta religiosa es una muestra innegable de la cultura y de las creencias religiosas de muchos hispanos.

Alfombra de flores en Antigua, Guatemala

Otras celebraciones famosas

Ayacucho, Perú: Además de alfombras de flores y procesiones, aquí hay una antigua tradición llamada "quema de la chamiza"°.

Iztapalapa, Ciudad de México: Es famoso el Vía Crucis del cerro° de la Estrella. Es una representación del recorrido° de Jesucristo con la cruz°.

Popayán, Colombia: En las procesiones "chiquitas" los niños llevan imágenes que son copias pequeñas de las que llevan los adultos.

Semana Santa *Holy Week* Pascua *Easter Sunday* hechos *events* Vía Crucis *Stations of the Cross* juicio *trial* despliegue *display* aprovechan *take advantage of* calles *streets* fieles *faithful* flores *flowers* velas *candles* alfombras *carpets* quema de la chamiza *burning of brushwood* cerro *hill* recorrido *route* cruz *cross*

ACTIVIDADES

1. **¿Cierto o falso?** Indica si lo que dicen las oraciones es **cierto** o **falso**. Corrige las oraciones falsas.
    1. La Semana Santa se celebra después de Pascua.
    2. La Semana Santa conmemora el nacimiento de la Virgen María.
    3. La celebración es importante porque recuerda los eventos más importantes que forman la base del cristianismo.
    4. Todos los días de la Semana Santa tienen el mismo significado.
    5. El Viernes Santo se recuerda la resurrección de Jesucristo.
    6. Las personas tienen días libres durante la Semana Santa.
    7. Todas las personas asisten a las celebraciones religiosas.
    8. En los países hispanos, las celebraciones se hacen en las calles.
    9. España es el único país donde se celebra la Semana Santa con procesiones.
    10. Las procesiones "chiquitas" son famosas en Sevilla, España.

ASÍ SE DICE
Fiestas y celebraciones

la despedida de soltero/a	bachelor(ette) party
el día feriado/festivo	el día de fiesta
disfrutar	to enjoy
festejar	celebrar
los fuegos artificiales	fireworks
pasarlo en grande	divertirse mucho
la vela	candle

EL MUNDO HISPANO
Celebraciones latinoamericanas

- **Oruro, Bolivia** Durante el carnaval de Oruro se realiza la famosa Diablada, una antigua danza° que muestra la lucha° entre el Bien y el Mal: ángeles contra° demonios.

- **Panchimalco, El Salvador** La primera semana de mayo, Panchimalco se cubre de flores y de color. También hacen el Desfile de las palmas° y bailan danzas antiguas.

- **Quito, Ecuador** El mes de agosto es el Mes de las Artes. Danza, teatro, música, cine, artesanías° y otros eventos culturales inundan la ciudad.

- **San Pedro Sula, Honduras** En junio se celebra la Feria Juniana. Hay comida típica, bailes, desfiles, conciertos, rodeos, exposiciones ganaderas° y eventos deportivos y culturales.

danza *dance* lucha *fight* contra *versus* palmas *palm leaves* artesanías *handcrafts* exposiciones ganaderas *cattle shows*

PERFIL
Noche Valdiviana

El fin de las vacaciones de verano llega a Chile en febrero, y se celebra en la ciudad de Valdivia durante una semana entera con conciertos y puestos° de artesanías.

La última noche, llamada **Noche Valdiviana**, el río Calle-Calle se llena de luces°. A las nueve, la gente va a la costanera° para observar los botes cargados de° velas que forman un desfile° en el agua. La Reina de los Ríos° inicia el desfile y la siguen más de cuarenta embarcaciones°, decoradas con diferentes motivos, que compiten por varios premios. Al final, una lluvia de fuegos artificiales despide° el verano y a los turistas hasta el próximo año.

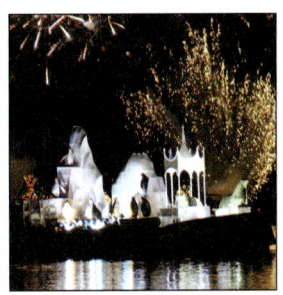

puestos *stands* se llena de luces *is filled with lights* costanera *promenade* cargados de *loaded with* desfile *parade* Reina de los Ríos *Queen of the Rivers* embarcaciones *vessels* despide *bids farewell*

CON RITMO HISPANO

Ana Tijoux (1977–)
Lugar de nacimiento: Lille, Francia

Ana Tijoux, hija de la socióloga chilena María Emilia Tijoux, es una de las raperas más importantes de América Latina. Desde 1997 hasta 2006 formó parte de la banda de rap Makiza.

Go to **vhlcentral.com** to find out more about **Ana Tijoux** and her music.

ACTIVIDADES

2 Comprensión Responde a las preguntas.
1. ¿Cuántas embarcaciones participan en el desfile de Valdivia?
2. ¿Qué es la Diablada?
3. ¿Qué celebran en Quito en agosto?
4. Nombra dos atracciones en la Feria Juniana de San Pedro Sula.
5. ¿Cuándo se celebra la Noche Valdiviana?

3 ¿Cuál es tu celebración favorita? Escribe un pequeño párrafo sobre la celebración que más te gusta de tu comunidad. Explica cómo se llama, cuándo ocurre y cómo es.

More activities

9 estructura

9.1 Irregular preterites Tutorial

ANTE TODO You already know that the verbs **ir** and **ser** are irregular in the preterite. You will now learn other verbs whose preterite forms are also irregular.

Preterite of tener, venir, and decir

		tener (u-stem)	venir (i-stem)	decir (j-stem)
SINGULAR FORMS	yo	tuve	vine	dije
	tú	tuviste	viniste	dijiste
	Ud./él/ella	tuvo	vino	dijo
PLURAL FORMS	nosotros/as	tuvimos	vinimos	dijimos
	vosotros/as	tuvisteis	vinisteis	dijisteis
	Uds./ellos/ellas	tuvieron	vinieron	dijeron

▶ **¡Atención!** The endings of these verbs are the regular preterite endings of **-er/-ir** verbs, except for the **yo** and **usted/él/ella** forms. Note that these two endings are unaccented.

▶ These verbs observe similar stem changes to **tener**, **venir**, and **decir**.

INFINITIVE	U-STEM	PRETERITE FORMS
poder	pud-	pude, pudiste, pudo, pudimos, pudisteis, pudieron
poner	pus-	puse, pusiste, puso, pusimos, pusisteis, pusieron
saber	sup-	supe, supiste, supo, supimos, supisteis, supieron
estar	estuv-	estuve, estuviste, estuvo, estuvimos, estuvisteis, estuvieron

INFINITIVE	I-STEM	PRETERITE FORMS
querer	quis-	quise, quisiste, quiso, quisimos, quisisteis, quisieron
hacer	hic-	hice, hiciste, hizo, hicimos, hicisteis, hicieron

INFINITIVE	J-STEM	PRETERITE FORMS
traer	traj-	traje, trajiste, trajo, trajimos, trajisteis, trajeron
conducir	conduj-	conduje, condujiste, condujo, condujimos, condujisteis, condujeron
traducir	traduj-	traduje, tradujiste, tradujo, tradujimos, tradujisteis, tradujeron

¡ATENCIÓN! Note the **c → z** spelling change in the third-person singular form of **hacer: hizo**.

▶ **¡Atención!** Most verbs that end in **-cir** are **j**-stem verbs in the preterite. For example, **producir → produje, produjiste,** etc.

Produjimos un documental sobre los accidentes en la casa.
We produced a documentary about accidents in the home.

▶ Notice that the preterites with **j**-stems omit the letter **i** in the **ustedes/ellos/ellas** form.

Mis amigos **trajeron** comida a la fiesta.
My friends brought food to the party.

Ellos **dijeron** la verdad.
They told the truth.

The preterite of dar

yo	d**i**		nosotros/as	d**imos**	
tú	d**iste**		vosotros/as	d**isteis**	
Ud./él/ella	d**io**		Uds./ellos/ellas	d**ieron**	

SINGULAR FORMS / **PLURAL FORMS**

▶ The endings for **dar** are the same as the regular preterite endings for **-er** and **-ir** verbs, except that there are no accent marks.

La camarera me **dio** el menú.
The waitress gave me the menu.

Le **di** a Juan algunos consejos.
I gave Juan some advice.

Los invitados le **dieron** un regalo.
The guests gave him/her a gift.

Nosotros **dimos** una gran fiesta.
We gave a great party.

▶ The preterite of **hay** (*inf.* **haber**) is **hubo** (*there was; there were*).

CONSULTA

Note that there are other ways to say *there was* or *there were* in Spanish. See **Estructura 10.1**, p. 342.

Marissa le dio la foto a la Sra. Díaz.

Hubo una celebración en casa de los Díaz.

¡INTÉNTALO! Escribe la forma correcta del pretérito de cada verbo.

1. (querer) tú _quisiste_
2. (hacer) nosotras _____
3. (decir) usted _____
4. (traer) yo _____
5. (conducir) ellas _____
6. (estar) ella _____
7. (tener) tú _____
8. (dar) ella y yo _____
9. (haber) ayer _____
10. (traducir) yo _____
11. (saber) usted _____
12. (poner) ellos _____
13. (venir) yo _____
14. (poder) tú _____
15. (querer) ustedes _____
16. (estar) nosotros _____
17. (decir) tú _____
18. (hacer) él _____
19. (saber) ellos _____
20. (poner) yo _____
21. (traer) nosotras _____
22. (dar) tú _____
23. (tener) yo _____
24. (poder) ustedes _____

Práctica

1. Completar Completa estas oraciones con el pretérito de los verbos.

1. El sábado _____ (haber) una fiesta sorpresa para Elsa en mi casa.
2. Sofía _____ (hacer) un pastel para la fiesta y Miguel _____ (traer) un flan.
3. Los amigos y parientes de Elsa _____ (venir) y _____ (traer) regalos.
4. El hermano de Elsa no _____ (venir) porque _____ (tener) que trabajar.
5. Su tía María Dolores tampoco _____ (poder) venir.
6. Cuando Elsa abrió la puerta, todos gritaron: "¡Feliz cumpleaños!" y su esposo le _____ (dar) un beso.
7. Elsa no _____ (saber) cómo reaccionar (*react*). _____ (estar) un poco nerviosa al principio, pero pronto sus amigos _____ (poner) música y ella _____ (poder) relajarse bailando con su esposo.
8. Al final de la noche, todos _____ (decir) que se divirtieron mucho.

NOTA CULTURAL

El **flan** es un postre muy popular en los países de habla hispana. Se prepara con huevos, leche y azúcar y se sirve con salsa de caramelo. Existen variedades deliciosas como el flan de chocolate o el flan de coco.

2. Describir En parejas, usen los verbos para describir lo que estas personas hicieron.

| conducir | estar | poner | traducir |
| dar | hacer | tener | traer |

1. Gabriel y Natalia

2. Sergio

3. anoche nosotros

4. la señora Rojas

Comunicación

3

Preguntas En parejas, túrnense para hacerse y responder a estas preguntas.

1. ¿Fuiste a una fiesta de cumpleaños el año pasado? ¿De quién?
2. ¿Quiénes fueron a la fiesta?
3. ¿Quién condujo el auto?
4. ¿Cómo estuvo el ambiente de la fiesta?
5. ¿Quién llevó regalos, bebidas o comida? ¿Llevaste algo especial?
6. ¿Hubo comida? ¿Quién la hizo? ¿Hubo champán?
7. ¿Qué regalo hiciste tú? ¿Qué otros regalos trajeron los invitados?
8. ¿Cuántos invitados hubo en la fiesta?

4

Encuesta Tu profesor(a) va a darte una hoja de actividades. Para cada una de las actividades de la lista, encuentra a alguien que hizo esa actividad.

> **modelo**
> traer dulces a clase
> **Estudiante 1:** ¿Trajiste dulces a clase?
> **Estudiante 2:** Sí, traje galletas y helado a la fiesta del fin del semestre.

Actividades

1. ponerse un disfraz (*costume*) de Halloween
2. traer dulces a clase
3. conducir su auto a clase
4. estar en la biblioteca ayer
5. dar un regalo a alguien ayer
6. poder levantarse temprano esta mañana
7. hacer un viaje a un país hispano en el verano
8. tener una cita anoche
9. ir a una fiesta el fin de semana pasado
10. tener que trabajar el sábado pasado

Nombres

Síntesis

5

Conversación En parejas, preparen una conversación en la que uno/a de ustedes va a visitar a su hermano/a para explicarle por qué no fue a su fiesta de graduación y para saber cómo estuvo la fiesta. Incluyan esta información en la conversación:

- cuál fue el menú
- quiénes vinieron a la fiesta y quiénes no pudieron venir
- quiénes prepararon la comida o trajeron algo
- si él/ella tuvo que preparar algo
- lo que la gente hizo antes y después de comer
- cómo lo pasaron, bien o mal

9.2 Verbs that change meaning in the preterite

 Tutorial

ANTE TODO The verbs **conocer**, **saber**, **poder**, and **querer** change meanings when used in the preterite. Because of this, each of them corresponds to more than one verb in English, depending on its tense.

Verbs that change meaning in the preterite

Present	Preterite
conocer	
to know; to be acquainted with	to meet
Conozco a esa pareja.	**Conocí** a esa pareja ayer.
I know that couple.	I met that couple yesterday.
saber	
to know information; to know how to do something	to find out; to learn
Sabemos la verdad.	**Supimos** la verdad anoche.
We know the truth.	We found out (learned) the truth last night.
poder	
to be able; can	to manage; to succeed (could and did)
Podemos hacerlo.	**Pudimos** hacerlo ayer.
We can do it.	We managed to do it yesterday.
querer	
to want; to love	to try
Quiero ir, pero tengo que trabajar.	**Quise** evitarlo, pero fue imposible.
I want to go, but I have to work.	I tried to avoid it, but it was impossible.

¡ATENCIÓN!
In the preterite, the verbs **poder** and **querer** have different meanings, depending on whether they are used in affirmative or negative sentences.
pude / succeeded
no pude / failed (to)
quise / tried (to)
no quise / refused (to)

¡INTÉNTALO! Elige la respuesta más lógica.

1. Hablamos por primera vez con Nuria y Ana en la boda.
   a. Las conocimos en la boda.   b. Les dijimos en la boda.

2. Yo no hice lo que me pidieron mis padres. ¡Tengo mis principios!
   a. No quise hacerlo.   b. No supe hacerlo.

3. Por fin hablé con mi hermano después de llamarlo siete veces.
   a. No quise hablar con él.   b. Pude hablar con él.

4. Josefina se acostó para relajarse. Se durmió inmediatamente.
   a. Pudo relajarse.   b. No pudo relajarse.

5. Después de mucho buscar, encontraste la definición en el diccionario.
   a. No supiste la respuesta.   b. Supiste la respuesta.

6. Las chicas fueron a la fiesta. Cantaron y bailaron mucho.
   a. Ellas pudieron divertirse.   b. Ellas no supieron divertirse.

More activities

vhlcentral

LM p. 52

WB p. 101

Online activities

Las fiestas

Práctica y Comunicación

NOTA CULTURAL

La isla de Pascua es un remoto territorio chileno situado en el océano Pacífico Sur. Sus inmensas estatuas son uno de los mayores misterios del mundo: nadie sabe cómo o por qué se crearon. Para más información, véase **Panorama**, p. 329.

1 **Carlos y Eva** Forma oraciones con los siguientes elementos. Usa el pretérito y haz todos los cambios necesarios. Al final, inventa la razón del divorcio de Carlos y Eva.

1. anoche / mi esposa y yo / saber / que / Carlos y Eva / divorciarse
2. los / conocer / viaje / isla de Pascua
3. no / poder / hablar / mucho / con / ellos / ese día
4. pero / ellos / ser / simpático / y / nosotros / hacer planes / vernos / con más / frecuencia
5. yo / poder / encontrar / su / número / teléfono / páginas / amarillo
6. (yo) querer / llamar / los / ese día / pero / no / tener / tiempo
7. cuando / los / llamar / nosotros / poder / hablar / Eva
8. nosotros / saber / razón / divorcio / después / hablar / ella
9. _____

2 **Completar** Completa estas frases de una manera lógica.

1. Ayer mi compañero/a de cuarto supo…
2. Esta mañana no pude…
3. Conocí a mi mejor amigo/a en…
4. Mis padres no quisieron…
5. Mi mejor amigo/a no pudo…
6. Mi novio/a y yo nos conocimos en…
7. La semana pasada supe…
8. Ayer mis amigos quisieron…

3 **Telenovela** En parejas, escriban el diálogo para una escena de una telenovela (*soap opera*). La escena trata de una situación amorosa entre tres personas: Mirta, Daniel y Raúl. Usen el pretérito de **conocer, poder, querer** y **saber** en su diálogo.

modelo

Mirta: ¿Cómo supiste?
Daniel: Vi un mensaje electrónico de Raúl…

La mujer doble
○ Pasión ○ Aventura ○ Suspenso ○ Venganza

Síntesis

4 **Conversación** En una hoja de papel, escribe dos listas: las cosas que hiciste durante el fin de semana y las cosas que quisiste hacer, pero no pudiste. Luego, compara tu lista con la de un(a) compañero/a, y expliquen ambos por qué no pudieron hacer esas cosas.

9.3 ¿Qué? and ¿cuál?

ANTE TODO You've already learned how to use interrogative words and phrases. As you know, **¿qué?** and **¿cuál?** or **¿cuáles?** mean *what?* or *which?* However, they are not interchangeable.

▶ **¿Qué?** is used to ask for a definition or an explanation.

¿**Qué** es el flan?
What is flan?

¿**Qué** estudias?
What do you study?

▶ **¿Cuál(es)?** is used when there is more than one possibility to choose from.

¿**Cuál** de los dos prefieres, el vino o el champán?
Which of these (two) do you prefer, wine or champagne?

¿**Cuáles** son tus medias, las negras o las blancas?
Which ones are your socks, the black ones or the white ones?

▶ **¿Cuál?** should not be used before a noun; in this case, **¿qué?** is used.

¿**Qué** sorpresa te dieron tus amigos?
What surprise did your friends give you?

¿**Qué** colores te gustan?
What colors do you like?

▶ **¿Qué?** used before a noun has the same meaning as **¿cuál?**

¿**Qué regalo** te gusta?
What (Which) gift do you like?

¿**Qué dulces** quieren ustedes?
What (Which) sweets do you want?

Review of interrogative words and phrases

¿a qué hora?	at what time?	¿cuántos/as?	how many?
¿adónde?	(to) where?	¿de dónde?	from where?
¿cómo?	how?	¿dónde?	where?
¿cuál(es)?	what?; which?	¿por qué?	why?
¿cuándo?	when?	¿qué?	what?; which?
¿cuánto/a?	how much?	¿quién(es)?	who?

¡INTÉNTALO! Completa las preguntas con **¿qué?** o **¿cuál(es)?**, según el contexto.

1. ¿ _Cuál_ de los dos te gusta más?
2. ¿ _____ tipo de pastel pediste?
3. ¿ _____ es tu teléfono?
4. ¿ _____ es una galleta?
5. ¿ _____ haces ahora?
6. ¿ _____ son tus platos favoritos?
7. ¿ _____ bebidas te gustan más?
8. ¿ _____ es el mejor?
9. ¿ _____ es esto?
10. ¿ _____ es tu opinión?
11. ¿ _____ fiestas celebras tú?
12. ¿ _____ botella de vino prefieres?
13. ¿ _____ pones en la mesa?
14. ¿ _____ es tu helado favorito?
15. ¿ _____ restaurante prefieres?
16. ¿ _____ estudiantes estudian más?
17. ¿ _____ es la sorpresa mañana?
18. ¿ _____ quieres comer esta noche?
19. ¿ _____ postre prefieres?
20. ¿ _____ opinas?

Práctica y Comunicación

1 **Completar** Completa estas preguntas con alguna(s) palabra(s) interrogativa(s). Luego, con un(a) compañero/a, hagan y contesten las preguntas.

1. ¿_____ es la fecha de tu cumpleaños?
2. ¿_____ naciste?
3. ¿_____ es tu estado civil?
4. ¿_____ es tu mejor amigo/a?
5. ¿_____ cosas te hacen reír?
6. ¿_____ te relajas?
7. ¿_____ postres te gustan? ¿_____ te gusta más?
8. ¿_____ problemas tuviste en la primera cita con alguien?

2 **Una invitación** En parejas, túrnense para hacer y contestar preguntas con **qué** y **cuál** basadas en la información de la invitación.

> **modelo**
> **Estudiante 1:** ¿Cuál es el nombre del padre de la novia?
> **Estudiante 2:** Su nombre es Fernando Sandoval Valera.

¡LENGUA VIVA!
The word **invitar** is not always used exactly like *invite*. Sometimes, if you say **Te invito un café**, it means that you are offering to buy that person a coffee.

Fernando Sandoval Valera *Lorenzo Vásquez Amaral*
Isabel Arzipe de Sandoval *Elena Soto de Vásquez*

tienen el agrado de invitarlos a la boda de sus hijos

María Luisa y José Antonio

La ceremonia religiosa tendrá lugar
el sábado 10 de junio a las dos de la tarde
en el Templo de Santo Domingo
(Calle Santo Domingo, 961).

Después de la ceremonia, sírvanse pasar a la recepción en
el salón de baile del Hotel Metrópoli (Sotero del Río, 465).

3 **Quinceañera** Trabaja con un(a) compañero/a. Uno/a de ustedes es el/la director(a) del salón de fiestas "Renacimiento". La otra persona es el padre/la madre de Sandra, quien quiere hacer la fiesta de quince años de su hija gastando menos de $25 por invitado. Su profesor(a) va a darles la información necesaria para confirmar la reservación.

> **modelo**
> **Estudiante 1:** ¿Cuánto cuestan los entremeses?
> **Estudiante 2:** Depende. Puede escoger champiñones por 50 centavos o camarones por dos dólares.
> **Estudiante 1:** ¡Uf! A mi hija le gustan los camarones, pero son muy caros.
> **Estudiante 2:** Bueno, también puede escoger quesos por un dólar por invitado.

9.4 Pronouns after prepositions

ANTE TODO In Spanish, as in English, the object of a preposition is the noun or pronoun that follows a preposition. Observe the following diagram.

La sopa es para Alicia y para él.

Prepositional pronouns

preposition +	Singular		Plural	
	mí	me	nosotros/as	us
	ti	you (fam.)	vosotros/as	you (fam.)
	Ud.	you (form.)	Uds.	you
	él	him	ellos	them (m.)
	ella	her	ellas	them (f.)

▶ Note that, except for **mí** and **ti,** these pronouns are the same as the subject pronouns. **¡Atención! Mí** (*me*) has an accent mark to distinguish it from the possessive adjective **mi** (*my*).

▶ The preposition **con** combines with **mí** and **ti** to form **conmigo** and **contigo**, respectively.

—¿Quieres venir **conmigo** a Concepción?
Do you want to come with me to Concepción?

—Sí, gracias, me gustaría ir **contigo**.
Yes, thanks, I would like to go with you.

▶ The preposition **entre** is followed by **tú** and **yo** instead of **ti** and **mí**.

Papá va a sentarse **entre tú y yo**.
Dad is going to sit between you and me.

CONSULTA
For more prepositions, refer to **Estructura 2.3,** p. 60.

¡INTÉNTALO!

Completa estas oraciones con las preposiciones y los pronombres apropiados.

1. (*with him*) No quiero ir ___con él___.
2. (*for her*) Las galletas son _____.
3. (*for me*) Los mariscos son _____.
4. (*with you*, pl.) Preferimos estar _____.
5. (*with me*) ¿Por qué no quieres tener una cita _____?
6. (*with you*, sing. fam.) Me gusta salir _____.
7. (*for her*) La cuenta es _____.
8. (*for them*, m.) La habitación es muy pequeña _____.
9. (*for you*, sing. fam.) Este beso es _____.
10. (*with them*, f.) Anoche celebré la Navidad _____.
11. (*with you*, sing. fam.) Nunca me aburro _____.
12. (*with you*, pl.) ¡Qué bien que vamos _____!
13. (*for them*, f.) _____ no hay sorpresas.
14. (*for you*, sing. fam.) _____ la vida es muy fácil.

Práctica y Comunicación

1 **Completar** Escoge los pronombres adecuados para completar el mensaje electrónico.

---
www.micorreo.com
Mi Correo
Para: Antonio   Asunto: Cena romántica con Claudia

Hola, Antonio:
¿Recuerdas a Claudia? Hoy voy a cenar con (1) _____ (usted/ella). Vamos a ir al restaurante italiano que conocí (2) _____ (conmigo/contigo) el mes pasado. Aunque a (3) _____ (él/ti) no te gustó la pasta, a (4) _____ (ellos/mí) me encantó la pizza.

Claudia me dijo que después de la cena quiere ir a bailar (5) _____ (contigo/conmigo). Creo que va a ser una noche muy especial para (6) _____ (nosotros/él) y te lo quería contar a (7) _____ (ti/usted) porque eres mi mejor amigo.

Hasta pronto,
Diego

---

2 **Preguntas** En parejas, túrnense para hacerse estas preguntas. Usa los pronombres apropiados en tus respuestas.

1. ¿Quieres practicar el español conmigo?
2. ¿Te gusta viajar con tus padres?
3. ¿Tus padres se preocupan mucho por ti?
4. ¿Tu familia vive contigo?
5. ¿Aprendes mucho con tus profesores?
6. ¿Siempre lo pasas bien con tu mejor amigo/a?
7. ¿Te llevas bien con tus compañeros de clase?
8. ¿Compras regalos para tus amigos?

3 **Compartir** Tu profesor(a) va a darte una hoja de actividades en la que hay un dibujo. En parejas, hagan preguntas para saber dónde está cada una de las personas en el dibujo. Ustedes tienen dos versiones diferentes de la ilustración. Al final deben saber dónde está cada persona.

modelo
Estudiante 1: ¿Quién está al lado de Óscar?
Estudiante 2: Alfredo está al lado de él.

Alfredo	Dolores	Graciela	Raúl
Sra. Blanco	Enrique	Leonor	Rubén
Carlos	Sra. Gómez	Óscar	Yolanda

AYUDA
Here are some useful prepositions: **al lado de, debajo de, a la derecha de, a la izquierda de, cerca de, lejos de, delante de, detrás de, entre**.

Recapitulación

Completa estas actividades para repasar los conceptos de gramática que aprendiste en esta lección.

1 **Completar** Completa la tabla con el pretérito de los verbos. `18 pts.`

Infinitive	yo	ella	nosotros
conducir			
hacer			
saber			

2 **Mi fiesta** Completa este mensaje electrónico con el pretérito de los verbos. Vas a usar cada verbo sólo una vez. `20 pts.`

dar	haber	tener
decir	hacer	traer
estar	poder	venir
	poner	

Hola, Omar:

Como tú no (1) _____ venir a mi fiesta de cumpleaños, quiero contarte cómo fue. El día de mi cumpleaños, muy temprano por la mañana, mis hermanos me (2) _____ una gran sorpresa: ellos (3) _____ un regalo delante de la puerta de mi habitación: ¡una bicicleta roja preciosa! Mi madre nos preparó un desayuno riquísimo. Después de desayunar, mis hermanos y yo (4) _____ que limpiar toda la casa, así que (*therefore*) no (5) _____ más celebración hasta la tarde. A las seis y media (nosotros) (6) _____ una barbacoa en el patio de la casa. Todos los invitados (7) _____ bebidas y regalos. (8) _____ todos mis amigos, excepto tú, ¡qué pena! :-(La fiesta (9) _____ muy animada hasta las diez de la noche, cuando mis padres (10) _____ que los vecinos (*neighbors*) iban a (*were going to*) protestar y entonces todos se fueron a sus casas.

RESUMEN GRAMATICAL

9.1 Irregular preterites *pp. 310–311*

u-stem	estar poder poner saber tener	estuv- pud- pus- sup- tuv-	-e, -iste, -o, -imos, -isteis, -(i)eron
i-stem	hacer querer venir	hic- quis- vin-	
j-stem	conducir decir traducir traer	conduj- dij- traduj- traj-	

▶ Preterite of **dar**: **di, diste, dio, dimos, disteis, dieron**

▶ Preterite of **hay** (*inf.* **haber**): **hubo**

9.2 Verbs that change meaning in the preterite *p. 3*

Present	Preterite
conocer	
to know; to be acquainted with	to meet
saber	
to know info.; to know how to do something	to find out; to learn
poder	
to be able; can	to manage; to succeed
querer	
to want; to love	to try

9.3 ¿Qué? and ¿cuál? *p. 316*

▶ Use **¿qué?** to ask for a definition or an explanation.

▶ Use **¿cuál(es)?** when there is more than one possibility to choose from.

▶ **¿Cuál?** should not be used before a noun; use **¿qué?** instead.

▶ **¿Qué?** used before a noun has the same meaning as **¿cuál?**

Las fiestas

> **9.4 Pronouns after prepositions** *p. 318*
>
> **Prepositional pronouns**
>
> | Preposition + | Singular | Plural |
> |---|---|---|
> | | mí | nosotros/as |
> | | ti | vosotros/as |
> | | Ud. | Uds. |
> | | él | ellos |
> | | ella | ellas |
>
> ► Exceptions: **conmigo, contigo, entre tú y yo**

3 **¿Presente o pretérito?** Escoge la forma correcta de los verbos. **12 pts.**

1. Después de muchos intentos (*tries*), (podemos/ pudimos) hacer una piñata.
2. —¿Conoces a Pepe?
   —Sí, lo (conozco/ conocí) en tu fiesta.
3. Como no es de aquí, Cristina no (sabe/supo) mucho de las celebraciones locales.
4. Yo no (quiero/quise) ir a un restaurante grande, pero tú decides.
5. Ellos (quieren/quisieron) darme una sorpresa, pero Nina me lo dijo todo.
6. Mañana se terminan las vacaciones; por fin (podemos/pudimos) volver a la escuela.

4 **Preguntas** Escribe una pregunta para cada respuesta con los elementos dados. Empieza con **qué**, **cuál** o **cuáles** de acuerdo con el contexto y haz los cambios necesarios. **8 pts.**

1. —¿? / pastel / querer —Quiero el pastel de chocolate.
2. —¿? / ser / sangría —La sangría es una bebida típica española.
3. —¿? / ser / restaurante favorito —Mis restaurantes favoritos son Dalí y Jaleo.
4. —¿? / ser / dirección electrónica —Mi dirección electrónica es paco@email.com.

5 **¿Dónde me siento?** Completa la conversación con los pronombres apropiados. **14 pts.**

JUAN A ver, te voy a decir dónde te vas a sentar. Manuel, ¿ves esa silla? Es para _____. Y esa otra silla es para tu novia, que todavía no está aquí.

MANUEL Muy bien, yo la reservo para _____.

HUGO ¿Y esta silla es para _____ (*me*)?

JUAN No, Hugo. No es para _____. Es para Carmina, que viene con Julio.

HUGO No, Carmina y Julio no pueden venir. Hablé con _____ y me avisaron.

JUAN Pues ellos se lo pierden (*it's their loss*). ¡Más comida para _____ (*us*)!

CAMARERO Aquí tienen el menú. Les doy un minuto y enseguida estoy con _____.

6 **Cumpleaños feliz** Escribe cinco oraciones que describan cómo celebraste tu último cumpleaños. Usa el pretérito y los pronombres que aprendiste en esta lección. **28 pts.**

7 **Poema** Completa este fragmento del poema *Elegía nocturna* de Carlos Pellicer con el pretérito de los verbos. **¡4 puntos EXTRA!**

> "Ay de mi corazón° que nadie _____ (querer)
> tomar de entre mis manos desoladas.
> Tú _____ (venir) a mirar sus llamaradas°
> y le miraste arder° claro° y sereno."

corazón heart *llamaradas* flames *arder* to burn *claro* clear

adelante

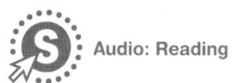

Lectura

Antes de leer

Estrategia
Recognizing word families

Recognizing root words can help you guess the meaning of words in context, ensuring better comprehension of a reading selection. Using this strategy will enrich your Spanish vocabulary as you will see below.

Examinar el texto
Familiarízate con el texto usando las estrategias de lectura más efectivas para ti. ¿Qué tipo de documento es? ¿De qué tratan° las cuatro secciones del documento? Explica tus respuestas.

Raíces°
Completa el cuadro° para ampliar tu vocabulario. Usa palabras de la lectura de esta lección y vocabulario de las lecciones anteriores.
¿Qué significan las palabras que escribiste?

Verbos	Sustantivos	Otras formas
1. agradecer *to thank, to be grateful for*	*agradecimiento/ gracias* *gratitude/thanks*	*agradecido* *grateful, thankful*
2. estudiar	_____	_____
3. _____	_____	celebrado
4. _____	baile	_____
5. bautizar	_____	_____

¿De qué tratan...? *What are... about?* Raíces *Roots* cuadro *chart*

EL INFORMANTE

Actualidad Opinión Vida social Tecnología

Matrimonio
Espinoza Álvarez- Reyes Salazar

El día sábado 17 de junio a las 19 horas, se celebró el matrimonio de Silvia Reyes y Carlos Espinoza en la catedral de Santiago. La ceremonia fue oficiada por el pastor Federico Salas y participaron los padres de los novios, el señor Jorge Espinoza y señora y el señor José Alfredo Reyes y señora. Después de la ceremonia, los padres de los recién casados ofrecieron una fiesta bailable en el restaurante La Misión.

Bautismo
José María recibió el bautismo el 26 de junio.

Sus padres, don Roberto Lagos Moreno y doña María Angélica Sánchez, compartieron la alegría de la fiesta con todos sus parientes y amigos. La ceremonia religiosa tuvo lugar° en la catedral de Aguas Blancas. Después de la ceremonia, padres, parientes y amigos celebraron una fiesta en la residencia de la familia Lagos.

| Entretenimiento | Deportes | Economía |

Fiesta de quince años

El doctor don Amador Larenas Fernández y la señora Felisa Vera de Larenas celebraron los quince años de su hija Ana Ester junto a sus parientes y amigos. La quinceañera reside en la ciudad de Valparaíso y es estudiante del Colegio Francés. La fiesta de presentación en sociedad de la señorita Ana Ester fue el día viernes 2 de mayo a las 19 horas en el Club Español. Entre los invitados especiales asistieron el alcalde° de la ciudad, don Pedro Castedo, y su esposa. La música estuvo a cargo de la Orquesta Americana. ¡Feliz cumpleaños, le deseamos a la señorita Ana Ester en su fiesta bailable!

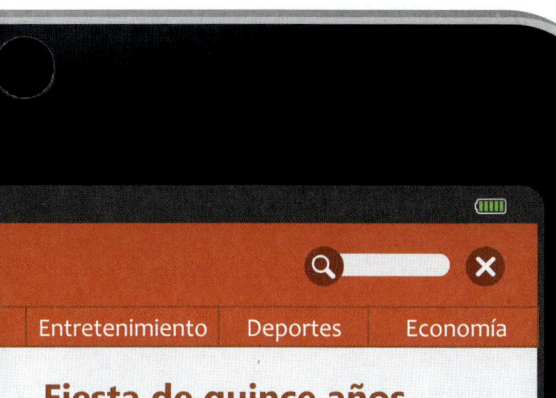

Expresión de gracias
Carmen Godoy Tapia

Agradecemos° sinceramente a todas las personas que nos acompañaron en el último adiós a nuestra apreciada esposa, madre, abuela y tía, la señora Carmen Godoy Tapia. El funeral tuvo lugar el día 28 de junio en la ciudad de Viña del Mar. La vida de Carmen Godoy fue un ejemplo de trabajo, amistad, alegría y amor para todos nosotros. Su esposo, hijos y familia agradecen de todo corazón° su asistencia° al funeral a todos los parientes y amigos.

tuvo lugar *took place* **alcalde** *mayor* **Agradecemos** *We thank* **de todo corazón** *sincerely* **asistencia** *attendance*

Después de leer

Corregir
Escribe estos comentarios otra vez para corregir la información errónea.

1. El alcalde y su esposa asistieron a la boda de Silvia y Carlos.
2. Todos los anuncios (*announcements*) describen eventos felices.
3. Felisa Vera de Larenas cumple quince años.
4. Roberto Lagos y María Angélica Sánchez son hermanos.
5. Carmen Godoy Tapia les dio las gracias a las personas que asistieron al funeral.

Identificar
Escribe el nombre de la(s) persona(s) descrita(s) (*described*).

1. Dejó viudo a su esposo el 28 de junio.
2. Sus padres y todos los invitados brindaron por él, pero él no entendió por qué.
3. El Club Español les presentó una cuenta considerable.
4. Unió a los novios en matrimonio.
5. Su fiesta de cumpleaños se celebró en Valparaíso.

Un anuncio
Trabajen en grupos pequeños para inventar un anuncio breve sobre una celebración importante. Puede ser una graduación, un matrimonio o una gran fiesta en la que ustedes participan. Incluyan la siguiente información.

1. nombres de los participantes
2. la fecha, la hora y el lugar
3. qué se celebra
4. otros detalles de interés

Escritura

Estrategia

Planning and writing a comparative analysis

Writing any kind of comparative analysis requires careful planning. Venn diagrams are useful for organizing your ideas visually before comparing and contrasting people, places, objects, events, or issues. To create a Venn diagram, draw two circles that overlap one another and label the top of each circle. List the differences between the two elements in the outer rings of the two circles, then list their similarities where the two circles overlap. Review the following example.

Diferencias y similitudes

Boda de Silvia Reyes y Carlos Espinoza

Diferencias:
1. Primero hay una celebración religiosa.
2. Se celebra en un restaurante.

Similitudes:
1. Las dos fiestas se celebran por la noche.
2. Las dos fiestas son bailables.

Fiesta de quince años de Ana Ester Larenas Vera

Diferencias:
1. Se celebra en un club.
2. Vienen invitados especiales.

La lista de palabras y expresiones a la derecha puede ayudarte a escribir este tipo de ensayo (*essay*).

Tema

Escribir una composición

Compara una celebración familiar (como una boda, una fiesta de cumpleaños o una graduación) a la que tú asististe recientemente con otro tipo de celebración. Utiliza palabras y expresiones de esta lista.

Para expresar similitudes

además; también	in addition; also
al igual que	the same as
como	as; like
de la misma manera	in the same manner (way)
del mismo modo	in the same manner (way)
tan + [*adjetivo*] + como	as + [adjective] + as
tanto/a(s) + [*sustantivo*] + como	as many/much + [noun] + as

Para expresar diferencias

a diferencia de	unlike
a pesar de	in spite of
aunque	although
en cambio	on the other hand
más/menos… que	more/less … than
no obstante	nevertheless; however
por el contrario	on the contrary
por otro lado	on the other hand
sin embargo	nevertheless; however

Escuchar

Antes de escuchar

Estrategia

Guessing the meaning of words through context

When you hear an unfamiliar word, you can often guess its meaning by listening to the words and phrases around it.

To practice this strategy, you will now listen to a paragraph. Jot down the unfamiliar words that you hear. Then listen to the paragraph again and jot down the word or words that give the most useful clues to the meaning of each unfamiliar word.

Preparación

Lee la invitación. ¿De qué crees que van a hablar Rosa y Josefina?

Ahora escucha

Josefina y Rosa

Ahora escucha la conversación entre Josefina y Rosa. Cuando oigas una de las palabras de la columna A, usa el contexto para identificar el sinónimo o la definición en la columna B.

A	B
___ 1. festejar	a. conmemoración religiosa de una muerte
___ 2. dicha	b. tolera
___ 3. bien parecido	c. suerte
___ 4. finge (fingir)	d. celebrar
___ 5. soporta (soportar)	e. me divertí
___ 6. yo lo disfruté (disfrutar)	f. horror
	g. crea una ficción
	h. guapo

Margarita Robles de García
y Roberto García Olmos

Piden su presencia en la celebración
del décimo aniversario de bodas
el día 13 de marzo
con una misa en la Iglesia Virgen del Coromoto
a las 6:30

seguida por cena y baile
en el restaurante El Campanero,
Calle Principal, Las Mercedes
a las 8:30

Comprensión

¿Cierto o falso?

Lee cada oración e indica si lo que dice es **cierto** o **falso**. Corrige las oraciones falsas.

1. No invitaron a mucha gente a la fiesta de Margarita y Roberto porque ellos no conocen a muchas personas.

2. Algunos fueron a la fiesta con pareja y otros fueron sin compañero/a.

3. Margarita y Roberto decidieron celebrar el décimo aniversario porque no hicieron una fiesta el día de su boda.

4. Rafael les parece interesante a Rosa y a Josefina.

5. Josefina se divirtió mucho en la fiesta porque bailó toda la noche con Rafael.

Preguntas

Responde a estas preguntas con oraciones completas.

1. ¿Son solteras Rosa y Josefina? ¿Cómo lo sabes?

2. ¿Tienen las chicas una amistad de mucho tiempo con la pareja que celebra su aniversario? ¿Cómo lo sabes?

En pantalla Video

Desfiles°, música, asados°, fuegos artificiales° y baile son los elementos de una buena fiesta. ¿Celebrar durante toda una semana? ¡Eso sí que es una fiesta espectacular! El 18 de septiembre Chile conmemora su independencia de España y los chilenos demuestran su orgullo° nacional durante una semana llena de celebraciones. Durante las Fiestas Patrias° casi todas las oficinas° y escuelas se cierran para que la gente se reúna° a festejar. Desfiles y rodeos representan la tradición de los vaqueros° del país, y la gente baila cueca, el baile nacional. Otra de las tradiciones de estas fiestas es hacer volar cometas°, llamadas volantines.

Fiestas patrias: Chilevisión

Noviembre: disfraces, dulces...

Mayo: besito, tarjeta, tecito con la mamá...

Septiembre... Septiembre: familia, parada militar...

Vocabulario útil

conejo	bunny
disfraces	costumes
mariscal	traditional Chilean soup with raw seafood
sustos	frights
vieja (Chi.)	mother

Preparación
¿Cuál es tu día de fiesta favorito?
¿Cómo lo celebras?

Seleccionar
Selecciona la palabra que no está relacionada con cada grupo.
1. disfraces • noviembre • arbolito • sustos
2. volantines • arbolito • regalos • diciembre
3. conejo • enero • huevitos • chocolates
4. septiembre • volantines • disfraces • asado

Fiesta
Trabajen en grupos de tres. Imaginen que van a organizar una fiesta para celebrar el 4 de julio. Escriban una invitación electrónica para invitar a sus parientes y amigos a la fiesta. Describan los planes que tienen para la fiesta y díganles a sus amigos qué tiene que traer cada uno.

Desfiles/Paradas *Parades* asados *barbecues* fuegos artificiales *fireworks* orgullo *pride* Fiestas Patrias *Independence Day celebrations* oficinas *offices* se reúna *would get together* vaqueros *cowboys* cometas/volantines *kites*

Las fiestas

Video

El Día de los Reyes Magos* es una celebración muy popular en muchos países hispanos. No sólo es el día en que los reyes les traen regalos a los niños, también es una fiesta llena° de tradiciones. La tarde del 5 de enero, en muchas ciudades como Barcelona, España, se hace un desfile° en que los reyes regalan dulces a los niños y reciben sus cartas con peticiones. Esa noche, antes de irse a dormir, los niños deben dejar un zapato junto a la ventana y un bocado° para los reyes. En Puerto Rico, por ejemplo, los niños ponen una caja con hierba° bajo su cama para alimentar a los camellos° de los reyes.

Vocabulario útil

los cabezudos	carnival figures with large heads
los carteles	posters
fiesta de pueblo	popular celebration
santos de palo	wooden saints

Preparación

¿Se celebra la Navidad en tu país? ¿Qué otras fiestas importantes se celebran? ¿Cuánto tiempo duran? ¿Cuáles son las tradiciones y actividades típicas?

¿Cierto o falso?

Indica si cada oración es **cierta** o **falsa**.

1. En Puerto Rico se celebra la Navidad hasta febrero.
2. San Sebastián fue un soldado romano que ayudó a los cristianos.
3. Los cabezudos son unas máscaras que vienen de las fiestas españolas.
4. Diego Palacio compra un helado de chocolate.
5. El güiro y el pandero son comidas puertorriqueñas.

---

* *According to the Christian tradition, the Three Wise Men were the three kings that traveled to Bethlehem after the birth of Baby Jesus, carrying with them gifts of gold, frankincense, and myrrh to pay him homage.*

llena *full* desfile *parade* bocado *snack* hierba *grass* alimentar los camellos *feed the camels*

Las fiestas

Los cabezudos son una tradición [...] de España.

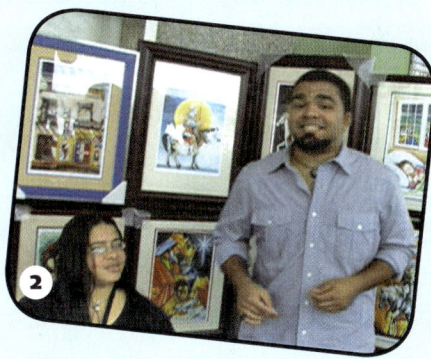

Hay mucha gente y mucho arte.

Es una fiesta de pueblo... una tradición. Vengo todos los años.

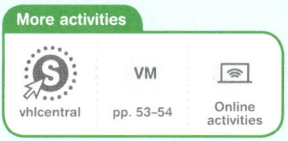

9 panorama

Chile

El país en cifras

- **Área:** 756.950 km² (292.259 millas²), dos veces el área de Montana
- **Población:** 17.789.000
  Aproximadamente el 85 por ciento de la población del país es urbana.
- **Capital:** Santiago de Chile—6.507.000
- **Ciudades principales:** Valparaíso—907.000, Concepción, Viña del Mar, Temuco
- **Moneda:** peso chileno
- **Idiomas:** español (oficial), mapuche

Bandera de Chile

Chilenos célebres
- **Bernardo O'Higgins,** militar° y héroe nacional (1778–1842)
- **Gabriela Mistral,** Premio Nobel de Literatura, 1945; poeta y diplomática (1889–1957)
- **Pablo Neruda,** Premio Nobel de Literatura, 1971; poeta (1904–1973)
- **Isabel Allende,** novelista (1942–)
- **Javiera Mena,** cantante (1983–)

Pablo Neruda

militar *soldier*

PERÚ
La costa de Viña del Mar
Pampa del Tamarugal
BOLIVIA
Edificio antiguo en Santiago
Cordillera de los Andes
El puerto de Valparaíso
Océano Pacífico
Viña del Mar
Valparaíso
Santiago de Chile
ARGENTINA
Concepción
Temuco
Torres del Paine
Una celebración en Temuco
Lago Buenos Aires
Punta Arenas
Océano Atlántico
Estrecho de Magallanes
Isla Grande de Tierra del Fuego

ACTIVIDADES

1 **¿Cierto o falso?** Indica si lo que dicen las oraciones es **cierto** o **falso**.

1. Valparaíso es la capital de Chile.
2. Isabel Allende nació en el año 1942.
3. Javiera Mena canta.
4. Le dieron el Premio Nobel de Literatura a Pablo Neruda en 1945.
5. Viña del Mar es un día de fiesta en Chile.
6. Los exploradores holandeses llegaron a la isla de Pascua por primera vez el día de Pascua de 1722.
7. No puedes esquiar en el Parque Nacional Villarrica.
8. Todos los observatorios de Chile son viejos.
9. Los vinos de Aconcagua y del valle del Maipo son los más conocidos.
10. Atacama, en el norte de Chile, es el desierto más seco del mundo.

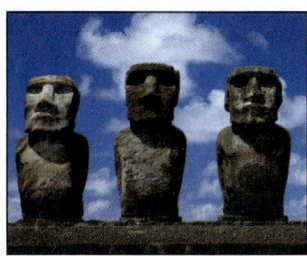

Lugares • La isla de Pascua

La isla de Pascua° recibió ese nombre porque los exploradores holandeses° llegaron a la isla por primera vez el día de Pascua de 1722. Ahora es parte del territorio de Chile. La isla de Pascua es famosa por los *moái*, estatuas enormes que representan personas con rasgos° muy exagerados. Los *rapa nui*, antiguos habitantes de la zona, construyeron estas estatuas. Todavía no se sabe mucho sobre los *rapa nui*, ni tampoco se sabe por qué decidieron abandonar la isla.

Deportes • Los deportes de invierno

Hay muchos lugares para practicar deportes de invierno en Chile porque las montañas nevadas de los Andes ocupan gran parte del país. El Parque Nacional Villarrica, por ejemplo, situado al pie de un volcán y junto a° un lago, es un sitio popular para el esquí y el *snowboard*. Para los que prefieren deportes más extremos, el centro de esquí Valle Nevado organiza excursiones para practicar heliesquí.

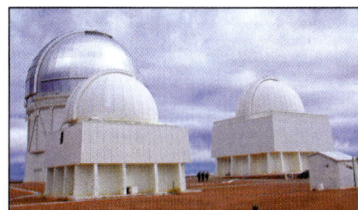

Ciencias • Astronomía

Los observatorios chilenos, situados en los Andes, son lugares excelentes para las observaciones astronómicas. Científicos° de todo el mundo van a Chile para estudiar las estrellas° y otros cuerpos celestes. Hoy día, Chile está construyendo nuevos observatorios y telescopios para mejorar las imágenes del universo.

Economía • El vino

La producción de vino comenzó en Chile en el siglo° XVI. Ahora la industria del vino constituye una parte importante de la actividad agrícola del país y la exportación de sus productos está aumentando° cada vez más. Los vinos chilenos son muy apreciados internacionalmente por su gran variedad, sus ricos y complejos sabores° y su precio moderado. Los más conocidos son los vinos de Aconcagua y del valle del Maipo.

isla de Pascua *Easter Island* holandeses *Dutch* rasgos *features* junto a *beside* Científicos *Scientists* estrellas *stars* siglo *century* aumentando *increasing* complejos sabores *complex flavors*

¡Increíble pero cierto!

El desierto° de Atacama, en el norte de Chile, es el más seco° del mundo°. Con más de cien mil km² de superficie, algunas zonas de este desierto nunca han tenido° lluvia. Atacama ha sido usado° como escenario para representar a Marte° en películas y series de televisión.

desierto *desert* el más seco *the driest* mundo *world* han tenido *have had* ha sido usado *has been used* Marte *Mars*

---

2 ¿Qué aprendiste? Contesta las preguntas.

1. ¿Qué porcentaje de la población chilena es urbana?
2. ¿Qué son los *moái*? ¿Dónde están?
3. ¿Qué deporte extremo ofrece el centro de esquí Valle Nevado?
4. ¿Por qué van a Chile científicos de todo el mundo?
5. ¿Por qué son apreciados los vinos chilenos?

3 Preguntas En parejas, túrnense para hacer preguntas sobre Chile con las palabras interrogativas **qué** y **cuál**.

modelo
Estudiante 1: ¿Cuál es la capital de Chile?
Estudiante 2: La capital de Chile es Santiago.

vocabulario Vocabulary Tools

Las celebraciones

el aniversario (de bodas)	(wedding) anniversary
la boda	wedding
el cumpleaños	birthday
el día de fiesta	holiday
la fiesta	party
el/la invitado/a	guest
la Navidad	Christmas
la quinceañera	young woman celebrating her fifteenth birthday
la sorpresa	surprise
brindar	to toast (drink)
celebrar	to celebrate
divertirse (e:ie)	to have fun
invitar	to invite
pasarlo bien/mal	to have a good/bad time
regalar	to give (a gift)
reírse (e:i)	to laugh
relajarse	to relax
sonreír (e:i)	to smile
sorprender	to surprise

Los postres y otras comidas

la botella (de vino)	bottle (of wine)
el champán	champagne
los dulces	sweets; candy
el flan (de caramelo)	baked (caramel) custard
la galleta	cookie
el helado	ice cream
el pastel (de chocolate)	(chocolate) cake; pie
el postre	dessert

Las relaciones personales

la amistad	friendship
el amor	love
el divorcio	divorce
el estado civil	marital status
el matrimonio	marriage
la pareja	(married) couple; partner
el/la recién casado/a	newlywed
casarse (con)	to get married (to)
comprometerse (con)	to get engaged (to)
divorciarse (de)	to get divorced (from)
enamorarse (de)	to fall in love (with)
llevarse bien/mal (con)	to get along well/badly (with)
odiar	to hate
romper (con)	to break up (with)
salir (con)	to go out (with); to date
separarse (de)	to separate (from)
tener una cita	to have a date; to have an appointment
casado/a	married
divorciado/a	divorced
juntos/as	together
separado/a	separated
soltero/a	single
viudo/a	widower/widow

Las etapas de la vida

la adolescencia	adolescence
la edad	age
las etapas de la vida	the stages of life
la juventud	youth
la madurez	maturity; middle age
la muerte	death
el nacimiento	birth
la niñez	childhood
la vejez	old age
cambiar (de)	to change
graduarse (de/en)	to graduate (from/in)
jubilarse	to retire (from work)
nacer	to be born

Palabras adicionales

la alegría	happiness
el beso	kiss
conmigo	with me
contigo	with you
¡Felicidades!/¡Felicitaciones!	Congratulations!
¡Feliz cumpleaños!	Happy birthday!

Expresiones útiles	See page 305.

En el consultorio 10

Communicative Goals
You will learn how to:
- Describe how you feel physically
- Talk about health and medical conditions

A PRIMERA VISTA
- ¿Están en una farmacia o en un hospital?
- ¿La mujer es médica o dentista?
- ¿Qué hace ella, una operación o un examen médico?
- ¿En qué etapa de la vida está la paciente?

contextos
pages 332–335
- Health and medical terms
- Parts of the body
- Symptoms and medical conditions
- Health professions

fotonovela
pages 336–339
While out with a friend, Jimena comes down with a bug. Despite medical remedies from friends and family, she still needs to see a doctor.

cultura
pages 340–341
- Health services in Spanish-speaking countries
- Healers and shamans

estructura
pages 342–357
- The imperfect tense
- The preterite and the imperfect
- Constructions with **se**
- Adverbs
- **Recapitulación**

adelante
pages 358–365
Lectura: An interview with Carla Baron
Escritura: A past experience
Escuchar: A phone conversation
En pantalla: A public service ad
Flash cultura: A video about hospitals in Argentina
Panorama: Costa Rica

10 contextos

 Hotspots

En el consultorio

Más vocabulario

la clínica	clinic
el consultorio	doctor's office
el/la dentista	dentist
el examen médico	physical exam
la farmacia	pharmacy
el hospital	hospital
la operación	operation
la sala de emergencia(s)	emergency room
el cuerpo	body
el oído	(sense of) hearing; inner ear
el accidente	accident
la salud	health
el síntoma	symptom
caerse	to fall (down)
darse con	to bump into; to run into
doler (o:ue)	to hurt
enfermarse	to get sick
estar enfermo/a	to be sick
lastimarse (el pie)	to injure (one's foot)
poner una inyección	to give an injection
recetar	to prescribe
romperse (la pierna)	to break (one's leg)
sacar(se) un diente	to have a tooth removed
sufrir una enfermedad	to suffer an illness
torcerse (o:ue) (el tobillo)	to sprain (one's ankle)
toser	to cough

Variación léxica

gripe	↔	gripa (*Col., Gua., Méx.*)
resfriado	↔	catarro (*Cuba, Esp., Gua.*)
sala de emergencia(s)	↔	sala de urgencias (*Arg., Col., Esp., Méx.*)
romperse	↔	quebrarse (*Arg., Gua.*)

la doctora
el paciente
la cabeza
el ojo
la nariz
la oreja
el cuello
la boca
la garganta
el estómago
la rodilla
el dedo
el corazón
el dedo del pie

La medicina

el antibiótico	antibiotic
la aspirina	aspirin
el medicamento	medication
la pastilla	pill
la receta	prescription

More activities

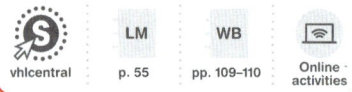

vhlcentral | LM p. 55 | WB pp. 109–110 | Online activities

trescientos treinta y tres **333**

Práctica

1 Escuchar Escucha las preguntas y selecciona la respuesta más adecuada.

a. Debes ir a la farmacia.
b. No fui a la clase porque estaba (*I was*) enfermo.
c. Me caí la semana pasada jugando al tenis.
d. Tengo dolor de cabeza y fiebre.
e. Porque tengo gripe.
f. Sí, tengo mucha tos por las noches.
g. Lo llevaron directamente a la sala de emergencia.
h. No sé. Todavía tienen que tomarme la temperatura.

1. _____   3. _____   5. _____   7. _____
2. _____   4. _____   6. _____   8. _____

2 ¿Cierto o falso? Indica si las oraciones sobre la conversación que vas a escuchar son **ciertas** o **falsas**.

	Cierto	Falso
1. El doctor habla con su paciente por teléfono.	○	○
2. El doctor le receta pastillas a la paciente.	○	○
3. La paciente estornuda mucho.	○	○
4. El doctor piensa que la paciente tiene un resfriado.	○	○
5. La paciente tiene dolor de cabeza.	○	○
6. La enfermera le pone una inyección a la paciente.	○	○

3 Completar Completa las oraciones con una palabra de la misma familia de la palabra subrayada. Usa la forma correcta de cada palabra.

> **modelo**
> Si tienes buena salud, eres una persona _saludable_.

1. Cuando oyes algo, usas el _____.
2. ¿Vas al _____ para consultar al médico?
3. ¿Alguien _____? Creo que oí un estornudo (*sneeze*).
4. No puedo arrodillarme (*kneel down*) porque me lastimé la _____ en un accidente de coche.
5. Cuando te enfermas, te sientes _____ y necesitas ir al consultorio para ver a la _____.
6. Si te rompes un diente, vas al _____.

4 Contestar Mira el dibujo y contesta las preguntas.

1. ¿Qué hace la enfermera?
2. ¿Qué hay en la pared (*wall*)?
3. ¿Qué hace la doctora?
4. ¿Qué hace el paciente?
5. ¿A quién le duele la garganta?
6. ¿Qué tiene la paciente?

5 Asociaciones
Trabajen en parejas para identificar las partes del cuerpo que ustedes asocian con estas actividades.

> **modelo**
> nadar
> **Estudiante 1:** Usamos los brazos para nadar.
> **Estudiante 2:** Usamos las piernas también.

1. hablar por teléfono
2. conducir
3. correr en el parque
4. escuchar música
5. ver una película
6. toser
7. llevar zapatos
8. comprar perfume
9. estudiar biología
10. comer pollo asado

AYUDA

Remember that in Spanish, parts of the body are usually referred to with an article and not a possessive adjective: **Me duelen los pies.** The indirect object pronoun **me** is used to express the concept of *my*.

6 Cuestionario
Contesta el cuestionario seleccionando las respuestas que reflejen mejor tus experiencias. Suma (*Add*) los puntos de cada respuesta y anota el resultado. Después, con el resto de la clase, compara y analiza los resultados del cuestionario y comenta lo que dicen de la salud y de los hábitos de todo el grupo.

¿Tienes buena salud?

27–30 puntos	Salud y hábitos excelentes
23–26 puntos	Salud y hábitos buenos
22 puntos o menos	Salud y hábitos problemáticos

1. **¿Con qué frecuencia te enfermas? (resfriados, gripe, etc.)**
   Cuatro veces por año o más. (1 punto)
   Dos o tres veces por año. (2 puntos)
   Casi nunca. (3 puntos)

2. **¿Con qué frecuencia tienes dolores de estómago o problemas digestivos?**
   Con mucha frecuencia. (1 punto)
   A veces. (2 puntos)
   Casi nunca. (3 puntos)

3. **¿Con qué frecuencia sufres de dolores de cabeza?**
   Frecuentemente. (1 punto)
   A veces. (2 puntos)
   Casi nunca. (3 puntos)

4. **¿Comes verduras y frutas?**
   No, casi nunca como verduras ni frutas. (1 punto)
   Sí, a veces. (2 puntos)
   Sí, todos los días. (3 puntos)

5. **¿Eres alérgico/a a algo?**
   Sí, a muchas cosas. (1 punto)
   Sí, a algunas cosas. (2 puntos)
   No. (3 puntos)

6. **¿Haces ejercicios aeróbicos?**
   No, casi nunca hago ejercicios aeróbicos. (1 punto)
   Sí, a veces. (2 puntos)
   Sí, con frecuencia. (3 puntos)

7. **¿Con qué frecuencia te haces un examen médico?**
   Nunca o casi nunca. (1 punto)
   Cada dos años. (2 puntos)
   Cada año y/o antes de empezar a practicar un deporte. (3 puntos)

8. **¿Con qué frecuencia vas al dentista?**
   Nunca voy al dentista. (1 punto)
   Sólo cuando me duele un diente. (2 puntos)
   Por lo menos una vez por año. (3 puntos)

9. **¿Qué comes normalmente por la mañana?**
   No como nada por la mañana. (1 punto)
   Tomo una bebida dietética. (2 puntos)
   Como cereal y fruta. (3 puntos)

10. **¿Con qué frecuencia te sientes mareado/a?**
    Frecuentemente. (1 punto)
    A veces. (2 puntos)
    Casi nunca. (3 puntos)

En el consultorio

Comunicación

7 **¿Qué les pasó?** Trabajen en un grupo de dos o tres personas. Hablen de lo que les pasó y de cómo se sienten las personas.

1. Pilar
2. Francisco
3. Adela
4. Félix
5. Cristina
6. Pedro

8 **Un accidente** Cuéntale a un(a) compañero/a de un accidente o una enfermedad que tuviste. Incluye información que conteste estas preguntas.

- ✓ ¿Qué ocurrió?
- ✓ ¿Dónde ocurrió?
- ✓ ¿Cuándo ocurrió?
- ✓ ¿Cómo ocurrió?
- ✓ ¿Quién te ayudó y cómo?
- ✓ ¿Tuviste algún problema después del accidente o después de la enfermedad?
- ✓ ¿Cuánto tiempo tuviste el problema?

9 **Crucigrama** Tu profesor(a) les va a dar a ti y a un(a) compañero/a un crucigrama (*crossword*) incompleto. Tú tienes las palabras que necesita tu compañero/a y él/ella tiene las palabras que tú necesitas. Tienen que darse pistas para completarlo. No pueden decir la palabra necesaria; deben utilizar definiciones, ejemplos y frases.

modelo

10 horizontal: La usamos para hablar.
14 vertical: Es el médico que examina los dientes.

10 fotonovela

¡Qué dolor!

Jimena no se siente bien y tiene que ir al doctor.

PERSONAJES ELENA JIMENA

 Video

ELENA ¿Cómo te sientes?
JIMENA Me duele un poco la garganta. Pero no tengo fiebre.
ELENA Creo que tienes un resfriado. Te voy a llevar a casa.

ELENA ¿Don Diego ya fue a la farmacia? ¿Cuánto tiempo hace que lo llamaste?
JIMENA Hace media hora. Ay, qué cosas, de niña apenas me enfermaba. No perdí ni un solo día de clases.
ELENA Yo tampoco.

ELENA Nunca tenía resfriados, pero me rompí el brazo dos veces. Mi hermana y yo estábamos paseando en bicicleta y casi me di con un señor que caminaba por la calle. Me caí y me rompí el brazo.

JIMENA Hola, don Diego. Gracias por venir.
DON DIEGO Fui a la farmacia. Aquí están las pastillas para el resfriado. Se debe tomar una cada seis horas con las comidas. Y no se deben tomar más de seis pastillas al día.

JIMENA ¿Qué es esto?
ELENA Es té de jengibre. Cuando me dolía el estómago, mi mamá siempre me hacía tomarlo. Se dice que es bueno para el dolor de estómago.
JIMENA Pero no me duele el estómago.

(*La Sra. Díaz llama a Jimena.*)
JIMENA Hola, mamá. Don Diego me trajo los medicamentos... ¿Al doctor? ¿Estás segura? Allá nos vemos. (*A Elena*) Mi mamá ya hizo una cita para mí con el Dr. Meléndez.

trescientos treinta y siete **337**

DON DIEGO

SRA. DÍAZ

DR. MELÉNDEZ

SRA. DÍAZ ¿Te pusiste un suéter anoche?

JIMENA No, mamá. Se me olvidó.

SRA. DÍAZ Doctor, esta jovencita salió anoche, se le olvidó ponerse un suéter y parece que le dio un resfriado.

DR. MELÉNDEZ Jimena, ¿cuáles son tus síntomas?

JIMENA Toso con frecuencia y me duele la garganta.

DR. MELÉNDEZ ¿Cuánto tiempo hace que tienes estos síntomas?

JIMENA Hace dos días que me duele la garganta.

DR. MELÉNDEZ Muy bien. Aquí no tienes infección. No tienes fiebre. Te voy a mandar algo para la garganta. Puedes ir por los medicamentos inmediatamente a la farmacia.

SRA. DÍAZ Doctor, ¿cómo está? ¿Es grave?

DR. MELÉNDEZ No, no es nada grave. Jimena, la próxima vez, escucha a tu mamá. ¡Tienes que usar suéter!

Expresiones útiles

Discussing medical conditions

¿Cómo te sientes?
How do you feel?
Me duele un poco la garganta.
My throat hurts a little.
No me duele el estómago.
My stomach doesn't hurt.
De niño/a apenas me enfermaba.
As a child, I rarely got sick.
¡Soy alérgico/a a chile!
I'm allergic to chili powder!

Discussing remedies

Se dice que el té de jengibre es bueno para el dolor de estómago.
They say ginger tea is good for stomachaches.
Aquí están las pastillas para el resfriado.
Here are the pills for your cold.
Se debe tomar una cada seis horas.
You should take one every six hours.

Expressions with hacer

Hace + [*period of time*] **que** + [*present/preterite*]
¿Cuánto tiempo hace que tienes estos síntomas?
How long have you had these symptoms?
Hace dos días que me duele la garganta.
My throat has been hurting for two days.
¿Cuánto tiempo hace que lo llamaste?
How long has it been since you called him?
Hace media hora.
It's been a half hour (since I called).

Additional vocabulary

canela *cinnamon*
miel *honey*
terco *stubborn*

¿Qué pasó?

1 **¿Cierto o falso?** Decide si lo que dicen estas oraciones sobre Jimena es **cierto** o **falso**. Corrige las oraciones falsas.

	Cierto	Falso
1. Dice que de niña apenas se enfermaba.	○	○
2. Tiene dolor de garganta y fiebre.	○	○
3. Olvidó ponerse un suéter anoche.	○	○
4. Hace tres días que le duele la garganta.	○	○
5. El doctor le dice que tiene una infección.	○	○

2 **Identificar** Identifica quién dice las oraciones equivalentes.

1. Como dice tu mamá, tienes que usar suéter.
2. Por pasear en bicicleta me rompí el brazo dos veces.
3. ¿Cuánto tiempo hace que toses y te duele la garganta?
4. Tengo cita con el Dr. Meléndez.
5. Dicen que el té de jengibre es muy bueno para los dolores de estómago.
6. Nunca perdí un día de clases porque apenas me enfermaba.

DR. MELÉNDEZ

ELENA

JIMENA

3 **Ordenar** Pon estos sucesos en el orden correcto.

a. Jimena va a ver al doctor. _____
b. El doctor le dice a la Sra. Díaz que no es nada serio. _____
c. Elena le habla a Jimena de cuando se rompió el brazo. _____
d. El doctor le receta medicamentos. _____
e. Jimena le dice a Elena que le duele la garganta. _____
f. Don Diego le trae a Jimena las pastillas para el resfriado. _____

4 **En el consultorio** Trabajen en parejas para representar los papeles de un(a) médico/a y su paciente.

El/La médico/a

Pregúntale al / a la paciente qué le pasó.

Pregúntale cuánto tiempo hace que se cayó.

Mira el dedo. Debes recomendar un tratamiento (*treatment*) al / a la paciente.

El/La paciente

Dile que te caíste en casa. Describe tu dolor.

Describe la situación. Piensas que te rompiste el dedo.

Debes hacer preguntas al / a la médico/a sobre el tratamiento (*treatment*).

AYUDA

Here are some useful expressions:
¿Cómo se lastimó...?
¿Qué le pasó?
¿Cuánto tiempo hace que...?
Tengo...
Estoy...
¿Es usted alérgico/a a algún medicamento?
Usted debe...

Ortografía
El acento y las sílabas fuertes

In Spanish, written accent marks are used on many words. Here is a review of some of the principles governing word stress and the use of written accents.

as-pi-ri-na   gri-pe   to-man   an-tes

In Spanish, when a word ends in a vowel, **-n**, or **-s**, the spoken stress usually falls on the next-to-last syllable. Words of this type are very common and do not need a written accent.

a-sí   in-glés   in-fec-ción   hé-ro-e

When a word ends in a vowel, **-n**, or **-s**, and the spoken stress does *not* fall on the next-to-last syllable, then a written accent is needed.

hos-pi-tal   na-riz   re-ce-tar   to-ser

When a word ends in any consonant *other* than **-n** or **-s**, the spoken stress usually falls on the last syllable. Words of this type are very common and do not need a written accent.

lá-piz   fút-bol   hués-ped   sué-ter

When a word ends in any consonant *other* than **-n** or **-s** and the spoken stress does *not* fall on the last syllable, then a written accent is needed.

far-ma-cia   bio-lo-gí-a   su-cio   frí-o

Diphthongs (two weak vowels or a strong and weak vowel together) are normally pronounced as a single syllable. A written accent is needed when a diphthong is broken into two syllables.

sol   pan   mar   tos

Spanish words of only one syllable do not usually carry a written accent (unless it is to distinguish meaning: **se** and **sé**).

> **CONSULTA**
> In Spanish, **a**, **e**, and **o** are considered strong vowels while **i** and **u** are weak vowels. To review this concept, see **Lección 3**, **Pronunciación**, p. 85.

Práctica Busca las palabras que necesitan acento escrito y escribe su forma correcta.

1. sal-mon
2. ins-pec-tor
3. nu-me-ro
4. fa-cil
5. ju-go
6. a-bri-go
7. ra-pi-do
8. sa-ba-do
9. vez
10. me-nu
11. o-pe-ra-cion
12. im-per-me-a-ble
13. a-de-mas
14. re-ga-te-ar
15. an-ti-pa-ti-co
16. far-ma-cia
17. es-qui
18. pen-sion
19. pa-is
20. per-don

El ahorcado Juega al ahorcado (*hangman*) para adivinar las palabras.

1. _ l _ _ _ _ _ a   Vas allí cuando estás enfermo.
2. _ _ _ e _ c _ _ n   Se usa para poner una vacuna (*vaccination*).
3. _ _ d _ o _ _ _ _ _ a   Permite ver los huesos.
4. _ _ _ i _ o   Trabaja en un hospital.
5. a _ _ _ b _ _ _ _ _ _   Es una medicina.

cultura

EN DETALLE

Servicios de salud

¿Sabías que en los países hispanos no necesitas pagar por los servicios de salud? Ésta es una de las diferencias que hay entre países como los Estados Unidos y los países hispanos.

En la mayor parte de estos países, el gobierno ofrece servicios médicos muy baratos o gratuitos° a sus ciudadanos°. Los turistas y extranjeros también pueden tener acceso a los servicios médicos a bajo° costo. La Seguridad Social y organizaciones similares son las responsables de gestionar° estos servicios.

Naturalmente, esto no funciona igual° en todos los países. En Ecuador, México y Perú, la situación varía según las regiones. Los habitantes de las ciudades y pueblos grandes tienen acceso a más servicios médicos, mientras que quienes viven en pueblos remotos sólo cuentan con° pequeñas clínicas.

Por su parte, Costa Rica, Colombia, Cuba y España tienen sistemas de salud muy desarrollados°.

Cruz verde de farmacia en Madrid, España

En España, por ejemplo, la mayoría de la gente tiene acceso a ellos y en muchos casos son completamente gratuitos. Según un informe de la Organización Mundial de la Salud, el sistema de salud español ocupa uno de los primeros diez lugares del mundo. Esto se debe no sólo al buen funcionamiento° del sistema, sino también al nivel de salud general de la población. Impresionante, ¿no?

Paramédicos colombianos

Las farmacias

Farmacia de guardia: Las farmacias generalmente tienen un horario comercial. Sin embargo°, en cada barrio° hay una farmacia de guardia que abre las veinticuatro horas del día.

Productos farmacéuticos: Hay muchas farmacias tradicionales especializadas en medicinas y en productos farmacéuticos. No venden una gran variedad de productos.

Recetas: Muchos medicamentos se venden sin receta médica. Los farmacéuticos aconsejan° a las personas sobre problemas de salud y les dan las medicinas.

Cruz° verde: En muchos países, las farmacias tienen como símbolo una cruz verde. Cuando la cruz verde está encendida°, la farmacia está abierta.

gratuitos *free (of charge)* ciudadanos *citizens* bajo *low*
gestionar *to manage* igual *in the same way* cuentan con *have*
desarrollados *developed* funcionamiento *operation*
Sin embargo *However* barrio *neighborhood* aconsejan *advise*
Cruz *Cross* encendida *lit (up)*

ACTIVIDADES

1 ¿Cierto o falso? Indica si lo que dicen las oraciones es **cierto** o **falso**. Corrige la información falsa.

1. En los países hispanos los gobiernos ofrecen servicios de salud accesibles a sus ciudadanos.
2. En los países hispanos los extranjeros tienen que pagar mucho dinero por los servicios médicos.
3. El sistema de salud español es uno de los mejores del mundo.
4. Las farmacias de guardia abren sólo los sábados y domingos.
5. En los países hispanos las farmacias venden una gran variedad de productos.
6. Los farmacéuticos de los países hispanos aconsejan a los enfermos y venden algunas medicinas sin necesidad de receta.
7. En México y otros países, los pueblos remotos cuentan con grandes centros médicos.
8. Muchas farmacias usan una cruz verde como símbolo.

ASÍ SE DICE
La salud

el chequeo (Esp., Méx.)	el examen médico
la droguería (Col.)	la farmacia
la herida	*injury; wound*
la píldora	la pastilla
los primeros auxilios	*first aid*
la sangre	*blood*

EL MUNDO HISPANO
Remedios caseros° y plantas medicinales

- **Achiote°** En Suramérica se usa para curar inflamaciones de garganta. Las hojas° de achiote se cuecen° en agua, se cuelan° y se hacen gárgaras° con esa agua.

- **Ají** En Perú se usan cataplasmas° de las semillas° de ají para aliviar los dolores reumáticos y la tortícolis°.

- **Azúcar** En Nicaragua y en otros países centroamericanos se usa el azúcar para detener° la sangre en pequeñas heridas.

- **Sábila (aloe vera)** En Latinoamérica, el jugo de las hojas de sábila se usa para reducir cicatrices°. Se recomienda aplicarlo sobre la cicatriz dos veces al día, durante varios meses.

Remedios caseros *Home remedies* Achiote *Annatto* hojas *leaves* se cuecen *are cooked* se cuelan *they are drained* gárgaras *gargles* cataplasmas *pastes* semillas *seeds* tortícolis *stiff neck* detener *to stop* cicatrices *scars*

PERFIL
Curanderos° y chamanes

¿Quieres ser doctor(a), juez(a)°, político/a o psicólogo/a? En algunas sociedades de las Américas **los curanderos** y **los chamanes** no tienen que escoger entre estas profesiones porque ellos son mediadores de conflictos y dan consejos a la comunidad. Su opinión es muy respetada.

Desde las culturas antiguas° de las Américas muchas personas piensan que la salud del cuerpo y de la mente sólo puede existir si hay un equilibrio entre el ser humano y la naturaleza. Los curanderos y los chamanes son quienes cuidan este equilibrio.

Códice Florentino, México, siglo XVI

Los curanderos se especializan más en enfermedades físicas, mientras que los chamanes están más relacionados con los males° de la mente y el alma°. Ambos° usan plantas, masajes y rituales y sus conocimientos se basan en la tradición, la experiencia, la observación y la intuición.

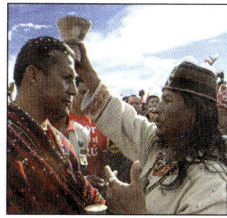

Cuzco, Perú

Curanderos *Healers* juez(a) *judge* antiguas *ancient* males *illnesses* alma *soul* Ambos *Both*

CON RITMO HISPANO

Cocofunka (2008–)
Lugar de origen: San José, Costa Rica

Los miembros de Cocofunka son Javier Arce, Reynaldo Escobedo, Miguel Vega, Horacio París, Nacho Páez y Gustavo Gutiérrez. Sus canciones son una mezcla de rock, funk, reggae y diversos géneros latinos.

Go to **vhlcentral.com** to find out more about **Cocofunka**.

ACTIVIDADES

2 **Comprensión** Contesta las preguntas.
1. ¿Cómo se les llama a las farmacias en Colombia?
2. ¿Qué parte del achiote se usa para curar la garganta?
3. ¿Cómo se aplica la sábila para reducir cicatrices?
4. En algunas partes de las Américas, ¿quiénes mantienen el equilibrio entre el ser humano y la naturaleza?
5. ¿Qué usan los curanderos y los chamanes para curar?

3 **¿Qué haces cuando tienes gripe?** Escribe cuatro oraciones sobre las cosas que haces cuando tienes gripe. Explica si vas al médico, si tomas medicamentos o si sigues alguna dieta especial. Después, comparte tu texto con un(a) compañero/a.

10 estructura

10.1 The imperfect tense Tutorial

ANTE TODO In **Lecciones 6–9,** you learned the preterite tense. You will now learn the imperfect, which describes past activities in a different way.

The imperfect of regular verbs

		cantar	beber	escribir
SINGULAR FORMS	yo	cant**aba**	beb**ía**	escrib**ía**
	tú	cant**abas**	beb**ías**	escrib**ías**
	Ud./él/ella	cant**aba**	beb**ía**	escrib**ía**
PLURAL FORMS	nosotros/as	cant**ábamos**	beb**íamos**	escrib**íamos**
	vosotros/as	cant**abais**	beb**íais**	escrib**íais**
	Uds./ellos/ellas	cant**aban**	beb**ían**	escrib**ían**

¡ATENCIÓN!
Note that the imperfect endings of **-er** and **-ir** verbs are the same. Also note that the **nosotros** form of **-ar** verbs always carries an accent mark on the first **a** of the ending. All forms of **-er** and **-ir** verbs in the imperfect carry an accent on the first **i** of the ending.

De niña apenas me enfermaba.

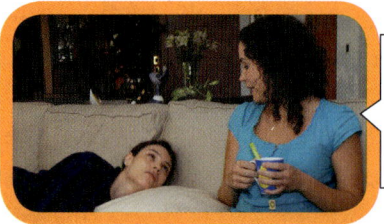
Cuando me dolía el estómago, mi mamá me daba té de jengibre.

▶ There are no stem changes in the imperfect.

entender (e:ie) **Entendíamos** japonés.
  We used to understand Japanese.
servir (e:i) El camarero les **servía** el café.
  The waiter was serving them coffee.
doler (o:ue) A Javier le **dolía** el tobillo.
  Javier's ankle was hurting.

▶ The imperfect form of **hay** is **había** *(there was; there were; there used to be).*

▶ **¡Atención!** **Ir, ser,** and **ver** are the only verbs that are irregular in the imperfect.

The imperfect of irregular verbs

		ir	ser	ver
SINGULAR FORMS	yo	**iba**	**era**	**veía**
	tú	**ibas**	**eras**	**veías**
	Ud./él/ella	**iba**	**era**	**veía**
PLURAL FORMS	nosotros/as	**íbamos**	**éramos**	**veíamos**
	vosotros/as	**ibais**	**erais**	**veíais**
	Uds./ellos/ellas	**iban**	**eran**	**veían**

AYUDA
Like **hay, había** can be followed by a singular or plural noun.
Había un solo médico en la sala.
Había dos pacientes allí.

Uses of the imperfect

▶ As a general rule, the imperfect is used to describe actions that are seen by the speaker as incomplete or "continuing," while the preterite is used to describe actions that have been completed. The imperfect expresses what was happening at a certain time or how things used to be. The preterite, in contrast, expresses a completed action.

—¿Qué te **pasó**?
What happened to you?

—Me **torcí** el tobillo.
I sprained my ankle.

—¿Dónde **vivías** de niño?
Where did you live as a child?

—**Vivía** en San José.
I lived in San José.

▶ These expressions are often used with the imperfect because they express habitual or repeated actions: **de niño/a** (*as a child*), **todos los días** (*every day*), **mientras** (*while*).

Uses of the imperfect

1. Habitual or repeated actions . . . . **Íbamos** al parque los domingos.
   We used to go to the park on Sundays.

2. Events or actions that were in progress   Yo **leía** mientras él **estudiaba**.
   I was reading while he was studying.

3. Physical characteristics . . . . **Era** alto y guapo.
   He was tall and handsome.

4. Mental or emotional states . . . . **Quería** mucho a su familia.
   He loved his family very much.

5. Telling time . . . . **Eran** las tres y media.
   It was 3:30.

6. Age . . . . Los niños **tenían** seis años.
   The children were six years old.

> **CONSULTA**
> You will learn more about the contrast between the preterite and the imperfect in **Estructura 10.2**, pp. 346–347.

¡INTÉNTALO! Indica la forma correcta de cada verbo en el imperfecto.

1. Mis hermanos _____veían_____ (ver) televisión todas las tardes.
2. Yo _____ (viajar) en el tren de las 3:30.
3. ¿Dónde _____ (vivir) Samuel de niño?
4. Leonardo y yo _____ (correr) por el parque.
5. Tú _____ (hablar) con Javier.
6. Ustedes _____ (ir) a la clínica.
7. Nadia _____ (bailar) merengue.
8. Yo _____ (ser) muy feliz.
9. ¿Cuándo _____ (asistir) tú a clase de español?
10. Nosotras _____ (comprender) las preguntas.

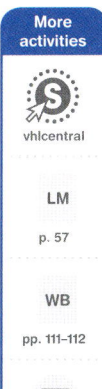

More activities

vhlcentral

LM p. 57

WB pp. 111–112

Online activities

Práctica

1 Completar Primero, completa las oraciones con el imperfecto de los verbos. Luego, pon las oraciones en orden lógico y compáralas con las de un(a) compañero/a.

a. Miguelito _____ (tener) la nariz hinchada (*swollen*). Fueron al hospital. _____
b. El doctor _____ (querer) ver la nariz del niño. _____
c. Su mamá _____ (estar) dibujando cuando Miguelito entró llorando. _____
d. Miguelito no _____ (ir) a jugar más. Ahora quería ir a casa a descansar. _____
e. El doctor dijo que no _____ (ser) nada grave. _____
f. Miguelito y sus amigos _____ (jugar) al béisbol en el patio. _____
g. _____ (ser) las dos de la tarde. _____
h. Miguelito le dijo a la enfermera que _____ (dolerle) la nariz. _____

2 Transformar Forma oraciones completas para describir lo que hacían Julieta y César. Usa las formas correctas del imperfecto y añade todas las palabras necesarias.

1. Julieta y César / ser / paramédicos
2. trabajar / juntos y / llevarse / muy bien
3. cuando / haber / accidente, / siempre / analizar / situación / con cuidado
4. preocuparse / mucho / por / pacientes
5. si / paciente / tener / mucho / dolor, / ponerle / inyección

3 En la escuela de medicina Usa los verbos para completar las oraciones con las formas correctas del imperfecto. Algunos verbos se usan más de una vez.

caerse	enfermarse	ir	querer	tener
comprender	estornudar	pensar	sentirse	tomar
doler	hacer	poder	ser	toser

1. Cuando Javier y Victoria _____ estudiantes de medicina, siempre _____ que ir al médico.
2. Cuando Victoria _____ ejercicios aeróbicos, siempre _____ mareada.
3. Cada vez que él _____ un examen, a Javier le _____ mucho la cabeza.
4. Victoria también _____ de su bicicleta camino a la escuela.
5. Todas las primaveras, Javier _____ mucho porque es alérgico al polen.
6. Después de comer en la cafetería, a Victoria siempre le _____ el estómago.
7. Javier _____ ser médico para ayudar a los demás.
8. Pero no _____ por qué él _____ con tanta frecuencia.
9. Cuando Victoria _____ fiebre, no _____ ni leer el termómetro.
10. A Javier _____ los dientes, pero nunca _____ ir al dentista.
11. Victoria _____ mucho cuando _____ congestionada.
12. Javier y Victoria _____ que nunca _____ a graduarse.

Comunicación

4 **Entrevista** Trabajen en parejas. Un(a) estudiante usa estas preguntas para entrevistar a su compañero/a.

1. Cuando eras estudiante de primaria, ¿te gustaban tus profesores/as?
2. ¿Veías mucha televisión cuando eras niño/a?
3. Cuando tenías diez años, ¿cuál era tu programa de televisión favorito?
4. Cuando eras niño/a, ¿qué hacía tu familia durante las vacaciones?
5. ¿Cuántos años tenías en 2010?
6. Cuando estabas en el quinto año escolar, ¿qué hacías con tus amigos/as?
7. Cuando tenías once años, ¿cuál era tu grupo musical favorito?
8. Antes de tomar esta clase, ¿sabías hablar español?

5 **Describir** En parejas, túrnense para describir cómo eran sus vidas cuando eran niños. Pueden usar las sugerencias u otras ideas.

NOTA CULTURAL

El Parque Nacional Tortuguero está en la costa del Caribe, al norte de la ciudad de Limón, en Costa Rica. Varias especies de tortuga (*turtle*) van a las playas del parque para poner (*lay*) sus huevos. Esto ocurre de noche, y hay guías que llevan pequeños grupos de turistas a observar este fenómeno biológico.

> **modelo**
> De niña, mi familia y yo siempre íbamos a Tortuguero. Tomábamos un barco desde Limón, y por las noches mirábamos las tortugas en la playa. Algunas veces teníamos suerte, porque las tortugas venían a poner huevos. Otras veces, volvíamos al hotel sin ver ninguna tortuga.

- las vacaciones
- ocasiones especiales
- qué hacías durante el verano
- celebraciones con tus amigos/as
- celebraciones con tu familia
- cómo era tu escuela
- cómo eran tus amigos/as
- los viajes que hacías
- a qué jugabas
- qué hacías cuando te sentías enfermo/a

Síntesis

6 **En el consultorio** Tu profesor(a) te va a dar una lista incompleta con los pacientes que fueron al consultorio del doctor Donoso ayer. En parejas, conversen para completar sus listas y saber a qué hora llegaron las personas al consultorio y cuáles eran sus problemas.

10.2 The preterite and the imperfect Tutorial

ANTE TODO Now that you have learned the forms of the preterite and the imperfect, you will learn more about how they are used. The preterite and the imperfect are not interchangeable. In Spanish, the choice between these two tenses depends on the context and on the point of view of the speaker.

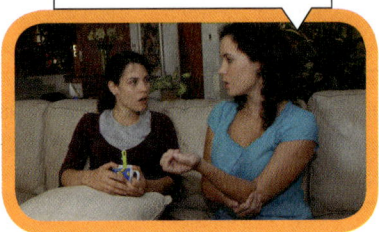

Me rompí el brazo cuando estaba paseando en bicicleta.

Tenía dolor de cabeza, pero me tomé una aspirina y se me fue.

COMPARE & CONTRAST

Use the preterite to...

1. Express actions that are viewed by the speaker as completed

   Sandra **se rompió** la pierna.
   Sandra broke her leg.

   Fueron a Buenos Aires ayer.
   They went to Buenos Aires yesterday.

2. Express the beginning or end of a past action

   La película **empezó** a las nueve.
   The movie began at nine o'clock.

   Ayer **terminé** el proyecto para la clase de química.
   Yesterday I finished the project for chemistry class.

3. Narrate a series of past actions or events

   La doctora me **miró** los oídos, me **hizo** unas preguntas y **escribió** la receta.
   The doctor looked in my ears, asked me some questions, and wrote the prescription.

   Me di con la mesa, **me caí** y **me lastimé** el pie.
   I bumped into the table, I fell, and I injured my foot.

Use the imperfect to...

1. Describe an ongoing past action with no reference to its beginning or end

   Sandra **esperaba** al doctor.
   Sandra was waiting for the doctor.

   El médico **se preocupaba** por sus pacientes.
   The doctor worried about his patients.

2. Express habitual past actions and events

   Cuando **era** joven, **jugaba** al tenis.
   When I was young, I used to play tennis.

   De niño, Eduardo **se enfermaba** con mucha frecuencia.
   As a child, Eduardo used to get sick very frequently.

3. Describe physical and emotional states or characteristics

   La chica **quería** descansar. **Se sentía** mal y **tenía** dolor de cabeza.
   The girl wanted to rest. She felt ill and had a headache.

   Ellos **eran** altos y **tenían** ojos verdes.
   They were tall and had green eyes.

   Estábamos felices de ver a la familia.
   We were happy to see our family.

AYUDA

These words and expressions, as well as similar ones, commonly occur with the preterite: **ayer, anteayer, una vez, dos veces, tres veces, el año pasado, de repente**. They usually imply that an action has happened at a specific point in time. For a review, see **Estructura 6.3**, p. 207.

AYUDA

These words and expressions, as well as similar ones, commonly occur with the imperfect: **de niño/a, todos los días, mientras, siempre, con frecuencia, todas las semanas**. They usually express habitual or repeated actions in the past.

En el consultorio

▸ The preterite and the imperfect often appear in the same sentence. In such cases, the imperfect describes what *was happening*, while the preterite describes the action that "interrupted" the ongoing activity.

Miraba la tele cuando **sonó** el teléfono.
I was watching TV when the phone rang.

Felicia **leía** el periódico cuando **llegó** Ramiro.
Felicia was reading the newspaper when Ramiro arrived.

▸ You will also see the preterite and the imperfect together in narratives such as fiction, news, and the retelling of events. The imperfect provides background information, such as time, weather, and location, while the preterite indicates the specific events that occurred.

Eran las dos de la mañana y el detective ya no **podía** mantenerse despierto. **Se bajó** lentamente del coche, **estiró** las piernas y **levantó** los brazos hacia el cielo oscuro.
It was two in the morning, and the detective could no longer stay awake. He slowly stepped out of the car, stretched his legs, and raised his arms toward the dark sky.

La luna **estaba** llena y no **había** en el cielo ni una sola nube. De repente, el detective **escuchó** un grito espeluznante proveniente del parque.
The moon was full and there wasn't a single cloud in the sky. Suddenly, the detective heard a piercing scream coming from the park.

Un médico colombiano desarrolló una vacuna contra la malaria

En 1986, el doctor colombiano Manuel Elkin Patarroyo creó la primera vacuna sintética para combatir la malaria. Esta enfermedad parecía haberse erradicado hacía décadas en muchas partes del mundo. Sin embargo, justo cuando Patarroyo terminó de elaborar la inmunización, los casos de malaria empezaban a aumentar de nuevo. En mayo de 1993, el doctor colombiano cedió la patente de la vacuna a la Organización Mundial de la Salud en nombre de Colombia. Los grandes laboratorios farmacéuticos presionaron a la OMS porque querían la vacuna. Las presiones no tuvieron éxito y, en 1995, el doctor Patarroyo y la OMS pactaron continuar con el acuerdo inicial: la vacuna seguía siendo propiedad de la OMS.

¡INTÉNTALO! Elige el pretérito o el imperfecto para completar la historia. Explica por qué se usa ese tiempo verbal en cada ocasión.

1. ___Eran___ (Fueron/Eran) las doce.
2. Todos los días yo _____ (almorcé/almorzaba) con Tomás al mediodía.
3. _____ (Hubo/Había) mucha gente en la calle.
4. A las doce y media, Tomás y yo _____ (entramos/entrábamos) en el restaurante Tárcoles.
5. El camarero _____ (llegó/llegaba) inmediatamente con el menú.
6. Nosotros _____ (empezamos/empezábamos) a leerlo.
7. Yo _____ (pedí/pedía) el pescado.
8. De repente, el camarero _____ (volvió/volvía) a nuestra mesa.
9. Y nos _____ (dio/daba) una mala noticia.
10. Desafortunadamente, no _____ (tuvieron/tenían) más pescado.
11. Por eso Tomás y yo _____ (decidimos/decidíamos) comer en otro lugar.
12. _____ (Llovió/Llovía) mucho cuando _____ (salimos/salíamos) del restaurante.
13. Así que _____ (regresamos/regresábamos) al restaurante Tárcoles.
14. Esta vez, _____ (pedí/pedía) arroz con pollo.

More activities

vhlcentral

LM p. 58

WB pp. 113–116

Online activities

Práctica

1 **En el periódico** Completa esta noticia con las formas correctas del pretérito o el imperfecto.

Un accidente trágico

Ayer temprano por la mañana (1)_____ (haber) un trágico accidente en el centro de San José cuando el conductor de un autobús no (2)_____ (ver) venir un carro. La mujer que (3)_____ (conducir) el carro (4)_____ (morir) al instante y los paramédicos (5)_____ (tener) que llevar al pasajero al hospital porque (6)_____ (sufrir) varias fracturas. El conductor del autobús (7)_____ (decir) que no (8)_____ (ver) el carro hasta el último momento porque (9)_____ (estar) muy nublado y (10)_____ (llover). Él (11)_____ (intentar) (*to attempt*) dar un viraje brusco (*to swerve*), pero (12)_____ (perder) el control del autobús y no (13)_____ (poder) evitar (*to avoid*) el accidente. Según nos informaron, no (14)_____ (lastimarse) ningún pasajero del autobús.

> **AYUDA**
>
> Reading Spanish-language newspapers is a good way to practice verb tenses. You will find that both the imperfect and the preterite occur with great regularity. Many newsstands carry international papers, and many Spanish-language newspapers (such as Spain's **El País**, Mexico's **Reforma**, and Argentina's **Clarín**) are on the Web.

2 **Seleccionar** Utiliza el tiempo verbal adecuado, según el contexto.

1. La semana pasada, Manolo y Aurora _____ (querer) dar una fiesta. _____ (decidir) invitar a seis amigos y servirles mucha comida.
2. Manolo y Aurora _____ (estar) preparando la comida cuando Elena _____ (llamar). Como siempre, _____ (tener) que estudiar para un examen.
3. A las seis, _____ (volver) a sonar el teléfono. Su amigo Francisco tampoco _____ (poder) ir a la fiesta, porque _____ (tener) fiebre. Manolo y Aurora _____ (sentirse) muy tristes, pero _____ (tener) que preparar la comida.
4. Después de otros quince minutos, _____ (sonar) el teléfono. Sus amigos, los señores Vega, _____ (estar) en camino (*en route*) al hospital: a su hijo le _____ (doler) mucho el estómago. Sólo dos de los amigos _____ (poder) ir a la cena.
5. Por supuesto, _____ (ir) a tener demasiada comida. Finalmente, cinco minutos antes de las ocho, _____ (llamar) Ramón y Javier. Ellos _____ (pensar) que la fiesta _____ (ser) la próxima semana.
6. Tristes, Manolo y Aurora _____ (sentarse) a comer solos. Mientras _____ (comer), pronto _____ (llegar) a la conclusión de que _____ (ser) mejor estar solos: ¡La comida _____ (estar) malísima!

3 **Completar** Completa las frases de una manera lógica. Usa el pretérito o el imperfecto. En parejas, comparen sus respuestas.

1. De niño/a, yo...
2. Yo conducía el auto mientras...
3. Anoche mi novio/a...
4. Ayer el/la profesor(a)...
5. La semana pasada un(a) amigo/a...
6. Con frecuencia mis padres...
7. Esta mañana en la cafetería...
8. Hablábamos con el doctor cuando...

Comunicación

4 **Entrevista** Usa estas preguntas para entrevistar a un(a) compañero/a acerca de su primer(a) novio/a. Si quieres, puedes añadir otras preguntas.

1. ¿Quién fue tu primer(a) novio/a?
2. ¿Cuántos años tenías cuando lo/la conociste?
3. ¿Cómo era él/ella?
4. ¿Qué le gustaba hacer? ¿Tenían ustedes los mismos pasatiempos?
5. ¿Por cuánto tiempo salieron ustedes?
6. ¿Adónde iban cuando salían?
7. ¿Pensaban casarse?
8. ¿Cuándo y por qué rompieron?

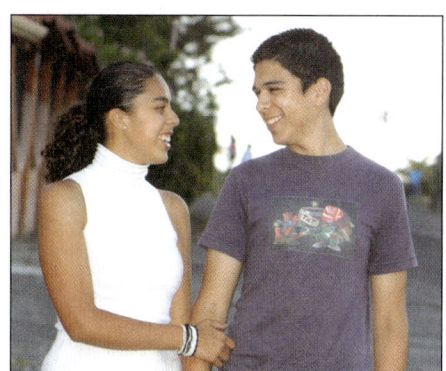

5 **La sala de emergencias** En parejas, inventen qué les pasó a estas personas que están en la sala de emergencias.

> **modelo**
> Eran las tres de la tarde. Como todos los días, Pablo jugaba al fútbol con sus amigos. Estaba muy contento. De repente, se cayó y se rompió el brazo. Entonces fue a la sala de emergencias.

Paciente	Edad	Hora	Estado
1. Pablo Romero	9 años	15:20	hueso roto (el brazo)
2. Estela Rodríguez	45 años	15:25	tobillo torcido
3. Lupe Quintana	29 años	15:37	embarazada, dolores
4. Manuel López	52 años	15:45	infección de garganta
5. Marta Díaz	3 años	16:00	congestión, fiebre
6. Roberto Salazar	32 años	16:06	dolor de oído
7. Marco Brito	18 años	16:18	daño en el cuello, posible fractura
8. Ana María Ortiz	66 años	16:29	reacción alérgica a un medicamento

6 **Situación** Anoche alguien robó (*stole*) el examen de la **Lección 10** de la oficina de tu profesor(a) y tú tienes que averiguar quién lo hizo. Pregúntales a tres compañeros dónde estaban, con quién estaban y qué hicieron entre las ocho y las doce de la noche.

Síntesis

7 **La primera vez** En grupos, cuéntense cómo fue la primera vez que les pusieron una inyección, se rompieron un hueso, pasaron la noche en un hospital, estuvieron mareados/as, etc. Incluyan estos datos en su conversación: una descripción del tiempo que hacía, sus edades, qué pasó y cómo se sentían.

10.3 Constructions with se Tutorial

ANTE TODO In **Lección 7,** you learned how to use **se** as the third person reflexive pronoun (**Él se despierta. Ellos se visten. Ella se baña.**). **Se** can also be used to form constructions in which the person performing the action is not expressed or is de-emphasized.

Impersonal constructions with se

▶ In Spanish, verbs that are not reflexive can be used with **se** to form impersonal constructions. These are statements in which the person performing the action is not defined.

Se habla español en Costa Rica.
Spanish is spoken in Costa Rica.

Se puede leer en la sala de espera.
You can read in the waiting room.

Se hacen operaciones aquí.
They perform operations here.

Se necesitan medicinas enseguida.
They need medicine right away.

> **AYUDA**
> In English, the passive voice or indefinite subjects (*you, they, one*) are used where Spanish uses impersonal constructions with **se**.

▶ **¡Atención!** Note that the third person singular verb form is used with singular nouns and the third person plural form is used with plural nouns.

Se vende ropa.   **Se venden** camisas.

▶ You often see the impersonal **se** in signs, advertisements, and directions.

Se prohíbe nadar

Se entra por la izquierda

Se for unplanned events

¿Te pusiste un suéter anoche?

No, mamá. Se me olvidó.

▶ **Se** also describes accidental or unplanned events. In this construction, the person who performs the action is de-emphasized, implying that the accident or unplanned event is not his or her direct responsibility. Note this construction.

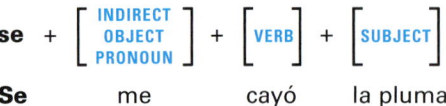

se + [INDIRECT OBJECT PRONOUN] + [VERB] + [SUBJECT]

Se   me   cayó   la pluma.

▶ In this type of construction, what would normally be the direct object of the sentence becomes the subject, and it agrees with the verb, not with the indirect object pronoun.

I.O. PRONOUN	VERB		SUBJECT
Se me, te, le, nos, os, les	quedó cayó dañó	SINGULAR	la receta. la taza. el radio.
	rompieron olvidaron perdieron	PLURAL	las botellas. las pastillas. las llaves.

▶ These verbs are the ones most frequently used with **se** to describe unplanned events.

Verbs commonly used with se

caer	to fall; to drop	perder (e:ie)	to lose
dañar	to damage; to break down	quedar	to be left behind
olvidar	to forget	romper	to break

Se me perdió el teléfono de la farmacia.
I lost the pharmacy's phone number.

Se nos olvidaron los pasajes.
We forgot the tickets.

▶ **¡Atención!** While Spanish has a verb for *to fall* (**caer**), there is no direct translation for *to drop*. **Dejar caer** (*To let fall*) or a **se** construction is often used to mean *to drop*.

El médico **dejó caer** la aspirina.
The doctor dropped the aspirin.

A mí **se me cayeron** los cuadernos.
I dropped the notebooks.

CONSULTA

For an explanation of prepositional pronouns, refer to **Estructura 9.4**, p. 318.

▶ To clarify or emphasize who the person involved in the action is, this construction commonly begins with the preposition **a** + [*noun*] or **a** + [*prepositional pronoun*].

Al paciente se le perdió la receta.
The patient lost his prescription.

A ustedes se les quedaron los libros en casa.
You left the books at home.

¡INTÉNTALO! Completa las oraciones con **se** impersonal y los verbos en presente.

A

1. <u>Se enseñan</u> (enseñar) cinco lenguas en esta universidad.
2. _____ (comer) muy bien en Las Delicias.
3. _____ (servir) platos exquisitos cada noche.
4. _____ (vender) muchas camisetas allí.

Completa las oraciones con **se** y los verbos en pretérito.

B

1. <u>Se me rompieron</u> (*I broke*) las gafas.
2. _____ (*You* (form., sing.) *left*) aquí la radiografía.
3. _____ (*They lost*) la receta.
4. _____ (*You* (fam., sing.) *dropped*) las pastillas.

Práctica

1 **¿Cierto o falso?** Indica si lo que dice cada oración sobre la vida en 1901 es **cierto** o **falso**. Luego corrige las oraciones falsas.

1. Se viajaba mucho en tren.
2. Se escribían muchos libros.
3. Se veía mucha televisión.
4. Se montaba a caballo.
5. Se mandaba correo electrónico.
6. Se preparaban comidas en casa.
7. Se pasaba mucho tiempo con la familia.
8. Se llevaban minifaldas.

2 **Letreros y anuncios** Reescribe los letreros (*signs*) y anuncios usando el **se** impersonal.

> **modelo**
> Buscamos vendedores con experiencia
> *Se buscan vendedores con experiencia*

1. Necesitamos profesores de matemáticas
2. Hablamos español
3. Aceptamos tarjetas de crédito
4. Está prohibido hablar por teléfono
5. Vendemos libros
6. Buscamos dentista con experiencia

3 **¿Qué pasó?** Indica lo que pasó en cada dibujo.

1. Sr. Álvarez / computadora

2. camarero / pastel

3. Arturo / huevos

4. Carla y Lupe / botellas

5. Sra. Domínguez / llaves

6. Juana / bolsa

Comunicación

4 **¿Distraído/a yo?** Trabajen en parejas y usen estas preguntas para averiguar cuál de los/las dos es más distraído/a (*absentminded*).

¿Alguna vez...
1. se te olvidó invitar a alguien a una fiesta o comida? ¿A quién?
2. se te quedó algo importante en la casa? ¿Qué?
3. se te perdió algo importante durante un viaje? ¿Qué?
4. se te rompió algo muy caro? ¿Qué?

¿Sabes...
5. si se permite el ingreso (*admission*) de perros al parque cercano a la universidad?
6. si en el supermercado se aceptan cheques?
7. dónde se arreglan zapatos y botas?
8. qué se sirve en la cafetería de la universidad los lunes?

Opiniones En parejas, terminen cada oración con ideas originales.

1. No se tiene que dejar propina cuando...
2. Antes de viajar, se debe...
3. Si se come bien, ...
4. Para tener una vida sana, se debe...
5. Se sirve la mejor comida en...
6. Se hablan muchas lenguas en...

Síntesis

Anuncios En grupos, preparen dos anuncios de televisión para presentar a la clase. Usen el imperfecto y por lo menos dos construcciones con **se** en cada uno.

> **modelo**
> Se me cayeron unos libros en el pie y me dolía mucho. Pero ahora no, gracias a SuperAspirina 500. ¡Dos pastillas y se me fue el dolor! Se puede comprar SuperAspirina 500 en todas las farmacias Recetamax.

10.4 Adverbs Tutorial

ANTE TODO Adverbs are words that describe how, when, and where actions take place. They can modify verbs, adjectives, and even other adverbs. In previous lessons, you have already learned many Spanish adverbs, such as the ones below.

aquí	hoy	nunca
ayer	mal	siempre
bien	muy	temprano

▶ The most common adverbs end in **-mente**, equivalent to the English ending *-ly*.

verdaderamente *truly, really*   **generalmente** *generally*   **simplemente** *simply*

▶ To form these adverbs, add **-mente** to the feminine form of the adjective. If the adjective does not have a special feminine form, just add **-mente** to the standard form. **¡Atención!** Adjectives do not lose their accents when adding **-mente**.

ADJECTIVE	FEMININE FORM	SUFFIX	ADVERB
seguro	segura	-mente	seguramente
fabuloso	fabulosa	-mente	fabulosamente
enorme		-mente	enormemente
fácil		-mente	fácilmente

▶ Adverbs that end in **-mente** generally follow the verb, while adverbs that modify an adjective or another adverb precede the word they modify.

Maira dibuja **maravillosamente**.   Sergio está **casi siempre** ocupado.
Maira draws wonderfully.   *Sergio is almost always busy.*

Common adverbs and adverbial expressions

a menudo	often	así	like this; so	menos	less
a tiempo	on time	bastante	enough; rather	muchas veces	a lot; many times
a veces	sometimes	casi	almost		
además (de)	furthermore; besides	con frecuencia	frequently	poco	little
apenas	hardly; scarcely	de vez en cuando	from time to time	por lo menos	at least
				pronto	soon
		despacio	slowly	rápido	quickly

¡ATENCIÓN!
When a sentence contains two or more adverbs in sequence, the suffix **-mente** is dropped from all but the last adverb.
Ex: **El médico nos habló simple y abiertamente.** *The doctor spoke to us simply and openly.*

¡ATENCIÓN!
Rápido functions as an adjective (**Ella tiene una computadora rápida.**) as well as an adverb (**Ellas corren rápido.**). Note that as an adverb, **rápido** does not need to agree with any other word in the sentence. You can also use the adverb **rápidamente** (**Ella corre rápidamente.**).

¡INTÉNTALO! Transforma los adjetivos en adverbios.

1. alegre _alegremente_
2. perfecto _____
3. gradual _____
4. constante _____
5. regular _____
6. frecuente _____
7. tranquilo _____
8. real _____
9. maravilloso _____
10. básico _____
11. normal _____
12. afortunado _____

En el consultorio

Práctica

1 **Escoger** Completa la historia con los adverbios adecuados.

1. La cita era a las dos, pero llegamos _____. (menos, nunca, tarde)
2. El problema fue que _____ se nos dañó el despertador. (aquí, ayer, despacio)
3. La recepcionista no se enojó porque sabe que normalmente llego _____. (a veces, a tiempo, poco)
4. _____ el doctor estaba listo. (Por lo menos, Muchas veces, Casi)
5. _____ tuvimos que esperar cinco minutos. (Así, Además, Apenas)
6. El doctor dijo que nuestra hija Irene necesitaba cambiar su rutina diaria _____. (temprano, menos, inmediatamente)
7. El doctor nos explicó _____ las recomendaciones del Cirujano General (*Surgeon General*) sobre la salud de los jóvenes. (de vez en cuando, bien, apenas)
8. _____ nos dijo que Irene estaba bien, pero tenía que hacer más ejercicio y comer mejor. (Bastante, Afortunadamente, A menudo)

NOTA CULTURAL

La doctora Antonia Novello, de Puerto Rico, fue la primera mujer y la primera hispana en tomar el cargo de **Cirujana General** de los Estados Unidos (1990–1993).

Comunicación

2 **Aspirina** Responde a las preguntas con un(a) compañero/a.

1. ¿Cuáles son los adverbios que aparecen en el anuncio?
2. Según el anuncio, ¿cuáles son las ventajas (*advantages*) de este tipo de aspirina?
3. ¿Tienen ustedes dolores de cabeza? ¿Qué toman para curarlos?
4. ¿Qué productos ven con frecuencia en los anuncios de televisión? Escriban descripciones de varios de estos anuncios. Usen adverbios en sus descripciones.

Recapitulación

Completa estas actividades para repasar los conceptos de gramática que aprendiste en esta lección.

1 Completar Completa el cuadro con la forma correcta del imperfecto. **24 pts.**

yo/Ud./él/ella	tú	nosotros	Uds./ellos/ellas
era			
	cantabas		
		veníamos	
			querían

2 Adverbios Escoge el adverbio correcto de la lista para completar estas oraciones. Lee con cuidado las oraciones; los adverbios sólo se usan una vez. **16 pts.**

a menudo	apenas	fácilmente
a tiempo	casi	maravillosamente
además	despacio	por lo menos

1. Pablito se cae _____; un promedio (*average*) de cuatro veces por semana.
2. No me duele nada y no sufro de ninguna enfermedad; me siento _____ bien.
3. —Doctor, ¿cómo supo que tuve una operación de garganta?
   —Muy _____, lo leí en su historial médico (*medical history*).
4. ¿Le duele mucho la espalda (*back*)? Entonces tiene que levantarse _____.
5. Ya te sientes mucho mejor, ¿verdad? Mañana puedes volver al trabajo; tu temperatura es _____ normal.
6. Es importante hacer ejercicio con regularidad, _____ tres veces a la semana.
7. El examen médico no comenzó ni tarde ni temprano. Comenzó _____, a las tres de la tarde.
8. Parece que ya te estás curando del resfriado. _____ estás congestionada.

RESUMEN GRAMATICAL

10.1 The imperfect tense *pp. 342–343*

The imperfect of regular verbs		
cantar	beber	escribir
cantaba	bebía	escribía
cantabas	bebías	escribías
cantaba	bebía	escribía
cantábamos	bebíamos	escribíamos
cantabais	bebíais	escribíais
cantaban	bebían	escribían

▶ There are no stem changes in the imperfect:
  entender (e:ie) → entendía; servir (e:i) → servía;
  doler (o:ue) → dolía

▶ The imperfect of **hay** is **había**.

▶ Only three verbs are irregular in the imperfect.
  ir: iba, ibas, iba, íbamos, ibais, iban
  ser: era, eras, era, éramos, erais, eran
  ver: veía, veías, veía, veíamos, veíais, veían

10.2 The preterite and the imperfect *pp. 346–347*

Preterite	Imperfect
1. Completed actions	1. Ongoing past action
Fueron a Buenos Aires ayer.	Usted miraba el fútbol.
2. Beginning or end of past action	2. Habitual past actions
La película empezó a las nueve.	Todos los domingos yo visitaba a mi abuela.
3. Series of past actions or events	3. Description of states or characteristics
Me caí y me lastimé el pie.	Ella era alta. Quería descansar.

10.3 Constructions with se *pp. 350–351*

Impersonal constructions with se	
Se	prohíbe fumar.
	habla español.
	hablan varios idiomas.

En el consultorio

3 **Un accidente** Escoge el imperfecto o el pretérito según el contexto para completar esta conversación. **20 pts.**

NURIA Hola, Felipe. ¿Estás bien? ¿Qué es eso? ¿(1) (Te lastimaste/Te lastimabas) el pie?

FELIPE Ayer (2) (tuve/tenía) un pequeño accidente.

NURIA Cuéntame. ¿Cómo (3) (pasó/pasaba)?

FELIPE Bueno, (4) (fueron/eran) las cinco de la tarde y (5) (llovió/llovía) mucho cuando (6) (salí/salía) de la casa en mi bicicleta. No (7) (vi/veía) a una chica que (8) (caminó/caminaba) en mi dirección, y los dos (9) (nos caímos/nos caíamos) al suelo (*ground*).

NURIA Y la chica, ¿está bien ella?

FELIPE Sí. Cuando llegamos al hospital, ella sólo (10) (tuvo/tenía) dolor de cabeza.

Se for unplanned events

Se	me, te, le, nos, os, les	cayó la taza.
		dañó el radio.
		rompieron las botellas.
		olvidaron las llaves.

10.4 Adverbs *p. 354*

Formation of adverbs

fácil	→	f**á**cilmente
seguro	→	segur**a**mente
verdadero	→	verdader**a**mente

4 **Oraciones** Escribe oraciones con **se** a partir de los elementos dados (*given*). Usa el tiempo especificado y añade pronombres cuando sea necesario. **10 pts.**

> **modelo**
> Carlos / quedar / la tarea en casa (pretérito)
> A Carlos se le quedó la tarea en casa.

1. en la farmacia / vender / medicamentos (presente)
2. ¿(tú) / olvidar / las llaves / otra vez? (pretérito)
3. (yo) / dañar / la computadora (pretérito)
4. en esta clase / prohibir / hablar inglés (presente)
5. ellos / romper / las gafas / en el accidente (pretérito)

5 **En la consulta** Escribe al menos cinco oraciones sobre tu última visita al médico. Incluye cinco verbos en pretérito y cinco en imperfecto. Habla de qué te pasó, cómo te sentías, cómo era el/la doctor(a), qué te dijo, etc. Usa tu imaginación. **30 pts.**

6 **Refrán** Completa el refrán con las palabras que faltan. **¡4 puntos EXTRA!**

❝ Lo que _____ (*well*) se aprende,
nunca _____ pierde. ❞

10 adelante

 Audio: Reading

Lectura

Antes de leer

> **Estrategia**
> **Activating background knowledge**
>
> Using what you already know about a particular subject will often help you better understand a reading selection. For example, if you read an article about a recent medical discovery, you might think about what you already know about health in order to understand unfamiliar words or concepts.

Examinar el texto

Utiliza las estrategias de lectura que tú consideras más efectivas para hacer algunas observaciones preliminares acerca del texto. Después trabajen en parejas para comparar sus observaciones acerca del texto. Luego contesten estas preguntas:
- Analicen el formato del texto: ¿Qué tipo de texto es? ¿Dónde creen que se publicó este artículo?
- ¿Quiénes son Carla Baron y Tomás Monterrey?
- Miren la foto del libro. ¿Qué sugiere el título del libro sobre su contenido?

Conocimiento previo

Ahora piensen en su conocimiento previo° sobre el cuidado de la salud en los viajes. Consideren estas preguntas:
- ¿Viajaron alguna vez a otro estado o a otro país?
- ¿Tuvieron problemas durante sus viajes con el agua, la comida o el clima del lugar?
- ¿Olvidaron poner en su maleta algún medicamento que después necesitaron?
- Imaginen que su compañero/a se va de viaje. Díganle por lo menos cinco cosas que debe hacer para prevenir cualquier problema de salud.

conocimiento previo *background knowledge*

Libro de la semana

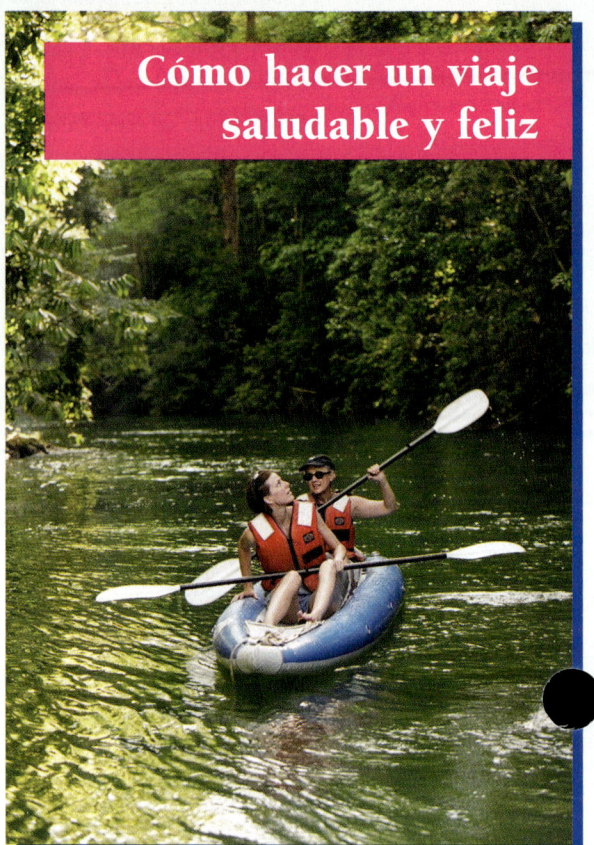

Cómo hacer un viaje saludable y feliz

Después de leer

Correspondencias

Busca las correspondencias entre los problemas y las recomendaciones.

Problemas
1. el agua _____
2. el sol _____
3. la comida _____
4. la identificación _____
5. el clima _____

Recomendaciones
a. Hay que adaptarse a los ingredientes desconocidos (*unknown*).
b. Toma sólo productos purificados (*purified*).
c. Es importante llevar ropa adecuada cuando viajas.
d. Lleva loción o crema con alta protección solar.
e. Lleva tu pasaporte.

Entrevista a Carla Baron
por Tomás Monterrey

Tomás: ¿Por qué escribió su libro *Cómo hacer un viaje saludable y feliz*?

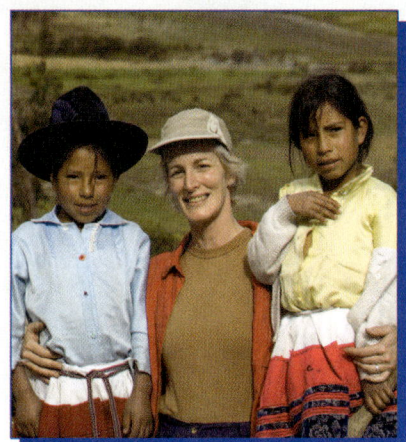

Carla: Me encanta viajar, conocer otras culturas y escribir. Mi primer viaje lo hice cuando era estudiante universitaria. Todavía recuerdo el día en que llegamos a San Juan, Puerto Rico. Era el panorama ideal para unas vacaciones maravillosas, pero al llegar a la habitación del hotel, bebí mucha agua de la llave° y luego pedí un jugo de frutas con mucho hielo°. El clima en San Juan es tropical y yo tenía mucha sed y calor. Los síntomas llegaron en menos de media hora: pasé dos días con dolor de estómago y corriendo al cuarto de baño cada diez minutos. Desde entonces, siempre que viajo sólo bebo agua mineral y llevo un pequeño bolso con medicinas necesarias, como pastillas para el dolor y también bloqueador solar, una crema repelente de mosquitos y un desinfectante.

Tomás: ¿Son reales° las situaciones que se narran en su libro?

Carla: Sí, son reales y son mis propias° historias°. A menudo los autores crean caricaturas divertidas de un turista en dificultades. ¡En mi libro la turista en dificultades soy yo!

Tomás: ¿Qué recomendaciones puede encontrar el lector en su libro?

Carla: Bueno, mi libro es anecdótico y humorístico, pero el tema de la salud se trata° de manera seria. En general, se dan recomendaciones sobre ropa adecuada para cada sitio, consejos para protegerse del sol, y comidas y bebidas adecuadas para el turista que viaja al Caribe o Suramérica.

Tomás: ¿Tiene algún consejo para las personas que se enferman cuando viajan?

Carla: Muchas veces los turistas toman el avión sin saber nada acerca del país que van a visitar. Ponen toda su ropa en la maleta, toman el pasaporte, la cámara fotográfica y ¡a volar°! Es necesario tomar precauciones porque nuestro cuerpo necesita adaptarse al clima, al sol, a la humedad, al agua y a la comida. Se trata de° viajar, admirar las maravillas del mundo y regresar a casa con hermosos recuerdos. En resumen, el secreto es "prevenir en vez de° curar".

llave *faucet* **hielo** *ice* **reales** *true* **propias** *own* **historias** *stories*
se trata *is treated* **¡a volar!** *Off they go!* **Se trata de** *It's a question of*
en vez de *instead of*

Seleccionar

Selecciona la respuesta correcta.

1. El tema principal de este libro es _____.
   a. Puerto Rico b. la salud y el agua c. otras culturas
   d. el cuidado de la salud en los viajes

2. Las situaciones narradas en el libro son _____.
   a. autobiográficas b. inventadas c. ficticias
   d. imaginarias

3. ¿Qué recomendaciones no vas a encontrar en este libro? _____
   a. cómo vestirse adecuadamente
   b. cómo prevenir las quemaduras solares
   c. consejos sobre la comida y la bebida
   d. cómo dar propina en los países del Caribe o de Suramérica

4. En opinión de la señorita Baron, _____.
   a. es bueno tomar agua de la llave y beber jugo de frutas con mucho hielo
   b. es mejor tomar solamente agua embotellada (*bottled*)
   c. los minerales son buenos para el dolor abdominal
   d. es importante visitar el cuarto de baño cada diez minutos

5. ¿Cuál de estos productos no lleva la autora cuando viaja a otros países? _____
   a. desinfectante
   b. crema repelente
   c. detergente
   d. pastillas medicinales

Escritura

Estrategia
Mastering the simple past tenses

In Spanish, when you write about events that occurred in the past you will need to know when to use the preterite and when to use the imperfect tense. A good understanding of the uses of each tense will make it much easier to determine which one to use as you write.

Look at the summary of the uses of the preterite and the imperfect and write your own example sentence for each of the rules described.

Preterite vs. imperfect

Preterite
1. Completed actions
   _____
   _____
2. Beginning or end of past actions
   _____
   _____
3. Series of past actions
   _____
   _____

Imperfect
1. Ongoing past actions
   _____
   _____
2. Habitual past actions
   _____
   _____
3. Mental, physical, and emotional states and characteristics in the past
   _____
   _____

Get together with a few classmates to compare your example sentences. Then use these sentences and the chart as a guide to help you decide which tense to use as you are writing a story or other type of narration about the past.

Tema

Escribir una historia

Escribe una historia acerca de una experiencia tuya° (o de otra persona) con una enfermedad, accidente o problema médico. Tu historia puede ser real o imaginaria y puede tratarse de un incidente divertido, humorístico o desastroso. Incluye todos los detalles relevantes. Consulta la lista de sugerencias° con detalles que puedes incluir.

▶ Descripción del/de la paciente
   nombre y apellidos
   edad
   características físicas
   historial médico°

▶ Descripción de los síntomas
   enfermedades
   accidente
   problemas médicos

▶ Descripción del tratamiento°
   tratamientos
   recetas
   operaciones

tuya *of yours* sugerencias *suggestions* historial médico *medical history* tratamiento *treatment*

Escuchar

Antes de escuchar

Estrategia

Listening for specific information

You can listen for specific information effectively once you identify the subject of a conversation and use your background knowledge to predict what kinds of information you might hear.

To practice this strategy, you will listen to a paragraph from a letter Marta wrote to a friend about her fifteenth birthday celebration. Before you listen to the paragraph, use what you know about this type of party to predict the content of the letter. What kinds of details might Marta include in her description of the celebration? Now listen to the paragraph and jot down the specific information Marta relates. Then compare these details to the predictions you made about the letter.

Preparación

Mira la foto. ¿Con quién crees que está conversando Carlos Peña? ¿De qué están hablando?

Ahora escucha

Síntomas

Ahora escucha la conversación de la señorita Méndez y Carlos Peña. Marca las oraciones donde se mencionan los síntomas de Carlos.

1. ___ Tiene infección en los ojos.
2. ___ Se lastimó el dedo.
3. ___ No puede dormir.
4. ___ Siente dolor en los huesos.
5. ___ Está mareado.
6. ___ Está congestionado.
7. ___ Le duele el estómago.
8. ___ Le duele la cabeza.
9. ___ Es alérgico a la aspirina.
10. ___ Tiene tos.
11. ___ Le duele la garganta.
12. ___ Se rompió la pierna.
13. ___ Tiene dolor de oído.
14. ___ Tiene frío.

Comprensión

Preguntas

1. ¿Tiene fiebre Carlos?
2. ¿Cuánto tiempo hace que le duele la garganta a Carlos?
3. ¿Qué tiene que hacer el médico antes de recetarle algo a Carlos?
4. ¿A qué hora es su cita con el médico?
5. Después de darle una cita con el médico, ¿qué otra información le pide a Carlos la señorita del consultorio?
6. En tu opinión, ¿qué tiene Carlos? ¿Gripe? ¿Un resfriado? ¿Alergias? Explica tu opinión.

Diálogo

Con un(a) compañero/a, escribe el diálogo entre el Dr. Aguilar y Carlos Peña en el consultorio del médico. Usa la información del diálogo telefónico para pensar en lo que dice el médico mientras examina a Carlos. Imagina cómo responde Carlos y qué preguntas le hace al médico. ¿Cuál es el diagnóstico del médico?

En pantalla Video

El objetivo de esta original y divertida campaña es informar y sensibilizar° a la sociedad sobre la enfermedad del Parkinson y el sufrimiento que ocasiona° a los que la padecen°. Además de darse a conocer° y enfrentarse a° la indiferencia, con esta campaña también se pretende° recaudar fondos°, ya que la Asociación Parkinson Alicante se ha visto afectada por la crisis económica española, disminuyendo así el número de ayudas recibidas.

Vocabulario útil	
aullar	to howl
hombre lobo	werewolf
lucha	fight, battle
manada	pack (of wolves)
subvenciones	subsidies
tiembla	trembles, shakes

Preparación
¿Conoces alguna ONG (organización no gubernamental)? ¿Cuál? ¿Qué cosas se hacen en esa organización para ayudar a los demás? Utiliza construcciones con **se**.

Escoger
Elige la opción correcta.
1. Las _____ a la asociación estaban fallando.
   a. subvenciones   b. peticiones
2. La asociación decidió inventar una _____ para el Parkinson.
   a. pastilla   b. causa
3. Michael J. Fox hizo el papel de un _____ y tiene Parkinson.
   a. hombre lobo   b. hombre araña
4. La forma para llegar a todo el mundo es _____ lo más fuerte (*loud*) posible.
   a. cantar   b. aullar

Una campaña
En parejas, creen una campaña para transformar una organización, real o ficticia. Utilicen el imperfecto y construcciones con **se**.

sensibilizar to raise awareness ocasiona causes la padecen suffer from it darse a conocer spreading the word enfrentarse a to fight against se pretende the hope is to recaudar fondos to raise money

Asociación Parkinson Alicante

Hemos decidido inventarnos una causa para el Parkinson.

Tal vez la gente pueda creerse que ser hombre lobo provoque Parkinson.

Queremos que la gente conozca la asociación y nos ayude en esta lucha.

En el consultorio

La salud

Argentina tiene una gran tradición médica influenciada desde el siglo XIX por la medicina francesa. Tres de los cinco premios Nobel de esta nación están relacionados con investigaciones médicas que han hecho° grandes aportes° al avance de las ciencias de la salud. Además, existen otros adelantos° de médicos argentinos que han hecho historia. Entre ellos se cuentan el *bypass* coronario, desarrollado° por el cirujano° René Favaloro en 1967, y la técnica de cirugía cardiovascular sin circulación extracorpórea° desarrollada en 1978 por Federico Benetti, quien es considerado uno de los padres de la cirugía cardíaca moderna.

Vocabulario útil

la cita previa	previous appointment
la guardia	emergency room
Me di un golpe.	I got hit.
la práctica	rotation (hands-on medical experience)

Preparación
¿Qué haces si tienes un pequeño accidente o quieres hacer una consulta? ¿Visitas a tu médico general o vas al hospital? ¿Debes pedir un turno (*appointment*)?

¿Cierto o falso?
Indica si las oraciones son **ciertas** o **falsas**.
1. Silvina tuvo un accidente en su automóvil.
2. Silvina fue a la guardia del hospital.
3. La guardia del hospital está abierta sólo durante el día y es necesario tener cita previa.
4. Los entrevistados (*interviewees*) tienen enfermedades graves.
5. En Argentina, los médicos reciben la certificación cuando terminan la práctica.

¿Le podría° pedir que me explique qué es la guardia?

Nuestro hospital público es gratuito para todas las personas.

... la carrera de medicina comienza con el primer año de la universidad.

han hecho *have made*   aportes *contributions*   adelantos *advances*
desarrollado *developed*   cirujano *surgeon*   extracorpórea *out-of-body*
podría *could*

panorama

Costa Rica

El país en cifras

- **Área:** 51.100 km² (19.730 millas²), *aproximadamente el área de Virginia Occidental°*
- **Población:** 4.930.000

Costa Rica es el país de Centroamérica con la población más homogénea. El 84% de sus habitantes es blanco y mestizo°. Más del 50% de la población es de ascendencia° española y un alto porcentaje tiene sus orígenes en otros países europeos.

- **Capital:** San José—1.170.000
- **Ciudades principales:** Alajuela, Cartago, Puntarenas, Heredia
- **Moneda:** colón costarricense
- **Idioma:** español (oficial)

Bandera de Costa Rica

Costarricenses célebres

- **Carmen Lyra,** escritora (1888–1949)
- **Chavela Vargas,** cantante (1919–2012)
- **Óscar Arias Sánchez,** expresidente de Costa Rica (1941–)
- **Laura Chinchilla Miranda,** expresidenta de Costa Rica (1959–)
- **Claudia Poll,** nadadora° olímpica (1972–)

Óscar Arias recibió el Premio Nobel de la Paz en 1987.

Virginia Occidental *West Virginia* mestizo *of indigenous and white parentage* ascendencia *descent* nadadora *swimmer*

ACTIVIDADES

1 **¿Cierto o falso?** Indica si lo que dicen las oraciones es **cierto** o **falso**.

1. El colón costarricense es la moneda de Costa Rica.
2. Laura Chinchilla Miranda es la presidenta de Costa Rica.
3. Óscar Arias Sánchez trabaja en un consultorio.
4. Se pueden ver quetzales, monos y jaguares en algunos de los parques nacionales de Costa Rica.
5. En Centroamérica, Costa Rica fue el primer país que desarrolló la industria del café.
6. Pocas personas saben leer y escribir en Costa Rica.
7. Costa Rica gasta mucho dinero en su ejército.
8. La educación en Costa Rica es gratuita para todos sus ciudadanos.
9. En Costa Rica, las carretas de bueyes se utilizaban para transportar el maíz.
10. El Museo Nacional de Costa Rica fue antes un cuartel del ejército.

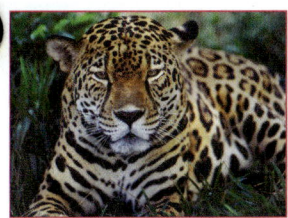

Lugares • Los parques nacionales
El sistema de parques nacionales de Costa Rica ocupa aproximadamente el 12% de su territorio y fue establecido° para la protección de su biodiversidad. En los parques, los ecoturistas pueden admirar montañas, cataratas° y una gran variedad de plantas exóticas. Algunos ofrecen también la oportunidad de ver quetzales°, monos°, jaguares, armadillos y mariposas° en su hábitat natural.

Economía • Las plantaciones de café
Costa Rica fue el primer país centroamericano en desarrollar° la industria del café. En el siglo° XIX, los costarricenses empezaron a exportar esta semilla a Inglaterra°, lo que significó una contribución importante a la economía de la nación. Actualmente, más de 50.000 costarricenses trabajan en el cultivo del café. Este producto representa cerca del 10% de sus exportaciones anuales.

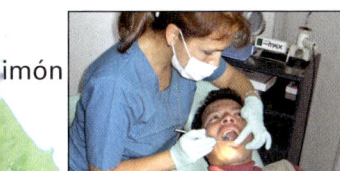

Sociedad • Una nación progresista
Costa Rica es un país progresista. Tiene un nivel de alfabetización° del 96%, uno de los más altos de Latinoamérica. En 1871, esta nación centroamericana abolió la pena de muerte°, y en 1948 eliminó el ejército° e hizo obligatoria y gratuita° la educación para todos sus ciudadanos.

Artesanía • La carreta
La carreta de bueyes es uno de los símbolos nacionales de Costa Rica. Entre 1850 y 1935, se utilizó principalmente para transportar el café desde las montañas del Valle Central hasta los puertos del océano Pacífico, y desde allí se exportaba a Europa. Su decorado de figuras geométricas de colores brillantes la convierte en la artesanía costarricense más famosa.

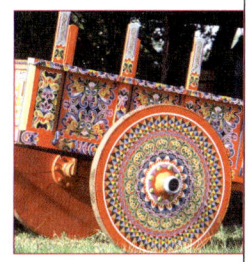

PANAMÁ

Parque Morazán en San José

establecido *established* cataratas *waterfalls* quetzales *type of tropical bird* monos *monkeys* mariposas *butterflies* en desarrollar *to develop* siglo *century* Inglaterra *England* nivel de alfabetización *literacy rate* pena de muerte *death penalty* ejército *army* gratuita *free*

¡Increíble pero cierto!
Costa Rica no tiene ejército. Sin gastos° militares, el gobierno puede invertir° más dinero en la educación y en las artes. En la foto aparece el Museo Nacional de Costa Rica, antiguo cuartel° del ejército.

gastos *expenditures* invertir *to invest* cuartel *barracks*

---

2 ¿Qué aprendiste? Contesta las preguntas.

1. ¿Cómo se llama la capital de Costa Rica?
2. ¿Quién es Claudia Poll?
3. ¿Qué porcentaje del territorio de Costa Rica ocupan los parques nacionales?
4. ¿Cuántos costarricenses trabajan en las plantaciones de café hoy día?
5. ¿Cuándo eliminó Costa Rica la pena de muerte?

3 ¿Qué se hace? En parejas, túrnense para decir qué se hace en Costa Rica.

modelo
Estudiante 1: *En Costa Rica se habla español.*
Estudiante 2: *En Costa Rica se exporta café.*

vocabulario

 Vocabulary Tools

El cuerpo

la boca	mouth
el brazo	arm
la cabeza	head
el corazón	heart
el cuello	neck
el cuerpo	body
el dedo	finger
el dedo del pie	toe
el estómago	stomach
la garganta	throat
el hueso	bone
la nariz	nose
el oído	(sense of) hearing; inner ear
el ojo	eye
la oreja	(outer) ear
el pie	foot
la pierna	leg
la rodilla	knee
el tobillo	ankle

La salud

el accidente	accident
el antibiótico	antibiotic
la aspirina	aspirin
la clínica	clinic
el consultorio	doctor's office
el/la dentista	dentist
el/la doctor(a)	doctor
el dolor (de cabeza)	(head)ache; pain
el/la enfermero/a	nurse
el examen médico	physical exam
la farmacia	pharmacy
la gripe	flu
el hospital	hospital
la infección	infection
el medicamento	medication
la medicina	medicine
la operación	operation
el/la paciente	patient
la pastilla	pill
la radiografía	X-ray
la receta	prescription
el resfriado	cold (illness)
la sala de emergencia(s)	emergency room
la salud	health
el síntoma	symptom
la tos	cough

Verbos

caerse	to fall (down)
dañar	to damage; to break down
darse con	to bump into; to run into
doler (o:ue)	to hurt
enfermarse	to get sick
estar enfermo/a	to be sick
estornudar	to sneeze
lastimarse (el pie)	to injure (one's foot)
olvidar	to forget
poner una inyección	to give an injection
prohibir	to prohibit
recetar	to prescribe
romper	to break
romperse (la pierna)	to break (one's leg)
sacar(se) un diente	to have a tooth removed
ser alérgico/a (a)	to be allergic (to)
sufrir una enfermedad	to suffer an illness
tener dolor (m.)	to have pain
tener fiebre (f.)	to have a fever
tomar la temperatura	to take someone's temperature
torcerse (o:ue) (el tobillo)	to sprain (one's ankle)
toser	to cough

Adjetivos

congestionado/a	congested
embarazada	pregnant
grave	grave; serious
mareado/a	dizzy; nauseated
médico/a	medical
saludable	healthy
sano/a	healthy

Adverbios

a menudo	often
a tiempo	on time
a veces	sometimes
además (de)	furthermore; besides
apenas	hardly; scarcely
así	like this; so
bastante	enough; rather
casi	almost
con frecuencia	frequently
de niño/a	as a child
de vez en cuando	from time to time
despacio	slowly
menos	less
muchas veces	a lot; many times
poco	little
por lo menos	at least
pronto	soon
rápido	quickly
todos los días	every day

Conjunción

mientras	while

Expresiones útiles	See page 337.

More activities

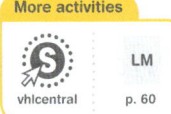

vhlcentral   LM p. 60

La tecnología

11

Communicative Goals

You will learn how to:

- Talk about using technology and electronics
- Use common expressions on the telephone
- Talk about car trouble

A PRIMERA VISTA
- ¿Qué hacen las chicas?
- ¿Lo pasan bien o mal?
- ¿Son unas chicas saludables?
- ¿Qué partes del cuerpo se ven en la foto?

pages 368–371
- Electronics
- Computers and the Internet
- The car and its accessories

contextos

pages 372–375
Miguel's car has broken down again, and he has to take it to a mechanic. In the meantime, Maru has a similar streak of bad luck with her computer. Can their problems with technology be resolved?

fotonovela

pages 376–377
- Social networks in the Spanish-speaking world
- Text messages in Spanish

cultura

pages 378–393
- Familiar commands
- **Por** and **para**
- Reciprocal reflexives
- Stressed possessive adjectives and pronouns
- **Recapitulación**

estructura

pages 394–401
Lectura: A comic strip
Escritura: A personal ad
Escuchar: A commercial about computers
En pantalla: A video promoting books
Flash cultura: A video about technology in Peru
Panorama: Argentina

adelante

11 contextos Hotspots

La tecnología

Más vocabulario

la batería	battery
la cámara digital	digital camera
el canal	(TV) channel
el correo de voz	voice mail
el archivo	file
la arroba	@ symbol
el blog	blog
el buscador	browser
la conexión inalámbrica	wireless connection
la contraseña	password
la dirección electrónica	e-mail address
la impresora	printer
Internet	Internet
la página principal	home page
el perfil	profile
el programa de computación	software
la red	network; Web
el sitio web	website
apagar	to turn off
borrar	to erase
cargar	to charge; to upload
chatear	to chat
conectarse a Internet	to get connected to the Internet
descargar	to download
funcionar	to work
grabar	to record
guardar	to save
imprimir	to print
llamar	to call
poner, prender	to turn on
sonar (o:ue)	to ring
descompuesto/a	not working; out of order
lento/a	slow
lleno/a	full

Variación léxica

computadora ↔ ordenador (*Esp.*), computador (*Col.*)
descargar ↔ bajar (*Arg., Col., Esp., Ven.*)

- el televisor
- el (teléfono) celular
- la tableta
- la pantalla
- la computadora (portátil)
- el teclado
- el ratón
- el mensaje de texto
- textear

More activities: vhlcentral · LM p. 61 · WB pp. 123–124 · Online activities

Práctica

1 **¿Lógico o ilógico?** Indica si las situaciones que vas a escuchar son **lógicas** o **ilógicas**.

1. _____   5. _____
2. _____   6. _____
3. _____   7. _____
4. _____   8. _____

2 **Nuevo celular** Escucha la conversación entre Liliana y un empleado de una tienda de artículos electrónicos e indica si cada afirmación es **cierta** o **falsa**.

	Cierto	Falso
1. Liliana quiere comprar un celular con acceso a Internet.	○	○
2. En la tienda no hay nuevos modelos de celulares.	○	○
3. El celular tiene acceso a Internet pero no tiene cámara.	○	○
4. En el celular se pueden usar muchas aplicaciones.	○	○
5. Liliana también quiere ver algunas cámaras digitales.	○	○
6. En la tienda no hay tabletas.	○	○

3 **Emparejar** Empareja las palabras de forma lógica.

_____ 1. conexión inalámbrica   a. archivo
_____ 2. imprimir   b. arroba
_____ 3. textear   c. batería
_____ 4. control remoto   d. canal
_____ 5. perfil   e. lenta
_____ 6. cargador   f. mensaje de texto
_____ 7. página principal   g. sitio web
_____ 8. dirección electrónica   h. red social

4 **Oraciones** Escribe oraciones usando estos elementos. Usa el pretérito y añade las palabras necesarias.

1. Jaime / decidir / comprar / tableta

2. tú / apagar / televisor / diez / noche

3. Daniel y su esposa / comprar / computadora portátil / ayer

4. Sara y yo / ir / tienda / para / buscar / impresora

5. yo / descargar / fotos

6. teléfono celular / sonar / pero / yo / no contestar

En la gasolinera

- el capó, el cofre
- el parabrisas
- Revisa el aceite. (revisar)
- el volante
- el navegador GPS
- el radio
- el baúl
- la gasolina
- la llanta
- Llena el tanque. (llenar)
- el carro, el coche

Más vocabulario

la autopista	highway
la calle	street
la carretera	highway; (main) road
la circulación, el tráfico	traffic
el garaje, el taller (mecánico)	garage; (mechanic's) repair shop
la licencia de conducir	driver's license
el/la mecánico/a	mechanic
la policía	police (force)
la velocidad máxima	speed limit
arrancar	to start
arreglar	to fix; to arrange
bajar(se) de	to get off of/out of (a vehicle)
conducir, manejar	to drive
estacionar	to park
parar	to stop
subir(se) a	to get on/into (a vehicle)

5 Conversación Completa la conversación.

> el aceite · la gasolina · llenar · el parabrisas · el taller
> el baúl · las llantas · manejar · revisar · el volante

EMPLEADO Bienvenido al (1) _____ mecánico Óscar. ¿En qué le puedo servir?

JUAN Buenos días. Quiero (2) _____ el tanque y revisar (3) _____, por favor.

EMPLEADO Con mucho gusto. Si quiere, también le limpio (4) _____.

JUAN Sí, gracias. Está un poquito sucio. La próxima semana tengo que (5) _____ hasta Buenos Aires. ¿Puede cambiar (6) _____? Están gastadas (*worn*).

EMPLEADO Claro que sí, pero voy a tardar (*it will take me*) un par de horas.

JUAN Mejor regreso mañana. Ahora no tengo tiempo. ¿Cuánto le debo por (7) _____?

EMPLEADO Sesenta pesos. Y veinticinco por (8) _____ y cambiar el aceite.

6 Completar Completa estas oraciones.

1. Otra palabra para coche es…
2. Para poder conducir legalmente, necesitas…
3. Si tu carro no funciona, debes llevarlo a…
4. Para llenar el tanque de tu coche, necesitas ir a…
5. Antes de un viaje largo, es importante revisar…
6. Otra palabra para autopista es…
7. Mientras hablas por teléfono celular, no es buena idea…
8. Puedes poner las maletas en…

CONSULTA

For more information about **Buenos Aires**, see **Panorama**, p. 400.

¡LENGUA VIVA!

Aunque **carro** es el término que se usa en la mayoría de países hispanos, no es el único. En España, por ejemplo, se dice **coche**, y en Argentina, Chile y Uruguay se dice **auto**.

Comunicación

7 **Preguntas** Trabajen en parejas y túrnense para contestar estas preguntas.

1. a. ¿Tienes un teléfono celular? ¿Para qué lo usas?
   b. ¿Qué utilizas más: el teléfono o el correo electrónico? ¿Por qué?
   c. En tu opinión, ¿cuáles son las ventajas (*advantages*) y desventajas de los diferentes modos de comunicación?
2. a. ¿Con qué frecuencia usas la computadora?
   b. ¿Para qué usas Internet?
   c. ¿Tienes tu propio blog? ¿Cómo es?
3. a. ¿Miras la televisión con frecuencia? ¿Qué programas ves?
   b. ¿Dónde miras tus programas favoritos, en la tele o en la computadora?
   c. ¿Ves películas en la computadora? ¿Cuál es tu película favorita de todos los tiempos (*of all time*)?
   d. ¿A través de (*By*) qué medio escuchas música? ¿Radio, teléfono celular o computadora?
4. a. ¿Tienes licencia de conducir?
   b. ¿Tienes carro? Descríbelo.

> **NOTA CULTURAL**
>
> Algunos sitios web utilizan códigos para identificar su país de origen. Éstos son los códigos para algunos países hispanohablantes:
>
> **Argentina** .ar
> **Colombia** .co
> **España** .es
> **México** .mx
> **Venezuela** .ve

8 **Postal** En parejas, lean la tarjeta postal. Después contesten las preguntas.

> 19 julio de 1979
>
> Hola, Paco:
>
> ¡Saludos! Estamos de viaje por unas semanas. La Costa del Sol es muy bonita. No hemos encontrado (*we haven't found*) a tus amigos porque nunca están en casa cuando llamamos. El teléfono suena y suena y nadie contesta. Vamos a seguir llamando.
>
> Sacamos muchas fotos muy divertidas. Cuando regresemos y las revelemos (*get them developed*), te las voy a enseñar. Las playas son preciosas. Hasta ahora el único problema fue que la oficina en la cual reservamos un carro perdió nuestros papeles y tuvimos que esperar mucho tiempo.
>
> También tuvimos un pequeño problema con el hotel. La agencia de viajes nos reservó una habitación en un hotel que está muy lejos de todo. No podemos cambiarla, pero no me importa mucho. A pesar de eso, estamos contentos.
>
> Tu hermana, Gabriela

Francisco Jiménez
San Lorenzo 3250
Rosario, Argentina 2000

1. ¿Cuáles son los problemas que ocurren en el viaje de Gabriela?
2. Con la tecnología de hoy, ¿existen los mismos problemas cuando se viaja? ¿Por qué?
3. Hagan una comparación entre la tecnología de los años 70 y 80 y la de hoy.
4. Imaginen que la hija de Gabriela escribe un mensaje electrónico sobre el mismo tema con fecha de hoy. Escriban ese mensaje, incorporando la tecnología actual (teléfonos celulares, Internet, cámaras digitales, etc.). Inventen nuevos problemas.

11 fotonovela

En el taller

El coche de Miguel está descompuesto y Maru tiene problemas con su computadora.

PERSONAJES MIGUEL JORGE

 Video

MIGUEL ¿Cómo lo ves?
JORGE Creo que puedo arreglarlo. ¿Me pasas la llave?

JORGE ¿Y dónde está Maru?
MIGUEL Acaba de enviarme un mensaje de texto: "Última noticia sobre la computadora portátil: todavía está descompuesta. Moni intenta arreglarla. Voy para allá".

JORGE ¿Está descompuesta tu computadora?
MIGUEL No, la mía no, la suya. Una amiga la está ayudando.
JORGE Un mal día para la tecnología, ¿no?

MARU Buenos días, Jorge.
JORGE ¡Qué gusto verte, Maru! ¿Cómo está la computadora?
MARU Mi amiga Mónica recuperó muchos archivos, pero muchos otros se borraron.

MIGUEL Ella está preparando un proyecto para ver si puede hacer sus prácticas profesionales en el Museo de Antropología.
JORGE ¿Y todo está en la computadora?
MIGUEL Y claro.

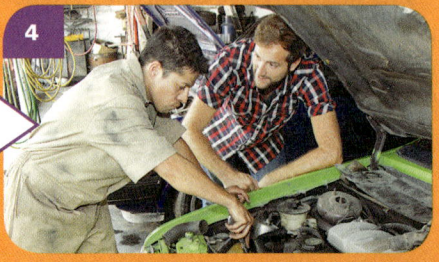

MARU Estamos en una triste situación. Yo necesito una computadora nueva, y Miguel necesita otro coche.
JORGE Y un televisor nuevo para mí, por favor.

MARU

MARU ¿Qué vamos a hacer, Miguel?

MIGUEL Tranquila, cariño. Por eso tenemos amigos como Jorge y Mónica. Nos ayudamos los unos a los otros.

JORGE ¿No te sientes afortunada, Maru? No te preocupes. Sube.

MIGUEL ¡Por fin!

MARU Gracias, Jorge. Eres el mejor mecánico de la ciudad.

MIGUEL ¿Cuánto te debo por el trabajo?

JORGE Hombre, no es nada. Guárdalo para el coche nuevo. Eso sí, recomiéndame con tus amigos.

MIGUEL Gracias, Jorge.

JORGE No manejes en carretera. Revisa el aceite cada 1.500 kilómetros y asegúrate de llenarle el tanque... No manejes con el cofre abierto. Nos vemos.

Expresiones útiles

Giving instructions to a friend

¿Me pasas la llave?
Can you pass me the wrench?
No lo manejes en carretera.
Don't drive it on the highway.
Revisa el aceite cada 1.500 kilómetros.
Check the oil every 1,500 kilometers.
Asegúrate de llenar el tanque.
Make sure to fill up the tank.
No manejes con el cofre abierto.
Don't drive with the hood open.
Recomiéndame con tus amigos.
Recommend me to your friends.

Taking a phone call

Aló./Bueno./Diga.
Hello.
¿Quién habla?/¿De parte de quién?
Who is speaking/calling?
Con él/ella habla.
Speaking.
¿Puedo dejar un recado?
May I leave a message?

Reassuring someone

Tranquilo/a, cariño.
Relax, sweetie.
Nos ayudamos los unos a los otros.
We help each other out.
No te preocupes.
Don't worry.

Additional vocabulary

entregar *to hand in*
el intento *attempt*
la noticia *news*
el proyecto *project*
recuperar *to recover*

¿Qué pasó?

1 **Seleccionar** Selecciona las respuestas que completan correctamente estas oraciones.

1. Jorge intenta arreglar _____.
   a. la computadora de Maru   b. el coche de Miguel   c. el teléfono celular de Felipe
2. Maru dice que se borraron muchos _____ de su computadora.
   a. archivos   b. sitios web   c. mensajes de texto
3. Jorge dice que necesita un _____.
   a. navegador GPS   b. radio   c. televisor
4. Maru dice que Jorge es el mejor _____.
   a. mecánico de la ciudad   b. amigo del mundo   c. compañero de la clase
5. Jorge le dice a Miguel que no maneje su coche en _____.
   a. el tráfico   b. el centro de la ciudad   c. la carretera

2 **Identificar** Identifica quién dice estas oraciones.

1. Hombre, no es nada. Guárdalo para el coche nuevo.
2. ¿Y qué pasó con tu proyecto?
3. Si no puedo usar mi computadora, ¿me prestas la tuya?
4. Revisa el aceite cada 1.500 kilómetros y asegúrate de llenarle el tanque.
5. La copia que tengo más actualizada es de la semana pasada. El problema es que hice muchos cambios desde entonces.

MARU

MIGUEL

JORGE

3 **Problema mecánico** Trabajen en parejas para representar los papeles de un(a) mecánico/a y un(a) cliente/a que está llamando al taller porque su carro está descompuesto.

Mecánico/a	Cliente/a
Contesta el teléfono con un saludo y el nombre del taller.	→ Saluda y explica que tu carro está descompuesto.
Pregunta qué tipo de problema tiene exactamente.	→ Explica que tu carro no arranca cuando hace frío.
Di que debe traer el carro al taller.	→ Pregunta cuándo puedes llevarlo.
Ofrece una hora para revisar el carro.	→ Acepta la hora que ofrece el/la mecánico/a.

Ahora cambien los papeles y representen otra conversación. Ustedes son un(a) técnico/a y un(a) cliente/a. Usen estas ideas:

- el celular no guarda mensajes
- la computadora no descarga fotos
- la impresora imprime muy lentamente
- el televisor está descompuesto

Ortografía

La acentuación de palabras similares

Although accent marks usually indicate which syllable in a word is stressed, they are also used to distinguish between words that have the same or similar spellings.

Él maneja **el** coche.   **Sí**, voy **si** quieres.

Although one-syllable words do not usually carry written accents, some *do* have accent marks to distinguish them from words that have the same spelling but different meanings.

Sé cocinar.   **Se** baña.   ¿Tomas **té**?   **Te** duermes.

Sé (*I know*) and **té** (*tea*) have accent marks to distinguish them from the pronouns **se** and **te**.

para mí   **mi** cámara   **Tú** lees.   **tu** estéreo

Mí (*Me*) and **tú** (*you*) have accent marks to distinguish them from the possessive adjectives **mi** and **tu**.

¿**Por qué** vas?   Voy **porque** quiero.

Several words of more than one syllable also have accent marks to distinguish them from words that have the same or similar spellings.

Éste es rápido.   **Este** tren es rápido.

Demonstrative pronouns may have accent marks to distinguish them from demonstrative adjectives.

¿**Cuándo** fuiste?   Fui **cuando** me llamó.
¿**Dónde** trabajas?   Voy al taller **donde** trabajo.

Adverbs have accent marks when they are used to convey a question.

Práctica Marca los acentos en las palabras que los necesitan.

ANA Alo, soy Ana. ¿Que tal?
JUAN Hola, pero… ¿por que me llamas tan tarde?
ANA Porque mañana tienes que llevarme a la universidad. Mi auto esta dañado.
JUAN ¿Como se daño?
ANA Se daño el sabado. Un vecino (*neighbor*) choco con (*crashed into*) el.

Crucigrama Utiliza las siguientes pistas (*clues*) para completar el crucigrama. ¡Ojo con los acentos!

Horizontales
1. Él _____ levanta.
4. No voy _____ no puedo.
7. Tú _____ acuestas.
9. ¿ _____ es el examen?
10. Quiero este video y _____.

Verticales
2. ¿Cómo _____ usted?
3. Eres _____ mi hermano.
5. ¿ _____ tal?
6. Me gusta _____ suéter.
8. Pongo las maletas _____ el baúl.

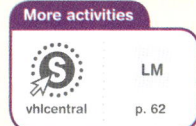

cultura

EN DETALLE

Las redes sociales

¿Cómo te comunicas con tu familia y con tus amigos? Al igual que° en los Estados Unidos, en los países hispanohablantes las redes sociales han tenido° un gran impacto en los últimos años. Los usos básicos de los teléfonos celulares ya no son las llamadas° y los mensajes de texto, sino el contacto entre amigos y familiares por medio de° redes sociales y de aplicaciones como Facebook, Twitter, WhatsApp o Instagram.

La mayoría de los hispanos tiene un perfil en Facebook o en Twitter, pero el método de comunicación más popular en los países hispanohablantes es WhatsApp. Por medio de esta aplicación de mensajería los usuarios° pueden crear grupos y enviarse° un número ilimitado de imágenes, videos y mensajes de texto y de audio. Su popularidad se debe a que es una forma rápida y prácticamente gratuita° de comunicarse.

Hoy en día, los teléfonos inteligentes y los contratos telefónicos son más asequibles°, por lo que la mayoría de los hispanos disfruta de estos celulares y de sus ventajas tecnológicas. Gracias a las redes sociales y a las aplicaciones, las personas pueden estar en constante comunicación con sus seres queridos° más lejanos°. La inevitable pregunta es: ¿qué ocurre con los seres queridos que están cerca? La influencia que tienen las redes sociales en las relaciones humanas es cada vez un tema más polémico.

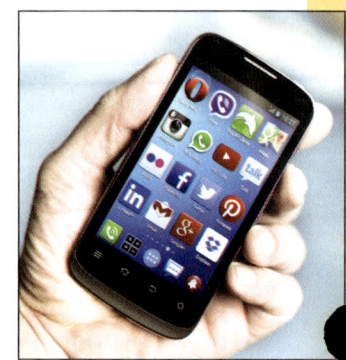

El español en las redes sociales

- El español es la tercera lengua más utilizada en las redes sociales.
- El español es la segunda lengua más usada en Twitter, con un crecimiento° de más de 1.100% en los últimos diez años.
- Facebook tiene más de 80 millones de usuarios hispanohablantes.
- Sólo en España, WhatsApp tiene 15 millones de usuarios que usan la aplicación un promedio° de 45 minutos al día.

Al igual que *Like* **han tenido** *have had* **llamadas** *calls* **por medio de** *through* **usuarios** *users* **enviarse** *send each other* **gratuita** *free* **asequibles** *affordable* **seres queridos** *loved ones* **lejanos** *distant* **crecimiento** *growth* **promedio** *average*

ACTIVIDADES

1 **¿Cierto o falso?** Indica si lo que dicen estas oraciones es **cierto** o **falso**. Corrige la información falsa.

1. Los hispanos prefieren las llamadas para comunicarse con sus familias y con sus amigos.
2. Twitter no se usa en Latinoamérica.
3. WhatsApp es un método de comunicación muy común en los países hispanos.
4. WhatsApp permite enviar fotos a los contactos del celular.
5. Pocos hispanos pueden comprar un teléfono inteligente.
6. Una ventaja de las redes sociales es el contacto con las personas que están lejos.
7. El español es la segunda lengua más utilizada en las redes sociales.
8. Los españoles usan mucho la aplicación WhatsApp.

ASÍ SE DICE
La tecnología

los audífonos (Méx., Col.), los auriculares (Arg.), los cascos (Esp.)	headset; earphones
el móvil (Esp.)	el celular
el manos libres (Amér. S.)	hands-free system
la memoria	memory
mensajear (Méx.)	textear

EL MUNDO HISPANO
Las bicimotos

- **Argentina** El *ciclomotor* se usa mayormente° para repartir a domicilio° comidas y medicinas.

- **Perú** La *motito* se usa mucho para el reparto a domicilio de pan fresco todos los días.

- **México** La *Vespa* se usa para evitar° el tráfico en grandes ciudades.

- **España** La población usa el *Vespino* para ir y volver al trabajo cada día.

- **Puerto Rico** Una *scooter* es el medio de transporte favorito en las zonas rurales.

- **República Dominicana** Las *moto-taxis* son el medio de transporte más económico, ¡pero no olvides el casco°!

mayormente *mainly* repartir a domicilio *home delivery of* evitar *to avoid* casco *helmet*

PERFIL
Los mensajes de texto

¿Qué tienen en común un **mensaje de texto** y un telegrama?: la necesidad de decir lo máximo en el menor espacio posible —y rápidamente—.
Así como los abuelos se las arreglaron° para hacer más baratos sus telegramas, que se cobraban° por número de palabras, ahora los jóvenes buscan ahorrar° espacio, tiempo y dinero, en sus mensajes de texto. Esta economía del lenguaje dio origen al **lenguaje chat**, una forma de escritura muy creativa y compacta. Olvídate de la gramática, la puntuación y la ortografía: es tan flexible que evoluciona° todos los días con el uso que cada quien° le da, aunque° hay muchas palabras y expresiones ya establecidas°. Fácilmente encontrarás° abreviaturas (**xq?**, "¿Por qué?"; **tkm**, "Te quiero mucho."), sustitución de sonidos por números (**a2**, "Adiós."; **5mntrios**, "Sin comentarios."), símbolos (**ad+**, "además") y omisión de vocales y acentos (**tb**, "también"; **k tl?**, "¿Qué tal?"). Ahora que lo sabes, si un amigo te envía: **cont xfa, m dbs $!**°, puedes responderle: **ntp, ns vms + trd**°.

se las arreglaron *they managed to* se cobraban *were charged* ahorrar *to save* evoluciona *evolves* cada quien *each person* aunque *although* establecidas *fixed* encontrarás *you will find* cont xfa, m dbs $! Contesta, por favor, ¡me debes dinero! ntp, ns vms +trd No te preocupes, nos vemos más tarde.

CON RITMO HISPANO

Andrés Calamaro (1961–)
Lugar de nacimiento: Buenos Aires, Argentina

Andrés Calamaro es uno de los rockeros más influyentes de Latinoamérica. Formó parte de Los Abuelos de la Nada y de Los Rodríguez.

Go to **vhlcentral.com** to find out more about **Andrés Calamaro** and his music.

ACTIVIDADES

2 Comprensión Responde a las preguntas.
1. ¿Cuáles son tres formas de decir *headset*?
2. ¿Para qué se usan las bicimotos en Argentina?
3. ¿Qué dio origen al "lenguaje chat"?
4. ¿Es importante escribir los acentos en los mensajes de texto?

3 ¿Cómo te comunicas? Escribe un párrafo breve en donde expliques qué utilizas para comunicarte con tus amigos/as (correo electrónico, redes sociales, teléfono, etc.) y de qué hablan cuando se llaman por teléfono.

11 estructura

11.1 Familiar commands Tutorial

ANTE TODO In Spanish, the command forms are used to give orders or advice. You use **tú** commands (**mandatos familiares**) when you want to give an order or advice to someone you normally address with the familiar **tú**.

Affirmative tú commands

Infinitive	Present tense él/ella form	Affirmative tú command
hablar	habla	**habla** (tú)
guardar	guarda	**guarda** (tú)
prender	prende	**prende** (tú)
volver	vuelve	**vuelve** (tú)
pedir	pide	**pide** (tú)
imprimir	imprime	**imprime** (tú)

▶ Affirmative **tú** commands usually have the same form as the **él/ella** form of the present indicative.

Guarda el documento antes de cerrarlo.
Save the document before closing it.

Imprime tu tarea para la clase de inglés.
Print your homework for English class.

▶ The following verbs have irregular affirmative **tú** commands.

Irregular affirmative tú commands

decir	**di**	salir	**sal**
hacer	**haz**	ser	**sé**
ir	**ve**	tener	**ten**
poner	**pon**	venir	**ven**

¡**Sal** ahora mismo!
Leave at once!

Haz los ejercicios.
Do the exercises.

▶ Since **ir** and **ver** have the same **tú** command (**ve**), context will determine the meaning.

Ve al taller con Yolanda.
Go to the repair shop with Yolanda.

Ve ese programa... es muy interesante.
See that program... it's very interesting.

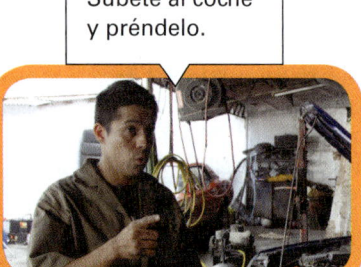

Súbete al coche y préndelo.

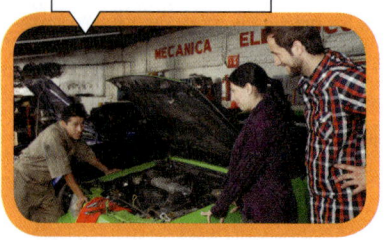

No lo manejes en la carretera.

▶ The negative **tú** commands are formed by dropping the final **-o** of the **yo** form of the present tense. For **-ar** verbs, add **-es**. For **-er** and **-ir** verbs, add **-as**.

Negative tú commands

Infinitive	Present tense yo form	Negative tú command
hablar	hablo	**no hables** (tú)
guardar	guardo	**no guardes** (tú)
prender	prendo	**no prendas** (tú)
volver	vuelvo	**no vuelvas** (tú)
pedir	pido	**no pidas** (tú)

Héctor, **no pares** el carro aquí.
Héctor, don't stop the car here.

No prendas la computadora todavía.
Don't turn on the computer yet.

▶ Verbs with irregular **yo** forms maintain the same irregularity in their negative **tú** commands. These verbs include **conducir, conocer, decir, hacer, ofrecer, oír, poner, salir, tener, traducir, traer, venir,** and **ver**.

No pongas el disco en la computadora.
Don't put the disk in the computer.

No conduzcas tan rápido.
Don't drive so fast.

▶ Note also that stem-changing verbs keep their stem changes in negative **tú** commands.

No p**ie**rdas tu celular.
Don't lose your cell phone.

No v**ue**lvas a esa gasolinera.
Don't go back to that gas station.

No rep**i**tas las instrucciones.
Don't repeat the instructions.

▶ Verbs ending in **-car**, **-gar**, and **-zar** have a spelling change in the negative **tú** commands.

sa**car**	c → qu	no sa**qu**es
apa**gar**	g → gu	no apa**gu**es
almor**zar**	z → c	no almuer**c**es

▶ The following verbs have irregular negative **tú** commands.

Irregular negative tú commands

dar	**no des**
estar	**no estés**
ir	**no vayas**
saber	**no sepas**
ser	**no seas**

¡ATENCIÓN!

In affirmative commands, reflexive, indirect, and direct object pronouns are always attached to the end of the verb. In negative commands, these pronouns always precede the verb.

Bórralos./No los borres.
Escríbeles un mensaje electrónico./**No les escribas** un mensaje electrónico.

•••

When a pronoun is attached to an affirmative command that has two or more syllables, an accent mark is added to maintain the original stress:

borra → bórralos
prende → préndela
imprime → imprímelo

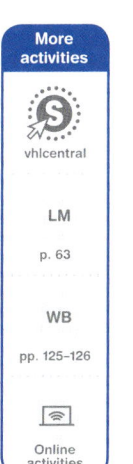

More activities

vhlcentral

LM
p. 63

WB
pp. 125–126

Online activities

¡INTÉNTALO! Indica los mandatos familiares afirmativos y negativos de estos verbos.

1. correr — _Corre_ más rápido. — No _corras_ más rápido.
2. llenar — _____ el tanque. — No _____ el tanque.
3. salir — _____ ahora. — No _____ ahora.
4. descargar — _____ ese documento. — No _____ ese documento.
5. hacerlo — _____ ya. — No _____ ahora.
6. levantarse — _____ temprano. — No _____ temprano.

Práctica

1 Completar Completa los comentarios con el mandato de cada verbo.

1. _____ tu teléfono celular, pero no _____ la computadora. (apagar)
2. _____ tu tarea después. No la _____ ahora. (hacer)
3. No _____ a la tienda a comprar papel para la impresora. _____ a la cafetería a comprarme algo de comer. (ir)
4. No _____ que no puedes abrir un archivo. _____ que el programa de computación funciona sin problemas. (decirme)
5. _____ generoso con tu tiempo y no _____ antipático si no entiendo fácilmente. (ser)
6. _____ mucha paciencia y no _____ prisa. (tener)
7. No _____ en una hora. _____ ahora mismo. (venir)

2 Cambiar Cuando Pedro dice que algo es necesario, Marina expresa una opinión diferente. Usa la información entre paréntesis para formar las órdenes que Marina le da a Pedro.

> **modelo**
> **Pedro:** Necesito revisar el aceite del carro. (seguir hasta el próximo pueblo)
> **Marina:** No revises el aceite del carro. Sigue hasta el próximo pueblo.

1. Necesito poner el radio. (hablarme)
2. Necesito conducir más rápido. (parar el carro)
3. Necesito almorzar ahora. (comer más tarde)
4. Necesito sacar una foto. (manejar con cuidado)
5. Necesito estacionar el carro en esta calle. (pensar en otra opción)
6. Necesito volver a esa gasolinera. (arreglar el carro en un taller)
7. Necesito leer el mapa. (pedirle ayuda a aquella señora)
8. Necesito dormir en el carro. (acostarse en una cama)

3 Problemas Tú y tu compañero/a trabajan en el centro de computadoras de la universidad. Muchos estudiantes están llamando con problemas. Denles órdenes para ayudarlos a resolverlos.

> **modelo**
> **Problema:** No veo nada en la pantalla.
> **Tu respuesta:** Prende la pantalla de tu computadora.

| apagar... | conectarse... | funcionar... | guardar... | prender... |
| borrar... | descargar... | grabar... | imprimir... | volver... |

1. No me gusta este programa de computación.
2. Tengo miedo de perder mi documento.
3. Prefiero leer este sitio web en papel.
4. Mi correo electrónico funciona muy lentamente.
5. Busco información sobre los gauchos de Argentina.
6. Tengo demasiados archivos en mi computadora.
7. Mi computadora se congeló (*froze*).
8. Quiero ver las fotos del cumpleaños de mi hermana.

NOTA CULTURAL

Los gauchos (*nomadic cowboys*), conocidos por su habilidad (*skill*) para montar a caballo y utilizar el lazo, viven en la Región Pampeana, una llanura muy extensa ubicada en el centro de Argentina y dedicada a la agricultura (*agriculture*).

Comunicación

4 **Órdenes** Intercambia mandatos negativos y afirmativos con tu compañero/a. Debes seguir las órdenes que él o ella te da o reaccionar apropiadamente.

> **modelo**
> **Estudiante 1:** Dame todo tu dinero.
> **Estudiante 2:** No, no quiero dártelo. Muéstrame tu cuaderno.
> **Estudiante 1:** Aquí está.
> **Estudiante 2:** Ve a la pizarra y escribe tu nombre.
> **Estudiante 1:** No quiero. Hazlo tú.

5 **Consejos** En parejas, imaginen que un(a) amigo/a de ustedes tiene muy poca experiencia en el uso de nuevas tecnologías. Denle consejos a su amigo/a.

> **modelo**
> Apaga tu teléfono celular antes de clase.

6 **Anuncios** En grupos pequeños, preparen tres anuncios adicionales para tres escuelas que compiten (*compete*) con ésta.

INFORMÁTICA ARGENTINA

Toma nuestros cursos y aprende
a usar la computadora

abre y lee tus archivos

imprime tus documentos

entra al campo de la tecnología

¡Ponte en contacto con nosotros llamando al **11-4-129-1508 HOY!**

Síntesis

7 **¡Tanto que hacer!** Tu profesor(a) te va a dar una lista de diligencias (*errands*). Algunas las hiciste tú y algunas las hizo tu compañero/a. Las diligencias que ya hicieron tienen esta marca ✔. Pero quedan cuatro diligencias por hacer. Dale órdenes a tu compañero/a y él/ella responde para confirmar si hay que hacerla o si ya la hizo.

> **modelo**
> **Estudiante 1:** Llena el tanque.
> **Estudiante 2:** Ya llené el tanque. / ¡Ay, no! Tenemos que llenar el tanque.

11.2 Por and para Tutorial

ANTE TODO Unlike English, Spanish has two words that mean *for*: **por** and **para**. These two prepositions are not interchangeable. Study the following charts to see how they are used.

▶ **Por** and **para** are most commonly used to describe aspects of movement, time, and action, but in different circumstances.

Por	Para
Movement	
Through or by a place	Toward a destination
La excursión nos llevó **por** el centro.	Mis amigos van **para** el estadio.
The tour took us through downtown.	*My friends are going to the stadium.*
Time	
Duration of an event	Action deadline
Ana chateó **por** dos horas.	Tengo que escribir un ensayo **para** mañana.
Ana chatted for two hours.	*I have to write an essay by tomorrow.*
Action	
Reason or motive for an action or circumstance	Indication of for whom something is intended or done
Llegué a casa tarde **por** el tráfico.	Estoy preparando una sorpresa **para** Eduardo.
I got home late because of the traffic.	*I'm preparing a surprise for Eduardo.*

▶ Here is a list of the uses of **por** and **para**.

Por is used to indicate…

1. **Movement:** Motion or a general location . . (around, through, along, by)
   Pasamos **por** el parque y **por** el río.
   We passed by the park and along the river.

2. **Time:** Duration of an action . . . . (for, during, in)
   Estuve en la Patagonia **por** un mes.
   I was in Patagonia for a month.

3. **Action:** Reason or motive for an action . . (because of, on account of, on behalf of)
   Lo hizo **por** su familia.
   She did it on behalf of her family.

4. **Object of a search** . . . . (for, in search of)
   Vengo **por** ti a las ocho.
   I'm coming for you at eight.
   Manuel fue **por** su cámara digital.
   Manuel went in search of his digital camera.

5. **Means by which something is done** . . . (by, by way of, by means of)
   Ellos viajan **por** la autopista.
   They travel by (by way of) the highway.

6. **Exchange or substitution** . . . . (for, in exchange for)
   Le di dinero **por** el cargador.
   I gave him money for the charger.

7. **Unit of measure** . . . . (per, by)
   José manejaba a 120 kilómetros **por** hora.
   José was driving 120 kilometers per hour.

¡ATENCIÓN!

Por is also used in several idiomatic expressions, including:
por aquí *around here*
por ejemplo *for example*
por eso *that's why; therefore*
por fin *finally*

AYUDA

Remember that when giving an exact time, **de** is used instead of **por** before **la mañana**, **la tarde**, or **la noche**. La clase empieza a las nueve **de** la mañana.

•••

In addition to **por**, **durante** is also commonly used to mean *for* when referring to time.
Esperé al mecánico **durante** cincuenta minutos.

La tecnología

Para is used to indicate...	
1. Movement: Destination (*toward, in the direction of*)	Salimos **para** Córdoba el sábado. *We are leaving for Córdoba on Saturday.*
2. Time: Deadline or a specific time in the future (*by, for*)	Él va a arreglar el carro **para** el viernes. *He will fix the car by Friday.*
3. Action: Purpose or goal + [*infinitive*] (*in order to*)	Juan estudia **para** (ser) mecánico. *Juan is studying to be a mechanic.*
4. Purpose + [*noun*] (*for, used for*)	Es una llanta **para** el carro. *It's a tire for the car.*
5. The recipient of something (*for*)	Compré una impresora **para** mi hijo. *I bought a printer for my son.*
6. Comparison with others or an opinion (*for, considering*)	**Para** un joven, es demasiado serio. *For a young person, he is too serious.* **Para** mí, esta lección no es difícil. *For me, this lesson isn't difficult.*
7. In the employment of (*for*)	Sara trabaja **para** Telecom Argentina. *Sara works for Telecom Argentina.*

▶ In many cases it is grammatically correct to use either **por** or **para** in a sentence. The meaning of the sentence is different, however, depending on which preposition is used.

Caminé **por** el parque.
I walked through the park.

Caminé **para** el parque.
I walked to (toward) the park.

Trabajó **por** su padre.
He worked for (in place of) his father.

Trabajó **para** su padre.
He worked for his father('s company).

¡INTÉNTALO! Completa estas oraciones con las preposiciones **por** o **para**.

1. Fuimos al café __por__ la tarde.
2. Necesitas un navegador GPS _____ encontrar la casa de Luis.
3. Entraron _____ la puerta.
4. Quiero un pasaje _____ Buenos Aires.
5. _____ arrancar el carro, necesito la llave.
6. Estuvieron nerviosos _____ el examen.
7. Arreglé el televisor _____ mi amigo.
8. ¿No hay una gasolinera _____ aquí?
9. El radio es _____ usted.
10. _____ mí, el español es fácil.
11. Estuvimos en Canadá _____ dos meses.
12. Juan está enfermo. Tengo que trabajar _____ él.
13. Tengo que estudiar la lección _____ el lunes.
14. Compré dulces _____ mi novia.
15. Voy a ir _____ la carretera.
16. Compramos el auto _____ un buen precio.

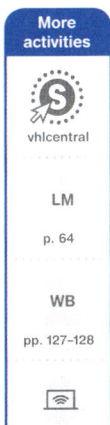

More activities

vhlcentral

LM
p. 64

WB
pp. 127–128

Online activities

Práctica

1 Completar Completa este párrafo con las preposiciones **por** o **para**.

El mes pasado mi esposo y yo hicimos un viaje a Buenos Aires y sólo pagamos dos mil dólares (1)_____ los pasajes. Estuvimos en Buenos Aires (2)_____ una semana y paseamos por toda la ciudad. Durante el día caminamos (3)_____ la plaza San Martín, el microcentro y el barrio de La Boca, donde viven muchos artistas. (4)_____ la noche fuimos a una tanguería, que es una especie de teatro, (5)_____ mirar a la gente bailar tango. Dos días después decidimos hacer una excursión (6)_____ las pampas (7)_____ ver el paisaje y un rodeo con gauchos. Alquilamos (*We rented*) un carro y manejamos (8)_____ todas partes y pasamos unos días muy agradables. El último día que estuvimos en Buenos Aires fuimos a Galerías Pacífico (9)_____ comprar recuerdos (*souvenirs*) (10)_____ nuestros hijos y nietos. Compramos tantos regalos que tuvimos que pagar impuestos (*duties*) en la aduana al regresar.

2 Oraciones Crea oraciones originales con los elementos de las columnas. Une los elementos usando **por** o **para**.

> **modelo**
> Fuimos a Mar del Plata por razones de salud para visitar a un especialista.

(no) fue al mercado	por/para	comprar frutas	por/para	¿?
(no) fuimos a las montañas	por/para	tres días	por/para	¿?
(no) fuiste a Mar del Plata	por/para	razones de salud	por/para	¿?
(no) fueron a Buenos Aires	por/para	tomar el sol	por/para	¿?

NOTA CULTURAL

Mar del Plata es un centro turístico en la costa de Argentina. La ciudad es conocida como "la perla del Atlántico" y todos los años muchos turistas visitan sus playas y casinos.

3 Describir Usa **por** o **para** y el tiempo presente para describir estos dibujos.

1. _____

2. _____

3. _____

4. _____

5. _____

6. _____

Comunicación

4

Descripciones Usa **por** o **para** y completa estas frases de manera lógica. Luego, compara tus respuestas con las de un(a) compañero/a.

1. En casa, hablo con mis amigos…
2. Mi padre/madre trabaja…
3. Ayer fui al taller…
4. Los miércoles tengo clases…
5. A veces voy a la biblioteca…
6. Esta noche tengo que estudiar…
7. Necesito… dólares…
8. Compré un regalo…
9. Mi mejor amigo/a estudia…
10. Necesito hacer la tarea…

5

Situación En parejas, dramaticen esta situación. Utilicen muchos ejemplos de **por** y **para.**

Hijo/a
- Pídele dinero a tu padre/madre.
- Dile que quieres comprar un carro.
- Explica tres razones por las que necesitas un carro.
- Dile que por no tener un carro tu vida es muy difícil.

Padre/Madre
- Pregúntale a tu hijo/a para qué lo necesita.
- Pregúntale por qué necesita un carro.
- Explica por qué sus razones son buenas o malas.
- Decide si vas a darle el dinero y explica por qué.

Síntesis

6

Una subasta (*auction*) Cada estudiante debe traer a la clase un objeto o una foto del objeto para vender. En grupos, túrnense para ser el/la vendedor(a) y los postores (*bidders*). Para empezar, el/la vendedor(a) describe el objeto y explica para qué se usa y por qué alguien debe comprarlo.

> **modelo**
>
> **Vendedora:** Aquí tengo una tableta fantástica. Pueden usarla para conectarse a Internet, chatear con sus amigos y tomar notas en la universidad. La batería funciona perfectamente. ¿Quién ofrece $500 para empezar?
>
> **Postor(a) 1:** Pero una computadora portátil nueva cuesta eso. Te doy $25.
>
> **Vendedora:** Ah, pero ésta es muy especial porque viene con un teclado y un ratón, los dos inalámbricos.
>
> **Postor(a) 2:** Ah, ¡entonces te doy $50!

11.3 Reciprocal reflexives

ANTE TODO   In **Lección 7**, you learned that reflexive verbs indicate that the subject of a sentence does the action to itself. Reciprocal reflexives, on the other hand, express a shared or reciprocal action between two or more people or things. In this context, the pronoun means *(to) each other* or *(to) one another*.

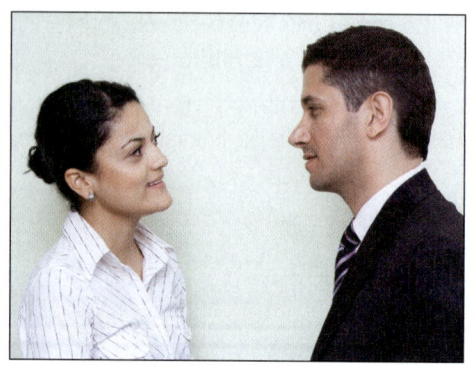

Luis y Marta **se** miran en el espejo.
Luis and Marta look at themselves in the mirror.

Luis y Marta **se** miran.
Luis and Marta look at each other.

▶ Only the plural forms of the reflexive pronouns (**nos**, **os**, **se**) are used to express reciprocal actions because the action must involve more than one person or thing.

Cuando **nos vimos** en la calle, **nos abrazamos**.
When we saw each other on the street, we hugged (one another).

Nos ayudamos cuando usamos la computadora.
We help each other when we use the computer.

Ustedes **se** van a **encontrar** en el café, ¿no?
You are meeting (each other) at the café, right?

Las amigas **se saludaron** y **se besaron**.
The friends greeted each other and kissed (one another).

¡ATENCIÓN!

Here is a list of common verbs that can express reciprocal actions:

abrazar(se) *to hug; to embrace (each other)*
ayudar(se) *to help (each other)*
besar(se) *to kiss (each other)*
encontrar(se) *to meet (each other); to run into (each other)*
saludar(se) *to greet (each other)*

¡INTÉNTALO!   Indica el reflexivo recíproco adecuado de estos verbos en el presente o el pretérito.

presente

1. (escribir) Los novios _se escriben_.
   Nosotros _____.
   Ana y Ernesto _____.
2. (llamar) Ellas _____.
   Mis hermanos _____.
   Pepa y yo _____.
3. (ver) Nosotros _____.
   Fernando y Tomás _____.
   Ustedes _____.
4. (escuchar) Mis tíos _____.
   Nosotros _____.
   Ellos _____.

pretérito

1. (saludar) Nicolás y tú _se saludaron_.
   Nuestros vecinos _____.
   Nosotros _____.
2. (conocer) Alberto y yo _____.
   Ustedes _____.
   Ellos _____.
3. (hablar) Los amigos _____.
   Elena y yo _____.
   Ustedes _____.
4. (encontrar) Ana y Javier _____.
   Los primos _____.
   Mi hermana y yo _____.

Práctica y Comunicación

1 **Un amor recíproco** Describe a Laura y a Elián usando los verbos recíprocos.

> **modelo**
> Laura veía a Elián todos los días. Elián veía a Laura todos los días.
> Laura y Elián *se veían* todos los días.

1. Laura conocía bien a Elián. Elián conocía bien a Laura.
2. Laura miraba a Elián con amor. Elián la miraba con amor también.
3. Laura entendía bien a Elián. Elián entendía bien a Laura.
4. Laura ayudaba a Elián con sus problemas. Elián la ayudaba también con sus problemas.
5. Laura hablaba con Elián todas las noches por teléfono. Elián hablaba con Laura todas las noches por teléfono.

2 **Describir** Describe lo que estas personas hicieron.

1. Ellos _____.

2. Las amigas _____.

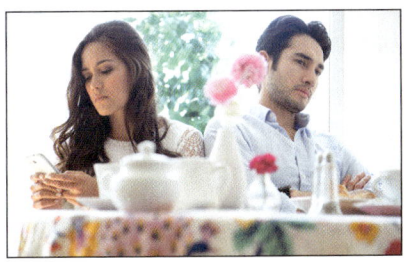

3. Gilberto y Mercedes _____ / _____ / _____.

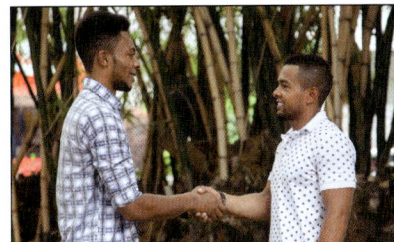

4. Tú y yo _____ / _____.

3 **Preguntas** En parejas, túrnense para hacerse estas preguntas.

1. ¿Se vieron tú y tu mejor amigo/a ayer? ¿Cuándo se ven ustedes normalmente?
2. ¿Dónde se encuentran tú y tus amigos?
3. ¿Se ayudan tú y tu mejor amigo/a con sus problemas?
4. ¿Se entienden bien tus compañeros de clase?
5. ¿Dónde se conocieron tú y tu mejor amigo/a? ¿Cuánto tiempo hace que se conocen ustedes?
6. ¿Cuándo se dan regalos tú y tu novio/a?
7. ¿Se escriben tú y tus amigos mensajes de texto o prefieren llamarse por teléfono?
8. ¿Siempre se llevan bien tú y tu compañero/a de cuarto? Explica.

11.4 Stressed possessive adjectives and pronouns

ANTE TODO Spanish has two types of possessive adjectives: the unstressed (or short) forms you learned in **Lección 3** and the stressed (or long) forms. The stressed forms are used for emphasis or to express *of mine*, *of yours*, and so on.

Stressed possessive adjectives

Masculine singular	Feminine singular	Masculine plural	Feminine plural	
mío	mía	míos	mías	*my; (of) mine*
tuyo	tuya	tuyos	tuyas	*your; (of) yours* (fam.)
suyo	suya	suyos	suyas	*your; (of) yours* (form.); *his; (of) his; her; (of) hers; its*
nuestro	nuestra	nuestros	nuestras	*our; (of) ours*
vuestro	vuestra	vuestros	vuestras	*your; (of) yours* (fam.)
suyo	suya	suyos	suyas	*your; (of) yours; their; (of) theirs*

▶ **¡Atención!** Used with **un/una**, these possessives are similar in meaning to the English expression *of mine/yours/etc.*

> Juancho es **un** amigo **mío**.
> *Juancho is a friend of mine.*

> Ella es **una** compañera **nuestra**.
> *She is a classmate of ours.*

▶ Stressed possessive adjectives agree in gender and number with the nouns they modify. While unstressed possessive adjectives are placed before the noun, stressed possessive adjectives are placed after the noun they modify.

> **su** impresora
> *her printer*

> la impresora **suya**
> *her printer*

> **nuestros** televisores
> *our television sets*

> los televisores **nuestros**
> *our television sets*

▶ A definite article, an indefinite article, or a demonstrative adjective usually precedes a noun modified by a stressed possessive adjective.

> Me encantan { **unos** blogs **tuyos**. *I love some of your blogs.*
> **los** blogs **tuyos**. *I love your blogs.*
> **estos** blogs **tuyos**. *I love these blogs of yours.*

▶ Since **suyo, suya, suyos,** and **suyas** have more than one meaning, you can avoid confusion by using the construction: [*article*] + [*noun*] + **de** + [*subject pronoun*].

el teclado **suyo**

el teclado **de él/ella/usted**
el teclado **de ustedes/ellos/ellas**

> **CONSULTA**
>
> This is the same construction you learned in **Lección 3** for clarifying **su** and **sus**. To review unstressed possessive adjectives, see **Estructura 3.2**, p. 93.

La tecnología

Possessive pronouns

▶ Possessive pronouns are used to replace a noun + [*possessive adjective*]. In Spanish, the possessive pronouns have the same forms as the stressed possessive adjectives, but they are preceded by a definite article.

la cámara **nuestra**	**la nuestra**
el navegador GPS **tuyo**	**el tuyo**
los archivos **suyos**	**los suyos**

▶ A possessive pronoun agrees in number and gender with the noun it replaces.

—Aquí está **mi coche**. ¿Dónde está **el tuyo**?
Here's my car. Where is yours?

—**El mío** está en el taller de mi hermano.
Mine is at my brother's garage.

—¿Tienes **las revistas** de Carlos?
Do you have Carlos' magazines?

—No, pero tengo **las nuestras**.
No, but I have ours.

¿También está descompuesta tu computadora?

No, la mía no, la suya.

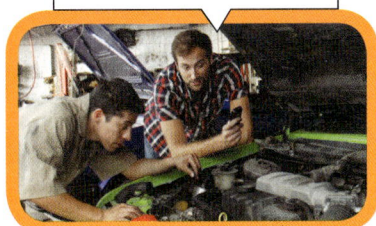

¡INTÉNTALO! Indica las formas tónicas (*stressed*) de estos adjetivos posesivos y los pronombres posesivos correspondientes.

	adjetivos	pronombres
1. su cámara digital	la cámara digital suya	la suya
2. mi televisor		
3. tus aplicaciones		
4. nuestros radios		
5. su ratón		
6. mis videos		
7. nuestra impresora		
8. nuestro blog		
9. tu perfil		
10. mi computadora		

More activities

vhlcentral

LM p. 66

WB pp. 131–132

Online activities

Práctica

1 Oraciones Forma oraciones con estas palabras. Usa el presente y haz los cambios necesarios.

1. un / amiga / suyo / vivir / Mendoza
2. ¿me / prestar / calculadora / tuyo?
3. el / coche / suyo / nunca / funcionar / bien
4. yo / querer / cámara digital / mío / ahora mismo
5. no / nos / interesar / problemas / suyo
6. un / amigos / nuestro / manejar / como / loco

2 ¿Es suyo? Un policía ha capturado (*has captured*) al hombre que robó (*robbed*) en tu casa. Ahora quiere saber qué cosas son tuyas. Túrnate con un(a) compañero/a para hacer el papel del policía y usa las pistas (*clues*) para contestar las preguntas.

modelo
no/viejo
Policía: Esta impresora, ¿es suya?
Estudiante: No, no es mía. La mía era más vieja.

1. sí

2. no/grande

3. sí

4. sí

5. no/pequeño

6. no/caro

3 Conversaciones Completa estas conversaciones con las formas adecuadas de los pronombres posesivos.

1. —A Carmen le encanta su televisor nuevo.
   —¿Sí? A José no le gusta _____.
2. —La casa de ellos estaba en la Avenida Alvear. ¿Dónde estaba la casa de ustedes?
   —_____ estaba en la calle Bolívar.
3. —Puse mis libros aquí. ¿Dónde pusiste _____, Alfonso?
   —Puse _____ en el escritorio.
4. —Se me olvidó traer mis llaves. ¿Trajeron ustedes _____?
   —No, dejamos _____ en casa.
5. —Yo compré mi computadora en una tienda y Marta compró _____ en Internet. Y _____, ¿dónde la compraste?
   —_____ es de Cíbermax.

Comunicación

4 **Vendedores competitivos** Trabajen en grupos de tres. Uno/a de ustedes va a una tienda a comprar un aparato tecnológico (tableta, computadora portátil, impresora, etc.). Los/Las otros/as dos son empleados/as de dos marcas rivales y compiten para convencer al/a la cliente/a de que compre su producto. Usen los adjetivos posesivos y túrnense para comprar y vender.

> **modelo**
>
> **Estudiante 1:** Buenos días, quiero comprar una impresora.
> **Estudiante 2:** Tengo lo que necesita. La mía imprime con excelente calidad.
> **Estudiante 3:** La tuya es vieja: necesita cable y es muy lenta. La mía puede imprimir hasta desde el teléfono celular, ¡sin usar ningún cable!

5 **Comparar** Trabajen en parejas. Intenta (*Try to*) convencer a tu compañero/a de que algo que tú tienes es mejor que lo que él/ella tiene. Pueden hablar de sus carros, computadoras, teléfonos celulares, clases, horarios o trabajos.

> **modelo**
>
> **Estudiante 1:** Mi computadora tiene una pantalla de quince pulgadas (*inches*). ¿Y la tuya?
> **Estudiante 2:** La mía es mejor porque tiene una pantalla de diecisiete pulgadas.
> **Estudiante 1:** Pues la mía…

Síntesis

6 **Inventos locos** En grupos pequeños, imaginen que construyeron un aparato tecnológico revolucionario. Dibujen su invento y descríbanlo contestando estas preguntas. Utilicen los posesivos, **por** y **para** y el vocabulario de **Contextos**.

> **modelo**
>
> Nuestro aparato se usa para cocinar huevos y funciona de una manera muy fácil…

- ¿Para qué se usa?
- ¿Cómo es?
- ¿Cuánto cuesta?
- ¿Qué personas van a comprar este aparato?

Recapitulación

Completa estas actividades para repasar los conceptos de gramática que aprendiste en esta lección.

1 **Completar** Completa la tabla con las formas de los mandatos familiares. `16 pts.`

Infinitivo	Mandato	
	Afirmativo	Negativo
comer	come	no comas
hacer		
sacar		
venir		
ir		

2 **Por y para** Completa el diálogo con **por** o **para**. `20 pts.`

MARIO Hola, yo trabajo (1) _____ el periódico de la universidad. ¿Puedo hacerte unas preguntas?

INÉS Sí, claro.

MARIO ¿Navegas mucho (2) _____ la red?

INÉS Sí, todos los días me conecto a Internet (3) _____ leer mi correo y navego (4) _____ una hora. También me gusta hablar (5) _____ Skype con mis amigos. Es muy bueno y, (6) _____ mí, es divertido.

MARIO ¿Y qué piensas sobre hacer la tarea en la computadora?

INÉS En general, me parece bien, pero (7) _____ ejemplo, anoche hice unos ejercicios (8) _____ la clase de álgebra y al final me dolieron los ojos. (9) _____ eso a veces prefiero hacer la tarea a mano.

MARIO Muy bien. Muchas gracias (10) _____ tu tiempo.

3 **Posesivos** Completa las oraciones y confirma de quién son las cosas. `12 pts.`

1. —¿Éste es mi video? —Sí, es el _____ (fam.).
2. —¿Ésta es la cámara de tu papá? —Sí, es la _____.
3. —¿Ese teléfono es de Pilar? —Sí, es el _____.
4. —¿Éstos son los cargadores de ustedes? —No, no son _____.
5. —¿Ésta es tu computadora portátil? —No, no es _____.
6. —¿Ésas son mis fotos? —Sí, son las _____ (form.).

RESUMEN GRAMATICAL

11.1 Familiar commands pp. 378–379

tú commands		
Infinitive	Affirmative	Negative
guardar	guard**a**	no guard**es**
volver	vuelv**e**	no vuelv**as**
imprimir	imprim**e**	no imprim**as**

▶ Irregular **tú** command forms

dar → **no des**	saber → **no sepas**
decir → **di**	salir → **sal**
estar → **no estés**	ser → **sé, no seas**
hacer → **haz**	tener → **ten**
ir → **ve, no vayas**	venir → **ven**
poner → **pon**	

▶ Verbs ending in **-car, -gar, -zar** have a spelling change in the negative **tú** commands:

sacar → no sa**qu**es
apagar → no apa**gu**es
almorzar → no almuer**c**es

11.2 Por and para pp. 382–383

▶ Uses of **por**:

motion or general location; duration; reason or motive; object of a search; means by which something is done; exchange or substitution; unit of measure

▶ Uses of **para**:

destination; deadline; purpose or goal; recipient of something; comparison or opinion; in the employment of

11.3 Reciprocal reflexives p. 386

▶ Reciprocal reflexives express a shared or reciprocal action between two or more people or things. Only the plural forms (**nos, os, se**) are used.

Cuando **nos** vimos en la calle, **nos** abrazamos.

▶ Common verbs that can express reciprocal actions:

abrazar(se), ayudar(se), besar(se), conocer(se), encontrar(se), escribir(se), escuchar(se), hablar(se), llamar(se), mirar(se), saludar(se), ver(se)

La tecnología

11.4 Stressed possessive adjectives and pronouns
pp. 388–389

Stressed possessive adjectives	
Masculine	**Feminine**
mío(s)	mía(s)
tuyo(s)	tuya(s)
suyo(s)	suya(s)
nuestro(s)	nuestra(s)
vuestro(s)	vuestra(s)
suyo(s)	suya(s)

la impresora **suya** → la suya

las llaves **mías** → las mías

---

4 **Ángel y diablito** A Juan le gusta pedir consejos a su ángel y a su diablito imaginarios. Completa las respuestas con mandatos familiares desde las dos perspectivas. **16 pts.**

1. Estoy manejando. ¿Voy más rápido?
   Á No, no _____ más rápido.
   D Sí, _____ más rápido.
2. Es el cargador de mi hermana. ¿Lo pongo en mi mochila?
   Á No, no _____ en tu mochila.
   D Sí, _____ en tu mochila.
3. Necesito estirar (*to stretch*) las piernas. ¿Doy un paseo?
   Á Sí, _____ un paseo.
   D No, no _____ un paseo.
4. Mi amigo necesita imprimir algo. ¿Apago la impresora?
   Á No, no _____ la impresora.
   D Sí, _____ la impresora.

5 **Oraciones** Forma oraciones para expresar acciones recíprocas con el tiempo indicado. **12 pts.**

> **modelo**
> tú y yo / conocer / bien (presente) *Tú y yo nos conocemos bien.*

1. José y Paco / llamar / una vez por semana (imperfecto)
2. mi novia y yo / ver / todos los días (presente)
3. los compañeros de clase / ayudar / con la tarea (pretérito)
4. tú y tu mamá / escribir / por correo electrónico / cada semana (imperfecto)
5. mis hermanas y yo / entender / perfectamente (presente)
6. los profesores / saludar / con mucho respeto (pretérito)

6 **La tecnología** Escribe al menos seis oraciones diciéndole a un(a) amigo/a qué hacer para tener "una buena relación" con la tecnología. Usa mandatos familiares afirmativos y negativos. **24 pts.**

7 **Saber compartir** Completa la expresión con los dos pronombres posesivos que faltan.
¡4 puntos EXTRA!

"Lo que° es _____ es _____."

Lo que *What*

11 adelante

 Audio: Reading

Lectura

Antes de leer

Estrategia
Recognizing borrowed words

One way languages grow is by borrowing words from each other. English words that relate to technology often are borrowed by Spanish and other languages throughout the world. Sometimes the words are modified slightly to fit the sounds of the languages that borrow them. When reading in Spanish, you can often increase your understanding by looking for words borrowed from English or other languages you know.

Examinar el texto
Observa la tira cómica°. ¿De qué trata°? ¿Cómo lo sabes?

Buscar
Esta lectura contiene una palabra tomada° del inglés. Trabaja con un(a) compañero/a para encontrarla.

_____

Repasa° las palabras nuevas relacionadas con la tecnología que aprendiste en **Contextos** y expande la lista de palabras tomadas del inglés.

_____   _____
_____   _____
_____   _____

Sobre el autor
Juan Matías Loiseau (1974–). Más conocido como Tute, este artista nació en Buenos Aires, Argentina. Estudió diseño gráfico, humorismo y cine. Sus tiras cómicas se publican en Estados Unidos, Francia y toda Latinoamérica.

tira cómica *comic strip* ¿De qué trata? *What is it about?* tomada *taken* Repasa *Review*

 More activities — vhlcentral, Online activities

Después de leer

Comprensión

Indica si las oraciones son **ciertas** o **falsas**. Corrige las falsas.

Cierto   Falso

____   ____   1. Hay tres personajes en la tira cómica: un usuario de teléfono, un amigo y un empleado de la empresa (*company*) telefónica.

____   ____   2. El nuevo servicio de teléfono incluye las llamadas telefónicas únicamente.

____   ____   3. El empleado duerme en su casa.

____   ____   4. El contrato de teléfono dura (*lasts*) un año.

____   ____   5. El usuario y el amigo están trabajando (*working*).

Preguntas

Responde a estas preguntas con oraciones completas. Usa el pretérito y el imperfecto.

1. ¿Al usuario le gustaba usar el teléfono celular todo el tiempo?
2. ¿Por qué el usuario decidió tirar el teléfono al mar?
3. Según el amigo, ¿para qué tenía el usuario que tirar el teléfono celular al mar?
4. ¿Qué ocurrió cuando el usuario tiró el teléfono?
5. ¿Qué le dijo el empleado al usuario cuando salió del mar?

Conversar

En grupos pequeños, hablen de estos temas.

1. ¿Se sienten identificados/as con el usuario de teléfono de la tira cómica? ¿Por qué?
2. ¿Cuáles son los aspectos positivos y los negativos de tener teléfono celular?
3. ¿Cuál es para ustedes el límite que debe tener la tecnología en nuestras vidas?

te viene *comes with* **tipo** *guy, dude* **te avisa** *alerts you* **escuchás** *listen (Arg.)* **distraídos** *careless* **piso** *floor* **bolsa de dormir** *sleeping bag* **darle de baja** *to suspend* **harto** *fed up* **revolear** *throw it away with energy (S. America)* **bien hecho** *well done* **llamada perdida** *missed call*

Escritura

Estrategia
Listing key words

Once you have determined the purpose for a piece of writing and identified your audience, it is helpful to make a list of key words you can use while writing. If you were to write a description of your campus, for example, you would probably need a list of prepositions that describe location, such as **al lado de** and **detrás de**. Likewise, a list of descriptive adjectives would be useful to you if you were writing about the people and places of your childhood.

By preparing a list of potential words ahead of time, you will find it easier to avoid using the dictionary while writing your first draft. You will probably also learn a few new words in Spanish while preparing your list of key words.

Listing useful vocabulary is also a valuable organizational strategy, since the act of brainstorming key words will help you to form ideas about your topic. In addition, a list of key words can help you avoid redundancy when you write.

If you were going to help someone write a personal ad, what words would be most helpful to you? Jot a few of them down and compare your list with a partner's. Did you choose the same words? Would you choose any different or additional words, based on what your partner wrote?

1. _____
2. _____
3. _____
4. _____
5. _____
6. _____

Tema
Escribir instrucciones

Un(a) amigo/a tuyo/a quiere escribir un anuncio personal en un sitio web para citas románticas. Tú tienes experiencia con esto y vas a decirle qué debe y no debe decir en su perfil.

Escríbele un mensaje electrónico en el que le explicas claramente° cómo hacerlo.

Cuando escribas tu mensaje, considera esta información:

- el nombre del sitio web
- mandatos afirmativos que describen en detalle lo que tu amigo/a debe escribir
- una descripción física, sus pasatiempos, sus actividades favoritas y otras cosas originales como el tipo de carro que tiene o su signo del zodiaco
- su dirección electrónica, su número de teléfono celular, etc.
- mandatos negativos sobre cosas que tu amigo/a no debe escribir en el anuncio

claramente *clearly*

La tecnología

Escuchar
Antes de escuchar

Estrategia
Recognizing the genre of spoken discourse

You will encounter many different genres of spoken discourse in Spanish. For example, you may hear a political speech, a radio interview, a commercial, a voicemail message, or a news broadcast. Try to identify the genre of what you hear so that you can activate your background knowledge about that type of discourse and identify the speakers' motives and intentions.

To practice this strategy, you will now listen to two short selections. Identify the genre of each one.

Preparación
Mira la foto de Ricardo Moreno. ¿Puedes imaginarte qué tipo de discurso vas a oír?

Ahora escucha

En la radio
Mientras escuchas a Ricardo Moreno, responde a las preguntas.

1. ¿Qué tipo de discurso es?
   a. las noticias (*news*) por radio o televisión
   b. una conversación entre amigos
   c. un anuncio comercial
   d. una reseña (*review*) de una película

2. ¿De qué habla?
   a. del tiempo   c. de un producto o servicio
   b. de su vida   d. de algo que oyó o vio

3. ¿Cuál es el propósito (*purpose*)?
   a. informar   c. relacionarse con alguien
   b. vender   d. dar opiniones

Comprensión

Identificar
Indica si esta información está incluida en el discurso; si está incluida, escribe los detalles que escuchaste.

	Sí	No
1. El anuncio describe un servicio.	○	○
2. Explica cómo está de salud.	○	○
3. Informa sobre la variedad de productos.	○	○
4. Pide tu opinión.	○	○
5. Explica por qué es la mejor tienda.	○	○
6. Informa sobre el tiempo para mañana.	○	○
7. Informa dónde se puede conseguir el servicio.	○	○
8. Informa sobre las noticias del mundo.	○	○

Haz un anuncio
Con tres o cuatro compañeros, hagan un anuncio comercial de algún producto. No se olviden de dar toda la información necesaria. Después presenten su anuncio a la clase. Entre todos, decidan cuál es el mejor anuncio.

En pantalla

¿Para qué sirven la tecnología y los aparatos digitales? La tecnología cambia las actividades diarias y los deseos de las personas. Las compañías que venden objetos tradicionales necesitan imaginación para vender sus productos en el mundo digital. La compañía **Popular libros**, un distribuidor español de libros en Internet, hizo este video como un proyecto cultural para promover los libros impresos y la lectura, de una manera creativa y divertida.

Vocabulario útil

atril	stand
búsqueda	search
colgarse	to crash
disfrutar (de)	to enjoy
reiniciar	to restart, reboot
toma de corriente	(electric) outlet
ventajas	advantages

Preparación
¿Te gusta más leer libros y revistas en papel o en formato electrónico? ¿Por qué? ¿Qué ventajas tiene cada uno de estos formatos?

Emparejar
¿Para qué sirve? Empareja los elementos según el contenido del video.

1. atril
2. índice
3. lapicero
4. marcapáginas
5. papel opaco

a. tomar notas personales
b. duplicar la información
c. abrir el libro en un punto exacto
d. leer sin usar las manos
e. señalar la localización exacta de información

Anuncios
Este anuncio habla de cómo leer de manera tradicional, pero de una manera cómica y usando el vocabulario del mundo digital. Trabaja con un grupo pequeño para hacer lo mismo con las actividades siguientes: escribir cartas a los amigos, encontrar un lugar en una ciudad, comprar música u otro tema que consideren interesante.

BOOK

Compacto y portátil, BOOK puede ser utilizado en cualquier lugar.

Una simple sacudida de dedo nos lleva a la siguiente página.

...sin necesidad de usar las manos.

La tecnología

  Video

Hoy día, en cualquier ciudad grande latinoamericana puedes encontrar **un cibercafé**. Allí uno puede disfrutar de° un refresco o de un café mientras escribe mensajes electrónicos o chatea. De hecho°, el negocio° del cibercafé está mucho más desarrollado° en Latinoamérica que en los Estados Unidos. En una ciudad hispana, es común ver varios en una misma cuadra°. Los cibercafés ofrecen servicios especializados que permiten su coexistencia. Por ejemplo, mientras que el cibercafé Videomax atrae° a los niños con videojuegos, el Conécta-T ofrece servicio de chat con cámara para jóvenes, y el Mundo° Ejecutivo atrae a profesionales, todos en la misma calle.

Vocabulario útil

comunidad indígena	*indigenous community*
localizados	*located*
usuarios	*users*

Preparación

¿Con qué frecuencia te conectas a Internet? ¿Dónde lo haces, en tu casa o en un lugar público?

¿Cierto o falso?

Indica si cada oración es **cierta** o **falsa**.

	Cierto	Falso
1. A Omar lo llama su tía.	○	○
2. Omar entrevista a varios habitantes de Cuzco.	○	○
3. En Perú sólo hay cibercafés en la ciudad de Cuzco.	○	○
4. Sólo los turistas van a los cibercafés.	○	○
5. Algunos peruanos utilizan Internet para vender sus productos.	○	○

disfrutar de *enjoy* **De hecho** *In fact* **negocio** *business* **desarrollado** *developed* **cuadra** *(city) block* **atrae** *attracts* **Mundo** *World*

Maravillas de la tecnología

... los cibercafés se conocen comúnmente como "cabinas de Internet" y están localizados por todo el país.

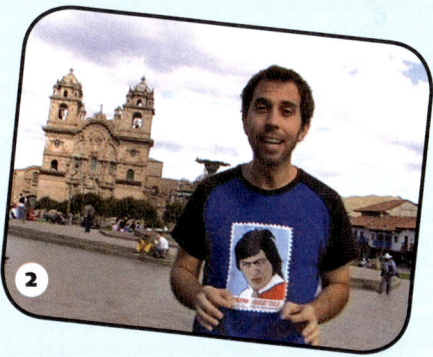

... el primer *hotspot* de Cuzco [...] permite a los usuarios navegar de manera inalámbrica...

Puedo usar Internet en medio de la plaza y nadie me molesta.

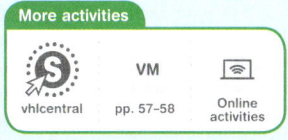

11 panorama

Argentina

El país en cifras

- **Área:** 2.780.400 km² (1.074.000 millas²)
  Argentina es el país de habla española más grande del mundo. Su territorio es dos veces el tamaño° de Alaska.
- **Población:** 44.293.000
- **Capital:** Buenos Aires (y su área metropolitana)—15.180.000
  En el gran Buenos Aires vive más del treinta por ciento de la población total del país. La ciudad es conocida° como el "París de Suramérica" por su estilo parisino°.

Buenos Aires

- **Ciudades principales:**
  Córdoba—1.511.000, Rosario—1.381.000, Mendoza—1.009.000
- **Moneda:** peso argentino
- **Idiomas:** español (oficial), lenguas indígenas

Bandera de Argentina

Argentinos célebres
- **Jorge Luis Borges,** escritor (1899–1986)
- **María Eva Duarte de Perón ("Evita"),** primera dama° (1919–1952)
- **Mercedes Sosa,** cantante (1935–2009)
- **Leandro "Gato" Barbieri,** saxofonista (1932– 2016)
- **Adolfo Pérez Esquivel,** activista (1931–), Premio Nobel de la Paz en 1980

tamaño *size* conocida *known* parisino *Parisian* primera dama *First Lady*

ACTIVIDADES

1 ¿Cierto o falso? Indica si lo que dicen las oraciones es **cierto** o **falso**.

1. La ciudad de Buenos Aires es conocida como el "Madrid de Suramérica".
2. La moneda oficial de Argentina es el peso argentino.
3. Jorge Luis Borges era un cantante de tango argentino.
4. Para Adolfo Pérez Esquivel, el activismo es importante.
5. El río Paraná pasa por Argentina.
6. Argentina es el país más "europeo" por los inmigrantes italianos, alemanes, españoles e ingleses.
7. El tango se originó en el siglo XX.
8. Las cataratas del Iguazú se encuentran en la frontera con Chile.
9. Los productos de exportación más importantes de Argentina son el mate y el café.
10. La Avenida 9 de Julio es una de las calles más anchas del mundo.

 Video

Gaucho de las pampas

BOLIVIA
PARAGUAY
Las cataratas del Iguazú
San Miguel de Tucumán
La Cordillera de los Andes
Córdoba
URUGUAY
Aconcagua
Mendoza
Rosario
Río Paraná
CHILE
Buenos Aires
La Pampa
Mar del Plata
San Carlos de Bariloche
Monte Fitz Roy (Chaltén)
Patagonia
Artesano en Buenos Aires
Océano Atlántico
Vista de San Carlos de Bariloche
Tierra del Fuego

More activities
vhlcentral | WB pp. 133–134 | Online activities

Historia • Inmigración europea

Se dice que Argentina es el país más "europeo" de toda Latinoamérica. Después del año 1880, inmigrantes italianos, alemanes, españoles e ingleses llegaron para establecerse en esta nación. Esta diversidad cultural ha dejado° una profunda huella° en la música, en el cine y en la arquitectura argentinos.

▶ Artes • El tango

El tango es uno de los símbolos culturales más importantes de Argentina. Este género° musical es una mezcla de ritmos de origen africano, italiano y español, y se originó a finales del siglo XIX entre los porteños°. Poco después se hizo popular entre el resto de los argentinos y su fama llegó hasta París. Como baile, el tango en un principio° era provocativo y violento, pero se hizo más romántico durante los años 30. Hoy día, este estilo musical tiene adeptos° en muchas partes del mundo°.

▶ Lugares • Las cataratas del Iguazú

Las famosas cataratas° del Iguazú se encuentran entre las fronteras de Argentina, Paraguay y Brasil, al norte de Buenos Aires. Cerca de ellas confluyen° los ríos Iguazú y Paraná. Estas extensas caídas de agua tienen hasta 80 metros (262 pies) de altura°, y en época° de lluvias llegan a medir 4 kilómetros (2,5 millas) de ancho. Situadas en el Parque Nacional Iguazú, las cataratas son un destino° turístico muy visitado.

Economía • La soja, el maíz y los camiones

La economía de Argentina es la tercera más importante de América Latina, después de las de Brasil y México. Sus productos más emblemáticos son la carne, el vino y el mate, cuyas industrias se asociaron en 2017 para consolidarse internacionalmente. Los principales productos de exportación de Argentina son los derivados de la soja°, el maíz, el trigo° y los camiones de reparto°.

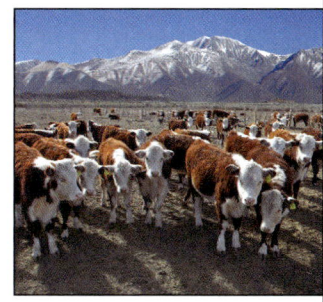

ha dejado *has left* huella *mark* género *genre* porteños *people of Buenos Aires* en un principio *at first* adeptos *followers* mundo *world* cataratas *waterfalls* confluyen *converge* altura *height* época *season* destino *destination* soja *soybean* trigo *wheat* camiones de reparto *delivery trucks*

¡Increíble pero cierto!

La Avenida 9 de Julio en Buenos Aires es una de las calles más anchas° del mundo. De lado a lado mide° cerca de 140 metros, lo que es equivalente a un campo° y medio de fútbol. Su nombre conmemora el Día de la Independencia de Argentina.

anchas *wide* mide *it measures* campo *field*

---

2 ¿Qué aprendiste? Contesta las preguntas.
1. ¿Qué porcentaje de la población de Argentina vive en el gran Buenos Aires?
2. ¿Quién era Mercedes Sosa?
3. ¿Qué tipo de baile es uno de los símbolos culturales más importantes de Argentina?
4. ¿Cómo era el baile del tango originalmente?
5. ¿En qué parque nacional están las cataratas del Iguazú?

3 Describir En parejas, imaginen que visitaron Argentina y túrnense para describir cómo fue su experiencia. Utilicen las preposiciones **por** y **para**.

modelo
Estudiante 1: Yo compré boletos para un show de tango.

11 vocabulario

 Vocabulary Tools

La tecnología

la aplicación	app
la batería	battery
la cámara digital	digital camera
el canal	(TV) channel
el cargador	charger
el control remoto	remote control
el correo de voz	voice mail
el radio	radio (set)
el (teléfono) celular	(cell) phone
el televisor	television set
apagar	to turn off
funcionar	to work
llamar	to call
poner, prender	to turn on
sonar (o:ue)	to ring
textear	to text
descompuesto/a	not working; out of order
lento/a	slow
lleno/a	full

Verbos

abrazar(se)	to hug; to embrace (each other)
ayudar(se)	to help (each other)
besar(se)	to kiss (each other)
encontrar(se) (o:ue)	to meet (each other); to run into (each other)
saludar(se)	to greet (each other)

La computadora

el archivo	file
la arroba	@ symbol
el blog	blog
el buscador	browser
la computadora (portátil)	(portable) computer; (laptop)
la conexión inalámbrica	wireless connection
la contraseña	password
la dirección electrónica	e-mail address
la impresora	printer
Internet	Internet
el mensaje de texto	text message
la página principal	home page
la pantalla	screen
el perfil	profile
el programa de computación	software
el ratón	mouse
la red	network; Web
el sitio web	website
la tableta	tablet (computer)
el teclado	keyboard
borrar	to erase
cargar	to charge; to upload
chatear	to chat
conectarse a Internet	to get connected to the Internet
descargar	to download
escanear	to scan
grabar	to record
guardar	to save
imprimir	to print

El carro

la autopista	highway
el baúl	trunk
la calle	street
la carretera	highway; (main) road
el capó, el cofre	hood
el carro, el coche	car
la circulación, el tráfico	traffic
el garaje, el taller (mecánico)	garage; (mechanic's) repair shop
la gasolina	gasoline
la gasolinera	gas station
la licencia de conducir	driver's license
la llanta	tire
el/la mecánico/a	mechanic
el navegador GPS	GPS
el parabrisas	windshield
la policía	police (force)
la velocidad máxima	speed limit
el volante	steering wheel
arrancar	to start
arreglar	to fix; to arrange
bajar(se) de	to get off of/out of (a vehicle)
conducir, manejar	to drive
estacionar	to park
llenar (el tanque)	to fill (the tank)
parar	to stop
revisar (el aceite)	to check (the oil)
subir(se) a	to get on/into (a vehicle)

Otras palabras y expresiones

por aquí	around here
por ejemplo	for example
por eso	that's why; therefore
por fin	finally

Por and **para**	See pages 382–383.
Stressed possessive adjectives and pronouns	See pages 388–389.
Expresiones útiles	See page 373.

More activities

vhlcentral LM p. 66

La vivienda

12

Communicative Goals

You will learn how to:
- Welcome people to your home
- Describe your house or apartment
- Talk about household chores
- Give instructions

contextos
pages 404–407
- Parts of a house
- Household chores
- Table settings

fotonovela
pages 408–411
Felipe and Jimena have promised to clean the apartment in exchange for permission to take a trip to the Yucatan Peninsula. Can Marissa and Juan Carlos help them finish on time?

cultura
pages 412–413
- The central patio
- The floating islands of Lake Titicaca

estructura
pages 414–431
- Relative pronouns
- Formal (**usted/ustedes**) commands
- The present subjunctive
- Subjunctive with verbs of will and influence
- **Recapitulación**

adelante
pages 432–439
Lectura: El Palacio de las Garzas
Escritura: A rental agreement
Escuchar: A conversation about finding a home
En pantalla: A home store ad
Flash cultura: A video about a house museum
Panorama: Panamá

A PRIMERA VISTA
- ¿Está el chico en casa?
- ¿Vive en una casa o en un apartamento?
- ¿De qué color es la camiseta suya?
- ¿Está limpia o sucia la ventana?

12 contextos

La vivienda

Más vocabulario

las afueras	suburbs; outskirts
el alquiler	rent (payment)
el amo/a (*m., f.*) de casa	homemaker
el barrio	neighborhood
el edificio de apartamentos	apartment building
el/la vecino/a	neighbor
la vivienda	housing
el balcón	balcony
la entrada	entrance
la escalera	stairs
el garaje	garage
el jardín	garden; yard
el patio	patio; yard
el pasillo	hallway
el sótano	basement
la cafetera	coffee maker
el electrodoméstico	electrical appliance
el horno (de microondas)	(microwave) oven
la lavadora	washing machine
la luz	light; electricity
la secadora	clothes dryer
la tostadora	toaster
el cartel	poster
la mesita de noche	night stand
los muebles	furniture
alquilar	to rent
mudarse	to move (from one house to another)

Variación léxica

dormitorio ↔ alcoba (*Arg.*); aposento (*Rep. Dom.*); recámara (*Méx.*)

apartamento ↔ departamento (*Arg., Chile, Méx.*); piso (*Esp.*)

lavar los platos ↔ lavar/fregar los trastes (*Amér. C., Rep. Dom.*)

Los quehaceres domésticos

arreglar	to straighten up
barrer el suelo	to sweep the floor
ensuciar	to get (something) dirty
hacer quehaceres domésticos	to do household chores
lavar (el suelo, los platos)	to wash (the floor, the dishes)
limpiar la casa	to clean the house
planchar la ropa	to iron the clothes
quitar la mesa	to clear the table
quitar el polvo	to dust
sacar la basura	to take out the trash

el dormitorio

- el cuadro/la pintura
- Hace la cama. (hacer)
- el armario
- la almohada
- la manta
- la cómoda

la sala

- la lámpara
- las cortinas
- Pasa la aspiradora. (pasar)
- el sofá
- la mesita
- la alfombra

Práctica

1 ¿Dónde?
Indica el lugar de la casa donde se presentan las situaciones.

1. _____ 5. _____
2. _____ 6. _____
3. _____ 7. _____
4. _____ 8. _____

2 ¿Cierto o falso?
Indica si las oraciones son **ciertas** o **falsas**.

	Cierto	Falso
1. El nombre de los apartamentos es Buena Vida.	○	○
2. Los apartamentos son ideales para personas solteras.	○	○
3. Cada apartamento tiene tres dormitorios.	○	○
4. Hay una oficina en cada apartamento.	○	○
5. Es posible encontrar un parque cerca de los apartamentos.	○	○
6. Cada apartamento tiene sólo un baño.	○	○
7. Cerca de los apartamentos hay un museo.	○	○
8. Cada apartamento tiene una bonita cocina.	○	○

3 Escoger
Escoge la letra de la respuesta correcta.

1. Ponemos cuadros y pinturas en _____.
   a. las paredes   b. los quehaceres   c. los jardines
2. Si no quieres vivir en el centro, puedes mudarte _____.
   a. al alquiler   b. a las afueras   c. a la vivienda
3. Guardamos (*We keep*) los pantalones, las camisas y los zapatos en _____.
   a. la secadora   b. el armario   c. el patio
4. Para subir de la planta baja al primer piso, usas _____.
   a. la entrada   b. el cartel   c. la escalera
5. Cuando quieres tener una lámpara y un despertador cerca de tu cama, puedes ponerlos en _____.
   a. el barrio   b. el cuadro   c. la mesita de noche

4 Definiciones
En parejas, identifiquen cada cosa que se describe. Luego inventen sus propias descripciones de algunas palabras y expresiones de **Contextos**.

modelo
Estudiante 1: Es donde pones los libros.
Estudiante 2: el estante

1. Son las personas que viven en tu barrio.
2. Es el quehacer doméstico que haces después de comer.
3. Algunos de ellos son las cómodas y los sillones.
4. Es donde pones la cabeza cuando duermes.

5 **Completar** Completa estas frases con las palabras más adecuadas.

1. Para tomar café necesitas…
2. Para comer una ensalada necesitas…
3. Para tomar vino necesitas…
4. Para poner la comida en la mesa necesitas…
5. Para limpiarte la boca después de comer necesitas…
6. Para cortar (*to cut*) un bistec necesitas…
7. Para tomar agua necesitas…
8. Para tomar sopa necesitas…

6 **Los quehaceres** Trabajen en grupos para indicar quién hace estos quehaceres domésticos en sus casas. Luego contesten las preguntas.

barrer el suelo	lavar los platos	planchar la ropa
cocinar	lavar la ropa	sacar la basura
hacer las camas	pasar la aspiradora	sacudir los muebles

modelo

Estudiante 1: ¿Quién pasa la aspiradora en tu casa?
Estudiante 2: Mi hermano y yo pasamos la aspiradora.

1. ¿Quién hace más quehaceres, tú o tus compañeros/as?
2. ¿Quiénes hacen la mayoría de los quehaceres, los hombres o las mujeres?
3. ¿Piensas que debes hacer más quehaceres? ¿Por qué?

Comunicación

7 **La vida doméstica** En parejas, describan las habitaciones que ven en estas fotos. Identifiquen y describan cinco muebles o adornos (*accessories*) de cada foto y digan dos quehaceres que se pueden hacer en cada habitación.

8 **Mi apartamento** Dibuja el plano (*floor plan*) de un apartamento amueblado (*furnished*) imaginario y escribe los nombres de las habitaciones y de los muebles. En parejas, siéntense espalda contra espalda (*sit back to back*). Uno/a de ustedes describe su apartamento mientras su compañero/a lo dibuja según la descripción. Cuando terminen, miren el segundo dibujo. ¿Es similar al dibujo original?

CONSULTA
To review bathroom-related vocabulary, see **Lección 7, Contextos,** p. 226.

9 **¡Corre, corre!** Tu profesor(a) va a darte una serie incompleta de dibujos que forman una historia. Tú y tu compañero/a tienen dos series diferentes. Descríbanse los dibujos para completar la historia.

> **modelo**
> **Estudiante 1:** Marta quita la mesa.
> **Estudiante 2:** Francisco...

10 **¡A arreglar!** Tu compañero/a de apartamento y tú dieron ayer una gran fiesta en casa, y ahora tienen que arreglarla. En parejas, pónganse de acuerdo sobre qué va a hacer cada uno/a de ustedes.

> **modelo**
> **Estudiante 1:** La alfombra de la sala está muy sucia. Yo paso la aspiradora allí. Y tú, ¿qué haces?
> **Estudiante 2:** Si quieres, yo puedo sacar la basura. Y luego, ¿qué hacemos?

12 | fotonovela

Los quehaceres

Jimena y Felipe deben limpiar el apartamento para poder ir de viaje con Marissa.

PERSONAJES JIMENA FELIPE

 Video

SR. DÍAZ Quieren ir a Yucatán con Marissa, ¿verdad?
SRA. DÍAZ Entonces, les sugiero que arreglen este apartamento. Regresamos más tarde.
SR. DÍAZ Les aconsejo que preparen la cena para las 8:30.

MARISSA ¿Qué pasa?
JIMENA Nuestros papás quieren que Felipe y yo arreglemos toda la casa.
FELIPE Y que, además, preparemos la cena.
MARISSA ¡Pues, yo les ayudo!

MARISSA Mis padres siempre quieren que mis hermanos y yo ayudemos con los quehaceres. No me molesta ayudar. Pero odio limpiar el baño.
JIMENA Lo que más odio yo es sacar la basura.

(*Don Diego llega a ayudar a los chicos.*)
FELIPE Tenemos que limpiar la casa hoy.
JIMENA ¿Nos ayuda, don Diego?
DON DIEGO Claro. Recomiendo que se organicen en equipos para limpiar.

JUAN CARLOS Hola, Jimena. ¿Está Felipe? (*a Felipe*) Te olvidaste del partido de fútbol.
FELIPE Juan Carlos, ¿verdad que mi papá te considera como de la familia?
JUAN CARLOS Sí.

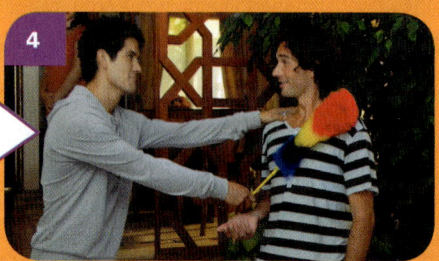

MARISSA Yo lleno el lavaplatos... después de vaciarlo.
DON DIEGO Juan Carlos, ¿por qué no terminas de pasar la aspiradora? Y Felipe, tú limpia el polvo. ¡Ya casi acaban!

SRA. DÍAZ   SR. DÍAZ   MARISSA   JUAN CARLOS   DON DIEGO

7

(*Los chicos preparan la cena y ponen la mesa.*)

JUAN CARLOS ¿Dónde están los tenedores?
JIMENA Allá.
JUAN CARLOS ¿Y las servilletas?
MARISSA Aquí están.

8

FELIPE La sala está tan limpia. Le pasamos la aspiradora al sillón y a las cortinas. ¡Y también a las almohadas!
JIMENA Yucatán, ¡ya casi llegamos!

9

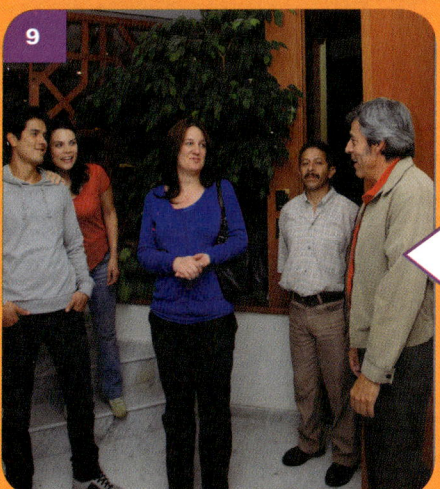

(*Papá y mamá regresan a casa.*)

SRA. DÍAZ ¡Qué bonita está la casa!
SR. DÍAZ Buen trabajo, muchachos. ¿Qué hay para cenar?
JIMENA Quesadillas. Vengan.

10

SRA. DÍAZ Don Diego, quédese a cenar con nosotros. Venga.
SR. DÍAZ Sí, don Diego. Pase.
DON DIEGO Gracias.

Expresiones útiles

Making recommendations

Le(s) sugiero que arregle(n) este apartamento.
I suggest you tidy up this apartment.
Le(s) aconsejo que prepare(n) la cena para las ocho y media.
I recommend that you have dinner ready for eight thirty.

Organizing work

Recomiendo que se organicen en equipos para limpiar.
I recommend that you divide yourselves into teams to clean.
Yo lleno el lavaplatos... después de vaciarlo.
I'll fill the dishwasher… after I empty it.
¿Por qué no terminas de pasar la aspiradora?
Why don't you finish vacuuming?
¡Ya casi acaban!
You're almost finished!
Felipe, tú quita el polvo.
Felipe, you dust.

Making polite requests

Don Diego, quédese a cenar con nosotros.
Don Diego, stay and have dinner with us.
Venga.
Come on.
Don Diego, pase.
Don Diego, come in.

Additional vocabulary

el plumero *duster*

¿Qué pasó?

1 **¿Cierto o falso?** Indica si lo que dicen estas oraciones es **cierto** o **falso**. Corrige las oraciones falsas.

	Cierto	Falso
1. Felipe y Jimena tienen que preparar el desayuno.	○	○
2. Don Diego ayuda a los chicos organizando los quehaceres domésticos.	○	○
3. Jimena le dice a Juan Carlos dónde están los tenedores.	○	○
4. A Marissa no le molesta limpiar el baño.	○	○
5. Juan Carlos termina de lavar los platos.	○	○

2 **Identificar** Identifica quién dice las oraciones equivalentes.

1. Yo les ayudo, no me molesta hacer quehaceres domésticos.
2. No me gusta sacar la basura.
3. Es importante que termines de pasar la aspiradora, Juan Carlos.
4. Pasamos la aspiradora en toda la sala.
5. ¡Buen trabajo, chicos! ¿Qué vamos a cenar?

JIMENA

DON DIEGO

FELIPE

SR. DÍAZ

MARISSA

3 **Completar** Los chicos y don Diego están haciendo los quehaceres. Adivina en qué cuarto está cada uno de ellos.

1. Jimena limpia el congelador. Jimena está en _____.
2. Don Diego limpia el escritorio. Don Diego está en _____.
3. Felipe pasa la aspiradora debajo de la mesa y las sillas. Felipe está en _____.
4. Juan Carlos sacude el sillón. Juan Carlos está en _____.
5. Marissa hace la cama. Marissa está en _____.

4 **Mi casa** Dibuja el plano de una casa o de un apartamento. Puede ser el plano de la casa o del apartamento donde vives o de donde te gustaría (*you would like*) vivir. Después, trabajen en parejas y describan lo que se hace en cuatro de las habitaciones. Para terminar, pídanse (*ask for*) ayuda para hacer dos quehaceres domésticos.

Quiero mostrarte…	Al fondo hay…
Ésta es (la cocina).	Quiero que me ayudes a (sacar la basura).
Allí yo (preparo la comida).	Por favor, ayúdame con…

Ortografía
Mayúsculas y minúsculas

  Tutorial

Here are some of the rules that govern the use of capital letters (**mayúsculas**) and lowercase letters (**minúsculas**) in Spanish.

Los estudiantes llegaron al aeropuerto a las dos.
Luego fueron al hotel.

In both Spanish and English, the first letter of every sentence is capitalized.

Rubén **B**lades   **P**anamá   **C**olón   los **A**ndes

The first letter of all proper nouns (names of people, countries, cities, geographical features, etc.) is capitalized.

Cien años de soledad   **D**on **Q**uijote de la **M**ancha
El **P**aís   **M**uy **I**nteresante

The first letter of the first word in titles of books, films, and works of art is generally capitalized, as well as the first letter of any proper names. In newspaper and magazine titles, as well as other short titles, the initial letter of each word is often capitalized.

la **s**eñora Ramos   **d**on Francisco
el **p**residente   **S**ra. Vives

Titles associated with people are *not* capitalized unless they appear as the first word in a sentence. Note, however, that the first letter of an abbreviated title is capitalized.

Último   **Á**lex   MEN**Ú**   PERD**Ó**N

Accent marks should be retained on capital letters. In practice, however, this rule is often ignored.

lunes   **v**iernes   **m**arzo   **p**rimavera

The first letter of days, months, and seasons is not capitalized.

español   **e**stadounidense   **j**aponés   **p**anameños

The first letter of nationalities and languages is not capitalized.

Práctica Corrige las mayúsculas y minúsculas incorrectas.

1. soy lourdes romero. Soy Colombiana.
2. éste Es mi Hermano álex.
3. somos De panamá.
4. ¿es ud. La sra. benavides?
5. ud. Llegó el Lunes, ¿no?

Palabras desordenadas Lee el diálogo de las serpientes. Ordena las letras para saber de qué palabras se trata. Después escribe las letras indicadas para descubrir por qué llora Pepito.

m n a a P á   ☐☐☐☐☐☐
s t e m r a   ☐☐☐☐☐☐
i g s l é n   ☐☐☐☐☐☐
y a U r u g u   ☐☐☐☐☐☐☐
r o ñ e s a   ☐☐☐☐☐☐

¡ ☐orque ☐e acabo de morder° la ☐en ☐u ☐!

Respuestas: Panamá, martes, inglés, Uruguay, señora. ¡Porque me acabo de morder la lengua!

venenosas *venomous* morder *to bite*

cultura

EN DETALLE

El patio central

En las tardes cálidas° de Oaxaca, México, Córdoba, España, o Popayán, Colombia, es un placer sentarse en **el patio central** de una casa y tomar un refresco disfrutando de° una buena conversación. Esta característica arquitectónica°, de influencia árabe, fue traída° a las Américas por los españoles. En la época° colonial, se construyeron casas, palacios, monasterios, hospitales y escuelas con patio central. Éste es un espacio privado e íntimo en donde se disfruta del sol y de la brisa, y, al mismo tiempo, se puede estar aislado° de la calle.

El centro del patio es un espacio abierto. Alrededor de° él, separado por columnas, hay un pasillo cubierto°. Así, en el patio hay zonas de sol y de sombra°. El patio es una parte importante de la vivienda familiar y su decoración se cuida° mucho. En el centro del patio muchas veces hay una fuente°, plantas e incluso árboles°. El agua es un elemento muy importante en la cultura islámica porque simboliza la purificación del cuerpo y del alma°. Por esta razón y también para disminuir° la temperatura, el agua es muy importante en estas construcciones. Así, mientras el agua y la vegetación ayudan a mantener la temperatura fresca, el patio proporciona° luz y ventilación a todas las habitaciones.

La distribución

Las casas con patio central eran usualmente las viviendas de familias adineradas°. Son casas de dos o tres pisos. Los cuartos de la planta baja son las áreas comunes: cocina, comedor, sala, etc., y tienen puertas al patio. En los pisos superiores están las habitaciones privadas de la familia.

cálidas *hot* **disfrutando de** *enjoying* **arquitectónica** *architectural* **traída** *brought* **época** *era* **brisa** *breeze* **aislado** *isolated* **Alrededor de** *Surrounding* **cubierto** *covered* **sombra** *shade* **se cuida** *is looked after* **fuente** *fountain* **árboles** *trees* **alma** *soul* **disminuir** *lower* **proporciona** *provides* **adineradas** *wealthy*

ACTIVIDADES

1 **¿Cierto o falso?** Indica si lo que dicen las oraciones es **cierto** o **falso**. Corrige las falsas.

1. Los patios centrales de Latinoamérica tienen su origen en la tradición indígena.
2. Los españoles llevaron a América el concepto de patio.
3. En la época colonial las casas eran las únicas construcciones con patio central.
4. El patio es una parte importante en estas construcciones, y es por eso que se le presta atención a su decoración.
5. El patio central es un lugar de descanso que da luz y ventilación a las habitaciones.
6. Las fuentes en los patios tienen importancia por razones culturales y porque bajan la temperatura.
7. En la cultura española el agua simboliza la salud y el bienestar del cuerpo y del alma.
8. Las casas con patio central eran para personas adineradas.
9. Los cuartos de la planta baja son privados.
10. Los dormitorios están en los pisos superiores.

ASÍ SE DICE
La vivienda

el ático, el desván	el altillo
la cobija (Col., Méx.), la frazada (Arg., Cuba, Ven.)	la manta
el escaparate (Cuba, Ven.), el ropero (Méx.)	el armario
el fregadero	kitchen sink
el frigidaire (Perú); el frigorífico (Esp.), la nevera	el refrigerador
el lavavajillas (Arg., Esp., Méx.)	el lavaplatos

EL MUNDO HISPANO
Los muebles

- **Mecedora°** La mecedora es un mueble típico de Latinoamérica, especialmente de la zona del Caribe. A las personas les gusta relajarse mientras se mecen° en el patio.

- **Mesa camilla** Era un mueble popular en España hasta hace algunos años. Es una mesa con un bastidor° en la parte inferior° para poner un brasero°. En invierno, las personas se sentaban alrededor de la mesa camilla para conversar, jugar a las cartas o tomar café.

- **Hamaca** Se cree que los taínos hicieron las primeras hamacas con fibras vegetales. Su uso es muy popular en toda Latinoamérica para dormir y descansar.

Mecedora *Rocking chair* se mecen *they rock themselves* bastidor *frame* inferior *bottom* brasero *container for hot coals*

PERFIL
Las islas flotantes del lago Titicaca

Bolivia y Perú comparten el **lago Titicaca**, donde viven **los uros**, uno de los pueblos indígenas más antiguos de América. Hace muchos años, los uros fueron a vivir al lago escapando de **los incas**. Hoy en día, siguen viviendo allí en **islas flotantes** que ellos mismos hacen con unos juncos° llamados **totora**. Primero, tejen° grandes plataformas. Luego, con el mismo material, construyen sus casas sobre las plataformas. La totora es resistente, pero con el tiempo el agua la pudre°. Los habitantes de las islas necesitan renovar continuamente las plataformas y las casas. Sus muebles y sus barcos también están hechos° de juncos. Los uros viven de la pesca y del turismo; en las islas hay unas tiendas donde venden artesanías° hechas con totora.

juncos *reeds* tejen *they weave* la pudre *rots it* hechos *made* artesanías *handcrafts*

CON RITMO HISPANO

Erika Ender (1974–)
Lugar de nacimiento: Ciudad de Panamá, Panamá

Erika Ender es hija de padre estadounidense y madre brasileña. Compuso con Luis Fonsi el éxito internacional "Despacito".

Go to **vhlcentral.com** to find out more about **Erika Ender** and her music.

ACTIVIDADES

2 Comprensión Responde a las preguntas.
1. Tu amigo mexicano te dice: "La **cobija** azul está en el **ropero**". ¿Qué quiere decir?
2. ¿Quiénes hicieron las primeras hamacas? ¿Qué material usaron?
3. ¿Qué grupo indígena vive en el lago Titicaca?
4. ¿Qué pueden comprar los turistas en las islas flotantes del lago Titicaca?

3 Viviendas tradicionales Escribe cuatro oraciones sobre una vivienda tradicional que conoces. Explica en qué lugar se encuentra, de qué materiales está hecha y cómo es.

More activities

12 estructura

12.1 Relative pronouns

ANTE TODO In both English and Spanish, relative pronouns are used to combine two sentences or clauses that share a common element, such as a noun or pronoun. Study this diagram.

Mis padres me regalaron la aspiradora.
My parents gave me the vacuum cleaner.

La aspiradora funciona muy bien.
The vacuum cleaner works really well.

La aspiradora que mis padres me regalaron funciona muy bien.
The vacuum cleaner that my parents gave me works really well.

Lourdes es muy inteligente.
Lourdes is very intelligent.

Lourdes estudia español.
Lourdes is studying Spanish.

Lourdes, quien estudia español, es muy inteligente.
Lourdes, who studies Spanish, is very intelligent.

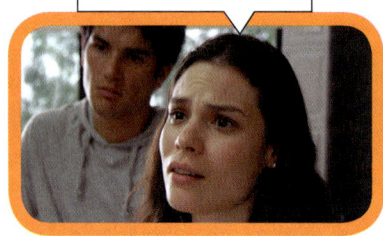

Eso fue todo lo que dijimos.

Mi papá se lleva bien con Juan Carlos, quien es como mi hermano.

▶ Spanish has three frequently used relative pronouns. **¡Atención!** Even though interrogative words (**qué**, **quién**, etc.) always carry an accent, relative pronouns never carry a written accent.

que	*that; which; who*
quien(es)	*who; whom; that*
lo que	*that which; what*

▶ **Que** is the most frequently used relative pronoun. It can refer to things or to people. Unlike its English counterpart, *that*, **que** is never omitted.

¿Dónde está la cafetera **que** compré?
Where is the coffee maker (that) I bought?

El hombre **que** limpia es Pedro.
The man who is cleaning is Pedro.

▶ The relative pronoun **quien** refers only to people, and is often used after a preposition or the personal **a**. **Quien** has only two forms: **quien** (singular) and **quienes** (plural).

¿Son las chicas **de quienes** me hablaste la semana pasada?
Are they the girls (that) you told me about last week?

Eva, **a quien** conocí anoche, es mi nueva vecina.
Eva, whom I met last night, is my new neighbor.

¡LENGUA VIVA!

In English, it is generally recommended that *who(m)* be used to refer to people, and that *that* and *which* be used to refer to things. In Spanish, however, it is perfectly acceptable to use **que** when referring to people.

▶ **Quien(es)** is occasionally used instead of **que** in clauses set off by commas.

Lola, **quien** es cubana, es médica.
Lola, who is Cuban, is a doctor.

Su tía, **que** es alemana, ya llegó.
His aunt, who is German, already arrived.

▶ Unlike **que** and **quien(es)**, **lo que** doesn't refer to a specific noun. It refers to an idea, a situation, or a past event and means *what*, *that which*, or *the thing that*.

Lo que me molesta es el calor.
What bothers me is the heat.

Lo que quiero es una casa.
What I want is a house.

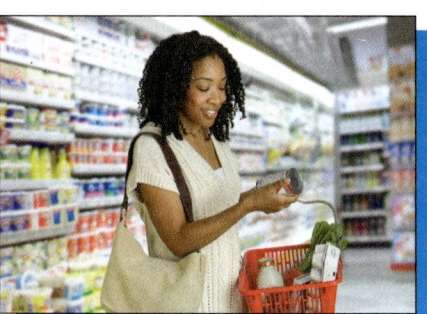

Este supermercado tiene todo **lo que** necesito.

A Samuel no le gustó **lo que** le dijo Violeta.

¡INTÉNTALO! Completa estas oraciones con pronombres relativos.

1. Voy a utilizar los platos ___que___ me regaló mi abuela.
2. Ana comparte un apartamento con la chica a _____ conocimos en la fiesta de Jorge.
3. Puedes estudiar en el dormitorio _____ está a la derecha de la cocina.
4. Esta oficina tiene todo _____ necesitamos.
5. Los señores _____ viven en esa casa acaban de llegar de Centroamérica.
6. Los niños a _____ viste en nuestro jardín son mis sobrinos.
7. La piscina _____ ves desde la ventana es la piscina de mis vecinos.
8. Úrsula, _____ ayudó a mamá a limpiar el refrigerador, es muy simpática.
9. _____ te dijo Pablo no es cierto.
10. El hombre de _____ hablo es mi padre.
11. Tengo que sacudir los muebles _____ están en el altillo una vez al mes.
12. No entiendo por qué no lavaste los vasos _____ te dije.
13. La mujer a _____ saludaste vive en las afueras.
14. ¿Sabes _____ necesita este dormitorio? ¡Unas cortinas!
15. No me gusta vivir con personas a _____ no conozco.
16. No quiero volver a hacer _____ hice ayer.

Práctica

1. Combinar Combina elementos de las dos columnas para formar oraciones lógicas.

A
1. ¿Cómo se llama el programa _____?
2. Rubén Blades, _____.
3. No traje _____.
4. ¿Te gusta la manta _____?
5. Ése es el hombre _____.
6. La mujer _____.

B
a. con quien bailaba es mi vecina
b. que te compró Cecilia
c. quien es de Panamá, es un cantante muy bueno ◀
d. que arregló mi lavadora
e. lo que necesito para la clase de matemáticas
f. que comiste en el restaurante
g. que escuchaste en la radio anoche

NOTA CULTURAL
Rubén Blades es un cantante, compositor y actor panameño muy famoso. Este versátil abogado fue también Ministro de Turismo en su país (2004–2009) y fue nombrado Embajador contra el racismo por las Naciones Unidas en el 2000.

2. Completar Completa la historia con los pronombres relativos **que, quien, quienes** o **lo que**.

1. Jaime y Tina son los chicos a _____ conocí la semana pasada.
2. Quieren comprar una casa _____ está en las afueras de la ciudad.
3. Es una casa _____ era de una artista famosa.
4. La artista, a _____ yo conocía, murió el año pasado y no tenía hijos.
5. Ahora se vende la casa con todos los muebles _____ ella tenía.
6. La casa tiene muchos estantes, _____ a Tina le encanta.
7. La sala tiene una alfombra _____ ella trajo de Kuwait.

3. Oraciones Combina las declaraciones de dos recién casados para formar una sola oración con los pronombres relativos **que, quien(es)** y **lo que**.

> **modelo**
> Vamos a usar los vasos nuevos mañana. Los pusimos en el comedor.
> *Mañana vamos a usar los vasos nuevos que pusimos en el comedor.*

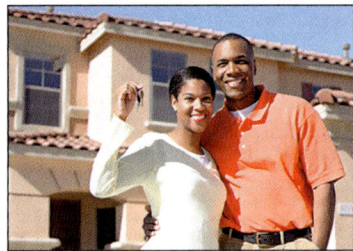

1. Esos platos no nos costaron mucho. Están encima del horno.
2. Tenemos una cómoda nueva. Es bueno porque no hay espacio en el armario.
3. Tenemos una cafetera nueva. Mi prima nos la regaló.
4. Esas copas me las regaló mi amiga Amalia. Ella viene a visitarme mañana.
5. La lavadora está casi nueva. Nos la regalaron mis suegros.
6. La vecina nos dio una manta de lana. Ella la compró en México.

Comunicación

4 **Entrevista** En parejas, túrnense para hacerse estas preguntas.

1. ¿Qué es lo que más te gusta de vivir en las afueras o en la ciudad?
2. ¿Quién es la persona que hace los quehaceres domésticos en tu casa?
3. ¿Hay vecinos que te caen bien? ¿Quiénes?
4. ¿De qué vecino es el coche que más te gusta?
5. ¿Cuál es el barrio de tu ciudad que más te gusta y por qué?
6. ¿Cuál es el lugar de la casa donde te sientes más cómodo/a? ¿Por qué?
7. ¿Qué es lo que más te gusta de tu barrio?
8. ¿Qué es lo que menos te gusta de tu barrio?

5 **Adivinanza** En grupos, túrnense para describir distintas partes de una vivienda usando pronombres relativos. Los demás compañeros tienen que hacer preguntas hasta que adivinen (*they guess*) la palabra.

> **modelo**
>
> **Estudiante 1:** Es lo que tenemos en el dormitorio.
> **Estudiante 2:** ¿Es el mueble que usamos para dormir?
> **Estudiante 1:** No. Es lo que usamos para guardar la ropa.
> **Estudiante 3:** Lo sé. Es la cómoda.

6 **Describir** En parejas, imaginen que el semestre pasado participaron en un programa de intercambio estudiantil (*student exchange program*) en una ciudad de Latinoamérica. Túrnense para describir cómo era el lugar y contar cómo fue la experiencia. Usa los pronombres **que**, **quien(es)** y **lo que**.

> **modelo**
>
> Yo estuve en Bogotá, Colombia, y compartí un apartamento con dos chicas colombianas, quienes eran muy amables. El apartamento, que estaba en el décimo piso, tenía vistas increíbles de la ciudad…

Síntesis

7 **Definir** En parejas, definan las palabras. Usen los pronombres relativos **que, quien(es)** y **lo que**. Luego compartan sus definiciones con la clase.

alquiler	flan	patio	tenedor
amigos	guantes	postre	termómetro
aspiradora	jabón	sillón	vaso
enfermera	manta	sótano	vecino

> **modelo**
>
> lavadora Es lo que se usa para lavar la ropa.
> pastel Es un postre que comes en tu cumpleaños.

AYUDA

Remember that **de**, followed by the name of a material, means *made of*.
Es de algodón.
It's made of cotton.
• • •
Es un tipo de means *It's a kind/sort of…*
Es un tipo de flor.
It's a kind of flower.

12.2 Formal (usted/ustedes) commands Tutorial

ANTE TODO As you learned in **Lección 11**, the command forms are used to give orders or advice. Formal commands are used with people you address as **usted** or **ustedes**. Observe these examples, then study the chart.

Hable con ellos, don Francisco.
Talk with them, Don Francisco.

Laven los platos ahora mismo.
Wash the dishes right now.

Coma frutas y verduras.
Eat fruits and vegetables.

Beban menos té y café.
Drink less tea and coffee.

AYUDA
By learning formal commands, it will be easier for you to learn the subjunctive forms that are presented in **Estructura 12.3**, p. 422.

Formal commands (Ud. and Uds.)

Infinitive	Present tense yo form	Ud. command	Uds. command
limpiar	limpi**o**	limpi**e**	limpi**en**
barrer	barr**o**	barr**a**	barr**an**
sacudir	sacud**o**	sacud**a**	sacud**an**
decir (e:i)	dig**o**	dig**a**	dig**an**
pensar (e:ie)	piens**o**	piens**e**	piens**en**
volver (o:ue)	vuelv**o**	vuelv**a**	vuelv**an**
servir (e:i)	sirv**o**	sirv**a**	sirv**an**

▶ The **usted** and **ustedes** commands, like the negative **tú** commands, are formed by dropping the final **-o** of the **yo** form of the present tense. For **-ar** verbs, add **-e** or **-en**. For **-er** and **-ir** verbs, add **-a** or **-an**.

Don Diego, quédese a cenar con nosotros.

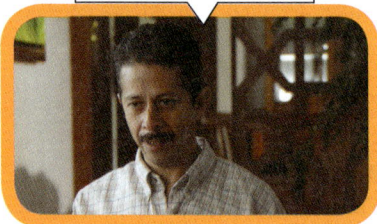

No se preocupen, yo los ayudo.

▶ Verbs with irregular **yo** forms maintain the same irregularity in their formal commands. These verbs include **conducir, conocer, decir, hacer, ofrecer, oír, poner, salir, tener, traducir, traer, venir,** and **ver**.

Oiga, don Manolo...
Listen, Don Manolo...

Ponga la mesa, por favor.
Set the table, please.

¡Salga inmediatamente!
Leave immediately!

Hagan la cama antes de salir.
Make the bed before leaving.

▶ Note also that verbs maintain their stem changes in **usted** and **ustedes** commands.

e:ie
No **pierda** la llave.
Cierren la puerta.

o:ue
Vuelva temprano, joven.
Duerman bien, chicos.

e:i
Sirva la sopa, por favor.
Repitan las frases.

La vivienda

AYUDA

These spelling changes are necessary to ensure that the words are pronounced correctly. See **Lección 8, Pronunciación,** p. 271, and **Lección 9, Pronunciación,** p. 307.

• • •

It may help you to study the following series of syllables. Note that, within each series, the consonant sound doesn't change.

ca que qui co cu
za ce ci zo zu
ga gue gui go gu
ja ge gi jo ju

▶ Verbs ending in **-car**, **-gar**, and **-zar** have a spelling change in the command forms.

sa**car**	c → qu	sa**qu**e, sa**qu**en
ju**gar**	g → gu	jue**gu**e, jue**gu**en
almor**zar**	z → c	almuer**c**e, almuer**c**en

▶ These verbs have irregular formal commands.

Infinitive	Ud. command	Uds. command
dar	dé	den
estar	esté	estén
ir	vaya	vayan
saber	sepa	sepan
ser	sea	sean

▶ To make a formal command negative, simply place **no** before the verb.

No ponga las maletas en la cama.
Don't put the suitcases on the bed.

No ensucien los sillones.
Don't dirty the armchairs.

▶ In affirmative commands, reflexive, indirect, and direct object pronouns are always attached to the end of the verb.

Siénten**se**, por favor.
Síga**me**, Laura.

Acuésten**se** ahora.
Póngan**las** en el suelo, por favor.

▶ **¡Atención!** When a pronoun is attached to an affirmative command that has two or more syllables, an accent mark is added to maintain the original stress.

limpie → límpielo
diga → dígamelo

lean → léanlo
sacudan → sacúdanlos

▶ In negative commands, these pronouns always precede the verb.

No **se** preocupe.
No **me lo** dé.

No **los** ensucien.
No **nos las** traigan.

▶ **Usted** and **ustedes** can be used with the command forms to strike a more formal tone. In such instances, they follow the command form.

Muéstrele usted la foto a su amigo.
Show the photo to your friend.

Tomen ustedes esta mesa.
Take this table.

More activities

vhlcentral

LM p. 70

WB pp. 139–140

Online activities

¡INTÉNTALO! Indica los mandatos (*commands*) afirmativos y negativos correspondientes.

1. escucharlo (Ud.) _Escúchelo_. _No lo escuche_.
2. salir (Ud.) _____. _____.
3. decírmelo (Uds.) _____. _____.
4. servírnoslo (Uds.) _____. _____.
5. barrerla (Ud.) _____. _____.
6. hacerlo (Ud.) _____. _____.

Práctica

1 **Completar** Indica el mandato formal de cada verbo para ayudar a la señora González, que quiere mudarse.

1. _____ los anuncios del periódico y _____. (leer, guardarlos)
2. _____ personalmente y _____ las casas usted misma. (ir, ver)
3. Decida qué casa quiere y _____ al agente. _____ un contrato de alquiler. (llamar, pedirle)
4. _____ un camión (*truck*) para ese día y _____ la hora exacta de llegada. (contratar, preguntarles)
5. El día de la mudanza (*On moving day*) _____ tranquila. _____ a revisar su lista para completar todo lo que tiene que hacer. (estar, volver)
6. Primero, _____ a todos en casa que usted va a estar ocupada. No _____ que usted va a hacerlo todo. (decirles, decirles)
7. _____ tiempo para hacer las maletas tranquilamente. No _____ las maletas a los niños más grandes. (sacar, hacerles)
8. No _____. _____ que todo va a salir bien. (preocuparse, saber)

2 **¿Qué dicen?** Mira los dibujos y escribe un mandato lógico para cada uno.

1. _____

2. _____

3. _____

4. _____

5. _____

6. _____

La vivienda

Comunicación

3 **Solucionar** Trabajen en parejas. Un(a) estudiante presenta los problemas de la columna A y el/la otro/a los de la columna B. Usen mandatos formales y túrnense para ofrecer soluciones.

> **modelo**
>
> **Estudiante 1:** Vilma se torció un tobillo jugando al tenis. Es la tercera vez.
> **Estudiante 2:** No juegue más al tenis. / Vaya a ver a un especialista.

A
1. Se me perdió el libro de español con todas mis notas.
2. A Vicente se le cayó la botella de vino para la cena.
3. ¿Cómo? ¿Se le olvidó traer el traje de baño a la playa?
4. Se nos quedaron los pasaportes en la casa. El avión sale en una hora.

B
1. Mis hijas no se levantan temprano. Siempre llegan tarde a la escuela.
2. A mi abuela le robaron (*stole*) las maletas. Era su primer día de vacaciones.
3. Nuestra casa es demasiado pequeña para nuestra familia.
4. Me preocupo constantemente por Roberto. Trabaja demasiado.

4 **Conversaciones** En parejas, escojan dos situaciones y preparen conversaciones para presentar a la clase. Usen mandatos formales.

> **modelo**
>
> **Lupita:** Señor Ramírez, siento mucho llegar tan tarde. Mi niño se enfermó. ¿Qué debo hacer?
> **Sr. Ramírez:** No se preocupe. Siéntese y descanse un poco.

SITUACIÓN 1 Profesor Rosado, no vine la semana pasada porque el equipo jugaba en Boquete. ¿Qué debo hacer para ponerme al día (*catch up*)?

SITUACIÓN 2 Los invitados de la boda llegan a las cuatro de la tarde, las mesas están sin poner y el champán sin servir. Son las tres de la tarde y los camareros apenas están llegando. ¿Qué deben hacer los camareros?

SITUACIÓN 3 Mi novio es un poco aburrido. No le gustan ni el cine, ni los deportes, ni salir a comer. Tampoco habla mucho. ¿Qué puedo hacer?

▶ **SITUACIÓN 4** Tengo que preparar una presentación para mañana sobre el Canal de Panamá. ¿Por dónde comienzo?

NOTA CULTURAL
El 31 de diciembre de 1999, los Estados Unidos cedió el control del **Canal de Panamá** al gobierno de Panamá, terminando así con casi cien años de administración estadounidense.

Síntesis

5 **Presentar** En grupos, preparen un anuncio de televisión para presentar a la clase. El anuncio debe tratar de un detergente, un electrodoméstico o una agencia inmobiliaria (*real estate agency*). Usen mandatos, los pronombres relativos y el **se** impersonal.

> **modelo**
>
> Compre el lavaplatos Destellos. Tiene todo lo que usted desea. Es el lavaplatos que mejor funciona. Venga a verlo ahora mismo… No pierda ni un minuto más. Se aceptan tarjetas de crédito.

12.3 The present subjunctive

ANTE TODO With the exception of commands, all the verb forms you have been using have been in the indicative mood. The indicative is used to state facts and to express actions or states that the speaker considers to be real and definite. In contrast, the subjunctive mood expresses the speaker's attitudes toward events, as well as actions or states the speaker views as uncertain or hypothetical.

Por favor, quiten los platos de la mesa.

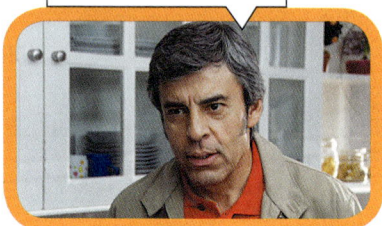
Les aconsejo que preparen la cena.

▶ The present subjunctive is formed very much like **usted**, **ustedes**, and *negative* **tú** commands. From the **yo** form of the present indicative, drop the **-o** ending, and replace it with the subjunctive endings.

INFINITIVE	PRESENT INDICATIVE	VERB STEM	PRESENT SUBJUNCTIVE
hablar	hablo	habl-	hable
comer	como	com-	coma
escribir	escribo	escrib-	escriba

▶ The present subjunctive endings are:

-ar verbs

-e	-emos
-es	-éis
-e	-en

-er and -ir verbs

-a	-amos
-as	-áis
-a	-an

Present subjunctive of regular verbs

		hablar	comer	escribir
SINGULAR FORMS	yo	hable	coma	escriba
	tú	hables	comas	escribas
	Ud./él/ella	hable	coma	escriba
PLURAL FORMS	nosotros/as	hablemos	comamos	escribamos
	vosotros/as	habléis	comáis	escribáis
	Uds./ellos/ellas	hablen	coman	escriban

AYUDA

Note that, in the present subjunctive, **-ar** verbs use endings normally associated with present tense **-er** and **-ir** verbs. Likewise, **-er** and **-ir** verbs in the present subjunctive use endings normally associated with **-ar** verbs in the present tense. Note also that, in the present subjunctive, the **yo** form is the same as the **Ud./él/ella** form.

¡LENGUA VIVA!

You may think that English has no subjunctive, but it does! While once common, it now survives mostly in set expressions such as *If I were you...* and *Be that as it may...*

▶ Verbs with irregular **yo** forms show the same irregularity in all forms of the present subjunctive.

Infinitive	Present indicative	Verb stem	Present subjunctive
conducir	conduzco	**conduzc-**	conduzca
conocer	conozco	**conozc-**	conozca
decir	digo	**dig-**	diga
hacer	hago	**hag-**	haga
ofrecer	ofrezco	**ofrezc-**	ofrezca
oír	oigo	**oig-**	oiga
parecer	parezco	**parezc-**	parezca
poner	pongo	**pong-**	ponga
tener	tengo	**teng-**	tenga
traducir	traduzco	**traduzc-**	traduzca
traer	traigo	**traig-**	traiga
venir	vengo	**veng-**	venga
ver	veo	**ve-**	vea

▶ To maintain the **c, g,** and **z** sounds, verbs ending in **-car, -gar,** and **-zar** have a spelling change in all forms of the present subjunctive.

sacar: sa**qu**e, sa**qu**es, sa**qu**e, sa**qu**emos, sa**qu**éis, sa**qu**en

jugar: jue**gu**e, jue**gu**es, jue**gu**e, ju**gu**emos, ju**gu**éis, jue**gu**en

almorzar: almuer**c**e, almuer**c**es, almuer**c**e, almor**c**emos, almor**c**éis, almuer**c**en

Present subjunctive of stem-changing verbs

▶ **-Ar** and **-er** stem-changing verbs have the same stem changes in the subjunctive as they do in the present indicative.

pensar (e:ie): p**ie**nse, p**ie**nses, p**ie**nse, pensemos, penséis, p**ie**nsen

mostrar (o:ue): m**ue**stre, m**ue**stres, m**ue**stre, mostremos, mostréis, m**ue**stren

entender (e:ie): ent**ie**nda, ent**ie**ndas, ent**ie**nda, entendamos, entendáis, ent**ie**ndan

volver (o:ue): v**ue**lva, v**ue**lvas, v**ue**lva, volvamos, volváis, v**ue**lvan

▶ **-Ir** stem-changing verbs have the same stem changes in the subjunctive as they do in the present indicative, but in addition, the **nosotros/as** and **vosotros/as** forms undergo a stem change. The unstressed **e** changes to **i**, while the unstressed **o** changes to **u**.

pedir (e:i): p**i**da, p**i**das, p**i**da, p**i**damos, p**i**dáis, p**i**dan

sentir (e:ie): s**ie**nta, s**ie**ntas, s**ie**nta, s**i**ntamos, s**i**ntáis, s**ie**ntan

dormir (o:ue): d**ue**rma, d**ue**rmas, d**ue**rma, d**u**rmamos, d**u**rmáis, d**ue**rman

AYUDA

Note that stem-changing verbs and verbs that have a spelling change have the same ending as regular verbs in the present subjunctive.

Irregular verbs in the present subjunctive

▶ These five verbs are irregular in the present subjunctive.

		dar	estar	ir	saber	ser
SINGULAR FORMS	yo	dé	esté	vaya	sepa	sea
	tú	des	estés	vayas	sepas	seas
	Ud./él/ella	dé	esté	vaya	sepa	sea
PLURAL FORMS	nosotros/as	demos	estemos	vayamos	sepamos	seamos
	vosotros/as	deis	estéis	vayáis	sepáis	seáis
	Uds./ellos/ellas	den	estén	vayan	sepan	sean

▶ **¡Atención!** The subjunctive form of **hay** (*there is, there are*) is also irregular: **haya**.

General uses of the subjunctive

▶ The subjunctive is mainly used to express: 1) will and influence, 2) emotion, 3) doubt, disbelief, and denial, and 4) indefiniteness and nonexistence.

▶ The subjunctive is most often used in sentences that consist of a main clause and a subordinate clause. The main clause contains a verb or expression that triggers the use of the subjunctive. The conjunction **que** connects the subordinate clause to the main clause.

Es muy importante   que   **vayas** al hotel ahora mismo.

▶ These impersonal expressions are always followed by clauses in the subjunctive:

Es bueno que...	**Es mejor que...**	**Es malo que...**
It's good that...	*It's better that...*	*It's bad that...*
Es importante que...	**Es necesario que...**	**Es urgente que...**
It's important that...	*It's necessary that...*	*It's urgent that...*

¡INTÉNTALO! Indica el presente de subjuntivo de estos verbos.

1. (alquilar, beber, vivir)   que yo _alquile, beba, viva_
2. (estudiar, aprender, asistir) que tú _____
3. (encontrar, poder, tener)   que él _____
4. (hacer, pedir, dormir)   que nosotras _____
5. (dar, hablar, escribir)   que ellos _____
6. (ser, ir, saber)   que yo _____
7. (pagar, empezar, buscar)   que ustedes _____
8. (estar, dar, oír)   que tú _____

La vivienda

Práctica y Comunicación

1 Completar
Completa las oraciones con el presente de subjuntivo de los verbos. Luego empareja las oraciones del primer grupo con las del segundo grupo.

NOTA CULTURAL

Las casas colgadas (*hanging*) de Cuenca, España, son muy famosas. Situadas en un acantilado (*cliff*), forman parte del paisaje de la ciudad.

A
1. Es importante que _____ las casas colgadas de Cuenca. (tú, visitar) ____
2. Es mejor que _____ en casa. (nosotros, cenar) ____
3. Señora, es urgente que le _____ el diente. Tiene una infección. (yo, sacar) ____
4. Es malo que Ana les _____ tantos dulces a los niños. (dar) ____
5. Es necesario que _____ a la una de la tarde. (ustedes, llegar) ____
6. Es importante que _____ temprano. (nosotros, acostarse) ____

B
a. Es importante que _____ más verduras. (ellos, comer)
b. No, es mejor que _____ a comer. (nosotros, salir)
c. Y yo creo que es bueno que _____ a Madrid después. (yo, ir)
d. En mi opinión, no es necesario que _____ tanto. (nosotros, dormir)
e. ¿Ah, sí? ¿Es necesario que me _____ un antibiótico también? (yo, tomar)
f. Para llegar a tiempo, es necesario que _____ temprano. (nosotros, almorzar)

2 Minidiálogos
En parejas, completen los minidiálogos con expresiones impersonales de una manera lógica.

modelo
Miguelito: Mamá, no quiero arreglar mi cuarto.
Sra. Casas: Es necesario que lo arregles. Y es importante que sacudas los muebles también.

1. **MIGUELITO** Mamá, no quiero estudiar. Quiero salir a jugar con mis amigos.
   SRA. CASAS _____
2. **MIGUELITO** Mamá, es que no me gustan las verduras. Prefiero comer pasteles.
   SRA. CASAS _____
3. **MIGUELITO** ¿Tengo que poner la mesa, mamá?
   SRA. CASAS _____
4. **MIGUELITO** No me siento bien, mamá. Me duele todo el cuerpo y tengo fiebre.
   SRA. CASAS _____

3 Entrevista
Trabajen en parejas. Entrevístense usando estas preguntas. Expliquen sus respuestas.

1. ¿Es importante que las personas sepan una segunda lengua? ¿Por qué?
2. ¿Es urgente que los norteamericanos aprendan otras lenguas?
3. Si un(a) norteamericano/a quiere aprender francés, ¿es mejor que lo aprenda en Francia?
4. ¿Es necesario que una persona sepa decir "te amo" en la lengua nativa de su pareja?
5. ¿Es importante que un cantante de ópera entienda italiano?
6. ¿Es bueno que los turistas extranjeros digan unas frases en la lengua del país que visitan?

12.4 Subjunctive with verbs of will and influence

ANTE TODO You will now learn how to use the subjunctive with verbs and expressions of will and influence.

▸ Verbs of will and influence are often used when someone wants to affect the actions or behavior of other people.

> Enrique **quiere** que salgamos a cenar.
> *Enrique wants us to go out to dinner.*

> Paola **prefiere** que cenemos en casa.
> *Paola prefers that we have dinner at home.*

▸ Here is a list of widely used verbs of will and influence.

Verbs of will and influence

aconsejar	to advise	pedir (e:i)	to ask (for)
desear	to wish; to desire	preferir (e:ie)	to prefer
importar	to be important; to matter	prohibir	to prohibit
		querer (e:ie)	to want
insistir (en)	to insist (on)	recomendar (e:ie)	to recommend
mandar	to order	rogar (o:ue)	to beg
necesitar	to need	sugerir (e:ie)	to suggest

▸ Some impersonal expressions, such as **es necesario que, es importante que, es mejor que,** and **es urgente que,** are considered expressions of will or influence.

▸ When the main clause contains an expression of will or influence, the subjunctive is required in the subordinate clause, provided that the two clauses have different subjects.

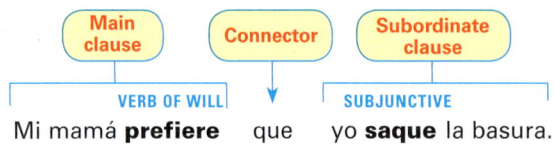

Mi mamá **prefiere** que yo **saque** la basura.

¡ATENCIÓN!
In English, verbs or expressions of will and influence often use a construction with an infinitive, such as *I want you to go*. This is not the case in Spanish, where the subjunctive would be used in a subordinate clause.

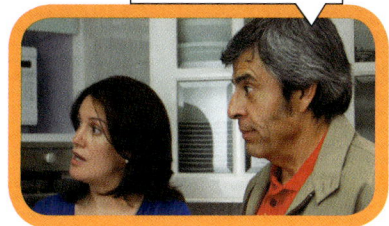

Les sugiero que arreglen este apartamento.

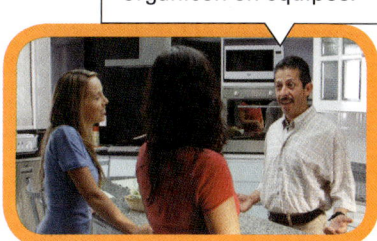

Recomiendo que se organicen en equipos.

▶ Indirect object pronouns are often used with the verbs **aconsejar, importar, mandar, pedir, prohibir, recomendar, rogar,** and **sugerir**.

Te aconsejo que estudies.
I advise you to study.

Le sugiero que vaya a casa.
I suggest that he go home.

Les recomiendo que barran el suelo.
I recommend that you sweep the floor.

Le ruego que no venga.
I'm begging you not to come.

▶ Note that all the forms of **prohibir** in the present tense carry a written accent, except for the **nosotros/as** form: **prohíbo, prohíbes, prohíbe, prohibimos, prohibís, prohíben**.

Ella les **prohíbe** que miren la televisión.
She prohibits them from watching TV.

Nos **prohíben** que nademos en la piscina.
They prohibit us from swimming in the swimming pool.

▶ The infinitive is used with words or expressions of will and influence if there is no change of subject in the sentence.

No quiero **sacudir** los muebles.
I don't want to dust the furniture.

Paco prefiere **descansar**.
Paco prefers to rest.

Es importante **sacar** la basura.
It's important to take out the trash.

No es necesario **quitar** la mesa.
It's not necessary to clear the table.

¡INTÉNTALO! Completa cada oración con la forma correcta del verbo.

1. Te sugiero que ___vayas___ (ir) con ella al supermercado.
2. Mis papás quieren que yo _____ (limpiar) mi cuarto.
3. No queremos que tú _____ (hacer) nada especial para nosotros.
4. Él necesita que yo le _____ (prestar) dinero.
5. Nos piden que la _____ (ayudar) a preparar la comida.
6. Quieren que tú _____ (sacar) la basura todos los días.
7. Es importante que ustedes _____ (limpiar) los estantes.
8. Quiero _____ (descansar) esta noche.
9. Su tía les manda que _____ (poner) la mesa.
10. Te aconsejo que no _____ (salir) con él.
11. Prefiero _____ (ir) al cine.
12. Mi tío insiste en que mi prima _____ (hacer) la cama.
13. Es necesario _____ (estudiar).
14. Recomiendo que ustedes _____ (pasar) la aspiradora.

Práctica

1 Completar Completa el diálogo.

cocina	haga	quiere	sea
comas	ponga	saber	ser
diga	prohíbe	sé	vaya

IRENE Tengo problemas con Vilma. Sé que debo hablar con ella. ¿Qué me recomiendas que le (1)_____?

JULIA Pues, necesito (2)_____ más antes de darte consejos.

IRENE Bueno, para empezar me (3)_____ que traiga dulces a la casa.

JULIA Pero chica, tiene razón. Es mejor que tú no (4)_____ cosas dulces.

IRENE Sí, ya lo sé. Pero quiero que (5)_____ más flexible. Además, insiste en que yo (6)_____ todo en la casa.

JULIA Yo (7)_____ que Vilma (8)_____ y hace los quehaceres todos los días.

IRENE Sí, pero siempre que hay fiesta me pide que (9)_____ los cubiertos (*silverware*) y las copas en la mesa y que (10)_____ al sótano por las servilletas y los platos. ¡Es lo que más odio: ir al sótano!

JULIA Mujer, ¡Vilma sólo (11)_____ que ayudes en la casa!

2 Aconsejar En parejas, den consejos lógicos usando verbos como **aconsejar, recomendar** y **prohibir**. Sus consejos deben ser diferentes de lo que la persona quiere hacer.

> **modelo**
>
> **Isabel:** Quiero conseguir un comedor con los muebles más caros del mundo.
>
> **Consejo:** *Te aconsejamos que consigas unos muebles menos caros.*

1. **DAVID** — Pienso poner el cuadro del lago de Maracaibo en la cocina.
2. **SARA** — Voy en bicicleta a comprar unas copas de cristal.
3. **SR. ALARCÓN** — Insisto en comenzar a arreglar el jardín en marzo.
4. **SRA. VILLA** — Quiero ver las tazas y los platos de la tienda El Ama de Casa Feliz.
5. **DOLORES** — Voy a poner servilletas de tela (*cloth*) para los cuarenta invitados.
6. **SR. PARDO** — Pienso poner todos mis muebles nuevos en el altillo.
7. **SRA. GONZÁLEZ** — Hay una fiesta en casa esta noche, pero no quiero limpiarla.
8. **CARLITOS** — Hoy no tengo ganas de hacer las camas ni de quitar la mesa.

NOTA CULTURAL

En el **lago de Maracaibo**, en Venezuela, hay casas suspendidas sobre el agua que se llaman **palafitos**. Este tipo de construcciones les recordó a los conquistadores la ciudad de Venecia, Italia, de donde viene el nombre "Venezuela", que significa "pequeña Venecia".

3 Preguntas En parejas, túrnense para contestar las preguntas. Usen el subjuntivo.

1. ¿Te dan consejos tus amigos/as? ¿Qué te aconsejan? ¿Aceptas sus consejos? ¿Por qué?
2. ¿Qué te sugieren tus profesores que hagas antes de terminar los cursos que tomas?
3. ¿Insisten tus amigos/as en que salgas mucho con ellos?
4. ¿Qué quieres que te regalen tu familia y tus amigos/as en tu cumpleaños?
5. ¿Qué le recomiendas tú a un(a) amigo/a que no quiere salir los sábados con su novio/a?
6. ¿Qué les aconsejas a los nuevos estudiantes de tu universidad?

Comunicación

4 **Inventar** En parejas, preparen una lista de seis personas famosas. Un(a) estudiante da el nombre de una persona famosa y el/la otro/a le da un consejo.

> **modelo**
> **Estudiante 1:** Judge Judy.
> **Estudiante 2:** Le recomiendo que sea más simpática con la gente.
> **Estudiante 2:** Chris Pine.
> **Estudiante 1:** Le aconsejo que haga más películas.

5 **Hablar** En parejas, imaginen que Gerardo es su hermano y necesita ayuda para arreglar su casa y resolver sus problemas románticos y económicos. Usen expresiones impersonales y verbos como **aconsejar**, **sugerir** y **recomendar**.

> **modelo**
> Es mejor que arregles el apartamento más a menudo.
> Te aconsejo que no dejes para mañana lo que puedes hacer hoy.

Síntesis

6 **La doctora Salvamórez** Hernán tiene problemas con su novia y le escribe a la doctora Salvamórez, columnista del periódico *Panamá y su gente*. Ella responde a las cartas de personas con problemas románticos. En parejas, usen el subjuntivo para escribir los consejos de la doctora.

> Estimada doctora Salvamórez:
> Mi novia nunca quiere que yo salga de casa. No le molesta que vengan mis amigos a visitarme. Pero insiste en que nosotros sólo miremos los programas de televisión que ella quiere. Necesita saber dónde estoy en cada momento, y yo necesito que ella me dé un poco de independencia. ¿Qué hago?
>
> Hernán

Recapitulación

Completa estas actividades para repasar los conceptos de gramática que aprendiste en esta lección.

1 Completar Completa el cuadro con la forma correspondiente del presente de subjuntivo. **24 pts.**

yo/él/ella	tú	nosotros/as	Uds./ellos/ellas
limpie			
	vengas		
		queramos	
			ofrezcan

2 El apartamento ideal Completa este folleto (*brochure*) informativo con la forma correcta del presente de subjuntivo. **16 pts.**

> *¿Eres joven y buscas tu primera vivienda? Te ofrezco estos consejos:*
>
> - Te sugiero que primero (tú) (1) _____ (escribir) una lista de las cosas que quieres en un apartamento.
> - Quiero que después (2) _____ (pensar) muy bien cuáles son tus prioridades. Es necesario que cada persona (3) _____ (tener) sus prioridades claras, porque el hogar (*home*) perfecto no existe.
> - Antes de decidir en qué área quieren vivir, les aconsejo a ti y a tu futuro/a compañero/a de apartamento que (4) _____ (salir) a ver la ciudad y que (5) _____ (conocer) los distintos barrios y las afueras.
> - Pidan que el agente les (6) _____ (mostrar) todas las partes de cada casa.
> - Finalmente, como consumidores, es importante que nosotros (7) _____ (saber) bien nuestros derechos (*rights*); por eso, deben insistir en que todos los puntos del contrato (8) _____ (estar) muy claros antes de firmarlo (*signing it*).
>
> *¡Buena suerte!*

RESUMEN GRAMATICAL

12.1 Relative pronouns *pp. 414–415*

Relative pronouns	
que	that; which; who
quien(es)	who; whom; that
lo que	that which; what

12.2 Formal commands *pp. 418–419*

Formal commands (**Ud.** and **Uds.**)		
Infinitive	Present tense **yo** form	**Ud(s).** command
limpiar	limpi**o**	limpi**e(n)**
barrer	barr**o**	barr**a(n)**
sacudir	sacud**o**	sacud**a(n)**

▶ Verbs with stem changes or irregular **yo** forms maintain the same irregularity in the formal commands:

hacer: yo ha**go** → Ha**ga**n la cama.

Irregular formal commands	
dar	dé (Ud.); den (Uds.)
estar	esté(n)
ir	vaya(n)
saber	sepa(n)
ser	sea(n)

12.3 The present subjunctive *pp. 422–424*

Present subjunctive of regular verbs		
hablar	comer	escribir
habl**e**	com**a**	escrib**a**
habl**es**	com**as**	escrib**as**
habl**e**	com**a**	escrib**a**
habl**emos**	com**amos**	escrib**amos**
habl**éis**	com**áis**	escrib**áis**
habl**en**	com**an**	escrib**an**

La vivienda

Irregular verbs in the present subjunctive		
dar		dé, des, dé, demos, deis, den
estar	est- +	-é, -és, -é, -emos, -éis, -én
ir	vay- +	
saber	sep- +	-a, -as, -a, -amos, -áis, -an
ser	se- +	

12.4 Subjunctive with verbs of will and influence
pp. 426–427

▶ Verbs of will and influence: **aconsejar, desear, importar, insistir (en), mandar, necesitar, pedir** (e:i), **preferir** (e:ie), **prohibir, querer** (e:ie), **recomendar** (e:ie), **rogar** (o:ue), **sugerir** (e:ie)

3 **Relativos** Completa las oraciones con **lo que**, **que** o **quien(es)**. `16 pts.`

1. Me encanta la alfombra _____ está en el comedor.
2. Mi amiga Tere, con _____ trabajo, me regaló ese cuadro.
3. Todas las cosas _____ tenemos vienen de la casa de mis abuelos.
4. Hija, no compres más cosas. _____ debes hacer ahora es organizarlo todo.
5. La agencia de decoración de _____ le hablé se llama Casabella.
6. Esas flores las dejaron en la puerta mis nuevos vecinos, a _____ aún (*yet*) no conozco.
7. Leonor no compró nada, porque _____ le gustaba era muy caro.
8. Mi amigo Aldo, a _____ visité ayer, es un cocinero excelente.

4 **Preparando la casa** Completa las instrucciones con mandatos formales. Usa cada verbo una sola vez y agrega pronombres de objeto directo o indirecto si es necesario. `20 pts.`

arreglar	dejar	hacer	pedir	sacudir
barrer	ensuciar	limpiar	poner	tener

Primero, (1) _____ ustedes las maletas. Las cosas que no se llevan a Costa Rica, (2) _____ en el altillo. Ángela, (3) _____ las habitaciones y Martín, (4) _____ usted la cocina y el baño. Después, los dos (5) _____ el suelo y (6) _____ los muebles de toda la casa. Ángela, no (7) _____ sus joyas (*jewelry*) en el apartamento. (8) _____ cuidado ¡y no (9) _____ nada antes de irse! Por último, (10) _____ a alguien que recoja (*pick up*) su correo.

5 **Los quehaceres** A tu compañero/a de cuarto no le gusta ayudar con los quehaceres. Escribe al menos seis oraciones dándole consejos para hacer más divertidos los quehaceres. `24 pts.`

> **modelo**
> Te sugiero que pongas música mientras lavas los platos...

6 **El circo** Completa esta famosa frase que tiene su origen en el circo (*circus*). `¡4 puntos EXTRA!`

"¡_____ (pasar) ustedes y _____ (ver)! El espectáculo va a comenzar."

12 adelante Audio: Reading

Lectura

Antes de leer

Estrategia
Locating the main parts of a sentence

Did you know that a text written in Spanish is an average of 15% longer than the same text written in English? Since the Spanish language tends to use more words to express ideas, you will often encounter long sentences when reading in Spanish. Of course, the length of sentences varies with genre and with authors' individual styles. To help you understand long sentences, identify the main parts of the sentence before trying to read it in its entirety. First locate the main verb of the sentence, along with its subject, ignoring any words or phrases set off by commas. Then reread the sentence, adding details like direct and indirect objects, transitional words, and prepositional phrases.

Examinar el texto
Mira el formato de la lectura. ¿Qué tipo de documento es? ¿Qué cognados encuentras en la lectura? ¿Qué te dicen sobre el tema de la selección?

¿Probable o improbable?
Mira brevemente el texto e indica si estas oraciones son probables o improbables.
1. Este folleto° es de interés turístico.
2. Describe un edificio moderno cubano.
3. Incluye algunas explicaciones de arquitectura.
4. Espera atraer° a visitantes al lugar.

Oraciones largas
Mira el texto y busca algunas oraciones largas. Con un(a) compañero/a, identifiquen las partes principales de la oración y después examinen las descripciones adicionales. ¿Qué significan las oraciones?

folleto *brochure* **atraer** *to attract* **épocas** *time periods*

More activities

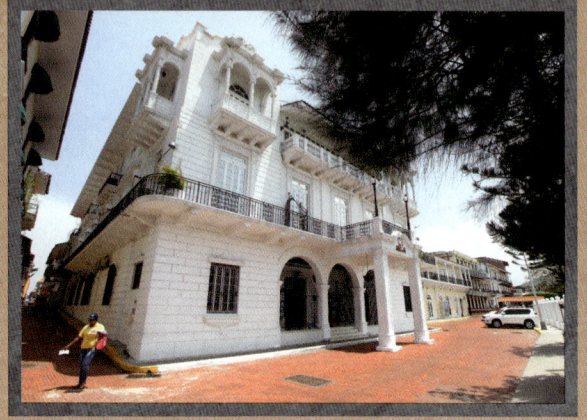

Bienvenidos al Palacio de las Garzas

El palacio está abierto de martes a domingo.
Para más información,
llame al teléfono 507-226-7000.
También puede solicitar° un folleto
a la casilla° 3467,
Ciudad de Panamá, Panamá.

Después de leer

Ordenar
Pon estos eventos en el orden cronológico adecuado.

___ El palacio se convirtió en residencia presidencial.
___ Durante diferentes épocas°, maestros, médicos y banqueros ejercieron su profesión en el palacio.
___ El Dr. Belisario Porras ocupó el palacio por primera vez.
___ Los españoles construyeron el palacio.
___ Se renovó el palacio.
___ Los turistas pueden visitar el palacio de martes a domingo.

El Palacio de las Garzas° es la residencia oficial del Presidente de Panamá desde 1903. Fue construido en 1673 para ser la casa de un gobernador español. Con el paso de los años fue almacén, escuela, hospital, aduana, banco y por último, palacio presidencial.

En la actualidad el edificio tiene tres pisos, pero los planos originales muestran una construcción de un piso con un gran patio en el centro. La restauración del palacio comenzó en el año 1922 y los trabajos fueron realizados por el arquitecto Villanueva-Meyer y el pintor Roberto Lewis. El palacio, un monumento al estilo colonial, todavía conserva su elegancia y buen gusto, y es una de las principales atracciones turísticas del barrio Casco Viejo°.

Planta baja
El Patio de las Garzas

Una antigua puerta de hierro° recibe a los visitantes. El patio interior todavía conserva los elementos originales de la construcción: piso de mármol°, columnas cubiertas° de nácar° y una magnífica fuente° de agua en el centro. Aquí están las nueve garzas que le dan el nombre al palacio y que representan las nueve provincias de Panamá.

Primer piso
El Salón Amarillo

Aquí el turista puede visitar una galería de cuarenta y un retratos° de gobernadores y personajes ilustres de Panamá. La principal atracción de este salón es el sillón presidencial, que se usa especialmente cuando hay cambio de presidente. Otros atractivos de esta área son el comedor Los Tamarindos, que se destaca° por la elegancia de sus muebles y sus lámparas de cristal, y el Patio Andaluz, con sus coloridos mosaicos que representan la unión de la cultura indígena y la española.

El Salón Dr. Belisario Porras

Este elegante y majestuoso salón es uno de los lugares más importantes del Palacio de las Garzas. Lleva su nombre en honor al Dr. Belisario Porras, quien fue tres veces presidente de Panamá (1912–1916, 1918–1920 y 1920–1924).

Segundo piso

Es el área residencial del palacio y el visitante no tiene acceso a ella. Los armarios, las cómodas y los espejos de la alcoba fueron comprados en Italia y Francia por el presidente Porras, mientras que las alfombras, cortinas y frazadas° son originarias de España.

solicitar *request* **casilla** *post office box* **Garzas** *Herons* **Casco Viejo** *Old Quarter*
hierro *iron* **mármol** *marble* **cubiertas** *covered* **nácar** *mother-of-pearl*
fuente *fountain* **retratos** *portraits* **se destaca** *stands out* **frazadas** *blankets*

Preguntas

Contesta las preguntas.

1. ¿Qué sala es notable por sus muebles elegantes y sus lámparas de cristal?
2. ¿En qué parte del palacio se encuentra la residencia del presidente?
3. ¿Dónde empiezan los turistas su visita al palacio?
4. ¿En qué lugar se representa artísticamente la rica herencia cultural de Panamá?
5. ¿Qué salón honra la memoria de un gran panameño?
6. ¿Qué partes del palacio te gustaría (*would you like*) visitar? ¿Por qué? Explica tu respuesta.

Conversación

En grupos de tres o cuatro, hablen sobre lo siguiente:

1. ¿Qué tiene en común el Palacio de las Garzas con otras residencias presidenciales u otras casas muy grandes?
2. ¿Te gustaría vivir en el Palacio de las Garzas? ¿Por qué?
3. Imagina que puedes diseñar tu palacio ideal. Describe los planos para cada piso del palacio.

Escritura

Estrategia
Using linking words

You can make your writing sound more sophisticated by using linking words to connect simple sentences or ideas and create more complex sentences. Consider these passages, which illustrate this effect:

Without linking words

En la actualidad el edificio tiene tres pisos. Los planos originales muestran una construcción de un piso con un gran patio en el centro. La restauración del palacio comenzó en el año 1922. Los trabajos fueron realizados por el arquitecto Villanueva-Meyer y el pintor Roberto Lewis.

With linking words

En la actualidad el edificio tiene tres pisos, pero los planos originales muestran una construcción de un piso con un gran patio en el centro. La restauración del palacio comenzó en el año 1922 y los trabajos fueron realizados por el arquitecto Villanueva-Meyer y el pintor Roberto Lewis.

Linking words

cuando	when
mientras	while
o	or
pero	but
porque	because
pues	since
que	that; who; which
quien(es)	who
sino	but (rather)
y	and

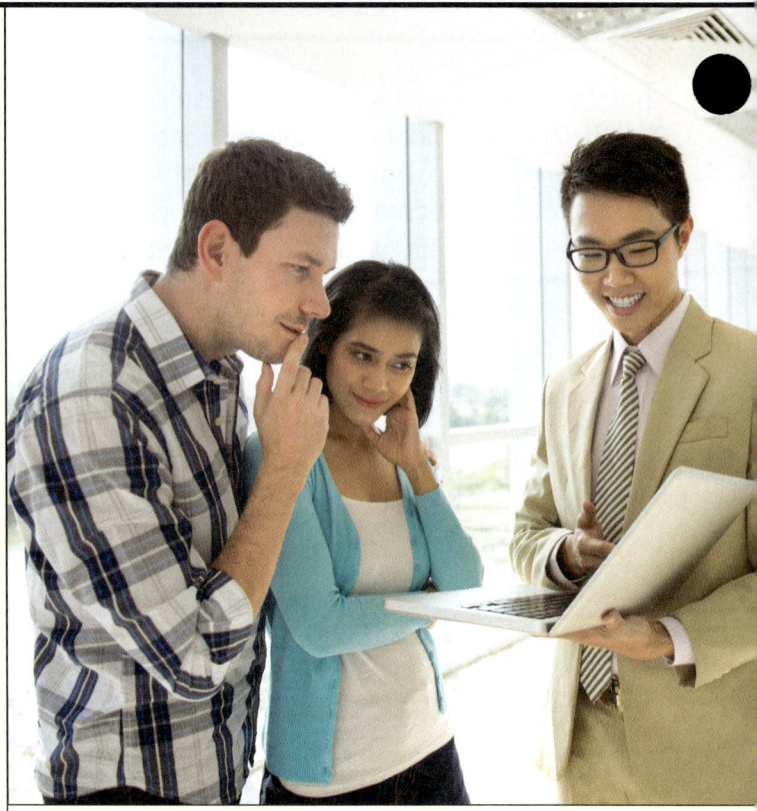

Tema
Escribir un contrato de arrendamiento°

Eres el/la administrador(a)° de un edificio de apartamentos. Prepara un contrato de arrendamiento para los nuevos inquilinos°. El contrato debe incluir estos detalles:

- la dirección° del apartamento y del/de la administrador(a)
- las fechas del contrato
- el precio del alquiler y el día que se debe pagar
- el precio del depósito
- información y reglas° acerca de:
  la basura
  el correo
  los animales domésticos
  el ruido°
  los servicios de electricidad y agua
  el uso de electrodomésticos
- otros aspectos importantes de la vida comunitaria

contrato de arrendamiento *lease* administrador(a) *manager* inquilinos *tenants* dirección *address* reglas *rules* ruido *noise*

La vivienda

Escuchar

Antes de escuchar

Estrategia
Using visual cues

Visual cues like illustrations and headings provide useful clues about what you will hear.

To practice this strategy, you will listen to a passage related to the following photo. Jot down the clues the photo gives you as you listen.

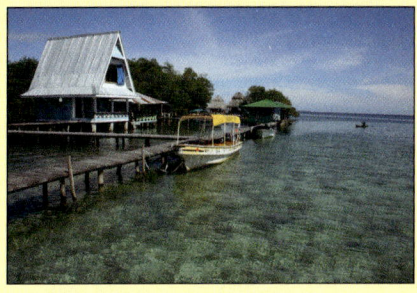

Preparación
Mira el dibujo. ¿Qué pistas te da para comprender lo que vas a escuchar? ¿Qué significa *bienes raíces*?

Ahora escucha

La vivienda
Mira los anuncios de esta página y escucha la conversación. Luego indica si cada descripción se refiere a la casa ideal de Adriana y Felipe, a la casa del anuncio o al apartamento del anuncio.

Oraciones	La casa ideal	La casa del anuncio	El apartamento del anuncio
Es barato.	___	___	___
Tiene 4 dormitorios.	___	___	___
Tiene una oficina.	___	___	___
Tiene un balcón.	___	___	___
Tiene una cocina moderna.	___	___	___
Tiene un jardín muy grande.	___	___	___
Tiene un patio.	___	___	___

18G
Bienes raíces

Se vende.
4 dormitorios,
3 baños, cocina
moderna, jardín
con árboles frutales.
B/. 225.000

Se alquila.
2 dormitorios,
1 baño.
Balcón.
Urbanización
Las Brisas. B/. 525

Comprensión

Preguntas
1. ¿Cuál es la relación entre el señor Núñez, Adriana y Felipe? ¿Cómo lo sabes?
2. ¿Qué diferencia de opinión hay entre Adriana y Felipe sobre dónde quieren vivir?
3. Usa la información de los dibujos y la conversación para entender lo que dice Adriana al final. ¿Qué significa "todo a su debido tiempo"?

Conversación
En parejas, túrnense para hacer y contestar las preguntas.
1. ¿Qué tienen en común el apartamento y la casa del anuncio con el lugar donde tú vives?
2. ¿Qué piensas de la recomendación del señor Núñez?
3. ¿Qué tipo de sugerencias te da tu familia sobre dónde vivir?
4. ¿Dónde prefieres vivir tú, en un apartamento o en una casa? Explica por qué.

En pantalla

La compañía francesa Conforama abrió sus puertas en España en el año 1992. Actualmente°, tiene 28 tiendas en total y planea abrir otras 22 a pesar de la crisis económica que afectó el mercado español entre los años 2008 y 2014. La cadena° ofrece una amplia gama° de muebles y electrodomésticos a precios asequibles°. El propósito° de este anuncio es promover° la presencia de Conforama en España y sugerir que en sus tiendas hay muebles y electrodomésticos para todos los gustos.

Vocabulario útil

caber	to fit
colchón	mattress
duro	hard
madera	wood
me da igual	it's all the same to me

Preparación

¿Qué muebles tienes en tu casa? ¿Qué muebles te faltan o te gustaría comprar para decorar más tu casa?

¿Qué buscan?

Indica lo que buscan estas personas en la tienda.

1. chico
2. familia de cinco
3. niña
4. Juan y su esposa
5. hombre

a. un sofá
b. una cama
c. una cocina de madera
d. un televisor
e. un colchón

De compras

En parejas, escriban un diálogo entre dos compañeros de cuarto o dos esposos que van a Conforama para comprar algo. Utilicen el subjuntivo.

modelo
Esposo: Es importante que compremos un sofá cómodo.
Esposa: Quiero que el sofá sea grande...

Actualmente *Currently* cadena *chain* gama *range* asequibles *affordable*
propósito *purpose* promover *to promote* colcha *bedspread* piedra *stone*

Anuncio de Conforama

Aquí cabemos todos, ¿no?

Tenemos la cama de rayas, la colcha° de rayas, el sofá de rayas, las cortinas de rayas.

Piedra°. Una cocina tiene que ser de piedra.

La vivienda

En el sur de la Ciudad de México hay una construcción que fusiona° el funcionalismo con elementos de la cultura mexicana. Es la casa y estudio° donde el muralista Diego Rivera y su esposa, Frida Kahlo, vivieron desde 1934. El creador fue el destacado° arquitecto y pintor mexicano Juan O'Gorman, amigo de la pareja. Como Frida y Diego necesitaban cada uno un lugar tranquilo para trabajar, O'Gorman hizo dos casas, cada una con un taller°, conectadas por un puente° en la parte superior°. En 1981, años después de la muerte de los artistas, se creó ahí el Museo Casa Estudio Diego Rivera y Frida Kahlo. Este museo busca conservar, investigar y difundir° la obra° de estos dos mexicanos, como lo hace el Museo Casa de Frida Kahlo, que vas a ver a continuación.

Vocabulario útil

jardinero	gardener
muros	walls
la silla de ruedas	wheelchair
las valiosas obras	valuable works

Preparación
Imagina que eres un(a) artista, ¿cómo sería (*would be*) tu casa? ¿Sería muy diferente de la casa en donde vives ahora?

¿Cierto o falso?
Indica si lo que dicen estas oraciones es **cierto** o **falso**.
1. La casa de Frida Kahlo está en el centro de la Ciudad de México.
2. La casa de Frida se transformó en un museo en los años 50.
3. Frida Kahlo vivió sola en su casa.
4. Entre las obras que se exhiben está el cuadro (*painting*) *Las dos Fridas*.
5. El jardinero actual (*current*) jamás conoció ni a Frida ni a Diego.
6. En el museo se exhiben la silla de ruedas y los aparatos ortopédicos de Frida.

fusiona *fuses* estudio *studio* destacado *prominent* taller *art studio* puente *bridge* parte superior *top* difundir *to spread* obra *work*

La casa de Frida

El hogar en que nació la pintora Frida Kahlo en 1907 se caracteriza por su arquitectura típicamente mexicana...

Esta casa tiene varios detalles que revelan el amor de esta mexicana por la cultura de su país, por ejemplo, la cocina.

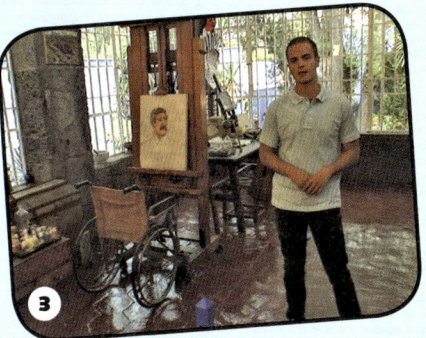

Uno de los espacios más atractivos de esta casa es este estudio que Diego instaló...

12 panorama Video

Panamá

El país en cifras

- **Área:** 75.420 km² (29.119 millas²), *aproximadamente el área de Carolina del Sur*
- **Población:** 3.753.000
- **Capital:** Ciudad de Panamá—1.673.000
- **Ciudades principales:** Colón, David
- **Moneda:** balboa; es equivalente al dólar estadounidense.

En Panamá circulan los billetes de dólar estadounidense. El país centroamericano, sin embargo, acuña° su propia moneda. "El peso" es una moneda grande equivalente a cincuenta centavos°. La moneda de cinco centavos es llamada frecuentemente "real".

- **Idiomas:** español (oficial), lenguas indígenas, inglés *Muchos panameños son bilingües. La lengua materna del 14% de los panameños es el inglés.*

Bandera de Panamá

Panameños célebres
- **Mariano Rivera,** beisbolista (1969–)
- **Mireya Moscoso,** política (1946–)
- **Rubén Blades,** músico y político (1948–)
- **Danilo Pérez,** pianista (1965–)
- **Jorge Cham,** caricaturista (1976–)

acuña *mints* centavos *cents*

Mujer kuna vendiendo molas

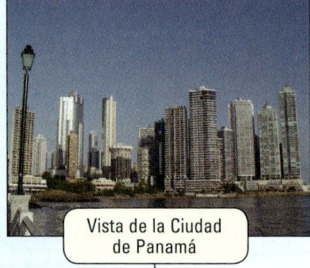
Una turista disfruta del bosque tropical colgado de un cable.

Vista de la Ciudad de Panamá

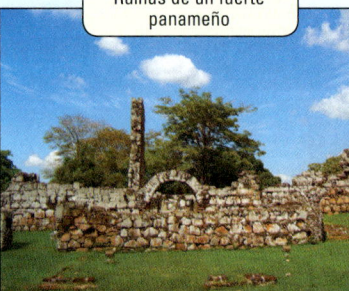
Ruinas de un fuerte panameño

More activities: vhlcentral · WB pp. 145–146 · Online activities

ACTIVIDADES

1 **¿Cierto o falso?** Indica si lo que dicen las oraciones es **cierto** o **falso**.

1. El balboa es la única (*only*) moneda aceptada en Panamá.
2. Rubén Blades es el beisbolista más famoso de Panamá.
3. Jorge Cham, quien nació en 1976, es un caricaturista panameño.
4. El Canal de Panamá se terminó de construir en 1903.
5. Un promedio de 40 barcos usa el Canal de Panamá en un solo día.
6. Las molas que hacen los kunas tienen colores vivos.
7. Antiguamente, las molas se usaban como mantas y servilletas.
8. Panamá es frecuentado gracias a sus extensas montañas.
9. En el Parque Nacional Marino Isla Bastimentos hay gran diversidad de fauna marina.
10. La diversidad étnica y cultural de Panamá se presenta también en su arte y en su gastronomía.

▶ Lugares • El Canal de Panamá
El Canal de Panamá conecta el océano Pacífico con el océano Atlántico. La construcción de este cauce° artificial empezó en 1903 y concluyó diez años después. Es una de las principales fuentes° de ingresos° del país, gracias al dinero que aportan los más de 14.000 buques° que transitan anualmente por esta ruta y a las actividades comerciales que se han desarrollado° en torno a° ella.

▶ Artes • La mola
La mola es una forma de arte textil de los kunas, una tribu indígena que vive principalmente en las islas San Blas. Esta pieza artesanal se confecciona con fragmentos de tela° de colores vivos. Algunos de sus diseños son abstractos, inspirados en las formas del coral, y otros son geométricos, como en las molas más tradicionales. Antiguamente, estos tejidos se usaban sólo como ropa, pero hoy día también sirven para decorar las casas.

Naturaleza • El mar
Panamá, cuyo° nombre significa "lugar de muchos peces°", es un país muy frecuentado por los aficionados al buceo y a la pesca. El territorio panameño cuenta con una gran variedad de playas en los dos lados del istmo°, con el mar Caribe a un lado y el océano Pacífico al otro. Algunas zonas costeras están destinadas al turismo. Otras están protegidas por la diversidad de su fauna marina, en la que abundan los arrecifes° de coral, como el Parque Nacional Marino Isla Bastimentos.

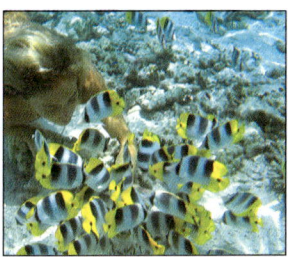

Gente • Diversidad étnica y cultural
La población de Panamá está conformada por indígenas, blancos, mestizos°, afrodescendientes y asiáticos, provenientes de países como los Estados Unidos, Colombia, España, Argentina, China, India, República Dominicana y Turquía, entre otros. Este mestizaje°, que también se percibe en la gastronomía, la música, el arte y la moda, convierte a Panamá en uno de los países más multiétnicos y multiculturales del mundo.

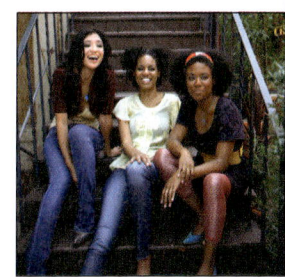

cauce *channel* fuentes *sources* ingresos *income* buques *ships* han desarrollado *have developed* en torno a *around* tela *fabric*
cuyo *whose* peces *fish* istmo *isthmus* arrecifes *reefs* mestizos *people of indigenous and white parentage* mestizaje *cultural mixing*

COLOMBIA

¡Increíble pero cierto!
¿Conocías estos datos sobre el Canal de Panamá?
- Gracias al Canal de Panamá, el viaje en barco de Nueva York a Tokio es 3.000 millas más corto.
- Su construcción costó 639 millones de dólares.
- Hoy lo usan en promedio° 40 barcos al día.
- El peaje° promedio cuesta 54.000 dólares.

promedio *average* peaje *toll*

---

2 ¿Qué aprendiste? Contesta las preguntas.
1. ¿Cuál es la lengua materna del catorce por ciento de los panameños?
2. ¿A qué unidad monetaria es equivalente el balboa?
3. ¿Qué océanos une el Canal de Panamá?
4. ¿Quién es Mariano Rivera?
5. ¿Qué significa "Panamá"?

3 Consejos Aconseja a tu compañero/a sobre lo que debe hacer en su viaje a Panamá. Utilicen el subjuntivo.

modelo
Estudiante 1: Te aconsejo que visites el canal.
Estudiante 2: Te sugiero que vayas a la playa.

vocabulario

 Vocabulary Tools

Las viviendas

las afueras	suburbs; outskirts
el alquiler	rent (payment)
el amo/a (*m., f.*) de casa	homemaker
el barrio	neighborhood
el edificio de apartamentos	apartment building
el/la vecino/a	neighbor
la vivienda	housing
alquilar	to rent
mudarse	to move (from one house to another)

Los cuartos y otros lugares

el altillo	attic
el balcón	balcony
la cocina	kitchen
el comedor	dining room
el dormitorio	bedroom
la entrada	entrance
la escalera	stairs
el garaje	garage
el jardín	garden; yard
la oficina	office
el pasillo	hallway
el patio	patio; yard
la sala	living room
el sótano	basement

Los muebles y otras cosas

la alfombra	carpet; rug
la almohada	pillow
el armario	closet
el cartel	poster
la cómoda	chest of drawers
las cortinas	curtains
el cuadro	picture
el estante	bookcase; bookshelves
la lámpara	lamp
la luz	light; electricity
la manta	blanket
la mesita	end table
la mesita de noche	night stand
los muebles	furniture
la pared	wall
la pintura	painting; picture
el sillón	armchair
el sofá	sofa

Los electrodomésticos

la cafetera	coffee maker
la cocina, la estufa	stove
el congelador	freezer
el electrodoméstico	electric appliance
el horno (de microondas)	(microwave) oven
la lavadora	washing machine
el lavaplatos	dishwasher
el refrigerador	refrigerator
la secadora	clothes dryer
la tostadora	toaster

La mesa

la copa	wineglass
la cuchara	(table or large) spoon
el cuchillo	knife
el plato	plate
la servilleta	napkin
la taza	cup
el tenedor	fork
el vaso	glass

Los quehaceres domésticos

arreglar	to straighten up
barrer el suelo	to sweep the floor
cocinar	to cook
ensuciar	to get (something) dirty
hacer la cama	to make the bed
hacer quehaceres domésticos	to do household chores
lavar (el suelo, los platos)	to wash (the floor, the dishes)
limpiar la casa	to clean the house
pasar la aspiradora	to vacuum
planchar la ropa	to iron the clothes
poner la mesa	to set the table
quitar la mesa	to clear the table
quitar el polvo	to dust
sacar la basura	to take out the trash
sacudir los muebles	to dust the furniture

Verbos y expresiones verbales

aconsejar	to advise
insistir (en)	to insist (on)
mandar	to order
recomendar (e:ie)	to recommend
rogar (o:ue)	to beg
sugerir (e:ie)	to suggest
Es bueno que…	It's good that…
Es importante que…	It's important that…
Es malo que…	It's bad that…
Es mejor que…	It's better that…
Es necesario que…	It's necessary that…
Es urgente que…	It's urgent that…

Relative pronouns	See page 414.
Expresiones útiles	See page 409.

More activities

La naturaleza

13

Communicative Goals

You will learn how to:
- Talk about and discuss the environment
- Express your beliefs and opinions about issues

A PRIMERA VISTA
- ¿Está mareada esta mujer?
- ¿Es importante que use ropa cómoda?
- ¿Es necesario que tenga cuidado?
- ¿Le interesa la naturaleza?

contextos
pages 442–445
- Nature
- The environment
- Recycling and conservation

fotonovela
pages 446–449
Jimena, Felipe, Juan Carlos, and Marissa take a trip to the Yucatan Peninsula. While Marissa and Jimena visit a turtle sanctuary and the Mayan ruins of Tulum, the boys take a trip to the jungle.

cultura
pages 450–451
- Andes mountain range
- Santa Marta mountain range

estructura
pages 452–465
- The subjunctive with verbs of emotion
- The subjunctive with doubt, disbelief, and denial
- The subjunctive with conjunctions
- **Recapitulación**

adelante
pages 466–473
Lectura: Two fables
Escritura: A letter or an article
Escuchar: A speech about the environment
En pantalla: A TV ad about geothermal energy
Flash cultura: A video about nature in Costa Rica
Panorama: Colombia

13 contextos

La naturaleza

Más vocabulario

el desierto	desert
la naturaleza	nature
la selva, la jungla	jungle
el sendero	trail; path
la tierra	land; soil
el valle	valley
el animal	animal
la ballena	whale
la tortuga (marina)	(sea) turtle
la vaca	cow
el cielo	sky
la estrella	star
la luna	moon
el calentamiento global	global warming
el cambio climático	climate change
la conservación	conservation
la ecología	ecology
el/la ecologista	ecologist
el ecoturismo	ecotourism
la energía (nuclear; solar)	(nuclear; solar) energy
la extinción	extinction
el medio ambiente	environment
el peligro	danger
el recurso natural	natural resource
la solución	solution
el gobierno	government
la ley	law
la (sobre)población	(over)population
ecológico/a	ecological
puro/a	pure
renovable	renewable

Variación léxica

hierba ↔ pasto (*Perú*); grama (*Venez., Col.*); zacate (*Méx.*)

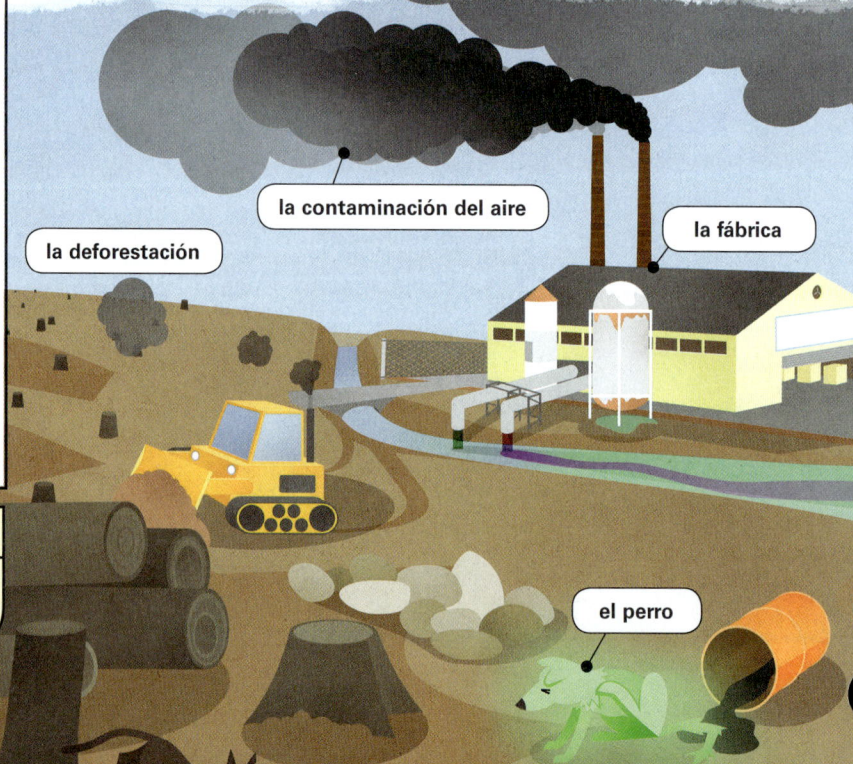

More activities: vhlcentral · LM p. 73 · WB pp. 149–150 · Online activities

cuatrocientos cuarenta y tres **443**

Práctica

1 Escuchar Mientras escuchas estas oraciones, anota los sustantivos (*nouns*) que se refieren a las plantas, los animales, la tierra y el cielo.

Plantas	Animales	Tierra	Cielo
_____	_____	_____	_____
_____	_____	_____	_____

2 Una invitación Completa las oraciones sobre la invitación de Claudia.

1. Hay muchos tipos de _____ y de árboles en el parque.
2. Claudia quiere almorzar sobre la _____.
3. Hay un _____ muy grande en el parque.
4. Claudia quiere estar en contacto con la _____.

3 Seleccionar Selecciona la palabra que no está relacionada.

1. estrella • gobierno • luna • sol
2. flor • hierba • renovable • árbol
3. vaca • ballena • pájaro • población
4. cielo • cráter • aire • nube
5. desierto • solución • selva • bosque
6. lago • río • mar • peligro

4 Definiciones Indica la palabra adecuada para cada definición.

> **modelo**
> lugar que está lleno de árboles
> el bosque

1. animal que produce la leche que tomamos _____
2. estrella más grande de nuestro sistema planetario _____
3. lugar donde llueve poco _____
4. cuando la temperatura del planeta sube _____
5. cuando una especie animal ya no existe más _____
6. parte de un volcán _____

5 Describir Trabajen en parejas para describir estas fotos.

El reciclaje

Más vocabulario

cazar	to hunt
conservar	to conserve
contaminar	to pollute
controlar	to control
cuidar	to take care of
dejar de (+ *inf.*)	to stop (doing something)
desarrollar	to develop
descubrir	to discover
destruir	to destroy
estar afectado/a (por)	to be affected (by)
estar contaminado/a	to be polluted
evitar	to avoid
mejorar	to improve
proteger	to protect
reducir	to reduce
resolver (o:ue)	to resolve; to solve
respirar	to breathe

6 Completar Selecciona la palabra o la expresión adecuada para completar cada oración.

contaminar	destruyen	reciclamos
controlan	están afectadas	recoger
cuidan	mejoramos	resolver
descubrir	proteger	se desarrollaron

1. Si vemos basura en las calles, la debemos _____.
2. Los científicos trabajan para _____ nuevas soluciones.
3. Todas las personas _____ por la contaminación.
4. Debemos _____ el medio ambiente porque hoy día está en peligro.
5. Es necesario que todos trabajemos juntos para _____ los problemas del medio ambiente.
6. Las primeras civilizaciones _____ cerca de los ríos y los mares.
7. Muchas leyes nuevas _____ el nivel de emisiones que producen las fábricas.
8. Los turistas deben tener cuidado de no _____ los lugares que visitan.
9. Podemos conservar los recursos si _____ el aluminio, el vidrio y el plástico.
10. La contaminación y la deforestación _____ el medio ambiente.

Comunicación

7 Preguntas En parejas, túrnense para hacerse estas preguntas.

1. ¿Te preocupas por el medio ambiente? ¿Por qué?
2. ¿Qué forma de energía prefieres? ¿Por qué?
3. ¿Cómo podemos reducir la cantidad de basura?
4. ¿Crees que es importante reciclar? ¿Lo haces? ¿Por qué?
5. ¿Cómo podemos proteger los animales en peligro de extinción?
6. ¿Qué lugares están contaminados en tu estado o región?
7. ¿Qué podemos hacer para mejorar la calidad del aire?
8. ¿Quiénes deben resolver los problemas del medio ambiente? ¿Los gobiernos, los ecologistas…?

8 Alternativas En parejas, hablen sobre las alternativas y el efecto que tienen en el medio ambiente.

- manejar un coche o pasear en bicicleta
- ser vegetariano/a o comer carne
- ducharse o bañarse
- lavar los platos a mano o usar el lavaplatos
- leer libros en papel o electrónicos
- hacer ecoturismo o turismo tradicional

9 Situaciones Trabajen en grupos pequeños para representar estas situaciones.

1. Unos/as representantes de una agencia ambiental (*environmental*) hablan con el/la presidente/a de una fábrica que está contaminando el aire o el río de la zona.
2. Un(a) guía de ecoturismo habla con un grupo sobre cómo disfrutar (*enjoy*) de la naturaleza y conservar el medio ambiente.
3. Un(a) representante de la universidad habla con un grupo de nuevos estudiantes sobre la campaña (*campaign*) ambiental de la universidad y trata de reclutar (*tries to recruit*) miembros para un club que trabaja para la protección del medio ambiente.

10 Escribir una carta Trabajen en parejas para escribir una carta a una fábrica real o imaginaria que esté contaminando el medio ambiente. Expliquen las consecuencias que sus acciones van a tener para el medio ambiente. Sugiéranle algunas ideas para que solucione el problema.

11 A debatir Trabajen en grupos y discutan cuáles creen que son los problemas ambientales más graves que afectan nuestro planeta. Cada uno/a debe escoger dos o tres opciones y decir por qué son problemas serios. Después, ofrezcan posibles soluciones para cada problema.

- contaminación del aire
- contaminación del agua
- pérdida (*loss*) de biodiversidad
- cambio climático/calentamiento global
- disminución de la capa de ozono
- agotamiento (*depletion*) de recursos naturales
- residuos (*waste*) industriales
- actividades mineras
- deforestación
- sobrepoblación
- lluvia ácida
- exceso de basura

13 fotonovela

Aventuras en la naturaleza

Las chicas visitan un santuario de tortugas, mientras los chicos pasean por la selva.

PERSONAJES

MARISSA   JIMENA

 Video

1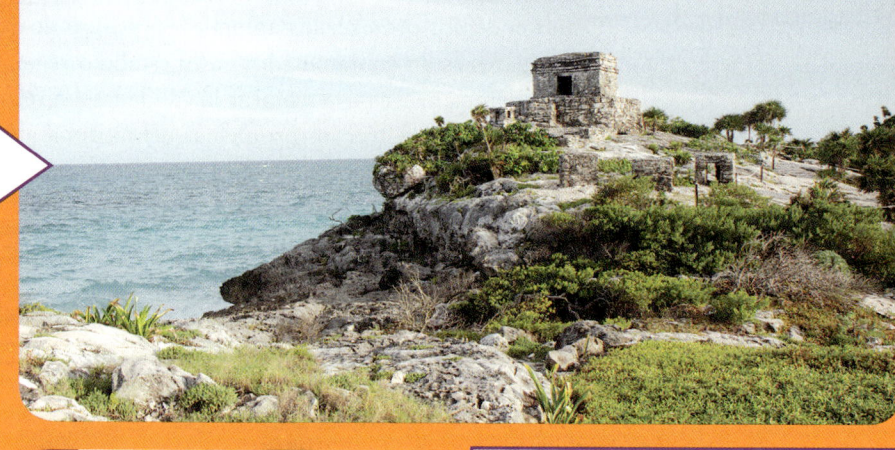

MARISSA Querida tía Ana María, lo estoy pasando muy bien. Es maravilloso que México tenga tantos programas estupendos para proteger a las tortugas. Hoy estamos en Tulum, y ¡el paisaje es espectacular! Con cariño, Marissa.

MARISSA Estoy tan feliz de que estés aquí conmigo.

JIMENA Es mucho más divertido cuando se viaja con amigos.

(*Llegan Felipe y Juan Carlos*)

JIMENA ¿Qué pasó?

JUAN CARLOS No lo van a creer.

2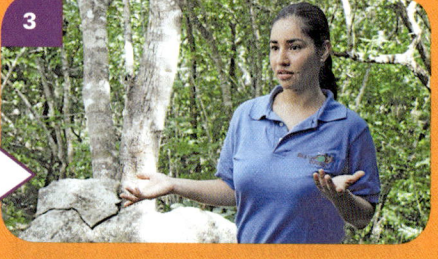

FELIPE Juan Carlos encontró al grupo. ¡Yo esperaba encontrarlos también! ¡Pero nunca vinieron por mí! Yo estaba asustado. Regresé al lugar de donde salimos y esperé. Me perdí todo el recorrido.

3

GUÍA A menos que protejamos a los animales de la contaminación y la deforestación, muchos van a estar en peligro de extinción. Por favor, síganme y eviten pisar las plantas.

5

4

FELIPE Nos retrasamos sólo cinco minutos... Qué extraño. Estaban aquí hace unos minutos.

JUAN CARLOS ¿Adónde se fueron?

FELIPE No creo que puedan ir muy lejos.

(*Se separan para buscar al grupo.*)

6

FELIPE Decidí seguir un río y...

MARISSA No es posible que un guía continúe el recorrido cuando hay dos personas perdidas.

JIMENA Vamos a ver, chicos, ¿qué pasó? Dígannos la verdad.

JUAN CARLOS

FELIPE

GUÍA

7

JUAN CARLOS Felipe se cayó. Él no quería contarles.
JIMENA ¡Lo sabía!

FELIPE Y ustedes, ¿qué hicieron hoy?
JIMENA Marissa y yo fuimos al santuario de las tortugas.

8

9

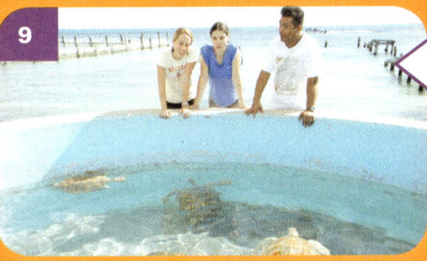

MARISSA Aprendimos sobre las normas que existen para proteger a las tortugas marinas.
JIMENA Pero no cabe duda de que necesitamos aprobar más leyes para protegerlas.
MARISSA Fue muy divertido verlas tan cerca.

10

JUAN CARLOS Entonces se divirtieron. ¡Qué bien!
JIMENA Gracias, y tú, pobrecito, pasaste todo el día con mi hermano. Siempre te mete en problemas.

Expresiones útiles

Talking about the environment

Aprendimos sobre las normas que existen para proteger a las tortugas marinas.
We learned about the regulations that exist to protect sea turtles.

Afortunadamente, ahora la población está aumentando.
Fortunately, the population is now growing.

No cabe duda de que necesitamos aprobar más leyes para protegerlas.
There is no doubt that we need to pass more laws to protect them.

Es maravilloso que México tenga tantos programas estupendos para proteger a las tortugas.
It's marvelous that Mexico has so many wonderful programs to protect the turtles.

A menos que protejamos a los animales de la contaminación y la deforestación, muchos van a estar en peligro de extinción.
Unless we protect animals from pollution and habitat loss, many of them will become endangered.

Additional vocabulary

aumentar
to grow; to get bigger
meterse en problemas
to get into trouble
perdido/a
lost
el recorrido
tour
sobre todo
above all

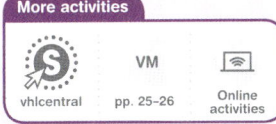

¿Qué pasó?

1 Seleccionar Selecciona la respuesta más lógica para completar cada oración.

1. México tiene muchos programas para _____ a las tortugas.
   a. destruir   b. reciclar   c. proteger
2. Según la guía, muchos animales van a estar en peligro de _____ si no los protegemos.
   a. reciclaje   b. extinción   c. deforestación
3. La guía les pide a los visitantes que eviten pisar _____.
   a. las plantas   b. las piedras   c. la tierra
4. Felipe no quería contarles a las chicas que se _____.
   a. divirtió   b. alegró   c. cayó
5. Jimena dice que debe haber más _____ para proteger a las tortugas.
   a. playas   b. leyes   c. gobiernos

2 Identificar Identifica quién dice estas oraciones.

1. Aprendimos sobre las normas que existen para proteger a las tortugas marinas.
2. A menos que protejamos a los animales de la contaminación y la deforestación, muchos van a estar en peligro de extinción.
3. Hoy estamos en Tulum, y ¡el paisaje es espectacular!
4. Me perdí todo el recorrido.
5. Creo que éste es nuestro último viaje del año.
6. Entonces se divirtieron. ¡Qué bien!
7. Ése es el árbol de la especie de chaká.
8. Dígannos la verdad.

FELIPE   MARISSA   JIMENA   GUÍA   JUAN CARLOS

> **NOTA CULTURAL**
>
> **Tulum** es una importante zona arqueológica que se localiza en la costa del estado de Quintana Roo, México. La ciudad amurallada (*walled*), construida (*built*) por los mayas, es famosa por su ubicación (*location*) dramática en un acantilado (*cliff*) frente al mar.

3 Preguntas Contesta estas preguntas.

1. ¿Qué lugar visitan Marissa y Jimena?
2. ¿Adónde fueron Juan Carlos y Felipe?
3. Según la guía, ¿por qué muchos animales están en peligro de extinción?
4. ¿Por qué Jimena y Marissa no creen la historia de Felipe?
5. ¿Qué esperaba Felipe cuando se perdió?

4 El medio ambiente En parejas, discutan algunos problemas ambientales y sus posibles soluciones. Usen estas preguntas y frases en su conversación.

- ¿Hay problemas de contaminación donde vives?
- Tenemos un problema muy grave de contaminación de...
- ¿Cómo podemos resolver los problemas de la contaminación?

Ortografía
Los signos de puntuación

 Tutorial

In Spanish, as in English, punctuation marks are important because they help you express your ideas in a clear, organized way.

No podía ver las llaves. Las buscó por los estantes, las mesas, las sillas, el suelo; minutos después, decidió mirar por la ventana. Allí estaban...

The **punto y coma (;)**, **the tres puntos (...)**, and the **punto (.)** are used in very similar ways in Spanish and English.

Argentina, Brasil, Paraguay y Uruguay son miembros de Mercosur.

In Spanish, the **coma (,)** is not used before **y** or **o** in a series.

13,5%   29,2°   3.000.000 $2.999,99

In numbers, Spanish uses a **coma** where English uses a decimal point and a **punto** where English uses a comma.

 ¿Cómo te llamas?   ¿Dónde está?   ¡Ven aquí!   Hola

Questions in Spanish are preceded and followed by **signos de interrogación (¿ ?)**, and exclamations are preceded and followed by **signos de exclamación (¡ !)**.

Práctica Lee el párrafo e indica los signos de puntuación necesarios.

Ayer recibí la invitación de boda de Marta mi amiga colombiana inmediatamente empecé a pensar en un posible regalo fui al almacén donde Marta y su novio tenían una lista de regalos había de todo copas cafeteras tostadoras finalmente decidí regalarles un perro ya sé que es un regalo extraño pero espero que les guste a los dos

¿Palabras de amor? El siguiente diálogo tiene diferentes significados (*meanings*) dependiendo de los signos de puntuación que utilices y el lugar donde los pongas. Intenta encontrar los diferentes significados.

JULIÁN   me quieres
MARISOL   no puedo vivir sin ti
JULIÁN   me quieres dejar
MARISOL   no me parece mala idea
JULIÁN   no eres feliz conmigo
MARISOL   no soy feliz

More activities

vhlcentral   LM p. 74

cultura

EN DETALLE

¡Los Andes se mueven!

Los Andes, la cadena° de montañas más extensa de América, son conocidos como "la espina dorsal° de Suramérica". Sus 7.240 kilómetros (4.500 millas) van desde el norte° de la región entre Venezuela y Colombia, hasta el extremo sur°, entre Argentina y Chile, y pasan por casi todos los países suramericanos. La cordillera° de los Andes, formada hace 27 millones de años, es la segunda más alta del mundo, después de la del Himalaya (aunque° esta última es mucho más "joven", ya que se formó hace apenas cinco millones de años).

Para poder atravesar° de un lado a otro de los Andes, existen varios pasos o puertos° de montaña. Situados a grandes alturas°, son generalmente estrechos° y peligrosos. En algunos de ellos hay, también, vías ferroviarias°.

De acuerdo con° varias instituciones científicas, la cordillera de los Andes se eleva° y se hace más angosta° cada año. La capital de Chile se acerca° a la capital de Argentina a un ritmo° de 19,4 milímetros por año. Si ese ritmo se mantiene°, Santiago y Buenos Aires podrían unirse° en unos… 63 millones de años, ¡casi el mismo tiempo que ha transcurrido° desde la extinción de los dinosaurios!

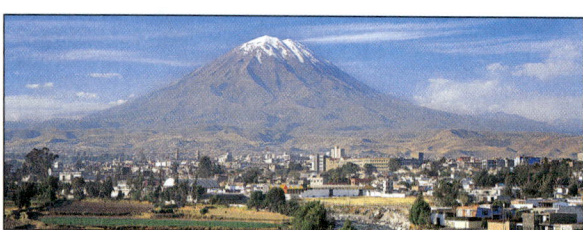

Arequipa, Perú

Los Andes en números

3 Cordilleras que forman los Andes: Las cordilleras Central, Occidental y Oriental

900 (A.C.°) Año aproximado en que empezó el desarrollo° de la cultura chavín, en los Andes peruanos

600 Número aproximado de volcanes que hay en los Andes

6.962 Metros (22.841 pies) de altura del Aconcagua (Argentina), el pico° más alto de los Andes

---

cadena *range* espina dorsal *spine* norte *north* sur *south* cordillera *mountain range* aunque *although* atravesar *to cross* puertos *passes* alturas *heights* estrechos *narrow* vías ferroviarias *railroad tracks* De acuerdo con *According to* se eleva *rises* angosta *narrow* se acerca *gets closer* ritmo *rate* se mantiene *keeps going* podrían unirse *could join together* ha transcurrido *has gone by* A.C. *Before Christ* desarrollo *development* pico *peak*

ACTIVIDADES

1 **Escoger** Escoge la opción que completa mejor cada oración.

1. Los Andes son la cadena montañosa más extensa del…
   a. mundo.   b. continente americano.   c. hemisferio norte.
2. "La espina dorsal de Suramérica" es…
   a. los Andes.   b. el Himalaya.   c. el Aconcagua.
3. La cordillera de los Andes se extiende…
   a. de este a oeste.   b. de sur a oeste.   c. de norte a sur.
4. El Himalaya y los Andes tienen…
   a. diferente altura.   b. la misma altura.   c. el mismo color.
5. Es posible atravesar los Andes por medio de…
   a. montañas.   b. puertos.   c. metro.
6. En algunos de los puertos de montaña de los Andes hay…
   a. puertas.   b. vías ferroviarias.   c. cordilleras.
7. En 63 millones de años, Buenos Aires y Santiago podrían…
   a. separarse.   b. desarrollarse.   c. unirse.
8. El Aconcagua es…
   a. una montaña.   b. un grupo indígena.   c. un volcán.

▶ As with expressions of will and influence, the infinitive, not the subjunctive, is used after an expression of emotion when there is no change of subject. Compare these sentences.

Temo llegar tarde.
I'm afraid I'll arrive late.

Temo que mi novio **llegue** tarde.
I'm afraid my boyfriend will arrive late.

▶ The expression **ojalá (que)** means *I hope* or *I wish*, and it is always followed by the subjunctive. Note that the use of **que** with this expression is optional.

Ojalá (que) se conserven nuestros recursos naturales.
I hope (that) our natural resources will be conserved.

Ojalá (que) recojan la basura hoy.
I hope (that) they collect the garbage today.

Ojalá que

su aseguradora escuche sus necesidades con la misma atención.

Por fin usted se puede poner en manos de **una compañía confiable.**

COLMENA
salud - medicina
Con su familia, por su futuro.

¡INTÉNTALO! Completa las oraciones con las formas correctas de los verbos.

1. Ojalá que ellos ___descubran___ (descubrir) nuevas formas de energía.
2. Espero que Ana nos _____ (ayudar) a recoger la basura en la carretera.
3. Me alegro de que mis amigos _____ (querer) conservar la naturaleza.
4. Esperamos _____ (proteger) a las tortugas marinas que llegan a esta playa.
5. Es una lástima que la gente no _____ (reciclar) más.
6. A mis padres les gusta que nosotros _____ (participar) en la reunión.
7. Es malo _____ (contaminar) el medio ambiente.
8. Espero que tú _____ (venir) a la reunión (*meeting*) del Club de Ecología.
9. Es terrible que nuestras ciudades _____ (estar) afectadas por la contaminación.
10. Ojalá que yo _____ (poder) hacer algo para reducir el calentamiento global.

Práctica

1 Completar Completa el diálogo con palabras de la lista. Compara tus respuestas con las de un(a) compañero/a.

Bogotá, Colombia

alegro	molesta	salga
encuentren	ojalá	tengo miedo de
estén	puedan	vayan
lleguen	reduzcan	visitar

OLGA Me alegro de que Adriana y Raquel (1)_____ a Colombia. ¿Van a estudiar?

SARA Sí. Es una lástima que (2)_____ una semana tarde. Ojalá que la universidad las ayude a buscar casa. (3)_____ que no consigan dónde vivir.

OLGA Me (4)_____ que seas tan pesimista, pero sí, yo también espero que (5)_____ gente simpática y que hablen mucho español.

SARA Sí, ojalá. Van a hacer un estudio sobre la deforestación en las costas. Es triste que en tantos países los recursos naturales (6)_____ en peligro.

OLGA Pues, me (7)_____ de que no se queden mucho en la capital por la contaminación. (8)_____ tengan tiempo de viajar por el país.

SARA Sí, espero que (9)_____ ir a Medellín. Sé que también quieren (10)_____ la Catedral de Sal de Zipaquirá.

> **NOTA CULTURAL**
>
> Los principales factores que determinan la temperatura de **Bogotá, Colombia,** son su proximidad al ecuador y su altitud, 2.640 metros (8.660 pies) sobre el nivel (*level*) del mar. Con un promedio (*average*) de 13° C (56° F), Bogotá disfruta de un clima templado (*mild*) durante la mayor parte del año. Hay, sin embargo, variaciones considerables entre el día (18° C) y la noche (7° C).

2 Transformar Transforma estos elementos en oraciones completas para formar un diálogo entre Juan y la madre de Raquel. Añade palabras si es necesario. Luego, con un(a) compañero/a, presenta el diálogo a la clase.

1. Juan, / esperar / (tú) escribirle / Raquel. / Ser / tu / novia. / Ojalá / no / sentirse / sola

2. molestarme / (usted) decirme / lo que / tener / hacer. / Ahora / mismo / le / estar / escribiendo

3. alegrarme / oírte / decir / eso. / Ser / terrible / estar / lejos / cuando / nadie / recordarte

4. señora, / ¡yo / tener / miedo de / (ella) no recordarme / mí! / Ser / triste / estar / sin / novia

5. ser / ridículo / (tú) sentirte / así. / Tú / saber / ella / querer / casarse / contigo

6. ridículo / o / no, / sorprenderme / (todos) preocuparse / ella / y / (nadie) acordarse de / mí

Comunicación

3 Comentar En parejas, túrnense para formar oraciones sobre su comunidad, sus clases, su gobierno o algún otro tema, usando expresiones como **me alegro de que**, **temo que** y **es extraño que**. Luego, reaccionen a los comentarios de su compañero/a.

> **modelo**
>
> **Estudiante 1:** Me alegro de que vayan a limpiar el río.
> **Estudiante 2:** Yo también. Me preocupa que el agua del río esté tan sucia.

4 Contestar Lee el mensaje electrónico. Luego, en parejas, contesten el mensaje usando expresiones como **me sorprende que**, **me molesta que** y **es una lástima que**.

De: Raquel
Para: Juan
Asunto: ¡Hola!

Hola, Juan:

Mi amor, siento no escribirte más frecuentemente. La verdad es que estoy muy ocupada todo el tiempo. No sabes cuánto me estoy divirtiendo en Colombia. Me sorprende haber podido adaptarme tan bien. Es bueno tener tanto trabajo. Aprendo mucho más aquí que en el laboratorio de la universidad. Me encanta que me den responsabilidades y que compartan sus muchos conocimientos conmigo. Ay, pero pienso mucho en ti. Qué triste es que no podamos estar juntos por tanto tiempo. Ojalá que los días pasen rápido. Bueno, querido, es todo por ahora. Escríbeme pronto.

Te quiero y te extraño mucho,

Raquel

> **AYUDA**
>
> **Echar de menos (a alguien)** and **extrañar (a alguien)** are two ways of saying *to miss (someone)*.

Síntesis

5 No te preocupes Estás muy preocupado/a por los problemas del medio ambiente y le comentas a tu compañero/a todas tus preocupaciones. Él/Ella va a darte la solución adecuada para tus preocupaciones. Su profesor(a) les va a dar una hoja distinta a cada uno/a con la información necesaria para completar la actividad.

> **modelo**
>
> **Estudiante 1:** Me molesta que las personas tiren basura en las calles.
> **Estudiante 2:** Por eso es muy importante que los políticos hagan leyes para conservar las ciudades limpias.

13.2 The subjunctive with doubt, disbelief, and denial

ANTE TODO Just as the subjunctive is required with expressions of emotion, influence, and will, it is also used with expressions of doubt, disbelief, and denial.

Main clause		Subordinate clause
Dudan	que	su hijo les **diga** la verdad.

▶ The subjunctive is always used in a subordinate clause when there is a change of subject and the expression in the main clause implies negation or uncertainty.

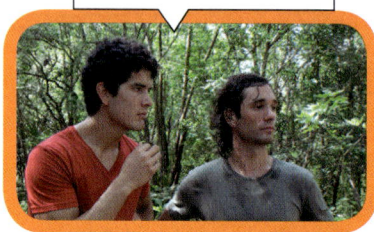

No creo que puedan ir muy lejos.

No es posible que el guía continúe el recorrido sin ustedes.

▶ Here is a list of some common expressions of doubt, disbelief, or denial.

Expressions of doubt, disbelief, or denial

dudar	to doubt	no es seguro	it's not certain
negar (e:ie)	to deny	no es verdad	it's not true
no creer	not to believe	es imposible	it's impossible
no estar seguro/a (de)	not to be sure	es improbable	it's improbable
no es cierto	it's not true; it's not certain	(no) es posible	it's (not) possible
		(no) es probable	it's (not) probable

El gobierno **niega** que el agua **esté** contaminada.
The government denies that the water is contaminated.

Dudo que el gobierno **resuelva** el problema.
I doubt that the government will solve the problem.

Es probable que **haya** menos bosques y selvas en el futuro.
It's probable that there will be fewer forests and jungles in the future.

No es verdad que mi hermano **estudie** ecología.
It's not true that my brother studies ecology.

¡LENGUA VIVA!

In English, the expression *it is probable* indicates a fairly high degree of certainty. In Spanish, however, **es probable** implies uncertainty and therefore triggers the subjunctive in the subordinate clause: **Es probable que venga Elena (pero quizás no puede).**

La naturaleza

▶ The indicative is used in a subordinate clause when there is no doubt or uncertainty in the main clause. Here is a list of some expressions of certainty.

Expressions of certainty

no dudar	not to doubt	estar seguro/a (de)	to be sure
no cabe duda de	there is no doubt	es cierto	it's true; it's certain
no hay duda de	there is no doubt	es seguro	it's certain
no negar (e:ie)	not to deny	es verdad	it's true
creer	to believe	es obvio	it's obvious

No negamos que **hay** demasiados carros en las carreteras.
We don't deny that there are too many cars on the highways.

Es verdad que Colombia **es** un país bonito.
It's true that Colombia is a beautiful country.

No hay duda de que el Amazonas **es** uno de los ríos más largos.
There is no doubt that the Amazon is one of the longest rivers.

Es obvio que las ballenas **están** en peligro de extinción.
It's obvious that whales are in danger of extinction.

▶ In affirmative sentences, the verb **creer** expresses belief or certainty, so it is followed by the indicative. In negative sentences, however, when doubt is implied, **creer** is followed by the subjunctive.

Creo que **debemos** usar exclusivamente la energía solar.
I believe we should use solar energy exclusively.

No creo que **haya** vida en el planeta Marte.
I don't believe that there is life on the planet Mars.

▶ The expressions **quizás** and **tal vez** are usually followed by the subjunctive because they imply doubt about something.

Quizás haga sol mañana.
Perhaps it will be sunny tomorrow.

Tal vez veamos la luna esta noche.
Perhaps we will see the moon tonight.

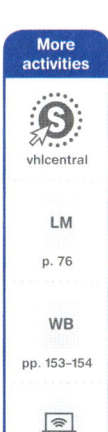

¡INTÉNTALO! Completa estas oraciones con la forma correcta del verbo.

1. Dudo que ellos _trabajen_ (trabajar).
2. Es cierto que él _____ (comer) mucho.
3. Es imposible que ellos _____ (salir).
4. No creo que ella _____ (volver).
5. No niego que ustedes _____ (estudiar).
6. Es posible que nosotros _____ (ir).
7. Dudamos que tú _____ (reciclar).
8. Creo que ellos _____ (jugar) al fútbol.
9. Es probable que ustedes _____ (ganar).
10. Es posible que ella no _____ (venir) a casa.
11. Es probable que Lucio y Carmen _____ (dormir).
12. Es posible que mi prima Marta _____ (llamar).
13. No es cierto que Paco y Daniel nos _____ (ayudar).
14. Tal vez Juan no nos _____ (oír).

Práctica

1 **Escoger** Escoge las respuestas correctas para completar el diálogo. Luego dramatiza el diálogo con un(a) compañero/a.

RAÚL Ustedes dudan que yo realmente (1)_____ (estudio/estudie). No niego que a veces me (2)_____ (divierto/divierta) demasiado, pero no cabe duda de que (3)_____ (tomo/tome) mis estudios en serio. Estoy seguro de que cuando me vean graduarme van a pensar de manera diferente. Creo que no (4)_____ (tienen/tengan) razón con sus críticas.

PAPÁ Es posible que tu mamá y yo no (5)_____ (tenemos/tengamos) razón. Es cierto que a veces (6)_____ (dudamos/dudemos) de ti. Pero no hay duda de que te (7)_____ (pasas/pases) toda la noche en Internet y oyendo música. No es nada seguro que (8)_____ (estás/estés) estudiando.

RAÚL Es verdad que (9)_____ (uso/use) mucho la computadora pero, ¡piensen! ¿No es posible que (10)_____ (es/sea) para buscar información para mis clases? ¡No hay duda de que Internet (11)_____ (es/sea) el mejor recurso del mundo! Es obvio que ustedes (12)_____ (piensan/piensen) que no hago nada, pero no es cierto.

PAPÁ No dudo que esta conversación nos (13)_____ (va/vaya) a ayudar. Pero tal vez esta noche (14)_____ (puedes/puedas) trabajar sin música. ¿Está bien?

2 **Dudas** Usa las expresiones entre paréntesis para expresar tus dudas sobre lo que una amiga te dice.

modelo
El próximo año Marta y yo vamos de vacaciones por diez meses. (dudar)
¡Ja! Dudo que vayan de vacaciones por ese tiempo. ¡Ustedes no son ricas!

1. Estoy escribiendo una novela en español. (no creer)
2. Mi tía es la directora de PETA. (no ser verdad)
3. Dos profesores míos juegan para los Osos (*Bears*) de Chicago. (ser imposible)
4. Yo ya tengo un doctorado (*doctorate*) en lenguas. (ser improbable)
5. Mi padre es dueño del Centro Rockefeller. (no ser posible)
6. Mi mejor amiga conoce al chef Bobby Flay. (no ser cierto)

AYUDA
Here are some useful expressions to say that you don't believe someone.
¡Qué va!
¡Imposible!
¡No te creo!
¡Es mentira!

3 **Combinar** Combina elementos de las columnas para formar oraciones lógicas.

modelo
Dudo que el gobierno nacional limpie todos los ríos.

dudo que	los ecologistas	cazar animales
es verdad que	el gobierno local	respirar aire puro
es improbable que	el gobierno nacional	proteger el medio ambiente
es posible que	los estadounidenses	desarrollar una solución
no es cierto que	todo el mundo	limpiar todos los ríos

La naturaleza

Comunicación

4 Entrevista En parejas, imaginen que tienen que hacerle una entrevista a la ecologista Mary Axtmann, quien colaboró en la fundación de la organización Ciudadanos Pro Bosque San Patricio, en Puerto Rico. Escriban seis preguntas para la entrevista después de leer las declaraciones de Axtmann. Al final, inventen las respuestas de Axtmann.

NOTA CULTURAL

La asociación de **Mary Axtmann** trabaja para la conservación del Bosque San Patricio. También ofrece conferencias sobre temas ambientales, hace un censo anual de pájaros y tiene un grupo de guías voluntarios. La comunidad hace todo el trabajo; la asociación no recibe ninguna ayuda del gobierno.

Declaraciones de Mary Axtmann:

"... que el bosque es un recurso ecológico educativo para la comunidad."

"El Bosque San Patricio es un pulmón (*lung*) que produce oxígeno para la ciudad."

"El Bosque San Patricio está en medio de la ciudad de San Juan. Por eso digo que este bosque es una esmeralda (*emerald*) en un mar de concreto."

"El bosque pertenece (*belongs*) a la comunidad."

"Nosotros salvamos este bosque mediante la propuesta (*proposal*) y no la protesta."

5 Adivinar Escribe cinco oraciones sobre tu vida presente y futura. Cuatro deben ser falsas y sólo una debe ser cierta. Presenta tus oraciones al grupo. El grupo adivina cuál es la oración cierta y expresa sus dudas sobre las oraciones falsas.

AYUDA

Here are some useful verbs for talking about plans.
esperar → *to hope*
querer → *to want*
pretender → *to intend*
pensar → *to plan*
Note that **pretender** and *pretend* are false cognates. To express *to pretend*, use the verb **fingir**.

> **modelo**
> **Estudiante 1:** Quiero irme un año a la selva a trabajar.
> **Estudiante 2:** Dudo que te guste vivir en la selva.
> **Estudiante 3:** En cinco años voy a ser presidente de los Estados Unidos.
> **Estudiante 2:** No creo que seas presidente de los Estados Unidos en cinco años. ¡Tal vez en treinta!

Síntesis

6 Intercambiar En grupos, escriban un párrafo sobre los problemas del medio ambiente en su estado o en su comunidad. Compartan su párrafo con otro grupo, que va a ofrecer opiniones y soluciones. Luego presenten su párrafo, con las opiniones y soluciones del otro grupo, a la clase.

13.3 The subjunctive with conjunctions

ANTE TODO Conjunctions are words or phrases that connect other words and clauses in sentences. Certain conjunctions commonly introduce adverbial clauses, which describe *how*, *why*, *when*, and *where* an action takes place.

Main clause	Conjunction	Adverbial clause
Vamos a visitar a Carlos	**antes de que**	**regrese** a California.

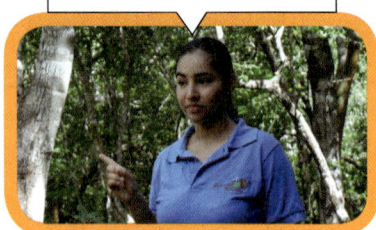

Muchos animales van a estar en peligro de extinción, a menos que los protejamos.

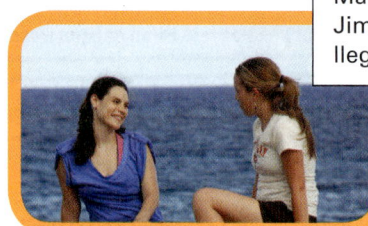

Marissa habla con Jimena antes de que lleguen los chicos.

▶ With certain conjunctions, the subjunctive is used to express a hypothetical situation, uncertainty as to whether an action or event will take place, or a condition that may or may not be fulfilled.

Voy a dejar un recado **en caso de que** Gustavo me llame.
I'm going to leave a message in case Gustavo calls me.

Voy al supermercado **para que** tengas algo de comer.
I'm going to the store so that you'll have something to eat.

▶ Here is a list of the conjunctions that always require the subjunctive.

Conjunctions that require the subjunctive

a menos que	unless	**en caso (de) que**	in case (that)
antes (de) que	before	**para que**	so that
con tal (de) que	provided that	**sin que**	without

Algunos animales van a morir **a menos que** haya leyes para protegerlos.
Some animals are going to die unless there are laws to protect them.

Ellos nos llevan a la selva **para que** veamos las plantas tropicales.
They are taking us to the jungle so that we may see the tropical plants.

▶ The infinitive, not **que** + [*subjunctive*], is used after the prepositions **antes de, para**, and **sin** when there is no change of subject. **¡Atención!** While you may use a present participle with the English equivalent of these phrases, in Spanish you cannot.

Te llamamos **antes de salir** de la casa.
We will call you before leaving the house.

Te llamamos mañana **antes de que salgas**.
We will call you tomorrow before you leave.

Conjunctions with subjunctive or indicative

Voy a formar un club de ecología tan pronto como vuelva al D.F.

Cuando veo basura, la recojo.

Conjunctions used with subjunctive or indicative

cuando	when	hasta que	until
después de que	after	tan pronto como	as soon as
en cuanto	as soon as		

▶ With the conjunctions above, use the subjunctive in the subordinate clause if the main clause expresses a future action or command.

Vamos a resolver el problema **cuando desarrollemos** nuevas tecnologías.
We are going to solve the problem when we develop new technologies.

Después de que ustedes **tomen** sus refrescos, reciclen las botellas.
After you drink your soft drinks, recycle the bottles.

▶ With these conjunctions, the indicative is used in the subordinate clause if the verb in the main clause expresses an action that habitually happens, or that happened in the past.

Contaminan los ríos **cuando construyen** nuevos edificios.
They pollute the rivers when they build new buildings.

Contaminaron el río **cuando construyeron** ese edificio.
They polluted the river when they built that building.

¡INTÉNTALO! Completa las oraciones con las formas correctas de los verbos.

1. Voy a estudiar ecología cuando ___vuelva___ (volver) a la universidad.
2. No podemos evitar el cambio climático, a menos que todos _____ (trabajar) juntos.
3. No podemos conducir sin _____ (contaminar) el aire.
4. La gente recicla con tal de que no _____ (ser) difícil.
5. Elisa habló con el presidente del Club de Ecología después de que _____ (terminar) la reunión.
6. Siempre recogemos mucha basura cuando _____ (ir) al parque.
7. La contaminación va a ser un problema muy serio hasta que nosotros _____ (cambiar) nuestros sistemas de producción y transporte.
8. El gobierno debe crear más parques nacionales antes de que los bosques y ríos _____ (estar) completamente contaminados.
9. Vamos de excursión para _____ (observar) los animales y las plantas.

Práctica

1 Completar Completa las oraciones con la forma correcta de cada verbo.

1. Voy a llevar a mis hijos al parque para que _____ (aprender) sobre la naturaleza.
2. Voy a pasar todo el día allí a menos que _____ (hacer) mucho frío.
3. Podemos explorar el parque en bicicleta sin _____ (caminar) demasiado.
4. Siempre llevamos al perro cuando _____ (ir) al parque.
5. No pensamos ir muy lejos en caso de que _____ (llover).
6. Vamos a bajar al cráter con tal de que no se _____ (prohibir).
7. Vamos a almorzar a la orilla (*shore*) del río cuando nosotros _____ (terminar) de preparar la comida.
8. Mis hijos van a dejar todo limpio antes de _____ (salir) del parque.

2 Frases Completa estas frases de una manera lógica.

1. No podemos controlar la contaminación del aire a menos que…
2. Voy a reciclar los productos de papel y de vidrio en cuanto…
3. Debemos comprar coches eléctricos tan pronto como…
4. Protegemos los animales en peligro de extinción para que…
5. Mis amigos y yo vamos a recoger la basura de la universidad después de que…
6. No podemos desarrollar nuevas fuentes (*sources*) de energía sin…
7. Hay que eliminar la contaminación del agua para…
8. No podemos proteger la naturaleza sin que…

3 Organizaciones colombianas En parejas, lean las descripciones de las organizaciones de conservación. Luego expresen en sus propias (*own*) palabras las opiniones de cada organización.

Organización:
Fundación Río Orinoco

Problema:
La destrucción de los ríos

Solución:
Programa para limpiar las orillas de los ríos y reducir la erosión y así proteger los ríos

Organización:
Oficina de Turismo Internacional

Problema:
Necesidad de mejorar la imagen del país en el mercado turístico internacional

Solución:
Plan para promover el ecoturismo en los 54 parques nacionales, usando agencias de publicidad e implementando un plan agresivo de conservación

Organización:
Asociación Nabusimake-Pico Colón

Problema:
Un lugar turístico popular en la Sierra Nevada de Santa Marta necesita mejor mantenimiento

Solución:
Programa de voluntarios para limpiar y mejorar los senderos

AYUDA

Here are some expressions you can use as you complete **Actividad 3**.

Se puede evitar…
con tal de que…

Es necesario…
para que…

Debemos prohibir…
antes de que…

No es posible…
sin que…

Vamos a… tan pronto como…

A menos que… no vamos a…

La naturaleza

Comunicación

4 **Preguntas** En parejas, túrnense para hacerse estas preguntas.

1. ¿Qué haces cada noche antes de acostarte?
2. ¿Qué haces después de salir de la universidad?
3. ¿Qué hace tu familia para que puedas asistir a la universidad?
4. ¿Qué piensas hacer tan pronto como te gradúes?
5. ¿Qué quieres hacer mañana, a menos que haga mal tiempo?
6. ¿Qué haces en tus clases sin que los profesores lo sepan?

5 **Comparar** En parejas, comparen una actividad rutinaria que ustedes hacen con algo que van a hacer en el futuro.

antes de	después de que	hasta que	sin (que)
antes de que	en caso de que	para (que)	tan pronto como

modelo

Estudiante 1: El sábado vamos al lago. Tan pronto como volvamos, vamos a estudiar para el examen.
Estudiante 2: Todos los sábados llevo a mi primo al parque para que juegue. Pero el sábado que viene, con tal de que no llueva, lo voy a llevar a las montañas.

Síntesis

6 **Tres en raya (*Tic-Tac-Toe*)** Formen dos equipos. Con el vocabulario de esta lección, una persona comienza una frase y otra persona de su equipo la termina usando palabras de la gráfica. El primer equipo que forme tres oraciones seguidas (*in a row*) gana el tres en raya. Hay que usar la conjunción o la preposición y el verbo correctamente. Si no, ¡no cuenta!

¡LENGUA VIVA!

Tic-Tac-Toe has various names in the Spanish-speaking world, including **tres en raya, tres en línea, ta-te-ti, gato, la vieja,** and **triqui-triqui**.

modelo

Equipo 1
Estudiante 1: Dudo que podamos eliminar la deforestación…
Estudiante 2: sin que nos ayude el gobierno.
Equipo 2
Estudiante 1: Creo que podemos conservar nuestros recursos naturales…
Estudiante 2: con tal de que todos hagamos algo para ayudar.

cuando	con tal de que	para que
antes de que	para	sin que
hasta que	en caso de que	antes de

Recapitulación

Completa estas actividades para repasar los conceptos de gramática que aprendiste en esta lección.

1 **Subjuntivo con conjunciones** Escoge la forma correcta del verbo para completar las oraciones. **16 pts.**

1. En cuanto (empiecen/empiezan) las vacaciones, vamos a viajar.
2. Por favor, llámeme a las siete y media en caso de que no (me despierto/me despierte).
3. Toni va a usar su bicicleta hasta que los coches híbridos (cuesten/cuestan) menos dinero.
4. Tan pronto como supe la noticia (*news*) (te llamé/te llame).
5. Debemos conservar el agua antes de que no (queda/quede) nada para beber.
6. ¿Siempre recoges la basura después de que (terminas/termines) de comer en un picnic?
7. Siempre quiero vender mi camioneta (*SUV*) cuando (*yo*) (piense/pienso) en la contaminación.
8. Estudiantes, pueden entrar al parque natural con tal de que no (tocan/toquen) las plantas.

2 **Creer o no creer** Completa estos diálogos con la forma correcta del presente de indicativo o de subjuntivo, según el contexto. **16 pts.**

CAROLA Creo que (1) _____ (nosotras, deber) escribir nuestra presentación sobre el reciclaje.

MÓNICA Hmm, no estoy segura de que el reciclaje (2) _____ (ser) un buen tema. No hay duda de que la gente ya (3) _____ (saber) reciclar.

CAROLA Sí, pero dudo que todos lo (4) _____ (practicar).

• • •

PACO ¿Sabes, Néstor? El sábado voy a ir a limpiar el río con un grupo de voluntarios. ¿Quieres venir?

NÉSTOR No es seguro que (5) _____ (yo, poder) ir. El lunes hay un examen y tengo que estudiar.

PACO ¿Estás seguro de que no (6) _____ (tener) tiempo? Es imposible que (7) _____ (ir) a estudiar todo el fin de semana.

NÉSTOR Pues sí, pero es muy probable que (8) _____ (llover).

RESUMEN GRAMATICAL

13.1 The subjunctive with verbs of emotion
pp. 452–453

Verbs and expressions of emotion	
alegrarse (de)	tener miedo (de)
esperar	es extraño
gustar	es una lástima
molestar	es ridículo
sentir (e:ie)	es terrible
sorprender	es triste
temer	ojalá (que)

Main clause		Subordinate clause
Marta **espera**	que	yo **vaya** al lago mañana.
Ojalá		**comamos** en casa.

13.2 The subjunctive with doubt, disbelief, and denial
pp. 456–457

Expressions of doubt, disbelief, or denial (used with subjunctive)	
dudar	no es verdad
negar (e:ie)	es imposible
no creer	es improbable
no estar seguro/a (de)	(no) es posible
no es cierto	(no) es probable
no es seguro	

Expressions of certainty (used with indicative)	
no dudar	estar seguro/a (de)
no cabe duda de	es cierto
no hay duda de	es seguro
no negar (e:ie)	es verdad
creer	es obvio

▶ The infinitive is used after these expressions when there is no change of subject.

13.3 The subjunctive with conjunctions
pp. 460–461

Conjunctions that require the subjunctive	
a menos que	en caso (de) que
antes (de) que	para que
con tal (de) que	sin que

La naturaleza

> ▶ The infinitive is used after the prepositions **antes de**, **para**, and **sin** when there is no change of subject.
>
> Te llamamos **antes de salir** de casa.
>
> Te llamamos mañana **antes de que salgas**.
>
> | Conjunctions used with subjunctive or indicative ||
> |---|---|
> | cuando | hasta que |
> | después de que | tan pronto como |
> | en cuanto | |

3 Reacciones Reacciona a estas oraciones según las pistas (*clues*). Sigue el modelo. **20 pts.**

> **modelo**
> Tú casi nunca reciclas nada.
> (yo, molestar)
> A mí me molesta que tú casi nunca recicles nada.

1. La Ciudad de México tiene un problema grave de contaminación. (ser una lástima)
2. En ese safari permiten tocar a los animales. (ser extraño)
3. Julia y Víctor no pueden ir a las montañas. (yo, sentir)
4. El nuevo programa de reciclaje es un éxito. (nosotros, esperar)
5. A María no le gustan los perros. (ser una lástima)
6. Existen leyes ecológicas en este país. (Juan, alegrarse de)
7. El gobierno no busca soluciones. (ellos, temer)
8. La mayoría de la población no cuida el medio ambiente. (ser triste)
9. Muchas personas cazan animales en esta región. (yo, sorprender)
10. La situación mejora día a día. (ojalá que)

4 Oraciones Forma oraciones con estos elementos. Usa el subjuntivo cuando sea necesario. **10 pts.**

1. ser ridículo / los coches / contaminar tanto
2. no caber duda de / tú y yo / poder / hacer mucho más
3. los ecologistas / temer / no conservarse / los recursos naturales
4. yo / alegrarse de / en mi ciudad / reciclarse / el plástico, el vidrio y el aluminio
5. todos (nosotros) / ir a respirar / mejor / cuando / (nosotros) llegar / a la montaña

5 Escribir Escribe un diálogo de al menos siete oraciones en el que un(a) amigo/a hace comentarios pesimistas sobre la situación del medio ambiente en tu región y tú respondes con comentarios optimistas. Usa verbos y expresiones de esta lección. **38 pts.**

6 Canción Completa estos versos de una canción de Juan Luis Guerra. **¡4 puntos EXTRA!**

" Ojalá que _____ (llover) café en el campo. Pa'° que todos los niños _____ (cantar) en el campo. "

Pa' *short for* Para

13 adelante

Audio: Reading

Lectura

Antes de leer

Estrategia
Recognizing the purpose of a text

When you are faced with an unfamiliar text, it is important to determine the writer's purpose. If you are reading an editorial in a newspaper, for example, you know that the journalist's objective is to persuade you of his or her point of view. Identifying the purpose of a text will help you better comprehend its meaning.

Examinar los textos
Primero, utiliza la estrategia de lectura para familiarizarte con los textos. Después, contesta estas preguntas y compara tus respuestas con las de un(a) compañero/a.

- ¿De qué tratan los textos?°
- ¿Son fábulas°, poemas, artículos de periódico…?
- ¿Cómo lo sabes?

Predicciones
Lee estas predicciones sobre la lectura e indica si estás de acuerdo° con ellas. Después, compara tus opiniones con las de un(a) compañero/a.

1. Los textos son del género° de ficción.
2. Los personajes son animales.
3. La acción de los textos tiene lugar en un zoológico.
4. Hay alguna moraleja°.

Determinar el propósito
Con un(a) compañero/a, hablen de los posibles propósitos° de los textos. Consideren estas preguntas:

- ¿Qué te dice el género de los textos sobre los posibles propósitos de ellos?
- ¿Piensas que los textos pueden tener más de un propósito? ¿Por qué?

¿De qué tratan los textos? *What are the texts about?* fábulas *fables* estás de acuerdo *you agree* género *genre* moraleja *moral* propósitos *purposes*

More activities
vhlcentral
Online activities

Sobre el autor
Félix María Samaniego (1745–1801) nació en España y escribió las *Fábulas morales* que ilustran de manera humorística el carácter humano. Los protagonistas de muchas de sus fábulas son animales que hablan.

El **perro** y el **cocodrilo**

Bebiendo un perro en el Nilo°,
al mismo tiempo corría.
"Bebe quieto°", le decía
un taimado° cocodrilo.

Díjole° el perro prudente:
"Dañoso° es beber y andar°;
pero ¿es sano el aguardar
a que me claves el diente°?"

¡Oh qué docto° perro viejo!
Yo venero° su sentir°
en esto de no seguir
del enemigo el consejo.

Nilo *Nile* quieto *in peace* taimado *sly* Díjole *Said to him* Dañoso *Harmful* andar *to walk* ¿es sano… diente? *Is it good for me to wait for you to sink your teeth into me?* docto *wise* venero *revere* sentir *wisdom*

Sobre el autor

Tomás de Iriarte (1750–1791) nació en las islas Canarias y tuvo gran éxito° con su libro *Fábulas literarias*. Su tendencia a representar la lógica a través de° símbolos de la naturaleza fue de gran influencia para muchos autores de su época°.

El pato° y la serpiente

A orillas° de un estanque°,
diciendo estaba un pato:
"¿A qué animal dio el cielo°
los dones que me ha dado°?

"Soy de agua, tierra y aire:
cuando de andar me canso°,
si se me antoja, vuelo°;
si se me antoja, nado".

Una serpiente astuta
que le estaba escuchando,
le llamó con un silbo°,
y le dijo "¡Seo° guapo!

"No hay que echar tantas plantas°;
pues ni anda como el gamo°,
ni vuela como el sacre°,
ni nada como el barbo°;

"y así tenga sabido
que lo importante y raro°
no es entender de todo,
sino ser diestro° en algo".

éxito *success* a través de *through* época *time* pato *duck* orillas *banks* estanque *pond* cielo *heaven* los dones... dado *the gifts that it has given me* me canso *I get tired* si se... vuelo *if I feel like it, I fly* silbo *hiss* Seo *Señor* No hay... plantas *There's no reason to boast* gamo *deer* sacre *falcon* barbo *barbel (a type of fish)* raro *rare* diestro *skillful*

Después de leer

Comprensión
Escoge la mejor opción para completar cada oración.

1. El cocodrilo _____ perro.
   a. está preocupado por el   b. quiere comerse al
   c. tiene miedo del

2. El perro _____ cocodrilo.
   a. tiene miedo del   b. es amigo del
   c. quiere quedarse con el

3. El pato cree que es un animal _____.
   a. muy famoso   b. muy hermoso
   c. de muchos talentos

4. La serpiente cree que el pato es _____.
   a. muy inteligente   b. muy tonto   c. muy feo

Preguntas
Contesta las preguntas.

1. ¿Qué representa el cocodrilo?
   _____

2. ¿Qué representa el pato?
   _____

3. ¿Cuál es la moraleja (*moral*) de "El perro y el cocodrilo"?
   _____

4. ¿Cuál es la moraleja de "El pato y la serpiente"?
   _____

Coméntalo
En parejas, túrnense para hacerse estas preguntas. ¿Estás de acuerdo con las moralejas de estas fábulas? ¿Por qué? ¿Cuál de estas fábulas te gusta más? ¿Por qué? ¿Conoces otras fábulas? ¿Cuál es su propósito?

Escribir
Escribe una fábula para compartir con la clase. Puedes escoger algunos animales de la lista o escoger otros. ¿Qué características deben tener estos animales?

- una abeja (*bee*)
- un gato
- un mono
- un burro
- un perro
- una tortuga
- un águila (*eagle*)
- un pavo real (*peacock*)

Escritura

Estrategia
Considering audience and purpose

Writing always has a specific purpose. During the planning stages, a writer must determine to whom he or she is addressing the piece, and what he or she wants to express to the reader. Once you have defined both your audience and your purpose, you will be able to decide which genre, vocabulary, and grammatical structures will best serve your literary composition.

Let's say you want to share your thoughts on local traffic problems. Your audience can be either the local government or the community. You could choose to write a news article, a letter to the editor, or a letter to the city's governing board. But first you should ask yourself these questions:

1. Are you going to comment on traffic problems in general, or are you going to point out several specific problems?
2. Are you simply intending to register a complaint?
3. Are you simply intending to inform others and increase public awareness of the problems?
4. Are you hoping to persuade others to adopt your point of view?
5. Are you hoping to inspire others to take concrete actions?

The answers to these questions will help you establish the purpose of your writing and determine your audience. Of course, your writing can have more than one purpose. For example, you may intend for your writing to both inform others of a problem and inspire them to take action.

Tema
Escribir una carta o un artículo

Escoge uno de estos temas. Luego decide si vas a escribir una carta a un(a) amigo/a, una carta a un periódico, un artículo de periódico o de revista, etc.

1. Escribe sobre los programas que existen para proteger la naturaleza en tu comunidad. ¿Funcionan bien? ¿Participan todos los vecinos de tu comunidad en los programas? ¿Tienes dudas sobre la eficacia° de estos programas?
2. Describe uno de los atractivos naturales de tu región. ¿Te sientes optimista sobre el futuro del medio ambiente en tu región? ¿Qué están haciendo el gobierno y los ciudadanos° de tu región para proteger la naturaleza? ¿Es necesario hacer más?
3. Escribe sobre algún programa para la protección del medio ambiente a nivel° nacional. ¿Es un programa del gobierno o de una empresa° privada°? ¿Cómo funciona? ¿Quiénes participan? ¿Tienes dudas sobre el programa? ¿Crees que debe cambiarse o mejorarse? ¿Cómo?

eficacia *effectiveness* ciudadanos *citizens* nivel *level* empresa *company* privada *private*

Escuchar

Antes de escuchar

Estrategia

Using background knowledge/ Guessing meaning from context

Listening for the general idea, or gist, can help you follow what someone is saying even if you can't hear or understand some of the words. When you listen for the gist, you simply try to capture the essence of what you hear without focusing on individual words.

To practice these strategies, you will listen to a paragraph written by Jaime Urbinas, an urban planner. Before listening to the paragraph, write down what you think it will be about, based on Jaime Urbinas' profession. As you listen to the paragraph, jot down any words or expressions you don't know and use context clues to guess their meanings.

Preparación

Mira el dibujo. ¿Qué pistas (*clues*) te da sobre el tema del discurso (*speech*) de Soledad Morales?

Ahora escucha

Discurso

Vas a escuchar un discurso de Soledad Morales, una activista preocupada por el medio ambiente. Antes de escuchar, indica las palabras y frases que tú crees que ella va a usar en su discurso. Después, indica las palabras y frases que escuchaste.

Palabras	Antes de escuchar	Después de escuchar
el futuro	_____	_____
el cine	_____	_____
los recursos naturales	_____	_____
el aire	_____	_____
los ríos	_____	_____
la contaminación	_____	_____
el reciclaje	_____	_____
las diversiones	_____	_____

Comprensión

Escoger

Indica el equivalente correcto de cada palabra.
1. patrimonio (fatherland, heritage, acrimony)
2. ancianos (elderly, ancient, antiques)
3. entrelazadas (destined, interrupted, intertwined)
4. aguantar (to hold back, to destroy, to pollute)
5. apreciar (to value, to imitate, to consider)
6. tala (planting, cutting, watering)

Ahora ustedes

Trabaja con un(a) compañero/a. Escriban seis recomendaciones que creen que la señora Morales va a darle al gobierno colombiano para mejorar los problemas del medio ambiente.

1. _____
2. _____
3. _____
4. _____
5. _____
6. _____

En pantalla Video

¿Viste alguna vez de cerca un pozo termal° como los que hay en Costa Rica, Perú o España? ¿Y los géiseres? ¿Sabes de dónde provienen y por qué las aguas termales se consideran beneficiosas para la salud y el bienestar? Imagina poder climatizar tu hogar y obtener agua caliente sanitaria ecológicamente usando la misma fuente° de energía: el calor natural del subsuelo°. Hay quienes creen que el uso de la energía geotérmica no sólo contribuye a solucionar los problemas del medio ambiente, sino que resulta en ahorros significativos para llevar una vida moderna.

Vocabulario útil	
calefacción	heating
dañino	harmful
geotérmica	geothermal
madalena	cupcake

Preparación
¿Qué tipos de energía conoces? ¿Cuáles son más limpios? ¿Cuáles son renovables?

Elegir
Selecciona las expresiones que se relacionan con la energía geotérmica.

a. recurso natural
b. contaminante
c. peligrosa
d. en el interior de la tierra
e. dulce
f. ecológica
g. afuera de la tierra
h. limpia

Anuncio
¿De qué otras formas creativas se puede explicar el mismo concepto? En parejas, escriban su propio anuncio que promueva la energía geotérmica. Utilicen el subjuntivo.

pozo termal *hot springs* fuente *source* subsuelo *subsoil* te gustaría que tuviera *you would like it if it had*

Anuncio de IDAE

¿Qué es la energía geotérmica?

Pero te gustaría que tuviera° chocolate, ¿no?

Hay reservas de energía en el interior de la madalena.

La naturaleza

Video

Centroamérica es una región con un gran crecimiento° en el turismo, especialmente ecológico, y no por pocas razones°. Con solamente el uno por ciento° de la superficie terrestre°, esta zona tiene el ocho por ciento de las reservas naturales del planeta. Algunas de estas maravillas son la isla Coiba en Panamá, la Reserva de la Biosfera Maya en Guatemala, el volcán Mombacho en Nicaragua, el parque El Imposible en El Salvador y Pico Bonito en Honduras. En este episodio de *Flash cultura* vas a conocer más tesoros° naturales en un país ecológico por tradición: Costa Rica.

Vocabulario útil

aguas termales	hot springs
hace erupción	erupts
los poderes curativos	healing powers
rocas incandescentes	incandescent rocks

Preparación
¿Qué sabes de los volcanes de Costa Rica? ¿Y de sus aguas termales? Si no sabes nada, escribe tres predicciones sobre cada tema.

¿Cierto o falso?
Indica si estas oraciones son **ciertas** o **falsas**.

1. Centroamérica es una zona de pocos volcanes.
2. El volcán Arenal está en un parque nacional.
3. El volcán Arenal hace erupción pocas veces.
4. Las aguas termales cerca del volcán vienen del mar.
5. Cuando Alberto sale del agua, tiene calor.
6. Se pueden ver las rocas incandescentes desde algunos hoteles.

crecimiento *growth* razones *reasons* por ciento *percent*
superficie terrestre *earth's surface* tesoros *treasures* rugido *roar*

Naturaleza en Costa Rica

Aquí existen más de cien volcanes. Hoy visitaremos el Parque Nacional Volcán Arenal.

En los alrededores del volcán [...] nacen aguas termales de origen volcánico...

Puedes escuchar cada rugido° del volcán Arenal...

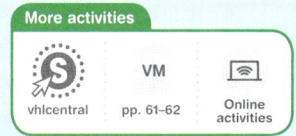

13 panorama

Colombia

El país en cifras

- **Área:** 1.138.910 km² (439.734 millas²), tres veces el área de Montana
- **Población:** 47.698.000

De todos los países de habla hispana, sólo México tiene más habitantes que Colombia. Casi toda la población colombiana vive en las áreas montañosas y la costa occidental° del país. Aproximadamente el 55% de la superficie° del país está sin poblar°.

- **Capital:** Bogotá—9.765.000
- **Ciudades principales:** Medellín—3.911.000, Cali—2.646.000, Barranquilla—1.991.000, Cartagena—1.092.000

Medellín

- **Moneda:** peso colombiano
- **Idiomas:** español (oficial); lenguas indígenas, criollas y gitanas

Bandera de Colombia

Colombianos célebres
- **Edgar Negret,** escultor°, pintor (1920–2012)
- **Juan Pablo Montoya,** automovilista (1975–)
- **Fernando Botero,** pintor, escultor (1932–)
- **Shakira,** cantante (1977–)
- **Sofía Vergara,** actriz (1972–)

occidental *western* superficie *surface* sin poblar *unpopulated*
escultor *sculptor*

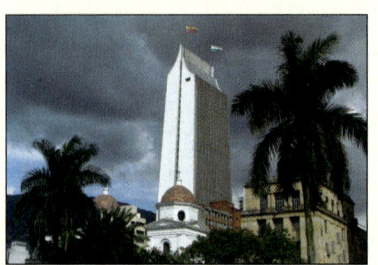

Desfile en Cartagena

Palacio de San Francisco, Bogotá

Feria de Cali

ACTIVIDADES

1 **¿Cierto o falso?** Indica si lo que dicen las oraciones es **cierto** o **falso**.

1. Colombia tiene la población más grande de todos los países de habla hispana.
2. En Colombia sólo se habla español.
3. Fernando Botero es un famoso pintor colombiano.
4. Juan Pablo Montoya es ecologista.
5. El río Magdalena pasa por Colombia.
6. El Museo del Oro fue fundado en el año 1533.
7. El libro más conocido de Gabriel García Márquez es *Cien años de soledad*.
8. Se conservan muchos edificios de la época colonial en Cartagena de Indias.
9. El evento más importante del Carnaval de Barranquilla es la Batalla de Flores.
10. La leyenda de El Dorado nació en la laguna de Guatavita.

Lugares • El Museo del Oro

El famoso Museo del Oro del Banco de la República fue fundado° en Bogotá en 1939 para preservar las piezas de orfebrería° de la época precolombina. Tiene más de 30.000 piezas de oro y otros materiales; en él se pueden ver joyas°, ornamentos religiosos y figuras que representaban ídolos. El cuidado con el que se hicieron los objetos de oro refleja la creencia° de las tribus indígenas de que el oro era la expresión física de la energía creadora° de los dioses°.

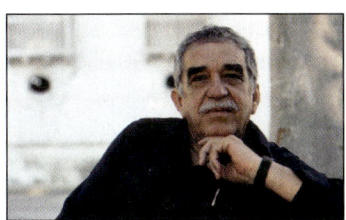

Literatura • Gabriel García Márquez (1927–2014)

Gabriel García Márquez, ganador del Premio Nobel de Literatura en 1982, es considerado uno de los escritores más importantes de la literatura universal. García Márquez publicó su primer cuento° en 1947, cuando era estudiante universitario. Su libro más conocido, *Cien años de soledad,* está escrito en el estilo° literario llamado "realismo mágico", un estilo que mezcla° la realidad con lo irreal y lo mítico°.

Historia • Cartagena de Indias

Los españoles fundaron la ciudad de Cartagena de Indias en 1533 y construyeron a su lado la fortaleza° más grande de las Américas: el Castillo de San Felipe de Barajas. En la ciudad de Cartagena se conservan muchos edificios de la época colonial, como iglesias, monasterios, palacios y mansiones. Cartagena es conocida también por el Festival Internacional de Música y por su prestigioso Festival Internacional de Cine.

Costumbres • El Carnaval

Durante el Carnaval de Barranquilla, la ciudad vive casi exclusivamente para esta fiesta. Este festival es una fusión de las culturas que han llegado° a las costas caribeñas de Colombia y de sus grupos autóctonos°. El evento más importante es la Batalla° de Flores, un desfile° de carrozas° decoradas con flores. En 2003, la UNESCO declaró este carnaval como Patrimonio de la Humanidad°.

fundado *founded* orfebrería *goldsmithing* joyas *jewelry* creencia *belief* creadora *creative* dioses *gods* cuento *story* estilo *style* mezcla *mixes* mítico *mythical* fortaleza *fortress* han llegado *have arrived* autóctonos *indigenous* Batalla *Battle* desfile *parade* carrozas *floats* Patrimonio de la Humanidad *World Heritage*

¡Increíble pero cierto!

En el siglo XVI los exploradores españoles oyeron la leyenda de El Dorado. Esta leyenda cuenta que los indios, como parte de un ritual en honor a los dioses, arrojaban° oro° a la laguna de Guatavita y el cacique° se sumergía en sus aguas cubierto de oro. Aunque esto era cierto, muy pronto la exageración llevó° al mito de una ciudad de oro.

arrojaban *threw* oro *gold* cacique *chief* llevó *led*

2 ¿Qué aprendiste? Contesta las preguntas.

1. ¿Cuáles son las principales ciudades de Colombia?
2. ¿Quién era Edgar Negret?
3. ¿Para qué fue fundado el Museo del Oro?
4. ¿Quién ganó el Premio Nobel de Literatura en 1982?
5. ¿Qué construyeron los españoles al lado de la ciudad de Cartagena de Indias?

3 Impresiones

En parejas, túrnense para formar oraciones sobre Colombia. Utilicen expresiones como **es extraño que, me alegro de que, me sorprende que** y **ojalá que**.

modelo

Es obvio que Gabriel García Márquez es el escritor más importante de Colombia.

13 vocabulario

 Vocabulary Tools

La naturaleza

el árbol	tree
el bosque (tropical)	(tropical; rain) forest
el cielo	sky
el cráter	crater
el desierto	desert
la estrella	star
la flor	flower
la hierba	grass
el lago	lake
la luna	moon
la naturaleza	nature
la nube	cloud
la piedra	stone
la planta	plant
el río	river
la selva, la jungla	jungle
el sendero	trail; path
el sol	sun
la tierra	land; soil
el valle	valley
el volcán	volcano

Los animales

el animal	animal
el ave, el pájaro	bird
la ballena	whale
el gato	cat
el mono	monkey
el perro	dog
el pez (sing.), los peces (pl.)	fish
la tortuga (marina)	(sea) turtle
la vaca	cow

El medio ambiente

el calentamiento global	global warming
el cambio climático	climate change
la conservación	conservation
la contaminación (del aire; del agua)	(air; water) pollution
la deforestación	deforestation
la ecología	ecology
el/la ecologista	ecologist
el ecoturismo	ecotourism
la energía (nuclear, solar)	(nuclear, solar) energy
el envase	container
la extinción	extinction
la fábrica	factory
el gobierno	government
la lata	(tin) can
la ley	law
el medio ambiente	environment
el peligro	danger
la (sobre)población	(over)population
el reciclaje	recycling
el recurso natural	natural resource
la solución	solution
cazar	to hunt
conservar	to conserve
contaminar	to pollute
controlar	to control
cuidar	to take care of
dejar de (+ *inf.*)	to stop (doing something)
desarrollar	to develop
descubrir	to discover
destruir	to destroy
estar afectado/a (por)	to be affected (by)
estar contaminado/a	to be polluted
evitar	to avoid
mejorar	to improve
proteger	to protect
reciclar	to recycle
recoger	to pick up
reducir	to reduce
resolver (o:ue)	to resolve; to solve
respirar	to breathe
de aluminio	(made) of aluminum
de plástico	(made) of plastic
de vidrio	(made) of glass
ecológico/a	ecological
puro/a	pure
renovable	renewable

Las emociones

alegrarse (de)	to be happy
esperar	to hope; to wish
sentir (e:ie)	to be sorry; to regret
temer	to be afraid
es extraño	it's strange
es una lástima	it's a shame
es ridículo	it's ridiculous
es terrible	it's terrible
es triste	it's sad
ojalá (que)	I hope (that); I wish (that)

Las dudas y certezas

(no) creer	(not) to believe
(no) dudar	(not) to doubt
(no) negar (e:ie)	(not) to deny
es imposible	it's impossible
es improbable	it's improbable
es obvio	it's obvious
no cabe duda de	there is no doubt that
no hay duda de	there is no doubt that
(no) es cierto	it's (not) certain
(no) es posible	it's (not) possible
(no) es probable	it's (not) probable
(no) es seguro	it's (not) certain
(no) es verdad	it's (not) true

Conjunciones

a menos que	unless
antes (de) que	before
con tal (de) que	provided (that)
cuando	when
después de que	after
en caso (de) que	in case (that)
en cuanto	as soon as
hasta que	until
para que	so that
sin que	without
tan pronto como	as soon as

Expresiones útiles	See page 447.

More activities

 vhlcentral LM p. 77

En la ciudad

14

Communicative Goals

You will learn how to:
- Give advice to others
- Give and receive directions
- Discuss daily errands and city life

🔍 A PRIMERA VISTA
- ¿Está la mujer en una ciudad o en un bosque?
- ¿Tiene una lata o un mapa en la mano?
- ¿Hay árboles?
- ¿Tiene balcones el edificio?

contextos
pages 476–479
- City life
- Daily errands
- Money and banking
- At a post office

fotonovela
pages 480–483

Maru is racing against the clock to turn in her application for an internship at the **Museo de Antropología**. Between a car that won't start and long lines all over town, she'll need some help if she wants to meet her deadline.

cultura
pages 484–485
- Bikes in the city
- Luis Barragán

estructura
pages 486–497
- The subjunctive in adjective clauses
- **Nosotros/as** commands
- Past participles used as adjectives
- **Recapitulación**

adelante
pages 498–505

Lectura: A short story
Escritura: An e-mail message to a friend
Escuchar: A conversation about getting to a department store
En pantalla: A bank ad
Flash cultura: A video about Mexico City's subway
Panorama: Venezuela

14 contextos

En la ciudad

Más vocabulario

la carnicería	butcher shop
la heladería	ice cream shop
la panadería	bakery
el supermercado	supermarket
la cuadra	(city) block
la dirección	address
la esquina	corner
el estacionamiento	parking lot
derecho	straight (ahead)
enfrente de	opposite; facing
hacia	toward
cruzar	to cross
doblar	to turn
hacer diligencias	to run errands
quedar	to be located
el cheque	check
la cuenta corriente	checking account
la cuenta de ahorros	savings account
ahorrar	to save (money)
cobrar	to cash (a check)
depositar	to deposit
firmar	to sign
llenar (un formulario)	to fill out (a form)
pagar a plazos	to pay in installments
pagar al contado/ en efectivo	to pay in cash
pedir prestado/a	to borrow
pedir un préstamo	to apply for a loan
ser gratis	to be free of charge

Variación léxica

cuadra ⟷ manzana (*Esp.*)
estacionamiento ⟷ aparcamiento (*Esp.*)
doblar ⟷ girar; virar; dar vuelta
hacer diligencias ⟷ hacer mandados

la joyería
el banco
la peluquería, el salón de belleza
la lavandería
el letrero
la pastelería
Indica cómo llegar. (indicar)
la frutería
Está perdida. (estar)

Práctica

1 Emparejar Empareja las oraciones con las tiendas apropiadas.

1. ___
2. ___
3. ___
4. ___
5. ___
6. ___
7. ___
8. ___

a. la joyería
b. la pastelería
c. la carnicería
d. la frutería
e. la zapatería
f. la pescadería
g. la panadería
h. el banco

2 Cita Indica si cada afirmación es **cierta** o **falsa**.

1. Sandra fue a la peluquería.
2. Jorge fue a la zapatería.
3. Sandra fue a la lavandería.
4. Jorge va a encontrarse con Sandra en la pastelería.
5. Sandra también quiere ir a una heladería.
6. La panadería queda en la esquina.

3 Seleccionar Indica dónde haces estas diligencias.

banco	joyería	pescadería
carnicería	lavandería	salón de belleza
frutería	pastelería	zapatería

modelo
pedir un préstamo *banco*

1. comprar galletas
2. comprar manzanas
3. lavar la ropa
4. comprar pollo
5. comprar mariscos
6. comprar sandalias

4 Completar Completa las oraciones con las palabras más adecuadas.

1. El banco me regaló un reloj. Fue _____.
2. La cajera me dijo que tenía que _____ el cheque en el dorso (*on the back*) para cobrarlo.
3. Me gusta _____ dinero, pero no me molesta gastarlo.
4. Para pagar con un cheque, necesito tener dinero en mi _____.
5. Mi madre va a un _____ para obtener dinero en efectivo cuando el banco está cerrado.
6. Julio debe pedir un _____ para pagar sus estudios.
7. Ana _____ su cheque en su cuenta de ahorros.
8. Siempre pago mis compras en efectivo o con tarjeta de crédito; no me gusta pagar _____.

En el correo

> ¡LENGUA VIVA!
> Note that **correo** can mean either *mail* or *post office*. Other ways to say *post office* are **la oficina de correos** and **correos**.

5 **Conversación** Completa la conversación con las palabras más adecuadas.

CARTERO Buenas tardes, ¿es usted la señorita Ramírez? Le traigo un (1) _____.
JUANITA Sí, soy yo. ¿Quién lo envía?
CARTERO La señora Brito. Y también tiene dos (2) _____.
JUANITA Ay, pero ¡ninguna es de mi novio! ¿No llegó nada de Manuel Fuentes?
CARTERO Sí, pero él echó la carta al (3) _____ sin poner un (4) _____ en el sobre.
JUANITA Entonces, ¿qué recomienda usted que haga?
CARTERO Sugiero que vaya al (5) _____. Con tal de que pague el costo del sello, se le puede dar la carta sin ningún problema.
JUANITA Uy, otra diligencia, y no tengo mucho tiempo esta tarde para (6) _____ cola en el correo, pero voy enseguida. ¡Ojalá que sea una carta de amor!

> ¡LENGUA VIVA!
> In Spanish, **Soy yo** means *That's me* or *It's me*. **¿Eres tú?/ ¿Es usted?** means *Is that you?*

6 **Situaciones** En parejas, hagan una lista de las palabras que pueden necesitar para representar estas situaciones.

- Dos compañeros/as de cuarto van a la lavandería.
- Un(a) cliente/a habla con un(a) empleado/a de banco sobre abrir una cuenta corriente.
- Una pareja de recién casados quiere pedir un préstamo para comprar una casa.
- Dos amigos no recuerdan dónde estacionaron el carro.
- Una persona habla con un(a) empleado/a de correo sobre mandar un paquete.

Ahora, escojan una de las cinco situaciones y represéntenla para la clase.

En la ciudad

Comunicación

7 Diligencias En parejas, decidan quién va a hacer cada diligencia y cuál es la manera más rápida de llegar a los diferentes lugares desde el campus.

AYUDA
Note these different meanings:
quedar *to be located; to be left over; to fit*
quedarse *to stay, to remain*

> **modelo**
> comprar una pizza
> **Estudiante 1:** Yo voy a comprar una pizza. ¿Cómo llego al restaurante italiano?
> **Estudiante 2:** Conduce hacia el norte hasta cruzar la calle Oak. El restaurante queda en la esquina a la izquierda.

1. enviar un paquete
2. comprar botas nuevas
3. comprar un pastel de cumpleaños
4. lavar unas camisas
5. comprar helado
6. cortarse (*to cut*) el pelo

8 El Hatillo Trabajen en parejas para representar los papeles de un(a) turista que está perdido/a en El Hatillo y de un(a) residente de la ciudad que quiere ayudarlo/la.

NOTA CULTURAL
El Hatillo es un municipio del área metropolitana de Caracas. Forma parte del Patrimonio Cultural de Venezuela y es muy popular por su arquitectura pintoresca, sus restaurantes y sus tiendas de artesanía.

- Plaza Bolívar
- Plaza Sucre
- banco
- Casa de la Cultura
- farmacia
- iglesia
- terminal
- escuela
- estacionamiento
- joyería
- zapatería
- café Primavera

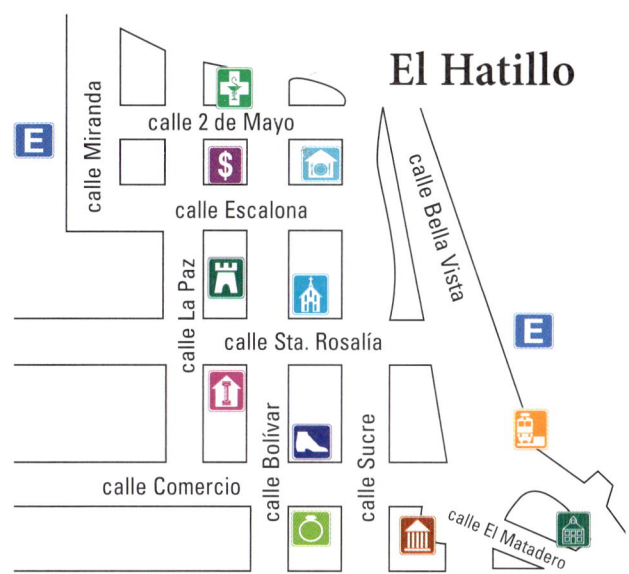

El Hatillo

> **modelo**
> Plaza Sucre, café Primavera
> **Estudiante 1:** Perdón, ¿por dónde queda la Plaza Sucre?
> **Estudiante 2:** Del café Primavera, camine derecho por la calle Sucre hasta cruzar la calle Comercio…

1. Plaza Bolívar, farmacia
2. Casa de la Cultura, Plaza Sucre
3. banco, terminal
4. estacionamiento (este), escuela
5. Plaza Sucre, estacionamiento (oeste)
6. joyería, banco
7. farmacia, joyería
8. zapatería, iglesia

9 Cómo llegar En grupos, escriban un minidrama en el que unos/as turistas están preguntando cómo llegar a diferentes sitios de la comunidad en la que ustedes viven.

14 fotonovela

Corriendo por la ciudad

Maru necesita entregar unos documentos en el Museo de Antropología.

PERSONAJES MARU MIGUEL

 Video

MARU Miguel, ¿estás seguro de que tu coche está estacionado en la calle de Independencia? Estoy en la esquina de Zaragoza y Francisco Sosa. OK. Estoy enfrente del salón de belleza.

MIGUEL Dobla a la avenida Hidalgo. Luego cruza la calle Independencia y dobla a la derecha. El coche está enfrente de la pastelería.

MARU ¡Ahí está! Gracias, cariño. Hablamos luego.

MARU Vamos, arranca. Pensé que podías aguantar unos kilómetros más. Necesito un coche que funcione bien. (*en el teléfono*) Miguel, tu coche está descompuesto. Voy a pasar al banco porque necesito dinero, y luego me voy en taxi al museo.

MARU Hola, Moni. Lo siento, tengo que ir a entregar un paquete y todavía tengo que ir a un cajero.

MÓNICA ¡Uf! Y la cola está súper larga.

MARU ¿Me puedes prestar algo de dinero?

MÓNICA Déjame ver cuánto tengo. Estoy haciendo diligencias, y me gasté casi todo el efectivo en la carnicería y en la panadería y en la frutería.

MÓNICA ¿Estás bien? Te ves pálida. Sentémonos un minuto.

MARU ¡No tengo tiempo! Tengo que llegar al Museo de Antropología. Necesito entregar...

MÓNICA ¡Ah, sí, tu proyecto!

MÓNICA

MÓNICA ¿Puedes mandarlo por correo? El correo está muy cerca de aquí.

MARU El plazo para mandarlo por correo se venció la semana pasada. Tengo que entregarlo personalmente.

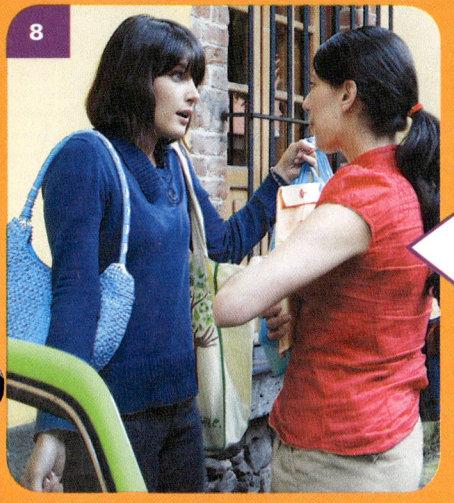

MARU ¿Me podrías prestar tu coche?

MÓNICA Estás muy nerviosa para manejar con este tráfico. Te acompaño. ¡No!, mejor, yo te llevo. Mi coche está en el estacionamiento de la calle Constitución.

MARU En esta esquina dobla a la derecha. En el semáforo, a la izquierda y sigue derecho.

MÓNICA Hay demasiado tráfico. No sé si podemos...

MARU Hola, Miguel. No, no hubo más problemas. Lo entregué justo a tiempo. Nos vemos más tarde. (*a Mónica*) ¡Vamos a celebrar!

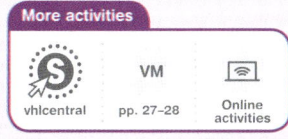

Expresiones útiles

Getting/giving directions

Estoy en la esquina de Zaragoza y Francisco Sosa.
I'm at the corner of Zaragoza and Francisco Sosa.
Dobla a la avenida Hidalgo.
Turn on Hidalgo Avenue.
Luego cruza la calle Independencia y dobla a la derecha.
Then cross Independencia Street and turn right.
El coche está enfrente de la pastelería.
The car is in front of the bakery.
En el semáforo, a la izquierda y sigue derecho.
Left at the light, then straight ahead.

Talking about errands

Voy a pasar al banco porque necesito dinero.
I'm going to the bank because I need money.
No tengo tiempo.
I don't have time.
Estoy haciendo diligencias, y me gasté casi todo el efectivo.
I'm running errands, and I spent most of my cash.

Asking for a favor

¿Me puedes prestar algo de dinero?
Could you lend me some money?
¿Me podrías prestar tu coche?
Could I borrow your car?

Talking about deadlines

Tengo que entregar mi proyecto.
I have to turn in my project.
El plazo para mandarlo por correo se venció la semana pasada.
The deadline to mail it in passed last week.

Additional vocabulary

acompañar *to accompany*
aguantar *to endure, to hold up*
ándale *come on*
pálido/a *pale*
¿Qué onda? *What's up?*

¿Qué pasó?

1 ¿Cierto o falso? Decide si lo que dicen estas oraciones es **cierto** o **falso**. Corrige las oraciones falsas.

	Cierto	Falso
1. Miguel dice que su coche está estacionado enfrente de la carnicería.	○	○
2. Maru necesita pasar al banco porque necesita dinero.	○	○
3. Mónica gastó el efectivo en la joyería y el supermercado.	○	○
4. Maru puede mandar el paquete por correo.	○	○

2 Ordenar Pon los sucesos en el orden correcto.

a. Maru le pide dinero prestado a Mónica. _____
b. Maru entregó el paquete justo a tiempo (*just in time*). _____
c. Mónica dice que hay una cola súper larga en el banco. _____
d. Mónica lleva a Maru en su coche. _____
e. Maru dice que se va a ir en taxi al museo. _____
f. Maru le dice a Mónica que doble a la derecha en la esquina. _____

3 Otras diligencias En parejas, hagan una lista de las diligencias que Miguel, Maru y Mónica necesitan hacer para completar estas actividades.

1. enviar un paquete por correo
2. pedir una beca (*scholarship*)
3. visitar una nueva ciudad
4. abrir una cuenta corriente
5. celebrar el cumpleaños de Mónica
6. comprar una nueva computadora portátil

MARU

MIGUEL   MÓNICA

4 Conversación Un(a) compañero/a y tú son vecinos/as. Uno/a de ustedes acaba de mudarse y necesita ayuda porque no conoce la ciudad. Los/Las dos tienen que hacer algunas diligencias y deciden hacerlas juntos/as. Preparen una conversación breve incluyendo planes para ir a estos lugares.

modelo
Estudiante 1: Necesito lavar mi ropa. ¿Sabes dónde queda una lavandería?
Estudiante 2: Sí. Aquí a dos cuadras hay una. También tengo que lavar mi ropa. ¿Qué te parece si vamos juntos?

▶ un cajero automático
▶ una lavandería
▶ un supermercado
▶ una heladería
▶ una panadería

AYUDA
primero *first*
luego *then*
¿Sabes dónde queda...? *Do you know where...is?*
¿Qué te parece? *What do you think?*
¡Cómo no! *But of course!*

En la ciudad

Ortografía
Las abreviaturas

 Tutorial

In Spanish, as in English, abbreviations are often used in order to save space and time while writing. Here are some of the most commonly used abbreviations in Spanish.

usted → **Ud.**	ustedes → **Uds.**	

As you have already learned, the subject pronouns **usted** and **ustedes** are often abbreviated.

don → **D.**	doña → **Dña.**	doctor(a) → **Dr(a).**
señor → **Sr.**	señora → **Sra.**	señorita → **Srta.**

These titles are frequently abbreviated.

centímetro → **cm**	metro → **m**	kilómetro → **km**
litro → **l**	gramo → **g**	kilogramo → **kg**

The abbreviations for these units of measurement are often used, but without periods.

por ejemplo → **p. ej.**	página(s) → **pág(s).**

These abbreviations are often seen in books.

derecha → **dcha.**	izquierda → **izq., izqda.**
código postal → **C.P.**	número → **n.°**

These abbreviations are often used in mailing addresses.

Banco → **Bco.**	Compañía → **Cía.**
cuenta corriente → **c/c**	Sociedad Anónima (*Inc.*) → **S.A.**

These abbreviations are frequently used in the business world.

Práctica Escribe otra vez esta información usando las abreviaturas adecuadas.

1. doña María
2. señora Pérez
3. Compañía Mexicana de Inversiones
4. usted
5. Banco de Santander
6. doctor Medina
7. Código Postal 03697
8. cuenta corriente número 20-453

Emparejar En la tabla hay nueve abreviaturas. Empareja los cuadros necesarios para formarlas.

S.	c.	C.	c	co.	U
B	c/	Sr	A.	D	dc
ta.	P.	ña.	ha.	m	d.

More activities

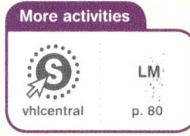

cultura

EN DETALLE

Las bicicletas en la ciudad

La bicicleta es un medio de transporte que tiene múltiples beneficios. Es ideal a la hora de recorrer la ciudad si se quieren evitar los atascos° y, además, su uso no sólo evita la contaminación ambiental, también es una forma de cuidar la salud.

En este sentido°, las ciudades de Latinoamérica están desarrollando políticas para la promoción del uso de las bicicletas en la vida urbana. El objetivo es lograr° que las calles se conviertan en un espacio seguro y respetuoso° para todos.

Desde hace años, Bogotá está a la cabeza de la iniciativa que propone el uso de la bicicleta como medio de transporte alternativo y amigable° con el medio ambiente. De esta manera, todos los domingos y días festivos, desde las siete de la mañana hasta las dos de la tarde, se prohíbe la circulación de carros por las principales calles de esta ciudad de nueve millones de habitantes: sólo pueden pasear por estas calles los peatones° y las bicicletas. Se calcula que cerca de un millón y medio de bicicletas llenan la ciudad en esos días. Hay también ciclovías° nocturnas, es decir, vías vehiculares que, por unas horas en las noches, permiten el uso exclusivo de bicicletas, y ciclopaseos, que son visitas programadas a lugares históricos de la ciudad.

Además, desde el año 2000, el primer jueves de febrero se celebra en la ciudad el Día sin carro.

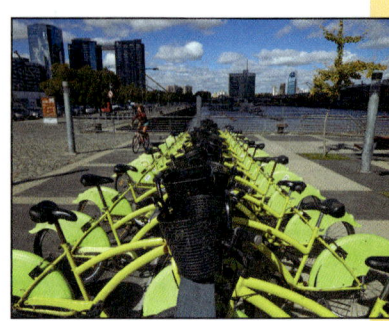

En otras ciudades la gran novedad es el sistema de bicicletas compartidas. En Buenos Aires, el programa Ecobici nació en 2010 y funciona todos los días del año durante las 24 horas. Cualquier persona (incluso los turistas) puede buscar una bicicleta en una estación automática cercana, pasear en ella por la ciudad y devolverla° en otra estación. ¡Y es totalmente gratis! La ciudad tiene 190 kilómetros de ciclovías y 200 estaciones con 2.450 bicicletas públicas. Y el programa sigue aumentando.

Otros sistemas de bicicletas compartidas

Caracas, Venezuela: Caracas Rueda Libre (2015)
Ciudad de México, México: ECOBICI (2010)
Medellín, Colombia: EnCicla (2011)
Montevideo, Uruguay: Movete (2014)
Quito, Ecuador: BiciQuito (2012)
Santiago, Chile: Bikesantiago (2013)

atascos *traffic jams* sentido *regard* lograr *to achieve* respetuoso *respectful* amigable *friendly* peatones *pedestrians* ciclovías *bikeways* devolverla *return it*

ACTIVIDADES

1 **¿Cierto o falso?** Indica si lo que dice cada oración es cierto o falso. Corrige la información falsa.

1. Todos los domingos y días festivos, sólo los peatones y las bicicletas pueden pasear por las principales calles de Bogotá.
2. En Bogotá se prohíbe la circulación de los carros desde las siete de la mañana hasta las seis de la tarde.
3. Los ciclopaseos son calles sólo para bicicletas.
4. En Bogotá está prohibido usar carros durante todo el mes de febrero.
5. Ecobici es un sistema de bicicletas compartidas en Buenos Aires.
6. Puedes usar bicicletas de Ecobici sólo de lunes a viernes.
7. Los ciclistas pagan para usar Ecobici.
8. El sistema de bicicletas compartidas de Medellín se llama EnCicla.

ASÍ SE DICE
En la ciudad

el parqueadero (Col., Pan.) el parqueo (Bol., Cuba, Amér. C.)	el estacionamiento
dar un aventón (Méx.); dar botella (Cuba)	*to give (someone) a ride*
el subterráneo, el subte (Arg.)	el metro

EL MUNDO HISPANO
Apodos de ciudades

Así como Nueva York es la Gran Manzana, muchas ciudades hispanas tienen un apodo°.

- **La tacita de plata°** A Cádiz, España, se le llama así por sus edificios blancos de estilo árabe.

- **Ciudad de la eterna primavera** Arica, Chile; Cuernavaca, México, y Medellín, Colombia, llevan este sobrenombre por su clima templado° durante todo el año.

- **La docta°** Así se conoce a la ciudad argentina de Córdoba por su gran tradición universitaria.

- **La ciudad de los reyes** Así se conoce Lima, Perú, porque fue la capital del Virreinato° del Perú y allí vivían los virreyes°.

- **La arenosa** A Barranquilla, Colombia, se le llama así porque sus calles y espacios públicos siempre están cubiertos° de arena debido a los vientos constantes.

apodo *nickname* plata *silver* templado *mild* docta *erudite* Virreinato *Viceroyalty* virreyes *viceroys* cubiertos *covered*

PERFIL
Luis Barragán: arquitectura y emoción

Para el arquitecto mexicano **Luis Barragán** (1902–1988) los sentimientos° y emociones que despiertan sus diseños eran muy importantes. Afirmaba° que la arquitectura tiene una dimensión espiritual. Para él, era belleza, inspiración, magia°, serenidad, misterio, silencio, privacidad, asombro°...

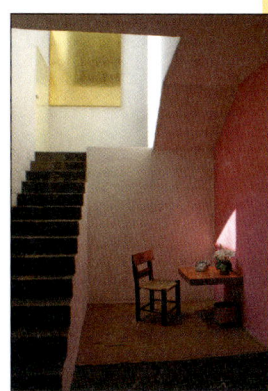

Casa Barragán, Ciudad de México, 1947-1948

Las obras de Barragán muestran un suave° equilibrio entre la naturaleza y la creación humana. Su estilo también combina la arquitectura tradicional mexicana con conceptos modernos. Una característica de sus casas son las paredes envolventes° de diferentes colores con muy pocas ventanas.

En 1980, Barragán obtuvo° el Premio Pritzker, algo así como el Premio Nobel de Arquitectura. Está claro que este artista logró° que sus casas transmitieran sentimientos especiales.

sentimientos *feelings* Afirmaba *He stated* magia *magic* asombro *amazement* suave *smooth* envolventes *enveloping* obtuvo *received* logró *managed*

CON RITMO HISPANO

Oscar D'León (1943–)
Lugar de nacimiento: Caracas, Venezuela

Oscar D'León es uno de los grandes cantantes de salsa de América Latina. Fue mecánico y taxista antes de ser músico.

Go to **vhlcentral.com** to find out more about **Oscar D'León** and his music.

ACTIVIDADES

2 Comprensión Contesta las preguntas.
1. ¿En qué país estás si te dicen "Dame botella al parqueo"?
2. ¿Qué ciudades tienen clima templado todo el año?
3. ¿Qué es más importante en los diseños de Barragán: la naturaleza o la creación humana?
4. ¿Qué premio obtuvo Barragán y cuándo?

3 ¿Qué ciudad te gusta? Escribe un párrafo breve sobre el sentimiento que despiertan las construcciones que hay en una ciudad o un pueblo que te guste mucho. Explica cómo es y cómo te sientes cuando estás allí. Inventa un apodo para este lugar.

More activities: vhlcentral, Online activities

14 estructura

14.1 The subjunctive in adjective clauses Tutorial

ANTE TODO In **Lección 13**, you learned that the subjunctive is used in adverbial clauses after certain conjunctions. You will now learn how the subjunctive can be used in adjective clauses to express that the existence of someone or something is uncertain or indefinite.

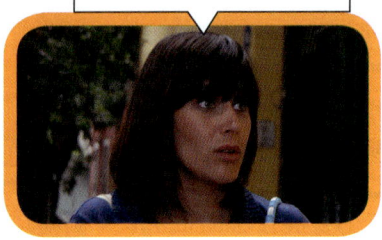
¿Conoces una joyería que esté cerca?

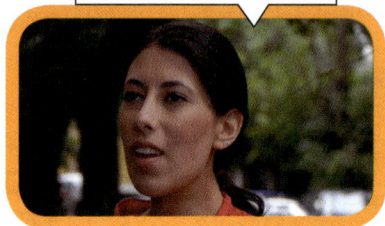
No, no conozco ninguna joyería que esté cerca de aquí.

▶ The subjunctive is used in an adjective (or subordinate) clause that refers to a person, place, thing, or idea that either does not exist or whose existence is uncertain or indefinite. In the examples below, compare the differences in meaning between the statements using the indicative and those using the subjunctive.

Indicative	Subjunctive
Necesito **el libro** que **tiene** información sobre Venezuela. *I need the book that has information about Venezuela.*	Necesito **un libro** que **tenga** información sobre Venezuela. *I need a book that has information about Venezuela.*
Quiero vivir en **esta casa** que **tiene** jardín. *I want to live in this house that has a garden.*	Quiero vivir en **una casa** que **tenga** jardín. *I want to live in a house that has a garden.*
En mi barrio, hay **una heladería** que **vende** helado de mango. *In my neighborhood, there's an ice cream shop that sells mango ice cream.*	En mi barrio no hay **ninguna heladería** que **venda** helado de mango. *In my neighborhood, there is no ice cream shop that sells mango ice cream.*

▶ When the adjective clause refers to a person, place, thing, or idea that is clearly known, certain, or definite, the indicative is used.

Quiero ir **al supermercado** que **vende** productos venezolanos.
I want to go to the supermarket that sells Venezuelan products.

Busco **al profesor** que **enseña** japonés.
I'm looking for the professor who teaches Japanese.

Conozco **a alguien** que **va** a esa peluquería.
I know someone who goes to that beauty salon.

Tengo **un amigo** que **vive** cerca de mi casa.
I have a friend who lives near my house.

¡ATENCIÓN!
Adjective clauses are subordinate clauses that modify a noun or pronoun in the main clause of a sentence. That noun or pronoun is called the *antecedent*.

¡ATENCIÓN!
Observe the important role that the indefinite article vs. the definite article plays in determining the use of the subjunctive in adjective clauses. Read the following sentences and notice why they are different:
¿Conoces *un* restaurante italiano que *esté* cerca de mi casa?
¿Conoces *el* restaurante italiano que *está* cerca de mi casa?

▶ The personal **a** is not used with direct objects that are hypothetical people. However, as you learned in **Lección 7**, **alguien** and **nadie** are always preceded by the personal **a** when they function as direct objects.

Necesitamos **un empleado** que **sepa** usar computadoras.
We need an employee who knows how to use computers.

Necesitamos **al empleado** que **sabe** usar computadoras.
We need the employee who knows how to use computers.

Buscamos **a alguien** que **pueda** cocinar.
We're looking for someone who can cook.

No conocemos **a nadie** que **pueda** cocinar.
We don't know anyone who can cook.

▶ The subjunctive is commonly used in questions with adjective clauses when the speaker is trying to find out information about which he or she is uncertain. However, if the person who responds to the question knows the information, the indicative is used.

—¿Hay un parque que **esté** cerca de nuestro hotel?
Is there a park that's near our hotel?

—Sí, hay un parque que **está** muy cerca del hotel.
Yes, there's a park that's very near the hotel.

▶ **¡Atención!** Here are some verbs that are commonly followed by adjective clauses in the subjunctive:

Verbs commonly used with subjunctive	
buscar	haber
conocer	necesitar
encontrar	querer

Busque cualquier información que necesite.

¡INTÉNTALO! Escoge entre el subjuntivo y el indicativo para completar cada oración.

1. Necesito una persona que ___pueda___ (puede/pueda) cantar bien.
2. Buscamos a alguien que _____ (tiene/tenga) paciencia.
3. ¿Hay restaurantes aquí que _____ (sirven/sirvan) comida japonesa?
4. Tengo una amiga que _____ (saca/saque) fotografías muy bonitas.
5. No vemos ningún apartamento que nos _____ (interesa/interese).
6. Hay una carnicería que _____ (está/esté) cerca de aquí.
7. Conozco a un estudiante que _____ (come/coma) hamburguesas todos los días.
8. ¿Hay alguien que _____ (dice/diga) la verdad?

Práctica

1. Completar Completa estas oraciones con la forma correcta del indicativo o del subjuntivo de los verbos.

1. Buscamos un hotel que _____ (tener) piscina.
2. ¿Sabe usted dónde _____ (quedar) el Correo Central?
3. ¿Hay algún buzón por aquí donde yo _____ (poder) echar una carta?
4. Ana quiere ir a la carnicería que _____ (estar) en la avenida Lecuna.
5. No hay nada en este mundo que _____ (ser) gratis.
6. ¿Conoces a alguien que _____ (saber) mandar un *fax* por computadora?
7. Llamas al empleado que _____ (entender) este nuevo programa de computación.
8. Encontramos un restaurante que _____ (servir) comida típica venezolana.

2. Oraciones Forma oraciones con estos elementos, usando el presente de indicativo o de subjuntivo. Haz los cambios que sean necesarios.

1. yo / conocer / un / panadería / que / vender / pan / cubano
2. ¿hay / alguien / que / saber / dirección / de / un / buen / carnicería?
3. yo / querer / comprarle / mi / hija / un / zapatos / que / gustar
4. ella / no / encontrar / nada / que / gustar / en / ese / zapatería
5. ¿tener / dependientas / algo / que / ser / más / barato?
6. nosotras / no / conocer / nadie / que / hacer / tanto / diligencias / como / nosotras
7. ¿conocer / tú / alguno / banco / que / ofrecer / cuentas / corrientes / gratis?
8. nosotras / necesitar / un / línea / de / metro / que / nos / llevar / a / casa

3. Anuncios clasificados En parejas, describan el tipo de persona u objeto que se busca en cada anuncio.

NOTA CULTURAL

El **metro** de Caracas empezó a funcionar en 1983, después de varios años de intensa publicidad para promoverlo (*promote it*). El arte fue un recurso importante en la promoción del metro. En las estaciones se pueden admirar obras (*works*) de famosos escultores venezolanos como Carlos Cruz-Diez y Jesús Rafael Soto.

En la ciudad

Comunicación

4 **Subjuntivo** Completa estas frases de una manera lógica. Luego, con un(a) compañero/a, túrnense para comparar sus respuestas.

> **modelo**
> **Estudiante 1:** Tengo una novia que sabe bailar tango. ¿Y tú?
> **Estudiante 2:** Yo tengo un novio que habla alemán.

1. Deseo un trabajo (*job*) que...
2. Algún día espero tener un apartamento/una casa que...
3. Mis padres buscan un carro que..., pero yo quiero un carro que...
4. Tengo un(a) novio/a que...
5. Un(a) consejero/a (*advisor*) debe ser una persona que...
6. Me gustaría (*I would like*) conocer a alguien que...
7. En esta clase no hay nadie que...
8. No tengo ningún profesor que...

5 **Encuesta** Tu profesor(a) va a darte una hoja de actividades. Circula por la clase y pregúntales a tus compañeros/as si conocen a alguien que haga cada actividad de la lista. Si responden que sí, pregúntales quién es y anota sus respuestas. Luego informa a la clase de los resultados de tu encuesta.

6 **¿Compatibles?** Vas a mudarte a un apartamento con dos dormitorios. Como no quieres pagar el alquiler tú solo/a, estás buscando a un(a) compañero/a para que viva contigo. Escribe un anuncio buscando a alguien con cuatro características que consideres importantes y pégalo en la pared de la clase. Puedes usar algunas de estas opciones u otras en tu anuncio y no olvides usar el subjuntivo.

- cocinar
- escuchar hip-hop
- estar informado/a
- gustarle la política/el arte/los deportes
- llevarse bien con los animales
- ser vegetariano/a / limpio/a / optimista
- tener paciencia

> **modelo**
> Busco a alguien a quien no le guste el fútbol, que sea vegetariano, juegue videojuegos y le fascine la ciencia ficción.

Luego lee los anuncios de tus compañeros/as. ¿Con quién(es) podrías compartir tu apartamento? Busca tres candidatos/as y entrevístalos/las en dos minutos. Túrnate para entrevistar y ser entrevistado. ¿Encontraste a la persona ideal para que viva contigo?

Síntesis

7 **Busca los cuatro** Tu profesor(a) te va a dar una hoja con ocho anuncios clasificados y a tu compañero/a otra hoja con ocho anuncios distintos a los tuyos. Háganse preguntas para encontrar los cuatro anuncios de cada hoja que tienen su respuesta en la otra.

14.2 Nosotros/as commands Tutorial

ANTE TODO You have already learned familiar (**tú**) commands and formal (**usted/ustedes**) commands. You will now learn **nosotros/as** commands, which are used to give orders or suggestions that include yourself and other people.

▶ **Nosotros/as** commands correspond to the English *Let's*.

▶ Both affirmative and negative **nosotros/as** commands are generally formed by using the first-person plural form of the present subjunctive.

Crucemos la calle.
Let's cross the street.

No crucemos la calle.
Let's not cross the street.

▶ The affirmative *Let's* + [*verb*] command may also be expressed with **vamos a** + [*infinitive*]. However, remember that **vamos a** + [*infinitive*] can also mean *we are going to (do something)*. Context and tone of voice determine which meaning is being expressed.

Vamos a cruzar la calle.
Let's cross the street.

Vamos a trabajar mucho.
We're going to work a lot.

▶ To express *Let's go*, the present indicative form of **ir** (**vamos**) is used, not the subjunctive. For the negative command, however, the subjunctive is used.

Vamos a la pescadería.

No **vayamos** a la pescadería.

Pensemos, ¿adónde fuiste hoy?

¡Eso es! ¡El carro de Miguel! Vamos.

▶ Object pronouns are always attached to affirmative **nosotros/as** commands. A written accent is added to maintain the original stress.

Firmemos el cheque.
Firmémoslo.

Escribamos a Ana y Raúl.
Escribámosles.

▶ Object pronouns are placed in front of negative **nosotros/as** commands.

No **les paguemos** el préstamo.

No **se lo digamos** a ellos.

CONSULTA
Remember that stem-changing –**ir** verbs have an additional stem change in the **nosotros/as** and **vosotros/as** forms of the present subjunctive. To review these forms, see **Estructura 12.3**, p. 423.

¡ATENCIÓN!
When **nos** or **se** is attached to an affirmative **nosotros/as** command, the final –**s** is dropped from the verb ending.

Sentémonos allí.
Démoselo a ella.
Mandémoselo a ellos.
...
The **nosotros/as** command form of **irse** is **vámonos**. Its negative form is **no nos vayamos**.

¡INTÉNTALO! Indica los mandatos afirmativos y negativos de **nosotros/as** de estos verbos.

1. estudiar *estudiemos, no estudiemos*
2. decidir _____
3. leer _____
4. cenar _____
5. decir _____
6. cerrar _____
7. levantarse _____
8. irse _____

En la ciudad

Práctica

1 **Completar** Completa esta conversación con mandatos de **nosotros/as**. Luego, representa la conversación con un(a) compañero/a.

MARÍA Sergio, ¿quieres hacer diligencias ahora o por la tarde?
SERGIO No (1)_____ (dejarlas) para más tarde. (2)_____ (hacerlas) ahora. ¿Qué tenemos que hacer?
MARÍA Necesito sacar dinero de mi cuenta corriente.
SERGIO Bueno, (3)_____ (buscar) un cajero automático.
MARÍA ¿Tienes hambre?
SERGIO Sí. (4)_____ (cruzar) la calle y (5)_____ (entrar) en ese café.
MARÍA Buena idea.
SERGIO ¿Nos sentamos aquí?
MARÍA No, no (6)_____ (sentarse) aquí; (7)_____ (sentarse) enfrente de la ventana.
SERGIO ¿Qué pedimos?
MARÍA (8)_____ (pedir) café y pan dulce.

2 **Responder** Responde a cada mandato de **nosotros/as** según las indicaciones. Sustituye los sustantivos por los objetos directos e indirectos.

> **modelo**
> Vamos a vender el carro.
> Sí, vendámoslo./No, no lo vendamos.

1. Vamos a levantarnos a las seis. (sí)
2. Vamos a enviar los paquetes. (no)
3. Vamos a depositar el cheque. (sí)
4. Vamos al supermercado. (no)
5. Vamos a bailar. (sí)
6. Vamos a pintar la sala. (no)
7. Vamos a limpiar la habitación. (sí)
8. Vamos a mirar la televisión. (no)

3 **Mandatos** Forma mandatos de **nosotros/as** con estos elementos.

> **modelo**
> sacar / dinero / este cajero automático
> Saquemos dinero de este cajero automático.

1. no / beber / café / esta pastelería
2. pagar / el sofá / plazos
3. no / poner / la radio / el estacionamiento
4. ir / la pescadería / comprar salmón
5. llevar / este paquete / correo

Comunicación

4 **Preguntar** Tú y tu compañero/a están de vacaciones en Caracas y se hacen sugerencias para resolver las situaciones que se presentan. Inventen mandatos afirmativos o negativos de **nosotros/as**.

> **modelo**
> Se nos olvidaron las tarjetas de crédito.
> Paguemos en efectivo./No compremos más regalos.

A
1. El museo está a sólo una cuadra de aquí.
2. Tenemos hambre.
3. Hay una cola larga en el cine.

B
1. Perdimos una maleta en el aeropuerto.
2. Tenemos prisa para llegar al cine.
3. Estamos cansados y queremos dormir.

5 **Decisiones** Trabajen en grupos pequeños. Ustedes están en Caracas por dos días. Decidan qué van a hacer hoy por la mañana, por la tarde y por la noche. Hagan oraciones con mandatos afirmativos o negativos de **nosotros/as**.

> **modelo**
> Visitemos el Museo de Arte Contemporáneo de Caracas esta tarde. Quiero ver las esculturas de Jesús Rafael Soto.

NOTA CULTURAL

Jesús Rafael Soto (1923–2005) fue un escultor y pintor venezolano. Sus obras cinéticas (*kinetic works*) frecuentemente incluyen formas que brillan (*shimmer*) y vibran. En muchas de ellas el espectador se puede integrar a la obra.

Síntesis

6 **Situación** Tú y un(a) compañero/a viven juntos/as en un apartamento y tienen problemas económicos. Describan los problemas y sugieran algunas soluciones. Hagan oraciones con mandatos afirmativos o negativos de **nosotros/as**.

> **modelo**
> Hagamos un presupuesto (*budget*).
> No gastemos tanto dinero.

En la ciudad

14.3 Past participles used as adjectives

ANTE TODO In **Lección 5**, you learned about present participles (**estudiando**). Both Spanish and English have past participles. The past participles of English verbs often end in **-ed** (*to turn* → *turned*), but many are also irregular (*to buy* → *bought; to drive* → *driven*).

▶ In Spanish, regular **-ar** verbs form the past participle with **-ado**. Regular **-er** and **-ir** verbs form the past participle with **-ido**.

INFINITIVE	STEM	PAST PARTICIPLE
bailar	bail-	**bailado**
comer	com-	**comido**
vivir	viv-	**vivido**

▶ **¡Atención!** The past participles of **-er** and **-ir** verbs whose stems end in **-a, -e,** or **-o** carry a written accent mark on the **i** of the **-ido** ending.

caer	**caído**	reír	**reído**
creer	**creído**	sonreír	**sonreído**
leer	**leído**	traer	**traído**
oír	**oído**		

Irregular past participles

abrir	**abierto**	morir	**muerto**
decir	**dicho**	poner	**puesto**
describir	**descrito**	resolver	**resuelto**
descubrir	**descubierto**	romper	**roto**
escribir	**escrito**	ver	**visto**
hacer	**hecho**	volver	**vuelto**

AYUDA
You already know several past participles used as adjectives: **aburrido, interesado, nublado, perdido,** etc.

•••

Note that all irregular past participles except **dicho** and **hecho** end in **-to**.

▶ In Spanish, as in English, past participles can be used as adjectives. They are often used with the verb **estar** to describe a condition or state that results from an action. Like other Spanish adjectives, they must agree in gender and number with the nouns they modify.

En la entrada hay algunos letreros **escritos** en español.
In the entrance, there are some signs written in Spanish.

Tenemos la mesa **puesta** y la cena **hecha**.
We have the table set and dinner made.

¡INTÉNTALO! Indica la forma correcta del participio pasado de estos verbos.

1. hablar _hablado_
2. beber _____
3. decidir _____
4. romper _____
5. escribir _____
6. cantar _____
7. traer _____
8. oír _____
9. correr _____
10. ver _____
11. leer _____
12. hacer _____

Práctica

1 Completar Completa las oraciones con la forma adecuada del participio pasado del verbo.

1. Hoy mi peluquería favorita está _____ (cerrar).
2. Por eso, voy a otro salón de belleza que está _____ (abrir) todos los días.
3. Queda en la Plaza Bolívar, una plaza muy _____ (conocer).
4. El nombre del salón está _____ (escribir) en el letrero y en la acera (*sidewalk*).
5. Todos los productos y servicios de esta tienda están _____ (describir) en un catálogo.
6. Cuando la tarea esté _____ (hacer), necesito pasar por el banco.

2 Preparativos Tú y tu compañero/a van a hacer un viaje. Túrnense para hacerse estas preguntas sobre los preparativos (*preparations*). Respondan afirmativamente y usen el participio pasado en sus respuestas.

> **modelo**
> **Estudiante 1:** ¿Enviaste el mensaje electrónico?
> **Estudiante 2:** Sí, el mensaje electrónico ya está enviado.

1. ¿Compraste los pasajes para el avión?
2. ¿Confirmaste las reservaciones para el hotel?
3. ¿Hiciste todas las diligencias?
4. ¿Lavaste la ropa?
5. ¿Resolviste el problema con el banco?
6. ¿Pagaste todas las cuentas?
7. ¿Firmaste tu pasaporte?
8. ¿Hiciste las maletas?

3 El estudiante competitivo En parejas, túrnense para hacer el papel de un(a) estudiante que es muy competitivo/a y siempre quiere ser mejor que los demás. Usen los participios pasados de los verbos subrayados.

> **modelo**
> **Estudiante 1:** A veces se me daña la computadora.
> **Estudiante 2:** Yo sé mucho de computadoras. Mi computadora nunca está dañada.

1. Yo no hago la cama todos los días.
2. Casi nunca resuelvo mis problemas.
3. Nunca guardo mis documentos importantes.
4. Es difícil para mí terminar mis tareas.
5. No quiero escribir la composición para mañana.
6. Nunca pongo la mesa cuando ceno.
7. Siempre se me olvida firmar mis tarjetas de crédito.
8. Casi nunca lavo mi carro.

NOTA CULTURAL

Simón Bolívar (1783–1830) es considerado el "libertador" de cinco países de Suramérica: Venezuela, Perú, Bolivia, Colombia y Ecuador. Su apellido se ve en nombres como Bolivia, Ciudad Bolívar, la Universidad Simón Bolívar, el bolívar (la moneda venezolana) y en los nombres de muchas plazas y calles.

Comunicación

4 **Preguntas** En parejas, túrnense para hacerse estas preguntas.

1. ¿Dejas alguna luz prendida en tu casa por la noche?
2. ¿Está ordenado tu cuarto?
3. ¿Prefieres comprar libros usados o nuevos? ¿Por qué?
4. ¿Tienes mucho dinero ahorrado?
5. ¿Necesitas pedirles dinero prestado a tus padres?
6. ¿Estás preocupado/a por el medio ambiente?
7. ¿Qué haces cuando no estás preparado/a para una clase?
8. ¿Qué haces cuando estás perdido/a en una ciudad?

5 **Describir** Tú y un(a) compañero/a son agentes de policía y tienen que investigar un crimen. Describan lo que encontraron en la habitación del señor Villalonga. Usen el participio pasado en la descripción. Luego, comparen su descripción con la de otra pareja.

> **modelo**
> La puerta del baño no estaba cerrada.

AYUDA

You may want to use the past participles of these verbs to describe the illustration: **abrir, desordenar, hacer, poner, romper, tirar** (*to throw*).

Síntesis

6 **Entre líneas** En parejas, representen una conversación entre un empleado de banco y una clienta. Usen las primeras dos líneas del diálogo para empezar y la última para terminar, pero inventen las líneas del medio (*middle*). Usen participios pasados.

EMPLEADO Buenos días, señora Ibáñez. ¿En qué la puedo ayudar?
CLIENTA Tengo un problema con este banco. ¡Todavía no está resuelto!
…
CLIENTA ¡No vuelvo nunca a este banco!

Recapitulación

Completa estas actividades para repasar los conceptos de gramática que aprendiste en esta lección.

1 Completar Completa la tabla con la forma correcta de los verbos. **16 pts.**

Infinitivo	Participio	Infinitivo	Participio
completar	completada	hacer	
corregir		pagar	pagado
creer		pedir	
decir		perder	
escribir		poner	

2 Los novios Completa este diálogo entre dos novios con mandatos en la forma de **nosotros/as**. **20 pts.**

SIMÓN ¿Quieres ir al cine mañana?

CARLA Sí, ¡qué buena idea! (1) _____ (comprar) los boletos (*tickets*) por Internet.

SIMÓN No, mejor (2) _____ (pedírselos) a mi prima, quien trabaja en el cine y los consigue gratis.

CARLA ¡Fantástico!

SIMÓN Y también quiero visitar la nueva galería de arte el fin de semana que viene.

CARLA ¿Por qué esperar? (3) _____ (visitarla) esta tarde.

SIMÓN Bueno, pero primero tengo que limpiar mi apartamento.

CARLA No hay problema. (4) _____ (limpiarlo) juntos.

SIMÓN Muy bien. ¿Y tú no tienes que hacer diligencias hoy? (5) _____ (hacerlas) también.

CARLA Sí, tengo que ir al correo y al banco. (6) _____ (ir) al banco hoy, pero no (7) _____ (ir) al correo todavía. Antes tengo que escribir una carta.

SIMÓN ¿Una carta misteriosa? (8) _____ (escribirla) ahora.

CARLA No, mejor no (9) _____ (escribirla) hasta que regresemos de la galería donde venden un papel reciclado muy lindo (*cute*).

SIMÓN ¿Papel lindo? Pues, ¿para quién es la carta?

CARLA No importa. (10) _____ (empezar) a limpiar.

RESUMEN GRAMATICAL

14.1 The subjunctive in adjective clauses
pp. 486–487

▶ When adjective clauses refer to something that is known, certain, or definite, the indicative is used.

Necesito el **libro** que **tiene** fotos.

▶ When adjective clauses refer to something that is uncertain or indefinite, the subjunctive is used.

Necesito un **libro** que **tenga** fotos.

14.2 Nosotros/as commands *p. 490*

▶ Same as **nosotros/as** form of present subjunctive.

Affirmative	Negative
Démosle un libro a Lola.	No le demos un libro a Lola.
Démoselo.	No se lo demos.

▶ While the subjunctive form of the verb **ir** is used for the negative **nosotros/as** command, the indicative is used for the affirmative command.

No **vayamos** a la plaza.   **Vamos** a la plaza.

14.3 Past participles used as adjectives *p. 493*

Past participles		
Infinitive	Stem	Past participle
bailar	bail-	bail**ado**
comer	com-	com**ido**
vivir	viv-	viv**ido**

Irregular past participles			
abrir	**abierto**	morir	**muerto**
decir	**dicho**	poner	**puesto**
describir	**descrito**	resolver	**resuelto**
descubrir	**descubierto**	romper	**roto**
escribir	**escrito**	ver	**visto**
hacer	**hecho**	volver	**vuelto**

▶ Like common adjectives, past participles must agree with the noun they modify.

Hay unos letreros **escritos** en español.

En la ciudad

3 **Verbos** Escribe los verbos en el presente de indicativo o de subjuntivo. **20 pts.**

1. —¿Sabes dónde hay un restaurante donde nosotros (1) _____ (poder) comer paella valenciana? —No, no conozco ninguno que (2) _____ (servir) paella, pero conozco uno que (3) _____ (especializarse) en tapas españolas.
2. Busco vendedores que (4) _____ (ser) bilingües. No estoy seguro de conocer a alguien que (5) _____ (tener) esa característica. Pero ahora que lo pienso, ¡sí! Tengo dos amigos que (6) _____ (trabajar) en el almacén Excelencia. Los voy a llamar. Debo decirles que necesitamos que (ellos) (7) _____ (saber) hablar inglés.
3. Se busca apartamento que (8) _____ (estar) bien situado, que (9) _____ (costar) menos de $800 al mes y que (10) _____ (permitir) tener perros.

4 **La mamá de Pedro** Completa las respuestas de Pedro a las preguntas de su mamá. **10 pts.**

> **modelo**
> **MAMÁ:** ¿Te ayudo a guardar la ropa?
> **PEDRO:** La ropa ya *está guardada*.

1. **MAMÁ** ¿Cuándo se van a vestir tú y tu hermano para la fiesta?
   PEDRO Nosotros ya _____ _____.

2. **MAMÁ** Hijo, ¿puedes ordenar tu habitación?
   PEDRO La habitación ya _____ _____.

3. **MAMÁ** ¿Ya se murieron tus peces?
   PEDRO No, todavía no _____ _____.

4. **MAMÁ** ¿Te ayudo a hacer tus diligencias?
   PEDRO Gracias, mamá, pero las diligencias ya _____ _____.

5. **MAMÁ** ¿Cuándo terminas tu proyecto?
   PEDRO El proyecto ya _____ _____.

5 **La ciudad ideal** Escribe un párrafo de al menos seis oraciones describiendo cómo es la comunidad ideal donde te gustaría (*you would like*) vivir en el futuro y compárala con la comunidad donde vives ahora. Usa cláusulas adjetivas y el vocabulario de esta lección. **34 pts.**

6 **Adivinanza** Completa la adivinanza y adivina la respuesta. **¡4 puntos EXTRA!**

> **"** Me llegan las cartas
> y no sé _____ (*to read*)
> y, aunque° me las como,
> no mancho° el papel. **"**
> ¿Quién soy? _____

aunque *although* no mancho *I don't stain*

14 adelante

Audio: Reading

Lectura

Antes de leer

Estrategia
Visualizing

Visualizing a text as you read can help you comprehend it. Before you begin, read the title and create a picture in your mind. Then skim each paragraph and visualize what you read. As you create these mental pictures, think about not only the sights, but also the sounds, smells, tastes, and feelings that are conveyed in the text. These visualizations will help you create an image of what the story will be about.

¿Qué va a pasar?

Responde a estas preguntas para hacer predicciones sobre el cuento.

1. ¿Quién es Olegario?
   _____

2. ¿Cuál es la emergencia?
   _____

3. ¿Tiene un final feliz el cuento?
   _____

Visualizar

Lee el título y echa una ojeada (*skim*) a los párrafos del cuento. ¿Qué visualizas?
_____
_____

Sobre el autor

Mario Benedetti (1920-2009) fue un escritor uruguayo. Aunque es conocido principalmente por sus poemas, escribió también ensayos, novelas y cuentos. Gran parte de la obra de Benedetti se centra en la temática urbana y se caracteriza por su compromiso político y social.

More activities
vhlcentral | Online activities

Los bomberos
Mario Benedetti

Olegario no sólo fue un as del presentimiento°, sino que además siempre estuvo muy orgulloso° de su poder. A veces se quedaba absorto° por un instante, y luego decía: "Mañana va a llover". Y llovía. Otras veces se rascaba la nuca° y anunciaba: "El martes saldrá° el 57 a la cabeza". Y el martes salía el 57 a la cabeza. Entre sus amigos gozaba de° una admiración sin límites.

Algunos de ellos recuerdan el más famoso de sus aciertos°. Caminaban con él frente a la Universidad, cuando de pronto el aire matutino° fue atravesado° por el sonido y la furia de los bomberos°. Olegario sonrió de modo casi imperceptible, y dijo: "Es posible que mi casa se esté quemando".

Llamaron un taxi y encargaron° al chofer que siguiera de cerca a los bomberos. Éstos tomaron por Rivera, y Olegario dijo: "Es casi seguro que mi casa se esté quemando". Los amigos guardaron un respetuoso y afable silencio; tanto lo admiraban.

Los bomberos siguieron por Pereyra y la nerviosidad llegó a su colmo°. Cuando doblaron por la calle en que vivía Olegario, los amigos se pusieron tiesos° de expectativa. Por fin, frente mismo a la llameante° casa de Olegario, el carro de bomberos se detuvo° y los hombres comenzaron rápida y serenamente los preparativos de rigor. De vez en cuando, desde las ventanas de la planta alta, alguna astilla° volaba por los aires.

Con toda parsimonia°, Olegario bajó del taxi. Se acomodó el nudo° de la corbata, y luego, con un aire de humilde vencedor°, se aprestó° a recibir las felicitaciones y los abrazos de sus buenos amigos.

---

as del presentimiento *master of premonition* **orgulloso** *proud* **absorto** *absorbed* **se rascaba la nuca** *he scratched the back of his neck* **saldrá** *will leave* **gozaba de** *he enjoyed* **aciertos** *correct predictions* **matutino** *morning* **atravesado** *pierced* **bomberos** *firefighters* **encargaron** *asked* **colmo** *peak* **tiesos** *tense, stiff* **llameante** *flaming* **se detuvo** *stopped* **astilla** *splinter* **parsimonia** *lack of urgency* **nudo** *knot* **vencedor** *victor* **se aprestó** *he prepared*

Después de leer

Comprensión
Indica si las oraciones son **ciertas** o **falsas**. Corrige las oraciones falsas.

1. Las predicciones de Olegario a veces son correctas.
2. Los amigos de Olegario dudan de sus predicciones.
3. Un día, Olegario y sus amigos caminaban por la calle cuando oyeron el carro de los bomberos.
4. Olegario y sus amigos siguieron a los bomberos en un taxi.
5. Los amigos de Olegario tuvieron miedo al ver que su casa se quemaba.

Interpretación
Responde a las preguntas con oraciones completas.

1. Busca las dos predicciones de Olegario en el primer párrafo del cuento. ¿Expresan un grado de certeza (*certainty*) alto o bajo?
2. Ahora, busca las dos predicciones que hace sobre la casa. ¿Expresan certeza o dejan lugar a dudas?
3. Al final, ¿crees que a Olegario le importa que se queme su casa? Explica tu respuesta.
4. ¿Tiene Olegario una actitud arrogante con respecto a su talento? ¿Por qué?

Comentar
En parejas, comenten el cuento. Usen como guía estas preguntas.

- ¿Cómo creen que ocurrió el incendio (*fire*)?
- ¿Creen que el final del cuento es lógico? ¿Por qué?
- ¿Les gustaría predecir el futuro? ¿Por qué?
- ¿Cómo usarían el poder de predecir el futuro?

Escritura

Estrategia

Avoiding redundancies

Redundancy is the needless repetition of words or ideas. To avoid redundancy with verbs and nouns, consult a Spanish language thesaurus (**Diccionario de sinónimos**). You can also avoid redundancy by using object pronouns, possessive adjectives, demonstrative adjectives and pronouns, and relative pronouns. Remember that, in Spanish, subject pronouns are generally used only for clarification, emphasis, or contrast. Study the example.

Redundant:

Susana quería visitar a su amiga. Susana estaba en la ciudad. Susana tomó el tren y perdió el mapa de la ciudad. Susana estaba perdida en la ciudad. Susana estaba nerviosa. Por fin, la amiga de Susana la llamó a Susana y le indicó cómo llegar.

Improved:

Susana, quien estaba en la ciudad, quería visitar a su amiga. Tomó el tren y perdió el mapa. Estaba perdida y nerviosa. Por fin, su amiga la llamó y le indicó cómo llegar.

Tema

Escribir un mensaje electrónico

Vas a visitar a un(a) amigo/a que vive en una ciudad que no conoces. Vas a pasar allí una semana y tienes que hacer también un trabajo para tu clase de literatura. Tienes planes de alquilar un carro, pero no sabes cómo llegar del aeropuerto a la casa de tu amigo/a.

Escríbele a tu amigo/a un mensaje electrónico describiendo lo que te interesa hacer allí y dale sugerencias de actividades que pueden hacer juntos/as. Menciona lo que necesitas para hacer tu trabajo. Puedes basarte en una visita real o imaginaria.

Considera esta lista de datos que puedes incluir:

▸ El nombre de la ciudad que vas a visitar

▸ Los lugares que más te interesa visitar

▸ Lo que necesitas para hacer tu trabajo:
  acceso a Internet
  saber cómo llegar a la biblioteca pública
  tiempo para estar solo/a
  libros para consultar

▸ Mandatos para las actividades que van a compartir

En la ciudad

Escuchar

Antes de escuchar

Estrategia

Listening for specific information/
Listening for linguistic cues

As you already know, you don't have to hear or understand every word when listening to Spanish. You can often get the facts you need by listening for specific pieces of information. You should also be aware of the linguistic structures you hear. For example, by listening for verb endings, you can ascertain whether the verbs describe past, present, or future actions, and they can also indicate who is performing the action.

To practice these strategies, you will listen to a short paragraph about an environmental issue. What environmental problem is being discussed? What is the cause of the problem? Has the problem been solved, or is the solution under development?

Preparación

Describe la foto. Según la foto, ¿qué información específica piensas que vas a oír en el diálogo?

Ahora escucha

Los tiempos verbales

Lee estas frases y luego escucha la conversación entre Alberto y Eduardo. Indica si cada verbo se refiere a algo en el pasado, en el presente o en el futuro.

Acciones

1. Demetrio / comprar en Macro _____
2. Alberto / comprar en Macro _____
3. Alberto / estudiar psicología _____
4. carro / tener frenos malos _____
5. Eduardo / comprar un anillo para Rebeca _____
6. Eduardo / estudiar _____

Comprensión

Descripciones

Indica las oraciones que describen correctamente a Alberto.

1. _____ Es organizado en sus estudios.
2. _____ Compró unas flores para su novia.
3. _____ No le gusta tomar el metro.
4. _____ No conoce bien la zona de Sabana Grande y Chacaíto.
5. _____ No tiene buen sentido de la orientación (*sense of direction*).
6. _____ Le gusta ir a los lugares que están de moda.

Preguntas

1. ¿Por qué Alberto prefiere ir en metro a Macro?
2. ¿Crees que Alberto y Eduardo viven en una ciudad grande o en un pueblo? ¿Cómo lo sabes?
3. ¿Va Eduardo a acompañar a Alberto? ¿Por qué?

Conversación

En grupos pequeños, hablen de sus tiendas favoritas y de cómo llegar a ellas desde la universidad. ¿En qué lugares tienen la última moda? ¿Los mejores precios? ¿Hay buenas tiendas cerca de la universidad?

En pantalla

En algunas partes de Centroamérica, Bolivia, Chile, Colombia, Ecuador y Perú y en la mayor parte de Argentina, Uruguay y Paraguay, las personas tienen la costumbre° de usar **vos** en lugar de **tú** al hablar o escribir. Este uso es conocido como **voseo** y se refleja también en la manera de conjugar los verbos. Por ejemplo, el presente del indicativo de los verbos regulares se conjuga con las terminaciones **-ás** (**vos hablás**), **-és** (**vos comés**) e **-ís** (**vos vivís**).

Vocabulario útil	
cargar	to carry
parecerse a	to look like
peluquero	hairdresser
ponerle	name him
segundo nombre	middle name
trato	treatment

Preparación
¿Te gusta ahorrar? ¿Dónde guardas tu dinero?

Escoger
Elige la opción correcta.

1. El peluquero de la mamá del bebé se llama _____.
   a. José   b. Tomás
2. Al papá del bebé le gustan las películas de _____.
   a. Harry Potter   b. Sylvester Stallone
3. Tomás es el nombre del _____ de la mamá del bebé.
   a. abuelo   b. hermano
4. El regalo para el bebé está _____.
   a. en el banco   b. personalizado

En el banco
En parejas, describan cinco pasos para abrir una cuenta de ahorros conjunta (*joint*). Usen mandatos de **nosotros/as**.

costumbre *custom*

Anuncio de Banco Ficensa

¡Felicitaciones! ¿Cómo se va a llamar?

Bueno, yo le puse José.

¿Y si le ponen Tomás?

En la ciudad

En una ciudad tan grande como la Ciudad de México la vida es más fácil gracias al Sistema de Transporte Colectivo Metro y los viajes muchas veces pueden ser interesantes: en el metro se promueve° la cultura. Allí se construyó el primer museo del mundo en un transporte colectivo. También hay programas de préstamo de libros para motivar a los usuarios a leer en el tiempo muerto° que pasan dentro° del sistema. ¿Quieres saber más? Descubre qué hace tan especial al Metro de la Ciudad de México en este episodio de *Flash cultura*.

Vocabulario útil

concurrido	busy, crowded
se esconde	is hidden
transbordo	transfer, change
tranvía	streetcar

Preparación
Imagina que estás en la Ciudad de México, una de las ciudades más grandes del mundo. ¿Qué transporte usas para ir de un lugar a otro? ¿Por qué?

Seleccionar
Selecciona la respuesta correcta.
1. El Bosque de Chapultepec es uno de los lugares más (solitarios/concurridos) de la ciudad.
2. En las estaciones (de transbordo/subterráneas) los pasajeros pueden cambiar de trenes para llegar fácilmente a su destino.
3. Algunas líneas del Metro no son subterráneas, sino superficiales, es decir, (paran/circulan) al nivel de la calle.
4. Dentro de algunas estaciones hay (danzas indígenas/exposiciones de arte).

El Metro del D.F.

Viajando en el Metro... puedes conocer más acerca de la cultura de este país.

Para la gente... mayor de 60 años, es el transporte totalmente gratuito.

... el Metro [...] está conectado con los demás sistemas de transporte...

se promueve *is promoted* tiempo muerto *down time* dentro *inside*

panorama

Venezuela

El país en cifras

- **Área:** 912.050 km² (352.144 millas²), aproximadamente dos veces el área de California
- **Población:** 31.304.000
- **Capital:** Caracas—2.916.000
- **Ciudades principales:** Maracaibo—2.196.000, Valencia—1.734.000, Barquisimeto—1.039.000, Maracay—1.166.000
- **Moneda:** bolívar
- **Idiomas:** español (oficial), lenguas indígenas (oficiales)

El yanomami es uno de los idiomas indígenas que se habla en Venezuela. La cultura de los yanomami tiene su centro en el sur de Venezuela, en el bosque tropical. Son cazadores° y agricultores y viven en comunidades de hasta 400 miembros.

Bandera de Venezuela

Venezolanos célebres

- **Teresa Carreño,** compositora y pianista (1853–1917)
- **Rómulo Gallegos,** escritor y político (1884–1969)
- **Andrés Eloy Blanco,** poeta (1896–1955)
- **Gustavo Dudamel,** director de orquesta (1981–)
- **Baruj Benacerraf,** científico (1920–2011)

En 1980, Baruj Benacerraf, junto con dos de sus colegas, recibió el Premio Nobel por sus investigaciones en el campo° de la inmunología y las enfermedades autoinmunes. Nacido en Caracas, Benacerraf también vivió en París y los Estados Unidos.

cazadores *hunters* campo *field*

ACTIVIDADES

1 **¿Cierto o falso?** Indica si lo que dicen las oraciones es **cierto** o **falso**.

1. El yanomami es una lengua indígena que se habla en Venezuela.
2. Gustavo Dudamel es un científico venezolano ganador de un Premio Nobel.
3. Nacido en Caracas, Baruj Benacerraf también vivió en París.
4. La mayor concentración de petróleo de Venezuela se encuentra en la Isla Margarita.
5. Maracaibo queda al norte de Venezuela.
6. El arpa, las maracas y las guitarras son los instrumentos más comunes del joropo venezolano.
7. Simón Bolívar es conocido como "El Libertador".
8. El Salto Ángel es la tercera catarata más alta del mundo.
9. La arepa está hecha de maíz cocido y molido.

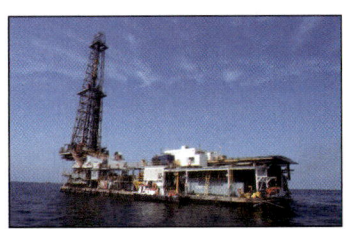

▷ Economía • **El petróleo**
La industria petrolera° es muy importante para la economía venezolana. La mayor concentración de petróleo del país se encuentra debajo del lago Maracaibo. En 1976 se nacionalizaron las empresas° petroleras y pasaron a ser propiedad° del Estado con el nombre de *Petróleos de Venezuela*. Este producto representa más del 90% de las exportaciones del país.

Música y danza • **El joropo**
El joropo venezolano es un género musical y también una danza popular de origen europeo, árabe, africano e indígena. Sus instrumentos más comunes son el arpa, las maracas y distintos tipos de guitarras. Las personas bailan joropo zapateando°, tomadas de la mano o separadas, y realizando diferentes figuras. Fue declarado patrimonio cultural de Venezuela en 2014.

Historia • **Simón Bolívar (1783–1830)**
A principios del siglo° XIX, el territorio de la actual Venezuela, al igual que gran parte de América, todavía estaba bajo el dominio de la Corona° española. El general Simón Bolívar, nacido en Caracas, es llamado "El Libertador" porque fue el líder del movimiento independentista suramericano en el área que hoy es Venezuela, Colombia, Ecuador, Perú y Bolivia.

▷ Comida • **La arepa**
La arepa es una de las comidas más representativas de Venezuela. Es de origen indígena y está hecha de maíz cocido° y molido°. Se prepara frita o a la plancha°, y se come con queso, verduras y carnes como el jamón, el pollo o el solomillo°. La palabra **arepa** viene de **aripo**, que era una base de arcilla° donde se cocinaban las arepas.

industria petrolera *oil industry* empresas *companies* propiedad *property* zapateando *stomping* siglo *century* Corona *Crown* cocido *cooked* molido *ground* a la plancha *grilled* solomillo *sirloin* arcilla *clay*

¡Increíble pero cierto!
Con una caída° de 979 metros (3.212 pies) desde la meseta de Auyan Tepuy, Salto Ángel°, en Venezuela, es la catarata° más alta del mundo, ¡diecisiete veces más alta que las cataratas del Niágara! James C. Angel la dio a conocer° en 1935. Los indígenas de la zona la denominan "Kerepakupai Merú".

caída *drop* Salto Ángel *Angel Falls* catarata *waterfall* la dio a conocer *made it known*

---

2 ¿Qué aprendiste? Contesta cada pregunta con una oración completa.
1. ¿Cuál es la moneda de Venezuela?
2. ¿Quién fue Rómulo Gallegos?
3. ¿Cuándo se dio a conocer el Salto Ángel?
4. ¿Cuál es el producto más exportado de Venezuela?
5. ¿Cómo se llama la capital de Venezuela?

3 Impresiones En parejas, imaginen que hacen un viaje a Venezuela. Describan lo que quieren hacer y lo que buscan en este país. Utilicen cláusulas adjetivas.

modelo
Yo busco un hotel que tenga la mejor vista de Caracas.

vocabulario

 Vocabulary Tools

En la ciudad

el banco	bank
la carnicería	butcher shop
el correo	post office
el estacionamiento	parking lot
la frutería	fruit store
la heladería	ice cream shop
la joyería	jewelry store
la lavandería	laundromat
la panadería	bakery
la pastelería	pastry shop
la peluquería, el salón de belleza	beauty salon
la pescadería	fish market
el supermercado	supermarket
la zapatería	shoe store
hacer cola	to stand in line
hacer diligencias	to run errands

En el banco

el cajero automático	ATM
el cheque	check
la cuenta corriente	checking account
la cuenta de ahorros	savings account
ahorrar	to save (money)
cobrar	to cash (a check)
depositar	to deposit
firmar	to sign
llenar (un formulario)	to fill out (a form)
pagar a plazos	to pay in installments
pagar al contado/ en efectivo	to pay in cash
pedir prestado/a	to borrow
pedir un préstamo	to apply for a loan
ser gratis	to be free of charge

Cómo llegar

la cuadra	(city) block
la dirección	address
la esquina	corner
el letrero	sign
cruzar	to cross
doblar	to turn
estar perdido/a	to be lost
indicar cómo llegar	to give directions
quedar	to be located
(al) este	(to the) east
(al) norte	(to the) north
(al) oeste	(to the) west
(al) sur	(to the) south
derecho	straight (ahead)
enfrente de	opposite; facing
hacia	toward

Past participles used as adjectives	See page 493.
Expresiones útiles	See page 481.

En el correo

el cartero	mail carrier
el correo	mail; post office
la estampilla, el sello	stamp
el paquete	package
el sobre	envelope
echar (una carta) al buzón	to put (a letter) in the mailbox; to mail
enviar, mandar	to send; to mail

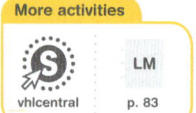

More activities

vhlcentral LM p. 83

El bienestar

15

Communicative Goals

You will learn how to:
- Talk about health, well-being, and nutrition
- Talk about physical activities

contextos
pages 508–511
- Health and well-being
- Exercise and physical activity
- Nutrition

fotonovela
pages 512–515
Marissa, Felipe, Jimena, and Juan Carlos visit the famous ruins of Chichén Itzá. After exploring the archeological site, they visit a spa to escape the sun and unwind.

cultura
pages 516–517
- Natural spas
- Quinoa

estructura
pages 518–529
- The present perfect
- The past perfect
- The present perfect subjunctive
- **Recapitulación**

adelante
pages 530–539
Lectura: A short story
Escritura: A personal wellness plan
Escuchar: A radio program about exercise
En pantalla: A short film
Flash cultura: A video about stress relief in Madrid
Panorama: Bolivia

A PRIMERA VISTA
- ¿Está la chica en un gimnasio o en un lugar al aire libre?
- ¿Practica ella deportes frecuentemente?
- ¿Es activa o sedentaria?
- ¿Tiene los ojos abiertos o cerrados?

contextos

El bienestar

Más vocabulario

adelgazar	to lose weight; to slim down
aliviar el estrés	to reduce stress
aliviar la tensión	to reduce tension
apurarse, darse prisa	to hurry; to rush
aumentar de peso, engordar	to gain weight
calentarse (e:ie)	to warm up
disfrutar (de)	to enjoy; to reap the benefits (of)
entrenarse	to train
estar a dieta	to be on a diet
estar en buena forma	to be in good shape
hacer gimnasia	to work out
llevar una vida sana	to lead a healthy lifestyle
mantenerse en forma	to stay in shape
sufrir muchas presiones	to be under a lot of pressure
tratar de (+ *inf.*)	to try (to do something)
la droga	drug
el/la drogadicto/a	drug addict
activo/a	active
débil	weak
en exceso	in excess; too much
flexible	flexible
fuerte	strong
sedentario/a	sedentary
tranquilo/a	calm; quiet
el bienestar	well-being

Variación léxica

hacer ejercicios aeróbicos ↔ hacer aeróbic *(Esp.)*
el/la entrenador(a) ↔ el/la monitor(a)

la cinta caminadora

No fumar.

el masaje

Hace ejercicio. (hacer)

Hace ejercicios de estiramiento. (hacer)

el teleadicto

la entrenadora

Práctica

1 Emparejar Empareja las oraciones que vas a escuchar con las palabras más apropiadas.

a. débil 1.
b. fuerte 2.
c. activo 3.
d. masaje 4.
e. flexible 5.
f. sedentario 6.
g. engordar 7.
h. apurarse 8.

2 ¿Cierto o falso? Indica si lo que dice cada oración sobre el anuncio es **cierto** o **falso**.

1. El gimnasio sólo ofrece un servicio para las personas que quieren estar en buena forma.
2. El gimnasio tiene un equipo de entrenadores.
3. El gimnasio tiene entrenadores personales.
4. Hay programas privados de pesas y masajes.
5. El gimnasio no abre los domingos.
6. Puedes ir al gimnasio desde las siete de la mañana hasta las nueve de la noche.

3 Identificar Identifica el antónimo (*antonym*) de cada palabra.

apurarse	fuerte
disfrutar	mantenerse en forma
engordar	sedentario
estar enfermo	sufrir muchas presiones
flexible	tranquilo

1. débil
2. adelgazar
3. aliviar el estrés
4. activo
5. estar sano
6. ir despacio
7. nervioso
8. ser teleadicto

4 Combinar Combina elementos de cada columna para formar oraciones lógicas.

1. David levanta pesas
2. Estás en buena forma
3. Felipe se lastimó
4. José y Rafael
5. Sara hace ejercicios de
6. Mi hermano
7. Mis primas se entrenan
8. Para llevar una vida sana,

a. aumentó de peso.
b. estiramiento.
c. para correr un maratón.
d. porque haces ejercicio.
e. sudan mucho en el gimnasio.
f. un músculo de la pierna.
g. no se debe fumar.
h. y corre mucho.

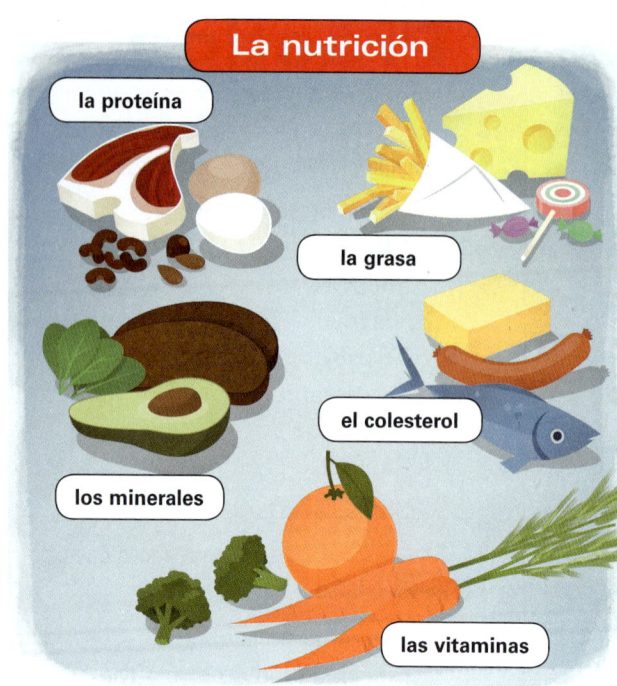

Más vocabulario

la bebida alcohólica	alcoholic beverage
la cafeína	caffeine
la caloría	calorie
la merienda	afternoon snack
la nutrición	nutrition
el/la nutricionista	nutritionist
comer una dieta equilibrada	to eat a balanced diet
consumir alcohol	to consume alcohol
descafeinado/a	decaffeinated

5 Completar Completa cada oración con la palabra adecuada.

1. Mi entrenador no come queso ni papas fritas porque contienen _____.
   a. dietas   b. vitaminas   c. mucha grasa
2. Para _____, es necesario consumir comidas de todos los grupos alimenticios (*nutrition groups*).
   a. aliviar el estrés   b. correr   c. comer una dieta equilibrada
3. Mis primas _____ una buena comida.
   a. disfrutan de   b. tratan de   c. sudan
4. Después de hacer ejercicio, como pollo o bistec porque contienen _____.
   a. drogas   b. proteínas   c. grasa
5. Mi padre no come mantequilla porque él necesita reducir _____.
   a. la nutrición   b. el colesterol   c. el bienestar
6. Mi novio cuenta _____ porque está a dieta.
   a. las pesas   b. los músculos   c. las calorías

> **CONSULTA**
> To review what you have learned about nutrition and food, see **Contextos**, **Lección 8**, pp. 262–264.

6 Frecuencia Di con qué frecuencia haces estas actividades.

siempre	una vez a la semana	una vez al año
todos los días	una vez al mes	nunca

modelo
fumar
Nunca fumo.

1. beber café descafeinado
2. hacer ejercicio
3. comer papas fritas
4. usar la cinta caminadora
5. levantar pesas
6. trabajar con un(a) entrenador(a)
7. salir a correr
8. tomar vitaminas

El bienestar

Comunicación

7 **La nutrición** En parejas, hablen de los tipos de comida que comen y las consecuencias que tienen para su salud.

> **AYUDA**
> Some useful words:
> **sano** = saludable
> **en general** = por lo general
> **estricto**
> **normalmente**
> **muchas veces**
> **a veces**
> **de vez en cuando**

1. ¿Cuántas comidas con mucha grasa comes regularmente? ¿Piensas que debes comer menos comidas de este tipo? ¿Por qué?
2. ¿Compras comidas con muchos minerales y vitaminas? ¿Necesitas consumir más comidas que los contienen? ¿Por qué?
3. ¿Algún miembro de tu familia tiene problemas con el colesterol? ¿Qué haces para evitar problemas con el colesterol?
4. ¿Eres vegetariano/a? ¿Conoces a alguien que sea vegetariano/a? ¿Qué piensas de la idea de no comer carne u otros productos animales? ¿Es posible comer una dieta equilibrada sin comer carne? Explica.
5. ¿Tomas cafeína en exceso? ¿Qué ventajas (*advantages*) y desventajas tiene la cafeína? Da ejemplos de productos que contienen cafeína y de productos descafeinados.
6. ¿Llevas una vida sana? ¿Y tus amigos? ¿Crees que, en general, los estudiantes llevan una vida sana? ¿Por qué?

8 **Un anuncio** En grupos de cuatro, imaginen que son dueños/as de un gimnasio con un equipo (*equipment*) moderno, entrenadores cualificados y un(a) nutricionista. Preparen y presenten un anuncio para la televisión que hable del gimnasio y atraiga (*attracts*) a una gran variedad de nuevos clientes. No se olviden de presentar esta información:

 las ventajas de estar en buena forma
▶ el equipo que tienen
▶ los servicios y clases que ofrecen
▶ las características únicas
▶ la dirección y el teléfono
▶ el precio para los socios (*members*)

9 **Recomendaciones para la salud** En parejas, imaginen que están preocupados/as por los malos hábitos de un(a) amigo/a que no está bien últimamente (*lately*). Escriban y representen una conversación en la cual hablen de lo que está pasando en la vida de su amigo/a y los cambios que necesita hacer para llevar una vida sana.

10 **El teleadicto** Con un(a) compañero/a, representen los papeles de un(a) nutricionista y un(a) teleadicto/a. La persona sedentaria habla de sus malos hábitos para la comida y de que no hace ejercicio. También dice que toma demasiado café y que siente mucho estrés. El/La nutricionista le sugiere una dieta equilibrada con bebidas descafeinadas y una rutina para mantenerse en forma.

11 **El gimnasio perfecto** Tú y tu compañero/a quieren encontrar el gimnasio perfecto. Su profesor(a) les va a dar a cada uno/a de ustedes el anuncio de un gimnasio. Túrnense para hacerse preguntas sobre las actividades que se ofrecen en cada uno. Al final, decidan cuál es el mejor gimnasio y compartan su decisión con la clase.

15 fotonovela

Chichén Itzá

Los chicos exploran Chichén Itzá y se relajan en un spa.

PERSONAJES MARISSA FELIPE

 Video

MARISSA ¡Chichén Itzá es impresionante! Qué lástima que Maru y Miguel no hayan podido venir. Sobre todo Maru.
FELIPE Ha estado bajo mucha presión.

MARISSA ¿Ustedes ya habían venido antes?
FELIPE Sí. Nuestros papás nos trajeron cuando éramos niños.

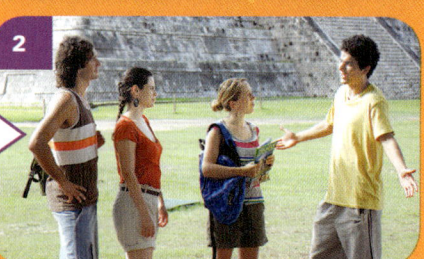

FELIPE El otro día le gané a Juan Carlos en el parque.
JUAN CARLOS Estaba mirando hacia otro lado, cuando me di cuenta, Felipe ya había empezado a correr.

(*en otro lugar de las ruinas*)
JUAN CARLOS ¡Hace calor!
JIMENA ¡Sí! Hay que estar en buena forma para recorrer las ruinas.

JUAN CARLOS Siempre había llevado una vida sana antes de entrar a la universidad.
JIMENA Tienes razón. La universidad hace que seamos muy sedentarios.
JUAN CARLOS ¡Busquemos a Felipe y a Marissa!

FELIPE ¡Gané!
JIMENA Qué calor. Tengo una idea. Vamos.

JUAN CARLOS

JIMENA

EMPLEADA

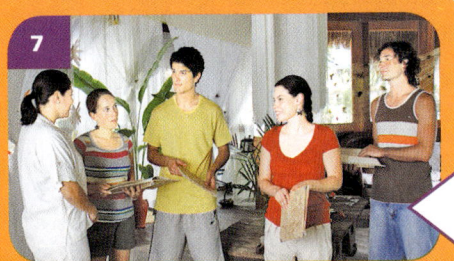

EMPLEADA Ofrecemos varios servicios para aliviar el estrés: masajes, saunas...

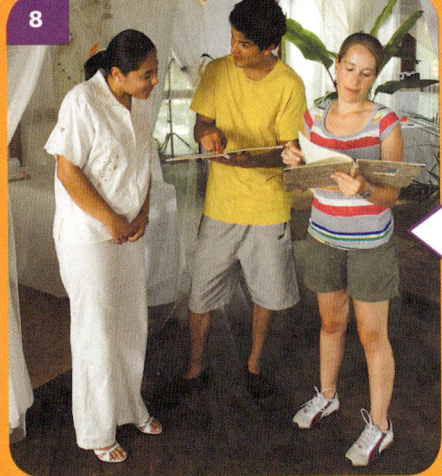

FELIPE Me gustaría un masaje.
MARISSA Yo prefiero un baño mineral.

JUAN CARLOS ¿Crees que tienes un poco de tiempo libre la semana que viene? Me gustaría invitarte a salir.
JIMENA ¿Sin Felipe?
JUAN CARLOS Sin Felipe.

EMPLEADA ¿Ya tomaron una decisión?
JIMENA Sí.

Expresiones útiles

Wishing a friend were with you

Qué lástima que no hayan podido venir.
What a shame that they were not able to come.
Sobre todo Maru.
Especially Maru.
Él/Ella ha estado bajo mucha presión.
He/She has been under a lot of pressure.
Creo que ellos ya habían venido antes.
I think they had already come (here) before.

Talking about trips

¿Ustedes ya habían venido antes?
Had you been (here) before?
Sí. He querido regresar desde que leí el Chilam Balam.
Yes. I have wanted to come back ever since I read the Chilam Balam.
¿Recuerdas cuando nos trajo papá?
Remember when Dad brought us?
Al llegar a la cima, comenzaste a llorar.
When we got to the top, you started to cry.

Talking about well-being

Siempre había llevado una vida sana antes de entrar a la universidad.
I had always maintained a healthy lifestyle before starting college.
Ofrecemos varios servicios para aliviar el estrés.
We offer many services to relieve stress.
Me gustaría un masaje.
I would like a massage.

Additional vocabulary

la cima *top, peak*
el escalón *step*
el muro *wall*
tomar una decisión *to make a decision*

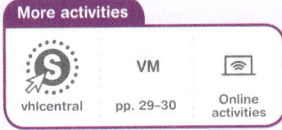

¿Qué paso?

1 Seleccionar Selecciona la respuesta que completa mejor cada oración.

1. Felipe y Marissa piensan que Maru _____.
   a. debe hacer ejercicio   b. aumentó de peso   c. ha estado bajo mucha presión
2. Felipe y Jimena visitaron Chichén Itzá _____.
   a. para aliviar el estrés   b. cuando eran niños   c. para llevar una vida sana
3. Jimena dice que la universidad hace a los estudiantes _____.
   a. comer una dieta equilibrada   b. ser sedentarios   c. levantar pesas
4. En el spa ofrecen servicios para _____.
   a. sudar   b. aliviar el estrés   c. ser flexibles
5. Felipe elige que le den un _____.
   a. baño mineral   b. almuerzo   c. masaje

2 Identificar Identifica quién dice estas oraciones.

1. Estaba mirando hacia otro lado, cuando me di cuenta, Felipe ya había empezado a correr.
2. Chichén Itzá es impresionante. Qué lástima que Maru y Miguel no hayan podido venir.
3. Hay que estar en buena forma para recorrer las ruinas.
4. Ofrecemos varios servicios para aliviar el estrés: masajes, saunas, tratamientos con vitaminas y minerales para la piel...
5. Estudié mucho antes de salir del D.F.
6. Creo que ésa fue la última vez que papá hizo ejercicio.

 MARISSA   FELIPE

JIMENA

 JUAN CARLOS   EMPLEADA

3 Inventar En parejas, hagan descripciones de los personajes de la **Fotonovela**.

aliviar el estrés	hacer ejercicios de estiramiento	masaje
bienestar	llevar una vida sana	teleadicto/a
grasa	mantenerse en forma	vitamina

modelo
Estudiante 1: Felipe es activo, flexible y fuerte.
Estudiante 2: Marissa siempre hace ejercicios de estiramiento. Está en buena forma y lleva una vida muy sana...

1. A Juan Carlos le duelen los músculos después de hacer gimnasia.
2. Maru a veces sufre presiones y estrés en la universidad.
3. A Jimena le encanta salir con amigos o leer un buen libro.
4. Felipe trata de comer una dieta equilibrada.
5. Juan Carlos no es muy flexible.

Ortografía

Las letras b y v

Since there is no difference in pronunciation between the Spanish letters **b** and **v**, spelling words that contain these letters can be tricky. Here are some tips.

nomb**re**   **bl**usa   **abs**oluto   **descub**rir

The letter **b** is always used before consonants.

bonita   **bot**ella   **bus**car   **bien**estar

At the beginning of words, the letter **b** is usually used when it is followed by the letter combinations **-on, -or, -ot, -u, -ur, -us, -ien,** and **-ene**.

adelgazab**a**   **disfruta**b**an**   **i**b**as**   **í**b**amos**

The letter **b** is used in the verb endings of the imperfect tense for **-ar** verbs and the verb **ir**.

voy   **v**amos   **estu**v**o**   **tu**v**ieron**

The letter **v** is used in the present tense forms of **ir** and in the preterite forms of **estar** and **tener**.

octavo   **hu**evo   **act**iva   **gr**ave

The letter **v** is used in these noun and adjective endings: **-avo/a, -evo/a, -ivo/a, -ave, -eve**.

Práctica Completa las palabras con las letras **b** o **v**.

1. Una __ez me lastimé el __razo cuando esta__a __uceando.
2. Manuela ol__idó sus li__ros en el auto__ús.
3. Ernesto tomó el __orrador y se puso todo __lanco de tiza.
4. Para tener una __ida sana y saluda__le, necesitas tomar __itaminas.
5. En mi pue__lo hay un __ule__ar que tiene muchos ár__oles.

El ahorcado (*Hangman*) Juega al ahorcado para adivinar las palabras.

1. __ u __ __ s   Están en el cielo.
2. __ u __ __ n   Relacionado con el correo
3. __ o __ e __ __ a   Está llena de líquido.
4. __ i __ __ e   Fenómeno meteorológico
5. __ e __ __ __ __ s   Los "ojos" de la casa

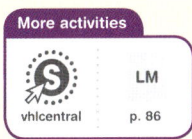

15 cultura

EN DETALLE

Spas naturales

Muchas veces no hay nada mejor que un buen baño° para descansar y aliviar la tensión. Y si el baño se toma en una terma°, el beneficio° es mayor. Los tratamientos con agua y lodo° para mejorar la salud y el bienestar son populares en las Américas desde hace muchos siglos°. Las termas son manantiales° naturales de agua caliente. La temperatura de estos manantiales facilita la absorción de minerales y otros elementos que contiene el agua y que son buenos para la salud. El agua de las termas se usa en piscinas, baños y duchas o en el sitio natural en el que surge°: pozas°, estanques° o cuevas°.

Ecotermales en Arenal, Costa Rica

En Baños de San Vicente, en Ecuador, son muy populares los tratamientos° con lodo volcánico.

El lodo caliente se extiende por el cuerpo; así la piel° absorbe los minerales beneficiosos para la salud; también se usa para dar masajes. La lodoterapia es útil para tratar varias enfermedades, además hace que la piel se vea radiante.

En Costa Rica, la actividad volcánica también ha dado° origen a fuentes° y pozas termales. Si te gusta cuidarte y amas la naturaleza, recuerda estos nombres: Las Hornillas y Las Pailas. Son pozas naturales de aguas termales que están cerca del volcán Rincón de la Vieja. Un baño termal en medio de un paisaje tan hermoso es una experiencia única.

Volcán de lodo El Totumo, Colombia

Otros balnearios°
Todos ofrecen piscinas, baños, pozas y duchas de aguas termales y además...

Lugar	Servicios
El Edén y Yanasara, Curgos (Perú)	cascadas° de aguas termales
Montbrió del Camp, Tarragona (España)	baños de algas°
Puyuhuapi (Chile)	duchas de agua de mar; baños de algas
Termas de Río Hondo, Santiago del Estero (Argentina)	baños de lodo
Tepoztlán, Morelos (México)	temazcales° aztecas
Uyuni, Potosí (Bolivia)	baños de sal

baño *bath* **terma** *hot spring* **beneficio** *benefit* **lodo** *mud* **siglos** *centuries* **manantiales** *springs* **surge** *springs forth* **pozas** *small pools* **estanques** *ponds* **cuevas** *caves* **tratamientos** *treatments* **piel** *skin* **ha dado** *has given* **fuentes** *springs* **balnearios** *spas* **cascadas** *waterfalls* **algas** *seaweed* **temazcales** *steam and medicinal herb baths*

ACTIVIDADES

1 **¿Cierto o falso?** Indica si lo que dicen las oraciones es cierto o falso. Corrige la información falsa.

1. Las aguas termales son beneficiosas para algunas enfermedades, incluido el estrés.
2. Los tratamientos con agua y lodo se conocen sólo desde hace pocos años.
3. Las termas son manantiales naturales de agua caliente.
4. La lodoterapia es un tratamiento con barro (*mud*).
5. La temperatura de las aguas termales no afecta la absorción de los minerales.
6. Mucha gente va a Baños de San Vicente, Ecuador, por sus playas.
7. Las Hornillas son pozas de aguas termales en Costa Rica.
8. Montbrió del Camp ofrece baños de sal.
9. Es posible ver aguas termales en forma de cascadas.
10. Tepoztlán ofrece temazcales aztecas.

ASÍ SE DICE
El ejercicio

los abdominales	sit-ups
la bicicleta estática	stationary bicycle
el calambre muscular	(muscular) cramp
el (fisi)culturismo; la musculación (Esp.)	bodybuilding
las flexiones de pecho; las lagartijas (Méx.; Col.); las planchas (Esp.)	push-ups
la cinta (trotadora) (Arg.; Chile)	la cinta caminadora

EL MUNDO HISPANO
Creencias° sobre la salud

- **Colombia** Como algunos suelos son de baldosas°, se cree que si se camina descalzo° se enfrían° los pies y esto puede causar un resfriado o artritis.

- **Cuba** Por la mañana, muchas madres sacan a sus bebés a los patios y a las puertas de las casas. La creencia es que unos cinco minutos de sol ayudan a fijar° el calcio en los huesos y aumentan la inmunidad contra las enfermedades.

- **México** Muchas personas tienen la costumbre de tomar a diario un vaso de jugo del cactus conocido como "nopal". Se dice que es bueno para reducir el colesterol y el azúcar en la sangre y que ayuda a adelgazar.

Creencias *Beliefs* baldosas *tiles* descalzo *barefoot* se enfrían *get cold* fijar *to set*

PERFIL
La quinua

La quinua es una semilla° de gran valor° nutricional. Se produce en los Andes de Bolivia, Perú, Argentina, Colombia, Chile y Ecuador, y también en los Estados Unidos. Forma parte de la dieta básica de esos países andinos desde hace más de 5.000 años.

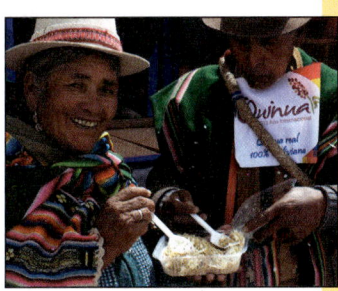

La quinua es rica en proteínas, hierro° y magnesio. Contiene los ocho aminoácidos básicos para el ser humano; por esto es un alimento muy completo, ideal para vegetarianos y veganos. Otra de las ventajas de la quinua es que no contiene gluten, por lo que la pueden consumir personas con alergias e intolerancia a esta proteína.

Aunque es técnicamente una semilla, la quinua es considerada un cereal por su composición y por su uso. Los granos° de la quinua pueden ser tostados para hacer harina° o se pueden cocinar de múltiples maneras. Se utiliza como

reemplazo° del arroz o de la pasta, con verduras, carnes, etc., en ensaladas, o como reemplazo de la avena° en el desayuno.

semilla *seed* valor *value* hierro *iron* granos *grains* harina *flour* reemplazo *replacement* avena *oats*

CON RITMO HISPANO

Chila Jatun (2008–)
Lugar de origen: Cochabamba, Bolivia

Este grupo de música andina está conformado por los hijos y los sobrinos de Los Kjarkas, una de las bandas de música folclórica más importantes de Bolivia. Su nombre, de origen quechua, significa "pequeños grandes".

Go to vhlcentral.com to find out more about **Chila Jatun** and its music.

ACTIVIDADES

2 Comprensión Responde a las preguntas.
1. Una argentina te dice: "Voy a usar la cinta." ¿Qué va a hacer?
2. Según los colombianos, ¿qué efectos negativos tiene el no usar zapatos en casa?
3. ¿Qué es la quinua?
4. ¿Qué proteína no contiene la quinua?

3 Para sentirte mejor Entrevista a un(a) compañero/a sobre las cosas que hace todos los días y las cosas que hace al menos una o dos veces a la semana para sentirse mejor. Hablen sobre actividades deportivas, la alimentación y lo que hacen en sus ratos libres.

15 estructura

15.1 The present perfect Tutorial

ANTE TODO In **Lección 14**, you learned how to form past participles. You will now learn how to form the present perfect indicative (**el pretérito perfecto de indicativo**), a compound tense that uses the past participle. The present perfect is used to talk about what someone *has done*. In Spanish, it is formed with the present tense of the auxiliary verb **haber** and a past participle.

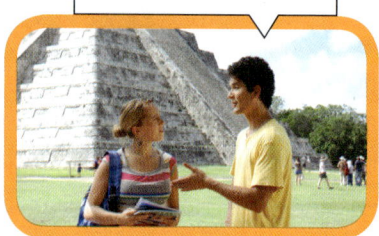

Maru ha estado bajo mucha presión.

He querido regresar desde que leí el *Chilam Balam*.

Present indicative of haber

Singular forms		Plural forms	
yo	he	nosotros/as	hemos
tú	has	vosotros/as	habéis
Ud./él/ella	ha	Uds./ellos/ellas	han

Tú no **has aumentado** de peso.
You haven't gained weight.

Yo ya **he leído** esos libros.
I've already read those books.

¿**Ha asistido** Juan a la clase de yoga?
Has Juan attended the yoga class?

Hemos conocido al entrenador.
We have met the trainer.

▶ The past participle does not change in form when it is part of the present perfect tense; it only changes in form when it is used as an adjective.

Clara **ha abierto** las ventanas.
Clara has opened the windows.

Yo **he cerrado** la puerta del gimnasio.
I've closed the door to the gym.

Las ventanas están **abiertas**.
The windows are open.

La puerta del gimnasio está **cerrada**.
The door to the gym is closed.

▶ In Spanish, the present perfect indicative generally is used just as in English: to talk about what someone has done or what has occurred. It usually refers to the recent past.

He trabajado cuarenta horas esta semana.
I have worked forty hours this week.

¿Cuál es el último libro que **has leído**?
What is the last book that you have read?

NOTA CULTURAL

El *Chilam Balam* es un grupo de libros sobre la civilización maya. Hablan sobre historia, rituales, medicina, astronomía y literatura, entre otros temas. Fueron escritos en diferentes épocas (*times*) por autores anónimos y en lengua maya.

CONSULTA

To review what you have learned about past participles, see **Estructura 14.3**, p. 493.

CONSULTA

Remember that the Spanish equivalent of the English *to have just* (*done something*) is **acabar de** + [*infinitive*]. Do not use the present perfect to express that English structure. **Juan acaba de llegar.** *Juan has just arrived.* See **Estructura 6.3**, p. 207.

▶ In English, the auxiliary verb and the past participle are often separated. In Spanish, however, these two elements—**haber** and the past participle—cannot be separated by any word.

Siempre **hemos vivido** en Bolivia.
We have always lived in Bolivia.

Usted nunca **ha venido** a mi oficina.
You have never come to my office.

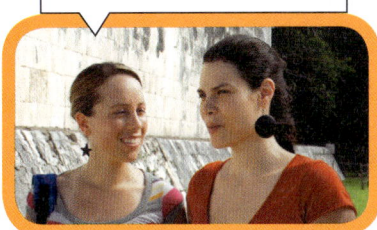

¿Y Juan Carlos todavía no te ha invitado a salir?

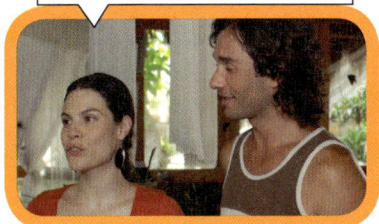

Últimamente hemos sufrido muchas presiones en la universidad.

▶ The word **no** and any object or reflexive pronouns are placed immediately before **haber**.

Yo **no he comido** la merienda.
I haven't eaten the snack.

¿Por qué **no la has comido**?
Why haven't you eaten it?

Susana ya **se ha entrenado**.
Susana has already practiced.

Ellos **no lo han terminado**.
They haven't finished it.

▶ Note that *to have* can be either a main verb or an auxiliary verb in English. As a main verb, it corresponds to **tener,** while as an auxiliary, it corresponds to **haber**.

Tengo muchos amigos.
I have a lot of friends.

He tenido mucho éxito.
I have had a lot of success.

▶ To form the present perfect of **hay,** use the third-person singular of **haber (ha) + habido**.

Ha habido muchos problemas con el nuevo profesor.
There have been a lot of problems with the new professor.

Ha habido un accidente en la calle Central.
There has been an accident on Central Street.

More activities

vhlcentral

LM
p. 87

WB
pp. 171–172

Online activities

¡INTÉNTALO! Indica el pretérito perfecto de indicativo de estos verbos.

1. (disfrutar, comer, vivir) yo _he disfrutado, he comido, he vivido_
2. (leer, resolver, poner) ella _____
3. (venir, estar, correr) usted _____
4. (traer, adelgazar, compartir) tú _____
5. (decir, romper, hacer) ellos _____
6. (mantenerse, dormirse) nosotros _____
7. (estar, escribir, ver) yo _____
8. (vivir, correr, morir) él _____

Práctica

1 **Completar** Completa las oraciones con el pretérito perfecto de indicativo de los verbos.

> adelgazar   aumentar   comer   hacer   llevar   sufrir

1. Juan y Raúl _____ de peso porque no hacen ejercicio.
2. Luisa _____ muchas presiones este año.
3. Pero María y yo _____ porque trabajamos en exceso y nos olvidamos de comer.
4. Desde siempre, yo _____ una vida muy sana.
5. Pero tú y yo no _____ gimnasia este semestre.

2 **Oraciones** Combina los elementos para formar oraciones completas con el pretérito perfecto.

> **modelo**
> tú / nunca / estar / a dieta   Tú nunca has estado a dieta.

1. ustedes / usar / muchas veces / la cinta caminadora
2. Patricia / asistir / una vez / a la clase de karate
3. yo / nunca / correr / más de cinco millas
4. los niños / nunca / comer / espárragos
5. Antonio y yo / jamás / levantar / pesas
6. mis compañeros de clase / nunca / hacer ejercicios de estiramiento

3 **¿Qué has hecho?** Indica si has hecho lo siguiente.

> **modelo**
> escalar una montaña
> Sí, he escalado varias montañas./No, no he escalado nunca una montaña.

1. jugar al baloncesto
2. viajar a Bolivia
3. conocer a una persona famosa
4. recibir un masaje
5. bailar salsa
6. ver una película en español
7. estar despierto/a 24 horas
8. bucear

AYUDA

You may use some of these expressions in your answers:

una vez *once*
un par de veces *a couple of times*
algunas veces *a few times*
varias veces *several times*
muchas veces *many times, often*

4 **La vida sana** En parejas, túrnense para hacer preguntas sobre el tema de la vida sana.

> **modelo**
> encontrar un gimnasio
> **Estudiante 1:** ¿Has encontrado un buen gimnasio cerca de tu casa?
> **Estudiante 2:** Yo no he encontrado un gimnasio, pero sé que debo buscar uno.

1. tratar de estar en forma
2. dejar de tomar refrescos
3. hacerse una prueba del colesterol
4. entrenarse cinco días a la semana
5. cambiar de una vida sedentaria a una vida activa
6. hacer ejercicio para aliviar la tensión

El bienestar

Comunicación

5 **Descripción** En parejas, describan lo que han hecho y no han hecho estas personas. Usen la imaginación.

1. Jorge y Raúl

2. Luisa

3. Jacobo

4. Natalia y Diego

5. Ricardo

6. Carmen

6 **Describir** En parejas, identifiquen a una persona que lleva una vida muy sana. Puede ser una persona que conocen o un personaje que aparece en una película o programa de televisión. Entre los dos, escriban una descripción de lo que esta persona ha hecho para llevar una vida sana.

modelo
Mario López siempre ha hecho todo lo posible para mantenerse en forma. Él...

NOTA CULTURAL

Nacido en San Diego e hijo de padres mexicanos, el actor **Mario López** se mantiene en forma haciendo ejercicio todos los días.

Síntesis

7 **Situación** Trabajen en parejas para representar una conversación entre un(a) enfermero/a de la clínica de la universidad y un(a) estudiante.

- El/La estudiante no se siente nada bien.
- El/La enfermero/a debe averiguar de dónde viene el problema e investigar los hábitos del/de la estudiante.
- El/La estudiante le explica lo que ha hecho en los últimos meses y cómo se ha sentido.
- Luego el/la enfermero/a le da recomendaciones de cómo llevar una vida más sana.

15.2 The past perfect Tutorial

ANTE TODO The past perfect indicative (**el pretérito pluscuamperfecto de indicativo**) is used to talk about what someone *had done* or what *had occurred* before another past action, event, or state. Like the present perfect, the past perfect uses a form of **haber**—in this case, the imperfect—plus the past participle.

Past perfect indicative

	cerrar	perder	asistir
SINGULAR FORMS			
yo	**había** cerrado	**había** perdido	**había** asistido
tú	**habías** cerrado	**habías** perdido	**habías** asistido
Ud./él/ella	**había** cerrado	**había** perdido	**había** asistido
PLURAL FORMS			
nosotros/as	**habíamos** cerrado	**habíamos** perdido	**habíamos** asistido
vosotros/as	**habíais** cerrado	**habíais** perdido	**habíais** asistido
Uds./ellos/ellas	**habían** cerrado	**habían** perdido	**habían** asistido

Antes de 2014, **había vivido** en La Paz.
Before 2014, I had lived in La Paz.

Cuando llegamos, Luis ya **había salido**.
When we arrived, Luis had already left.

▶ The past perfect is often used with the word **ya** (*already*) to indicate that an action, event, or state had already occurred before another. Remember that, unlike its English equivalent, **ya** cannot be placed between **haber** and the past participle.

Ella **ya había salido** cuando llamaron.
She had already left when they called.

Cuando llegué, Raúl **ya se había acostado**.
When I arrived, Raúl had already gone to bed.

▶ **¡Atención!** The past perfect is often used in conjunction with **antes de** + [*noun*] or **antes de** + [*infinitive*] to describe when the action(s) occurred.

Antes de este año, nunca **había estudiado español**.
Before this year, I had never studied Spanish.

Luis me **había llamado antes de venir**.
Luis had called me before he came.

¡INTÉNTALO! Indica el pretérito pluscuamperfecto de indicativo de cada verbo.

1. Nosotros ya _habíamos cenado_ (cenar) cuando nos llamaron.
2. Eduardo nunca _____ (entrenarse) tanto en invierno.
3. Antes de ir a México, ellos nunca _____ (ir) a otro país.
4. Antes de tomar esta clase, yo no _____ (estudiar) nunca el español.
5. Tú siempre _____ (llevar) una vida sana antes del año pasado.
6. Antes de conocerte, yo ya te _____ (ver) muchas veces.

More activities

vhlcentral

LM p. 88

WB pp. 173–174

Online activities

El bienestar

Práctica

NOTA CULTURAL
El mate, una bebida similar al té, es muy popular en Argentina, Uruguay y Paraguay. Se dice que controla el estrés y la obesidad, y que estimula el sistema inmunológico.

1 Completar Completa los minidiálogos con las formas correctas del pretérito pluscuamperfecto de indicativo.

1. **ANTONIO** Antes de este año, ¿_____ (correr) usted en un maratón?
   SRA. VERA No, nunca lo _____ (hacer).

2. **DOLORES** Antes de ir a Argentina, ¿_____ (probar) tú y tu familia el mate?
   TOMÁS Sí, ya _____ (tomar) mate muchas veces.

3. **SARA** Antes de cumplir los 15 años, ¿_____ (estudiar) tú otra lengua?
   JOSÉ Sí, _____ (tomar) clases de inglés y de italiano.

4. **SOFÍA** Antes de su enfermedad, ¿_____ (sufrir) muchas presiones tu tío?
   IRENE Sí… y él nunca _____ (mantenerse) en forma.

2 Quehaceres Indica lo que ya había hecho cada miembro de la familia antes de la llegada de la madre, la señora Ferrer.

3 Tu vida Indica si ya habías hecho estas cosas antes de cumplir los dieciséis años.

1. hacer un viaje en avión
2. escalar una montaña
3. escribir un poema
4. filmar un video
5. enamorarte
6. tomar clases de ejercicios aeróbicos
7. montar a caballo
8. acampar
9. manejar un carro
10. cantar frente a 50 o más personas

Comunicación

4 **Lo dudo** Tu profesor(a) va a darte una hoja de actividades. Escribe cinco oraciones, algunas ciertas y algunas falsas, sobre cosas que habías hecho antes de venir a la universidad. Luego, en grupos, túrnense para leer sus oraciones. Cada miembro del grupo debe decir "es cierto" o "lo dudo" después de cada una. Escribe la reacción de cada compañero/a en la columna apropiada. ¿Quién obtuvo más respuestas ciertas?

Oraciones	Miguel	Ana	Beatriz
1. Cuando tenía 10 años, ya había manejado el carro de mi papá.	Lo dudo.	Es cierto.	Lo dudo.
2.			
3.			
4.			
5.			

Síntesis

5 **Gimnasio Olímpico** En parejas, contesten las preguntas sobre el anuncio.

¡ACABO DE DESCUBRIR UNA NUEVA VIDA!

Hasta el año pasado, siempre había mirado la tele sentado en el sofá durante mis ratos libres. ¡Era sedentario y teleadicto! Jamás había practicado ningún deporte y había aumentado mucho de peso.

Este año, he empezado a comer una dieta equilibrada y voy al gimnasio todos los días. He comenzado a ser una persona muy activa y he adelgazado. Disfruto de una vida sana. ¡Me siento muy feliz!

¡Venga al Gimnasio Olímpico hoy mismo!

MANTÉNGASE EN FORMA.

1. Identifiquen los elementos del pretérito pluscuamperfecto de indicativo en el anuncio.
2. ¿Cómo era la vida del hombre cuando llevaba una vida sedentaria? ¿Cómo es ahora?
3. ¿Se identifican ustedes con algunos de los hábitos, presentes o pasados, de este hombre? ¿Con cuáles?
4. ¿Qué les recomienda el hombre del anuncio a los lectores? ¿Creen que les da buenos consejos?

El bienestar

15.3 The present perfect subjunctive

ANTE TODO The present perfect subjunctive (**el pretérito perfecto de subjuntivo**), like the present perfect indicative, is used to talk about what *has happened*. The present perfect subjunctive is formed using the present subjunctive of the auxiliary verb **haber** and a past participle.

Present perfect indicative			Present perfect subjunctive		
	PRESENT INDICATIVE OF **HABER**	PAST PARTICIPLE		PRESENT SUBJUNCTIVE OF **HABER**	PAST PARTICIPLE
yo	he	hablado	yo	haya	hablado

Present perfect subjunctive

		cerrar	perder	asistir
SINGULAR FORMS	yo	haya cerrado	haya perdido	haya asistido
	tú	hayas cerrado	hayas perdido	hayas asistido
	Ud./él/ella	haya cerrado	haya perdido	haya asistido
PLURAL FORMS	nosotros/as	hayamos cerrado	hayamos perdido	hayamos asistido
	vosotros/as	hayáis cerrado	hayáis perdido	hayáis asistido
	Uds./ellos/ellas	hayan cerrado	hayan perdido	hayan asistido

▶ The same conditions that trigger the use of the present subjunctive apply to the present perfect subjunctive.

Present subjunctive	Present perfect subjunctive
Espero que **duermas** bien. *I hope that you sleep well.*	Espero que **hayas dormido** bien. *I hope that you have slept well.*
No creo que **aumente** de peso. *I don't think he will gain weight.*	No creo que **haya aumentado** de peso. *I don't think he has gained weight.*

▶ The action expressed by the present perfect subjunctive is seen as occurring before the action expressed in the main clause.

Me alegro de que ustedes **se hayan reído** tanto esta tarde.
I'm glad that you have laughed so much this afternoon.

Dudo que tú **te hayas divertido** mucho con tu suegra.
I doubt that you have enjoyed yourself much with your mother-in-law.

¡ATENCIÓN!
In Spanish the present perfect subjunctive is used to express a recent action.
No creo que lo **hayas dicho** bien.
I don't think that you have said it right.
Espero que él **haya llegado**.
I hope that he has arrived.

¡INTÉNTALO! Indica el pretérito perfecto de subjuntivo de los verbos.

1. Me gusta que ustedes ___hayan dicho___ (decir) la verdad.
2. No creo que tú _____ (comer) tanto.
3. Es posible que yo _____ (adelgazar) un poco esta semana.
4. Me alegro de que tú y yo _____ (merendar) juntas.
5. Es imposible que usted _____ (poder) hacer tal (*such a*) cosa.
6. Espero que ellas _____ (sentirse) mejor después de la clase.

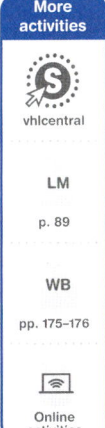

Práctica

1 Completar Completa las oraciones con la forma correcta del pretérito perfecto de subjuntivo de los verbos.

1. Es triste que Nuria y yo _____ (perder) el partido. Esperamos que los entrenadores del gimnasio nos _____ (preparar) un buen programa para ponernos en forma.
2. No creo que Lourdes y su amiga _____ (irse) de ese trabajo donde siempre tienen tantos problemas. Espero que Lourdes _____ (aprender) a aliviar el estrés.
3. ¡Qué lástima que Julio _____ (sentirse) tan mal en la competencia! Dudo que _____ (entrenarse) lo suficiente.
4. No estoy segura de que Samuel _____ (llevar) una vida sana. Es bueno que él _____ (decidir) mejorar su dieta.
5. Me preocupa mucho que Ana y Rosa _____ (fumar) tanto de jóvenes. Es increíble que ellas no _____ (enfermarse).
6. Me alegro de que mi abuela _____ (disfrutar) de buena salud toda su vida. Es maravilloso que ella _____ (cumplir) noventa años.

2 Describir Usa el pretérito perfecto de subjuntivo para hacer dos comentarios sobre cada dibujo. Usa expresiones como **no creo que, dudo que, es probable que, me alegro de que, espero que** y **siento que**.

> **modelo**
> Es probable que Javier haya levantado pesas durante muchos años.
> Me alegro de que Javier se haya mantenido en forma.

Javier

1. Rosa y Carlos

2. Roberto

3. Mariela

4. Lorena y su amigo

5. la señora Matos

6. Sonia y René

CONSULTA

To review verbs of emotion, see **Estructura 13.1**, p. 452.
To review expressions of doubt, disbelief, and denial, see **Estructura 13.2**, p. 456.

Comunicación

3 **¿Sí o no?** En parejas, comenten estas afirmaciones (*statements*) usando las expresiones de la lista.

> Dudo que...   Es imposible que...   Me alegro de que (no)...
> Es bueno que (no)...   Espero que (no)...   No creo que...

modelo

Estudiante 1: Ya llegó el fin del año escolar.
Estudiante 2: Es imposible que haya llegado el fin del año escolar.

1. Recibí una A en la clase de español.
2. Tu mejor amigo/a aumentó de peso recientemente.
3. Beyoncé dio un concierto ayer con Jay-Z.
4. Mis padres ganaron un millón de dólares.
5. He aprendido a hablar japonés.
6. Nuestro/a profesor(a) nació en Bolivia.
7. Salí anoche con...
8. El año pasado mi familia y yo fuimos de excursión a...

4 **Quejas** Tu compañero/a y tú han ido a un gimnasio nuevo y no quedaron satisfechos/as ni con el lugar ni con el personal. En parejas, escriban seis quejas (*complaints*). Utilicen el pretérito perfecto de subjuntivo. Luego, representen la conversación.

> dudo que   es posible que   me molesta que
> es improbable que   es terrible que   no creo que

modelo

Estudiante 1: ¿Has visto los baños? ¡Es posible que no los hayan limpiado en años!
Estudiante 2: Sí, ¡es bueno que no nos hayamos duchado allí!

5 **Propósitos** Una amiga hizo una lista con sus buenos propósitos (*resolutions*) de Año Nuevo. Sin embargo, sólo cumplió algunos de ellos. En parejas, den su opinión al respecto. Utilicen expresiones como **dudo que**, **espero que**, **no creo que**, **me alegro de que** y **es imposible que**.

adelgazar	correr un maratón
beber menos café	ahorrar dinero
comer más frutas y verduras	ver menos televisión
ir al gimnasio todos los días	aprender chino

modelo

Dudo que haya visto menos televisión. ¡Ella es teleadicta!

Recapitulación

Completa estas actividades para repasar los conceptos de gramática que aprendiste en esta lección.

1 Completar Completa cada tabla con el pretérito pluscuamperfecto de indicativo y el pretérito perfecto de subjuntivo de los verbos. `24 pts.`

PRETÉRITO PLUSCUAMPERFECTO

Infinitivo	tú	nosotros	ustedes
disfrutar			
apurarse			

PRETÉRITO PERFECTO DE SUBJUNTIVO

Infinitivo	yo	él	ellas
tratar			
entrenarse			

2 Preguntas Completa las preguntas para estas respuestas usando el pretérito perfecto de indicativo. `16 pts.`

> **modelo**
> —¿<u>Has llamado</u> a tus padres? —Sí, los <u>llamé</u> ayer.

1. —¿Tú _____ ejercicio esta mañana en el gimnasio?
   —No, <u>hice</u> ejercicio en el parque.
2. —Y ustedes, ¿_____ ya? —Sí, <u>desayunamos</u> en el hotel.
3. —Y Juan y Felipe, ¿adónde _____? —<u>Fueron</u> al cine.
4. —Paco, ¿(nosotros) _____ la cuenta del gimnasio?
   —Sí, la <u>recibimos</u> la semana pasada.
5. —Señor Martín, ¿_____ algo ya? —Sí, <u>pesqué</u> uno grande. Ya me puedo ir a casa contento.
6. —Inés, ¿_____ mi pelota de fútbol? —Sí, la <u>vi</u> esta mañana en el coche.
7. —Yo no _____ café todavía. ¿Alguien quiere acompañarme? —No, gracias. Yo ya <u>tomé</u> mi café en casa.
8. —¿Ya te _____ el doctor que puedes comer chocolate?
   —Sí, me lo <u>dijo</u> ayer.

RESUMEN GRAMATICAL

15.1 The present perfect pp. 518–519

Present indicative of haber	
he	hemos
has	habéis
ha	han

Present perfect: present tense of **haber** + past participle

Present perfect indicative	
he empezado	hemos empezado
has empezado	habéis empezado
ha empezado	han empezado

He empezado a ir al gimnasio con regularidad.
I have begun to go to the gym regularly.

15.2 The past perfect p. 522

Past perfect: imperfect tense of **haber** + past participle

Past perfect indicative	
había vivido	habíamos vivido
habías vivido	habíais vivido
había vivido	habían vivido

Antes de 2013, yo ya **había vivido** en tres países diferentes.
Before 2013, I had already lived in three different countries.

15.3 The present perfect subjunctive p. 525

Present perfect subjunctive: present subjunctive of **haber** + past participle

Present perfect subjunctive	
haya comido	hayamos comido
hayas comido	hayáis comido
haya comido	hayan comido

Espero que **hayas comido** bien.
I hope that you have eaten well.

El bienestar

3 **Oraciones** Forma oraciones completas con los elementos dados. Usa el pretérito pluscuamperfecto de indicativo y haz todos los cambios necesarios. Sigue el modelo. **8 pts.**

> **modelo**
> yo / ya / conocer / muchos amigos *Yo ya había conocido a muchos amigos.*

1. tú / todavía no / aprender / mantenerse en forma
2. los hermanos Falcón / todavía no / perder / partido de vóleibol
3. Elías / ya / entrenarse / para / maratón
4. nosotros / siempre / sufrir / muchas presiones

4 **Una carta** Completa esta carta con el pretérito perfecto de indicativo o de subjuntivo. **24 pts.**

Queridos papá y mamá:

¿Cómo (1) _____ (estar)? Mamá, espero que no (2) _____ (tú, enfermarse) otra vez. Yo sé que (3) _____ (tú, seguir) los consejos del doctor, pero estoy preocupada.

Y en mi vida, ¿qué (4) _____ (pasar) últimamente (lately)? Pues, nada nuevo, sólo trabajo. Los problemas en la compañía, yo los (5) _____ (resolver) casi todos. Pero estoy bien. Es verdad que (6) _____ (yo, adelgazar) un poco, pero no creo que (7) _____ (ser) a causa del estrés. Espero que no (8) _____ (ustedes, sentirse) mal porque no pude visitarlos. Es extraño que no (9) _____ (recibir) mis cartas. Tengo miedo de que (10) _____ (las cartas, perderse).

Me alegro de que papá (11) _____ (tomar) vacaciones para venir a visitarme. ¡Es increíble que nosotros no (12) _____ (verse) en casi un año!

Un abrazo y hasta muy pronto,
Belén

5 **Manteniéndote en forma** Escribe al menos cinco oraciones para describir cómo te has mantenido en forma este semestre. Di qué cosas han cambiado este semestre en relación con el año pasado. Usa las formas verbales que aprendiste en esta lección. **28 pts.**

6 **Poema** Completa este fragmento de un poema de Nezahualcóyotl con el pretérito perfecto de indicativo de los verbos. **¡4 puntos EXTRA!**

" _____ (llegar) aquí, soy Yoyontzin. Sólo busco las flores sobre la tierra, _____ (venir) a cortarlas. "

15 adelante

 Audio: Reading

Lectura

Antes de leer

Estrategia
Analyzing story structure

You can understand a narrative more completely by analyzing story structure. Stories have characters, settings, and plots. A character is the fictional person in a story. The setting refers to the place and time of the action. The plot indicates what happens. Description, dialogue, and actions reveal information about characters, setting, and plot.

Examinar el texto
Mira las fotos y lee el título. Haz predicciones sobre el cuento.

Estructura del cuento
Mientras lees el cuento, contesta estas preguntas.

1. ¿Quiénes son los personajes (*characters*) del cuento?
2. ¿Cuál es el ambiente (*setting*)?
3. ¿Cuál es la trama (*plot*)?
4. ¿Qué te dice algo sobre los personajes, el ambiente y la trama: la descripción, el diálogo y/o las acciones?

Sobre el autor
Álvaro Menén Desleal es su pseudónimo. Su nombre real es Álvaro Menéndez Leal (1931–2000). Este salvadoreño fue un polifacético personaje con una vida muy intensa. Fue periodista de prensa y televisión, escritor de cuentos, poesía, ensayo y obras de teatro. Fue profesor, boxeador y diplomático. A lo largo de su vida obtuvo varios premios por su labor creativa: el Premio Nacional de Cultura, dos premios de teatro, dos de cuentos y uno de ensayo.

More activities
vhlcentral / Online activities

Después de leer

Comprensión
Indica si las oraciones son **ciertas** o **falsas**. Corrige las oraciones falsas.

1. El paciente lleva un traje sucio.
2. El paciente está sentado en una silla.
3. El médico cree que el hombre tiene esquizofrenia.
4. La consulta dura casi dos horas.
5. El paciente da respuestas cortas.
6. El paciente se despide del psiquiatra y le paga la consulta a la secretaria.

LA CONSULTA

Álvaro Menén Desleal

—Tengo razones fundadas°, Doctor —dijo el hombre de impoluto° traje blanco, pacientemente recostado° en el diván del psiquiatra—, para suponer que padezco° de una personalidad dividida.

El psiquiatra anotó en su libretita° que, tentativamente, desechaba° la presencia de una esquizofrenia: en general, una persona afectada de tal dolencia° evita la consulta con el médico.

La consulta duró casi dos horas. Hubo preguntas cortas y respuestas largas. Aparentemente más tranquilo, el hombre se despidió del° psiquiatra, pagó a una secretaria el valor de la consulta, y ganó° la puerta.

En la calle, vestido de negro riguroso, le esperaba otro hombre.

—¿Lo confirmaste? —preguntó el hombre de negro.

—No sé —fue la respuesta del hombre de blanco.

Luego se fundieron° en un solo individuo, enfundado° en un traje gris. ∎

fundadas *well-founded* **impoluto** *spotless* **recostado** *lying down* **padezco** *I suffer* **libretita** *little notebook* **desechaba** *rejected* **tal dolencia** *such an illness* **se despidió de** *said goodbye to* **ganó** *reached* **se fundieron** *they merged* **enfundado** *wrapped*

Interpretación

Responde a las preguntas con oraciones completas.

1. ¿El paciente está seguro de que tiene una personalidad dividida? ¿Por qué?
2. ¿El psiquiatra está seguro del diagnóstico? ¿Por qué?
3. ¿En qué se basa el médico para dar su diagnóstico?
4. Al final del cuento, ¿el hombre está seguro de que no padece de una personalidad dividida? ¿Por qué?

¿Qué piensas?

En parejas, respondan a estas preguntas.

1. ¿Por qué creen que el hombre decide visitar al psiquiatra?
2. ¿Piensan que el hombre tiene o no tiene esquizofrenia?
3. ¿Creen que el hombre vestido de negro es real? ¿Por qué?
4. ¿Qué piensan que ocurre al final del cuento?

Escritura

Estrategia
Organizing information logically

Many times a written piece may require you to include a great deal of information. You might want to organize your information in one of three different ways:

- chronologically (e.g., events in the history of a country)
- sequentially (e.g., steps in a recipe)
- in order of importance

Organizing your information beforehand will make both your writing and your message clearer to your readers. If you were writing a piece on weight reduction, for example, you would need to organize your ideas about two general areas: eating right and exercise. You would need to decide which of the two is more important according to your purpose in writing the piece. If your main idea is that eating right is the key to losing weight, you might want to start your piece with a discussion of good eating habits. You might want to discuss the following aspects of eating right in order of their importance:

- quantities of food
- selecting appropriate foods
- healthy recipes
- percentage of fat in each meal
- calorie count
- percentage of carbohydrates in each meal
- frequency of meals

You would then complete the piece by following the same process to discuss the various aspects of the importance of getting exercise.

Tema
Escribir un plan personal de bienestar
Desarrolla un plan personal para mejorar tu bienestar, tanto físico como emocional. Tu plan debe describir:

1. lo que has hecho para mejorar tu bienestar y llevar una vida sana
2. lo que no has podido hacer todavía
3. las actividades que debes hacer en los próximos meses

Considera también estas preguntas:

La nutrición
- ¿Comes una dieta equilibrada?
- ¿Consumes suficientes vitaminas y minerales?
- ¿Consumes demasiada grasa?
- ¿Quieres aumentar de peso o adelgazar?
- ¿Qué puedes hacer para mejorar tu dieta?

El ejercicio
- ¿Haces ejercicio? ¿Con qué frecuencia?
- ¿Vas al gimnasio? ¿Qué tipo de ejercicios haces allí?
- ¿Practicas algún deporte?
- ¿Qué puedes hacer para mejorar tu bienestar físico?

El estrés
- ¿Sufres muchas presiones?
- ¿Qué actividades o problemas te causan estrés?
- ¿Qué haces (o debes hacer) para aliviar el estrés y sentirte más tranquilo/a?
- ¿Qué puedes hacer para mejorar tu bienestar emocional?

Escuchar

Antes de escuchar

Estrategia

Listening for the gist/
Listening for cognates

Combining these two strategies is an easy way to get a good sense of what you hear. When you listen for the gist, you get the general idea of what you're hearing, which allows you to interpret cognates and other words in a meaningful context. Similarly, the cognates give you information about the details of the story that you might not have understood when listening for the gist.

To practice these strategies, you will listen to a short paragraph. Write down the gist of what you hear and jot down a few cognates. Based on the gist and the cognates, what conclusions can you draw about what you heard?

Preparación

Mira la foto. ¿Qué pistas (*clues*) te da de lo que vas a oír?

Ahora escucha

Programa de radio

Escucha lo que dice Ofelia Cortez de Bauer. Anota algunos de los cognados que escuchas y también la idea general del discurso (*speech*).

_____
_____
_____

Idea general: _____

Ahora contesta las siguientes preguntas.

1. ¿Cuál es el género (*genre*) del discurso?
2. ¿Cuál es el tema?
3. ¿Cuál es el propósito (*purpose*)?

Comprensión

¿Cierto o falso?

Indica si lo que dicen estas oraciones es **cierto** o **falso**. Corrige las oraciones falsas.

	Cierto	Falso
1. La señora Bauer habla de la importancia de estar en buena forma y de hacer ejercicio.	○	○
2. Según ella, lo más importante es que lleves el programa sugerido por los expertos.	○	○
3. La señora Bauer participa en actividades individuales y de grupo.	○	○
4. El único objetivo del tipo de programa que ella sugiere es adelgazar.	○	○

Preguntas

Responde a las preguntas.

1. Imagina que el programa de radio sigue. Según las pistas que ella dio, ¿qué vas a oír en la segunda parte?
2. ¿A qué tipo de público (*audience*) le interesa el tema del que habla la señora Bauer?
3. ¿Sigues los consejos de la señora Bauer? Explica tu respuesta.
4. ¿Qué piensas de los consejos que ella da? ¿Hay otra información que ella debía haber incluido (*should have included*)?

En pantalla Video

Para Iker, cada persona se parece a un animal. Por ejemplo, su papá es un oso°. A Iker le habría gustado° ser un oso también, pero él es otro animal. Y eso es algo que nadie sabe en la escuela. Iker ha conseguido mantenerlo así gracias a algunos trucos°, pero tiene miedo de que los demás lo sepan. ¿Qué podría° pasar si° sus compañeros descubren el secreto de Iker?

Preparación

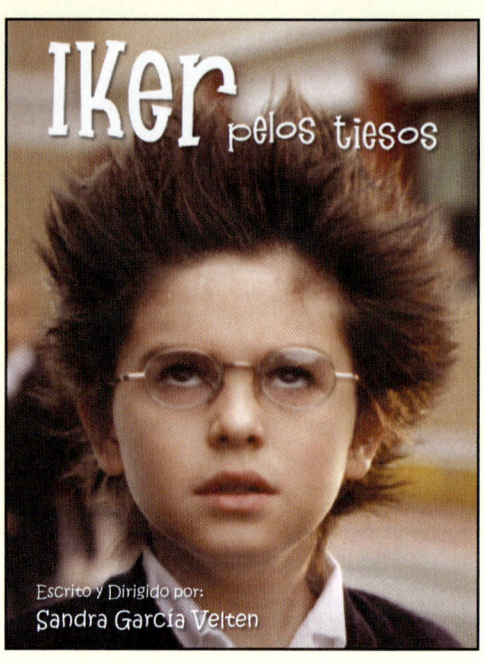

¿Cierto o falso?

Lee la lista de **Expresiones útiles** e indica si lo que dice cada oración es **cierto** o **falso**. Corrige las oraciones falsas.

_____ 1. Me prestaste tu balón (*ball*) y yo te lo tengo que devolver.

_____ 2. Si (*If*) quiero disimular algo, se lo digo a todos.

_____ 3. Es común que una hija salga igual a su madre.

_____ 4. Para hacerme un peinado especial, voy al salón de belleza.

_____ 5. Para cocinar el pan, lo meto en el congelador.

_____ 6. Si no hago ejercicios de estiramiento, me siento tieso.

Rasgos de familia

En parejas, túrnense para hacerse estas preguntas.

1. ¿Tienes rasgos particulares? ¿Cuáles son de tu apariencia física (*physical appearance*)? ¿Cuáles son de tu personalidad?
2. ¿Cuáles de tus rasgos son buenos? ¿Cuáles son malos? ¿Cómo determinas que son buenos o malos?
3. ¿Cuáles de tus rasgos particulares, buenos y malos, te hacen una persona única?
4. ¿Alguno de esos rasgos es común en tu familia? ¿Ha pasado de generación en generación?
5. ¿Tienes compañeros que comparten tus mismos rasgos? ¿Qué tienen en común ustedes?
6. ¿Qué animal crees que serías (*you would be*) según (*according to*) tus rasgos? Explica tu respuesta.

oso *bear* le habría gustado *he would have liked*
trucos *tricks* podría *could* si *if*

Expresiones útiles

devolver	to return, to give back
disimular	to hide, to disguise
me hubiera gustado	I would have liked
meter	to put (something) in, to introduce
el peinado	hairstyle
salir (igual) a	to take after
si supieran	if they knew
tieso/a	stiff

Para hablar del corto

burlarse (de)	to make fun (of)
esconder(se)	to hide (oneself)
la fuerza	strength
orgulloso/a	proud
pelear(se)	to fight (with one another)
el rasgo	feature, characteristic
sentirse cohibido/a	to feel self-conscious

Escenas: Iker pelos tiesos

IKER: Tito es un mosquito; de esos que nunca dejan de molestar... ni en las noches.

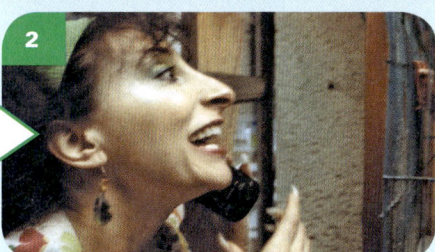

IKER: Mi mamá es un perico (*parrot*), como todas las mamás.

IKER: ... [yo] salí igual a mi abuelo... soy un puercoespín (*porcupine*).

IKER: ¿Qué me dirían si supieran mi secreto?

NIÑO 3: Ey, no hay paso. (*Hey, there's no way through.*)

IKER: Pero, ¿por qué?

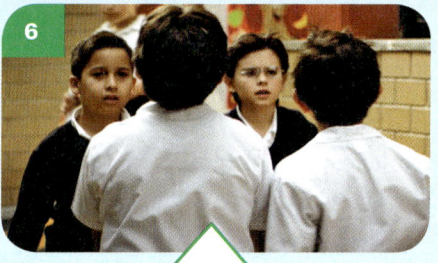

IKER: ¿Y por qué ese niño está pasando?

NIÑO 5: Porque éste es nuestro territorio.

Comprensión

Escoger

Escoge la opción que completa mejor cada oración.

1. Iker siempre ____ su pelo tieso.
   a. muestra
   b. corta
   c. disimula

2. En la familia de Iker, ____ el mismo rasgo.
   a. no hay dos personas con
   b. él y su abuelo comparten
   c. el abuelo y Tito tienen

3. Para Iker, su ____ es un perico.
   a. hermana
   b. mamá
   c. maestra (teacher)

4. Para Iker, es probable que sus compañeros ____ si saben su secreto.
   a. lo acepten
   b. se burlen de él
   c. se escondan

5. Iker se sintió ____ cuando su compañero le dijo que le gustaba su peinado.
   a. aliviado (relieved)
   b. cohibido
   c. enojado

6. Al final, Iker estaba ____ de mostrar su peinado natural.
   a. avergonzado
   b. nervioso
   c. orgulloso

Preguntas

En parejas, respondan a estas preguntas con oraciones completas.

1. ¿En qué situaciones se le pone el pelo tieso a Iker?
2. ¿Por qué esconde Iker su peinado natural?
3. ¿Cómo se sintió Iker después de pelearse con los niños en el patio?
4. ¿Se han sentido ustedes cohibidos/as alguna vez?
5. ¿Cuáles son las consecuencias positivas de presentarse ante el mundo tal y como son?
6. ¿Creen que la percepción que tienen de ustedes mismos/as influye en (influences) la manera en que ven a los demás? Expliquen su respuesta.

Superhéroes

A. Imagina que un día descubres que tienes un superpoder (superpower). Escribe un párrafo donde describas tu experiencia. No te olvides de presentar esta información:

- cuál es tu superpoder
- cómo y cuándo lo descubriste
- quién, además de ti, sabe que tienes ese superpoder
- qué características positivas y negativas implica (involves) tener ese superpoder
- cómo has usado tu superpoder para ayudar a otros
- si has decidido usar tu superpoder para mejorar el mundo
- cuál es tu nombre de superhéroe/superheroína

modelo
Puedo saltar (leap) muros de hasta cinco metros de alto. Lo supe un día que mi gato quedó atrapado en el techo de un edificio...

B. En grupos pequeños, compartan sus párrafos. Conversen para decidir quiénes tienen los mejores superpoderes, los más divertidos, los más útiles (useful), etc., y quién escogió el mejor nombre de superhéroe/superheroína.

El bienestar

  Video

¿Estrés? ¿Qué estrés?

¿Cómo sobrevivir° en la selva de concreto de una gran ciudad hispana? Sin duda, los parques públicos son la respuesta cuando se busca un oasis. Los Bosques de Palermo en Buenos Aires, el Bosque de Chapultepec en la Ciudad de México, el Parque Quinta Vergara en Viña del Mar o la Casa de Campo en Madrid son vitales para la salud física y mental de sus habitantes. Unos tienen museos, lagos y zoológicos, otros hasta parques de diversiones° y jardines. En ellos siempre vas a ver gente haciendo ejercicio, relajándose o reunida con familiares y amigos. A continuación conocerás uno de los muchos parques de Madrid, El Retiro, y vas a ver cómo se relajan los madrileños.

Vocabulario útil

árabe	Moorish, Arab
el bullicio	hustle and bustle
combatir el estrés	to fight stress
el ruido	noise

Preparación

¿Sufres de estrés? ¿Qué situaciones te producen estrés? ¿Qué haces para combatirlo?

¿Cierto o falso?

Indica si las oraciones son **ciertas** o **falsas**.

1. Madrid es la segunda ciudad más grande de España, después de Barcelona.
2. Madrid es una ciudad muy poco congestionada gracias a los policías de tráfico.
3. Un turista estadounidense intenta saltearse la cola (*cut the line*) para conseguir unos boletos para un espectáculo.
4. En el Parque del Retiro, puedes descansar, hacer gimnasia, etc.
5. Los baños termales Medina Mayrit son de influencia cristiana.
6. En Medina Mayrit es posible bañarse en aguas termales, tomar el té y hasta comer.

El tráfico, el ruido de las calles... Todos quieren llegar al trabajo a tiempo.

... es un lugar donde la gente viene a "retirarse", a escapar del estrés y el bullicio de la ciudad.

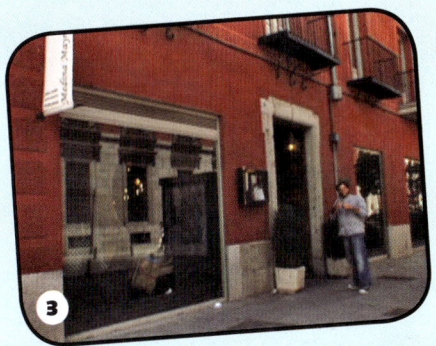

... en pleno centro de Madrid, encontramos los Baños Árabes [...]

sobrevivir *to survive* parques de diversiones *amusement parks*

15 panorama Video

Bolivia

El país en cifras

- **Área:** 1.098.580 km² (424.162 millas²), equivalente al área total de Francia y España
- **Población:** 11.138.000

Los indígenas quechua y aimara constituyen más de la mitad° de la población de Bolivia. Estos grupos indígenas han mantenido sus culturas y lenguas tradicionales. Las personas de ascendencia° indígena y europea representan la tercera parte de la población. Los demás son de ascendencia europea nacida en Latinoamérica. Una gran mayoría de los bolivianos, más o menos el 70%, vive en el altiplano°.

- **Capital:** La Paz, sede° del gobierno, capital administrativa—1.816.000; Sucre, sede del Tribunal Supremo, capital constitucional y judicial
- **Ciudades principales:** Santa Cruz de la Sierra—2.107.000; Cochabamba, Oruro, Potosí
- **Moneda:** peso boliviano
- **Idiomas:** español (oficial), aimara (oficial), quechua (oficial)

Bandera de Bolivia

Bolivianos célebres

- **Jesús Lara,** escritor (1898–1980)
- **Víctor Paz Estenssoro,** político y presidente (1907–2001)
- **María Luisa Pacheco,** pintora (1919–1982)
- **Matilde Casazola,** poeta (1943–)
- **Edmundo Paz Soldán,** escritor (1967–)

mitad *half* ascendencia *descent* altiplano *high plateau* sede *seat*

ACTIVIDADES

1 **¿Cierto o falso?** Indica si lo que dicen las oraciones es **cierto** o **falso**.

1. Más de la mitad de la población de Bolivia corresponde a indígenas quechua y aimara.
2. La población indígena de Bolivia ha cambiado su lengua y su cultura.
3. La moneda de Bolivia es el peso boliviano.
4. Cochabamba es una merienda boliviana.
5. Edmundo Paz Soldán es un escritor boliviano.
6. El lago Titicaca es el lago más grande de Suramérica.
7. La música andina tiene origen indígena.
8. Tiahuanaco es un lugar muy activo.
9. La vestimenta de la chola paceña es blanca y negra.
10. Sucre es la capital más alta del mundo.

⊳ Lugares • **El lago Titicaca**
Titicaca, situado en los Andes de Bolivia y Perú, es el lago navegable más alto del mundo, a una altitud de 3.812 metros (12.506 pies). Con un área de más de 8.300 kilómetros^2 (3.200 millas^2), también es el segundo lago más grande de Suramérica, después del lago de Maracaibo (Venezuela). La mitología inca cuenta que los hijos del dios° Sol emergieron de las profundas aguas del lago Titicaca para fundar su imperio°.

Artes • **La música andina**
La música andina, compartida por Bolivia, Perú, Ecuador, Chile y Argentina, es el aspecto más conocido de su folclore. Hay muchos conjuntos° profesionales que dan a conocer° esta música popular, de origen indígena, alrededor° del mundo. Algunos de los grupos más importantes y que llevan más de treinta años actuando en escenarios internacionales son Los Kjarkas (Bolivia), Inti Illimani (Chile), Los Chaskis (Argentina) e Illapu (Chile).

Historia • **Tiahuanaco**
Tiahuanaco, que significa "Ciudad de los dioses", es un sitio arqueológico de ruinas preincaicas situado cerca de La Paz y del lago Titicaca. Se piensa que los antepasados° de los indígenas aimara fundaron este centro ceremonial hace unos 15.000 años. En el año 1100, la ciudad tenía unos 60.000 habitantes. En este sitio se pueden ver el Templo de Kalasasaya, el Monolito Ponce, el Templete Subterráneo, la Puerta del Sol y la Puerta de la Luna. La Puerta del Sol es un impresionante monumento que tiene tres metros de alto y cuatro de ancho°, y pesa unas diez toneladas.

⊳ Gente • **La chola paceña**
La palabra **cholo** significa mestizo de sangre indígena y europea, y hace referencia al campesino que ha emigrado a la ciudad. Con el paso del tiempo, la chola paceña° se ha convertido en un símbolo de la identidad boliviana y en un ícono de la moda. Su vestimenta llena de color se compone de sombrero, mantón°, chaquetilla, falda, enagua°, botas y joyas, prendas que la chola lleva con elegancia y orgullo°.

dios *god* **imperio** *empire* **conjuntos** *groups* **dan a conocer** *make known* **alrededor** *around* **antepasados** *ancestors* **ancho** *wide* **paceña** *from La Paz* **mantón** *shawl* **enagua** *petticoat* **orgullo** *pride*

¡Increíble pero cierto!
La Paz es la capital más alta del mundo. Su aeropuerto está situado a una altitud de 4.061 metros (13.325 pies). Ah, y si viajas en carro hasta La Paz, ¡no te olvides del paraguas°! En la carretera, que cruza 9.000 metros de densa selva, te encontrarás con una cascada°.

paraguas *umbrella* **cascada** *waterfall*

2 **¿Qué aprendiste?** Responde a las preguntas con una oración completa.
1. ¿Qué idiomas se hablan en Bolivia?
2. ¿Dónde vive la mayoría de los bolivianos?
3. ¿Cuál es la capital administrativa de Bolivia?
4. ¿De qué países es la música andina?

3 **Preguntas** En parejas, imaginen que están en Bolivia y túrnense para preguntarse qué han hecho o qué lugares han conocido en este país. Utilicen el pretérito perfecto de indicativo.

modelo
Estudiante 1: *¿Has visitado el lago Titicaca?*
Estudiante 2: *No, todavía no lo he visitado.*

vocabulario Vocabulary Tools

El bienestar

el bienestar	well-being
la droga	drug
el/la drogadicto/a	drug addict
el masaje	massage
el/la teleadicto/a	couch potato
adelgazar	to lose weight; to slim down
aliviar el estrés	to reduce stress
aliviar la tensión	to reduce tension
apurarse, darse prisa	to hurry; to rush
aumentar de peso, engordar	to gain weight
disfrutar (de)	to enjoy; to reap the benefits (of)
estar a dieta	to be on a diet
(no) fumar	(not) to smoke
llevar una vida sana	to lead a healthy lifestyle
sufrir muchas presiones	to be under a lot of pressure
tratar de (+ *inf.*)	to try (to do something)
activo/a	active
débil	weak
en exceso	in excess; too much
flexible	flexible
fuerte	strong
sedentario/a	sedentary
tranquilo/a	calm; quiet

En el gimnasio

la cinta caminadora	treadmill
la clase de ejercicios aeróbicos	aerobics class
el/la entrenador(a)	trainer
el músculo	muscle
calentarse (e:ie)	to warm up
entrenarse	to train
estar en buena forma	to be in good shape
hacer ejercicio	to exercise
hacer ejercicios aeróbicos	to do aerobics
hacer ejercicios de estiramiento	to do stretching exercises
hacer gimnasia	to work out
levantar pesas	to lift weights
mantenerse en forma	to stay in shape
sudar	to sweat

La nutrición

la bebida alcohólica	alcoholic beverage
la cafeína	caffeine
la caloría	calorie
el colesterol	cholesterol
la grasa	fat
la merienda	afternoon snack
el mineral	mineral
la nutrición	nutrition
el/la nutricionista	nutritionist
la proteína	protein
la vitamina	vitamin
comer una dieta equilibrada	to eat a balanced diet
consumir alcohol	to consume alcohol
descafeinado/a	decaffeinated

Expresiones útiles	See page 513.

El mundo del trabajo 16

Communicative Goals

You will learn how to:
- Talk about your future plans
- Talk about and discuss work
- Interview for a job
- Express agreement and disagreement

pages 542–545
- Professions and occupations
- The workplace
- Job interviews

contextos

pages 546–549
As Marissa prepares to go back to the States, the friends reflect on their plans for the future. In the meantime, Sra. Díaz helps Miguel with a mock job interview, and Maru gets some good news.

fotonovela

pages 550–551
- Work benefits
- César Chávez

cultura

pages 552–563
- The future
- The future perfect
- The past subjunctive
- **Recapitulación**

estructura

pages 564–575
Lectura: A poem
Escritura: An essay about your plans for the future
Escuchar: A job interview
En pantalla: A short film
Flash cultura: A video about the world of work in Ecuador
Panorama: Nicaragua y la República Dominicana

adelante

A PRIMERA VISTA
- ¿Están trabajando las personas en la foto?
- ¿Están en buena forma?
- ¿Son periodistas?
- ¿Están descansando o están ocupados?

16 contextos

El mundo del trabajo

- el bombero
- la científica
- el arquitecto
- la pintora
- el cocinero
- el actor
- la actriz

Más vocabulario

el/la abogado/a	lawyer
el/la consejero/a	counselor; advisor
el/la contador(a)	accountant
el/la corredor(a) de bolsa	stockbroker
el/la diseñador(a)	designer
el/la electricista	electrician
el/la gerente	manager
el hombre/la mujer de negocios	businessperson
el/la jefe/a	boss
el/la maestro/a	teacher
el/la político/a	politician
el/la psicólogo/a	psychologist
el/la secretario/a	secretary
el/la técnico/a	technician
el ascenso	promotion
el aumento de sueldo	raise
la carrera	career
la compañía, la empresa	company; firm
el empleo	job; employment
los negocios	business; commerce
la ocupación	occupation
el oficio	trade
la profesión	profession
la reunión	meeting
el teletrabajo	telecommuting
el trabajo	job; work
la videoconferencia	videoconference
dejar	to quit; to leave behind
despedir (e:i)	to fire
invertir (e:ie)	to invest
renunciar (a)	to resign (from)
tener éxito	to be successful
comercial	commercial; business-related

Variación léxica

abogado/a ↔ licenciado/a (*Amér. C.*)
contador(a) ↔ contable (*Esp.*)

Práctica

1 Emparejar Empareja las oraciones que vas a escuchar con las profesiones apropiadas.

1. _____   a. la científica
2. _____   b. el psicólogo
3. _____   c. el reportero
4. _____   d. la actriz
5. _____   e. el carpintero
6. _____   f. la contadora
7. _____   g. el cocinero
8. _____   h. la maestra

2 ¿Cierto o falso? Indica si lo que dice cada oración sobre Diana Vargas es **cierto** o **falso**.

1. Su madre es actriz.
2. Su padre es pintor.
3. Quería ser artista, pero no tenía talento.
4. Estudió negocios internacionales.
5. Viaja mucho por su trabajo.
6. Es gerente de una compañía multinacional.
7. Prefiere utilizar las videoconferencias.
8. Hace negocios con empresas extranjeras.

3 Escoger Escoge la ocupación que corresponda a cada descripción.

la arquitecta	el científico	la electricista
el bombero	el corredor de bolsa	el maestro
la carpintera	el diseñador	la técnica

1. Ayuda a la gente a invertir su dinero.
2. Desarrolla teorías de biología, química, física, etc.
3. Combate los incendios (*fires*) que destruyen edificios.
4. Nos ayuda a iluminar nuestras casas.
5. Enseña a los niños.
6. Diseña ropa.
7. Arregla las computadoras.
8. Diseña edificios.

4 Asociaciones ¿Qué profesiones asocias con estas palabras?

modelo
emociones   psicólogo/a

1. elecciones
2. consejos
3. pinturas
4. comida
5. leyes
6. teatro
7. periódico
8. pirámide
9. pelo

5 Conversación
Completa la entrevista con el nuevo vocabulario.

ENTREVISTADOR Recibí la (1) _____ que usted llenó y vi que tiene mucha experiencia.

ASPIRANTE Por eso decidí mandar una copia de mi (2) _____ cuando vi su (3) _____ en Internet.

ENTREVISTADOR Me alegro de que lo haya hecho. Pero dígame, ¿por qué dejó usted su (4) _____ anterior?

ASPIRANTE Lo dejé porque quiero un mejor (5) _____.

ENTREVISTADOR ¿Y cuánto quiere (6) _____ usted?

ASPIRANTE Pues, eso depende de los (7) _____ que me puedan ofrecer.

ENTREVISTADOR Muy bien. Pues, creo que usted tiene la experiencia necesaria, pero tengo que (8) _____ a dos aspirantes más. Le vamos a llamar la semana que viene.

ASPIRANTE Hasta pronto, y gracias por la (9) _____.

Más vocabulario

el anuncio	advertisement
el/la aspirante	candidate; applicant
los beneficios	benefits
el currículum	résumé
la entrevista	interview
el/la entrevistador(a)	interviewer
el puesto	position; job
el salario, el sueldo	salary
la solicitud (de trabajo)	(job) application
contratar	to hire
entrevistar	to interview
ganar	to earn
obtener	to obtain; to get
solicitar	to apply (for a job)

◀ **¡LENGUA VIVA!**
Trabajo, empleo, and **puesto** can all be translated as *job*, but each has additional meanings: **trabajo** means *work*, **empleo** means *employment*, and **puesto** means *position*.

6 Completar
Escoge la respuesta que completa cada oración.

1. Voy a _____ mi empleo.
   a. tener éxito   b. renunciar a   c. despedir
2. Quiero dejar mi _____ porque no me llevo bien con mi jefe.
   a. anuncio   b. gerente   c. puesto
3. Por eso, fui a una _____ con una consejera de carreras.
   a. profesión   b. reunión   c. ocupación
4. Ella me dijo que necesito revisar mi _____.
   a. currículum   b. compañía   c. aspirante
5. ¿Cuándo obtuviste _____ más reciente?, me preguntó.
   a. la reunión   b. la videoconferencia   c. el aumento de sueldo
6. Le dije que deseo trabajar en una empresa con excelentes _____.
   a. beneficios   b. entrevistas   c. solicitudes de trabajo
7. Y quiero tener la oportunidad de _____ en la nueva empresa.
   a. invertir   b. obtener   c. perder

7 Preguntas
Responde a cada pregunta con una respuesta breve.

1. ¿Te gusta tu especialización?
2. ¿Lees los anuncios de empleo con regularidad?
3. ¿Piensas que una carrera que beneficia a otros es más importante que un empleo con un salario muy bueno? Explica tu respuesta.
4. ¿Obtienes siempre los puestos que quieres?
5. ¿Te preparas bien para las entrevistas?
6. ¿Crees que una persona debe renunciar a un puesto si no le ofrecen ascensos?
7. ¿Te gustaría (*Would you like*) más un teletrabajo o un trabajo tradicional en una oficina?
8. ¿Piensas que los jefes siempre tienen razón?
9. ¿Quieres crear tu propia empresa? ¿Por qué?
10. ¿Cuál es tu carrera ideal?

Comunicación

8 **Una entrevista** Trabaja con un(a) compañero/a para representar los papeles de un(a) aspirante a un puesto y un(a) entrevistador(a).

El/La entrevistador(a) debe describir…
- el puesto,
- las responsabilidades,
- el salario y
- los beneficios.

El/La aspirante debe…
- presentar su experiencia y
- obtener más información sobre el puesto.

Entonces…
- el/la entrevistador(a) debe decidir si va a contratar al/a la aspirante y
- el/la aspirante debe decidir si va a aceptar el puesto.

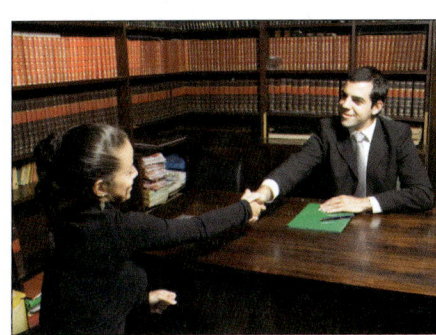

9 **Un(a) consejero/a de carreras** En parejas, representen los papeles de un(a) consejero/a de carreras y una persona que quiere saber cuál es la mejor ocupación para él/ella. El/La consejero/a debe hacerle preguntas sobre su educación, su experiencia y sus intereses y debe sugerir dos o tres profesiones posibles. Después, intercambien los papeles.

10 **Una feria de trabajo** La clase va a celebrar una feria (*fair*) de trabajo. Unos estudiantes van a ser representantes de compañías que buscan empleados y otros van a estar buscando empleo.

- Los representantes deben preparar carteles con el nombre de su compañía y los puestos que ofrecen.
- Los que buscan empleo deben circular por la clase y hablar con tres representantes sobre sus experiencias de trabajo y el tipo de trabajo que están buscando.
- Los entrevistadores deben describir los puestos y conseguir los nombres y las referencias de los solicitantes.

16 fotonovela

La entrevista de trabajo

Los chicos hablan de sus planes para el futuro. Y la Sra. Díaz prepara a Miguel para unas entrevistas de trabajo.

PERSONAJES MARISSA FELIPE

 Video

MARISSA En menos de dos meses, ya habré regresado a mi casa en Wisconsin.
FELIPE No pensé que el año terminara tan pronto.
JIMENA ¡Todavía no se ha acabado! Tengo que escribir tres ensayos.

MARISSA ¿Qué piensas hacer después de graduarte, Felipe?
JUAN CARLOS Vamos a crear una compañía de asesores de negocios.
FELIPE Les enseñaremos a las empresas a disminuir la cantidad de contaminación que producen.

(*Mientras tanto, en la oficina de la Sra. Díaz*)
MIGUEL Gracias por recibirme hoy.
SRA. DÍAZ De nada, Miguel. Estoy muy feliz de poder ayudarte con las entrevistas de trabajo.

MARISSA Estoy segura de que tendrán mucho éxito.
FELIPE También me gustaría viajar. Me muero por ir a visitarte a los Estados Unidos.
JIMENA Pues date prisa. Pronto estará lejos trabajando como arqueóloga.

MARISSA No sé cómo vaya a ser mi vida a los 30 años. Probablemente me habré ido de Wisconsin y seré arqueóloga en un país exótico.
JUAN CARLOS (*a Jimena*) Para entonces ya serás doctora.

SRA. DÍAZ Durante la entrevista, tienes que convencer al entrevistador de que tú eres el mejor candidato. ¿Estás listo para comenzar?
MIGUEL Sí.

JIMENA   JUAN CARLOS   MIGUEL   SRA. DÍAZ

MIGUEL Mucho gusto. Soy Miguel Ángel Lagasca Martínez.
SRA. DÍAZ Encantada, Miguel. Veamos. Hábleme sobre su trabajo en el Museo Guggenheim de Bilbao.
MIGUEL Estuve allí seis meses en una práctica.

SRA. DÍAZ ¿Cuáles son sus planes para el futuro?
MIGUEL Seguir estudiando historia del arte, especialmente la española y la latinoamericana. Me encanta el arte moderno. En el futuro, quiero trabajar en un museo y ser un pintor famoso.

SRA. DÍAZ ¿Qué te hace especial, Miguel?
MIGUEL ¿Especial?
SRA. DÍAZ Bueno. Paremos un momento. Necesitas relajarte. Vamos a caminar.

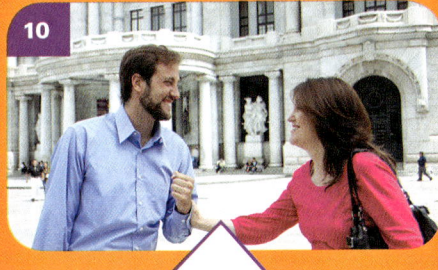

MIGUEL Estamos esperando noticias del museo. (*al teléfono*) Hola. ¿Maru? ¡Genial! (*a la Sra. Díaz*) ¡La aceptaron!
SRA. DÍAZ Felicidades. Ahora quiero que tomes ese mismo entusiasmo y lo lleves a la entrevista.

Expresiones útiles

Talking about future plans

En menos de dos meses, ya habré regresado a mi casa en Wisconsin.
In less than two months, I'll have gone back home to Wisconsin.

¿Qué piensas hacer después de graduarte?
What do you think you'll be doing after graduation?

Vamos a crear una compañía de asesores de negocios.
We're going to open a consulting firm.

Les enseñaremos a las empresas a disminuir la cantidad de contaminación que producen.
We'll teach companies how to reduce the amount of pollution they produce.

No sé cómo vaya a ser mi vida a los treinta años.
I don't know what my life will be like when I am thirty.

Probablemente me habré ido de Wisconsin.
I'll probably have left Wisconsin.

Seré arqueóloga de un país exótico.
I'll be an archeologist in some exotic country.

Reactions

Estoy seguro/a de que tendrán mucho éxito.
I'm sure you'll be very successful.
¡Genial!
Great!

Additional Vocabulary

ejercer *to practice/exercise (a degree/profession)*
enterarse *to find out*
establecer *to establish*
extrañar *to miss*
por el porvenir *for/to the future*
el título *title*

¿Qué pasó?

1 **¿Cierto o falso?** Indica si lo que dicen estas oraciones es **cierto** o **falso**. Corrige las oraciones falsas.

	Cierto	Falso
1. Juan Carlos y Felipe quieren crear su propia empresa.	○	○
2. En el futuro, Marissa va a viajar porque va a ser psicóloga.	○	○
3. La Sra. Díaz ayuda a Miguel con su currículum.	○	○
4. Miguel quiere seguir estudiando historia del arte.	○	○

2 **Identificar** Identifica quién dice estas oraciones.

SRA. DÍAZ

MIGUEL

JIMENA   FELIPE   MARISSA

1. Les enseñaremos a las empresas a disminuir la cantidad de contaminación que producen.
2. Tengo que escribir tres ensayos, presentar dos exámenes finales y terminar un proyecto.
3. No sé cómo vaya a ser mi vida a los 30 años.
4. En el futuro, quiero trabajar en un museo y ser un pintor famoso.
5. Ahora, quiero que tomes ese mismo entusiasmo y lo lleves a la entrevista de la próxima semana.

3 **Profesiones** Los protagonistas mencionan estas profesiones. En parejas, túrnense para definir cada profesión.

1. arqueólogo/a
2. doctor(a)
3. administrador(a) de empresas
4. artista
5. hombre/mujer de negocios
6. abogado/a
7. pintor(a)
8. profesor(a)

4 **Mis planes** En grupos, hablen de sus planes para el futuro. Utilicen estas preguntas y frases.

- ¿Qué piensas hacer después de graduarte?
- ¿Quieres saber cuáles son mis planes para el futuro?
- ¿Cuáles son tus planes?
- ¿Dónde vas a trabajar?
- El próximo año/verano, voy a...
- Voy a ser...
- Voy a trabajar en...

AYUDA

Remember that the indefinite article is not used with professions, unless they are modified by an adjective.

José es **pintor**.
José es **un buen pintor**.

Ortografía
y, ll y h

 Tutorial

The digraph **ll** and the letter **y** were not pronounced alike in Old Spanish. Nowadays, however, **ll** and **y** have the same or similar pronunciations in many parts of the Spanish-speaking world. This results in frequent misspellings. The letter **h**, as you already know, is silent in Spanish, and it is often difficult to know whether words should be written with or without it. Here are some of the word groups that are spelled with each letter.

| ta**lla** | se**llo** | bote**lla** | amari**llo** |

The digraph **ll** is used in these endings: **-allo/a**, **-ello/a**, **-illo/a**.

| **lla**ve | **lle**ga | **llo**rar | **llu**via |

The digraph **ll** is used at the beginning of words in these combinations: **lla-, lle-, llo-, llu-**.

| ca**y**endo | le**y**eron | o**y**e | inclu**y**e |

The letter **y** is used in some forms of the verbs **caer, leer,** and **oír** and in verbs ending in **-uir**.

| **hiper**activo | **hosp**ital | **hipo**pótamo | **hum**or |

The letter **h** is used at the beginning of words in these combinations: **hiper-, hosp-, hidr-, hipo-, hum-**.

| **hia**to | **hie**rba | **hue**so | **hui**r |

The letter **h** is also used in words that begin with these combinations: **hia-, hie-, hue-, hui-**.

Práctica Llena los espacios con **h, ll** o **y**. Después escribe una oración con cada una de las palabras.

1. cuchi___o
2. ___ielo
3. cue___o
4. estampi___a
5. estre___a
6. ___uésped
7. destru___ó
8. pla___a

Adivinanza Aquí tienes una adivinanza (*riddle*). Intenta descubrir de qué se trata.

Una cajita chiquita, blanca como la nieve: todos la saben abrir, nadie la sabe cerrar.[1]

Pista: Es una comida.

[1] El huevo

cultura

EN DETALLE

Beneficios en los empleos

¿Qué piensas si te ofrecen un trabajo que te da treinta días de vacaciones pagadas? Los beneficios laborales° en los Estados Unidos, España e Hispanoamérica son diferentes en varios sentidos°. En España, por ejemplo, todos los empleados, por ley, tienen treinta días de vacaciones pagadas al año. Otro ejemplo lo hallamos en las licencias por maternidad°. En los Estados Unidos se otorgan° doce semanas, dependiendo de la empresa si esos días son pagados o no. En muchos países hispanoamericanos, sin embargo, las leyes dictan que esta licencia sea pagada. Países como Chile y Venezuela ofrecen a las madres trabajadoras° dieciocho semanas de licencia pagada.

Otra diferencia está en los sistemas de jubilación° de los países hispanoamericanos. Hasta la década de 1990, la mayoría de los países de Centroamérica y Suramérica tenía un sistema de jubilación público. Es decir, las personas no tenían que pagar directamente por su jubilación, sino que el Estado la administraba. Sin embargo, en los últimos años las cosas han cambiado en Hispanoamérica: desde hace más de una década, casi todos los países han incorporado el sistema privado° de jubilación, y en muchos países podemos encontrar los dos sistemas (público y privado) funcionando al mismo tiempo, como en Colombia, Perú o Costa Rica.

El currículum vitae

- El currículum vitae contiene información personal y es fundamental que sea muy detallado°. En ocasiones, mientras más páginas tenga, mejor.
- Normalmente incluye° la educación completa del aspirante, todos los trabajos que ha tenido e incluso sus gustos personales y pasatiempos.
- Puede también incluir detalles que no se suelen incluir en los Estados Unidos: una foto del aspirante, su estado civil e incluso si tiene auto y de qué tipo.

beneficios laborales *job benefits* **varios sentidos** *many ways*
licencias por maternidad *maternity leave* **se otorgan** *are given*
madres trabajadoras *working mothers* **jubilación** *retirement*
privado *private* **detallado** *detailed* **incluye** *includes*

ACTIVIDADES

1 **¿Cierto o falso?** Indica si lo que dicen estas oraciones es **cierto** o **falso**. Corrige la información falsa.

1. Los trabajadores de los Estados Unidos y los de España tienen beneficios laborales diferentes.
2. La licencia por maternidad es igual en Hispanoamérica y en los Estados Unidos.
3. En Venezuela, la licencia por maternidad es de cuatro meses y medio.
4. En España, los empleados tienen treinta días de vacaciones al año.
5. Hasta 1990, muchos países hispanoamericanos tenían un sistema de jubilación privado.
6. En Perú sólo tienen sistema de jubilación privado.
7. En general, el currículum vitae hispano y el estadounidense tienen contenido distinto.
8. En Hispanoamérica, es importante que el currículum vitae tenga pocas páginas.

ASÍ SE DICE
El trabajo

la chamba (Méx.); el curro (Esp.); el laburo (Arg.); la pega (Chi.)	el trabajo
el/la cirujano/a	surgeon
la huelga	strike
el/la niñero/a	babysitter
el impuesto	tax

EL MUNDO HISPANO
Condiciones laborales

- **United Fruit Company** fue, por casi cien años, la mayor corporación estadounidense. Monopolizó las exportaciones de frutas de Hispanoamérica, e influenció enormemente la economía y la política de la región hasta 1970, mientras explotaba y reprimía a sus trabajadores.

- **Fair Trade Coffee** trabaja para proteger a los agricultores° de café de los abusos de las grandes compañías multinacionales. Ahora, en lugares como Centroamérica, los agricultores pueden obtener mayores ganancias° a través del comercio directo y los precios justos°.

- **FINCA International** trabaja en países como Guatemala, Honduras, Nicaragua y Ecuador para ofrecer pequeños préstamos y otros servicios financieros, como cuentas de ahorro, a las personas sin recursos económicos. El objetivo es desarrollar empresas que generen trabajos y mejoren la calidad de vida.

agricultores *farmers* ganancias *profits* justos *fair*

PERFIL
César Chávez

César Estrada Chávez (1927–1993) nació cerca de Yuma, Arizona. De padres mexicanos, empezó a trabajar en el campo a los diez años de edad. Comenzó a luchar contra la discriminación en los años 40, mientras estaba en la Marina°. Fue en esos tiempos cuando se sentó en la sección para blancos en un cine segregacionista y se negó° a moverse.

Junto a su esposa, Helen Fabela, fundó° en 1962 la Asociación Nacional de Trabajadores del Campo° que después se convertiría en la coalición Trabajadores del Campo Unidos. Participó y organizó muchas huelgas en grandes compañías para lograr mejores condiciones laborales° y salarios más altos y justos para los trabajadores. Es considerado un héroe del movimiento laboral estadounidense. Desde el año 2000, la fecha de su cumpleaños es un día festivo pagado° en California y otros estados.

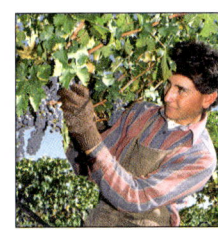

Marina *Navy* se negó *he refused* fundó *he established* Trabajadores del Campo *Farm Workers* condiciones laborales *working conditions* día festivo pagado *paid holiday*

CON RITMO HISPANO

La Cuneta Son Machín (2009–)
Lugar de origen: Managua, Nicaragua

Esta banda mezcla la cumbia, el rap, la marimba tradicional, el rock y la música "chinamera", o música popular nicaragüense. Además de tres álbumes de estudio, el grupo ha lanzado una línea de ropa llamada Jincho.

Go to vhlcentral.com to find out more about **La Cuneta Son Machín** and its music.

ACTIVIDADES

2 Comprensión Responde a las preguntas.
1. ¿Cómo dice un argentino "perdí mi trabajo"?
2. ¿Cuál es el principio fundamental del Fair Trade Coffee?
3. ¿Para qué César Chávez organizó huelgas contra grandes compañías?
4. ¿Qué día es un día festivo pagado en California?

3 Sus ambiciones laborales En parejas, hagan una lista con al menos tres ideas sobre las expectativas que tienen sobre su futuro como trabajadores/as. Pueden describir las ideas y ambiciones sobre el trabajo que quieren tener. ¿Conocen bien las reglas que deben seguir para conseguir un trabajo? ¿Les gustan? ¿Les disgustan? Luego van a exponer sus ideas ante la clase para un debate.

More activities

vhlcentral

Online activities

16 estructura

16.1 The future Tutorial

ANTE TODO You have already learned ways of expressing the near future in Spanish. You will now learn how to form and use the future tense. Compare the different ways of expressing the future in Spanish and English.

Present indicative
Voy al cine mañana.
I'm going to the movies tomorrow.

Present subjunctive
Ojalá **vaya al cine** mañana.
I hope I will go to the movies tomorrow.

ir a + [*infinitive*]
Voy a ir al cine.
I'm going to go to the movies.

Future
Iré al cine.
I will go to the movies.

▶ In Spanish, the future is a simple tense that consists of one word, whereas in English it is made up of the auxiliary verb *will* or *shall*, and the main verb.

Future tense

		estudiar	aprender	recibir
SINGULAR FORMS	yo	estudiar**é**	aprender**é**	recibir**é**
	tú	estudiar**ás**	aprender**ás**	recibir**ás**
	Ud./él/ella	estudiar**á**	aprender**á**	recibir**á**
PLURAL FORMS	nosotros/as	estudiar**emos**	aprender**emos**	recibir**emos**
	vosotros/as	estudiar**éis**	aprender**éis**	recibir**éis**
	Uds./ellos/ellas	estudiar**án**	aprender**án**	recibir**án**

▶ **¡Atención!** Note that all of the future endings have a written accent except the **nosotros/as** form.

¿Cuándo **recibirás** el ascenso?
When will you receive the promotion?

Mañana **aprenderemos** más.
Tomorrow we will learn more.

▶ The future endings are the same for regular and irregular verbs. For regular verbs, simply add the endings to the infinitive. For irregular verbs, add the endings to the irregular stem.

Irregular verbs in the future

INFINITIVE	STEM	FUTURE FORMS
decir	dir-	dir**é**
hacer	har-	har**é**
poder	podr-	podr**é**
poner	pondr-	pondr**é**
querer	querr-	querr**é**
saber	sabr-	sabr**é**
salir	saldr-	saldr**é**
tener	tendr-	tendr**é**
venir	vendr-	vendr**é**

CONSULTA
To review **ir a** + [*infinitive*], see **Estructura 4.1**, p. 126.

¡ATENCIÓN!
Note that **-ar**, **-er**, and **-ir** verbs all have the same endings in the future tense.

▶ The future of **hay** (*inf.* **haber**) is **habrá** *(there will be)*.

La próxima semana **habrá** dos reuniones.
Next week there will be two meetings.

Habrá muchos gerentes en la videoconferencia.
There will be many managers at the videoconference.

▶ Although the English word *will* can refer to future time, it also refers to someone's willingness to do something. In this case, Spanish uses **querer** + [*infinitive*], not the future tense.

¿**Quieres llamarme**, por favor?
Will you please call me?

¿**Quieren ustedes escucharnos**, por favor?
Will you please listen to us?

COMPARE & CONTRAST

In Spanish, the future tense has an additional use: expressing conjecture or probability. English sentences involving expressions such as *I wonder, I bet, must be, may, might,* and *probably* are often translated into Spanish using the *future of probability*.

—¿Dónde **estarán** mis llaves?
I wonder where my keys are.

—¿Qué hora **será**?
What time can it be? (I wonder what time it is.)

—**Estarán** en la cocina.
They're probably in the kitchen.

—**Serán** las once o las doce.
It must be (It's probably) eleven or twelve.

Note that although the future tense is used, these verbs express conjecture about *present* conditions, events, or actions.

CONSULTA
To review these conjunctions of time, see **Estructura 13.3**, p. 461.

▶ The future may also be used in the main clause of sentences in which the present subjunctive follows a conjunction of time such as **cuando, después (de) que, en cuanto, hasta que,** and **tan pronto como**.

Cuando llegues a la oficina, **hablaremos**.
When you arrive at the office, we will talk.

Saldremos tan pronto como termine su trabajo.
We will leave as soon as you finish your work.

More activities
vhlcentral
LM p. 93
WB pp. 183–184
Online activities

¡INTÉNTALO! Conjuga en futuro los verbos.

1. (dejar, correr, invertir) yo _____ dejaré, correré, invertiré _____
2. (hacer, poner, venir) Lola _____
3. (ir, ser, estar) ustedes _____
4. (tener, decir, querer) nosotros _____
5. (renunciar, beber, vivir) tú _____
6. (solicitar, comer, repetir) usted _____
7. (saber, salir, poder) yo _____
8. (encontrar, jugar, servir) tú _____

Práctica

1 Planes Repite lo que Celia dice, usando el tiempo futuro.

> **modelo**
> Voy a consultar el índice de Empresas 500 en la biblioteca.
> Consultaré el índice de Empresas 500 en la biblioteca.

1. Álvaro y yo nos vamos a casar pronto.
2. Julián me va a decir dónde puedo buscar trabajo.
3. Voy a leer los anuncios clasificados todos los días.
4. Voy a buscar un puesto con un buen sueldo.
5. Voy a obtener un puesto en mi especialización.
6. Mis amigos van a estar contentos por mí.

2 La predicción inolvidable Completa el párrafo con el futuro de los verbos.

| acordarse | conseguir | estar | olvidar | tener |
| casarse | escribir | hacerse | ser | terminar |

Nunca (1) _____ lo que me dijo la vidente (*clairvoyant*) antes de que se quedara sin batería mi teléfono celular: "En cinco años (2) _____ realidad todos tus deseos. (3) _____ tus estudios, (4) _____ un empleo rápidamente y tu éxito (5) _____ asombroso. (6) _____ con un hombre bueno y hermoso, del que (7) _____ enamorada. Pero en realidad (8) _____ una vida muy triste porque un día, cuando menos lo esperes…"

3 Preguntas Imaginen que han aceptado uno de los puestos de los anuncios. En parejas, túrnense para hablar sobre los detalles (*details*) del puesto. Usen las preguntas como guía y hagan también sus propias preguntas.

www.clasificados.com

LABORATORIOS LUNA
Se busca científico con mucha imaginación para crear nuevos productos. Mínimo 3 años de experiencia. Puesto con buen sueldo y buenos beneficios. Tel: 492-38-67

SE BUSCA CONTADOR(A)
Mínimo 5 años de experiencia. Debe hablar inglés, francés y alemán. Salario: 120.000 dólares al año. Envíen currículum por fax al: 924-90-34.

SE BUSCAN
Actores y actrices con experiencia para telenovela. Trabajarán por las noches. Salario: 40 dólares la hora. Soliciten puesto en persona. Calle El Lago n. 24, Managua.

SE NECESITAN
Jóvenes periodistas para el sitio web de un periódico nacional. Horario: 4:30 a 20:30. Comenzarán inmediatamente. Salario 20.000 dólares al año. Tel. contacto: 245-94-30.

1. ¿Cuál será el trabajo?
2. ¿Qué harás?
3. ¿Cuánto te pagarán?
4. ¿Sabes si te ofrecerán beneficios?
5. ¿Sabes el horario que tendrás? ¿Es importante saberlo?
6. ¿Crees que te gustará? ¿Por qué?
7. ¿Cuándo comenzarás a trabajar?
8. ¿Qué crees que aprenderás?

Comunicación

4 Conversar Tú y tu compañero/a viajarán a la República Dominicana por siete días. Indiquen lo que harán y no harán. Digan dónde, cómo, con quién o en qué fechas lo harán, usando el anuncio como guía. Pueden usar sus propias ideas también.

> **modelo**
> **Estudiante 1:** ¿Qué haremos el martes?
> **Estudiante 2:** Visitaremos el Jardín Botánico.
> **Estudiante 1:** Pues, tú visitarás el Jardín Botánico y yo caminaré por el Mercado Modelo.

NOTA CULTURAL

En la **República Dominicana** están el punto más alto y el más bajo de las Antillas. El Pico Duarte mide (*measures*) 3.087 metros y el lago Enriquillo está a 45 metros bajo el nivel del mar (*sea level*).

www.republicadominicana.com

¡BIENVENIDO a la República Dominicana!

Se divertirá desde el momento en que llegue al **Aeropuerto Internacional de las Américas.**

- Visite la ciudad colonial de **Santo Domingo** con su interesante arquitectura.
- Vaya al **Jardín Botánico** y disfrute de nuestra abundante naturaleza.
- En el **Mercado Modelo** no va a poder resistir la tentación de comprar artesanías.
- No deje de escalar el **Pico Duarte** (se recomiendan 3 días).
- ¿Le gusta bucear? **Cabarete** tiene todo el equipo que usted necesita.
- ¿Desea nadar? **Punta Cana** le ofrece hermosas playas.

5 Planear En parejas, hagan planes para formar una empresa privada. Usen las preguntas como guía.

1. ¿Cómo se llamará y qué tipo de empresa será?
2. ¿Cuántos empleados tendrá y cuáles serán sus oficios o profesiones?
3. ¿Qué tipo de beneficios se ofrecerán?
4. ¿Quién será el/la gerente y quién será el jefe/la jefa? ¿Por qué?
5. ¿Permitirá su empresa el teletrabajo? ¿Por qué?
6. ¿Dónde pondrán anuncios para conseguir empleados?

Síntesis

6 El futuro de Cristina Tu profesor(a) va a darte una serie incompleta de dibujos sobre el futuro de Cristina. Tú y tu compañero/a tienen dos series diferentes. Háganse preguntas y respondan de acuerdo a los dibujos para completar la historia.

> **modelo**
> **Estudiante 1:** ¿Qué hará Cristina en el año 2030?
> **Estudiante 2:** Ella se graduará en el año 2030.

16.2 The future perfect Tutorial

ANTE TODO Like other compound tenses you have learned, the future perfect (**el futuro perfecto**) is formed with a form of **haber** and the past participle. It is used to talk about what will have happened by some future point in time.

Future perfect

		hablar	comer	vivir
SINGULAR FORMS	yo	**habré** hablado	**habré** comido	**habré** vivido
	tú	**habrás** hablado	**habrás** comido	**habrás** vivido
	Ud./él/ella	**habrá** hablado	**habrá** comido	**habrá** vivido
PLURAL FORMS	nosotros/as	**habremos** hablado	**habremos** comido	**habremos** vivido
	vosotros/as	**habréis** hablado	**habréis** comido	**habréis** vivido
	Uds./ellos/ellas	**habrán** hablado	**habrán** comido	**habrán** vivido

¡ATENCIÓN!
As with other compound tenses, the past participle never varies in the future perfect; it always ends in **-o**.

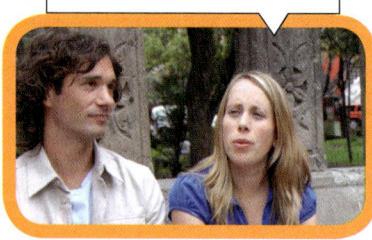

En dos meses, ya habré regresado a Wisconsin.

Tendremos una compañía muy exitosa.

Sí, porque muchas empresas habrán solicitado nuestros servicios.

▶ The phrases **para** + [*time expression*] and **dentro de** + [*time expression*] are used with the future perfect to talk about what will have happened by some future point in time.

Para el lunes, habré hecho todas las preparaciones.
By Monday, I will have made all the preparations.

Dentro de un año, habré renunciado a mi trabajo.
Within a year, I will have resigned from my job.

¡INTÉNTALO! Indica la forma apropiada del futuro perfecto.

1. Para el sábado, nosotros __habremos obtenido__ (obtener) el dinero.
2. Yo _____ (terminar) el trabajo para cuando lleguen mis amigos.
3. Silvia _____ (hacer) todos los planes para el próximo fin de semana.
4. Para el cinco de junio, ustedes _____ (llegar) a Quito.
5. Para entonces, yo _____ (volver) de la República Dominicana.
6. Para el ocho de octubre, nosotros ya _____ (llegar) a Colombia.
7. Para esa fecha, Ernesto y tú _____ (recibir) muchas ofertas.
8. Para cuando yo te llame, ¿tú _____ (decidir) lo que vamos a hacer?
9. Para las ocho, tú y yo _____ (limpiar) el piso.
10. Para las nueve, mi hermana _____ (salir).

Práctica y Comunicación

1 **¿Qué habrá pasado?** Forma oraciones lógicas combinando ambas (*both*) columnas.

A
1. Para el año 2050, la población del mundo
2. Antes de cumplir los 40 años, yo
3. Para la semana que viene, el profesor
4. Dentro de una semana, ellos
5. Para cuando se dé cuenta, el científico
6. Para fin de año, las termitas

B
a. me habré jubilado.
b. habrá corregido los exámenes.
c. habrá aumentado un 47%.
d. habrán destruido su casa.
e. habrán atravesado el océano Pacífico.
f. habré escrito un libro, plantado un árbol y tenido tres hijos.
g. habrá hecho un gran daño a la humanidad.

2 **Escoger** Escoge los verbos que mejor completen cada oración y ponlos en el futuro perfecto.

casarse	leer	solicitar
comprar	romperse	tomar
graduarse	ser	viajar

1. Para mañana por la tarde, yo ya _____ mi examen de economía.
2. Para la semana que viene, el profesor _____ nuestros exámenes.
3. Dentro de tres meses, Juan y Marisa _____ en Las Vegas.
4. Dentro de cinco meses, tú y yo _____ de la universidad.
5. Para finales (*end*) de mayo, yo _____ un trabajo en un banco.
6. Dentro de un año, tú _____ una casa nueva.
7. Dentro de 25 años, Emilia ya _____ presidenta de los EE.UU.
8. Antes de cumplir los 50 años, usted _____ a Europa.

3 **Encuesta** Tu profesor(a) te va a dar una hoja de actividades. Pregúntales a tres compañeros/as para cuándo habrán hecho las cosas relacionadas con sus futuras carreras que se mencionan en la lista. Toma nota de las respuestas y luego comparte con la clase la información que obtuviste.

Síntesis

4 **Competir** En parejas, preparen una conversación hipotética (8 líneas o más) que ocurra en una fiesta. Una persona dice lo que habrá hecho para algún momento del futuro; la otra responde, diciendo cada vez algo más exagerado. Prepárense para representar la conversación delante de la clase.

> **modelo**
> **Estudiante 1:** Cuando tenga 30 años, habré ganado un millón de dólares.
> **Estudiante 2:** Y yo habré llegado a ser multimillonaria.
> **Estudiante 1:** Para el 2030, me habrán escogido como la mejor escritora (*writer*) del país.
> **Estudiante 2:** Pues, yo habré ganado el Premio Nobel de Literatura.

16.3 The past subjunctive Tutorial

ANTE TODO You will now learn how to form and use the past subjunctive (**el pretérito imperfecto de subjuntivo**), also called the imperfect subjunctive. Like the present subjunctive, the past subjunctive is used mainly in multiple-clause sentences that express states and conditions such as will, influence, emotion, commands, indefiniteness, and non-existence.

The past subjunctive

		estudiar	aprender	recibir
SINGULAR FORMS	yo	estudia**ra**	aprendie**ra**	recibie**ra**
	tú	estudia**ras**	aprendie**ras**	recibie**ras**
	Ud./él/ella	estudia**ra**	aprendie**ra**	recibie**ra**
PLURAL FORMS	nosotros/as	estudiá**ramos**	aprendié**ramos**	recibié**ramos**
	vosotros/as	estudia**rais**	aprendie**rais**	recibie**rais**
	Uds./ellos/ellas	estudia**ran**	aprendie**ran**	recibie**ran**

▶ The past subjunctive endings are the same for all verbs.

-ra	-ramos
-ras	-rais
-ra	-ran

▶ The past subjunctive is formed using the **Uds./ellos/ellas** form of the preterite. By dropping the **-ron** ending from this preterite form, you establish the stem of all the past subjunctive forms. To this stem you then add the past subjunctive endings.

INFINITIVE	PRETERITE FORM	PAST SUBJUNCTIVE
hablar	ellos **habla**ron	habla**ra**, habla**ras**, hablá**ramos**
beber	ellos **bebie**ron	bebie**ra**, bebie**ras**, bebié**ramos**
escribir	ellos **escribie**ron	escribie**ra**, escribie**ras**, escribié**ramos**

▶ For verbs with irregular preterites, add the past subjunctive endings to the irregular stem.

INFINITIVE	PRETERITE FORM	PAST SUBJUNCTIVE
dar	**die**ron	die**ra**, die**ras**, dié**ramos**
decir	**dije**ron	dije**ra**, dije**ras**, dijé**ramos**
estar	**estuvie**ron	estuvie**ra**, estuvie**ras**, estuvié**ramos**
hacer	**hicie**ron	hicie**ra**, hicie**ras**, hicié**ramos**
ir/ser	**fue**ron	fue**ra**, fue**ras**, fué**ramos**
poder	**pudie**ron	pudie**ra**, pudie**ras**, pudié**ramos**
poner	**pusie**ron	pusie**ra**, pusie**ras**, pusié**ramos**
querer	**quisie**ron	quisie**ra**, quisie**ras**, quisié**ramos**
saber	**supie**ron	supie**ra**, supie**ras**, supié**ramos**
tener	**tuvie**ron	tuvie**ra**, tuvie**ras**, tuvié**ramos**
venir	**vinie**ron	vinie**ra**, vinie**ras**, vinié**ramos**

¡ATENCIÓN!
Note that the **nosotros/as** form of the past subjunctive always has a written accent.

¡LENGUA VIVA!
The past subjunctive has another set of endings:

-se	-semos
-ses	-seis
-se	-sen

It's a good idea to learn to recognize these endings because they are sometimes used in literary and formal contexts.

Deseaba que mi esposo recibiese un ascenso.

¡LENGUA VIVA!
Quisiera, the past subjunctive form of **querer**, is often used to make polite requests.

Quisiera hablar con Marco, por favor.
I would like to speak to Marco, please.

¿Quisieran ustedes algo más?
Would you like anything else?

▶ **-Ir** stem-changing verbs and other verbs with spelling changes follow a similar process to form the past subjunctive.

INFINITIVE	PRETERITE FORM	PAST SUBJUNCTIVE
preferir	prefirie~~ron~~	prefiriera, prefirieras, prefiriéramos
repetir	repitie~~ron~~	repitiera, repitieras, repitiéramos
dormir	durmie~~ron~~	durmiera, durmieras, durmiéramos
conducir	conduje~~ron~~	condujera, condujeras, condujéramos
creer	creye~~ron~~	creyera, creyeras, creyéramos
destruir	destruye~~ron~~	destruyera, destruyeras, destruyéramos
oír	oye~~ron~~	oyera, oyeras, oyéramos

AYUDA

When a situation that triggers the subjunctive is involved, most cases follow these patterns:
main verb in present indicative →
subordinate verb in present subjunctive
Espero que María **venga** a la reunión.
main verb in past indicative →
subordinate verb in past subjunctive
Esperaba que María **viniera** a la reunión.

▶ The past subjunctive is used in the same contexts and situations as the present subjunctive and the present perfect subjunctive, except that it generally describes actions, events, or conditions that have already happened.

Me pidieron que no **llegara** tarde.
They asked me not to arrive late.

Me sorprendió que ustedes no **vinieran** a la cena.
It surprised me that you didn't come to the dinner.

Salió antes de que yo **pudiera** hablar contigo.
He left before I could talk to you.

Ellos querían que yo **escribiera** una novela romántica.
They wanted me to write a romantic novel.

Cuando llegaste, no creí que tuviéramos muchas cosas en común.

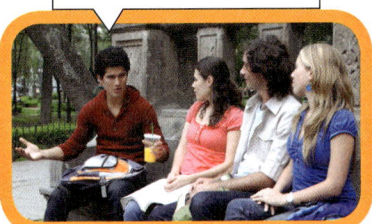

No pensé que el año terminara tan pronto.

¡INTÉNTALO! Indica la forma apropiada del pretérito imperfecto de subjuntivo de los verbos.

1. Quería que tú ___vinieras___ (venir) más temprano.
2. No creían que yo _____ (poder) hacerlo.
3. Esperábamos que ustedes _____ (hablar) mucho más en la reunión.
4. No deseaba que nosotros _____ (invertir) el dinero.
5. No había nadie que _____ (creer) tu historia.
6. No era necesario que ellas _____ (hacer) todo.
7. Me pareció increíble que tú _____ (saber) dónde encontrarlo.
8. Sentí mucho que ustedes no _____ (estar) con nosotros anoche.
9. Mis padres insistieron en que yo _____ (ir) a la universidad.
10. Queríamos salir antes de que ustedes _____ (llegar).

Práctica

1 Diálogos Completa los diálogos con el pretérito imperfecto de subjuntivo de los verbos. Después representa los diálogos con un(a) compañero/a.

1. —Cuánto me alegré de que tus hijas _____ (venir) ayer a visitarte. ¿Cuándo se van?
   —Bueno, yo esperaba que se _____ (quedar) dos semanas, pero no pueden. Ojalá _____ (poder). Hace mucho que no las veo.

2. —Qué lástima que ellos no te _____ (ofrecer) el puesto de gerente.
   —Querían a alguien que _____ (tener) experiencia en el sector público.
   —Pero, ¿cómo? ¿Y tu maestría? ¿No te molestó que te _____ (decir) eso?
   —No, no tengo experiencia en esa área, pero les gustó mucho mi currículum. Me pidieron que _____ (volver) en un año y _____ (solicitar) el puesto otra vez. Para entonces habré obtenido la experiencia que necesito y podré conseguir el puesto que quiera.

3. —¿Qué le dijo el consejero a Andrés? Quisiera saberlo.
   —Le aconsejó que _____ (dejar) los estudios de arte y que _____ (estudiar) una carrera que _____ (pagar) mejor.
   —Siempre el dinero. ¿No se enojó Andrés de que le _____ (aconsejar) eso?
   —Sí, y le dijo que no creía que ninguna otra carrera le _____ (ir) a gustar más.

2 Año nuevo, vida nueva El año pasado, Marta y Alberto querían cambiar de vida. Aquí tienen las listas con sus propósitos para el Año Nuevo (*New Year's resolutions*). Ellos no consiguieron hacer realidad ninguno. En parejas, lean las listas y escriban por qué creen que no los consiguieron. Usen el pretérito imperfecto de subjuntivo.

modelo
obtener un mejor puesto de trabajo
Era difícil que Alberto consiguiera un mejor puesto porque su novia le pidió que no cambiara de empleo.

AYUDA
Puedes usar estas expresiones:
No era verdad que...
Era difícil que...
Era imposible que...
No era cierto que...
Su novio/a no quería que...

Alberto
pedir un aumento de sueldo
tener una vida más sana
visitar más a su familia
dejar de fumar

Marta
querer mejorar su relación de pareja
terminar los estudios con buenas notas
cambiar de casa
ahorrar más

Comunicación

3 **Reaccionar** Tu amigo acaba de llegar de Nicaragua. Reacciona a lo que te dice usando el pretérito imperfecto de subjuntivo. Escribe las oraciones y luego compáralas con las de un(a) compañero/a.

> **modelo**
> El día que llegué, me esperaban mi abuela y tres primos.
> ¡Qué bien! Me alegré de que vieras a tu familia después de tantos años.

1. Fuimos al volcán Masaya. ¡Y vimos la lava del volcán!
2. Visitamos la Catedral de Managua, que fue dañada por el terremoto (*earthquake*) de 1972.
3. No tuvimos tiempo de ir a la playa, pero pasamos unos días en el Hotel Dariense en Granada.
4. Fui a conocer el nuevo museo de arte y también fui al Teatro Rubén Darío.
5. Nos divertimos haciendo compras en Metrocentro.
6. Eché monedas (*I threw coins*) en la fuente (*fountain*) de la Plaza de la República y pedí un deseo.

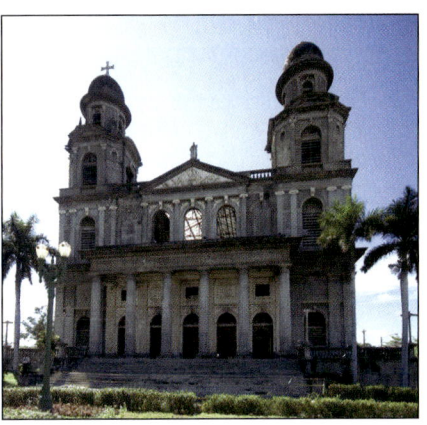

Catedral de Managua, Nicaragua

NOTA CULTURAL

El nicaragüense **Rubén Darío** (1867–1916) es uno de los poetas más famosos de Latinoamérica. *Cantos de vida y esperanza* es una de sus obras.

4 **Oraciones** Escribe cinco oraciones sobre lo que otros esperaban de ti en el pasado y cinco más sobre lo que tú esperabas de ellos. Luego, en grupos, túrnense para compartir sus propias oraciones y para transformar las oraciones de sus compañeros/as. Sigan el modelo.

> **modelo**
> **Estudiante 1:** Mi profesora quería que yo fuera a Granada para estudiar español.
> **Estudiante 2:** Su profesora quería que Mark fuera a Granada para estudiar español.
> **Estudiante 3:** Yo deseaba que mis padres me enviaran a España.
> **Estudiante 4:** Cecilia deseaba que sus padres la enviaran a España.

Síntesis

5 **El despido** Dos amigos/as trabajaban juntos/as en una compañía, pero uno/a de ellos/as fue despedido/a porque su jefe no estaba contento con él/ella. En parejas, inventen una conversación en la que intenten explicar las razones del despido. Usen el pretérito imperfecto de subjuntivo y después representen la conversación delante de la clase.

> **modelo**
> **Estudiante 1:** ¡Yo no pensaba que fuera importante llegar a tiempo!
> **Estudiante 2:** ¡Claro que sí! Tu jefe te dijo muchas veces que no llegaras tarde.

Recapitulación

Completa estas actividades para repasar los conceptos de gramática que aprendiste en esta lección.

1 Completar Completa el cuadro con el futuro. **12 pts.**

Infinitivo	yo	ella	nosotros
decir	diré		
poner			pondremos
salir		saldrá	

2 Verbos Completa el cuadro con el pretérito imperfecto de subjuntivo. **12 pts.**

Infinitivo	tú	nosotros	ustedes
dar			dieran
saber		supiéramos	
ir	fueras		

3 La oficina de empleo La nueva oficina de empleo está un poco desorganizada. Completa los diálogos con expresiones de probabilidad, utilizando el futuro perfecto de los verbos. **10 pts.**

SR. PÉREZ No encuentro el currículum de Mario Gómez.
SRA. MARÍN (1) _____ (tomarlo) la secretaria.
LAURA ¿De dónde vienen estas ofertas de trabajo?
ROMÁN No estoy seguro. (2) _____ (salir) en el periódico de hoy.
ROMÁN ¿Has visto la lista nueva de aspirantes?
LAURA No, (3) _____ (tú, ponerla) en el archivo.
SR. PÉREZ José Osorio todavía no ha recibido el informe.
LAURA (4) _____ (nosotros, olvidarse) de enviarlo por correo.
SRA. MARÍN ¿Sabes dónde están las solicitudes de los aspirantes?
ROMÁN (5) _____ (yo, dejarlas) en mi carro.

RESUMEN GRAMATICAL

16.1 The future *pp. 552–553*

Future tense of estudiar*

estudiaré	estudiaremos
estudiarás	estudiaréis
estudiará	estudiarán

*Same endings for -ar, -er, and -ir verbs.

Irregular verbs in the future

Infinitive	Stem	Future forms
decir	dir-	diré
hacer	har-	haré
poder	podr-	podré
poner	pondr-	pondré
querer	querr-	querré
saber	sabr-	sabré
salir	saldr-	saldré
tener	tendr-	tendré
venir	vendr-	vendré

▶ The future of **hay** is **habrá** (*there will be*).
▶ The future can also express conjecture or probability.

16.2 The future perfect *p. 556*

Future perfect of vivir

habré vivido	habremos vivido
habrás vivido	habréis vivido
habrá vivido	habrán vivido

▶ The future perfect can also express probability.

16.3 The past subjunctive *pp. 558–559*

Past subjunctive of aprender*

aprendiera	aprendiéramos
aprendieras	aprendierais
aprendiera	aprendieran

*Same endings for -ar, -er, and -ir verbs.

El mundo del trabajo

Verbs with irregular preterites

Infinitive	Preterite form	Past subjunctive
dar	dieron	diera
decir	dijeron	dijera
estar	estuvieron	estuviera
hacer	hicieron	hiciera
ir/ser	fueron	fuera
poder	pudieron	pudiera
poner	pusieron	pusiera
querer	quisieron	quisiera
saber	supieron	supiera
tener	tuvieron	tuviera
venir	vinieron	viniera

4 Una decisión difícil Completa el párrafo con el pretérito imperfecto de subjuntivo de los verbos. **16 pts.**

aceptar   estudiar   ir
contratar graduarse   poder
dejar   invertir   trabajar

Cuando yo tenía doce años, me gustaba mucho pintar y mi profesor de dibujo me aconsejó que (1) _____ a una escuela de arte cuando (2) _____ de la escuela secundaria. Mis padres, por el contrario, siempre quisieron que sus hijos (3) _____ en la empresa familiar, y me dijeron que (4) _____ el arte y que (5) _____ una carrera con más futuro. Ellos no querían que yo (6) _____ mi tiempo y mi juventud en el arte. Mi madre en particular nos sugirió a mi hermana y a mí la carrera de administración de empresas, para que los dos (7) _____ ayudarlos con los negocios en el futuro. No fue fácil que mis padres (8) _____ mi decisión de dedicarme a la pintura, pero están muy felices de tener mis obras en su sala de reuniones.

5 La semana de Rita Con el futuro de los verbos, completa la descripción que hace Rita de lo que hará la semana próxima. **20 pts.**

El lunes por la mañana (1) _____ (llegar) el traje que pedí por Internet y por la tarde Luis (2) _____ (invitar, a mí) a ir al cine. El martes mi consejero y yo (3) _____ (comer) en La Delicia y a las cuatro (yo) (4) _____ (tener) una entrevista de trabajo en Industrias Levonox. El miércoles por la mañana (5) _____ (ir) a mi clase de inglés y por la tarde (6) _____ (visitar) a Luis. El jueves por la mañana, los gerentes de Levonox (7) _____ (llamar, a mí) por teléfono para decirme si conseguí el puesto. Por la tarde (yo) (8) _____ (cuidar) a mi sobrino Héctor. El viernes Ana y Luis (9) _____ (venir) a casa para trabajar conmigo y el sábado por fin (yo) (10) _____ (descansar).

6 El futuro Escribe al menos cinco oraciones describiendo cómo será la vida de varias personas cercanas a ti dentro de diez años. Usa tu imaginación y verbos en futuro y en futuro perfecto. **30 pts**

7 Canción Escribe las palabras que faltan para completar este fragmento de la canción *Lo que pidas* de Julieta Venegas. **¡4 puntos EXTRA!**

daré   fuera   quisiera   saldré

" Lo que más (1) _____ pedirte
es que te quedes conmigo,
niño te (2) _____ lo que pidas
sólo no te vayas nunca. "

adelante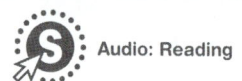

Lectura

Antes de leer

Estrategia
Recognizing similes and metaphors

Similes and metaphors are figures of speech that are often used in literature to make descriptions more colorful and vivid.

In English, a simile (**símil**) makes a comparison using the words *as* or *like*. In Spanish, the words **como** and **parece** are most often used. Example: **Estoy tan feliz como un niño con zapatos nuevos.**

A metaphor (**metáfora**) is a figure of speech that identifies one thing with the attributes and qualities of another. Whereas a simile says one thing is like another, a metaphor says that one thing *is* another. In Spanish, **ser** is most often used in metaphors. Example: **La vida es sueño.** (*Life is a dream.*)

Examinar el texto
Lee el texto una vez usando las estrategias de lectura de las lecciones anteriores. ¿Qué te indican sobre el contenido de la lectura? Toma nota de las metáforas y los símiles que encuentres. ¿Qué significan? ¿Qué te dicen sobre el tema de la lectura?

¿Cómo son?
En parejas, hablen sobre las diferencias entre el **yo interior** de una persona y su **yo social**. ¿Hay muchas diferencias entre su forma de ser "privada" y su forma de ser cuando están con otras personas?

Las dos Fridas, de Frida Kahlo

A Julia de Burgos
Julia de Burgos

Julia de Burgos nació en 1914 en Carolina, Puerto Rico. Vivió también en La Habana, en Washington, D.C. y en Nueva York, donde murió en 1953. Su poesía refleja temas como la muerte, la naturaleza, el amor y la patria°. Sus tres poemarios más conocidos se titulan *Poema en veinte surcos* (1938), *Canción de la verdad sencilla* (1939) y *El mar y tú* (publicado póstumamente).

Después de leer

Comprensión
Responde las preguntas.

1. ¿Quiénes son las dos "Julias" presentes en el poema?
2. ¿Qué características tiene cada una?
3. ¿Quién es la que habla de las dos?
4. ¿Qué piensas que ella siente por la otra Julia?
5. ¿Qué diferencias hay en el aspecto físico de una y otra mujer? ¿Qué simboliza esto?
6. ¿Cuáles son los temas más importantes del poema?

More activities

Ya las gentes murmuran que yo soy tu enemiga
porque dicen que en verso doy al mundo tu yo.

Mienten°, Julia de Burgos. Mienten, Julia de Burgos.
La que se alza° en mis versos no es tu voz°: es mi voz;
porque tú eres ropaje° y la esencia soy yo;
y el más profundo abismo se tiende° entre las dos.

Tú eres fría muñeca° de mentira social,
y yo, viril destello° de la humana verdad.

Tú, miel° de cortesanas hipocresías; yo no;
que en todos mis poemas desnudo° el corazón.

Tú eres como tu mundo, egoísta; yo no;
que en todo me lo juego° a ser lo que soy yo.

Tú eres sólo la grave señora señorona°;
yo no; yo soy la vida, la fuerza°, la mujer.

Tú eres de tu marido, de tu amo°; yo no;
yo de nadie, o de todos, porque a todos, a todos,
en mi limpio sentir y en mi pensar me doy.

Tú te rizas° el pelo y te pintas°; yo no;
a mí me riza el viento; a mí me pinta el sol.

Tú eres dama casera°, resignada, sumisa,
atada° a los prejuicios de los hombres; yo no;
que yo soy Rocinante* corriendo desbocado°
olfateando° horizontes de justicia de Dios.

*Rocinante: El caballo de don Quijote, personaje literario de fama universal que se relaciona con el idealismo y el poder de la imaginación frente a la realidad.

Tú en ti misma no mandas°; a ti todos te mandan;
en ti mandan tu esposo, tus padres, tus parientes,
el cura°, la modista°, el teatro, el casino,
el auto, las alhajas°, el banquete, el champán,
el cielo y el infierno, y el qué dirán social°.

En mí no, que en mí manda mi solo corazón,
mi solo pensamiento; quien manda en mí soy yo.

Tú, flor de aristocracia; y yo la flor del pueblo.
Tú en ti lo tienes todo y a todos se lo debes,
mientras que yo, mi nada a nadie se la debo.

Tú, clavada° al estático dividendo ancestral°,
y yo, un uno en la cifra° del divisor social,
somos el duelo a muerte° que se acerca° fatal.

Cuando las multitudes corran alborotadas°
dejando atrás cenizas° de injusticias quemadas,
y cuando con la tea° de las siete virtudes,
tras los siete pecados°, corran las multitudes,
contra ti, y contra todo lo injusto y lo inhumano,
yo iré en medio de ellas con la tea en la mano.

patria *homeland* Mienten *They are lying* se alza *rises up* voz *voice* ropaje *apparel* se tiende *lies* muñeca *doll* destello *sparkle* miel *honey* desnudo *I uncover* me lo juego *I risk* señorona *matronly* fuerza *strength* amo *master* te rizas *curl* te pintas *put on makeup* dama casera *home-loving lady* atada *tied* desbocado *wildly* olfateando *sniffing* no mandas *are not the boss* cura *priest* modista *dressmaker* alhajas *jewelry* el qué dirán social *what society would say* clavada *stuck* ancestral *ancient* cifra *number* duelo a muerte *duel to the death* se acerca *approaches* alborotadas *rowdy* cenizas *ashes* tea *torch* pecados *sins*

Interpretación

Responde a las preguntas.

1. ¿Qué te resulta llamativo en el título de este poema?
2. ¿Por qué crees que se repite el "tú" y el "yo" en el poema? ¿Qué función tiene este desdoblamiento?
3. ¿Cómo interpretas los versos "tú eres fría muñeca de mentira social / y yo, viril destello de la humana verdad"? ¿Qué sustantivos (*nouns*) se contraponen en estos dos versos?
4. ¿Es positivo o negativo el comentario sobre la vida social: "miel de cortesanas hipocresías"?
5. Comenta la oposición entre "señorona" y "mujer" que aparece en los versos trece y catorce. ¿Podrías decir qué personas son las que dominan a la "señorona" y qué caracteriza, en cambio, a la mujer?

Monólogo

Imagina que eres un personaje famoso de la historia, la literatura o la vida actual. Escribe un monólogo breve para presentar en clase. Debes escribirlo en segunda persona. Para la representación necesitarás un espejo. Tus compañeros/as deben adivinar quién eres. Sigue el modelo.

modelo

Eres una mujer que vivió hace más de 150 años. La gente piensa que eres una gran poeta. Te gustaba escribir y pasar tiempo con tu familia y, además de poesías, escribías muchas cartas. Me gusta tu poesía porque es muy íntima y personal. (Emily Dickinson)

Escribe sobre estos temas:
▶ cómo lo/la ven las otras personas
▶ lo que te gusta y lo que no te gusta de él/ella
▶ lo que quieres o esperas que haga

Escritura

Estrategia
Using note cards

Note cards serve as valuable study aids in many different contexts. When you write, note cards can help you organize and sequence the information you wish to present.

Let's say you are going to write a personal narrative about a trip you took. You would jot down notes about each part of the trip on a different note card. Then you could easily arrange them in chronological order or use a different organization, such as the best parts and the worst parts, traveling and staying, before and after.

Here are some helpful techniques for using note cards to prepare for your writing:

- Label the top of each card with a general subject, such as **el avión** or **el hotel**.
- Number the cards in each subject category in the upper right corner to help you organize them.
- Use only the front side of each note card so that you can easily flip through them to find information.

Study the following example of a note card used to prepare a composition:

3

En el aeropuerto de Santo Domingo

Cuando llegamos al aeropuerto de Santo Domingo, después de siete horas de viaje, estábamos cansados pero felices. Hacía sol y viento.

Tema
Escribir una composición

Escribe una composición sobre tus planes profesionales y personales para el futuro. Utiliza el tiempo futuro. No te olvides de hacer planes para estas áreas de tu vida:

Lugar
- ¿Dónde vivirás?
- ¿Vivirás en la misma ciudad siempre? ¿Te mudarás mucho?

Familia
- ¿Te casarás? ¿Con quién?
- ¿Tendrás hijos? ¿Cuántos?

Empleo
- ¿En qué profesión trabajarás?
- ¿Tendrás tu propia empresa?

Finanzas
- ¿Ganarás mucho dinero?
- ¿Ahorrarás mucho? ¿Lo invertirás?

Termina tu composición con una lista de metas profesionales, utilizando el futuro perfecto.

Por ejemplo: **Para el año 2030, habré empezado mi propio negocio. Para el año 2040, habré ganado más dinero que Bill Gates.**

Escuchar

Antes de escuchar

> **Estrategia**
> **Using background knowledge/ Listening for specific information**
>
> If you know the subject of something you are going to hear, your background knowledge will help you anticipate words and phrases you're going to hear, and will help you identify important information that you should listen for.
>
> To practice these strategies, you will listen to a radio ad for the **Hotel El Retiro**. Before you listen, write down a list of the things you expect the ad to contain. Then make another list of important information you would listen for if you were a tourist considering staying at the hotel. After listening to the ad, look at your lists again. Did they help you anticipate the content of the ad and focus on key information? Explain your answer.

Preparación

Mira la foto. ¿De qué crees que van a hablar? Haz una lista de la información que esperas oír en este tipo de situación.

Ahora escucha

Entrevista

Antes de escuchar una entrevista de trabajo, haz una lista de la información que esperas oír según tu conocimiento previo° del tema.

1. _____
2. _____
3. _____
4. _____

Mientras escuchas la entrevista, llena el formulario. Si no oyes un dato° que necesitas, escribe *Buscar en el currículum*. ¿Oíste toda la información que habías anotado en tu lista?

Comprensión

Puesto solicitado _____
Nombre y apellidos del solicitante _____
Dirección _____ Tel. _____

Educación _____
Experiencia profesional: Puesto _____
Empresa _____
¿Cuánto tiempo? _____
Referencias:
Nombre _____
Dirección _____ Tel. _____
Nombre _____
Dirección _____ Tel. _____

Preguntas

1. ¿Cuántos años hace que Rafael Ventura trabaja para Dulces González?
2. ¿Cuántas referencias tiene Rafael?
3. ¿Cuándo se gradúa Rafael?
4. ¿Cuál es la profesión de Armando Carreño?
5. ¿Cómo sabes si los resultados de la entrevista han sido positivos para Rafael Ventura?

conocimiento previo *prior knowledge* dato *fact; piece of information*

En pantalla

Ésta es la historia de un espantapájaros que trabaja en un campo de trigo°. Es un trabajo fácil, aunque muy solitario, y los días se le hacen muy largos. Para entretenerse°, mira a los pájaros, que parecen tenerle miedo. Pero ¿por qué, si él es inofensivo° y amigable°? Sin embargo, un día algo cambia en la vida del espantapájaros. Él tomará entonces una decisión que lo llevará a un final inesperado°.

Preparación

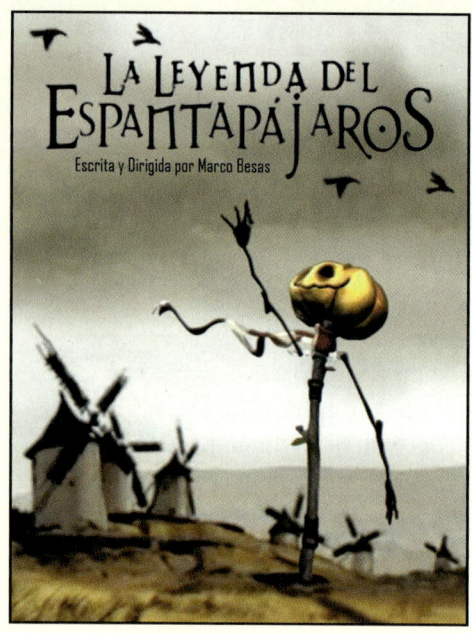

Completar

Completa cada oración con la palabra correcta de **Expresiones útiles**. Haz los cambios necesarios.

1. Me pongo una _____ cuando estoy enfermo.
2. Como dijo Shakespeare, el amor es _____.
3. En un incendio (*fire*), todo se _____ y sólo quedan las _____.
4. El trabajo de un espantapájaros es _____ a las aves.
5. El _____ es un pájaro muy hábil (*skillful*) para _____.

¿Son buenos o son malos?

En grupos pequeños, escojan una de estas ocupaciones y conversen sobre los puntos positivos y negativos de esa área de trabajo.

modelo
árbitro (*referee*)
Estudiante 1: Puede conocer a jugadores famosos.
Estudiante 2: Y es quien hace que las reglas del juego se obedezcan (*be obeyed*).
Estudiante 3: Sí, pero si hace algo mal, todos lo odian.

- agente funerario (*mortician*)
- dentista
- ingeniero/a nuclear
- leñador(a) (*logger*)
- oficial de seguridad en un aeropuerto
- policía de tránsito (*traffic*)
- político/a
- recaudador(a) de impuestos (*tax collector*)

Expresiones útiles

asustar	to scare
la bufanda	scarf
las cenizas	ashes
ciego/a	blind
el cuervo	crow
érase una vez	once upon a time
el espantapájaros	scarecrow
quemar	to burn
salvar	to save
solitario/a	lonely
volar	to fly

Para hablar del corto

la calabaza	pumpkin
el estereotipo	stereotype
incomprendido/a	misunderstood
la leyenda	legend
el luto	mourning
el molino	windmill
prejuzgar	to prejudge

campo de trigo *wheat field* **entretenerse** *to amuse itself* **inofensivo** *harmless* **amigable** *friendly* **inesperado** *unexpected*

Escenas: La leyenda del espantapájaros

NARRADOR Érase una vez un espantapájaros que no tenía amigos.

NARRADOR Cada vez que [los pájaros] pasaban, él los saludaba, pero ellos nunca le respondían.

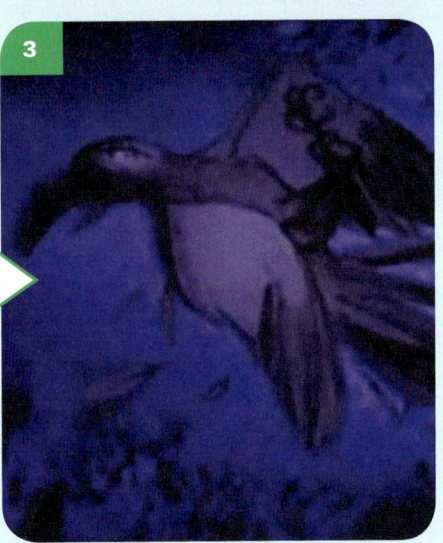

NARRADOR Una noche fría, cayó a sus pies un cuervo ciego.

NARRADOR El espantapájaros preguntó por qué los pájaros nunca querían hacerse amigos de los espantapájaros.

NARRADOR Y el cuervo explicó que el trabajo de los espantapájaros era asustar a los pobres pájaros que sólo querían comer.

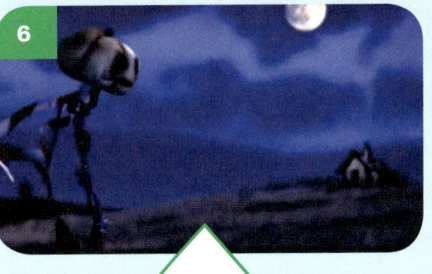

NARRADOR Esa misma noche decidió cambiar su vida.

Comprensión

Ordenar
Ordena las oraciones según (*as*) ocurrieron en el cortometraje.

_____ a. Los cuervos esparcieron (*scattered*) las cenizas del espantapájaros por toda la comarca (*region*).

_____ b. El amo (*owner*) se aterrorizó (*became terrified*) al ver que su espantapájaros hablaba.

_____ c. El cuervo ciego supo que lo había salvado un espantapájaros.

_____ d. El espantapájaros murió.

_____ e. Un cuervo ciego que tiritaba (*was shivering*) y moría de hambre cayó a los pies del espantapájaros.

_____ f. En memoria del espantapájaros, los cuervos decidieron vestirse de luto.

_____ g. Los vecinos quemaron el lugar donde estaba el espantapájaros.

_____ h. El amo pensó que si el espantapájaros podía hablar, era obra del diablo (*devil*).

_____ i. El espantapájaros quiso darle semillas (*seeds*) a un pájaro, pero éste no le hizo caso (*didn't pay attention to him*).

_____ j. Los cuervos quisieron salvar al espantapájaros.

_____ k. El espantapájaros se escondió (*hid*).

_____ l. El espantapájaros decidió que ya no quería trabajar asustando pájaros.

Preguntas
En parejas, respondan a estas preguntas con oraciones completas. Luego, compartan sus respuestas con la clase.

1. ¿Qué fue lo que siempre deseó el espantapájaros? ¿Por qué?
2. ¿Qué hizo el cuervo ciego al escuchar la confesión del espantapájaros? ¿Por qué?
3. Al final, ¿qué pensaron los cuervos del espantapájaros? ¿Qué cambió en su actitud (*attitude*)? ¿Por qué?
4. ¿Cómo se cumplió (*came true*) finalmente el eterno deseo (*wish*) del espantapájaros?
5. ¿Qué haces si una responsabilidad de tu trabajo va en contra de lo que tú eres, de tus principios (*principles*) o de tus deseos?
6. ¿Te has sentido víctima de los prejuicios de los demás? ¿Cómo manejas esas situaciones?
7. ¿Alguna vez has juzgado a alguien sin conocerlo/la y después descubriste que estabas equivocado/a?
8. ¿Qué haces cuando eres injusto/a con alguien? ¿Admites tu error o no le dices nada?

Un final diferente
En parejas, escriban un final diferente para la historia del espantapájaros. Luego, compártanlo con la clase.

Vocabulario útil			
acercarse (a)	*to approach*	la esperanza	*hope*
las alas	*wings*	el incendio	*fire*
el amanecer	*dawn*	llamar la atención	*to call atention*
apagar (el fuego)	*to put out (the fire)*	el monstruo	*monster*
la armonía	*harmony*	las plumas	*feathers*
disfrazarse	*to disguise oneself*	razonar	*to reason*
escapar(se)	*to escape*	transformarse (en)	*to turn (into)*

El mundo del trabajo

 Video

Viernes en la tarde, llega el esperado fin de semana... y si el lunes es día festivo°, ¡mejor aún!° En varios países hispanos, además de tener entre quince y treinta días de vacaciones pagadas, hay bastantes días festivos. Por ejemplo, Puerto Rico tiene veintiún feriados°, Colombia tiene dieciocho y Argentina, México y Chile tienen más de trece. Aunque parece que se trabaja menos, no siempre es el caso: las jornadas laborales° suelen ser más largas en Latinoamérica. Así que la gente aprovecha° los **puentes**° para descansar e incluso para hacer viajes cortos.

Vocabulario útil

el desarrollo	development
el horario	schedule
promover	to promote
las ventas	sales

Preparación

¿Trabajas? ¿Cuáles son tus metas (*goals*) profesionales?

Escoger

Escoge la opción correcta de cada par de afirmaciones.
1. a. Todos los ecuatorianos son muy felices en su trabajo.
   b. En Ecuador, como en todos los países del mundo, hay personas que aman su trabajo y hay otras que lo odian.
2. a. El objetivo principal de la agencia Klein Tours es mostrar al mundo las maravillas de Ecuador.
   b. La agencia de viajes Klein Tours quiere mostrar al mundo que tiene los empleados más fieles y profesionales de toda Latinoamérica.

El mundo del trabajo

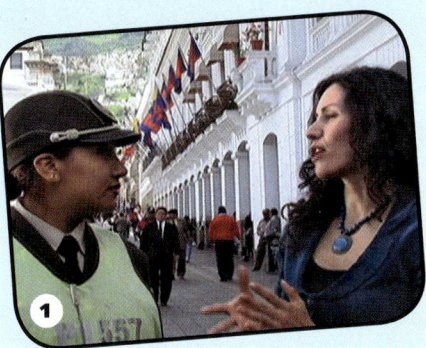

Gabriela, ¿qué es lo más difícil de ser una mujer policía?

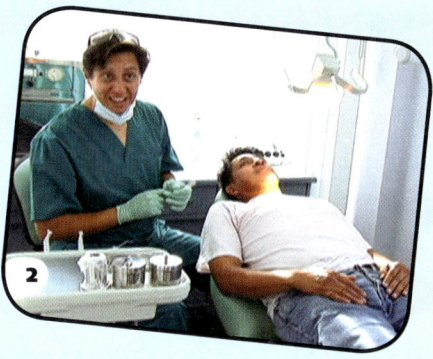

Amo mi trabajo. Imagínate, tengo la sonrisa del mundo entre mis manos.

Nuestra principal estrategia de ventas es promover nuestra naturaleza...

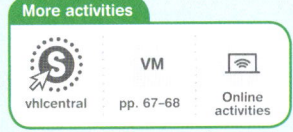

---

día festivo *holiday* ¡mejor aún! *even better!* feriados *holidays* jornadas laborales *working days* aprovecha *make the most of* puentes *long weekends*

16 panorama

Nicaragua

El país en cifras

▶ **Área:** 130.370 km² (50.336 millas²), *aproximadamente el área de Nueva York. Nicaragua es el país más grande de Centroamérica. Su terreno es muy variado e incluye bosques tropicales, montañas, sabanas° y marismas°, además de unos 40 volcanes.*

▶ **Población:** 6.026.000

▶ **Capital:** Managua—956.000
Managua está en una región de una notable inestabilidad geográfica, con muchos volcanes y terremotos°. En décadas recientes, los nicaragüenses han decidido que no vale la pena° construir rascacielos° porque no resisten los terremotos.

▶ **Ciudades principales:** León, Masaya, Granada

▶ **Moneda:** córdoba

▶ **Idiomas:** español (oficial); lenguas indígenas y criollas (oficiales); inglés

Bandera de Nicaragua

Nicaragüenses célebres

▶ **Rubén Darío,** poeta (1867–1916)
▶ **Violeta Barrios de Chamorro,** política y expresidenta (1929–)
▶ **Daniel Ortega,** político y presidente (1945–)
▶ **Gioconda Belli,** poeta (1948–)
▶ **Luis Enrique,** cantante y compositor (1962–)

sabanas *grasslands* marismas *marshes* terremotos *earthquakes*
no vale la pena *it's not worthwhile* rascacielos *skyscrapers*

ACTIVIDADES

1 **¿Cierto o falso?** Indica si lo que dicen las oraciones es **cierto** o **falso**.

1. Nicaragua es el país más grande de Centroamérica.
2. Gioconda Belli fue presidenta de Nicaragua.
3. En Nicaragua hay aproximadamente 40 volcanes.
4. Violeta Barrios de Chamorro y Daniel Ortega son políticos.
5. La moneda de Nicaragua es el dólar.
6. Las huellas de Acahualinca se dirigen hacia el lago de Managua.
7. Ernesto Cardenal es pintor y diseñador.
8. El lago de Nicaragua es el lago más grande de Latinoamérica.
9. Ometepe es la isla más grande del mundo en un lago de agua dulce.
10. Los chicheros son bandas musicales muy populares en Nicaragua.

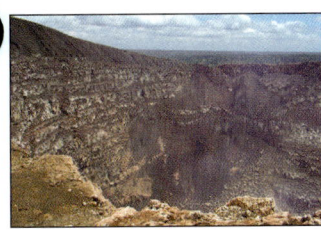

Historia • Las huellas° de Acahualinca

La región de Managua se caracteriza por tener un gran número de sitios prehistóricos. Las huellas de Acahualinca son uno de los restos° más famosos y antiguos°. Se formaron hace más de 6.000 años, a orillas° del lago de Managua. Las huellas, tanto de humanos como de animales, se dirigen° hacia una misma dirección, hacia el lago.

Artes • Ernesto Cardenal (1925–2020)

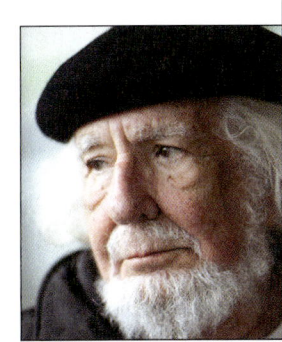

Ernesto Cardenal, poeta, escultor y sacerdote° católico, es uno de los escritores más famosos de Nicaragua, país conocido por sus grandes poetas. Escribió más de 35 libros y es considerado uno de los principales autores de Latinoamérica. Desde joven creyó en el poder de la poesía para mejorar la sociedad y trabajó por establecer la igualdad° y la justicia en su país. En los años 60, Cardenal estableció la comunidad artística del archipiélago de Solentiname en el lago de Nicaragua. Fue ministro de cultura del país desde 1979 hasta 1988 y participó en la fundación de Casa de los Tres Mundos, una organización creada para el intercambio cultural internacional.

Naturaleza • El lago de Nicaragua

El lago de Nicaragua, con un área de más de 8.000 km² (3.100 millas²), es el lago más grande de Centroamérica. Tiene más de 400 islas e islotes° de origen volcánico, entre ellas la isla Zapatera. Allí se han encontrado numerosos objetos de cerámica y estatuas prehispánicos. Se cree que la isla era un centro ceremonial indígena.

Música • Los chicheros

Los chicheros son bandas musicales que animan las fiestas populares en Nicaragua. Están conformadas principalmente por instrumentos de viento y percusión, como clarinetes, tubas, trombones, trompetas, platillos° y tambores°. Los chicheros deben su nombre a una parte del pago que recibían por sus servicios: la chicha, una bebida alcohólica a base de maíz fermentado en agua azucarada.

huellas *footprints* **restos** *remains* **antiguos** *ancient* **orillas** *shores* **se dirigen** *are headed* **sacerdote** *priest* **igualdad** *equality* **islotes** *islets* **platillos** *cymbals* **tambores** *drums*

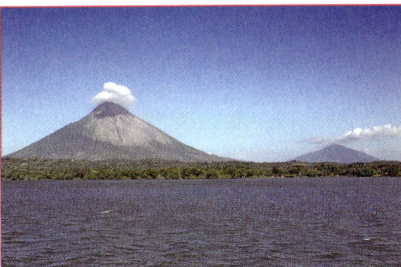

¡Increíble pero cierto!

Ometepe, que en náhuatl significa "dos montañas", es la isla más grande del mundo en un lago de agua dulce°. Surgió° en el lago de Nicaragua por la actividad de los volcanes Maderas y Concepción. Por su valor natural y arqueológico, fue nominada para las siete nuevas maravillas° del mundo en 2009.

agua dulce *fresh water* **Surgió** *Emerged* **maravillas** *wonders*

---

2 ¿Qué aprendiste? Contesta las preguntas.

1. ¿Por qué no hay muchos rascacielos en Managua?
2. Nombra dos poetas de Nicaragua.
3. ¿Qué significa Ometepe en náhuatl?
4. ¿Qué cree Ernesto Cardenal acerca de la poesía?

3 Vacaciones En parejas, imaginen que irán de vacaciones a Nicaragua y quieren tener todo preparado. Conversen sobre lo que harán en este país. Utilicen el tiempo futuro.

modelo
Estudiante 1: ¿Qué lugares visitaremos?
Estudiante 2: Visitaremos la isla Zapatera, después iremos a…

La República Dominicana

El país en cifras

- **Área:** 48.730 km² (18.815 millas²), *el área combinada de New Hampshire y Vermont*
- **Población:** 10.734.000

La isla La Española, llamada así tras° el primer viaje de Cristóbal Colón, estuvo bajo el completo dominio de la corona° española hasta 1697, cuando la parte oeste de la isla pasó a ser propiedad° francesa. Hoy día está dividida políticamente en dos países, la República Dominicana en la zona este y Haití en el oeste.

- **Capital:** Santo Domingo—2.945.000
- **Ciudades principales:** Santiago de los Caballeros, La Vega, Puerto Plata, San Pedro de Macorís
- **Moneda:** peso dominicano
- **Idiomas:** español (oficial), criollo haitiano

Bandera de la República Dominicana

Dominicanos célebres
- **Juan Pablo Duarte,** político y padre de la patria° (1813–1876)
- **Celeste Woss y Gil,** pintora (1891–1985)
- **Juan Luis Guerra,** compositor y cantante de merengue (1957–)
- **Pedro Martínez,** beisbolista (1971–)
- **Marcos Díaz,** nadador de ultradistancia (1975–)

tras *after* corona *crown* propiedad *property*
padre de la patria *founding father*

Músicos dominicanos

Catedral de Santa María la Menor

Cultivación de arroz

ACTIVIDADES

1 ¿Cierto o falso? Indica si lo que dicen las oraciones es **cierto** o **falso**.

1. La Española recibió este nombre después del primer viaje de Colón.
2. La moneda de la República Dominicana es el peso dominicano.
3. Celeste Woss y Gil fue una pintora dominicana.
4. La República Dominicana fue el primer país hispano que tuvo una liga de béisbol.
5. Marcos Díaz es un científico dominicano.
6. El merengue se transformó en un estilo urbano entre 1930 y 1960.
7. Juan Luis Guerra es un actor dominicano.
8. Se dice que una de las tumbas de Colón está en Santo Domingo.
9. Una de las principales actividades económicas de la República Dominicana es la minería.
10. En la República Dominicana se encuentra la mina de plata más grande de Latinoamérica.

El mundo del trabajo

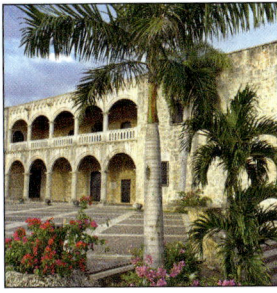

Ciudades • Santo Domingo
La zona colonial de Santo Domingo, ciudad fundada en 1496, posee° algunas de las construcciones más antiguas del hemisferio. Gracias a las restauraciones°, la arquitectura de la ciudad es famosa no sólo por su belleza sino también por el buen estado de sus edificios. Entre sus sitios más visitados se cuentan° la Calle de las Damas, llamada así porque allí paseaban las señoras de la corte del Virrey; el Alcázar de Colón, un palacio construido entre 1510 y 1514 por Diego Colón, hijo de Cristóbal; y la Fortaleza Ozama, la más vieja de las Américas, construida entre 1502 y 1508.

Deportes • El béisbol

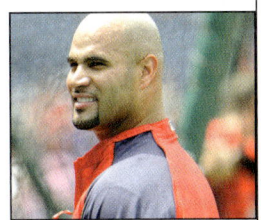

El béisbol es un deporte muy practicado en el Caribe. Los primeros países hispanos en tener una liga fueron Cuba y México, donde se empezó a jugar al béisbol en el siglo° XIX. Hoy día este deporte es una afición° nacional en la República Dominicana. Albert Pujols (foto, derecha), Carlos Gómez y David Ortiz son sólo tres de los muchísimos beisbolistas dominicanos que han alcanzado° enorme éxito e inmensa popularidad entre los aficionados.

Artes • El merengue
El merengue, un ritmo originario de la República Dominicana, tiene sus raíces° en el campo. Tradicionalmente, las canciones hablaban de los problemas sociales de los campesinos°. Sus instrumentos eran la guitarra, el acordeón, el guayano° y la tambora, un tambor° característico del lugar. Entre 1930 y 1960, el merengue se popularizó en las ciudades; adoptó un tono más urbano, en el que se incorporaron instrumentos como el saxofón y el bajo°, y empezaron a formarse grandes orquestas. Uno de los cantantes y compositores de merengue más famosos es Juan Luis Guerra.

Economía • El turismo y la minería

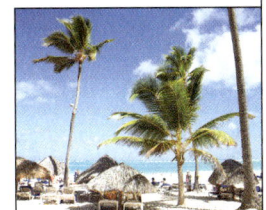

La economía dominicana es la de mayor crecimiento° en Latinoamérica. Una de sus principales actividades es el turismo. Éste representa aproximadamente el 8% del Producto Interno Bruto (PIB)° de la República Dominicana. Este país, además, tiene una importante riqueza minera: en República Dominicana se encuentra la mina de oro° más grande de Latinoamérica. También tiene reservas de plata°, níquel, mármol°, entre otros.

posee *possesses* restauraciones *restorations* se cuentan *are included* siglo *century* afición *pastime* han alcanzado *have reached* raíces *roots* campesinos *rural people* guayano *metal scraper* tambor *drum* bajo *bass* crecimiento *growth* Producto Interno Bruto (PIB) *Gross National Product (GNP)* oro *gold* plata *silver* mármol *marble*

¡Increíble pero cierto!

Los restos° de Cristóbal Colón pasaron por varias ciudades desde su muerte en el siglo XVI hasta el siglo XIX. Por esto, se conocen dos tumbas° de este navegante°: una en la Catedral de Sevilla, España y otra en el Museo Faro a Colón en Santo Domingo, que reemplazó° la tumba inicial en la catedral de la capital dominicana.

restos *remains* tumbas *graves* navegante *sailor* reemplazó *replaced*

---

2 ¿Qué aprendiste? Contesta las preguntas.
1. ¿Cuándo se fundó la ciudad de Santo Domingo?
2. ¿Qué es el Alcázar de Colón?
3. ¿De qué hablaban las canciones de merengue tradicionales?
4. ¿Qué instrumentos se utilizaban para tocar (*play*) el merengue?
5. ¿Qué cantante ha ayudado a internacionalizar el merengue?

3 Planear En parejas, imaginen que el próximo año pasarán unos meses de intercambio en la República Dominicana. Hablen sobre lo que habrán hecho al final de ese viaje.

modelo
El próximo año habré visitado las construcciones más antiguas de Santo Domingo.

vocabulario

Las ocupaciones

el/la abogado/a	lawyer
el actor, la actriz	actor
el/la arqueólogo/a	archeologist
el/la arquitecto/a	architect
el/la bombero/a	firefighter
el/la carpintero/a	carpenter
el/la científico/a	scientist
el/la cocinero/a	cook; chef
el/la consejero/a	counselor; advisor
el/la contador(a)	accountant
el/la corredor(a) de bolsa	stockbroker
el/la diseñador(a)	designer
el/la electricista	electrician
el hombre/la mujer de negocios	businessperson
el/la maestro/a	teacher
el/la peluquero/a	hairdresser
el/la pintor(a)	painter
el/la político/a	politician
el/la psicólogo/a	psychologist
el/la reportero/a	reporter
el/la secretario/a	secretary
el/la técnico/a	technician

El mundo del trabajo

el ascenso	promotion
el aumento de sueldo	raise
la carrera	career
la compañía, la empresa	company; firm
el empleo	job; employment
el/la gerente	manager
el/la jefe/a	boss
los negocios	business; commerce
la ocupación	occupation
el oficio	trade
la profesión	profession
la reunión	meeting
el teletrabajo	telecommuting
el trabajo	job; work
la videoconferencia	videoconference
dejar	to quit; to leave behind
despedir (e:i)	to fire
invertir (e:ie)	to invest
renunciar (a)	to resign (from)
tener éxito	to be successful
comercial	commercial; business-related

La entrevista

el anuncio	advertisement
el/la aspirante	candidate; applicant
los beneficios	benefits
el currículum	résumé
la entrevista	interview
el/la entrevistador(a)	interviewer
el puesto	position; job
el salario, el sueldo	salary
la solicitud (de trabajo)	(job) application
contratar	to hire
entrevistar	to interview
ganar	to earn
obtener	to obtain; to get
solicitar	to apply (for a job)

Palabras adicionales

dentro de (diez años)	within (ten years)
próximo/a	next

Expresiones útiles	See page 547.

Un festival de arte 17

Communicative Goals

You will learn how to:
- Talk about and discuss the arts
- Express what you would like to do
- Express hesitation

A PRIMERA VISTA
- ¿Estará trabajando la mujer de la foto?
- ¿Es cantante o consejera?
- ¿Graba música?
- ¿Usa maquillaje?

contextos
pages 578–581
- The arts
- Movies
- Television

fotonovela
pages 582–585

Jimena and Juan Carlos have their first date, and Felipe tries to accept the new romance. Meanwhile, Miguel has a surprise planned for Maru.

cultura
pages 586–587
- Museo de Arte Contemporáneo de Caracas
- Fernando Botero

estructura
pages 588–599
- The conditional
- The conditional perfect
- The past perfect subjunctive
- **Recapitulación**

adelante
pages 600–609

Lectura: A short story
Escritura: Your favorite famous people
Escuchar: A movie review
En pantalla: A short film
Flash cultura: A video about art museums in Madrid
Panorama: El Salvador y Honduras

17 contextos

Un festival de arte

Más vocabulario

el/la compositor(a)	composer
el/la director(a)	director; (musical) conductor
el/la dramaturgo/a	playwright
el/la escritor(a)	writer
el personaje (principal)	(main) character
las bellas artes	(fine) arts
el boleto	ticket
la canción	song
la comedia	comedy; play
el cuento	short story
la cultura	culture
el drama	drama; play
el espectáculo	show
el festival	festival
la historia	history; story
la obra	work (of art, music, etc.)
la obra maestra	masterpiece
la ópera	opera
la orquesta	orchestra
aburrirse	to get bored
dirigir	to direct
presentar	to present; to put on (a performance)
publicar	to publish
artístico/a	artistic
clásico/a	classical
dramático/a	dramatic
extranjero/a	foreign
folclórico/a	folk
moderno/a	modern
musical	musical
romántico/a	romantic
talentoso/a	talented

Variación léxica

banda ↔ grupo musical (*Esp.*)
boleto ↔ entrada (*Esp.*)

Hotspots

La danza — la bailarina, el bailarín, Aplaude. (aplaudir)

Aprecia. (apreciar)

La pintura — Pinta. (pintar)

el poema

La poesía — el poeta

La música — La banda da un concierto. (dar); El músico toca un instrumento. (tocar); la cantante; el baile

More activities

vhlcentral | LM p. 97 | WB pp. 191–192 | Online activities

quinientos setenta y nueve **579**

Práctica

1 Artes Escribe el número de cada oración que vas a escuchar debajo del arte correspondiente.

teatro	artesanía	poesía

música	danza

2 Conversación Completa las oraciones sobre la conversación que vas a escuchar.

1. Diego y Silvia están en un _____.
2. La _____ que Diego vio es *Romeo y Julieta*.
3. Silvia prefiere las _____ y los musicales.
4. Lo que más le gusta a Silvia es la _____.
5. Cuando era pequeña, Silvia quería ser _____.
6. Diego quiere ir al recital de _____.

3 ¿Cierto o falso? Indica si lo que dice cada oración es **cierto** o **falso**.

		Cierto	Falso
1.	Las bellas artes incluyen la pintura, la escultura, la música, el baile y el drama.	○	○
2.	Un boleto es un tipo de instrumento musical que se usa mucho en las óperas.	○	○
3.	Un cuento es una narración corta que puede ser oral o escrita.	○	○
4.	El tejido es un tipo de música.	○	○
5.	Un compositor es el personaje principal de una obra de teatro.	○	○
6.	Publicar es la acción de hablar en público a grandes grupos.	○	○
7.	Una obra maestra es el mejor trabajo de un artista.	○	○
8.	Un músico es una persona que toca un instrumento.	○	○

4 Artistas Indica la profesión de cada uno de estos artistas.

1. Frida Kahlo
2. Javier Bardem
3. Shakira
4. Octavio Paz
5. William Shakespeare
6. Miguel de Cervantes
7. Fernando Botero
8. Toni Morrison
9. Gustavo Dudamel
10. Fred Astaire

5 Los favoritos
En parejas, túrnense para preguntarse cuál es su película o programa favorito de cada categoría.

modelo
película musical
Mi película musical favorita es *La La Land*.

1. película de ciencia ficción _____
2. programa de entrevistas _____
3. telenovela _____
4. película de horror _____
5. película de acción _____
6. concurso _____
7. programa de realidad _____
8. película de aventuras _____
9. documental _____
10. programa de dibujos animados _____

El cine y la televisión

el canal	channel
el concurso	game show; contest
los dibujos animados	cartoons
el documental	documentary
la estrella (m., f.) de cine	movie star
el premio	prize; award
el programa de entrevistas/realidad	talk/reality show
la telenovela	soap opera
…de acción	action
…de aventuras	adventure
…de ciencia ficción	science fiction
…de horror	horror
…de vaqueros	western

6 Completar
Completa las frases con las palabras adecuadas.

aburrirse	canal	estrella	musical
aplauden	de vaqueros	extranjera	romántica
artística	director	folclórica	talentosa

1. Una persona que puede hacer algo muy bien es una persona…
2. Si las personas que asisten a un espectáculo lo aprecian, ellos…
3. Una película que fue hecha en otro país es una película…
4. Si la acción tiene lugar en el oeste de los EE.UU. durante el siglo XIX, probablemente es una película…
5. Una persona que pinta, esculpe y/o hace artesanía es una persona…
6. La música que refleja la cultura de una región o de un país es música…
7. Una película que trata del amor y de las emociones es una película…
8. Una obra en la cual los actores presentan la historia por medio de (*by means of*) canciones y bailes es un drama…
9. Cuando una película no tiene una buena historia, el público empieza a…
10. Si quieres ver otro programa de televisión, es necesario que cambies de…

¡ATENCIÓN!
Apreciar means *to appreciate* only in the sense of evaluating what something is worth. Use **agradecer** to express the idea *to be thankful for*.

Ella **aprecia** la buena música.
She appreciates good music.

Le **agradezco** mucho su ayuda.
I thank you for your help.

7 Contestar
En parejas, contesten las preguntas.

1. ¿Cómo se llama a la persona que canta en una banda?
2. ¿Cuál es el opuesto de comedia?
3. ¿Cómo se llama al grupo de personas que asisten a un espectáculo?
4. ¿Qué tipo de programa es *Los Simpson*?
5. ¿Cuál es el femenino de **bailarín**?
6. ¿Cómo se llama al hombre que hace estatuas?
7. ¿Qué se le da a la persona que gana un concurso?
8. ¿Cómo se llama a la mujer que dirige una película?

¡LENGUA VIVA!
Remember that, in Spanish, last names do not have a plural form, although **los** may be used with a family name.

Los Simpson
The Simpsons

Comunicación

8 Crucigrama Su profesor(a) les va a dar un crucigrama (*crossword puzzle*) incompleto. Tú tienes las palabras que necesita tu compañero/a y él/ella tiene las palabras que tú necesitas. Sin revelar las palabras, utilicen pistas (*clues*) que les permitan adivinar las respuestas.

> **modelo**
> **1 horizontal:** Fiesta popular que generalmente tiene lugar en las calles de las ciudades.
> **2 vertical:** Novelas que puedes ver en la televisión.

9 Preguntas Contesta estas preguntas sobre el arte en tu vida. Comparte tus respuestas con un(a) compañero/a de clase.

La música

1. ¿Qué tipo de música prefieres? ¿Por qué?
2. ¿Tocas un instrumento? ¿Cuál?
3. ¿Hay algún instrumento que quisieras aprender a tocar?

El cine

4. ¿Con qué frecuencia vas al cine?
5. ¿Qué tipos de películas prefieres?

Las bellas artes

6. ¿Qué haces que se puede considerar artístico? ¿Pintas, dibujas, esculpes, haces artesanías, actúas en dramas, tocas un instrumento, cantas o escribes poemas?
7. ¿Con qué frecuencia vas a un museo de arte o asistes a conciertos, al teatro o a lecturas públicas de poesía?
8. ¿Es el arte una parte importante de tu vida? ¿Por qué?

10 Programa Trabajen en grupos pequeños para crear un programa de televisión o un corto (*short film*) para el canal de televisión de la universidad.

AYUDA
el género *genre*
el propósito *purpose*

▶▶ Primero decidan el género y el propósito del programa o del corto. Cada grupo debe escoger un género distinto. Algunos de los géneros posibles: documental, concurso, programa de realidad, película de acción.

▶ Después, escriban el programa o el corto y preséntenlo a la clase.

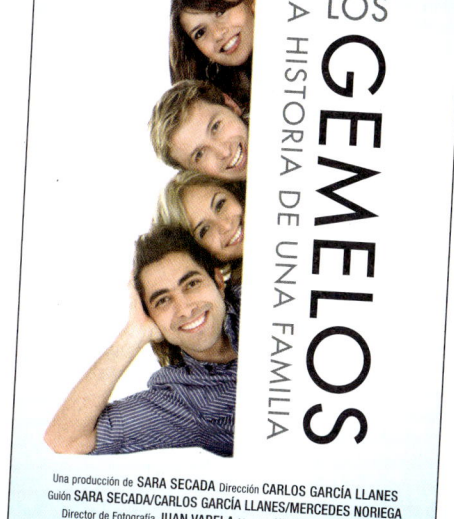

17 fotonovela

Una sorpresa para Maru

Miguel y Maru hacen una visita muy especial al Museo de Arte Popular. Por otra parte, Jimena y Juan Carlos hablan sobre arte.

PERSONAJES JUAN CARLOS JIMENA

 Video

JUAN CARLOS Cuando era niño, iba con frecuencia a espectáculos culturales con mi mamá. A ella le gustan el teatro, los conciertos, la poesía y especialmente la danza.

JIMENA Mi mamá hubiera querido que tocara algún instrumento. Pero la verdad es que no tengo nada de talento musical, y Felipe tampoco.

JIMENA Aunque no tengamos talento artístico, mi mamá nos enseñó a apreciar la música.

JUAN CARLOS Creo que tu mamá y la mía se llevarían bien. Tal vez algún día lleguen a conocerse.

(*Mientras tanto, en el Museo de Arte Popular*)

MARU Siempre había querido venir aquí. Me encantan las artesanías de cerámica y sus tejidos. El arte folclórico nos cuenta la historia de su gente y su país.

MARU ¿Todo bien, Miguel? ¿Qué tienes allí?

MIGUEL ¿Podría pedirte algo?

MARU Claro.

MIGUEL María Eugenia Castaño Ricaurte, ¿me harías el honor de casarte conmigo?

MIGUEL   **MARU**   **FELIPE**

(*Juan Carlos y Jimena hablan de los espectáculos que les gustan.*)

JUAN CARLOS ¿Qué clase de espectáculos te gustan?

JIMENA Me gusta la música en vivo y el teatro. Además, me encantan las películas.

JIMENA ¿Cuáles son tus películas favoritas?

JUAN CARLOS Las de ciencia ficción y las de terror.

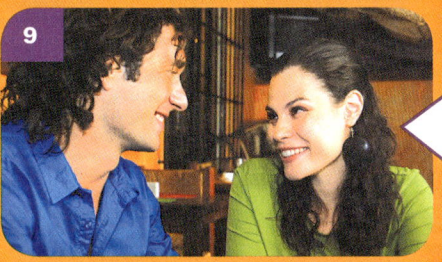

JUAN CARLOS ¿Te gustan las películas de acción?

JIMENA Sí, me fascinan, y también los documentales.

JUAN CARLOS Bueno, podríamos ir a verlos juntos.

(*Y... en el museo*)

MARU Sí. ¡Sí acepto casarme contigo! Qué anillo tan hermoso.

Expresiones útiles

Talking about the arts

Mi mamá hubiera querido que tocara algún instrumento.
My mother would have wanted me to play some instrument.

Pero la verdad es que no tengo nada de talento musical.
But the truth is I don't have any musical talent.

Me encantan las artesanías de cerámica y los tejidos.
I love ceramic crafts and weavings.

El arte folclórico nos cuenta la historia de su gente y su país.
Folkloric art tells us the history of its people and its country.

Getting engaged

¿Podría pedirte algo?
Could I ask you for something?

¿Me harías el honor de casarte conmigo?
Would you do me the honor of marrying me?

Sí. ¡Sí acepto casarme contigo!
Yes. Yes, I'll marry you!

Qué anillo tan hermoso.
What a beautiful ring.

Additional vocabulary

(No) Estoy de acuerdo.
I (dis)agree.

¿Qué pasó?

1

Seleccionar Selecciona la respuesta correcta.

1. Cuando era niño, Juan Carlos iba a los _____ culturales.
   a. premios   b. espectáculos   c. boletos
2. Jimena dice que no tiene talento _____.
   a. musical   b. moderno   c. folclórico
3. A Maru le encanta ver las _____ en cerámica y los tejidos.
   a. bailarinas   b. artesanías   c. bellas artes
4. A Jimena le gusta escuchar música en vivo e ir al _____.
   a. cine   b. festival   c. teatro
5. A Juan Carlos le gustan las películas de _____.
   a. acción y de vaqueros   b. aventuras y de drama   c. ciencia ficción y de terror

2

Identificar Identifica quién dice estas oraciones.

1. Cuando era niño, iba con frecuencia a espectáculos culturales con mi mamá.
2. El arte folclórico nos cuenta la historia de su gente y su país.
3. Aunque no tengamos talento musical, mi mamá nos enseñó a apreciar la música.
4. Creo que tu mamá y la mía se llevarían bien.
5. Mi mamá hubiera querido que tocara algún instrumento.
6. Mi abuela no me daría el anillo, a menos que hubiera pedido permiso a tus padres primero.

MARU

JIMENA

MIGUEL

JUAN CARLOS

3

Correspondencias ¿A qué eventos culturales asistirán juntos Jimena y Juan Carlos?

> una exposición de cerámica precolombina   un concierto   una ópera
> una exposición de pintura española   una telenovela   una tragedia

1. Escucharán música clásica y conocerán a un director muy famoso.
2. El público aplaudirá mucho a la señora que es soprano.
3. Como a Marissa le gusta la historia, la llevarán a ver esto.
4. Como a Miguel le gustaría ver arte, entonces irán con él.

4

El fin de semana Vas a asistir a dos eventos culturales el próximo fin de semana con un(a) compañero/a de clase. Comenten entre ustedes por qué les gustan o les disgustan algunas de las actividades que van sugiriendo. Escojan al final dos actividades que puedan realizar juntos/as.

▶ ¿Qué te gustaría ver/hacer este fin de semana?
▶ ¿Te gustaría asistir a…?
▶ ¡Me encanta(n)… !
▶ Odio…, ¿qué tal si…?

Ortografía
Las trampas ortográficas

 Tutorial

Some of the most common spelling mistakes in Spanish occur when two or more words have very similar spellings. This section reviews some of those words.

compro   **compró**   **hablo**   **habló**

There is no accent mark in the **yo** form of **-ar** verbs in the present tense. There is, however, an accent mark in the **Ud./él/ella** form of **-ar** verbs in the preterite.

este (adjective)   **éste** (pronoun)   **esté** (verb)

The demonstrative adjectives **esta** and **este** do not have an accent mark. The demonstrative pronouns **ésta** and **éste** have an accent mark on the first syllable. The verb forms **está** (*present indicative*) and **esté** (*present subjunctive*) have an accent mark on the last syllable.

jo-ven   **jó-ve-nes**   **bai-la-rín**   **bai-la-ri-na**

The location of the stressed syllable in a word determines whether or not a written accent mark is needed. When a plural or feminine form has more syllables than the singular or masculine form, an accent mark must sometimes be added or deleted to maintain the correct stress.

No me gusta la ópera, sino el teatro.
No quiero ir al festival si no vienes conmigo.

The conjunction **sino** (*but rather*) should not be confused with **si no** (*if not*). Note also the difference between **mediodía** (*noon*) and **medio día** (*half a day*) and between **por qué** (*why*) and **porque** (*because*).

Práctica Completa las oraciones con las palabras adecuadas para cada ocasión.

1. Javier me explicó que _____ lo invitabas, él no iba a venir. (sino/si no)
2. Me gustan mucho las _____ folclóricas. (canciones/canciónes)
3. Marina _____ su espectáculo en El Salvador. (presento/presentó)
4. Yo prefiero _____. (éste/esté)

Palabras desordenadas Ordena las letras para descubrir las palabras correctas. Después, ordena las letras indicadas para descubrir la respuesta a la pregunta.

¿Adónde va Manuel?

y u n a s e d ó
q u e r o p
z o g a d e l a
á s e t
h a i t e s a b o n c i

Manuel va __ __ __ __ __ __ __ __ __.[1]

[1] *Manuel va al teatro.*
Respuestas: desayunó, porque, adelgazo, está, habitaciones

cultura

EN DETALLE

Museo de Arte Contemporáneo de Caracas

Una visita al Museo de Arte Contemporáneo de Caracas (MACC) es una experiencia única. Su colección permanente incluye unas 3.000 obras de artistas de todo el mundo. Además, el museo organiza exposiciones temporales° de escultura, dibujo, pintura, fotografía, cine y video. En sus salas se pueden admirar obras de artistas como Matisse, Miró, Picasso, Chagall, Tàpies y Botero.

Exposición Cuerpo plural, MACC

La lección de esquí, de Joan Miró

En 2004 el museo tuvo que cerrar a causa de un incendio°. Entonces, su valiosa° colección fue trasladada al Museo de Bellas Artes, también en Caracas. Además se realizaron exposiciones en otros lugares, incluso al aire libre, en parques y bulevares.

Cuando el MACC reabrió° sus puertas, un año después, lo hizo con nuevos conceptos e ideas. Se dio más atención a las cerámicas y fotografías de la colección. También se creó una sala multimedia dedicada a las últimas tendencias° como video-arte y *performance*.

El MACC es un importante centro cultural. Además de las salas de exposición, cuenta con° un jardín de esculturas, un auditorio y una biblioteca especializada en arte. También organiza talleres° y recibe a grupos escolares. Un viaje a Caracas no puede estar completo sin una visita a este maravilloso museo.

Otros museos importantes

Museo del Jade (San José, Costa Rica): Tiene la colección de piezas de jade más grande del mundo. La colección tiene un gran valor° y una gran importancia histórica. Incluye muchas joyas° precolombinas.

Museo de Instrumentos Musicales (La Paz, Bolivia): Muestra más de 2.500 instrumentos musicales bolivianos y de otras partes del mundo. Tiene un taller de construcción de instrumentos musicales.

Museo Nacional de Culturas Populares (Ciudad de México, México): El museo investiga y difunde° las diferentes manifestaciones culturales de México, realiza exposiciones y organiza seminarios, cursos y talleres.

Museo del Cine Pablo Ducrós Hicken (Buenos Aires, Argentina): Dedicado a la historia del cine argentino, expone películas, libros, revistas, guiones°, carteles, fotografías, cámaras y proyectores antiguos.

exposiciones temporales *temporary exhibitions* incendio *fire*
valiosa *valuable* reabrió *reopened* tendencias *trends*
cuenta con *it has* talleres *workshops* valor *value* joyas *jewelry*
difunde *spreads* guiones *scripts*

ACTIVIDADES

1 ¿**Cierto o falso?** Indica si lo que dice cada oración es **cierto** o **falso**. Corrige la información falsa.

1. La colección permanente del MACC tiene sólo obras de artistas venezolanos.
2. Durante el tiempo que el museo cerró a causa de un incendio, se realizaron exposiciones al aire libre.
3. Cuando el museo reabrió, se dio más atención a la pintura.
4. En el jardín del museo también pueden admirarse obras de arte.
5. La importancia del Museo del Jade se debe a las joyas europeas que se exponen en él.
6. En el Museo de Instrumentos Musicales de La Paz también se hacen instrumentos musicales.
7. En Buenos Aires hay un museo dedicado a la historia del cine de Hollywood.

ASÍ SE DICE
Arte y espectáculos

las caricaturas (Col., El Salv., Méx.); los dibujitos (Arg.); los muñequitos (Cuba)	los dibujos animados
el coro	choir
el escenario	stage
el estreno	debut, premiere
el/la guionista	scriptwriter

EL MUNDO HISPANO
Artistas hispanos

- **Myrna Báez** (Santurce, Puerto Rico, 1931–Hato Rey, Puerto Rico, 2018) Innovó las técnicas de la pintura y el grabado° en Latinoamérica. En 2001, el Museo de Arte de Puerto Rico le rindió homenaje° a sus cuarenta años de carrera artística.

- **Joaquín Cortés** (Córdoba, España, 1969) Bailarín y coreógrafo. En sus espectáculos une° sus raíces gitanas° a influencias musicales de todo el mundo.

- **Tania León** (La Habana, Cuba, 1943) Compositora y directora de orquesta. Ha sido cofundadora° y directora musical del *Dance Theater of Harlem*, y ha compuesto numerosas obras.

- **Rafael Murillo Selva** (Tegucigalpa, Honduras, 1934) Dramaturgo. En su obra refleja preocupaciones sociales y la cultura hondureña.

grabado *engraving* rindió homenaje *paid homage* une *combines* raíces gitanas *gypsy roots* cofundadora *co-founder*

PERFIL
Fernando Botero: un estilo único

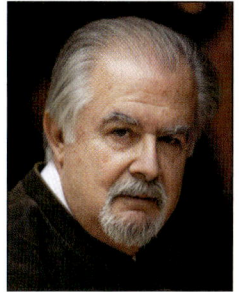

El dibujante°, pintor y escultor **Fernando Botero** es un colombiano de fama internacional. Ha expuesto sus obras en galerías y museos de las Américas, Europa y Asia.

La pintura siempre ha sido su pasión. Su estilo se caracteriza por un cierto aire ingenuo° y unas proporciones exageradas. Mucha gente dice que Botero "pinta gordos", pero esto no es correcto. En su obra no sólo las personas son exageradas; los animales y los objetos también. Botero dice que empezó a pintar personas y cosas voluminosas por intuición. Luego, estudiando la pintura de los maestros italianos, se reafirmó su interés por el volumen y comenzó a usarlo conscientemente° en sus pinturas y esculturas, muchas de las cuales se exhiben en ciudades de todo el mundo. Botero es un trabajador incansable° y es que, para él, lo más divertido del mundo es pintar y crear.

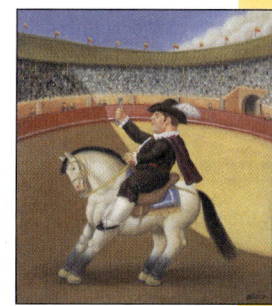

Alguacil, de Fernando Botero

dibujante *drawer* ingenuo *naive* conscientemente *consciously* incansable *tireless*

CON RITMO HISPANO
Voces Universitarias de Honduras (1966–)
Lugar de origen: Tegucigalpa, Honduras

Esta agrupación cuenta la historia de Honduras a través de canciones folclóricas. Ha tenido más de doscientos integrantes.

Go to **vhlcentral.com** to find out more about **Voces Universitarias de Honduras**.

ACTIVIDADES

2 Comprensión Contesta las preguntas.
1. ¿Cómo se dice en español "*The scriptwriter is on stage*"?
2. ¿Cuál fue la contribución de Myrna Báez al arte latinoamericano?
3. ¿En qué actividades artísticas trabaja Tania León?
4. ¿Qué tipo de obras realiza Fernando Botero?
5. ¿Cuáles son dos características del estilo de Botero?

3 Sus artistas favoritos En grupos pequeños, hablen sobre sus artistas favoritos (de cualquier disciplina artística). Hablen de la obra que más les gusta de estos artistas y expliquen por qué.

17 estructura

17.1 The conditional Tutorial

ANTE TODO The conditional tense in Spanish expresses what you *would do* or what *would happen* under certain circumstances.

The conditional tense

		visitar	comer	aplaudir
SINGULAR FORMS	yo	visitar**ía**	comer**ía**	aplaudir**ía**
	tú	visitar**ías**	comer**ías**	aplaudir**ías**
	Ud./él/ella	visitar**ía**	comer**ía**	aplaudir**ía**
PLURAL FORMS	nosotros/as	visitar**íamos**	comer**íamos**	aplaudir**íamos**
	vosotros/as	visitar**íais**	comer**íais**	aplaudir**íais**
	Uds./ellos/ellas	visitar**ían**	comer**ían**	aplaudir**ían**

Creo que tu mamá y la mía se llevarían bien.

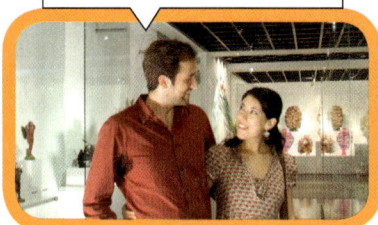

Pensé que te gustaría el Museo de Arte Popular.

▸ The conditional tense is formed much like the future tense. The endings are the same for all verbs, both regular and irregular. For regular verbs, you simply add the appropriate endings to the infinitive. **¡Atención!** All forms of the conditional have an accent mark.

▸ For irregular verbs, add the conditional endings to the irregular stems.

INFINITIVE	STEM	CONDITIONAL	INFINITIVE	STEM	CONDITIONAL
decir	dir-	dir**ía**	querer	querr-	querr**ía**
hacer	har-	har**ía**	saber	sabr-	sabr**ía**
poder	podr-	podr**ía**	salir	saldr-	saldr**ía**
poner	pondr-	pondr**ía**	tener	tendr-	tendr**ía**
haber	habr-	habr**ía**	venir	vendr-	vendr**ía**

▸ While in English the conditional is a compound verb form made up of the auxiliary verb *would* and a main verb, in Spanish it is a simple verb form that consists of one word.

Yo no me **pondría** ese vestido.
I would not put on that dress.

¿**Vivirían** ustedes en otro país?
Would you live in another country?

¡ATENCIÓN!
The polite expressions **Me gustaría...** (*I would like...*) and **Te gustaría...** (*You would like...*) are other examples of the conditional.

AYUDA
The infinitive of **hay** is **haber**, so its conditional form is **habría**.

▶ The conditional is commonly used to make polite requests.

¿Podrías abrir la ventana, por favor?
Would you open the window, please?

¿Sería tan amable de venir a mi oficina?
Would you be so kind as to come to my office?

▶ In Spanish, as in English, the conditional expresses the future in relation to a past action or state of being. In other words, the future indicates what *will happen* whereas the conditional indicates what *would happen*.

Creo que mañana **hará** sol.
I think it will be sunny tomorrow.

Creía que hoy **haría** sol.
I thought it would be sunny today.

▶ The English *would* is often used with a verb to express the conditional, but it can also mean *used to*, in the sense of past habitual action. To express past habitual actions, Spanish uses the imperfect, not the conditional.

Íbamos al parque los sábados.
We would go to the park on Saturdays.

De adolescentes, **comíamos** mucho.
As teenagers, we used to eat a lot.

> **AYUDA**
> Keep in mind the two parallel combinations shown in the example sentences:
> 1) present tense in main clause → future tense in subordinate clause
> 2) past tense in main clause → conditional tense in subordinate clause

Sin ti, no sé qué haría.
Sólo tú sabes ordenar mi vida.

COMPARE & CONTRAST

In **Lección 16**, you learned the *future of probability*. Spanish also has the *conditional of probability*, which expresses conjecture or probability about a past condition, event, or action. Compare these Spanish and English sentences.

Serían las once de la noche cuando Elvira me llamó.
It must have been (It was probably) 11 p.m. when Elvira called me.

Sonó el teléfono. ¿**Llamaría** Emilio para cancelar nuestra cita?
The phone rang. I wondered if it was Emilio calling to cancel our date.

Note that English conveys conjecture or probability with phrases such as *I wondered if*, *probably*, and *must have been*. In contrast, Spanish gets these same ideas across with conditional forms.

¡INTÉNTALO! Indica la forma apropiada del condicional de los verbos.

1. Yo _escucharía, leería, esculpiría_ (escuchar, leer, esculpir)
2. Tú _____ (apreciar, comprender, compartir)
3. Ustedes _____ (presentar, deber, aplaudir)
4. Marcos _____ (poner, venir, querer)
5. Nosotras _____ (ser, saber, ir)
6. Ella _____ (salir, poder, hacer)
7. Yo _____ (tener, tocar, aburrirse)
8. Tú _____ (decir, ver, publicar)

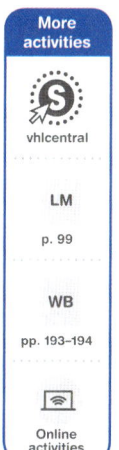

Práctica

1 **De viaje** A un grupo de artistas le gustaría hacer un viaje a Honduras. Completa sus oraciones con el condicional de los verbos.

1. Me _____ (gustar) llevar algunos libros de poesía de Leticia de Oyuela.
2. Ana _____ (querer) ir primero a Copán para conocer las ruinas mayas.
3. Yo _____ (decir) que fuéramos a Tegucigalpa primero.
4. Nosotras _____ (preferir) ver una obra del Grupo Dramático de Tegucigalpa. Luego _____ (poder) tomarnos un café.
5. Y nosotros _____ (ver) los cuadros del pintor José Antonio Velásquez. Y tú, Luisa, ¿qué _____ (hacer)?
6. Yo _____ (tener) interés en ver o comprar cerámica de José Arturo Machado. Y a ti, Carlos, ¿te _____ (interesar) ver la arquitectura colonial?

NOTA CULTURAL

Leticia de Oyuela (1935–2008) fue una escritora hondureña. En sus obras, Oyuela combinaba la historia con la ficción y, a través de sus personajes, cuestionaba y desafiaba (*used to challenge*) las normas sociales.

2 **¿Qué harías?** En parejas, pregúntense qué harían en estas situaciones.

> Estás en un concierto de tu banda favorita y la persona que está sentada delante no te deja ver.

> Un amigo actor te invita a ver una película que acaba de hacer, y no te gusta nada cómo hace su papel.

> Estás invitado/a a los Premios Ariel. Es posible que te vayan a dar un premio, pero ese día estás muy enfermo/a.

> Te invitan, pagándote mucho dinero, a un programa de televisión para hablar de tu vida privada y pelearte (*to fight*) con tu novio/a durante el programa.

NOTA CULTURAL

Los Premios Ariel de México son el equivalente a los Premios Oscar en los Estados Unidos. Cada año los entrega la Academia Mexicana de Ciencias y Artes Cinematográficas. Algunas películas que han ganado un premio Ariel son *Amores perros* y *El laberinto del fauno*.

3 **Sugerencias** Matilde busca trabajo. Dile ocho cosas que tú harías si fueras ella. Usa el condicional. Luego compara tus sugerencias con las de un(a) compañero/a.

modelo
Si yo fuera tú, buscaría trabajo en la red.

AYUDA

Here are two ways of saying *If I were you*:
Si yo fuera tú…
Yo en tu lugar…

Comunicación

4 Conversaciones Tu profesor(a) te dará una hoja de actividades. En ella se presentan dos listas con diferentes problemas que supuestamente tienen los estudiantes. En parejas, túrnense para explicar los problemas de su lista; uno/a cuenta lo que le pasa y el/la otro/a dice lo que haría en esa situación usando la frase "Yo en tu lugar...".

> **modelo**
>
> **Estudiante 1:** ¡Qué problema! Mi novio no me habla desde el domingo.
> **Estudiante 2:** Yo en tu lugar, no le diría nada por unos días para ver qué pasa.

5 Luces, cámara y acción En parejas, elijan una película que les guste y después hablen sobre las cosas que harían de forma diferente si pudieran ser los directores de una secuela (*sequel*) de dicha película.

Yo no contrataría a Ben Affleck para el papel de Batman.

Además, haría una película más corta.

El personaje de Lex Luthor no aparecería en mi película.

Mi película tendría un final feliz.

Síntesis

6 Encuesta Tu profesor(a) te dará una hoja de actividades. Circula por la clase y pregúntales a tres compañeros/as qué actividad(es) de las que se describen les gustaría realizar. Usa el condicional de los verbos. Anota las respuestas e informa a la clase los resultados de la encuesta.

> **modelo**
>
> **Estudiante 1:** ¿Harías el papel de un loco en una obra de teatro?
> **Estudiante 2:** Sí, lo haría. Sería un papel muy interesante.

17.2 The conditional perfect

ANTE TODO Like other compound tenses you have learned—the present perfect, the past perfect, and the future perfect—the conditional perfect (**el condicional perfecto**) is formed with **haber** + [*past participle*].

Felipe habría venido con nosotros, pero sigue molesto.

Sí, pensé que ya se le había pasado el enojo.

The conditional perfect

	pintar	comer	vivir
SINGULAR FORMS			
yo	habría pintado	habría comido	habría vivido
tú	habrías pintado	habrías comido	habrías vivido
Ud./él/ella	habría pintado	habría comido	habría vivido
PLURAL FORMS			
nosotros/as	habríamos pintado	habríamos comido	habríamos vivido
vosotros/as	habríais pintado	habríais comido	habríais vivido
Uds./ellos/ellas	habrían pintado	habrían comido	habrían vivido

▶ The conditional perfect is used to express an action that would have occurred, but didn't.

¿No fuiste al espectáculo?
¡Te **habrías divertido**!
You didn't go to the show?
You would have had a good time!

Sandra **habría preferido** ir a la ópera,
pero Omar prefirió ir al cine.
Sandra would have preferred to go to the opera, but Omar preferred to see a movie.

¡INTÉNTALO! Indica las formas apropiadas del condicional perfecto de los verbos.

1. Nosotros __habríamos hecho__ (hacer) todos los quehaceres.
2. Ellos _____ (pintar) un mural.
3. Tú _____ (apreciar) mi poesía.
4. Usted _____ (tocar) el piano.
5. Ellas _____ (poner) la mesa.
6. Yo _____ (presentar) el informe.
7. Silvia y Alberto _____ (esculpir) una estatua.
8. Tú y yo _____ (resolver) los problemas.
9. Ustedes _____ (vivir) en el campo.
10. Tú _____ (abrir) la puerta.

Práctica

1. Completar Completa los diálogos con la forma apropiada del condicional perfecto de los verbos. Luego, en parejas, representen los diálogos.

divertirse	presentar	sentir	tocar
hacer	querer	tener	venir

1. —Tú _____ el papel de Aída mejor que ella. ¡Qué lástima!
   —Sí, mis padres _____ desde California sólo para oírme cantar.
2. —Tania _____ la comedia pero no pudo porque cerraron el teatro.
   —¡Qué lástima! Mi esposa y yo _____ ir a la presentación de la obra. Siempre veo tragedias y sé que _____.
3. —Olga, yo esperaba algo más. Con un poco de dedicación y práctica la orquesta _____ mejor y los músicos _____ más éxito.
   —Menos mal que la compositora no los escuchó. Se _____ avergonzada.

¡LENGUA VIVA!
The expression **Menos mal que...** means *It's a good thing that...* or *It's just as well that...* It is followed by a verb in the indicative.

2. Combinar En parejas, combinen elementos de cada una de las tres columnas para formar ocho oraciones usando el condicional perfecto.

A	B	C
con talento artístico	yo	estudiar...
con más tiempo libre	tú	pintar...
en otro país	la gente	esculpir...
con más aprecio de las artes	mis compañeros y yo	viajar...
con más dinero	los artistas	escribir...
en otra película	Alejandro González Iñárritu	publicar...

NOTA CULTURAL
El director de cine **Alejandro González Iñárritu** forma parte de la nueva generación de directores mexicanos. Su película *Amores perros* fue nominada para el Oscar a la mejor película extranjera en 2001. Ganó tres Oscars por el guión, dirección y producción de la película *Birdman* (2014), y el Oscar a mejor director por *The Revenant* (2015).

3. ¿Qué habrías hecho? Estos dibujos muestran situaciones poco comunes. No sabemos qué hicieron estas personas, pero tú, ¿qué habrías hecho? Comparte tus respuestas con un(a) compañero/a.

AYUDA
Here are some suggestions:
Habría llevado el dinero a...
Yo habría atacado al oso (*bear*) **con...**
Yo habría...

1.
2.
3.
4.

Comunicación

4 **Preguntas** En parejas, imaginen que tienen cincuenta años y están hablando de sus años de juventud. ¿Qué habrían hecho de manera diferente? Túrnense para hacerse y contestar las preguntas.

> **modelo**
> ¿Te (interesar) aprender a tocar un instrumento?
> **Estudiante 1:** ¿Te habría interesado aprender a tocar un instrumento?
> **Estudiante 2:** Sí, habría aprendido a tocar el piano.

1. ¿Te (gustar) viajar por Latinoamérica?
2. ¿A qué escritores (leer)?
3. ¿Qué clases (tomar)?
4. ¿Qué tipo de música (escuchar)?
5. ¿Qué tipo de amigos/as (tener)?
6. ¿A qué fiestas o viajes no (ir)?
7. ¿Con qué tipo de persona (salir)?
8. ¿Qué tipo de ropa (llevar)?

5 **Pobre Mario** En parejas, digan qué cosas Mario habría hecho de una manera diferente, de haber tenido la oportunidad.

> **modelo**
> Mario no habría hecho este musical.

De: Mario
Para: Enrique
Asunto: Fin de mi proyecto artístico

Enrique:

Ya llegó el último día del musical. Yo creía que nunca iba a acabar. En general, los cantantes y actores eran bastante malos, pero no tuve tiempo de buscar otros, y además los buenos ya tenían trabajo en otras obras. Ayer todo salió muy mal. Como era la última noche, yo había invitado a unos críticos a ver la obra, pero no pudieron verla. El primer problema fue la cantante principal. Ella estaba enojada conmigo porque no quise pagarle todo el dinero que quería. Dijo que tenía problemas de garganta, y no salió a cantar. Conseguí otra cantante, pero los músicos de la orquesta todavía no habían llegado. Tenían que venir todos en un autobús no muy caro que yo había alquilado, pero el autobús salió a una hora equivocada. Entonces, el bailarín se enojó conmigo porque todo iba a empezar tarde.

Quizás tenía razón mi padre. Seguramente soy mejor contador que director teatral.

Escríbeme,
Mario

> **¡LENGUA VIVA!**
> The useful expression **de haber tenido la oportunidad** means *if I/he/you/etc. had had the opportunity*. You can use this construction in similar instances, such as **De haberlo sabido ayer, te habría llamado**.

Síntesis

6 **Yo en tu lugar** Primero, cada estudiante hace una lista con tres errores que ha cometido o tres problemas que ha tenido en su vida. Después, en parejas, túrnense para decirse qué habrían hecho en esas situaciones.

> **modelo**
> **Estudiante 1:** El año pasado saqué una mala nota en el examen de biología.
> **Estudiante 2:** Yo no habría sacado una mala nota. Habría estudiado más.

17.3 The past perfect subjunctive

CONSULTA

To review the past perfect indicative, see **Estructura 15.2**, p. 522.

To review the present perfect subjunctive, see **Estructura 15.3**, p. 525.

ANTE TODO The past perfect subjunctive (**el pluscuamperfecto de subjuntivo**), also called the pluperfect subjunctive, is formed with the past subjunctive of **haber** + [*past participle*]. Compare the following subjunctive forms.

Present subjunctive	Present perfect subjunctive
yo trabaje	yo haya trabajado

Past subjunctive	Past perfect subjunctive
yo trabajara	yo hubiera trabajado

Past perfect subjunctive

		pintar	comer	vivir
SINGULAR FORMS	yo	**hubiera** pintado	**hubiera** comido	**hubiera** vivido
	tú	**hubieras** pintado	**hubieras** comido	**hubieras** vivido
	Ud./él/ella	**hubiera** pintado	**hubiera** comido	**hubiera** vivido
PLURAL FORMS	nosotros/as	**hubiéramos** pintado	**hubiéramos** comido	**hubiéramos** vivido
	vosotros/as	**hubierais** pintado	**hubierais** comido	**hubierais** vivido
	Uds./ellos/ellas	**hubieran** pintado	**hubieran** comido	**hubieran** vivido

▶ The past perfect subjunctive is used in subordinate clauses under the same conditions that you have learned for other subjunctive forms, and in the same way the past perfect is used in English (*I had talked, you had spoken,* etc.). It refers to actions or conditions that had taken place before another action or condition in the past.

No había nadie que **hubiera dormido**.
There wasn't anyone who had slept.

Dudaba que ellos **hubieran llegado**.
I doubted that they had arrived.

Esperaba que Juan **hubiera ganado** el partido.
I hoped that Juan had won the game.

Llegué antes de que la clase **hubiera comenzado**.
I arrived before the class had begun.

¡INTÉNTALO! Indica la forma apropiada del pluscuamperfecto de subjuntivo de cada verbo.

1. Esperaba que ustedes __hubieran hecho__ (hacer) las reservaciones.
2. No creían que nosotros _____ (hablar) con Ricardo.
3. No estaba seguro de que ellos _____ (ir).
4. Dudaba que tú _____ (decir) eso.
5. No había nadie que _____ (poder) comer tanto como él.
6. No era cierto que yo _____ (ir) con él al concierto.
7. Me molestó que tú no me _____ (llamar) antes.
8. ¿Había alguien que no _____ (apreciar) esa película?
9. No creían que nosotras _____ (bailar) en el festival.
10. No había nadie que _____ (ver) el espectáculo.

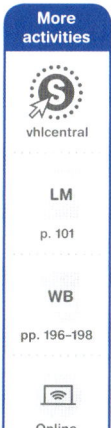

More activities

vhlcentral

LM p. 101

WB pp. 196–198

Online activities

Práctica

1 Completar Completa las oraciones con el pluscuamperfecto de subjuntivo de los verbos.

1. Me molestaba que Carlos y Miguel no _____ (venir) a visitarme.
2. Me alegré de que mi familia _____ (irse) de viaje.
3. Dudaba que la música que yo escuchaba _____ (ser) la misma que escuchaban mis padres.
4. No creían que nosotros _____ (poder) aprender español en un año.
5. Los músicos se alegraban de que su programa le _____ (gustar) tanto al público.
6. La profesora se sorprendió de que nosotros _____ (hacer) la tarea antes de venir a clase.

2 Transformar Transforma las oraciones según el modelo.

> **modelo**
> Me alegro de que hayan venido los padres de Micaela.
> Me alegré de que hubieran venido los padres de Micaela.

1. Es muy triste que haya muerto la tía de Miguel.
2. Dudo que Guillermo haya comprado una casa tan grande.
3. No puedo creer que nuestro equipo haya perdido el partido.
4. Dudo que hayan cerrado el Museo de Arte.
5. Me molesta que el periódico no haya llegado.
6. Me alegro de que mi novio me haya llamado.

3 El regreso Durante 30 años, el astronauta Emilio Hernández estuvo en el espacio sin tener noticias de la Tierra. Usa el pluscuamperfecto de subjuntivo para indicar lo que Emilio esperaba que hubiera pasado.

> **modelo**
> su esposa / no casarse con otro hombre
> Esperaba que su esposa no se hubiera casado con otro hombre.

1. su suegra / irse a vivir a El Salvador
2. los políticos / acabar con todas las guerras (*wars*)
3. su hija Diana / conseguir ser una pintora famosa
4. su hermano Ramón / tener un empleo por más de dos meses
5. todos los países / resolver sus problemas económicos
6. su esposa / ya pagar el préstamo de la casa

¡LENGUA VIVA!

Both the preterite and the imperfect can be used to describe past thoughts or emotions. In general, the imperfect describes a particular action or mental state without reference to its beginning or end; the preterite refers to the occurrence of an action, thought, or emotion at a specific moment in time.

Pensaba que mi vida era aburrida.

Pensé que había dicho algo malo.

Comunicación

4 **El robo** La semana pasada desaparecieron varias obras del museo. El detective sospechaba que los empleados del museo le estaban mintiendo. En parejas, digan qué era lo que pensaba el detective. Después, intenten descubrir qué pasó realmente.

> **modelo**
> El vigilante (*security guard*) le dijo que alguien había abierto las ventanas de la sala.
> El detective dudaba (no creía, pensaba que no era cierto, etc.) que alguien hubiera abierto las ventanas de la sala.

1. El carpintero le dijo que ese día no había encontrado nada extraño en el museo.
2. La abogada le dijo que ella no había estado en el museo esa tarde.
3. El técnico le dijo que había comprado una casa porque había ganado la lotería.
4. La directora del museo le dijo que había visto al vigilante hablando con la abogada.
5. El vigilante dijo que la directora había dicho que esa noche no tenían que trabajar.
6. El carpintero se acordó de que la directora y el vigilante habían sido novios.

5 **Reacciones** Imagina que estos acontecimientos (*events*) ocurrieron la semana pasada. Indica cómo reaccionaste ante cada uno. Comparte tu reacción con un(a) compañero/a.

> **modelo**
> Vino a visitarte tu tía de El Salvador.
> Me alegré de que hubiera venido a visitarme.

1. Perdiste tu mochila con tus tarjetas de crédito y tus documentos.
2. Tu exnovio/a se casó con tu mejor amigo/a.
3. Encontraste cincuenta mil dólares cerca del banco.
4. Tus amigos/as te hicieron una fiesta sorpresa.

Síntesis

6 **Noticias** En grupos, lean estos titulares (*headlines*) e indiquen cuáles habrían sido sus reacciones si esto les hubiera ocurrido a ustedes. Luego escriban tres titulares más y compártanlos con los demás grupos. Utilicen el pluscuamperfecto de subjuntivo.

Un grupo de turistas se encuentra con Elvis en una gasolinera.
El cantante los saludó, les cantó unas canciones y después se marchó hacia las montañas, caminando tranquilamente.

Tres jóvenes estudiantes se perdieron en un bosque de Maine.
Después de estar tres horas perdidos, aparecieron en una gasolinera de un desierto de Australia.

Ayer, una joven hondureña, después de pasar tres años en coma, se despertó y descubrió que podía entender el lenguaje de los animales.
La joven, de momento, no quiere hablar con la prensa, pero una amiga suya nos dice que está deseando ir al zoológico.

Recapitulación

Completa estas actividades para repasar los conceptos de gramática que aprendiste en esta lección.

1 **Completar** Completa el cuadro con la forma correcta del condicional. **24 pts.**

Infinitivo	tú	nosotros	ellas
pintar			
			querrían
		podríamos	
	habrías		

2 **Diálogo** Completa el diálogo con la forma adecuada del condicional de los verbos. **16 pts.**

> dejar   gustar   llover   sorprender
> encantar   ir   poder   volver

OMAR ¿Sabes? El concierto al aire libre fue un éxito. Yo creía que (1) _____ , pero hizo sol.

NIDIA Ah, me alegro. Te dije que Jaime y yo (2) _____ , pero tuvimos un imprevisto (*something came up*) y no pudimos. Y a Laura, ¿la viste allí?

OMAR Sí, ella fue. Al contrario que tú, al principio me dijo que ella y su esposo no (3) _____ ir, pero al final aparecieron. Necesitaba relajarse un poco; está muy estresada con su trabajo.

NIDIA A mí no me (4) _____ que lo dejara. Yo, en su lugar, (5) _____ esa compañía y (6) _____ a escribir poesía. En realidad no necesita el dinero.

OMAR Estoy de acuerdo. Oye, esta noche voy a ir al teatro. ¿(7) _____ ir conmigo? Jaime también puede acompañarnos. Es una comedia familiar.

NIDIA A nosotros (8) _____ ir. ¿A qué hora es?

OMAR A las siete y media.

RESUMEN GRAMATICAL

17.1 The conditional pp. 588–589

The conditional tense* of aplaudir

aplaudir**ía**	aplaudir**íamos**
aplaudir**ías**	aplaudir**íais**
aplaudir**ía**	aplaudir**ían**

*Same endings for -ar, -er, and -ir verbs.

Irregular verbs

Infinitive	Stem	Conditional
decir	dir–	diría
hacer	har–	haría
poder	podr–	podría
poner	pondr–	pondría
haber	habr–	habría
querer	querr–	querría
saber	sabr–	sabría
salir	saldr–	saldría
tener	tendr–	tendría
venir	vendr–	vendría

17.2 The conditional perfect p. 592

pintar

habría pintado	habríamos pintado
habrías pintado	habríais pintado
habría pintado	habrían pintado

17.3 The past perfect subjunctive p. 595

cantar

hubiera cantado	hubiéramos cantado
hubieras cantado	hubierais cantado
hubiera cantado	hubieran cantado

▶ To form the past perfect subjunctive, take the **Uds./ellos/ellas** form of the preterite of **haber**, drop the ending (**-ron**), and add the past subjunctive endings (**-ra, -ras, -ra, -ramos, -rais, -ran**).

▶ Note that the **nosotros/as** form takes an accent.

Un festival de arte

3 **Fin de curso** El espectáculo de fin de curso de la escuela se canceló por falta de interés y ahora todos se arrepienten (*regret it*). Completa las oraciones con el condicional perfecto. **16 pts.**

1. La profesora de danza _____ (convencer) a los mejores bailarines de que participaran.
2. Tú no _____ (escribir) en el periódico que el comité organizador era incompetente.
3. Los profesores _____ (animar) a todos a participar.
4. Nosotros _____ (invitar) a nuestros amigos y familiares.
5. Tú _____ (publicar) un artículo muy positivo sobre el espectáculo.
6. Los padres de los estudiantes _____ (dar) más dinero y apoyo.
7. Mis compañeros de drama y yo _____ (presentar) una comedia muy divertida.
8. El director _____ (hacer) del espectáculo su máxima prioridad.

4 **El arte** Estos estudiantes están decepcionados (*disappointed*) con sus estudios de arte. Escribe oraciones a partir de los elementos dados. Usa el imperfecto de indicativo y el pluscuamperfecto de subjuntivo. **12 pts.**

> **modelo**
> yo / esperar / la universidad / poner / más énfasis en el arte
> Yo esperaba que la universidad hubiera puesto más énfasis en el arte.

1. Sonia / querer / el departamento de arte / ofrecer / más clases
2. no haber nadie / oír / de ningún exalumno / con éxito en el mundo artístico
3. nosotros / desear / haber / más exhibiciones de trabajos de estudiantes
4. ser una lástima / los profesores / no ser / más exigentes
5. Juanjo / dudar / nosotros / poder / escoger una universidad con menos recursos
6. ser increíble / la universidad / no construir / un museo más grande

5 **Una vida diferente** Piensa en un(a) artista famoso/a (pintor(a), cantante, actor/actriz, bailarín/bailarina, etc.) y escribe al menos cinco oraciones que describan cómo sería tu vida ahora si fueras esa persona. Usa las tres formas verbales que aprendiste en esta lección ¡y también tu imaginación! **32 pts.**

6 **Adivinanza** Completa la adivinanza con la forma correcta del condicional del verbo **ser** y adivina la respuesta. **¡4 puntos EXTRA!**

"Me puedes ver en tu piso,
y también en tu nariz;
sin mí no habría ricos
y nadie _____ (ser) feliz.
¿Quién soy?"

_____

17 adelante

 Audio: Reading

Lectura

Antes de leer

Estrategia
Analyzing author's style

Style is the way that an author uses words: word choice, sentence structure, paragraph structure, tone, etc. For example, words chosen can be formal or informal. Sentence length can vary. A story can be serious or lighthearted. An author's style conveys meaning and influences how a reader reacts to and interprets a story.

Examinar el texto
Mira el texto del cuento. ¿Cómo describirías el estilo de la autora? Considera lo siguiente:
- el tono
- la elección de palabras
- la estructura de las oraciones y de los párrafos

_____
_____
_____

El abecedario
Lee el título. ¿Qué relación podría tener el abecedario con lo que pasa en el cuento?

_____
_____
_____

El contexto
Usa el contexto para descifrar el significado de estas palabras del cuento.

_____ albricias a. una bebida
_____ Borgoña   b. una comida
_____ carreras   c. una enfermedad
_____ empanadas   d. una actividad deportiva
_____ meningitis   e. una interjección

More activities

vhlcentral / Online activities

Sobre la autora
Luisa Valenzuela nació en 1938, en Buenos Aires. Hija de una escritora y de un médico, creció rodeada de famosos escritores como Jorge Luis Borges y Ernesto Sábato. Ha trabajado como periodista, columnista y profesora en distintos países. A lo largo de su vida ha publicado más de treinta libros: novelas, cuentos y ensayos. Su obra es reconocida y estudiada por su original humor.

Después de leer

Comprensión
Indica si las oraciones sobre el protagonista del cuento son **ciertas** o **falsas**. Corrige las oraciones falsas.

1. Se despertó al mediodía el primer día de enero.
2. La principal regla que decidió seguir fue respetar el abecedario.
3. Comenzó su plan por la letra Z.
4. La segunda semana besó a Beatriz.
5. Al final del cuento, merendó con María.

ABECEDARIO

Luisa Valenzuela

El primer día de enero se despertó al alba° y ese hecho fortuito° determinó que resolviera ser metódico en su vida. En adelante° actuaría con todas las reglas° del arte. Se ajustaría a todos los códigos. Respetaría, sobre todo, el viejo y buen abecedario que, al fin y al cabo°, es la base del entendimiento humano.

Para cumplir con este plan empezó como es natural por la letra A. Por lo tanto la primera semana amó a Ana; almorzó albóndigas°, arroz con azafrán°, asado a la árabe y ananás°. Adquirió anís, aguardiente y hasta un poco de alcohol. Solamente anduvo en auto, asistió asiduamente al cine Arizona, leyó la novela *Amalia*, exclamó ¡ahijuna! y también ¡aleluya! y ¡albricias! Ascendió a un árbol, adquirió un antifaz° para asaltar un almacén y amaestró° una alondra°.

Todo iba a pedir de boca°. Y de vocabulario. Siempre respetuoso del orden de las letras la segunda semana birló° una bicicleta, besó a Beatriz, bebió Borgoña. La tercera cazó cocodrilos, corrió carreras, cortejó a Clara y cerró una cuenta. La cuarta semana se declaró a Desirée, dirigió un diario, dibujó diagramas. La quinta semana engulló° empanadas y enfermó del estómago.

Cumplía una experiencia esencial que habría aportado mucho a la humanidad de no ser por el accidente que le impidió° llegar a la Z. La decimotercera semana, sin tenerlo previsto°, murió de meningitis. ■

alba *dawn* **hecho fortuito** *chance event* **En adelante** *From now on*
reglas *rules* **al fin y al cabo** *after all* **albóndigas** *meatballs*
azafrán *saffron* **ananás** *pineapples* **antifaz** *mask*
amaestró *trained* **alondra** *lark* **a pedir de boca** *perfectly*
birló *swiped* **engulló** *gobbled up* **impidió** *prevented*
sin tenerlo previsto *without having planned it*

Interpretación

Responde a las preguntas con oraciones completas.

1. ¿A qué crees que se refiere el protagonista cuando dice que "actuaría con todas las reglas del arte"? ¿De qué reglas se trata?
2. Un "código" puede ser un conjunto de reglas o la combinación de letras, números, etc., a la que le damos un valor determinado. ¿A cuál de estos significados crees que se refiere la autora cuando dice que "se ajustaría a todos los códigos"? Explica por qué.
3. ¿Crees que la regla de vivir la vida según el orden del alfabeto tiene lógica? ¿Por qué?

Comentar

En parejas, comenten el cuento. Usen como guía estas preguntas.

1. ¿Creen que el alfabeto es la base de del entendimiento humano? ¿Por qué?
2. ¿Consideran que existen reglas para vivir en forma metódica que puedan ser útiles para la humanidad? ¿Cuáles, por ejemplo?

Escritura

Estrategia
Finding biographical information

Biographical information can be useful for a great variety of writing topics. Whether you are writing about a famous person, a period in history, or even a particular career or industry, you will be able to make your writing both more accurate and more interesting when you provide detailed information about the people who are related to your topic.

To research biographical information, you may wish to start with general reference sources, such as encyclopedias and periodicals. Additional background information on people can be found in biographies or in nonfiction books about the person's field or industry. For example, if you wanted to write about Sonia Sotomayor, you could find background information from periodicals, including magazine interviews. You might also find information in books or articles related to contemporary politics and Law.

Biographical information may also be available on the Internet, and depending on your writing topic, you may even be able to conduct interviews to get the information you need. Make sure to confirm the reliability of your sources whenever your writing includes information about other people.

You might want to look for the following kinds of information:

- date of birth
- date of death
- childhood experiences
- education
- family life
- place of residence
- life-changing events
- personal and professional accomplishments

Tema
¿A quién te gustaría conocer?

Si pudieras invitar a cinco personas famosas a cenar en tu casa, ¿a quiénes invitarías? Pueden ser de cualquier (*any*) época de la historia y de cualquier profesión. Algunas posibilidades son:

- el arte
- la música
- el cine
- las ciencias
- la religión
- la política

Escribe una composición breve sobre la cena. Explica por qué invitarías a estas personas y describe lo que harías, lo que preguntarías y lo que dirías si tuvieras la oportunidad de conocerlas. Utiliza el condicional.

Escuchar

Antes de escuchar

Estrategia
Listening for key words/Using the context

The comprehension of key words is vital to understanding spoken Spanish. Use your background knowledge of the subject to help you anticipate what the key words might be. When you hear unfamiliar words, remember that you can use context to figure out their meaning.

To practice these strategies, you will now listen to a paragraph from a letter sent to a job applicant. Jot down key words, as well as any other words you figured out from the context.

Preparación
Basándote en el dibujo, ¿qué palabras crees que usaría un crítico en una reseña (*review*) de esta película?

Ahora escucha

Reseña
Ahora vas a escuchar la reseña de la película. Mientras escuches al crítico, recuerda que las críticas de cine son principalmente descriptivas. La primera vez que la escuches, identifica las palabras clave (*key*) y escríbelas en la columna A. Luego, escucha otra vez la reseña e identifica el significado de las palabras en la columna B mediante el contexto.

A	B
1. _____	1. estrenar
2. _____	2. a pesar de
3. _____	3. con reservas
4. _____	4. supuestamente
5. _____	5. la trama
6. _____	6. conocimiento

Comprensión

Cierto o falso

	Cierto	Falso
1. *El fantasma del lago Enriquillo* es una película de ciencia ficción.	○	○
2. Los efectos especiales son espectaculares.	○	○
3. Generalmente se ha visto a Jorge Verdoso en comedias románticas.	○	○
4. Jaime Rebelde es un actor espectacular.	○	○

Preguntas
1. ¿Qué aspectos de la película le gustaron al crítico?
2. ¿Qué no le gustó al crítico de la película?
3. ¿Irías a ver esta película? ¿Por qué?
4. Para ti, ¿cuáles son los aspectos más importantes de una película? Explica tu respuesta.

Ahora ustedes
Trabajen en grupos. Escojan una película con actores muy famosos que no fue lo que esperaban. Escriban una reseña que describa el papel de los actores, la trama, los efectos especiales, la cinematografía u otros aspectos importantes de la película.

En pantalla Video

Este cortometraje°, escrito y dirigido por el español Jorge Naranjo, fue el finalista de la novena edición del concurso de Jameson Notodofilmfest. Es el primero de la trilogía de cortometrajes que inspiró el largometraje *Casting, la película*, del mismo director. El protagonista de este corto, Javier López, comparte sus experiencias en el mundo de la actuación, un mundo casi impenetrable en el que los actores se lo juegan todo° en esa prueba inicial que es el casting. Con un toque° de humor e ironía, Javi nos describe lo dura que es la vida de los actores y lo absurdo y ridículo que puede llegar a ser presentarse a un casting.

Vocabulario útil	
aguantando	hanging in there
no te atreves	you don't dare
no te sale	you can't do it
quejarse	to complain
representante	agent

Preparación
¿Alguna vez te has presentado a un casting? ¿Cómo fue la experiencia?

Preguntas
Contesta las preguntas.
1. ¿Qué hace Javier en su trabajo de actor?
2. ¿Cómo está Javier al comenzar el casting?
3. Según Javier, ¿qué es lo peor que te pueden pedir en un casting?
4. ¿Dónde trabaja Javier? ¿Y dónde vive?

Una audición
En parejas, representen una audición original ante la clase. Uno/a de ustedes es director(a) de castings, la otra persona se presenta a la prueba.

modelo
Director(a): ¿Podría usted representar el papel de una mosca (*fly*) nerviosa dentro de una botella?

cortometraje *short film* se lo juegan todo *they risk everything* toque *touch*

Casting

Yo hago castings.

Ahora necesitamos que llores.

Eres muy bueno, buenísimo.

Un festival de arte

Todos los países hispanos cuentan con una gran variedad de museos, desde arte clásico o contemporáneo, hasta los que se especializan en la rica historia local que puede venir desde las antiguas° culturas prehispánicas. El museo que viste en el episodio de **Fotonovela** es el Museo de Arte Popular de la Ciudad de México y tiene como misión difundir°, preservar y continuar las técnicas tradicionales de elaborar artesanías mexicanas. Algunas de ellas son la cerámica, la joyería°, los textiles y el papel maché. A continuación vas a ver otro tipo de museos en España.

Vocabulario útil

el lienzo	canvas
la muestra	exhibit
el primer plano	foreground

Preparación
¿Te interesa el arte? Cuando viajas, ¿visitas los museos del lugar al que vas? ¿Cuál es, de entre todas las artes, la que más te gusta o emociona?

¿Cierto o falso?
Indica si las oraciones son **ciertas** o **falsas**.

1. En Madrid, la oferta de arte es muy limitada.
2. En el Triángulo Dorado de los museos hay tres museos muy importantes de Madrid.
3. En la obra *Las meninas* de Velázquez, la perspectiva es muy real.
4. El Museo Reina Sofía está dedicado al arte contemporáneo y antiguo.
5. El lienzo *Guernica* de Picasso es pequeño.
6. La colección del Museo Thyssen era privada y luego fue donada (*donated*) al Estado español.
7. El Greco era español.

Palacios del arte

... una ciudad [...] con una riquísima y selecta oferta de hoteles, restaurantes [...] y especialmente... ¡arte!

El edificio fue [...] un hospital. Hoy en día, está dedicado al arte contemporáneo.

Muchos aseguran° que es el primer surrealista.

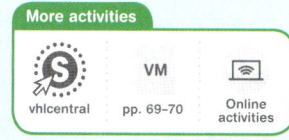

---

antiguas *ancient* difundir *to spread* joyería *jewelry* aseguran *assure*

17 panorama

 Video

El Salvador

El país en cifras

- **Área:** 21.040 km² (8.124 millas²), el tamaño° de Massachusetts
- **Población:** 6.172.000

El Salvador es el país centroamericano más pequeño y el más densamente poblado. Su población, al igual que la de Honduras, es muy homogénea: casi el 90 por ciento es mestiza.

- **Capital:** San Salvador—1.098.000
- **Ciudades principales:** Soyapango, Santa Ana, San Miguel, Mejicanos
- **Moneda:** dólar estadounidense
- **Idiomas:** español (oficial), náhuatl, lenca

Bandera de El Salvador

Salvadoreños célebres

- **Óscar Romero,** arzobispo° y activista por los derechos humanos° (1917–1980)
- **Claribel Alegría,** poeta, novelista y cuentista (1924–2018)
- **Roque Dalton,** poeta, ensayista y novelista (1935–1975)
- **María Eugenia Brizuela,** política (1956–)
- **Francesca Miranda,** diseñadora (1957–)

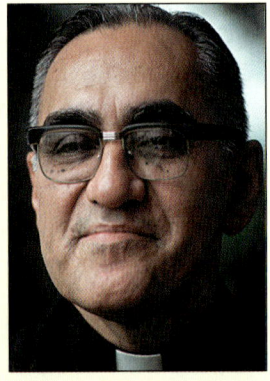

Óscar Romero

tamaño *size* arzobispo *archbishop* derechos humanos *human rights*

ACTIVIDADES

1 **¿Cierto o falso?** Indica si lo que dicen las oraciones es **cierto** o **falso**.

1. El Salvador es el país más grande de Centroamérica.
2. Aproximadamente el 90% de la población de El Salvador es mestiza.
3. Claribel Alegría fue una famosa compositora salvadoreña.
4. La moneda de El Salvador es el dólar estadounidense.
5. Roque Dalton fue poeta y novelista.
6. La Libertad es una playa famosa en El Salvador por sus artesanías.
7. El Parque Nacional Montecristo se conoce también como El Trifinio.
8. Las "sorpresas" de Ilobasco son canciones.
9. Las pupusas son tortillas de maíz o de arroz.
10. La leyenda sobre la laguna de Alegría es un cuento folclórico.

Deportes • El surfing

El Salvador es uno de los destinos favoritos en Latinoamérica para la práctica del surfing. Cuenta con 300 kilómetros de costa a lo largo del océano Pacífico y sus olas° altas son ideales para quienes practican este deporte. De sus playas, La Libertad es la más visitada por surfistas de todo el mundo, gracias a que está muy cerca de la capital salvadoreña. Sin embargo, los fines de semana muchos visitantes prefieren viajar a la Costa del Bálsamo, donde se concentra menos gente.

Naturaleza • El Parque Nacional Montecristo

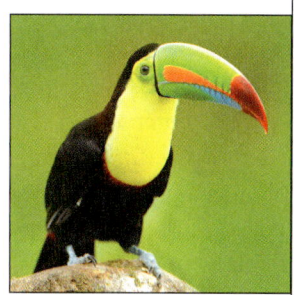

El Parque Nacional Montecristo se encuentra en la región norte del país. Se le conoce también como El Trifinio porque se ubica° en el punto donde se unen las fronteras de Guatemala, Honduras y El Salvador. Este bosque reúne muchas especies vegetales y animales, como orquídeas, monos araña°, pumas, quetzales y tucanes. Además, las copas° de sus enormes árboles forman una bóveda° que impide° el paso de la luz solar. Este espacio natural se encuentra a una altitud de 2.400 metros (7.900 pies) sobre el nivel del mar y recibe 200 centímetros (80 pulgadas°) de lluvia al año.

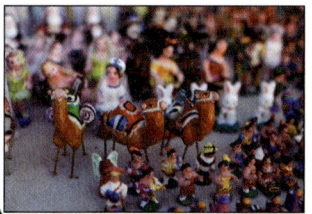

Artes • La artesanía de Ilobasco

Ilobasco es un pueblo conocido por sus artesanías. En él se elaboran objetos con arcilla° y cerámica pintada a mano, como juguetes°, adornos° y utensilios de cocina. Además, son famosas sus "sorpresas", que son pequeñas piezas° de cerámica en cuyo interior se representan escenas de la vida diaria. Los turistas realizan excursiones para ver la elaboración, paso a paso°, de estos productos.

Comida • Pupusas

Las pupusas son el plato nacional de El Salvador. Son tortillas hechas con masa° de maíz o de arroz, rellenas° de queso, frijoles, calabaza°, chicharrón°, pollo o pescado. Son muy parecidas a las tortillas panameñas y a las arepas venezolanas y colombianas. Desde 2005, el segundo domingo de noviembre, el gobierno salvadoreño celebra por decreto el Día Nacional de las Pupusas.

olas *waves* se ubica *it is located* monos araña *spider monkeys* copas *tops* bóveda *cap* impide *blocks* pulgadas *inches* arcilla *clay* juguetes *toys* adornos *ornaments* piezas *pieces* paso a paso *step by step* masa *dough* rellenas *stuffed* calabaza *pumpkin* chicharrón *pork rind*

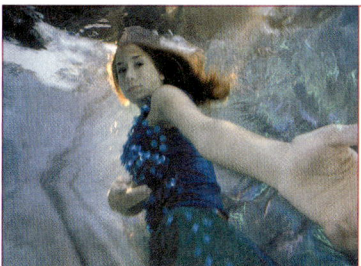

¡Increíble pero cierto!

El rico folclor salvadoreño se basa sobre todo en sus extraordinarios recursos naturales. Por ejemplo, según una leyenda, las muertes que se producen en la laguna° de Alegría tienen su explicación en la existencia de una sirena° solitaria que vive en el lago y captura a los jóvenes atractivos.

laguna *lagoon* sirena *mermaid*

---

2 ¿Qué aprendiste? Contesta las preguntas.

1. ¿Qué tienen en común las poblaciones de El Salvador y Honduras?
2. ¿Qué es el náhuatl?
3. ¿Quién es María Eugenia Brizuela?
4. ¿Cuáles son algunos de los animales y las plantas que viven en el Parque Nacional Montecristo?

3 En televisión En parejas, imaginen que van a hacer un programa de televisión sobre El Salvador. Hablen sobre lo que les gustaría mostrar en su programa. Utilicen el condicional.

modelo
Para nuestro programa de televisión me gustaría mostrar las "sorpresas" de Ilobasco.

Honduras

El país en cifras

- **Área:** 112.492 km² (43.870 millas²), un poco más grande que Tennessee
- **Población:** 9.038.000

Cerca del 90 por ciento de la población de Honduras es mestiza. Todavía hay pequeños grupos indígenas como los jicaque, los misquito y los paya, que han mantenido su cultura sin influencias exteriores y que no hablan español.

- **Capital:** Tegucigalpa—1.123.000

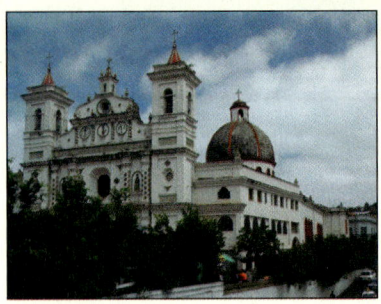
Tegucigalpa

- **Ciudades principales:** San Pedro Sula, El Progreso, La Ceiba
- **Moneda:** lempira
- **Idiomas:** español (oficial), lenguas indígenas, inglés

Bandera de Honduras

Hondureños célebres
- **José Antonio Velásquez,** pintor (1906–1983)
- **Argentina Díaz Lozano,** escritora (1912–1999)
- **Carlos Roberto Reina,** juez° y presidente del país (1926–2003)
- **Roberto Sosa,** escritor (1930–2011)
- **Salvador Moncada,** científico (1944–)

juez *judge*

ACTIVIDADES

1 **¿Cierto o falso?** Indica si lo que dicen las oraciones es **cierto** o **falso**.

1. En Honduras hay comunidades indígenas que han mantenido su cultura y no hablan español.
2. Argentina Díaz Lozano fue una escultora hondureña.
3. La capital de Honduras es San Pedro Sula.
4. Roberto Sosa fue un escritor hondureño.
5. Hay edificios adornados con esculturas pintadas a mano en Copán.
6. Los mayas jugaban a la pelota.
7. Las obras de José Antonio Velásquez representan escenas de ciencia ficción.
8. La reserva de biósfera de Río Plátano es conocida como "los pulmones de Centroamérica".
9. En la reserva de biósfera de Río Plátano sólo hay aves.
10. Los presos de la Penitenciaría Central de Tegucigalpa vendían artesanías.

Un festival de arte

▷ Lugares • Copán

Copán es una zona arqueológica muy importante de Honduras. Fue construida por los mayas y se calcula que en el año 400 d. C. albergabaº a una ciudad con más de 150 edificios y una gran cantidad de plazas, patios, templos y canchasº para el juego de pelotaº. Las ruinas más famosas del lugar son los edificios adornados con esculturas pintadas a mano, los cetrosº ceremoniales de piedra y el templo Rosalila.

▷ Economía • Las plantaciones de bananas

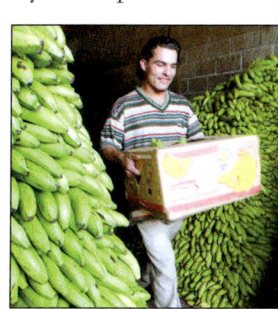

Desde hace más de cien años, las bananas son la exportación principal de Honduras y han tenido un papel fundamental en su historia. En 1899, la Standard Fruit Company empezó a exportar bananas del país centroamericano hacia Nueva Orleans. Esta fruta resultó tan popular en los Estados Unidos que generó grandes beneficiosº para esta compañía y para la United Fruit Company, otra empresa norteamericana. Estas trasnacionales intervinieron muchas veces en la política hondureña debidoº al enorme poderº económico que alcanzaron en la nación.

Artes • José Antonio Velásquez (1906–1983)

San Antonio de Oriente, 1957, José Antonio Velásquez

José Antonio Velásquez fue un famoso pintor hondureño. Es catalogado como primitivistaº porque sus obras representan aspectos de la vida cotidiana. En la pintura de Velásquez es notorio el énfasis en los detallesº, la falta casi total de los juegos de perspectiva y la pureza en el uso del color. Por todo ello, el artista ha sido comparado con importantes pintores europeos del mismo géneroº como Paul Gauguin o Emil Nolde.

Naturaleza • Reserva de biósfera de Río Plátano

La reserva de biósfera de Río Plátano está ubicada en el departamento de Gracias a Dios, en la costa noroeste de Honduras. Esta área es llamada "los pulmones de Centroamérica" pues presenta la mayor riqueza ecológica y ambiental de esta parte del continente americano. En sus montañas viven cerca de 2.000 indígenas, y en sus zonas de bosque lluvioso tropical hay una gran variedad de mamíferos, aves, peces, reptiles y árboles. Fue declarada Patrimonio de la Humanidadº por la UNESCO en 1980.

albergaba *housed* **canchas** *courts* **juego de pelota** *pre-Columbian ceremonial ball game* **cetros** *scepters* **beneficios** *profits* **debido a** *due to* **poder** *power* **primitivista** *primitivist* **detalles** *details* **género** *genre* **Patrimonio de la Humanidad** *World Heritage*

¡Increíble pero cierto!

¿Irías de compras a una prisión? Hace un tiempo, cuando la Penitenciaría Central de Tegucigalpa aún funcionaba, los presosº hacían objetos de maderaº, hamacasº y hasta instrumentos musicales y los vendían en una tienda dentro de la prisión. Allí, los turistas podían regatear con este especial grupo de artesanos.

presos *prisoners* **madera** *wood* **hamacas** *hammocks*

---

2 ¿Qué aprendiste? Contesta las preguntas.

1. ¿Qué es el lempira?
2. ¿Por qué es famoso Copán?
3. ¿Dónde está el templo Rosalila?
4. ¿Cuál es la exportación principal de Honduras?
5. ¿Cómo es el estilo de José Antonio Velásquez?

3 Yo habría... En parejas, imaginen que fueron de excursión a Honduras y comenten qué habrían hecho en cada uno de los siguientes lugares. Utilicen el condicional perfecto.

1. Tegucigalpa
2. una plantación de bananas
3. la reserva de biósfera de Río Plátano
4. Copán

vocabulario

Vocabulary Tools

Las bellas artes

el baile, la danza	dance
la banda	band
las bellas artes	(fine) arts
el boleto	ticket
la canción	song
la comedia	comedy; play
el concierto	concert
el cuento	short story
la cultura	culture
el drama	drama; play
la escultura	sculpture
el espectáculo	show
la estatua	statue
el festival	festival
la historia	history; story
la música	music
la obra	work (of art, music, etc.)
la obra maestra	masterpiece
la ópera	opera
la orquesta	orchestra
el personaje (principal)	(main) character
la pintura	painting
el poema	poem
la poesía	poetry
el público	audience
el teatro	theater
la tragedia	tragedy
aburrirse	to get bored
aplaudir	to applaud
apreciar	to appreciate
dirigir	to direct
esculpir	to sculpt
hacer el papel (de)	to play the role (of)
pintar	to paint
presentar	to present; to put on (a performance)
publicar	to publish
tocar (un instrumento musical)	to touch; to play (a musical instrument)
artístico/a	artistic
clásico/a	classical
dramático/a	dramatic
extranjero/a	foreign
folclórico/a	folk
moderno/a	modern
musical	musical
romántico/a	romantic
talentoso/a	talented

Los artistas

el bailarín, la bailarina	dancer
el/la cantante	singer
el/la compositor(a)	composer
el/la director(a)	director; (musical) conductor
el/la dramaturgo/a	playwright
el/la escritor(a)	writer
el/la escultor(a)	sculptor
la estrella (m., f.) de cine	movie star
el/la músico/a	musician
el/la poeta	poet

El cine y la televisión

el canal	channel
el concurso	game show; contest
los dibujos animados	cartoons
el documental	documentary
el premio	prize; award
el programa de entrevistas/realidad	talk/reality show
la telenovela	soap opera
… de acción	action
… de aventuras	adventure
… de ciencia ficción	science fiction
… de horror	horror
… de vaqueros	western

La artesanía

la artesanía	craftsmanship; crafts
la cerámica	pottery
el tejido	weaving

Expresiones útiles	See page 583.

More activities

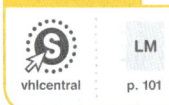

vhlcentral   LM p. 101

Las actualidades 18

Communicative Goals

You will learn how to:
- Discuss current events and issues
- Talk about and discuss the media
- Reflect on experiences, such as travel

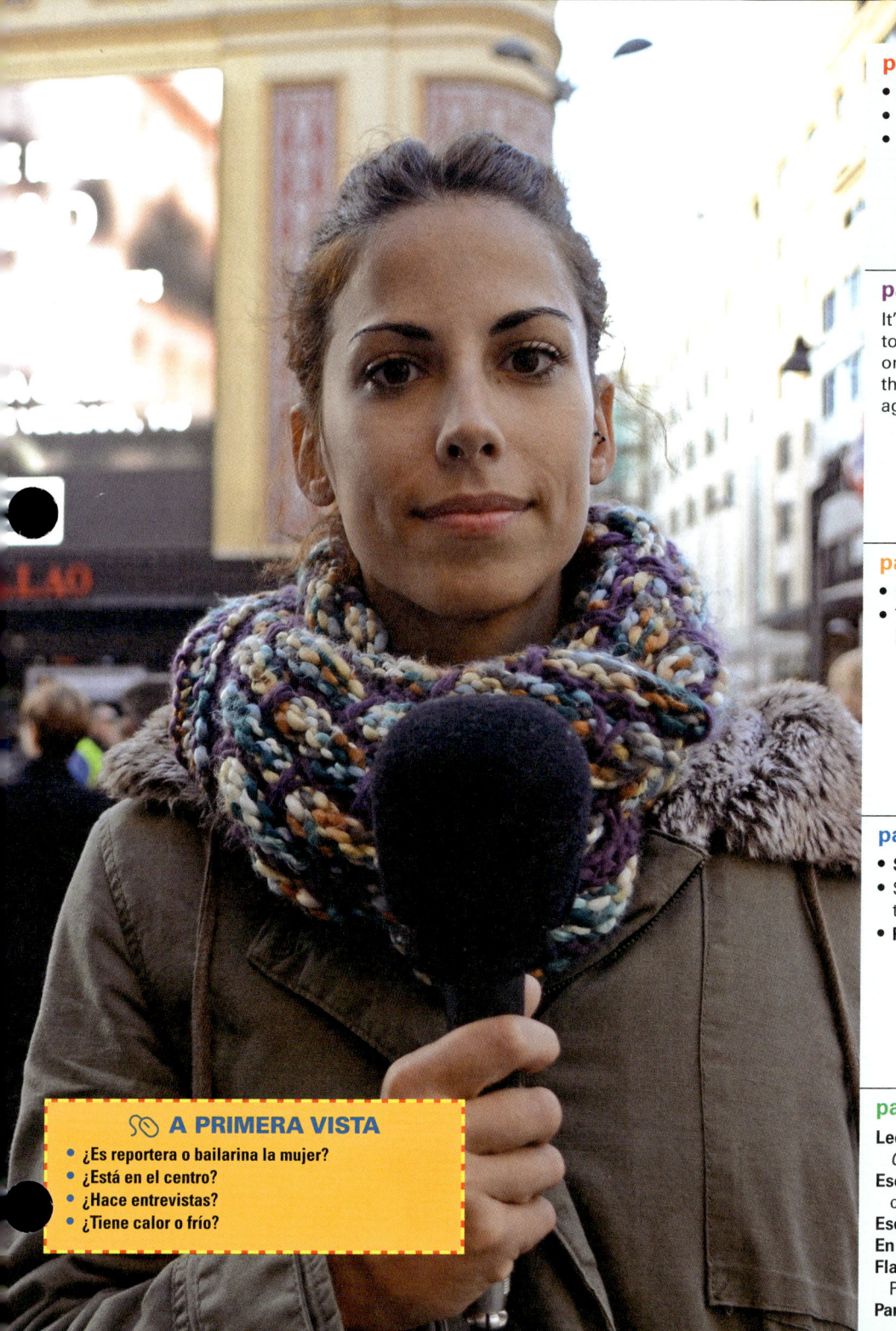

contextos
pages 612–615
- Current events and politics
- The media
- Natural disasters

fotonovela
pages 616–619
It's time for Marissa to return to the U.S. Her friends have one last surprise for her, and they all plan to see each other again in the near future.

cultura
pages 620–621
- Protests and strikes
- The peace process in Colombia

estructura
pages 622–631
- *Si* clauses
- Summary of the uses of the subjunctive
- **Recapitulación**

adelante
pages 632–641
Lectura: An excerpt from *Don Quijote de la Mancha*
Escritura: How you would change the world
Escuchar: A news brief
En pantalla: A PSA about voting
Flash cultura: A video about Puerto Rican politics
Panorama: Paraguay y Uruguay

A PRIMERA VISTA
- ¿Es reportera o bailarina la mujer?
- ¿Está en el centro?
- ¿Hace entrevistas?
- ¿Tiene calor o frío?

18 contextos

Las actualidades

Más vocabulario

el acontecimiento	event
las actualidades	news; current events
el artículo	article
la encuesta	poll; survey
el informe	report
el/la locutor(a)	(TV or radio) announcer
los medios de comunicación	media; means of communication
las noticias	news
el reportaje	report
el desastre (natural)	(natural) disaster
el huracán	hurricane
la inundación	flood
el terremoto	earthquake
el desempleo	unemployment
la (des)igualdad	(in)equality
la discriminación	discrimination
la guerra	war
la libertad	liberty; freedom
la paz	peace
el racismo	racism
el sexismo	sexism
el SIDA	AIDS
anunciar	to announce; to advertise
comunicarse (con)	to communicate (with)
durar	to last
informar	to inform
luchar (por/contra)	to fight; to struggle (for/against)
transmitir, emitir	to broadcast
(inter)nacional	(inter)national
peligroso/a	dangerous

Variación léxica

informe ↔ trabajo (*Esp.*)
noticiero ↔ informativo (*Esp.*)

La política

el/la ciudadano/a	citizen
el deber	responsibility; obligation
los derechos	rights
la dictadura	dictatorship
las elecciones	election
el impuesto	tax
la política	politics
el/la representante	representative
declarar	to declare
elegir (e:i)	to elect
obedecer	to obey
votar	to vote
político/a	political

Labels in illustration: el tornado, el discurso, la candidata, la prensa, la huelga, el diario, el ejército, el soldado, la violencia, el noticiero

la tormenta
el incendio
el crimen
el choque

Práctica

1 **Buenas o malas noticias** Indica si cada una de las oraciones es una **buena** o una **mala noticia**.

1. _____   5. _____
2. _____   6. _____
3. _____   7. _____
4. _____   8. _____

2 **Contestar** Contesta las preguntas sobre las noticias.

1. ¿Qué es Notiuruguay?
2. ¿Qué habrá en Uruguay?
3. ¿Qué son injustos, según la encuesta?
4. ¿Quiénes deberían asegurar la igualdad de los impuestos para todos?
5. ¿En qué puede convertirse la tormenta?

3 **Categorías** Indica la categoría de cada uno de estos términos. Las categorías son: **desastres naturales, política** y **medios de comunicación.**

1. inundación   6. noticiero
2. reportaje   7. elecciones
3. incendio   8. prensa
4. candidato/a   9. terremoto
5. representante   10. huracán

4 **Completar** Completa la noticia con los verbos adecuados para cada oración. Conjuga los verbos en el tiempo verbal correspondiente.

1. El grupo _____ a todos los medios de comunicación que iba a organizar una huelga general de los trabajadores.
   a. durar   b. votar   c. anunciar
2. Los representantes les pidieron a los ciudadanos que _____ al presidente.
   a. comer   b. obedecer   c. aburrir
3. La oposición, por otro lado, _____ a un líder para promover la huelga.
   a. publicar   b. emitir   c. elegir
4. El líder de la oposición dijo que si el gobierno ignoraba sus opiniones, la huelga iba a _____ mucho tiempo.
   a. transmitir b. obedecer   c. durar
5. Hoy día, el líder de la oposición declaró que los ciudadanos estaban listos para _____ por sus derechos.
   a. informar   b. comunicarse c. luchar

5 Definiciones
Indica la palabra adecuada para cada definición.

| acontecimiento | guerra | libertad | racismo | SIDA |
| discurso | huelga | locutor(a) | sexismo | soldado |

1. conflicto entre dos ejércitos
2. tipo de discriminación contra otras razas o grupos étnicos
3. persona que tiene por trabajo hablar en radio o televisión
4. mensaje que se da de manera pública
5. enfermedad infecciosa
6. evento que llama la atención
7. interrupción de las actividades laborales para conseguir beneficios
8. persona que hace parte del ejército

6 Conversación
Completa esta conversación con las palabras adecuadas.

artículo	derechos	peligrosa
choque	dictaduras	transmitir
declarar	paz	violencia

RAÚL Oye, Agustín, ¿leíste el (1) _____ del diario *El País*?

AGUSTÍN ¿Cuál? ¿El del (2) _____ entre dos autobuses?

RAÚL No, el otro sobre…

AGUSTÍN ¿Sobre la tormenta (3) _____ que viene mañana?

RAÚL No, hombre, el artículo sobre política…

AGUSTÍN ¡Ay, claro! Un análisis de las peores (4) _____ de la historia.

RAÚL ¡Agustín! Deja de interrumpir. Te quería hablar del artículo sobre la organización que lucha por los (5) _____ humanos y la (6) _____.

AGUSTÍN Ah, no lo leí.

RAÚL Parece que te interesan más las noticias sobre la (7) _____, ¿eh?

7 La vida civil
¿Estás de acuerdo con estas afirmaciones? Comparte tus respuestas con la clase.

1. Los medios de comunicación nos informan bien de las noticias.
2. Los medios de comunicación nos dan una visión global del mundo.
3. Los candidatos para las elecciones deben aparecer en todos los medios de comunicación.
4. Nosotros y nuestros representantes nos comunicamos bien.
5. Es importante que todos obedezcamos las leyes.
6. Es importante luchar por los derechos.
7. Es importante mirar o escuchar un noticiero todos los días.
8. Es importante votar.
9. El deber de todos los ciudadanos es pagar impuestos.
10. La libertad de prensa debe ser protegida.

AYUDA

You may want to use these expressions:
En mi opinión…
Está claro que…
(No) Estoy de acuerdo.
Según mis padres…
Sería ideal que…

Comunicación

8 Las actualidades En parejas, describan lo que ven en las fotos. Luego, escriban una historia para explicar qué pasó en cada foto.

9 Un noticiero En grupos, trabajen para presentar un noticiero de la tarde. Presenten por lo menos tres reportajes sobre espectáculos, política, crimen y temas sociales.

> **¡LENGUA VIVA!**
> Here are four ways to say *to happen*:
> **acontecer**
> **ocurrir**
> **pasar**
> **suceder**

10 Las elecciones Trabajen en parejas para representar una entrevista entre un(a) reportero/a de la televisión y un(a) político/a que va a ser candidato/a en las próximas elecciones.

▶ Antes de la entrevista, hagan una lista de los temas de los que el/la candidato/a va a hablar y de las preguntas que el/la reportero/a le va a hacer.

▶ Durante la entrevista, la clase va a hacer el papel del público.

▶ Después de la entrevista, el/la reportero/a va a hacerle preguntas y pedirle comentarios al público.

18 fotonovela

Hasta pronto, Marissa

Marissa debe regresar a Wisconsin y quiere despedirse de sus amigos.

PERSONAJES
MARISSA SR. DÍAZ

 Video

MARISSA ¡Hola, don Roberto! ¿Dónde están todos?
SR. DÍAZ Todos me dijeron que te pidiera una disculpa de su parte.
MARISSA (*triste*) Ah. No hay problema. ¿Puedo poner la tele?
SR. DÍAZ Claro.

MAITE FUENTES Un incendio en el centro ha ocasionado daños en tres edificios. Los representantes de la policía nos informan que no hay heridos. Aunque las elecciones son en pocas semanas, las encuestas no muestran un líder definido.

MARISSA Si hubiera sabido que ellos no iban a estar aquí, me habría despedido anoche.
SR. DÍAZ ¡Ánimo! No es un adiós, Marissa. Vamos a seguir en contacto. Pero, creo que tenemos algo de tiempo antes de que te vayas. Te llevo a comer tu última comida mexicana.

EMPLEADO Buenos días, señor Díaz. ¡Qué gusto verlo!
SR. DÍAZ Igualmente. Ella es Marissa. Pasó el año con nosotros. Quería que su última comida en México fuera la mejor de todas.
EMPLEADO Muy amable de su parte, señor. Su mesa está lista. Síganme, por favor.

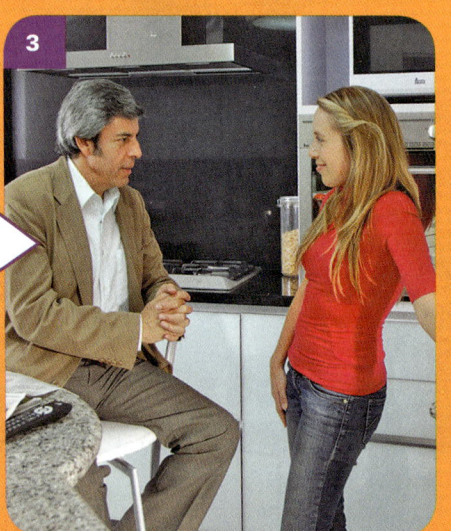

(*La familia Díaz y sus amigos sorprenden a Marissa en el restaurante.*)
MARISSA No tenía ni idea. (*a Jimena*) Tu papá me hizo creer que no podría despedirme de ustedes.

SR. DÍAZ Chicos, me dicen que se van a casar. Felicidades.
MIGUEL Nos casamos aquí en México el año que viene. Ojalá usted y su esposa puedan ir. (*a Marissa*) Si tú no estás harta de nosotros, nos encantaría que también vinieras.

MAITE FUENTES   **DON DIEGO**   **EMPLEADO**   **SRA. DÍAZ**   **JIMENA**   **MIGUEL**   **FELIPE**   **MARU**   **JUAN CARLOS**

SRA. DÍAZ Marissa, ¿cuál fue tu experiencia favorita en México?

MARISSA Bueno, si tuviera que elegir una sola experiencia, tendría que ser el Día de Muertos. Chichén Itzá fue muy emocionante también. No puedo decidirme. ¡La he pasado de película!

SR. DÍAZ Mi hermana Ana María me pidió que te diera esto.

MARISSA *No way!*

JUAN CARLOS ¿Qué es?

MARISSA La receta del mole de la tía.

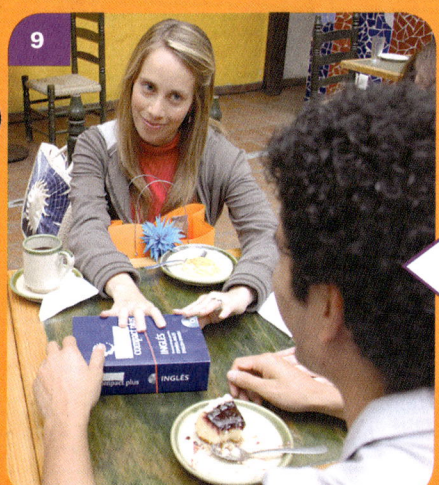

FELIPE Nosotros también tenemos algo para ti.

MARISSA ¡Mi diccionario! Lo dejo contigo, Felipe. Tenías razón. No lo necesito.

SR. DÍAZ Si queremos llegar a tiempo al aeropuerto, tenemos que irnos ya.

MARU Te veremos en nuestra boda.

MARISSA ¡Sí, seguro!

SR. DÍAZ Bueno, vámonos.

MARISSA (*a todos*) Cuídense. Gracias por todo.

Expresiones útiles

Expressing delight and surprise

¡Qué gusto verlo/la!
How nice to see you! (form.)
¡Qué gusto verte!
How nice to see you! (fam.)
¡No tenía ni idea!
I had no idea!
¡Felicidades!
Congratulations!

Playing a joke on someone

Todos me dijeron que te pidiera una disculpa de su parte.
They all told me to ask you to excuse them / forgive them.
Tu papá me hizo creer que no podría despedirme de ustedes.
Your dad made me think I wouldn't be able to say goodbye to you.

Talking about past and future trips

Si tuviera que elegir una sola experiencia, tendría que ser el Día de Muertos.
If I had to pick just one experience, it would have to be the Day of the Dead.
¡La he pasado de película!
I've had an awesome time!
Ojalá usted y su esposa puedan ir.
I hope you and your wife can come.
Si tú no estás harta de nosotros, nos encantaría que también vinieras.
If you aren't sick of us, we'd love you to come, too.
Si queremos llegar a tiempo al aeropuerto, tenemos que irnos ya.
If we want to get to the airport on time, we should go now.

Additional vocabulary

despedirse
to say goodbye

¿Qué pasó?

1 **¿Cierto o falso?** Decide si lo que se afirma en las oraciones es **cierto** o **falso**. Corrige las oraciones falsas.

	Cierto	Falso
1. Según la reportera, las elecciones son la próxima semana.	○	○
2. Marissa dice que una de sus experiencias favoritas en México fue el Día de Muertos.	○	○
3. La reportera dice que hay una inundación en el centro.	○	○
4. La Sra. Díaz le envía la receta de los tacos a Marissa.	○	○
5. Marissa le deja su diccionario a Jimena.	○	○

2 **Identificar** Identifica quién hace estas afirmaciones.

1. Te llevo a comer tu última comida mexicana.
2. Me da mucha tristeza no despedirme de ellos.
3. Las encuestas no muestran un líder definido.
4. Marissa, ¿cuál fue tu experiencia favorita en México?
5. Te veremos en nuestra boda.

MAITE FUENTES
SR. DÍAZ
MARISSA
MARU
SRA. DÍAZ

3 **Preguntas** Contesta las preguntas.

1. ¿Dónde y cuándo se casarán Miguel y Maru?
2. ¿Por qué Marissa no imaginaba que vería a sus amigos en el restaurante?
3. Según lo que dice Maite Fuentes, ¿qué ha ocasionado el incendio en el centro?
4. ¿Por qué el Sr. Díaz le dice a Marissa que tienen que irse ya?
5. ¿Qué dice Marissa sobre la experiencia que vivió en Chichén Itzá?

4 **Las experiencias de Marissa** Trabajen en parejas para representar una conversación en español entre Marissa y un(a) amigo/a con quien se encuentra cuando ella acaba de regresar de México. Hablen de las experiencias buenas y malas que tuvieron durante ese tiempo.

▶ ¡Qué gusto volver a verte!
▶ Gusto de verte.
▶ Lo pasé de película/maravillosamente/muy bien.
▶ Me divertí mucho.
▶ Lo mejor fue...
▶ Lo peor fue...

Ortografía
Neologismos y anglicismos

  Tutorial

As societies develop and interact, new words are needed to refer to inventions and discoveries, as well as to objects and ideas introduced by other cultures. In Spanish, many new terms have been invented to refer to such developments, and additional words have been "borrowed" from other languages.

bajar un programa download	**borrar** to delete	**correo basura** junk mail
en línea online	**enlace** link	**herramienta** tool
navegador browser	**pirata** hacker	**sistema operativo** operating system

Many Spanish neologisms, or "new words," refer to computers and technology. Due to the newness of these words, more than one term may be considered acceptable.

| **cederrón, CD-ROM** | **escáner** | **fax** | **zoom** |

In Spanish, many anglicisms, or words borrowed from English, refer to computers and technology. Note that the spelling of these words is often adapted to the sounds of the Spanish language.

| **jazz, yaz** | **rap** | **rock** | **walkman** |

Music and music technology are another common source of anglicisms.

| **gángster** | **hippy, jipi** | **póquer** | **whisky, güisqui** |

Other borrowed words refer to people or things that are strongly associated with another culture.

chárter	**esnob**	**estrés**	**flirtear**
gol	**hall**	**hobby**	**iceberg**
jersey	**júnior**	**récord**	**yogur**

There are many other sources of borrowed words. Over time, some anglicisms are replaced by new terms in Spanish, while others are accepted as standard usage.

Práctica Completa el diálogo usando las palabras de la lista.

| borrar | correo basura | esnob |
| chárter | en línea | estrés |

GUSTAVO Voy a leer el correo electrónico.
REBECA Bah, yo sólo recibo _____. Lo único que hago con la computadora es _____ mensajes.
GUSTAVO Mira, cariño, hay un anuncio en Internet: un viaje barato a Punta del Este. Es un vuelo _____.
REBECA Últimamente tengo tanto _____. Sería buena idea que fuéramos de vacaciones. Pero busca un hotel muy bueno.
GUSTAVO Rebeca, no seas _____, lo importante es ir y disfrutar. Voy a comprar los boletos ahora mismo _____.

Dibujo Describe el dibujo utilizando por lo menos cinco anglicismos.

cultura

EN DETALLE

Protestas sociales

¿Cómo reaccionas ante° una situación injusta? ¿Protestas? Las huelgas y manifestaciones° son expresiones de protesta. Mucha gente asocia las huelgas con "no trabajar", pero no siempre es así. Hay huelgas donde los empleados del gobierno aplican las regulaciones escrupulosamente, demorando° los procesos administrativos; en otras, los trabajadores aumentan la producción. En países como España, las huelgas muchas veces se anuncian con anticipación° y, en los lugares que van a ser afectados, se ponen carteles con información como: "Esta oficina cerrará el día 14 con motivo de la huelga. Disculpen las molestias°".

Las manifestaciones son otra forma de protesta: la gente sale a la calle llevando carteles con frases y eslóganes. Una forma original de manifestación son los "cacerolazos", en los cuales la gente golpea° cacerolas y sartenes°. Los

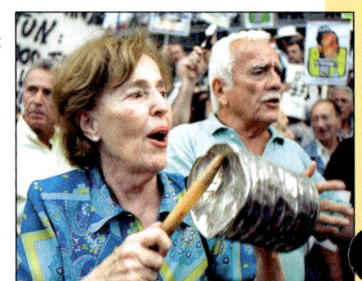

primeros cacerolazos tuvieron lugar en Chile y más tarde pasaron a otros países. Otras veces, el buen humor ayuda a confrontar temas serios y los manifestantes° marchan bailando, cantando eslóganes y tocando silbatos° y tambores°.

Actualmente° se puede protestar sin salir de casa. Lo único que necesitas es tener una computadora con conexión a Internet para poder participar en manifestaciones virtuales. Y no sólo de tu país, sino de todo el mundo.

Los eslóganes

El pueblo unido jamás será vencido°. Es el primer verso° de una canción que popularizó el grupo chileno Quilapayún.

Basta ya°. Se ha usado en el País Vasco en España durante manifestaciones en contra del terrorismo.

Agua para todos. Se ha gritado en manifestaciones contra la privatización del agua en varios países hispanos.

Ni guerra que nos mate°, ni paz que nos oprima°. Surgió° en la **Movilización Nacional de Mujeres contra la Guerra,** en Colombia (2002) para expresar un no rotundo° a la guerra.

Ni un paso° atrás. Ha sido usado en muchos países, como en Argentina por las Madres de la Plaza de Mayo*.

* Las Madres de la Plaza de Mayo es un grupo de mujeres que tiene hijos o familiares que desaparecieron durante la dictadura militar en Argentina (1976–1983).

---

ante *in the presence of* manifestaciones *demonstrations* demorando *delaying* con anticipación *in advance* Disculpen las molestias. *We apologize for any inconvenience.* golpea *bang* cacerolas y sartenes *pots and pans* manifestantes *demonstrators* silbatos *whistles* tambores *drums* Actualmente *Currently* vencido *defeated* verso *line* Basta ya. *Enough.* mate *kills* oprima *oppresses* Surgió *It arose* rotundo *absolute* paso *step*

ACTIVIDADES

1 **¿Cierto o falso?** Indica si lo que dice cada oración es **cierto** o **falso**. Corrige la información falsa.

1. En algunas huelgas las personas trabajan más de lo normal.
2. En España, las huelgas se hacen sin notificación previa.
3. En las manifestaciones virtuales se puede protestar sin salir de casa.
4. En algunas manifestaciones la gente canta y baila.
5. "Basta ya" es un eslogan que se ha usado en España en manifestaciones contra el terrorismo.
6. En el año 2002 se llevó a cabo la Movilización Nacional de Mujeres contra la Guerra en Argentina.
7. Los primeros "cacerolazos" se hicieron en Venezuela.
8. "Agua para todos" es un eslogan del grupo Quilapayún.

ASÍ SE DICE
Periodismo y política

la campaña	campaign
el encabezado	headline
la prensa amarilla	tabloid press
el sindicato	(labor) union
el suceso, el hecho	el acontecimiento

EL MUNDO HISPANO
Hispanos en la historia

- **Sonia Sotomayor** (Nueva York, EE.UU., 1954–) Doctora en Derecho de ascendencia puertorriqueña. Es la primera mujer hispana en ocupar el cargo de Jueza Asociada en la Corte Suprema de los Estados Unidos.

- **Che Guevara** (Rosario, Argentina, 1928–La Higuera, Bolivia, 1967) Ernesto "Che" Guevara es una de las figuras más controversiales del siglo° XX. Médico de profesión, fue uno de los líderes de la revolución cubana y participó en las revoluciones de otros países.

- **Rigoberta Menchú Tum** (Laj Chimel, Guatemala, 1959–) De origen maya, desde niña sufrió la pobreza y la represión, lo que la llevó muy pronto a luchar por los derechos humanos. En 1992 recibió el Premio Nobel de la Paz.

- **José Martí** (La Habana, Cuba, 1853–Dos Ríos, Cuba, 1895) Fue periodista, filósofo, poeta, diplomático e independentista°. Desde su juventud se opuso al régimen colonialista español. Murió luchando por la independencia de Cuba.

siglo *century* independentista *supporter of independence*

PERFIL
El proceso de paz en Colombia

En 2016, el diario *The Economist* eligió a Colombia como el país del año, y su presidente, Juan Manuel Santos, recibió el Premio Nobel de la Paz. Este protagonismo° del país fue resultado del histórico proceso de paz que se inició en 2012 entre el Gobierno de Colombia y las FARC (Fuerzas Armadas Revolucionarias de Colombia), con Noruega y Cuba como garantes°, y que terminó con la firma del Acuerdo para la Terminación Definitiva del Conflicto en noviembre de 2016.

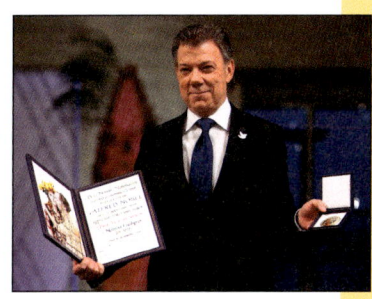

El Premio Nobel, según el jurado°, quiere animar "a todos aquellos que tratan de lograr la paz, la reconciliación y la justicia en Colombia" para que "en los próximos años los colombianos recojan los frutos del proceso de paz y reconciliación en marcha". En la ceremonia de aceptación del premio en Noruega estuvieron varias víctimas del conflicto, como la excandidata presidencial Ingrid Betancourt y la congresista Clara Rojas, secuestradas° por las FARC durante más de seis años. Santos dedicó el premio a todas las víctimas y donó el dinero obtenido.

protagonismo *limelight* garantes *guarantors* jurado *jury* secuestradas *kidnapped*

CON RITMO HISPANO
Jorge Drexler (1964–)
Lugar de nacimiento: Montevideo, Uruguay

Antes de dedicarse a la música, estudió y ejerció la medicina. Ha lanzado dieciséis álbumes y ha ganado dos Grammy Latinos. En 2004 ganó el premio Oscar a la mejor canción original por "Al otro lado del río".

Go to **vhlcentral.com** to find out more about **Jorge Drexler** and his music.

ACTIVIDADES

2 **Comprensión** Contesta las preguntas.
1. ¿Cuáles son los sinónimos de acontecimiento?
2. ¿En qué es pionera Sonia Sotomayor?
3. ¿Cuáles fueron las dos partes en el diálogo del proceso de paz en Colombia?
4. ¿A quiénes dedicó el Premio Nobel el presidente Santos?

3 **Líderes** ¿Quién es el/la líder de tu comunidad o región que más admiras? Primero, escribe un breve párrafo explicando quién es, qué hace y por qué lo/la admiras. Luego, lee tu texto a la clase.

18 estructura

18.1 Si clauses

ANTE TODO **Si** (*If*) clauses describe a condition or event upon which another condition or event depends. Sentences with **si** clauses consist of a **si** clause and a main (or result) clause.

Si pudieras, ¿irías a nuestra boda?

Sí, si tuviera la oportunidad, iría con mucho gusto.

▶ **Si** clauses can speculate or hypothesize about a current event or condition. They express what *would happen* if an event or condition *were to occur*. This is called a contrary-to-fact situation. In such instances, the verb in the **si** clause is in the past subjunctive while the verb in the main clause is in the conditional.

Si **cambiaras** de empleo, **serías** más feliz.
If you changed jobs, you would be happier.

Iría de viaje a Suramérica si **tuviera** dinero.
I would travel to South America if I had money.

▶ **Si** clauses can also describe a contrary-to-fact situation in the past. They can express what *would have happened* if an event or condition *had occurred*. In these sentences, the verb in the **si** clause is in the past perfect subjunctive while the verb in the main clause is in the conditional perfect.

Si **hubiera sido** estrella de cine, **habría sido** rico.
If I had been a movie star, I would have been rich.

No **habrías tenido** hambre si **hubieras desayunado**.
You wouldn't have been hungry if you had eaten breakfast.

▶ **Si** clauses can also express conditions or events that are possible or likely to occur. In such instances, the **si** clause is in the present indicative while the main clause uses a present, near future, future, or command form.

Si **puedes** venir, **llámame**.
If you can come, call me.

Si **puedo** venir, **te llamo**.
If I can come, I'll call you.

Si **terminas** la tarea, **tendrás** tiempo para mirar la televisión.
If you finish your homework, you will have time to watch TV.

Si **terminas** la tarea, **vas a tener** tiempo para mirar la televisión.
If you finish your homework, you are going to have time to watch TV.

¡ATENCIÓN!
Remember the difference between **si** (*if*) and **sí** (*yes*).

¡LENGUA VIVA!
Note that in Spanish the conditional is never used immediately following **si**.

▶ When the **si** clause expresses habitual past conditions or events, *not* a contrary-to-fact situation, the imperfect is used in both the **si** clause and the main (or result) clause.

Si Alicia me **invitaba** a una fiesta,
  yo siempre **iba**.
*If (Whenever) Alicia invited me to a party,
  I would (used to) go.*

Mis padres siempre **iban** a la playa
  si **hacía** buen tiempo.
*My parents always went to the beach
  if the weather was good.*

▶ The **si** clause may be the first or second clause in a sentence. Note that a comma is used only when the **si** clause comes first.

Si tuviera tiempo, iría contigo.
If I had time, I would go with you.

Iría contigo **si tuviera tiempo.**
I would go with you if I had time.

Summary of si clause sequences

Condition	Si clause	Main clause
Possible or likely	**Si** + present	Present Near future (**ir a** + infinitive) Future Command
Habitual in the past	**Si** + imperfect	Imperfect
Contrary-to-fact (present)	**Si** + past (imperfect) subjunctive	Conditional
Contrary-to-fact (past)	**Si** + past perfect (pluperfect) subjunctive	Conditional perfect

¡INTÉNTALO! Cambia los tiempos y modos de los verbos para practicar todos los tipos de oraciones con **si** que se muestran en la tabla.

1. Si usted ___va___ (ir) a la playa, tenga cuidado con el sol.
2. Si _____ (hacer) buen tiempo, voy a ir al parque.
3. Si tú _____ (querer), te preparo la merienda.
4. Si mis amigos _____ (ir) de viaje, sacaban muchas fotos.
5. Si nosotros _____ (querer) ir al teatro, compraríamos los boletos antes.
6. Si ella me _____ (llamar), yo la invitaría a la fiesta.
7. Si tú _____ (levantarse) temprano, desayunarías antes de ir a clase.
8. Si ellos _____ (tener) tiempo, te llamarían.
9. Si yo _____ (ser) astronauta, habría ido a la Luna.
10. Si ustedes me _____ (decir) la verdad, no habríamos tenido este problema.
11. Si él _____ (ganar) un millón de dólares, habría comprado una mansión.
12. Si ellos _____ (trabajar) más, habrían tenido más éxito.

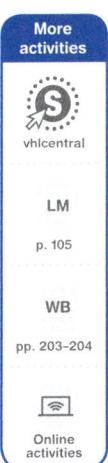

Práctica

1 Emparejar Empareja frases de las dos columnas para crear oraciones lógicas.

A
1. Si aquí hubiera terremotos, ___
2. Si la huelga dura más de un mes, ___
3. Si te doy el informe, ___
4. Si la guerra hubiera continuado, ___
5. Si me informo bien, ___

B
a. ¿se lo muestras al director?
b. habrían muerto muchos más.
c. muchos van a pasar hambre.
d. podré explicar el desempleo.
e. no permitiríamos edificios altos.

AYUDA
Remember these forms of **haber**:
(si) hubiera
(if) there were
habría
there would be

2 Minidiálogos Completa los minidiálogos entre Teresa y Anita.

TERESA ¿Qué (1)_____ hecho tú si tu papá te (2)_____ regalado un carro?
ANITA Me (3)_____ muerto de la felicidad.

ANITA Si (4)_____ a Paraguay, ¿qué vas a hacer?
TERESA (5)_____ a visitar a mis parientes.

ANITA Si tú (6)_____ tiempo, ¿irías al cine con más frecuencia?
TERESA Sí, yo (7)_____ con más frecuencia si tuviera tiempo.

TERESA Si tú y tu familia (8)_____ un millón de dólares, ¿qué comprarían?
ANITA Si nosotros tuviéramos un millón de dólares, (9)_____ tres casas nuevas.

¡LENGUA VIVA!
Paraguay es conocido como "El Corazón de América" porque está en el centro de Suramérica. Sus lugares más visitados son la capital Asunción, que está situada a orillas (*on the banks*) del río Paraguay y la ciudad de Itauguá, en donde se producen muchos textiles.

3 Completar En parejas, túrnense para completar las frases de una manera lógica. Luego lean sus oraciones a la clase.

1. Si tuviera un accidente de carro...
2. Me volvería loco/a (*I would go crazy*) si mi familia...
3. Me habría ido al Cuerpo de Paz (*Peace Corps*) si...
4. No volveré a ver las noticias en ese canal si...
5. Habría menos problemas si los medios de comunicación...
6. Si mis padres hubieran insistido en que fuera al ejército...
7. Si me ofrecen un viaje a la Luna...
8. Me habría enojado mucho si...
9. Si hubiera un desastre natural en mi ciudad...
10. Yo habría votado en las elecciones pasadas si...

Comunicación

4 Situaciones Trabajen en grupos para contestar las preguntas. Después deben comunicar sus respuestas a la clase.

1. ¿Qué harían si fueran de vacaciones a Uruguay y al llegar no hubiera habitaciones en ningún hotel?
2. ¿Qué hacen si encuentran dinero en la calle?
3. Imaginen que estuvieron en Montevideo por tres semanas. ¿Qué habrían hecho si hubieran visto un crimen allí?
4. ¿Qué harían si fueran de viaje y las líneas aéreas estuvieran en huelga?
5. ¿Qué hacen si están en la calle y alguien les pide dinero?
6. ¿Qué harían si estuvieran en un país extranjero y un reportero los confundiera (*confused*) con unos actores o unas actrices de Hollywood?
7. ¿Qué dirían sus padres si los/las vieran ahora mismo?
8. ¿Qué haría cada uno/a de ustedes si fuera presidente/a o primer(a) ministro/a de este país?

5 ¿Qué harían? En parejas, túrnense para hablar de lo que hacen, harían o habrían hecho en estas circunstancias.

1. si ves a tu novio/a con otro/a en el cine
2. si hubieras ganado un viaje a Uruguay
3. si mañana tuvieras el día libre
4. si te casaras y tuvieras ocho hijos
5. si tuvieras que cuidar a tus padres cuando sean mayores
6. si no tuvieras que preocuparte por el dinero
7. si te acusaran de cometer un crimen
8. si hubieras vivido bajo una dictadura

Síntesis

6 Entrevista En grupos, preparen cinco preguntas para hacerle a un(a) candidato/a a la presidencia de su país. Luego, túrnense para hacer el papel de entrevistador(a) y de candidato/a. El/La entrevistador(a) reacciona a cada una de las respuestas del/de la candidato/a.

> **modelo**
> **Entrevistador(a):** ¿Qué haría usted en cuanto a la obesidad infantil?
> **Candidato/a:** Pues, dudo que podamos decirles a los padres cómo alimentar a sus hijos. Creo que ellos deben preocuparse por darles comida saludable.
> **Entrevistador(a):** ¿Entonces usted no haría nada para combatir la obesidad infantil?
> **Candidato/a:** Si yo fuera presidente/a…

18.2 Summary of the uses of the subjunctive

ANTE TODO Since **Lección 12**, you have been learning about subjunctive verb forms and practicing their uses. The following chart summarizes the subjunctive forms you have studied. The chart on the next page summarizes the uses of the subjunctive you have seen and contrasts them with uses of the indicative and the infinitive. These charts will help you review and synthesize what you have learned about the subjunctive in this book.

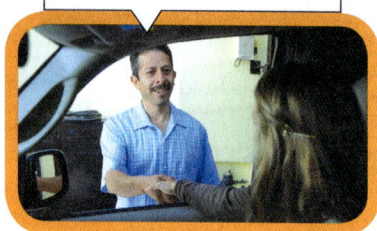

Espero que lo hayas pasado bien en México.

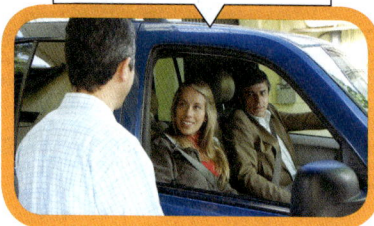

Sí, si hubiera podido, me habría quedado más tiempo.

Summary of subjunctive forms

-ar verbs		-er verbs		-ir verbs	
PRESENT SUBJUNCTIVE	**PAST SUBJUNCTIVE**	**PRESENT SUBJUNCTIVE**	**PAST SUBJUNCTIVE**	**PRESENT SUBJUNCTIVE**	**PAST SUBJUNCTIVE**
hable	hablara	beba	bebiera	viva	viviera
hables	hablaras	bebas	bebieras	vivas	vivieras
hable	hablara	beba	bebiera	viva	viviera
hablemos	habláramos	bebamos	bebiéramos	vivamos	viviéramos
habléis	hablarais	bebáis	bebierais	viváis	vivierais
hablen	hablaran	beban	bebieran	vivan	vivieran
PRESENT PERFECT SUBJUNCTIVE		**PRESENT PERFECT SUBJUNCTIVE**		**PRESENT PERFECT SUBJUNCTIVE**	
haya hablado		haya bebido		haya vivido	
hayas hablado		hayas bebido		hayas vivido	
haya hablado		haya bebido		haya vivido	
hayamos hablado		hayamos bebido		hayamos vivido	
hayáis hablado		hayáis bebido		hayáis vivido	
hayan hablado		hayan bebido		hayan vivido	
PAST PERFECT SUBJUNCTIVE		**PAST PERFECT SUBJUNCTIVE**		**PAST PERFECT SUBJUNCTIVE**	
hubiera hablado		hubiera bebido		hubiera vivido	
hubieras hablado		hubieras bebido		hubieras vivido	
hubiera hablado		hubiera bebido		hubiera vivido	
hubiéramos hablado		hubiéramos bebido		hubiéramos vivido	
hubierais hablado		hubierais bebido		hubierais vivido	
hubieran hablado		hubieran bebido		hubieran vivido	

CONSULTA

To review the subjunctive, refer to these sections:
Present subjunctive, **Estructura 12.3**, pp. 422–424.
Present perfect subjunctive, **Estructura 15.3**, p. 525.
Past subjunctive, **Estructura 16.3**, pp. 558–559.
Past perfect subjunctive, **Estructura 17.3**, p. 595.

Las actualidades

The subjunctive is used...

1. After verbs and/or expressions of will and influence, when the subject of the subordinate clause is different from the subject of the main clause

   Los ciudadanos **desean** que el candidato presidencial los **escuche.**

2. After verbs and/or expressions of emotion, when the subject of the subordinate clause is different from the subject of the main clause

   Alejandra **se alegró** mucho de que le **dieran** el trabajo.

3. After verbs and/or expressions of doubt, disbelief, and denial

   Dudo que **vaya** a tener problemas para encontrar su maleta.

4. After the conjunctions **a menos que, antes (de) que, con tal (de) que, en caso (de) que, para que,** and **sin que**

   Cierra las ventanas **antes de que empiece** la tormenta.

5. After **cuando, después (de) que, en cuanto, hasta que,** and **tan pronto como** when they refer to future actions

   Tan pronto como haga la tarea, podrá salir con sus amigos.

6. To refer to an indefinite or nonexistent antecedent mentioned in the main clause

   Busco **un** empleado que **haya estudiado** computación.

7. After **si** to express something impossible, improbable, or contrary to fact

   Si hubieras escuchado el noticiero, te habrías informado sobre el terremoto.

The indicative is used...

1. After verbs and/or expressions of certainty and belief

   Es cierto que Uruguay **tiene** unas playas espectaculares.

2. After the conjunctions **cuando, después (de) que, en cuanto, hasta que,** and **tan pronto como** when they do not refer to future actions

   Hay más violencia **cuando hay** desigualdad social.

3. To refer to a definite or specific antecedent mentioned in the main clause

   Busco a **la** señora que me **informó** del crimen que ocurrió ayer.

4. After **si** to express something possible, probable, or not contrary to fact

   Pronto habrá más igualdad **si luchamos** contra la discriminación.

The infinitive is used...

1. After expressions of will and influence when there is no change of subject

   Martín **desea ir** a Montevideo este año.

2. After expressions of emotion when there is no change of subject

   Me alegro de conocer a tu esposo.

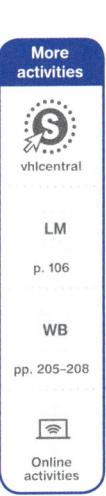

More activities

vhlcentral

LM p. 106

WB pp. 205–208

Online activities

Práctica

1 Conversación Completa la conversación con los tiempos verbales adecuados.

EMA Busco al reportero que (1)_____ (publicar) el libro sobre la dictadura de Stroessner.

ROSA Ah, usted busca a Miguel Pérez. Ha salido.

EMA Le había dicho que yo vendría a verlo el martes, pero él me dijo que (2)_____ (venir) hoy.

ROSA No creo que a Miguel se le (3)_____ (olvidar) la cita. Si usted le (4)_____ (pedir) una cita, él me lo habría mencionado.

EMA Pues no, no pedí cita, pero si él me hubiera dicho que era necesario, yo lo (5)_____ (hacer).

ROSA Creo que Miguel (6)_____ (ir) a cubrir un incendio hace media hora. No pensaba que nadie (7)_____ (ir) a venir esta tarde. Si quiere, le digo que la (8)_____ (llamar) tan pronto como (9)_____ (llegar). A menos que usted (10)_____ (querer) dejar un recado…

(*Entra Miguel.*)

EMA ¡Miguel! Amor, si hubieras llegado cinco minutos más tarde, no me (11)_____ (encontrar) aquí.

MIGUEL ¡Ema! ¿Qué haces aquí?

EMA Me dijiste que viniera hoy para que (12)_____ (poder) pasar más tiempo juntos.

ROSA (*En voz baja*) ¿Cómo? ¿Serán novios?

NOTA CULTURAL

El general **Alfredo Stroessner** es el dictador que más tiempo ha durado en el poder en un país de Suramérica. Stroessner se hizo presidente de Paraguay en 1954 y el 3 de febrero de 1989 fue derrocado (*overthrown*) en un golpe militar (*coup*). Después de esto, Stroessner se exilió a Brasil donde murió en 2006.

2 Escribir Escribe uno o dos párrafos sobre tu participación en las próximas elecciones. Usa por lo menos cuatro de estas frases.

- Votaré por… con tal de que…
- Quisiera saber…
- Si gana mi candidato/a…
- Espero que la economía…
- Estoy seguro/a de que…
- A menos que…
- Mis padres siempre me dijeron que…
- Si a la gente realmente le importara la familia…
- No habría escogido a ese/a candidato/a si…
- Si le preocuparan más los impuestos…
- Dudo que el/la otro/a candidato/a…
- En las próximas elecciones espero que…

3 Explicar En parejas, escriban una conversación breve sobre cada tema de la lista. Usen por lo menos un verbo en subjuntivo y otro en indicativo o en infinitivo.

| unas elecciones | una huelga | una inundación | la prensa |
| una guerra | un incendio | la libertad | un terremoto |

modelo

un tornado
Estudiante 1: Temo que este año haya tornados por nuestra zona.
Estudiante 2: No te preocupes. Creo que este año no va a haber muchos tornados.

AYUDA

Some useful expressions:
Espero que…
Ojalá que…
Es posible que…
Es terrible que…
Es importante que…

Comunicación

4 **Preguntas** En parejas, túrnense para hacerse estas preguntas.

1. ¿Te irías a vivir a un lugar donde pudiera ocurrir un desastre natural? ¿Por qué?
2. ¿Te gustaría que tu vida fuera como la de tus padres? ¿Por qué? Y tus hijos, ¿preferirías que tuvieran experiencias diferentes a las tuyas? ¿Cuáles?
3. ¿Te parece importante que elijamos a una mujer como presidenta? ¿Por qué?
4. Si hubiera una guerra y te llamaran para entrar en el ejército, ¿obedecerías? ¿Lo considerarías tu deber? ¿Qué sentirías? ¿Qué pensarías?
5. Si sólo pudieras recibir noticias de un medio de comunicación, ¿cuál escogerías y por qué? Y si pudieras trabajar en un medio de comunicación, ¿escogerías el mismo?

5 **Consejos** En parejas, túrnense para representar los papeles de un(a) cliente/a y de un(a) agente de viajes. El/La agente le da consejos al/a la cliente/a sobre los lugares que debe visitar en Uruguay y el/la cliente/a da su opinión sobre los consejos.

NOTA CULTURAL

Uruguay tiene uno de los climas más moderados del mundo: la temperatura media es de 22º C (72º F) en el verano y de 13º C (55º F) en el invierno. La mayoría de los días son soleados, cuando llueve, lo hace moderadamente y nunca nieva.

¡Conozca Uruguay!

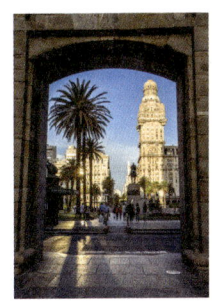

La **Plaza Independencia** en **Montevideo**, con su **Puerta de la Ciudadela**, forma el límite entre la ciudad antigua y la nueva. Si le interesan las compras, desde este lugar puede comenzar su paseo por la **Avenida 18 de Julio**, la principal arteria comercial de la capital.

No deje de ir a **Punta del Este**. Conocerá uno de los lugares turísticos más fascinantes del mundo. No se pierda las maravillosas playas, el **Museo de Arte Americano** y la **Catedral de Maldonado** (1895) con su famoso altar, obra del escultor **Antonio Veiga**.

Sin duda, querrá conocer la famosa ciudad vacacional de **Piriápolis**, con su puerto que atrae cruceros, y disfrutar de sus playas y lindos paseos.

Tampoco se debe perder la **Costa de Oro**, junto al **Río de la Plata**. Para aquéllos interesados en la historia, dos lugares favoritos son la conocida iglesia **Nuestra Señora de Lourdes** y el chalet de **Pablo Neruda**.

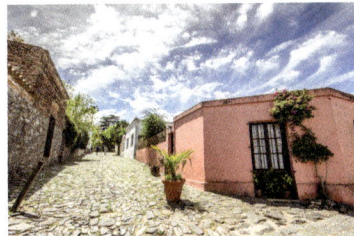

Síntesis

6 **Dos artículos** Tu profesor(a) les va a dar a ti y a tu compañero/a dos artículos. Trabajando en parejas, cada uno escoge y lee un artículo. Luego, háganse preguntas sobre los artículos.

Recapitulación

Completa estas actividades para repasar los conceptos de gramática que aprendiste en esta lección.

1 Condicionales Empareja las frases de las dos columnas para crear oraciones lógicas. **16 pts.**

A
1. Todos estaríamos mejor informados
2. ¿Te sentirás mejor
3. Si esos locutores no tuvieran tanta experiencia,
4. ¿Votarías por un candidato como él
5. Si no te gusta este noticiero,
6. El candidato Díaz habría ganado las elecciones
7. Si la tormenta no se va pronto,
8. Ustedes se pueden ir

B
a. cambia el canal.
b. ya los habrían despedido.
c. si leyéramos el periódico todos los días.
d. la gente no podrá salir a protestar.
e. si no tienen nada más que decir.
f. si te digo que ya terminó la huelga?
g. Leopoldo fue a votar.
h. si supieras que no ha obedecido las leyes?
i. si hubiera hecho más entrevistas para la televisión.

2 Escoger Escoge la opción correcta para completar cada oración. **20 pts.**

1. Ojalá que aquí (hubiera/hay) un canal independiente.
2. Susana dudaba que (hubieras estudiado/estudias) medicina.
3. En cuanto (termine/terminé) mis estudios, buscaré trabajo.
4. Miguel me dijo que su familia nunca (veía/viera) los noticieros en la televisión.
5. Para estar bien informados, yo les recomiendo que (leen/lean) el diario *El Sol*.
6. Es terrible que en los últimos meses (haya habido/ha habido) tres desastres naturales.
7. Cuando (termine/terminé) mis estudios, encontré trabajo en un diario local.
8. El presidente no quiso (declarar/que declarara) la guerra.
9. Todos dudaban que la noticia (fuera/era) real.
10. Me sorprende que en el mundo todavía (exista/existe) la censura.

RESUMEN GRAMATICAL

18.1 Si clauses pp. 622–623

Summary of si clause sequences

Possible or likely	Si + present	+ present + ir a + infinitive + future + command
Habitual in the past	Si + imperfect	+ imperfect
Contrary-to-fact (present)	Si + past subjunctive	+ conditional
Contrary-to-fact (past)	Si + past perfect subjunctive	+ conditional perfect

18.2 Summary of the uses of the subjunctive
pp. 626–627

Summary of subjunctive forms

▶ **Present:** (-ar) hable, (-er) beba, (-ir) viva
▶ **Past:** (-ar) hablara, (-er) bebiera, (-ir) viviera
▶ **Present perfect:** haya + past participle
▶ **Past perfect:** hubiera + past participle

The subjunctive is used...

1. After verbs and/or expressions of:
   ▶ Will and influence (when subject changes)
   ▶ Emotion (when subject changes)
   ▶ Doubt, disbelief, denial

2. After **a menos que, antes (de) que, con tal (de) que, en caso (de) que, para que, sin que**

3. After **cuando, después (de) que, en cuanto, hasta que, tan pronto como** when they refer to future actions

4. To refer to an indefinite or nonexistent antecedent

5. After **si** to express something impossible, improbable, or contrary to fact

Las actualidades

NOTA CULTURAL

En algunos países hispanos, las votaciones (*voting*) se realizan los fines de semana porque los gobiernos tratan de promover (*to promote*) la participación de la población rural. Las personas que viven en el campo generalmente van al mercado y a la iglesia los domingos. Por eso es un buen momento para ejercer (*exercise*) su derecho al voto.

3 **Las elecciones** Completa el diálogo con la forma correcta del verbo eligiendo entre el subjuntivo, el indicativo y el infinitivo, según el contexto. **24 pts.**

SERGIO ¿Ya has decidido por cuál candidato vas a votar en las elecciones del sábado?

MARINA No, todavía no. Es posible que no (1) _____ (yo, votar). Para mí es muy difícil (2) _____ (decidir) quién será el mejor representante. Y tú, ¿ya has tomado una decisión?

SERGIO Sí. Mi amigo Julio nos aconsejó que (3) _____ (leer) la entrevista que le hicieron al candidato Rodríguez en el diario *Tribuna*. En cuanto la (4) _____ (yo, leer), decidí votar por él.

MARINA ¿Hablas en serio? Espero que ya lo (5) _____ (tú, pensar) muy bien. El diario *Tribuna* no siempre es objetivo. Dudo que (6) _____ (ser) una fuente fiable (*reliable source*). No vas a tener una idea clara de las habilidades de cada candidato a menos que (7) _____ (tú, comparar) información de distintas fuentes.

SERGIO Tienes razón, hoy día no hay ningún medio de comunicación que (8) _____ (decir) toda la verdad de forma independiente.

MARINA Tengo una idea. Sugiero que (9) _____ (nosotros, ir) esta noche a mi casa para (10) _____ (ver) juntos el debate de los candidatos por televisión. ¿Qué te parece?

SERGIO Es una buena idea, pero no creo que (11) _____ (yo, tener) tiempo.

MARINA No te preocupes. Voy a grabarlo para que (12) _____ (tú, poder) verlo.

4 **Escribir** Hoy día, cada vez más personas se mantienen informadas a través de Internet. Piensa cómo cambiaría tu vida diaria si no existiera este medio de comunicación. ¿Cómo te informarías de las actualidades del mundo y de las noticias locales? ¿Cómo te llegarían noticias de tus amigos si no existiera el correo electrónico ni las redes sociales en línea? Escribe al menos siete oraciones con **si**. **40 pts.**

5 **Canción** Completa estos versos de una canción de Juan Luis Guerra con el pretérito imperfecto de subjuntivo de los verbos en la forma **nosotros/as**. **¡4 puntos EXTRA!**

"Y si aquí, _____ (luchar) juntos por la sociedad y _____ (hablar) menos resolviendo más."

adelante

 Audio: Reading

Lectura

Antes de leer

Estrategia
Recognizing chronological order

Recognizing the chronological order of events in a narrative is key to understanding the cause-and-effect relationship between them. When you are able to establish the chronological chain of events, you will easily be able to follow the plot. In order to be more aware of the order of events in a narrative, you may find it helpful to prepare a numbered list of the events as you read.

Examinar el texto

Lee el texto usando las estrategias de lectura que has aprendido.

- ¿Ves palabras nuevas o cognados? ¿Cuáles son?
- ¿Qué te dice el dibujo sobre el contenido?
- ¿Tienes algún conocimiento previo (*prior knowledge*) sobre don Quijote?
- ¿Cuál es el propósito (*purpose*) del texto?
- ¿De qué trata (*What is ... about?*) la lectura?

Ordenar

Lee el texto otra vez para establecer el orden cronológico de los eventos. Luego, ordena estos eventos según la historia.

_____ Don Quijote lucha contra los molinos de viento pensando que son gigantes.

_____ Don Quijote y Sancho toman el camino hacia Puerto Lápice.

_____ Don Quijote y Sancho descubren unos molinos de viento en un campo.

_____ El primer molino da un mal golpe a don Quijote, a su lanza y a su caballo.

_____ Don Quijote y Sancho Panza salen de su pueblo en busca de aventuras.

More activities: vhlcentral, Online activities

Don Quijote
y los molinos de viento

Miguel de Cervantes

Fragmento adaptado de
El ingenioso hidalgo don Quijote de la Mancha

Miguel de Cervantes Saavedra, el escritor más universal de la literatura española, nació en Alcalá de Henares en 1547 y murió en Madrid en 1616, tras° haber vivido una vida llena de momentos difíciles, llegando a estar en la cárcel° más de una vez. Su obra, sin embargo, ha disfrutado a través de los siglos de todo el éxito que se merece. Don Quijote representa no sólo la locura° sino también la búsqueda° del ideal. En esta ocasión presentamos el famoso episodio de los molinos de viento°.

Entonces descubrieron treinta o cuarenta molinos de viento que había en aquel campo°. Cuando don Quijote los vio, dijo a su escudero°:
—La fortuna va guiando nuestras cosas mejor de lo que deseamos; porque allí, amigo Sancho Panza, se ven treinta, o pocos más, enormes gigantes con los que pienso hacer batalla y quitarles a todos las vidas, y comenzaremos a ser ricos; que ésta es buena guerra, y es gran servicio de Dios quitar tan malos seres° de la tierra.
—¿Qué gigantes?
—Aquéllos que ves allí —respondió su amo°— de los brazos largos, que algunos normalmente los tienen de casi dos leguas°.

Después de leer

¿Realidad o fantasía?

Indica si las afirmaciones sobre la lectura pertenecen a la realidad o la fantasía.

1. Don Quijote desea matar (*to kill*) a los enemigos.
2. Su escudero no ve a ningún ser sobrenatural.
3. El caballero ataca a unas criaturas cobardes y viles.
4. Don Quijote no ganó la batalla porque los gigantes fueron transformados en molinos de viento.
5. El sabio Frestón transformó los gigantes en molinos de viento.

—Mire usted —respondió Sancho— que aquéllos que allí están no son gigantes, sino molinos de viento, y lo que parecen brazos son las aspas°, que movidas por el viento, hacen andar la piedra del molino.

—Bien veo —respondió don Quijote— que no estás acostumbrado a las aventuras: ellos son gigantes; y si tienes miedo, quítate de ahí y reza° mientras yo voy a combatir con ellos en fiera° batalla.

Y diciendo esto, dio de espuelas° a su caballo Rocinante, sin oír las voces que su escudero Sancho le daba, diciéndole que, sin duda alguna, eran molinos de viento, y no gigantes, aquéllos que iba a atacar. Pero él iba tan convencido de que eran gigantes, que ni oía las voces de su escudero Sancho, ni se daba cuenta, aunque estaba ya muy cerca, de lo que eran; antes iba diciendo en voz alta:

—No huyáis°, cobardes° y viles criaturas, que sólo os ataca un caballero°.

Se levantó entonces un poco de viento, y las grandes aspas comenzaron a moverse, y cuando don Quijote vio esto, dijo:

—Pues aunque mováis más brazos que los del gigante Briareo, me lo vais a pagar.

Y diciendo esto, y encomendándose de todo corazón° a su señora Dulcinea, pidiéndole que le ayudase en esta difícil situación, bien cubierto de su rodela°, con la lanza en posición de ataque, fue a todo el galope de Rocinante y embistió° el primer molino que estaba delante: y dándole con la lanza en el aspa, el viento la giró con tanta furia, que la rompió en pequeños fragmentos, llevándose con ella al caballo y al caballero, que fue dando vueltas por el campo. Fue rápidamente Sancho Panza a ayudarle, todo lo rápido que podía correr su asno°, y cuando llegó encontró que no se podía mover: tan grande fue el golpe° que se dio con Rocinante.

—¡Por Dios! —dijo Sancho—. ¿No le dije yo que mirase bien lo que hacía, que sólo eran molinos de viento, y la única persona que podía equivocarse era alguien que tuviese otros molinos en la cabeza?

—Calla°, amigo Sancho —respondió don Quijote—, que las cosas de la guerra, más que otras, cambian continuamente; estoy pensando que aquel sabio° Frestón, que me robó el estudio y los libros, ha convertido estos gigantes en molinos por quitarme la gloria de su vencimiento°: tan grande es la enemistad que me tiene; pero al final, sus malas artes no van a poder nada contra la bondad de mi espada°.

—Dios lo haga como pueda —respondió Sancho Panza.

Y ayudándole a levantarse, volvió a subir sobre Rocinante, que medio despaldado estaba°. Y hablando de la pasada aventura, siguieron el camino del Puerto Lápice.

tras *after* cárcel *jail* locura *insanity* búsqueda *search* molinos de viento *windmills* campo *field* escudero *squire* seres *beings* amo *master* leguas *leagues (measure of distance)* aspas *sails* reza *pray* fiera *vicious* dio de espuelas *he spurred* No huyáis *Do not flee* cobardes *cowards* caballero *knight* encomendándose de todo corazón *entrusting himself with all his heart* rodela *round shield* embistió *charged* asno *donkey* golpe *blow (knock into)* Calla *Be quiet* sabio *magician* vencimiento *defeat* espada *sword* que medio despaldado estaba *whose back was half-broken*

Personajes

1. En este fragmento se mencionan estos personajes. ¿Quiénes son?
   - don Quijote
   - Rocinante
   - Dulcinea
   - Sancho Panza
   - los gigantes
   - Frestón

2. ¿Qué puedes deducir de los personajes según la información que se da en este episodio?

3. ¿Quiénes son los personajes principales?

4. ¿Cuáles son las diferencias entre don Quijote y Sancho Panza? ¿Qué tienen en común?

¿Un loco o un héroe?

En un párrafo escribe tu opinión sobre el personaje de don Quijote, basándote en la aventura de los molinos de viento. Ten en cuenta las acciones, los motivos y los sentimientos de don Quijote en su batalla contra los molinos de viento.

Una entrevista

Trabajen en grupos de tres para preparar una entrevista sobre los acontecimientos de este fragmento de la novela de Cervantes. Un(a) estudiante representará el papel del/de la entrevistador(a) y los otros dos asumirán los papeles de don Quijote y de Sancho Panza, quienes comentarán el episodio desde su punto de vista.

Escritura

Estrategia
Writing strong introductions and conclusions

Introductions and conclusions serve a similar purpose: both are intended to focus the reader's attention on the topic being covered. The introduction presents a brief preview of the topic. In addition, it informs your reader of the important points that will be covered in the body of your writing. The conclusion reaffirms those points and concisely sums up the information that has been provided. A compelling fact or statistic, a humorous anecdote, or a question directed to the reader are all interesting ways to begin or end your writing.

For example, if you were writing a biographical report on Miguel de Cervantes, you might begin your essay with the fact that his most famous work, *Don Quijote de la Mancha*, is the second most widely published book ever. The rest of your introductory paragraph would outline the areas you would cover in the body of your paper, such as Cervantes' life, his works, and the impact of *Don Quijote* on world literature. In your conclusion, you would sum up the most important information in the report and tie this information together in a way that would make your reader want to learn even more about the topic. You could write, for example: "Cervantes, with his wit and profound understanding of human nature, is without peer in the history of world literature."

Introducciones y conclusiones
Trabajen en parejas para escribir una oración de introducción y otra de conclusión sobre estos temas.

1. el episodio de los molinos de viento de *Don Quijote de la Mancha*
2. la definición de la locura
3. la realidad y la fantasía en la literatura

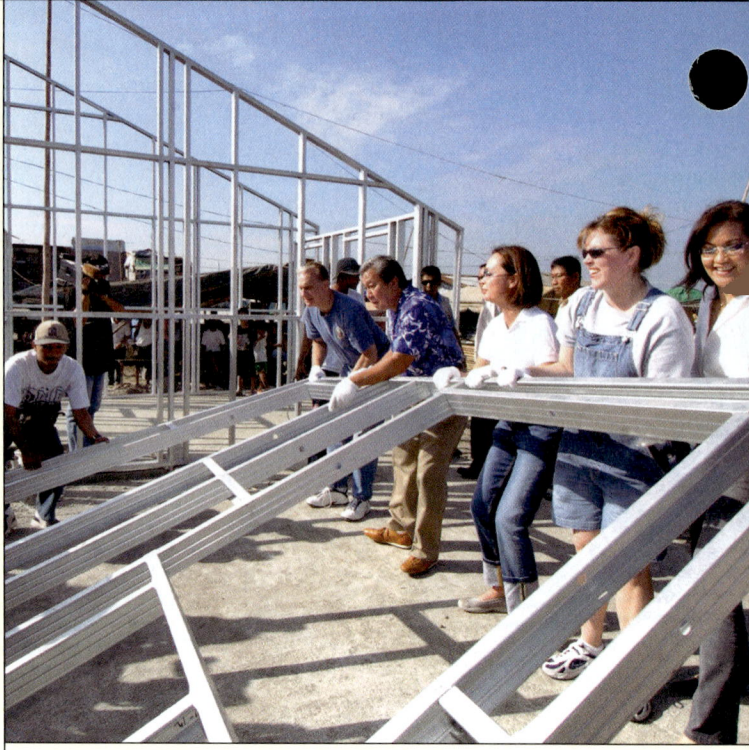

Tema

Escribir una composición

Si tuvieras la oportunidad, ¿qué harías para mejorar el mundo? Escribe una composición sobre los cambios que harías en el mundo si tuvieras el poder° y los recursos necesarios. Piensa en lo que puedes hacer ahora y en lo que podrás hacer en el futuro. Considera estas preguntas:

▶ ¿Pondrías fin a todas las guerras? ¿Cómo?
▶ ¿Protegerías el medio ambiente? ¿Cómo?
▶ ¿Promoverías° la igualdad y eliminarías el sexismo y el racismo? ¿Cómo?
▶ ¿Eliminarías la corrupción en la política? ¿Cómo?
▶ ¿Eliminarías la escasez de viviendas° y el hambre?
▶ ¿Educarías a los demás sobre el SIDA? ¿Cómo?
▶ ¿Promoverías el fin de la violencia entre seres humanos?
▶ ¿Promoverías tu causa en los medios de comunicación? ¿Cómo?
▶ ¿Te dedicarías a alguna causa específica dentro de tu comunidad? ¿Cuál?
▶ ¿Te dedicarías a solucionar problemas nacionales o internacionales? ¿Cuáles?

poder *power* **Promoverías** *Would you promote* **escasez de viviendas** *homelessness*

Escuchar

Antes de escuchar

> **Estrategia**
> **Recognizing genre/**
> **Taking notes as you listen**
>
> If you know the genre or type of discourse you are going to encounter, you can use your background knowledge to write down a few notes about what you expect to hear. You can then make additions and changes to your notes as you listen.
>
> To practice these strategies, you will now listen to a short toothpaste commercial. Before listening to the commercial, write down the information you expect it to contain. Then update your notes as you listen.

Preparación

Basándote en la foto, anticipa lo que vas a escuchar en el siguiente fragmento. Haz una lista y anota los diferentes tipos de información que crees que vas a oír.

Ahora escucha

Noticiero

Revisa la lista que hiciste para **Preparación**. Luego escucha el noticiero presentado por Sonia Hernández. Mientras escuchas, apunta los tipos de información que anticipaste y los que no anticipaste.

Tipos de información que anticipaste
1. _____
2. _____
3. _____

Tipos de información que no anticipaste
1. _____
2. _____
3. _____

Comprensión

Preguntas

1. ¿Dónde está Sonia Hernández?
2. ¿Quién es Jaime Pantufla?
3. ¿Dónde hubo una tormenta?
4. ¿Qué tipo de música toca el grupo Dictadura de Metal?
5. ¿Qué tipo de artista es Ugo Nespolo?
6. Además de lo que Sonia menciona, ¿de qué piensas que va a hablar en la próxima sección del programa?

Ahora ustedes

En parejas, usen la presentación de Sonia Hernández como modelo para escribir un breve noticiero para la comunidad donde viven. Incluyan noticias locales, nacionales e internacionales. Luego compartan el papel de locutor(a) y presenten el noticiero a la clase. Pueden grabar el noticiero si quieren.

En pantalla Video

Este anuncio corresponde a la campaña para las elecciones de consejeros regionales de Chile para el período 2014 a 2018. Estas elecciones se realizaron° en noviembre de 2013, junto a las elecciones presidenciales y parlamentarias. Por primera vez en la historia de Chile, los ciudadanos pudieron elegir a sus consejeros regionales. Anteriormente, los consejeros eran elegidos por los concejales° de cada región. Los consejeros regionales componen° el Consejo Regional y desempeñan° funciones regionales, como aprobar reglamentos° y planes de desarrollo° urbano y metropolitano.

Vocabulario útil	
avanza	advances
consejeros	ministers
crecer	to grow
voz	voice

Preparación
¿Votas? ¿Participas en política? ¿Crees que es necesario votar? ¿Por qué?

Preguntas
Contesta las preguntas.
1. Según la campaña, ¿por qué es tan importante el voto de los ciudadanos?
2. ¿Crees que el voto de un individuo puede mejorar la calidad de vida de sus vecinos? ¿Por qué?
3. ¿A quién pueden elegir los ciudadanos por primera vez en estas elecciones? ¿Qué importancia crees que tiene este cambio?
4. ¿Cuál piensas que es el objetivo de las imágenes que se muestran de trasfondo (*background*)?
5. ¿Crees que esta campaña es efectiva? ¿Por qué?

Campaña electoral
En grupos de tres, escriban el guión de una campaña electoral para la televisión. Utilicen el subjuntivo y oraciones con **si**. Luego, representen su anuncio para la clase. La clase votará por la mejor campaña electoral.

> **modelo**
> Si quieres que los precios de las viviendas bajen, vota por nuestro partido…

se realizaron *took place* **concejales** *councillors* **componen** *make up* **desempeñan** *carry out* **reglamentos** *regulations* **desarrollo** *development*

Anuncio sobre elecciones chilenas

Tu voto puede mejorar la calidad de vida de tus vecinos.

Tu voto es tu voz.

No dejes que otros decidan por ti.

Las actualidades

  Video

En los años veinte, menos de 5.000 puertorriqueños vivían en Nueva York. Ahora hay un millón. Además de Nueva York, ciudades como Chicago, Philadelphia, Newark y Providence tienen grandes comunidades puertorriqueñas. Ahora cinco millones viven en todos los estados, principalmente en el noreste° del país y en el centro de Florida. Los boricuas° en los EE.UU. han creado nuevas manifestaciones de su cultura, como la música salsa en la ciudad de Nueva York y los multitudinarios° desfiles° que se realizan cada año en todo el país, una gran muestra del orgullo° y la identidad de los puertorriqueños.

Vocabulario útil	
la estadidad	statehood
la patria	homeland
las relaciones exteriores	foreign policy
la soberanía	sovereignty

Preparación
¿Qué sabes de Puerto Rico? ¿Sabes qué territorios estadounidenses tienen un estatus especial? ¿En qué se diferencian de un estado normal?

¿Cierto o falso?
Indica si las oraciones son **ciertas** o **falsas**.

1. Los puertorriqueños sirven en el ejército de los EE.UU.
2. Puerto Rico es territorio de los EE.UU., pero el congreso estadounidense no tiene autoridad en la isla.
3. En Puerto Rico se usa la misma moneda que en los EE.UU.
4. El comercio de la isla está a cargo del gobernador de Puerto Rico.
5. La mayoría de los puertorriqueños quieren que la isla sea una nación independiente.

noreste *northeast* boricuas *people from Puerto Rico*
multitudinarios *with mass participation* desfiles *parades* orgullo *pride*

Puerto Rico: ¿nación o estado?

Cuando estás aquí, no sabes si estás en un país latinoamericano o si estás en los EE.UU.

... todo lo relacionado a la defensa, las relaciones exteriores [...] está a cargo del gobierno federal de los EE.UU.

—¿Cuál es su preferencia política?
—Yo quiero la estadidad...

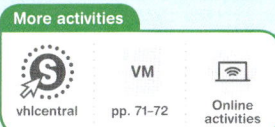

panorama

Paraguay

El país en cifras

- **Área:** 406.750 km^2 (157.046 millas^2), el tamaño° de California
- **Población:** 6.944.000
- **Capital:** Asunción—2.356.000
- **Ciudades principales:** Ciudad del Este, San Lorenzo, Lambaré, Fernando de la Mora
- **Moneda:** guaraní
- **Idiomas:** español (oficial), guaraní (oficial)

Las tribus indígenas que habitaban la zona antes de la llegada de los españoles hablaban guaraní. Ahora el 90% de los paraguayos habla esta lengua, que se usa con frecuencia en canciones, poemas, periódicos y libros. Varios institutos y asociaciones, como el Teatro Guaraní, se dedican a preservar la cultura y la lengua guaraníes.

Bandera de Paraguay

Paraguayos célebres

- **Agustín Barrios,** guitarrista y compositor (1885–1944)
- **Josefina Plá,** escritora y ceramista (1903–1999)
- **Augusto Roa Bastos,** escritor (1917–2005)
- **Olga Blinder,** pintora (1921–2008)
- **Berta Rojas,** guitarrista (1966–)

tamaño *size*

ACTIVIDADES

1 **¿Cierto o falso?** Indica si lo que dicen las oraciones es **cierto** o **falso**.

1. La capital de Paraguay se llama Asunción.
2. El guaraní es una lengua hablada sólo por las tribus indígenas de Paraguay.
3. Josefina Plá fue una conocida escritora y ceramista paraguaya.
4. Augusto Roa Bastos fue un locutor paraguayo.
5. El ñandutí es un tipo de encaje hecho a mano.
6. Itaipú se encuentra en la frontera entre Paraguay y Uruguay.
7. La construcción de la represa Itaipú duró ocho años.
8. El Gran Chaco queda completamente en Paraguay.
9. En Paraguay es una obligación participar en las elecciones.
10. Los ciudadanos de Paraguay tienen que pagar una multa al gobierno si no van a votar.

▷ Artesanía • El ñandutí
La artesanía más famosa de Paraguay se llama ñandutí y es un encaje° hecho a mano originario de Itauguá. En guaraní, la palabra *ñandutí* significa telaraña°; esta pieza recibe ese nombre porque imita el trazado° que crean los arácnidos. Estos encajes suelen ser° blancos, pero también los hay de colores, con formas geométricas o florales.

▷ Ciencias • La represa Itaipú
La represa° Itaipú es una instalación hidroeléctrica que se encuentra en la frontera entre Paraguay y Brasil. Su construcción inició en 1974 y duró ocho años. La cantidad de concreto que se utilizó durante los primeros cinco años de esta obra fue similar a la que se necesita para construir un edificio de 350 pisos. Cien mil trabajadores paraguayos participaron en el proyecto. En 1984 se puso en funcionamiento la Central Hidroeléctrica de Itaipú y, gracias a su cercanía con las famosas cataratas del Iguazú, muchos turistas la visitan diariamente.

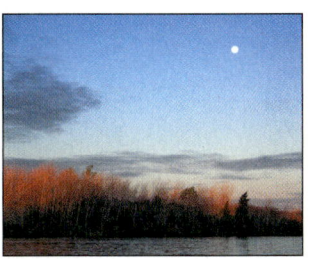

Naturaleza • Los ríos Paraguay y Paraná
Los ríos Paraguay y Paraná sirven de frontera natural entre Argentina y Paraguay, y son las principales rutas de transporte de este último país. El Paraná tiene unos 3.200 kilómetros navegables, y por esta ruta pasan barcos de más de 5.000 toneladas, los cuales viajan desde el estuario° del Río de la Plata hasta la ciudad de Asunción. El río Paraguay divide el Gran Chaco de la meseta° Paraná, donde vive la mayoría de los paraguayos.

Geografía • El Gran Chaco
El Gran Chaco es una región geográfica que comparten Argentina, Brasil, Bolivia y Paraguay. Tiene una extensión aproximada de 1.141.000 km^2 (440.542 millas^2), cinco veces mayor que la de Ecuador. El Chaco paraguayo o Región Occidental° representa el 60% del territorio y tan sólo el 2% de la población. A lo largo del territorio hay variaciones térmicas todos los días, aunque las lluvias son constantes en el verano y los meses de invierno son secos.

encaje *lace* **telaraña** *spiderweb* **trazado** *outline; design* **suelen ser** *are usually* **represa** *dam* **estuario** *estuary* **meseta** *plateau* **Región Occidental** *Western Region*

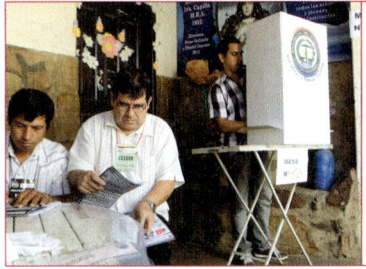

¡Increíble pero cierto!
¿Te imaginas qué pasaría si el gobierno multara° a los ciudadanos que no van a votar? En Paraguay es una obligación. Ésta es una ley nacional, que otros países también tienen, para obligar a los ciudadanos a participar en las elecciones. En Paraguay los ciudadanos que no van a votar tienen que pagar una multa al gobierno.

multara *fined*

---

2 ¿Qué aprendiste? Contesta cada pregunta con una oración completa.

1. ¿Quién fue Augusto Roa Bastos?
2. ¿Cómo se llama la moneda de Paraguay?
3. ¿Qué forma imita el ñandutí?
4. ¿Qué países separan los ríos Paraguay y Paraná?

3 Si yo... En parejas, conversen sobre lo que hacen, harían o habrían hecho si estas situaciones se presentaran durante un viaje a Paraguay. Uno de ustedes debe contradecir lo que dice su compañero/a. Utilicen cláusulas con **si**.

1. si conocieras a Berta Rosas
2. si hubieras navegado por el río Paraná
3. si vas al Gran Chaco
4. si hubieras ido al Teatro Guaraní

Uruguay

El país en cifras

- **Área:** 176.220 km² (68.039 millas²), el tamaño° del estado de Washington
- **Población:** 3.360.000
- **Capital:** Montevideo—1.707.000

Casi la mitad° de la población de Uruguay vive en Montevideo. Situada en la desembocadura° del famoso Río de la Plata, esta ciudad cosmopolita e intelectual es también un destino popular para las vacaciones, debido a sus numerosas playas de arena° blanca que se extienden hasta la ciudad de Punta del Este.

- **Ciudades principales:** Salto, Paysandú, Las Piedras, Rivera
- **Moneda:** peso uruguayo
- **Idiomas:** español (oficial)

 Bandera de Uruguay

Uruguayos célebres

- **Horacio Quiroga,** escritor (1878–1937)
- **Juana de Ibarbourou,** escritora (1892–1979)
- **Mario Benedetti,** escritor (1920–2009)
- **Cristina Peri Rossi,** escritora y profesora (1941–)
- **Jorge Drexler,** cantante y compositor (1964–)

tamaño *size* mitad *half* desembocadura *mouth* arena *sand*

Gauchos uruguayos

Entrada a la Ciudad Vieja, Colonia del Sacramento

ACTIVIDADES

1 **¿Cierto o falso?** Indica si lo que dicen las oraciones es **cierto** o **falso**.

1. Aproximadamente la mitad de la población de Uruguay vive en Punta del Este.
2. La moneda de Uruguay es el peso uruguayo.
3. Mario Benedetti fue un soldado profesional.
4. Jorge Drexler es un expresidente de Uruguay.
5. Uno de los platos representativos de Uruguay son las pupusas.
6. El fútbol es el deporte nacional de los uruguayos.
7. El Carnaval de Montevideo dura 40 días.
8. El candombe es una danza de tradición africana.
9. Juan Carlos Onetti y Eduardo Galeano fueron dramaturgos.
10. El ñandú es un animal pequeño pero peligroso.

Las actualidades

Comida • La carne y el mate
En Uruguay y Argentina, la carne es un elemento esencial de la dieta diaria. Algunos platillos representativos de estas naciones son el asado° y la parrillada°. El mate, una infusión similar al té, también es típico de la región. Esta bebida de origen indígena está muy presente en la vida social y familiar de estos países aunque, curiosamente, no se puede consumir en bares o en restaurantes.

Deportes • El fútbol
El fútbol es el deporte nacional de Uruguay. El primer equipo de balompié uruguayo se formó en 1891 y en 1930 el país suramericano fue la sede° de la primera Copa Mundial de esta disciplina. El equipo nacional ha conseguido grandes éxitos a lo largo de los años: dos campeonatos olímpicos, en 1924 y 1928, y dos campeonatos mundiales, en 1930 y 1950. De hecho, para celebrar el centenario del primer torneo de la historia, Uruguay y Argentina presentaron su candidatura para ser los países anfitriones de la Copa Mundial de Fútbol de 2030. En 2017, Paraguay lanzó su propuesta para unirse a esta celebración.

Costumbres • El Carnaval
El Carnaval de Montevideo es el de mayor duración en el mundo. A lo largo de 40 días, los uruguayos disfrutan de los desfiles° y de la música que inundan las calles de su capital. La celebración más conocida es el Desfile de Llamadas, en el que participan bailarines al ritmo del candombe, una danza de tradición africana.

Literatura • Escritores
A pesar de ser el segundo país más pequeño de Latinoamérica, Uruguay ha sido cuna° de importantes escritores: Horacio Quiroga (1878–1937), Juana de Ibarbourou (1892–1979), Felisberto Hernández (1902–1964), Juan Carlos Onetti (1909–1994), Mario Benedetti (1920–2009), Eduardo Galeano (1940–2015) y Cristina Peri Rossi (1941–) han inspirado a muchos autores en el mundo. Estos escritores se han destacado en géneros literarios como la novela, el cuento, la poesía y el ensayo.

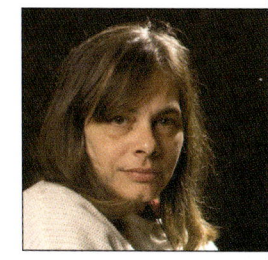

asado *barbecued beef* parrillada *grilled meats* sede *site* desfiles *parades* cuna *cradle*

¡Increíble pero cierto!
En Uruguay hay muchos animales curiosos, entre ellos el ñandú. De la misma familia del avestruz°, el ñandú es el ave no voladora° más grande del hemisferio occidental. Puede llegar a medir° dos metros. Normalmente, va en grupos de veinte o treinta y vive en el campo. Es muy cotizado° por su carne, sus plumas y sus huevos.

avestruz *ostrich* no voladora *flightless* medir *measure* cotizado *valued*

---

2 ¿Qué aprendiste? Contesta cada pregunta con una oración completa.
1. ¿Cuál es el elemento esencial de la dieta uruguaya?
2. ¿Qué es el ñandú?
3. ¿Cuándo se formó el primer equipo uruguayo de fútbol?
4. ¿Cuándo se celebró la primera Copa Mundial de fútbol?

3 Costumbres En parejas, hablen sobre las costumbres uruguayas. Usen un verbo en subjuntivo y otro en infinitivo o en indicativo en cada caso.

modelo
Dudo que el mate me guste porque no me gusta el té.

vocabulario

 Vocabulary Tools

Los medios de comunicación

el acontecimiento	event
las actualidades	news; current events
el artículo	article
el diario	newspaper
el informe	report
el/la locutor(a)	(TV or radio) announcer
los medios de comunicación	media; means of communication
las noticias	news
el noticiero	newscast
la prensa	press
el reportaje	report
anunciar	to announce; to advertise
comunicarse (con)	to communicate (with)
durar	to last
informar	to inform
ocurrir	to occur; to happen
transmitir, emitir	to broadcast
(inter)nacional	(inter)national
peligroso/a	dangerous

Las noticias

el choque	collision
el crimen	crime; murder
el desastre (natural)	(natural) disaster
el desempleo	unemployment
la (des)igualdad	(in)equality
la discriminación	discrimination
el ejército	army
la guerra	war
la huelga	strike
el huracán	hurricane
el incendio	fire
la inundación	flood
la libertad	liberty; freedom
la paz	peace
el racismo	racism
el sexismo	sexism
el SIDA	AIDS
el/la soldado	soldier
el terremoto	earthquake
la tormenta	storm
el tornado	tornado
la violencia	violence

La política

el/la candidato/a	candidate
el/la ciudadano/a	citizen
el deber	responsibility; obligation
los derechos	rights
la dictadura	dictatorship
el discurso	speech
las elecciones	election
la encuesta	poll; survey
el impuesto	tax
la política	politics
el/la representante	representative
declarar	to declare
elegir (e:i)	to elect
luchar (por/contra)	to fight; to struggle (for/against)
obedecer	to obey
votar	to vote
político/a	political

Expresiones útiles	See page 617.

Consulta

A-1

Apéndice A
Plan de escritura — page A-2

Apéndice B
Spanish Terms for Direction Lines and Classroom Use — pages A-3–4

Apéndice C
Glossary of Grammatical Terms — pages A-5–8

Apéndice D
Verb Conjugation Tables — pages A-9–18

Vocabulario
Spanish–English — pages A-19–34
English–Spanish — pages A-35–50

Índice
pages A-51–55

Credits
pages A-56–57

Bios
About the Authors — page A-58

Maps
pages A-59–62

Apéndice A

Plan de escritura

1. Ideas y organización

Begin by organizing your writing materials. If you prefer to write by hand, you may want to have a few spare pens and pencils on hand, as well as an eraser or correction fluid. If you prefer to use a word-processing program, make sure you know how to type Spanish accent marks, the **tilde**, and Spanish punctuation marks. Then make a list of the resources you can consult while writing. Finally, make a list of the basic ideas you want to cover. Beside each idea, jot down a few Spanish words and phrases you may want to use while writing.

2. Primer borrador

Write your first draft, using the resources and ideas you gathered in **Ideas y organización.**

3. Comentario

Exchange papers with a classmate and comment on each other's work, using these questions as a guide. Begin by mentioning what you like about your classmate's writing.

  a. How can your classmate make his or her writing clearer, more logical, or more organized?
  b. What suggestions do you have for making the writing more interesting or complete?
  c. Do you see any spelling or grammatical errors?

4. Redacción

Revise your first draft, keeping in mind your classmate's comments. Also, incorporate any new information you may have. Before handing in the final version, review your work using these guidelines:

  a. Make sure each verb agrees with its subject. Then check the gender and number of each article, noun, and adjective.
  b. Check your spelling and punctuation.
  c. Consult your **Anotaciones para mejorar la escritura** (see description below) to avoid repetition of previous errors.

5. Evaluación y progreso

You may want to share what you've written with a classmate, a small group, or the entire class. After your instructor has returned your paper, review the comments and corrections. On a separate sheet of paper, write the heading **Anotaciones para mejorar** (*Notes for improving*) **la escritura** and list your most common errors. Place this list and your corrected document in your writing portfolio (**Carpeta de trabajos**) and consult it from time to time to gauge your progress.

Spanish Terms for Direction Lines and Classroom Use

Below is a list of useful terms that you might hear your instructor say in class. It also includes Spanish terms that appear in the direction lines of your textbook.

En las instrucciones — In direction lines

Spanish	English
Cambia/Cambien...	Change...
Camina/Caminen por la clase.	Walk around the classroom.
Ciertas o falsas	True or false
Cierto o falso	True or false
Circula/Circulen por la clase.	Walk around the classroom.
Completa las oraciones de una manera lógica.	Complete the sentences logically.
Con un(a) compañero/a...	With a classmate...
Contesta las preguntas.	Answer the questions.
Corrige las oraciones falsas.	Correct the false statements.
Cuenta/Cuenten...	Tell...
Di/Digan...	Say...
Discute/Discutan...	Discuss...
En grupos...	In groups...
En parejas...	In pairs...
Entrevista...	Interview...
Escúchala	Listen to it
Forma oraciones completas.	Create/Make complete sentences.
Háganse preguntas.	Ask each other questions.
Haz el papel de...	Play the role of...
Haz los cambios necesarios.	Make the necessary changes.
Indica/Indiquen si las oraciones...	Indicate if the sentences...
Intercambia/Intercambien...	Exchange...
Lee/Lean en voz alta.	Read aloud.
Pon/Pongan...	Put...
... que mejor completa...	...that best completes...
Reúnete...	Get together...
... se da/dan como ejemplo.	...is/are given as a model.
Toma nota...	Take note...
Tomen apuntes.	Take notes.
Túrnense...	Take turns...

Palabras útiles — Useful words

Spanish	English
la adivinanza	riddle
el anuncio	advertisement/ad
los apuntes	notes
el borrador	draft
la canción	song
la concordancia	agreement
el contenido	contents
el cortometraje	short film
eficaz	efficient; effective
la encuesta	survey
el equipo	team
el esquema	outline
el folleto	brochure
las frases	phrases
la hoja de actividades	activity sheet/handout
la hoja de papel	piece of paper
la información errónea	incorrect information
el/la lector(a)	reader
la lectura	reading
las oraciones	sentences
la ortografía	spelling
el papel	role
el párrafo	paragraph
el paso	step
la(s) persona(s) descrita(s)	the person (people) described
la pista	clue
por ejemplo	for example
el propósito	purpose
los recursos	resources
el reportaje	report
los resultados	results
según	according to
siguiente	following
la sugerencia	suggestion
el sustantivo	noun
el tema	topic
último	last
el último recurso	last resort

Spanish Terms for Direction Lines and Classroom Use

Verbos útiles — Useful verbs

Spanish	English
adivinar	to guess
anotar	to jot down
añadir	to add
apoyar	to support
averiguar	to find out
cambiar	to change
combinar	to combine
compartir	to share
comprobar (o:ue)	to check
contestar	to answer
corregir (e:i)	to correct
crear	to create
devolver (o:ue)	to return
doblar	to fold
dramatizar	to act out
elegir (e:i)	to choose/select
emparejar	to match
entrevistar	to interview
escoger	to choose
identificar	to identify
incluir	to include
informar	to report
intentar	to try
intercambiar	to exchange
investigar	to research
marcar	to mark
preguntar	to ask
recordar (o:ue)	to remember
responder	to answer
revisar	to revise
seguir (e:i)	to follow
seleccionar	to select
subrayar	to underline
traducir	to translate
tratar de	to be about

Expresiones útiles — Useful expressions

Spanish	English
Ahora mismo.	Right away.
¿Cómo no?	But of course.
¿Cómo se dice _____ en español?	How do you say _____ in Spanish?
¿Cómo se escribe _____?	How do you spell _____?
¿Comprende(n)?	Do you understand?
Con gusto.	With pleasure.
Con permiso.	Excuse me.
De acuerdo.	Okay.
De nada.	You're welcome.
¿De veras?	Really?
¿En qué página estamos?	What page are we on?
¿En serio?	Seriously?
Enseguida.	Right away.
hoy día	nowadays
Más despacio, por favor.	Slower, please.
Muchas gracias.	Thanks a lot.
No entiendo.	I don't understand.
No hay de qué.	Don't mention it.
No importa.	No problem./It doesn't matter.
¡No me digas!	You don't say!
No sé.	I don't know.
¡Ojalá!	Hopefully!
Perdone.	Pardon me.
Por favor.	Please.
Por supuesto.	Of course.
¡Qué bien!	Great!
¡Qué gracioso!	How funny!
¡Qué pena!	What a shame/pity!
¿Qué significa _____?	What does _____ mean?
Repite, por favor.	Please repeat.
Tengo una pregunta.	I have a question.
¿Tiene(n) alguna pregunta?	Do you have any questions?
Vaya(n) a la página dos.	Go to page 2.

Glossary of Grammatical Terms

ADJECTIVE A word that modifies, or describes, a noun or pronoun.

muchos libros
many books

un hombre **rico**
*a **rich** man*

las mujeres **altas**
*the **tall** women*

Demonstrative adjective An adjective that specifies which noun a speaker is referring to.

esta fiesta
***this** party*

ese chico
***that** boy*

aquellas flores
***those** flowers*

Possessive adjective An adjective that indicates ownership or possession.

mi mejor vestido
***my** best dress*

Éste es **mi** hermano.
*This is **my** brother.*

Stressed possessive adjective A possessive adjective that emphasizes the owner or possessor.

Es un libro **mío**.
*It's **my** book./It's a book **of mine**.*

Es amiga **tuya**; yo no la conozco.
*She's a friend **of yours**; I don't know her.*

ADVERB A word that modifies, or describes, a verb, adjective, or other adverb.

Pancho escribe **rápidamente**.
*Pancho writes **quickly**.*

Este cuadro es **muy** bonito.
*This picture is **very** pretty.*

ARTICLE A word that points out a noun in either a specific or a non-specific way.

Definite article An article that points out a noun in a specific way.

el libro
***the** book*

la maleta
***the** suitcase*

los diccionarios
***the** dictionaries*

las palabras
***the** words*

Indefinite article An article that points out a noun in a general, non-specific way.

un lápiz
***a** pencil*

una computadora
***a** computer*

unos pájaros
***some** birds*

unas escuelas
***some** schools*

CLAUSE A group of words that contains both a conjugated verb and a subject, either expressed or implied.

Main (or Independent) clause A clause that can stand alone as a complete sentence.

Pienso ir a cenar pronto.
I plan to go to dinner soon.

Subordinate (or Dependent) clause A clause that does not express a complete thought and therefore cannot stand alone as a sentence.

Trabajo en la cafetería **porque necesito dinero para la escuela**.
*I work in the cafeteria **because I need money for school**.*

COMPARATIVE A construction used with an adjective or adverb to express a comparison between two people, places, or things.

Este programa es **más interesante** que el otro.
*This program is **more interesting than** the other one.*

Tomás no es **tan alto como** Alberto.
*Tomás is not **as tall as** Alberto.*

CONJUGATION A set of the forms of a verb for a specific tense or mood or the process by which these verb forms are presented.

Preterite conjugation of **cantar**:
cant**é**	cant**amos**
cant**aste**	cant**asteis**
cant**ó**	cant**aron**

CONJUNCTION A word used to connect words, clauses, or phrases.

Susana es de Cuba **y** Pedro es de España.
*Susana is from Cuba **and** Pedro is from Spain.*

No quiero estudiar **pero** tengo que hacerlo.
*I don't want to study, **but** I have to.*

Glossary of Grammatical Terms

CONTRACTION The joining of two words into one. The only contractions in Spanish are **al** and **del**.

Mi hermano fue **al** concierto ayer.
*My brother went **to the** concert yesterday.*

Saqué dinero **del** banco.
*I took money **from the** bank.*

DIRECT OBJECT A noun or pronoun that directly receives the action of the verb.

Tomás lee **el libro**.   **La** pagó ayer.
*Tomás reads **the book**.   She paid **it** yesterday.*

GENDER The grammatical categorizing of certain kinds of words, such as nouns and pronouns, as masculine, feminine, or neuter.

Masculine
articles el, un
pronouns él, lo, mío, éste, ése, aquél
adjective simpático

Feminine
articles la, una
pronouns ella, la, mía, ésta, ésa, aquélla
adjective simpática

IMPERSONAL EXPRESSION A third-person expression with no expressed or specific subject.

Es muy importante.   Llueve mucho.
It's very important. It's raining hard.

Aquí **se habla** español.
*Spanish **is spoken** here.*

INDIRECT OBJECT A noun or pronoun that receives the action of the verb indirectly; the object, often a living being, to or for whom an action is performed.

Eduardo **le** dio un libro **a Linda**.
*Eduardo gave a book **to Linda**.*

La profesora **me** puso una C en el examen.
*The professor gave **me** a C on the test.*

INFINITIVE The basic form of a verb. Infinitives in Spanish end in **-ar**, **-er**, or **-ir**.

hablar   correr   abrir
to speak   to run   to open

INTERROGATIVE An adjective, adverb, or pronoun used to ask a question.

¿**Quién** habla?   ¿**Cuántos** compraste?
***Who** is speaking?   **How many** did you buy?*

¿**Qué** piensas hacer hoy?
***What** do you plan to do today?*

INVERSION Changing the word order of a sentence, often to form a question.

Statement: Elena pagó la cuenta del restaurante.
Inversion: ¿Pagó Elena la cuenta del restaurante?

MOOD A grammatical distinction of verbs that indicates whether the verb is intended to make a statement or command or to express a doubt, emotion, or condition contrary to fact.

Imperative mood Verb forms used to make commands.

Di la verdad.   Caminen ustedes conmigo.
Tell the truth.   Walk with me.

¡Comamos ahora!
Let's eat now!

Indicative mood Verb forms used to state facts, actions, and states considered to be real.

Sé que **tienes** el dinero.
*I know that **you have** the money.*

Subjunctive mood Verb forms used principally in subordinate (dependent) clauses to express wishes, desires, emotions, doubts, and certain conditions, such as contrary-to-fact situations.

Prefieren que **hables** en español.
*They prefer that **you speak** in Spanish.*

Dudo que Luis **tenga** el dinero necesario.
*I doubt that Luis **has** the necessary money.*

NOUN A word that identifies people, animals, places, things, and ideas.

hombre   gato
man   *cat*

México   casa
Mexico   *house*

libertad   libro
freedom   *book*

NUMBER A grammatical term that refers to singular or plural. Nouns in Spanish and English have number. Other parts of a sentence, such as adjectives, articles, and verbs, can also have number.

Singular	Plural
una cosa	**unas** cosas
a thing	*some* things
el profesor	**los** profesores
the professor	*the* professors

NUMBERS Words that represent amounts.

Cardinal numbers Words that show specific amounts.

cinco minutos
five minutes

el año **dos mil veintitrés**
the year *2023*

Ordinal numbers Words that indicate the order of a noun in a series.

el **cuarto** jugador   la **décima** hora
the *fourth* player   the *tenth* hour

PAST PARTICIPLE A past form of the verb used in compound tenses. The past participle may also be used as an adjective, but it must then agree in number and gender with the word it modifies.

Han **buscado** por todas partes.
They have searched everywhere.

Yo no había **estudiado** para el examen.
I hadn't studied for the exam.

Hay una ventana **abierta** en la sala.
There is an open window in the living room.

PERSON The form of the verb or pronoun that indicates the speaker, the one spoken to, or the one spoken about. In Spanish, as in English, there are three persons: first, second, and third.

Person	Singular	Plural
1st	yo *I*	nosotros/as *we*
2nd	tú, Ud. *you*	vosotros/as, Uds. *you*
3rd	él, ella *he, she*	ellos, ellas *they*

PREPOSITION A word or words that describe(s) the relationship, most often in time or space, between two other words.

Anita es **de** California.
Anita is from California.

La chaqueta está **en** el carro.
The jacket is in the car.

Marta se peinó **antes de** salir.
Marta combed her hair before going out.

PRESENT PARTICIPLE In English, a verb form that ends in *-ing*. In Spanish, the present participle ends in **-ndo**, and is often used with **estar** to form a progressive tense.

Mi hermana está **hablando** por teléfono ahora mismo.
My sister is talking on the phone right now.

PRONOUN A word that takes the place of a noun or nouns.

Demonstrative pronoun A pronoun that takes the place of a specific noun.

Quiero **ésta**.
I want this one.

¿Vas a comprar **ése**?
Are you going to buy that one?

Juan prefirió **aquéllos**.
Juan preferred those (over there).

Object pronoun A pronoun that functions as a direct or indirect object of the verb.

Te digo la verdad.
I'm telling you the truth.

Me lo trajo Juan.
Juan brought it to me.

Reflexive pronoun A pronoun that indicates that the action of a verb is performed by the subject on itself. These pronouns are often expressed in English with *-self: myself, yourself,* etc.

Yo **me** bañé antes de salir.
I bathed (myself) before going out.

Elena **se** acostó a las once y media.
Elena went to bed at eleven-thirty.

Glossary of Grammatical Terms

Relative pronoun A pronoun that connects a subordinate clause to a main clause.

El chico **que** nos escribió viene de visita mañana.
*The boy **who** wrote us is coming to visit tomorrow.*

Ya sé **lo que** tenemos que hacer.
*I already know **what** we have to do.*

Subject pronoun A pronoun that replaces the name or title of a person or thing, and acts as the subject of a verb.

Tú debes estudiar más.
***You** should study more.*

Él llegó primero.
***He** arrived first.*

SUBJECT A noun or pronoun that performs the action of a verb and is often implied by the verb.

María va al supermercado.
***María** goes to the supermarket.*

(**Ellos**) Trabajan mucho.
***They** work hard.*

Esos **libros** son muy caros.
*Those **books** are very expensive.*

SUPERLATIVE A word or construction used with an adjective or adverb to express the highest or lowest degree of a specific quality among three or more people, places, or things.

De todas mis clases, ésta es la **más interesante**.
*Of all my classes, this is the **most interesting**.*

Raúl es el **menos simpático** de los chicos.
*Raúl is the **least likeable** of the boys.*

TENSE A set of verb forms that indicates the time of an action or state: past, present, or future.

Compound tense A two-word tense made up of an auxiliary verb and a present or past participle. In Spanish, **estar** and **haber** are auxiliary verbs.

En este momento, **estoy estudiando**.
*At this time, **I am studying**.*

El paquete no **ha llegado** todavía.
*The package **has not arrived** yet.*

Simple tense A tense expressed by a single verb form.

María **estaba** enferma anoche.
*María **was** sick last night.*

Juana **hablará** con su mamá mañana.
*Juana **will speak** with her mom tomorrow.*

VERB A word that expresses actions or states of being.

Auxiliary verb A verb used with a present or past participle to form a compound tense. **Haber** is the most commonly used auxiliary verb in Spanish.

Los chicos **han** visto los elefantes.
*The children **have** seen the elephants.*

Espero que **hayas** comido.
*I hope you **have** eaten.*

Reflexive verb A verb that describes an action performed by the subject on itself and is always used with a reflexive pronoun.

Me compré un carro nuevo.
*I **bought myself** a new car.*

Pedro y Adela **se levantan** muy temprano.
*Pedro and Adela **get (themselves) up** very early.*

Spelling change verb A verb that undergoes a predictable change in spelling, in order to reflect its actual pronunciation in the various conjugations.

practicar	c→qu	practico	practiqué
dirigir	g→j	dirigí	dirijo
almorzar	z→c	almorzó	almorcé

Stem-changing verb A verb whose stem vowel undergoes one or more predictable changes in the various conjugations.

entender (e:ie)	entiendo
pedir (e:i)	piden
dormir (o:ue, u)	duermo, durmieron

Verb Conjugation Tables

The verb lists

The list of verbs below and the model-verb tables that start on page A-11 show you how to conjugate the verbs taught in **Vistas**. Each verb in the list is followed by a model verb conjugated according to the same pattern. The number in parentheses indicates where in the verb tables you can find the conjugated forms of the model verb. If you want to find out how to conjugate **divertirse**, for example, look up number 33, **sentir**, the model for verbs that follow the e:ie stem-change pattern.

How to use the verb tables

In the tables you will find the infinitive, present and past participles, and all the simple forms of each model verb. The formation of the compound tenses of any verb can be inferred from the table of compound tenses, pages A-11–12, either by combining the past participle of the verb with a conjugated form of **haber** or by combining the present participle with a conjugated form of **estar.**

abrazar (z:c) like cruzar (37)
abrir like vivir (3) *except* past participle is **abierto**
aburrir(se) like vivir (3)
acabar like hablar (1)
acampar like hablar (1)
acompañar like hablar (1)
aconsejar like hablar (1)
acordarse (o:ue) like contar (24)
acostarse (o:ue) like contar (24)
adelgazar (z:c) like cruzar (37)
afeitarse like hablar (1)
ahorrar like hablar (1)
alegrarse like hablar (1)
aliviar like hablar (1)
almorzar (o:ue) like contar (24) *except* (z:c)
alquilar like hablar (1)
andar like hablar (1) *except* preterite stem is **anduv-**
anunciar like hablar (1)
apagar (g:gu) like llegar (41)
aplaudir like vivir (3)
apreciar like hablar (1)
aprender like comer (2)
apurarse like hablar (1)
arrancar (c:qu) like tocar (44)
arreglar like hablar (1)
asistir like vivir (3)

aumentar like hablar (1)
ayudar(se) like hablar (1)
bailar like hablar (1)
bajar(se) like hablar (1)
bañarse like hablar (1)
barrer like comer (2)
beber like comer (2)
besar(se) like hablar (1)
borrar like hablar (1)
brindar like hablar (1)
bucear like hablar (1)
buscar (c:qu) like tocar (44)
caber (4)
caer(se) (5)
calentarse (e:ie) like pensar (30)
calzar (z:c) like cruzar (37)
cambiar like hablar (1)
caminar like hablar (1)
cantar like hablar (1)
cargar like llegar (41)
casarse like hablar (1)
cazar (z:c) like cruzar (37)
celebrar like hablar (1)
cenar like hablar (1)
cepillarse like hablar (1)
cerrar (e:ie) like pensar (30)
chatear like hablar (1)
cobrar like hablar (1)
cocinar like hablar (1)
comenzar (e:ie) (z:c) like empezar (26)
comer (2)

compartir like vivir (3)
comprar like hablar (1)
comprender like comer (2)
comprometerse like comer (2)
comunicarse (c:qu) like tocar (44)
conducir (c:zc) (6)
conectar(se) like hablar (1)
confirmar like hablar (1)
conocer (c:zc) (35)
conseguir (e:i) (g:gu) like seguir (32)
conservar like hablar (1)
consumir like vivir (3)
contaminar like hablar (1)
contar (o:ue) (24)
contestar like hablar (1)
contratar like hablar (1)
controlar like hablar (1)
conversar like hablar (1)
correr like comer (2)
costar (o:ue) like contar (24)
creer (y) (36)
cruzar (z:c) (37)
cuidar like hablar (1)
dañar like hablar (1)
dar (7)
deber like comer (2)
decidir like vivir (3)
decir (e:i) (8)

declarar like hablar (1)
dejar like hablar (1)
depositar like hablar (1)
desarrollar like hablar (1)
desayunar like hablar (1)
descansar like hablar (1)
descargar like llegar (41)
describir like vivir (3) *except* past participle is **descrito**
descubrir like vivir (3) *except* past participle is **descubierto**
desear like hablar (1)
despedir(se) (e:i) like pedir (29)
despertarse (e:ie) like pensar (30)
destruir (y) (38)
dibujar like hablar (1)
dirigir (g:j) like vivir (3) *except* (g:j)
disfrutar like hablar (1)
divertirse (e:ie) like sentir (33)
divorciarse like hablar (1)
doblar like hablar (1)
doler (o:ue) like volver (34) *except* past participle is regular
dormir(se) (o:ue) (25)
ducharse like hablar (1)
dudar like hablar (1)
durar like hablar (1)
echar like hablar (1)

Verb Conjugation Tables

elegir (e:i) like pedir (29) *except* (g:j)
emitir like vivir (3)
empezar (e:ie) (z:c) (26)
enamorarse like hablar (1)
encantar like hablar (1)
encontrar(se) (o:ue) like contar (24)
enfermarse like hablar (1)
engordar like hablar (1)
enojarse like hablar (1)
enseñar like hablar (1)
ensuciar like hablar (1)
entender (e:ie) (27)
entrenarse like hablar (1)
entrevistar like hablar (1)
enviar (envío) (39)
escalar like hablar (1)
escanear like hablar (1)
escoger (g:j) like proteger (43)
escribir like vivir (3) *except* past participle is **escrito**
escuchar like hablar (1)
esculpir like vivir (3)
esperar like hablar (1)
esquiar (esquío) like enviar (39)
establecer (c:zc) like conocer (35)
estacionar like hablar (1)
estar (9)
estornudar like hablar (1)
estudiar like hablar (1)
evitar like hablar (1)
explicar (c:qu) like tocar (44)
faltar like hablar (1)
fascinar like hablar (1)
firmar like hablar (1)
fumar like hablar (1)
funcionar like hablar (1)
ganar like hablar (1)
gastar like hablar (1)
grabar like hablar (1)
graduarse (gradúo) (40)
guardar like hablar (1)
gustar like hablar (1)
haber (hay) (10)
hablar (1)
hacer (11)
importar like hablar (1)
imprimir like vivir (3)
indicar (c:qu) like tocar (44)
informar like hablar (1)

insistir like vivir (3)
interesar like hablar (1)
invertir (e:ie) like sentir (33)
invitar like hablar (1)
ir(se) (12)
jubilarse like hablar (1)
jugar (u:ue) (g:gu) (28)
lastimarse like hablar (1)
lavar(se) like hablar (1)
leer (y) like creer (36)
levantar(se) like hablar (1)
limpiar like hablar (1)
llamar(se) like hablar (1)
llegar (g:gu) (41)
llenar like hablar (1)
llevar(se) like hablar (1)
llover (o:ue) like volver (34) *except* past participle is regular
luchar like hablar (1)
mandar like hablar (1)
manejar like hablar (1)
mantener(se) (e:ie) like tener (20)
maquillarse like hablar (1)
mejorar like hablar (1)
merendar (e:ie) like pensar (30)
mirar like hablar (1)
molestar like hablar (1)
montar like hablar (1)
morir (o:ue) like dormir (25) *except* past participle is **muerto**
mostrar (o:ue) like contar (24)
mudarse like hablar (1)
nacer (c:zc) like conocer (35)
nadar like hablar (1)
necesitar like hablar (1)
negar (e:ie) like pensar (30) *except* (g:gu)
nevar (e:ie) like pensar (30)
obedecer (c:zc) like conocer (35)
obtener (e:ie) like tener (20)
ocurrir like vivir (3)
odiar like hablar (1)
ofrecer (c:zc) like conocer (35)
oír (13)
olvidar like hablar (1)
pagar (g:gu) like llegar (41)
parar like hablar (1)

parecer (c:zc) like conocer (35)
pasar like hablar (1)
pasear like hablar (1)
patinar like hablar (1)
pedir (e:i) (29)
peinarse like hablar (1)
pensar (e:ie) (30)
perder (e:ie) like entender (27)
pescar (c:qu) like tocar (44)
pintar like hablar (1)
planchar like hablar (1)
poder (o:ue) (14)
poner(se) (15)
practicar (c:qu) like tocar (44)
preferir (e:ie) like sentir (33)
preguntar like hablar (1)
prender like comer (2)
preocuparse like hablar (1)
preparar like hablar (1)
presentar like hablar (1)
prestar like hablar (1)
probar(se) (o:ue) like contar (24)
prohibir (prohíbo) (42)
proteger (g:j) (43)
publicar (c:qu) like tocar (44)
quedar(se) like hablar (1)
querer (e:ie) (16)
quitar(se) like hablar (1)
recetar like hablar (1)
recibir like vivir (3)
reciclar like hablar (1)
recoger (g:j) like proteger (43)
recomendar (e:ie) like pensar (30)
recordar (o:ue) like contar (24)
reducir (c:zc) like conducir (6)
regalar like hablar (1)
regatear like hablar (1)
regresar like hablar (1)
reír(se) (e:i) (31)
relajarse like hablar (1)
renunciar like hablar (1)
repetir (e:i) like pedir (29)
resolver (o:ue) like volver (34)
respirar like hablar (1)
revisar like hablar (1)

rogar (o:ue) like contar (24) *except* (g:gu)
romper(se) like comer (2) *except* past participle is **roto**
saber (17)
sacar (c:qu) like tocar (44)
sacudir like vivir (3)
salir (18)
saludar(se) like hablar (1)
secar(se) (c:qu) like tocar (44)
seguir (e:i) (32)
sentarse (e:ie) like pensar (30)
sentir(se) (e:ie) (33)
separarse like hablar (1)
ser (19)
servir (e:i) like pedir (29)
solicitar like hablar (1)
sonar (o:ue) like contar (24)
sonreír (e:i) like reír(se) (31)
sorprender like comer (2)
subir like vivir (3)
sudar like hablar (1)
sufrir like vivir (3)
sugerir (e:ie) like sentir (33)
suponer like poner (15)
temer like comer (2)
tener (e:ie) (20)
terminar like hablar (1)
textear like hablar (1)
tocar (c:qu) (44)
tomar like hablar (1)
torcerse (o:ue) like volver (34) *except* (c:z) and past participle is regular; e.g., yo tuerzo
toser like comer (2)
trabajar like hablar (1)
traducir (c:zc) like conducir (6)
traer (21)
transmitir like vivir (3)
tratar like hablar (1)
usar like hablar (1)
vender like comer (2)
venir (e:ie) (22)
ver (23)
vestirse (e:i) like pedir (29)
viajar like hablar (1)
visitar like hablar (1)
vivir (3)
volver (o:ue) (34)
votar like hablar (1)

Regular verbs: simple tenses

Infinitive	INDICATIVE						SUBJUNCTIVE		IMPERATIVE
	Present	Imperfect	Preterite	Future	Conditional		Present	Past	
1 hablar	hablo	hablaba	hablé	hablaré	hablaría		hable	hablara	
Participles:	hablas	hablabas	hablaste	hablarás	hablarías		hables	hablaras	habla tú (no hables)
hablando	habla	hablaba	habló	hablará	hablaría		hable	hablara	hable Ud.
hablado	hablamos	hablábamos	hablamos	hablaremos	hablaríamos		hablemos	habláramos	hablemos
	habláis	hablabais	hablasteis	hablaréis	hablaríais		habléis	hablarais	hablad (no habléis)
	hablan	hablaban	hablaron	hablarán	hablarían		hablen	hablaran	hablen Uds.
2 comer	como	comía	comí	comeré	comería		coma	comiera	
Participles:	comes	comías	comiste	comerás	comerías		comas	comieras	come tú (no comas)
comiendo	come	comía	comió	comerá	comería		coma	comiera	coma Ud.
comido	comemos	comíamos	comimos	comeremos	comeríamos		comamos	comiéramos	comamos
	coméis	comíais	comisteis	comeréis	comeríais		comáis	comierais	comed (no comáis)
	comen	comían	comieron	comerán	comerían		coman	comieran	coman Uds.
3 vivir	vivo	vivía	viví	viviré	viviría		viva	viviera	
Participles:	vives	vivías	viviste	vivirás	vivirías		vivas	vivieras	vive tú (no vivas)
viviendo	vive	vivía	vivió	vivirá	viviría		viva	viviera	viva Ud.
vivido	vivimos	vivíamos	vivimos	viviremos	viviríamos		vivamos	viviéramos	vivamos
	vivís	vivíais	vivisteis	viviréis	viviríais		viváis	vivierais	vivid (no viváis)
	viven	vivían	vivieron	vivirán	vivirían		vivan	vivieran	vivan Uds.

All verbs: compound tenses

PERFECT TENSES

INDICATIVE								SUBJUNCTIVE			
Present Perfect		Past Perfect		Future Perfect		Conditional Perfect		Present Perfect		Past Perfect	
he	hablado	había	hablado	habré	hablado	habría	hablado	haya	hablado	hubiera	hablado
has	comido	habías	comido	habrás	comido	habrías	comido	hayas	comido	hubieras	comido
ha	vivido	había	vivido	habrá	vivido	habría	vivido	haya	vivido	hubiera	vivido
hemos		habíamos		habremos		habríamos		hayamos		hubiéramos	
habéis		habíais		habréis		habríais		hayáis		hubierais	
han		habían		habrán		habrían		hayan		hubieran	

Verb Conjugation Tables

PROGRESSIVE TENSES

INDICATIVE

Present Progressive	Past Progressive	Future Progressive	Conditional Progressive
estoy	estaba	estaré	estaría
estás	estabas	estarás	estarías
está hablando	estaba hablando	estará hablando	estaría hablando
estamos comiendo	estábamos comiendo	estaremos comiendo	estaríamos comiendo
estáis viviendo	estabais viviendo	estaréis viviendo	estaríais viviendo
están	estaban	estarán	estarían

SUBJUNCTIVE

Present Progressive	Past Progressive
esté	estuviera
estés	estuvieras
esté hablando	estuviera hablando
estemos comiendo	estuviéramos comiendo
estéis viviendo	estuvierais viviendo
estén	estuvieran

Irregular verbs

		INDICATIVE					SUBJUNCTIVE		IMPERATIVE
Infinitive	Present	Imperfect	Preterite	Future	Conditional		Present	Past	

4 caber

Participles: cabiendo, cabido

Present	Imperfect	Preterite	Future	Conditional	Present	Past	Imperative
quepo	cabía	**cupe**	**cabré**	**cabría**	**quepa**	**cupiera**	
cabes	cabías	**cupiste**	**cabrás**	**cabrías**	**quepas**	**cupieras**	cabe tú (no **quepas**)
cabe	cabía	**cupo**	**cabrá**	**cabría**	**quepa**	**cupiera**	**quepa** Ud.
cabemos	cabíamos	**cupimos**	**cabremos**	**cabríamos**	**quepamos**	**cupiéramos**	**quepamos**
cabéis	cabíais	**cupisteis**	**cabréis**	**cabríais**	**quepáis**	**cupierais**	cabed (no **quepáis**)
caben	cabían	**cupieron**	**cabrán**	**cabrían**	**quepan**	**cupieran**	**quepan** Uds.

5 caer(se)

Participles: cayendo, caído

Present	Imperfect	Preterite	Future	Conditional	Present	Past	Imperative
caigo	caía	caí	caeré	caería	**caiga**	**cayera**	
caes	caías	**caíste**	caerás	caerías	**caigas**	**cayeras**	cae tú (no **caigas**)
cae	caía	**cayó**	caerá	caería	**caiga**	**cayera**	**caiga** Ud.
caemos	caíamos	**caímos**	caeremos	caeríamos	**caigamos**	**cayéramos**	**caigamos**
caéis	caíais	**caísteis**	caeréis	caeríais	**caigáis**	**cayerais**	caed (no **caigáis**)
caen	caían	**cayeron**	caerán	caerían	**caigan**	**cayeran**	**caigan** Uds.

6 conducir (c:zc)

Participles: conduciendo, conducido

Present	Imperfect	Preterite	Future	Conditional	Present	Past	Imperative
conduzco	conducía	**conduje**	conduciré	conduciría	**conduzca**	**condujera**	
conduces	conducías	**condujiste**	conducirás	conducirías	**conduzcas**	**condujeras**	conduce tú (no **conduzcas**)
conduce	conducía	**condujo**	conducirá	conduciría	**conduzca**	**condujera**	**conduzca** Ud.
conducimos	conducíamos	**condujimos**	conduciremos	conduciríamos	**conduzcamos**	**condujéramos**	**conduzcamos**
conducís	conducíais	**condujisteis**	conduciréis	conduciríais	**conduzcáis**	**condujerais**	conducid (no **conduzcáis**)
conducen	conducían	**condujeron**	conducirán	conducirían	**conduzcan**	**condujeran**	**conduzcan** Uds.

Verb Conjugation Tables

		INDICATIVE					SUBJUNCTIVE		IMPERATIVE
Infinitive	Present	Imperfect	Preterite	Future	Conditional		Present	Past	
7 dar	doy	daba	di	daré	daría		dé	diera	
	das	dabas	diste	darás	darías		des	dieras	da tú (no des)
Participles:	da	daba	dio	dará	daría		dé	diera	dé Ud.
dando	damos	dábamos	dimos	daremos	daríamos		demos	diéramos	demos
dado	dais	dabais	disteis	daréis	daríais		deis	dierais	dad (no deis)
	dan	daban	dieron	darán	darían		den	dieran	den Uds.
8 decir (e:i)	digo	decía	dije	diré	diría		diga	dijera	
	dices	decías	dijiste	dirás	dirías		digas	dijeras	di tú (no digas)
Participles:	dice	decía	dijo	dirá	diría		diga	dijera	diga Ud.
diciendo	decimos	decíamos	dijimos	diremos	diríamos		digamos	dijéramos	digamos
dicho	decís	decíais	dijisteis	diréis	diríais		digáis	dijerais	decid (no digáis)
	dicen	decían	dijeron	dirán	dirían		digan	dijeran	digan Uds.
9 estar	estoy	estaba	estuve	estaré	estaría		esté	estuviera	
	estás	estabas	estuviste	estarás	estarías		estés	estuvieras	está tú (no estés)
Participles:	está	estaba	estuvo	estará	estaría		esté	estuviera	esté Ud.
estando	estamos	estábamos	estuvimos	estaremos	estaríamos		estemos	estuviéramos	estemos
estado	estáis	estabais	estuvisteis	estaréis	estaríais		estéis	estuvierais	estad (no estéis)
	están	estaban	estuvieron	estarán	estarían		estén	estuvieran	estén Uds.
10 haber	he	había	hube	habré	habría		haya	hubiera	
	has	habías	hubiste	habrás	habrías		hayas	hubieras	
Participles:	ha	había	hubo	habrá	habría		haya	hubiera	
habiendo	hemos	habíamos	hubimos	habremos	habríamos		hayamos	hubiéramos	
habido	habéis	habíais	hubisteis	habréis	habríais		hayáis	hubierais	
	han	habían	hubieron	habrán	habrían		hayan	hubieran	
11 hacer	hago	hacía	hice	haré	haría		haga	hiciera	
	haces	hacías	hiciste	harás	harías		hagas	hicieras	haz tú (no hagas)
Participles:	hace	hacía	hizo	hará	haría		haga	hiciera	haga Ud.
haciendo	hacemos	hacíamos	hicimos	haremos	haríamos		hagamos	hiciéramos	hagamos
hecho	hacéis	hacíais	hicisteis	haréis	haríais		hagáis	hicierais	haced (no hagáis)
	hacen	hacían	hicieron	harán	harían		hagan	hicieran	hagan Uds.
12 ir	voy	iba	fui	iré	iría		vaya	fuera	
	vas	ibas	fuiste	irás	irías		vayas	fueras	ve tú (no vayas)
Participles:	va	iba	fue	irá	iría		vaya	fuera	vaya Ud.
yendo	vamos	íbamos	fuimos	iremos	iríamos		vayamos	fuéramos	vamos
ido	vais	ibais	fuisteis	iréis	iríais		vayáis	fuerais	id (no vayáis)
	van	iban	fueron	irán	irían		vayan	fueran	vayan Uds.
13 oír (y)	oigo	oía	oí	oiré	oiría		oiga	oyera	
	oyes	oías	oíste	oirás	oirías		oigas	oyeras	oye tú (no oigas)
Participles:	oye	oía	oyó	oirá	oiría		oiga	oyera	oiga Ud.
oyendo	oímos	oíamos	oímos	oiremos	oiríamos		oigamos	oyéramos	oigamos
oído	oís	oíais	oísteis	oiréis	oiríais		oigáis	oyerais	oíd (no oigáis)
	oyen	oían	oyeron	oirán	oirían		oigan	oyeran	oigan Uds.

Verb Conjugation Tables

		INDICATIVE					SUBJUNCTIVE		IMPERATIVE
Infinitive	Present	Imperfect	Preterite	Future	Conditional		Present	Past	
14 **poder (o:ue)**	**puedo**	podía	**pude**	**podré**	**podría**		**pueda**	**pudiera**	
	puedes	podías	**pudiste**	**podrás**	**podrías**		**puedas**	**pudieras**	**puede** tú (no **puedas**)
Participles:	**puede**	podía	**pudo**	**podrá**	**podría**		**pueda**	**pudiera**	**pueda** Ud.
pudiendo	podemos	podíamos	**pudimos**	**podremos**	**podríamos**		podamos	**pudiéramos**	podamos
podido	podéis	podíais	**pudisteis**	**podréis**	**podríais**		podáis	**pudierais**	poded (no podáis)
	pueden	podían	**pudieron**	**podrán**	**podrían**		**puedan**	**pudieran**	**puedan** Uds.
15 **poner**	**pongo**	ponía	**puse**	**pondré**	**pondría**		**ponga**	**pusiera**	
	pones	ponías	**pusiste**	**pondrás**	**pondrías**		**pongas**	**pusieras**	**pon** tú (no **pongas**)
Participles:	pone	ponía	**puso**	**pondrá**	**pondría**		**ponga**	**pusiera**	**ponga** Ud.
poniendo	ponemos	poníamos	**pusimos**	**pondremos**	**pondríamos**		**pongamos**	**pusiéramos**	**pongamos**
puesto	ponéis	poníais	**pusisteis**	**pondréis**	**pondríais**		**pongáis**	**pusierais**	poned (no **pongáis**)
	ponen	ponían	**pusieron**	**pondrán**	**pondrían**		**pongan**	**pusieran**	**pongan** Uds.
16 **querer (e:ie)**	**quiero**	quería	**quise**	**querré**	**querría**		**quiera**	**quisiera**	
	quieres	querías	**quisiste**	**querrás**	**querrías**		**quieras**	**quisieras**	**quiere** tú (no **quieras**)
Participles:	**quiere**	quería	**quiso**	**querrá**	**querría**		**quiera**	**quisiera**	**quiera** Ud.
queriendo	queremos	queríamos	**quisimos**	**querremos**	**querríamos**		queramos	**quisiéramos**	**queramos**
querido	queréis	queríais	**quisisteis**	**querréis**	**querríais**		queráis	**quisierais**	quered (no queráis)
	quieren	querían	**quisieron**	**querrán**	**querrían**		**quieran**	**quisieran**	**quieran** Uds.
17 **saber**	**sé**	sabía	**supe**	**sabré**	**sabría**		**sepa**	**supiera**	
	sabes	sabías	**supiste**	**sabrás**	**sabrías**		**sepas**	**supieras**	sabe tú (no **sepas**)
Participles:	sabe	sabía	**supo**	**sabrá**	**sabría**		**sepa**	**supiera**	**sepa** Ud.
sabiendo	sabemos	sabíamos	**supimos**	**sabremos**	**sabríamos**		**sepamos**	**supiéramos**	**sepamos**
sabido	sabéis	sabíais	**supisteis**	**sabréis**	**sabríais**		**sepáis**	**supierais**	sabed (no **sepáis**)
	saben	sabían	**supieron**	**sabrán**	**sabrían**		**sepan**	**supieran**	**sepan** Uds.
18 **salir**	**salgo**	salía	salí	**saldré**	**saldría**		**salga**	saliera	
	sales	salías	saliste	**saldrás**	**saldrías**		**salgas**	salieras	**sal** tú (no **salgas**)
Participles:	sale	salía	salió	**saldrá**	**saldría**		**salga**	saliera	**salga** Ud.
saliendo	salimos	salíamos	salimos	**saldremos**	**saldríamos**		**salgamos**	saliéramos	**salgamos**
salido	salís	salíais	salisteis	**saldréis**	**saldríais**		**salgáis**	salierais	salid (no **salgáis**)
	salen	salían	salieron	**saldrán**	**saldrían**		**salgan**	salieran	**salgan** Uds.
19 **ser**	**soy**	**era**	**fui**	seré	sería		**sea**	**fuera**	
	eres	**eras**	**fuiste**	serás	serías		**seas**	**fueras**	**sé** tú (no **seas**)
Participles:	**es**	**era**	**fue**	será	sería		**sea**	**fuera**	**sea** Ud.
siendo	**somos**	**éramos**	**fuimos**	seremos	seríamos		**seamos**	**fuéramos**	**seamos**
sido	**sois**	**erais**	**fuisteis**	seréis	seríais		**seáis**	**fuerais**	sed (no **seáis**)
	son	**eran**	**fueron**	serán	serían		**sean**	**fueran**	**sean** Uds.
20 **tener (e:ie)**	**tengo**	tenía	**tuve**	**tendré**	**tendría**		**tenga**	**tuviera**	
	tienes	tenías	**tuviste**	**tendrás**	**tendrías**		**tengas**	**tuvieras**	**ten** tú (no **tengas**)
Participles:	**tiene**	tenía	**tuvo**	**tendrá**	**tendría**		**tenga**	**tuviera**	**tenga** Ud.
teniendo	tenemos	teníamos	**tuvimos**	**tendremos**	**tendríamos**		**tengamos**	**tuviéramos**	**tengamos**
tenido	tenéis	teníais	**tuvisteis**	**tendréis**	**tendríais**		**tengáis**	**tuvierais**	tened (no **tengáis**)
	tienen	tenían	**tuvieron**	**tendrán**	**tendrían**		**tengan**	**tuvieran**	**tengan** Uds.

Verb Conjugation Tables A-15

		INDICATIVE					SUBJUNCTIVE		IMPERATIVE
Infinitive	Present	Imperfect	Preterite	Future	Conditional		Present	Past	
21 traer	**traigo**	traía	**traje**	traeré	traería		**traiga**	**trajera**	
	traes	traías	**trajiste**	traerás	traerías		**traigas**	**trajeras**	trae tú (no **traigas**)
Participles:	trae	traía	**trajo**	traerá	traería		**traiga**	**trajera**	**traiga** Ud.
trayendo	traemos	traíamos	**trajimos**	traeremos	traeríamos		**traigamos**	**trajéramos**	**traigamos**
traído	traéis	traíais	**trajisteis**	traeréis	traeríais		**traigáis**	**trajerais**	traed (no **traigáis**)
	traen	traían	**trajeron**	traerán	traerían		**traigan**	**trajeran**	**traigan** Uds.
22 venir (e:ie)	**vengo**	venía	**vine**	**vendré**	**vendría**		**venga**	**viniera**	
	vienes	venías	**viniste**	**vendrás**	**vendrías**		**vengas**	**vinieras**	ven tú (no **vengas**)
Participles:	**viene**	venía	**vino**	**vendrá**	**vendría**		**venga**	**viniera**	**venga** Ud.
viniendo	venimos	veníamos	**vinimos**	**vendremos**	**vendríamos**		**vengamos**	**viniéramos**	**vengamos**
venido	venís	veníais	**vinisteis**	**vendréis**	**vendríais**		**vengáis**	**vinierais**	venid (no **vengáis**)
	vienen	venían	**vinieron**	**vendrán**	**vendrían**		**vengan**	**vinieran**	**vengan** Uds.
23 ver	**veo**	**veía**	**vi**	veré	vería		**vea**	viera	
	ves	**veías**	viste	verás	verías		**veas**	vieras	**ve** tú (no **veas**)
Participles:	ve	**veía**	**vio**	verá	vería		**vea**	viera	**vea** Ud.
viendo	vemos	**veíamos**	vimos	veremos	veríamos		**veamos**	**viéramos**	**veamos**
visto	veis	**veíais**	visteis	veréis	veríais		**veáis**	vierais	ved (no **veáis**)
	ven	**veían**	vieron	verán	verían		**vean**	vieran	**vean** Uds.

Stem-changing verbs

		INDICATIVE					SUBJUNCTIVE		IMPERATIVE
Infinitive	Present	Imperfect	Preterite	Future	Conditional		Present	Past	
24 contar (o:ue)	**cuento**	contaba	conté	contaré	contaría		**cuente**	contara	
	cuentas	contabas	contaste	contarás	contarías		**cuentes**	contaras	**cuenta** tú (no **cuentes**)
Participles:	**cuenta**	contaba	contó	contará	contaría		**cuente**	contara	**cuente** Ud.
contando	contamos	contábamos	contamos	contaremos	contaríamos		contemos	contáramos	contemos
contado	contáis	contabais	contasteis	contaréis	contaríais		contéis	contarais	contad (no contéis)
	cuentan	contaban	contaron	contarán	contarían		**cuenten**	contaran	**cuenten** Uds.
25 dormir (o:ue)	**duermo**	dormía	dormí	dormiré	dormiría		**duerma**	**durmiera**	
	duermes	dormías	dormiste	dormirás	dormirías		**duermas**	**durmieras**	**duerme** tú (no **duermas**)
Participles:	**duerme**	dormía	**durmió**	dormirá	dormiría		**duerma**	**durmiera**	**duerma** Ud.
durmiendo	dormimos	dormíamos	dormimos	dormiremos	dormiríamos		**durmamos**	**durmiéramos**	**durmamos**
dormido	dormís	dormíais	dormisteis	dormiréis	dormiríais		durmáis	durmierais	dormid (no **durmáis**)
	duermen	dormían	**durmieron**	dormirán	dormirían		**duerman**	**durmieran**	**duerman** Uds.
26 empezar (e:ie) (z:c)	**empiezo**	empezaba	**empecé**	empezaré	empezaría		**empiece**	empezara	
	empiezas	empezabas	empezaste	empezarás	empezarías		**empieces**	empezaras	**empieza** tú (no **empieces**)
Participles:	**empieza**	empezaba	empezó	empezará	empezaría		**empiece**	empezara	**empiece** Ud.
empezando	empezamos	empezábamos	empezamos	empezaremos	empezaríamos		**empecemos**	empezáramos	**empecemos**
empezado	empezáis	empezabais	empezasteis	empezaréis	empezaríais		**empecéis**	empezarais	empezad (no **empecéis**)
	empiezan	empezaban	empezaron	empezarán	empezarían		**empiecen**	empezaran	**empiecen** Uds.

Verb Conjugation Tables

		INDICATIVE					SUBJUNCTIVE		IMPERATIVE
Infinitive	Present	Imperfect	Preterite	Future	Conditional		Present	Past	

27 entender (e:ie)
Participles: entendiendo, entendido

Present	Imperfect	Preterite	Future	Conditional	Present	Past	Imperative
entiendo	entendía	entendí	entenderé	entendería	entienda	entendiera	
entiendes	entendías	entendiste	entenderás	entenderías	entiendas	entendieras	entiende tú (no entiendas)
entiende	entendía	entendió	entenderá	entendería	entienda	entendiera	entienda Ud.
entendemos	entendíamos	entendimos	entenderemos	entenderíamos	entendamos	entendiéramos	entendamos
entendéis	entendíais	entendisteis	entenderéis	entenderíais	entendáis	entendierais	entended (no entendáis)
entienden	entendían	entendieron	entenderán	entenderían	entiendan	entendieran	entiendan Uds.

28 jugar (u:ue) (g:gu)
Participles: jugando, jugado

Present	Imperfect	Preterite	Future	Conditional	Present	Past	Imperative
juego	jugaba	jugué	jugaré	jugaría	juegue	jugara	
juegas	jugabas	jugaste	jugarás	jugarías	juegues	jugaras	juega tú (no juegues)
juega	jugaba	jugó	jugará	jugaría	juegue	jugara	juegue Ud.
jugamos	jugábamos	jugamos	jugaremos	jugaríamos	juguemos	jugáramos	juguemos
jugáis	jugabais	jugasteis	jugaréis	jugaríais	juguéis	jugarais	jugad (no juguéis)
juegan	jugaban	jugaron	jugarán	jugarían	jueguen	jugaran	jueguen Uds.

29 pedir (e:i)
Participles: pidiendo, pedido

Present	Imperfect	Preterite	Future	Conditional	Present	Past	Imperative
pido	pedía	pedí	pediré	pediría	pida	pidiera	
pides	pedías	pediste	pedirás	pedirías	pidas	pidieras	pide tú (no pidas)
pide	pedía	pidió	pedirá	pediría	pida	pidiera	pida Ud.
pedimos	pedíamos	pedimos	pediremos	pediríamos	pidamos	pidiéramos	pidamos
pedís	pedíais	pedisteis	pediréis	pediríais	pidáis	pidierais	pedid (no pidáis)
piden	pedían	pidieron	pedirán	pedirían	pidan	pidieran	pidan Uds.

30 pensar (e:ie)
Participles: pensando, pensado

Present	Imperfect	Preterite	Future	Conditional	Present	Past	Imperative
pienso	pensaba	pensé	pensaré	pensaría	piense	pensara	
piensas	pensabas	pensaste	pensarás	pensarías	pienses	pensaras	piensa tú (no pienses)
piensa	pensaba	pensó	pensará	pensaría	piense	pensara	piense Ud.
pensamos	pensábamos	pensamos	pensaremos	pensaríamos	pensemos	pensáramos	pensemos
pensáis	pensabais	pensasteis	pensaréis	pensaríais	penséis	pensarais	pensad (no penséis)
piensan	pensaban	pensaron	pensarán	pensarían	piensen	pensaran	piensen Uds.

31 reír(se) (e:i)
Participles: riendo, reído

Present	Imperfect	Preterite	Future	Conditional	Present	Past	Imperative
río	reía	reí	reiré	reiría	ría	riera	
ríes	reías	reíste	reirás	reirías	rías	rieras	ríe tú (no rías)
ríe	reía	rio	reirá	reiría	ría	riera	ría Ud.
reímos	reíamos	reímos	reiremos	reiríamos	riamos	riéramos	riamos
reís	reíais	reísteis	reiréis	reiríais	riáis	rierais	reíd (no riáis)
ríen	reían	rieron	reirán	reirían	rían	rieran	rían Uds.

32 seguir (e:i) (gu:g)
Participles: siguiendo, seguido

Present	Imperfect	Preterite	Future	Conditional	Present	Past	Imperative
sigo	seguía	seguí	seguiré	seguiría	siga	siguiera	
sigues	seguías	seguiste	seguirás	seguirías	sigas	siguieras	sigue tú (no sigas)
sigue	seguía	siguió	seguirá	seguiría	siga	siguiera	siga Ud.
seguimos	seguíamos	seguimos	seguiremos	seguiríamos	sigamos	siguiéramos	sigamos
seguís	seguíais	seguisteis	seguiréis	seguiríais	sigáis	siguierais	seguid (no sigáis)
siguen	seguían	siguieron	seguirán	seguirían	sigan	siguieran	sigan Uds.

33 sentir (e:ie)
Participles: sintiendo, sentido

Present	Imperfect	Preterite	Future	Conditional	Present	Past	Imperative
siento	sentía	sentí	sentiré	sentiría	sienta	sintiera	
sientes	sentías	sentiste	sentirás	sentirías	sientas	sintieras	siente tú (no sientas)
siente	sentía	sintió	sentirá	sentiría	sienta	sintiera	sienta Ud.
sentimos	sentíamos	sentimos	sentiremos	sentiríamos	sintamos	sintiéramos	sintamos
sentís	sentíais	sentisteis	sentiréis	sentiríais	sintáis	sintierais	sentid (no sintáis)
sienten	sentían	sintieron	sentirán	sentirían	sientan	sintieran	sientan Uds.

Verb Conjugation Tables A-17

			INDICATIVE				SUBJUNCTIVE		IMPERATIVE
Infinitive		Present	Imperfect	Preterite	Future	Conditional	Present	Past	
34 volver (o:ue)		vuelvo	volvía	volví	volveré	volvería	vuelva	volviera	
		vuelves	volvías	volviste	volverás	volverías	vuelvas	volvieras	vuelve tú (no vuelvas)
		vuelve	volvía	volvió	volverá	volvería	vuelva	volviera	vuelva Ud.
Participles:		volvemos	volvíamos	volvimos	volveremos	volveríamos	volvamos	volviéramos	volvamos
volviendo		volvéis	volvíais	volvisteis	volveréis	volveríais	volváis	volvierais	volved (no volváis)
vuelto		vuelven	volvían	volvieron	volverán	volverían	vuelvan	volvieran	vuelvan Uds.

Verbs with spelling changes only

		INDICATIVE					SUBJUNCTIVE		IMPERATIVE
Infinitive	Present	Imperfect	Preterite	Future	Conditional		Present	Past	
35 conocer (c:zc)	conozco	conocía	conocí	conoceré	conocería		conozca	conociera	
	conoces	conocías	conociste	conocerás	conocerías		conozcas	conocieras	conoce tú (no conozcas)
	conoce	conocía	conoció	conocerá	conocería		conozca	conociera	conozca Ud.
Participles:	conocemos	conocíamos	conocimos	conoceremos	conoceríamos		conozcamos	conociéramos	conozcamos
conociendo	conocéis	conocíais	conocisteis	conoceréis	conoceríais		conozcáis	conocierais	conoced (no conozcáis)
conocido	conocen	conocían	conocieron	conocerán	conocerían		conozcan	conocieran	conozcan Uds.
36 creer (y)	creo	creía	creí	creeré	creería		crea	creyera	
	crees	creías	creíste	creerás	creerías		creas	creyeras	cree tú (no creas)
	cree	creía	creyó	creerá	creería		crea	creyera	crea Ud.
Participles:	creemos	creíamos	creímos	creeremos	creeríamos		creamos	creyéramos	creamos
creyendo	creéis	creíais	creísteis	creeréis	creeríais		creáis	creyerais	creed (no creáis)
creído	creen	creían	creyeron	creerán	creerían		crean	creyeran	crean Uds.
37 cruzar (z:c)	cruzo	cruzaba	crucé	cruzaré	cruzaría		cruce	cruzara	
	cruzas	cruzabas	cruzaste	cruzarás	cruzarías		cruces	cruzaras	cruza tú (no cruces)
	cruza	cruzaba	cruzó	cruzará	cruzaría		cruce	cruzara	cruce Ud.
Participles:	cruzamos	cruzábamos	cruzamos	cruzaremos	cruzaríamos		crucemos	cruzáramos	crucemos
cruzando	cruzáis	cruzabais	cruzasteis	cruzaréis	cruzaríais		crucéis	cruzarais	cruzad (no crucéis)
cruzado	cruzan	cruzaban	cruzaron	cruzarán	cruzarían		crucen	cruzaran	crucen Uds.
38 destruir (y)	destruyo	destruía	destruí	destruiré	destruiría		destruya	destruyera	
	destruyes	destruías	destruiste	destruirás	destruirías		destruyas	destruyeras	destruye tú (no destruyas)
	destruye	destruía	destruyó	destruirá	destruiría		destruya	destruyera	destruya Ud.
Participles:	destruimos	destruíamos	destruimos	destruiremos	destruiríamos		destruyamos	destruyéramos	destruyamos
destruyendo	destruís	destruíais	destruisteis	destruiréis	destruiríais		destruyáis	destruyerais	destruid (no destruyáis)
destruido	destruyen	destruían	destruyeron	destruirán	destruirían		destruyan	destruyeran	destruyan Uds.
39 enviar (envío)	envío	enviaba	envié	enviaré	enviaría		envíe	enviara	
	envías	enviabas	enviaste	enviarás	enviarías		envíes	enviaras	envía tú (no envíes)
	envía	enviaba	envió	enviará	enviaría		envíe	enviara	envíe Ud.
Participles:	enviamos	enviábamos	enviamos	enviaremos	enviaríamos		enviemos	enviáramos	enviemos
enviando	enviáis	enviabais	enviasteis	enviaréis	enviaríais		enviéis	enviarais	enviad (no enviéis)
enviado	envían	enviaban	enviaron	enviarán	enviarían		envíen	enviaran	envíen Uds.

Infinitive	INDICATIVE					SUBJUNCTIVE		IMPERATIVE
	Present	Imperfect	Preterite	Future	Conditional	Present	Past	
40 graduarse (gradúo) Participles: graduando graduado	**gradúo** **gradúas** **gradúa** graduamos graduáis **gradúan**	graduaba graduabas graduaba graduábamos graduabais graduaban	gradué graduaste graduó graduamos graduasteis graduaron	graduaré graduarás graduará graduaremos graduaréis graduarán	graduaría graduarías graduaría graduaríamos graduaríais graduarían	**gradúe** **gradúes** **gradúe** graduemos graduéis **gradúen**	graduara graduaras graduara graduáramos graduarais graduaran	**gradúa** tú (no **gradúes**) **gradúe** Ud. graduemos graduad (no graduéis) **gradúen** Uds.
41 llegar (g:gu) Participles: llegando llegado	llego llegas llega llegamos llegáis llegan	llegaba llegabas llegaba llegábamos llegabais llegaban	**llegué** llegaste llegó llegamos llegasteis llegaron	llegaré llegarás llegará llegaremos llegaréis llegarán	llegaría llegarías llegaría llegaríamos llegaríais llegarían	**llegue** **llegues** **llegue** **lleguemos** **lleguéis** **lleguen**	llegara llegaras llegara llegáramos llegarais llegaran	llega tú (no **llegues**) **llegue** Ud. **lleguemos** llegad (no **lleguéis**) **lleguen** Uds.
42 prohibir (prohíbo) Participles: prohibiendo prohibido	**prohíbo** **prohíbes** **prohíbe** prohibimos prohibís **prohíben**	prohibía prohibías prohibía prohibíamos prohibíais prohibían	prohibí prohibiste prohibió prohibimos prohibisteis prohibieron	prohibiré prohibirás prohibirá prohibiremos prohibiréis prohibirán	prohibiría prohibirías prohibiría prohibiríamos prohibiríais prohibirían	**prohíba** **prohíbas** **prohíba** prohibamos prohibáis **prohíban**	prohibiera prohibieras prohibiera prohibiéramos prohibierais prohibieran	**prohíbe** tú (no **prohíbas**) **prohíba** Ud. prohibamos prohibid (no prohibáis) **prohíban** Uds.
43 proteger (g:j) Participles: protegiendo protegido	**protejo** proteges protege protegemos protegéis protegen	protegía protegías protegía protegíamos protegíais protegían	protegí protegiste protegió protegimos protegisteis protegieron	protegeré protegerás protegerá protegeremos protegeréis protegerán	protegería protegerías protegería protegeríamos protegeríais protegerían	**proteja** **protejas** **proteja** **protejamos** **protejáis** protejan	protegiera protegieras protegiera protegiéramos protegierais protegieran	protege tú (no **protejas**) **proteja** Ud. **protejamos** proteged (no **protejáis**) **protejan** Uds.
44 tocar (c:qu) Participles: tocando tocado	toco tocas toca tocamos tocáis tocan	tocaba tocabas tocaba tocábamos tocabais tocaban	**toqué** tocaste tocó tocamos tocasteis tocaron	tocaré tocarás tocará tocaremos tocaréis tocarán	tocaría tocarías tocaría tocaríamos tocaríais tocarían	**toque** **toques** **toque** **toquemos** **toquéis** **toquen**	tocara tocaras tocara tocáramos tocarais tocaran	toca tú (no **toques**) **toque** Ud. **toquemos** tocad (no **toquéis**) **toquen** Uds.

Vocabulario

A-19

Guide to Vocabulary

Note on alphabetization

For purposes of alphabetization, **ch** and **ll** are not treated as separate letters, but **ñ** follows **n**. Therefore, in this glossary you will find that **año**, for example, appears after **anuncio**.

Abbreviations used in this glossary

adj.	adjective	*form.*	formal	*pl.*	plural
adv.	adverb	*indef.*	indefinite	*poss.*	possessive
art.	article	*interj.*	interjection	*prep.*	preposition
conj.	conjunction	*i.o.*	indirect object	*pron.*	pronoun
def.	definite	*m.*	masculine	*ref.*	reflexive
d.o.	direct object	*n.*	noun	*sing.*	singular
f.	feminine	*obj.*	object	*sub.*	subject
fam.	familiar	*p.p.*	past participle	*v.*	verb

Spanish-English

A

a *prep.* at; to 1
  ¿A qué hora...? At what time...? 1
  a bordo aboard
  a dieta on a diet 15
  a la derecha de to the right of 2
  a la izquierda de to the left of 2
  a la plancha grilled 8
  a la(s) + *time* at + *time* 1
  a menos que *conj.* unless 13
  a menudo *adv.* often 10
  a nombre de in the name of 5
  a plazos in installments 14
  A sus órdenes. At your service.
  a tiempo *adv.* on time 10
  a veces *adv.* sometimes 10
  a ver let's see
abeja *f.* bee
abierto/a *adj.* open 5, 14
abogado/a *m., f.* lawyer 16
abrazar(se) *v.* to hug; to embrace (each other) 11
abrazo *m.* hug
abrigo *m.* coat 6
abril *m.* April 5
abrir *v.* to open 3
abuelo/a *m., f.* grandfather/grandmother 3
abuelos *pl.* grandparents 3
aburrido/a *adj.* bored; boring 5
aburrir *v.* to bore 7
aburrirse *v.* to get bored 17
acabar de (+ *inf.***)** *v.* to have just done something 6
acampar *v.* to camp 5
accidente *m.* accident 10
acción *f.* action 17
  de acción action (genre) 17

aceite *m.* oil 8
aceptar: ¡Acepto casarme contigo! I'll marry you! 17
acompañar *v.* to accompany 14
aconsejar *v.* to advise 12
acontecimiento *m.* event 18
acordarse (de) (o:ue) *v.* to remember 7
acostarse (o:ue) *v.* to go to bed 7
activo/a *adj.* active 15
actor *m.* actor 16
actriz *f.* actress 16
actualidades *f., pl.* news; current events 18
adelgazar *v.* to lose weight; to slim down 15
además (de) *adv.* furthermore; besides 10
adicional *adj.* additional
adiós *m.* goodbye 1
adjetivo *m.* adjective
administración de empresas *f.* business administration 2
adolescencia *f.* adolescence 9
¿adónde? *adv.* where (to)? (destination) 2
aduana *f.* customs
aeróbico/a *adj.* aerobic 15
aeropuerto *m.* airport 5
afectado/a *adj.* affected 13
afeitarse *v.* to shave 7
aficionado/a *m., f.* fan 4
afirmativo/a *adj.* affirmative
afuera *adv.* outside 5
afueras *f., pl.* suburbs; outskirts 12
agencia de viajes *f.* travel agency
agente de viajes *m., f.* travel agent
agosto *m.* August 5
agradable *adj.* pleasant **agua** *f.* water 8
  agua mineral mineral water 8

aguantar *v.* to endure, to hold up 14
ahora *adv.* now 2
  ahora mismo right now 5
ahorrar *v.* to save (money) 14
ahorros *m., pl.* savings 14
aire *m.* air 13
ajo *m.* garlic 8
al (*contraction of* **a + el**) 4
  al aire libre open-air 6
  al contado in cash 14
  (al) este (to the) east 14
  al lado de next to; beside 2
  (al) norte (to the) north 14
  (al) oeste (to the) west 14
  (al) sur (to the) south 14
alcoba *f.* bedroom
alcohol *m.* alcohol 15
alcohólico/a *adj.* alcoholic 15
alegrarse (de) *v.* to be happy 13
alegre *adj.* happy 5
alegría *f.* happiness 9
alemán, alemana *adj.* German 3
alérgico/a *adj.* allergic 10
alfombra *f.* carpet; rug 12
algo *pron.* something; anything 7
algodón *m.* cotton 6
alguien *pron.* someone; somebody; anyone 7
algún, alguno/a(s) *adj.* any; some 7
alimentación *f.* diet
alimento *m.* food
aliviar *v.* to reduce 15
  aliviar el estrés/la tensión to reduce stress/tension 15
allá *adv.* over there 2
allí *adv.* there 2
alma *f.* soul 9
almacén *m.* department store 6
almohada *f.* pillow 12
almorzar (o:ue) *v.* to have lunch 4

Vocabulario

almuerzo *m.* lunch 4, 8
aló *interj.* hello (*on the telephone*) 11
alquilar *v.* to rent 12
alquiler *m.* rent (*payment*) 12
altar *m.* altar 9
altillo *m.* attic 12
alto/a *adj.* tall 3
aluminio *m.* aluminum 13
ama/o de casa *m., f.* homemaker 12
amable *adj.* nice; friendly 5
amarillo/a *adj.* yellow 6
amigo/a *m., f.* friend 3
amistad *f.* friendship 9
amor *m.* love 9
   amor a primera vista love at first sight 9
anaranjado/a *adj.* orange 6
ándale *interj.* come on 14
andar *v.* **en patineta** to skateboard 4
ángel *m.* angel 9
anillo *m.* ring 17
animal *m.* animal 13
aniversario (de bodas) *m.* (wedding) anniversary 9
anoche *adv.* last night 6
anteayer *adv.* the day before yesterday 6
antes *adv.* before 7
   antes de *prep.* before 7
   antes (de) que *conj.* before 13
antibiótico *m.* antibiotic 10
antipático/a *adj.* unpleasant 3
anunciar *v.* to announce; to advertise 18
anuncio *m.* advertisement 16
año *m.* year 5
   año pasado last year 6
apagar *v.* to turn off 11
aparato *m.* appliance
apartamento *m.* apartment 12
apellido *m.* last name 3
apenas *adv.* hardly; scarcely 10
aplaudir *v.* to applaud 17
aplicación *f.* app 11
apreciar *v.* to appreciate 17
aprender (a + *inf.*) *v.* to learn 3
apurarse *v.* to hurry; to rush 15
aquel, aquella *adj.* that (over there) 6
aquél, aquélla *pron.* that (over there) 6
aquello *neuter, pron.* that; that thing; that fact 6
aquellos/as *pl. adj.* those (over there) 6
aquéllos/as *pl. pron.* those (ones) (over there) 6
aquí *adv.* here 1
   Aquí está(n)... Here is/are... 5
árbol *m.* tree 13 **archivo** *m.* file 11
arete *m.* earring 6
argentino/a *adj.* Argentine 3
armario *m.* closet 12
arqueología *f.* archeology 2

arqueólogo/a *m., f.* archeologist 16
arquitecto/a *m., f.* architect 16
arrancar *v.* to start (*a car*) 11
arreglar *v.* to fix; to arrange 11; to straighten up 12
arreglarse *v.* to get ready 7; to fix oneself (*clothes, hair, etc. to go out*) 7
arroba *f.* @ symbol 11
arroz *m.* rice 8
arte *m.* art 2
artes *f., pl.* arts 17
artesanía *f.* craftsmanship; crafts 17
artículo *m.* article 18
artista *m., f.* artist 3
artístico/a *adj.* artistic 17
arveja *f.* pea 8
asado/a *adj.* roast 8
ascenso *m.* promotion 16
ascensor *m.* elevator 5
así *adv.* like this; so (*in such a way*) 10
asistir (a) *v.* to attend 3
aspiradora *f.* vacuum cleaner 12
aspirante *m., f.* candidate; applicant 16
aspirina *f.* aspirin 10
atún *m.* tuna 8
aumentar *v.* to grow; to get bigger 13
aumentar *v.* **de peso** to gain weight 15
aumento *m.* increase
   aumento de sueldo pay raise 16
aunque although
autobús *m.* bus 1
automático/a *adj.* automatic
auto(móvil) *m.* car 5
autopista *f.* highway 11
ave *f.* bird 13
avenida *f.* avenue
aventura *f.* adventure 17
   de aventuras adventure (*genre*) 17
avergonzado/a *adj.* embarrassed 5
avión *m.* airplane 5
¡Ay! *interj.* Oh!
   ¡Ay, qué dolor! Oh, what pain!
ayer *adv.* yesterday 6
ayudar(se) *v.* to help (each other) 11
azúcar *m.* sugar 8
azul *adj. m., f.* blue 6

B

bailar *v.* to dance 2
bailarín/bailarina *m., f.* dancer 17
baile *m.* dance 17
bajar(se) de *v.* to get off of/out of (a vehicle) 11

bajo/a *adj.* short (*in height*) 3
balcón *m.* balcony 12
balde *m.* bucket 5
ballena *f.* whale 13
baloncesto *m.* basketball 4
banana *f.* banana 8
banco *m.* bank 14
banda *f.* band 17
bandera *f.* flag
bañarse *v.* to take a bath 7
baño *m.* bathroom 7
barato/a *adj.* cheap 6
barco *m.* boat 5
barrer *v.* to sweep 12
   barrer el suelo *v.* to sweep the floor 12
barrio *m.* neighborhood 12
bastante *adv.* enough; rather 10
basura *f.* trash 12
batería *f.* battery 11
baúl *m.* trunk 11
beber *v.* to drink 3
bebida *f.* drink 8
   bebida alcohólica *f.* alcoholic beverage 15
béisbol *m.* baseball 4
bellas artes *f., pl.* fine arts 17
belleza *f.* beauty 14
beneficio *m.* benefit 16
besar(se) *v.* to kiss (each other) 11
beso *m.* kiss 9
biblioteca *f.* library 2
bicicleta *f.* bicycle 4
bien *adv.* well 1
bienestar *m.* well-being 15
bienvenido(s)/a(s) *adj.* welcome 1
billete *m.* paper money; ticket
billón *m.* trillion
biología *f.* biology 2
bisabuelo/a *m., f.* great-grandfather/great-grandmother 3
bistec *m.* steak 8
blanco/a *adj.* white 6
blog *m.* blog 11
(blue)jeans *m., pl.* jeans 6
blusa *f.* blouse 6
boca *f.* mouth 10
boda *f.* wedding 9
boleto *m.* ticket 2, 17
bolsa *f.* purse, bag 6
bombero/a *m., f.* firefighter 16
bonito/a *adj.* pretty 3
borrador *m.* eraser 2
borrar *v.* to erase 11
bosque *m.* forest 13
   bosque tropical tropical forest; rain forest 13
bota *f.* boot 6
botella *f.* bottle 9
   botella de vino bottle of wine 9
botones *m., f. sing.* bellhop 5
brazo *m.* arm 10
brindar *v.* to toast (*drink*) 9
bucear *v.* to scuba dive 4

Vocabulario

Spanish-English

buen, bueno/a *adj.* good 3, 6
  buena forma good shape (*physical*) 15
  Buenas noches. Good evening; Good night. 1
  Buenas tardes. Good afternoon. 1
  Bueno. Hello. (*on telephone*) 11
  Buenos días. Good morning. 1
bulevar *m.* boulevard
buscador *m.* browser 11
buscar *v.* to look for 2
buzón *m.* mailbox 14

C

caballero *m.* gentleman, sir 8
caballo *m.* horse 5
cabe: no cabe duda de there's no doubt 13
cabeza *f.* head 10
cada *adj. m., f.* each 6
caerse *v.* to fall (down) 10
café *m.* café 4; *adj. m., f.* brown 6; *m.* coffee 8
cafeína *f.* caffeine 15
cafetera *f.* coffee maker 12
cafetería *f.* cafeteria 2
caído/a *p.p.* fallen 14
caja *f.* cash register 6
cajero/a *m., f.* cashier
  cajero automático *m.* ATM 14
calavera de azúcar *f.* skull made out of sugar 9
calcetín (calcetines) *m.* sock(s) 6
calculadora *f.* calculator 2
calentamiento global *m.* global warming 13
calentarse (e:ie) *v.* to warm up 15
calidad *f.* quality 6
calle *f.* street 11
calor *m.* heat
caloría *f.* calorie 15
calzar *v.* to take size... shoes 6
cama *f.* bed 5
cámara digital *f.* digital camera 11
camarero/a *m., f.* waiter/waitress 8
camarón *m.* shrimp 8
cambiar (de) *v.* to change 9
cambio: de cambio in change 2
cambio *m.* **climático** climate change 13
cambio *m.* **de moneda** currency exchange
caminar *v.* to walk 2
camino *m.* road
camión *m.* truck; bus
camisa *f.* shirt 6
camiseta *f.* t-shirt 6
campo *m.* countryside 5
canadiense *adj.* Canadian 3
canal *m.* (TV) channel 11; 17

canción *f.* song 17
candidato/a *m., f.* candidate 18
canela *f.* cinnamon 10
cansado/a *adj.* tired 5
cantante *m., f.* singer 17
cantar *v.* to sing 2
capital *f.* capital city
capó *m.* hood 11
cara *f.* face 7
caramelo *m.* caramel 9
cargador *m.* charger 11
cargar *v.* to charge; to upload 11
carne *f.* meat 8
  carne de res *f.* beef 8
carnicería *f.* butcher shop 14
caro/a *adj.* expensive 6
carpintero/a *m., f.* carpenter 16
carrera *f.* career 16
carretera *f.* highway; (main) road 11
carro *m.* car 11
carta *f.* letter 4; *(playing)* card 5
cartel *m.* poster 12
cartera *f.* wallet 4, 6
cartero *m.* mail carrier 14
casa *f.* house; home 2
casado/a *adj.* married 9
casarse (con) *v.* to get married (to) 9
casi *adv.* almost 10
catorce fourteen 1
cazar *v.* to hunt 13
cebolla *f.* onion 8
celebrar *v.* to celebrate 9
cementerio *m.* cemetery 9
cena *f.* dinner 8
cenar *v.* to have dinner 2
centro *m.* downtown 4
  centro comercial shopping mall 6
cepillarse los dientes/el pelo *v.* to brush one's teeth/one's hair 7
cerámica *f.* pottery 17
cerca de *prep.* near 2
cerdo *m.* pork 8
cereales *m., pl.* cereal; grains 8
cero *m.* zero 1
cerrado/a *adj.* closed 5
cerrar (e:ie) *v.* to close 4
cerveza *f.* beer 8
césped *m.* grass
ceviche *m.* marinated fish dish 8
  ceviche de camarón *m.* lemon-marinated shrimp 8
chaleco *m.* vest
champán *m.* champagne 9
champiñón *m.* mushroom 8
champú *m.* shampoo 7
chaqueta *f.* jacket 6
chatear *v.* to chat 11
chau *fam. interj.* bye 1
cheque *m.* (bank) check 14
chévere *adj., fam.* terrific
chico/a *m., f.* boy/girl 1
chino/a *adj.* Chinese 3
chocar (con) *v.* to run into
chocolate *m.* chocolate 9

choque *m.* collision 18
chuleta *f.* chop (*food*) 8
  chuleta de cerdo *f.* pork chop 8
ciclismo *m.* cycling 4
cielo *m.* sky 13
cien(to) one hundred 2
ciencias *f., pl.* sciences 2
  ciencias ambientales environmental science 2
  de ciencia ficción *f.* science fiction (genre) 17
científico/a *m., f.* scientist 16
cierto/a *adj.* certain 13
  es cierto it's certain 13
  no es cierto it's not certain 13
cima *f.* top, peak 15
cinco five 1
cincuenta fifty 2
cine *m.* movie theater 4
cinta caminadora *f.* treadmill 15
cinturón *m.* belt 6
circulación *f.* traffic 11
cita *f.* date; appointment 9
ciudad *f.* city
ciudadano/a *m., f.* citizen 18
Claro (que sí). *fam.* Of course.
clase *f.* class 2
  clase de ejercicios aeróbicos *f.* aerobics class 15
clásico/a *adj.* classical 17
cliente/a *m., f.* customer 6
clínica *f.* clinic 10
cobrar *v.* to cash (a check) 14
coche *m.* car 11
cocina *f.* kitchen; stove 9, 12
cocinar *v.* to cook 12
cocinero/a *m., f.* cook, chef 16
cofre *m.* hood 11
cola *f.* line 14
colesterol *m.* cholesterol 15
color *m.* color 6
comedia *f.* comedy; play 17
comedor *m.* dining room 12
comenzar (e:ie) *v.* to begin 4
comer *v.* to eat 3
comercial *adj.* commercial; business-related 16
comida *f.* food; meal 4, 8
como like; as 8
¿cómo? what?; how? 1, 2
  ¿Cómo es...? What's... like?
  ¿Cómo está usted? *form.* How are you? 1
  ¿Cómo estás? *fam.* How are you? 1
  ¿Cómo se llama usted? *form.* What's your name? 1
  ¿Cómo te llamas? *fam.* What's your name? 1
cómoda *f.* chest of drawers 12
cómodo/a *adj.* comfortable 5
compañero/a de clase *m., f.* classmate 2
compañero/a de cuarto *m., f.* roommate 2
compañía *f.* company; firm 16

Vocabulario — Spanish-English

compartir *v.* to share 3
compositor(a) *m., f.* composer 17
comprar *v.* to buy 2
  comprar en línea to buy online 6
compras *f., pl.* purchases
  ir de compras to go shopping 5
comprender *v.* to understand 3
comprobar *v.* to check
comprometerse (con) *v.* to get engaged (to) 9
computación *f.* computer science 2
computadora *f.* computer 1
computadora portátil *f.* portable computer; laptop 11
comunicación *f.* communication 18
comunicarse (con) *v.* to communicate (with) 18
comunidad *f.* community 1
con *prep.* with 2
  Con él/ella habla. Speaking. (*on telephone*) 11
  con frecuencia *adv.* frequently 10
  Con permiso. Pardon me; Excuse me. 1
  con tal (de) que *conj.* provided (that) 13
concierto *m.* concert 17
concordar *v.* to agree
concurso *m.* game show; contest 17
conducir *v.* to drive 6, 11
conductor(a) *m., f.* driver 1
conectarse *v.* **a Internet** to get connected to the Internet 11
conexión *f.* **inalámbrica** wireless connection 11
confirmar *v.* to confirm 5
confirmar *v.* **una reservación** *f.* to confirm a reservation 5
confundido/a *adj.* confused 5
congelador *m.* freezer 12
congestionado/a *adj.* congested 10
conmigo *pron.* with me 4, 9
conocer *v.* to know; to be acquainted with 6
conocido/a *adj.; p.p.* known
conseguir (e:i) *v.* to get; to obtain 4
consejero/a *m., f.* counselor; advisor 16
consejo *m.* advice
conservación *f.* conservation 13
conservar *v.* to conserve 13
construir *v.* to build
consultorio *m.* doctor's office 10
consumir *v.* to consume 15
contabilidad *f.* accounting 2
contador(a) *m., f.* accountant 16
contaminación *f.* pollution 13
  contaminación del aire/del agua air/water pollution 13
contaminado/a *adj.* polluted 13
contaminar *v.* to pollute 13
contar (o:ue) *v.* to count; to tell 4
contento/a *adj.* content 5
contestar *v.* to answer 2
contigo *fam. pron.* with you 5, 9
contraseña *f.* password 11

contratar *v.* to hire 16
control *m.* **remoto** remote control 11
controlar *v.* to control 13
conversación *f.* conversation 1
conversar *v.* to converse, to chat 2
copa *f.* wineglass 12
corazón *m.* heart 10
corbata *f.* tie 6
corredor(a) *m., f.* **de bolsa** stockbroker 16
correo *m.* mail; post office 14
  correo de voz *m.* voice mail 11
  correo electrónico *m.* e-mail 4
correr *v.* to run 3
cortesía *f.* courtesy
cortinas *f., pl.* curtains 12
corto/a *adj.* short (*in length*) 6
cosa *f.* thing 1
costar (o:ue) *v.* to cost 6
costarricense *adj.* Costa Rican 3
cráter *m.* crater 13
creer *v.* to believe 3, 13
  creer (en) *v.* to believe (in) 3
  no creer *v.* not to believe 13
creído/a *adj., p.p.* believed 14
crema de afeitar *f.* shaving cream 5, 7
crimen *m.* crime; murder 18
cruzar *v.* to cross 14
cuaderno *m.* notebook 1
cuadra *f.* (city) block 14
¿cuál(es)? which?; which one(s)? 2
  ¿Cuál es la fecha de hoy? What is today's date? 5
cuadro *m.* picture 12
cuando *conj.* when 7; 13
¿cuándo? when? 2
¿cuánto(s)/a(s)? how much/how many? 1, 2
  ¿Cuánto cuesta...? How much does... cost? 6
  ¿Cuántos años tienes? How old are you?
cuarenta forty 2
cuarto *m.* room 2; 7
  cuarto de baño *m.* bathroom 7
cuarto/a *adj.* fourth 5
  menos cuarto quarter to (time) 1
  y cuarto quarter after (time) 1
cuatro four 1
cuatrocientos/as four hundred 2
cubano/a *adj.* Cuban 3
cubiertos *m., pl.* silverware
cubierto/a *p.p.* covered
cubrir *v.* to cover
cuchara *f.* (table or large) spoon 12
cuchillo *m.* knife 12
cuello *m.* neck 10
cuenta *f.* bill 8; account 14
  cuenta corriente *f.* checking account 14
  cuenta de ahorros *f.* savings account 14
cuento *m.* short story 17
cuerpo *m.* body 10

cuidado *m.* care
cuidar *v.* to take care of 13
cultura *f.* culture 2, 17
cumpleaños *m., sing.* birthday 9
cumplir años *v.* to have a birthday
cuñado/a *m., f.* brother-in-law/ sister-in-law 3
currículum *m.* résumé 16
curso *m.* course 2

D

danza *f.* dance 17
dañar *v.* to damage; to break down 10
dar *v.* to give 6
  dar un consejo *v.* to give advice
  darse con *v.* to bump into; to run into (something) 10
  darse prisa *v.* to hurry; to rush 15
de *prep.* of; from 1
  ¿De dónde eres? *fam.* Where are you from? 1
  ¿De dónde es usted? *form.* Where are you from? 1
  ¿De parte de quién? Who is speaking/calling? (*on telephone*) 11
  ¿de quién...? whose...? (*sing.*) 1
  ¿de quiénes...? whose...? (*pl.*) 1
  de algodón (made) of cotton 6
  de aluminio (made) of aluminum 13
  de buen humor in a good mood 5
  de compras shopping 5
  de cuadros plaid 6
  de excursión hiking 4
  de hecho in fact
  de ida y vuelta roundtrip 5
  de la mañana in the morning; A.M. 1
  de la noche in the evening; at night; P.M. 1
  de la tarde in the afternoon; in the early evening; P.M. 1
  de lana (made) of wool 6
  de lunares polka-dotted 6
  de mal humor in a bad mood 5
  de moda in fashion 6
  De nada. You're welcome. 1
  de niño/a as a child 10
  de parte de on behalf of 11
  de plástico (made) of plastic 13
  de rayas striped 6
  de repente suddenly 6
  de seda (made) of silk 6
  de vaqueros western (genre) 17
  de vez en cuando from time to time 10
  de vidrio (made) of glass 13
debajo de *prep.* below; under 2
deber (+ *inf.*) *v.* should; must; ought to 3

Vocabulario

Spanish-English

deber *m.* responsibility; obligation 18
debido a due to (the fact that)
débil *adj.* weak 15
decidir (+ *inf.*) *v.* to decide 3
décimo/a *adj.* tenth 5
decir (e:i) *v.* **(que)** to say (that); to tell (that) 4
  decir la respuesta to say the answer 4
  decir la verdad to tell the truth 4
  decir mentiras to tell lies 4
declarar *v.* to declare 18
dedo *m.* finger 10
dedo del pie *m.* toe 10
deforestación *f.* deforestation 13
dejar *v.* to let; to quit; to leave behind 16
  dejar de (+ *inf.*) *v.* to stop (doing something) 13
  dejar una propina *v.* to leave a tip
del (*contraction of* **de + el**) of the; from the 1
delante de *prep.* in front of 2
delgado/a *adj.* thin 3
delicioso/a *adj.* delicious 8
demás *adj.* the rest
demasiado *adv.* too much 6
dentista *m., f.* dentist 10
dentro de (diez años) within (ten years) 16; inside
dependiente/a *m., f.* clerk 6
deporte *m.* sport 4
deportista *m.* sports person
deportivo/a *adj.* sports-related 4
depositar *v.* to deposit 14
derecha *f.* right 2
  a la derecha de to the right of 2
derecho *adv.* straight (ahead) 14
derechos *m., pl.* rights 18
desarrollar *v.* to develop 13
desastre (natural) *m.* (natural) disaster 18
desayunar *v.* to have breakfast 2
desayuno *m.* breakfast 8
descafeinado/a *adj.* decaffeinated 15
descansar *v.* to rest 2
descargar *v.* to download 11
descompuesto/a *adj.* not working; out of order 11
describir *v.* to describe 3
descrito/a *p.p.* described 14
descubierto/a *p.p.* discovered 14
descubrir *v.* to discover 13
desde *prep.* from 6
desear *v.* to wish; to desire 2
desempleo *m.* unemployment 18
desierto *m.* desert 13
desigualdad *f.* inequality 18
desordenado/a *adj.* disorderly 5
despacio *adv.* slowly 10
despedida *f.* farewell; goodbye
despedir (e:i) *v.* to fire 16

despedirse (de) (e:i) *v.* to say goodbye (to) 18
despejado/a *adj.* clear (*weather*)
despertador *m.* alarm clock 7
despertarse (e:ie) *v.* to wake up 7
después *adv.* afterward; then 7
  después de *prep.* after 7
  después de que *conj.* after 13
destruir *v.* to destroy 13
detrás de *prep.* behind 2
día *m.* day 1
  día de fiesta holiday 9
diario *m.* diary 1; newspaper 18
diario/a *adj.* daily 7
dibujar *v.* to draw 2
dibujo *m.* drawing
  dibujos animados *m., pl.* cartoons 17
diccionario *m.* dictionary 1
dicho/a *p.p.* said 14
diciembre *m.* December 5
dictadura *f.* dictatorship 18
diecinueve nineteen 1
dieciocho eighteen 1
dieciséis sixteen 1
diecisiete seventeen 1
diente *m.* tooth 7
dieta *f.* diet 15
  comer una dieta equilibrada to eat a balanced diet 15
diez ten 1
difícil *adj.* difficult 3
Diga. Hello. (*on telephone*) 11
diligencia *f.* errand 14
dinero *m.* money 6
dirección *f.* address 14
  dirección electrónica *f.* e-mail address 11
director(a) *m., f.* director; (*musical*) conductor 17
dirigir *v.* to direct 17
discriminación *f.* discrimination 18
discurso *m.* speech 18
diseñador(a) *m., f.* designer 16
diseño *m.* design
disfraz *m.* costume 9
disfrutar (de) *v.* to enjoy; to reap the benefits (of) 15
disminuir *v.* to reduce 16
diversión *f.* fun activity; entertainment; recreation 4
divertido/a *adj.* fun
divertirse (e:ie) *v.* to have fun 9
divorciado/a *adj.* divorced 9
divorciarse (de) *v.* to get divorced (from) 9
divorcio *m.* divorce 9
doblar *v.* to turn 14
doble *adj.* double 5
doce twelve 1
doctor(a) *m., f.* doctor 3; 10
documental *m.* documentary 17
documentos de viaje *m., pl.* travel documents
doler (o:ue) *v.* to hurt 10
dolor *m.* ache; pain 10

dolor de cabeza *m.* headache 10
doméstico/a *adj.* domestic 12
domingo *m.* Sunday 2
don *m.* Mr.; sir 1
doña *f.* Mrs.; ma'am 1
donde *adv.* where
  ¿Dónde está...? Where is...? 2
  ¿dónde? where? 1, 2
dormir (o:ue) *v.* to sleep 4
dormirse (o:ue) *v.* to go to sleep; to fall asleep 7
dormitorio *m.* bedroom 12
dos two 1
  dos veces *f.* twice 6
doscientos/as two hundred 2
drama *m.* drama; play 17
dramático/a *adj.* dramatic 17
dramaturgo/a *m., f.* playwright 17
droga *f.* drug 15
drogadicto/a *m., f.* drug addict 15
ducha *f.* shower 7
ducharse *v.* to take a shower 7
duda *f.* doubt 13
dudar *v.* to doubt 13
  no dudar *v.* not to doubt 13
dueño/a *m., f.* owner 8
dulces *m., pl.* sweets; candy 9
durante *prep.* during 7
durar *v.* to last 18

E

e *conj.* (*used instead of* **y** *before words beginning with* **i** *and* **hi**) and
echar *v.* to throw
  echar (una carta) al buzón *v.* to put (a letter) in the mailbox; to mail 14
ecología *f.* ecology 13
ecológico/a *adj.* ecological 13
ecologista *m., f.* ecologist 13
economía *f.* economics 2
ecoturismo *m.* ecotourism 13
ecuatoriano/a *adj.* Ecuadorian 3
edad *f.* age 9
edificio *m.* building 12
  edificio de apartamentos apartment building 12
(en) efectivo *m.* cash 6
ejercer *v.* to practice/exercise (a degree/profession) 16
ejercicio *m.* exercise 15
  ejercicios aeróbicos aerobic exercises 15
  ejercicios de estiramiento stretching exercises 15
ejército *m.* army 18
el *m., sing., def. art.* the 1
él *sub. pron.* he 1; *obj. pron.* him
elecciones *f., pl.* election 18
electricista *m., f.* electrician 16
electrodoméstico *m.* electric appliance 12

Vocabulario — Spanish-English

elegante *adj. m., f.* elegant 6
elegir (e:i) *v.* to elect 18
ella *sub. pron.* she 1; *obj. pron.* her
ellos/as *sub. pron.* they 1; *obj. pron.* them
embarazada *adj.* pregnant 10
emergencia *f.* emergency 10
emitir *v.* to broadcast 18
emocionante *adj. m., f.* exciting
empezar (e:ie) *v.* to begin 4
empleado/a *m., f.* employee 5
empleo *m.* job; employment 16
empresa *f.* company; firm 16
en *prep.* in; on 2
  en casa at home
  en caso (de) que *conj.* in case (that) 13
  en cuanto *conj.* as soon as 13
  en efectivo in cash 14
  en exceso in excess; too much 15
  en línea online 6
  en punto on the dot; exactly; sharp (*time*) 1
  en qué in what; how
  ¿En qué puedo servirles? How can I help you? 5
  en vivo live 7
enamorado/a (de) *adj.* in love (with) 5
enamorarse (de) *v.* to fall in love (with) 9
encantado/a *adj.* delighted; pleased to meet you 1
encantar *v.* to like very much; to love (*inanimate objects*) 7
encima de *prep.* on top of 2
encontrar (o:ue) *v.* to find 4
encontrar(se) (o:ue) *v.* to meet (each other); to run into (each other) 11
  encontrarse con to meet up with 7
encuesta *f.* poll; survey 18
energía *f.* energy 13
  energía nuclear nuclear energy 13
  energía solar solar energy 13
enero *m.* January 5
enfermarse *v.* to get sick 10
enfermedad *f.* illness 10
enfermero/a *m., f.* nurse 10
enfermo/a *adj.* sick 10
enfrente de *adv.* opposite; facing 14
engordar *v.* to gain weight 15
enojado/a *adj.* angry 5
enojarse (con) *v.* to get angry (with) 7
ensalada *f.* salad 8
ensayo *m.* essay 3
enseguida *adv.* right away
enseñar *v.* to teach 2
ensuciar *v.* to get (something) dirty 12
entender (e:ie) *v.* to understand 4
enterarse *v.* to find out 16
entonces *adv.* so, then 5, 7

entrada *f.* entrance 12; ticket
entre *prep.* between; among 2
entregar *v.* to hand in 11
entremeses *m., pl.* appetizers 8
entrenador(a) *m., f.* trainer 15
entrenarse *v.* to train 15
entrevista *f.* interview 16
entrevistador(a) *m., f.* interviewer 16
entrevistar *v.* to interview 16
envase *m.* container 13
enviar *v.* to send; to mail 14
equilibrado/a *adj.* balanced 15
equipaje *m.* luggage 5
equipo *m.* team 4
equivocado/a *adj.* wrong 5
eres *fam.* you are 1
es he/she/it is 1
  Es bueno que... It's good that... 12
  es cierto it's certain 13
  es extraño it's strange 13
  es igual it's the same 5
  Es importante que... It's important that... 12
  es imposible it's impossible 13
  es improbable it's improbable 13
  Es malo que... It's bad that... 12
  Es mejor que... It's better that... 12
  Es necesario que... It's necessary that... 12
  es obvio it's obvious 13
  es posible it's possible 13
  es probable it's probable 13
  es ridículo it's ridiculous 13
  es seguro it's certain 13
  es terrible it's terrible 13
  es triste it's sad 13
  Es urgente que... It's urgent that... 12
  Es la una. It's one o'clock. 1
  es una lástima it's a shame 13
  es verdad it's true 13
esa(s) *f., adj.* that; those 6
ésa(s) *f., pron.* that (one); those (ones) 6
escalar *v.* to climb 4
  escalar montañas to climb mountains 4
escalera *f.* stairs 12
escalón *m.* step 15
escanear *v.* to scan 11
escoger *v.* to choose 8
escribir *v.* to write 3
  escribir un mensaje electrónico to write an e-mail 4
  escribir una carta to write a letter 4
escrito/a *p.p.* written 14
escritor(a) *m., f.* writer 17
escritorio *m.* desk 2
escuchar *v.* to listen (to) 2
  escuchar la radio to listen to the radio 2
  escuchar música to listen to music 2
escuela *f.* school 1
esculpir *v.* to sculpt 17
escultor(a) *m., f.* sculptor 17
escultura *f.* sculpture 17
ese *m., sing., adj.* that 6
ése *m., sing., pron.* that one 6
eso *neuter, pron.* that; that thing 6
esos *m., pl., adj.* those 6
ésos *m., pl., pron.* those (ones) 6
España *f.* Spain
español *m.* Spanish (*language*) 2
español(a) *adj. m., f.* Spanish 3
espárragos *m., pl.* asparagus 8
especialidad: las especialidades del día today's specials 8
especialización *f.* major 2
espectacular *adj.* spectacular
espectáculo *m.* show 17
espejo *m.* mirror 7
esperar *v.* to hope; to wish 13
  esperar (+ *inf.*) *v.* to wait (for); to hope 2
esposo/a *m., f.* husband/wife; spouse 3
esquí (acuático) *m.* (water) skiing 4
esquiar *v.* to ski 4
esquina *f.* corner 14
está he/she/it is, you are
  Está bien. That's fine.
  Está (muy) despejado. It's (very) clear. (*weather*)
  Está lloviendo. It's raining. 5
  Está nevando. It's snowing. 5
  Está (muy) nublado. It's (very) cloudy. (*weather*) 5
esta(s) *f., adj.* this; these 6
  esta noche tonight
ésta(s) *f., pron.* this (one); these (ones) 6
establecer *v.* to establish 16
estación *f.* station; season 5
  estación de autobuses bus station 5
  estación del metro subway station 5
  estación de tren train station 5
estacionamiento *m.* parking lot 14
estacionar *v.* to park 11
estadio *m.* stadium 2
estado civil *m.* marital status 9
Estados Unidos *m., pl.* (EE.UU.; E.U.) United States
estadounidense *adj. m., f.* from the United States 3
estampilla *f.* stamp 14
estante *m.* bookcase; bookshelves 12
estar *v.* to be 2
  estar a dieta to be on a diet 15

Vocabulario

Spanish-English

estar aburrido/a to be bored 5
estar afectado/a (por) to be affected (by) 13
estar cansado/a to be tired 5
estar contaminado/a to be polluted 13
estar de acuerdo to agree 17
   Estoy de acuerdo. I agree. 17
   No estoy de acuerdo. I don't agree. 17
estar de moda to be in fashion 6
estar de vacaciones *f., pl.* to be on vacation 5
estar en buena forma to be in good shape 15
estar enfermo/a to be sick 10
estar harto/a de... to be sick of... 18
estar listo/a to be ready 5
estar perdido/a to be lost 14
estar roto/a to be broken
estar seguro/a to be sure 5
estar torcido/a to be twisted; to be sprained 10
No está nada mal. It's not bad at all. 5
estatua *f.* statue 17
este *m.* east 14
este *m., sing., adj.* this 6
éste *m., sing., pron.* this (one) 6
estéreo *m.* stereo
estilo *m.* style
estiramiento *m.* stretching 15
esto *neuter pron.* this; this thing 6
estómago *m.* stomach 10
estornudar *v.* to sneeze 10
estos *m., pl., adj.* these 6
éstos *m., pl., pron.* these (ones) 6
estrella *f.* star 13
   estrella de cine *m., f.* movie star 17
estrés *m.* stress 15
estudiante *m., f.* student 1, 2
estudiantil *adj. m., f.* student 2
estudiar *v.* to study 2
estufa *f.* stove 12
estupendo/a *adj.* stupendous 5
etapa *f.* stage 9
evitar *v.* to avoid 13
examen *m.* test; exam 2
   examen médico physical exam 10
excelente *adj. m., f.* excellent 5
exceso *m.* excess 15
excursión *f.* hike; tour; excursion 4
excursionista *m., f.* hiker
éxito *m.* success
experiencia *f.* experience
explicar *v.* to explain 2
explorar *v.* to explore
expresión *f.* expression
extinción *f.* extinction 13
extranjero/a *adj.* foreign 17

extrañar *v.* to miss 16
extraño/a *adj.* strange 13

F

fábrica *f.* factory 13
fabuloso/a *adj.* fabulous 5
fácil *adj.* easy 3
falda *f.* skirt 6
faltar *v.* to lack; to need 7
familia *f.* family 3
famoso/a *adj.* famous
farmacia *f.* pharmacy 10
fascinar *v.* to fascinate 7
favorito/a *adj.* favorite 4
febrero *m.* February 5
fecha *f.* date 5
¡Felicidades! Congratulations! 9
¡Felicitaciones! Congratulations! 9
feliz *adj.* happy 5
   ¡Feliz cumpleaños! Happy birthday! 9
fenomenal *adj.* great, phenomenal 5
feo/a *adj.* ugly 3
festival *m.* festival 17
fiebre *f.* fever 10
fiesta *f.* party 9
fijo/a *adj.* fixed, set 6
fin *m.* end 4
   fin de semana weekend 4
finalmente *adv.* finally
firmar *v.* to sign (*a document*) 14
física *f.* physics 2
flan (de caramelo) *m.* baked (caramel) custard 9
flexible *adj.* flexible 15
flor *f.* flower 13
folclórico/a *adj.* folk; folkloric 17
folleto *m.* brochure
forma *f.* shape 15
formulario *m.* form 14
foto(grafía) *f.* photograph 1
francés, francesa *adj. m., f.* French 3
frecuentemente *adv.* frequently
frenos *m., pl.* brakes
frente (frío) *m.* (cold) front 5
fresco/a *adj.* cool
frijoles *m., pl.* beans 8
frío/a *adj.* cold
frito/a *adj.* fried 8
fruta *f.* fruit 8
frutería *f.* fruit store 14
fuera *adv.* outside
fuerte *adj. m., f.* strong 15
fumar *v.* to smoke 15
   (no) fumar *v.* (not) to smoke 15
funcionar *v.* to work 11; to function
fútbol *m.* soccer 4
fútbol americano *m.* football 4
futuro/a *adj.* future
   en el futuro in the future

G

gafas (de sol) *f., pl.* (sun)glasses 6
gafas (oscuras) *f., pl.* (sun)glasses
galleta *f.* cookie 9
ganar *v.* to win 4; to earn (*money*) 16
ganga *f.* bargain 6
garaje *m.* garage; (mechanic's) repair shop 11; garage (*in a house*) 12
garganta *f.* throat 10
gasolina *f.* gasoline 11
gasolinera *f.* gas station 11
gastar *v.* to spend (*money*) 6
gato *m.* cat 13
gemelo/a *m., f.* twin 3
genial *adj.* great 16
gente *f.* people 3
geografía *f.* geography 2
gerente *m., f.* manager 8, 16
gimnasio *m.* gymnasium 4
gobierno *m.* government 13
golf *m.* golf 4
gordo/a *adj.* fat 3
grabar *v.* to record 11
gracias *f., pl.* thank you; thanks 1
   Gracias por invitarme. Thanks for inviting me. 9
graduarse (de/en) *v.* to graduate (from/in) 9
grande *adj.* big; large 3
grasa *f.* fat 15
gratis *adj. m., f.* free of charge 14
grave *adj.* grave; serious 10
gripe *f.* flu 10
gris *adj. m., f.* gray 6
gritar *v.* to scream, to shout
grito *m.* scream 5
guantes *m., pl.* gloves 6
guapo/a *adj.* good-looking 3
guardar *v.* to save (on a computer) 11
guerra *f.* war 18
guía *m., f.* guide
gustar *v.* to be pleasing to; to like 2
   Me gustaría... I would like...
gusto *m.* pleasure 1
   El gusto es mío. The pleasure is mine. 1
   Mucho gusto. Pleased to meet you. 1
   ¡Qué gusto verlo/la! *form.* How nice to see you! 18
   ¡Qué gusto verte! *fam.* How nice to see you! 18

H

haber (*auxiliar*) *v.* to have (done something) 15
habitación *f.* room 5
   habitación doble double room 5
   habitación individual single room 5

Vocabulario

hablar *v.* to talk; to speak 2
hacer *v.* to do; to make 4
  Hace buen tiempo. The weather is good. 5
  Hace (mucho) calor. It's (very) hot. (*weather*) 5
  Hace fresco. It's cool. (*weather*) 5
  Hace (mucho) frío. It's (very) cold. (*weather*) 5
  Hace mal tiempo. The weather is bad. 5
  Hace (mucho) sol. It's (very) sunny. (*weather*) 5
  Hace (mucho) viento. It's (very) windy. (*weather*) 5
  hacer cola to stand in line 14
  hacer diligencias to run errands 14
  hacer ejercicio to exercise 15
  hacer ejercicios aeróbicos to do aerobics 15
  hacer ejercicios de estiramiento to do stretching exercises 15
  hacer el papel (de) to play the role (of) 17
  hacer gimnasia to work out 15
  hacer juego (con) to match (with) 6
  hacer la cama to make the bed 12
  hacer las maletas to pack (one's) suitcases 5
  hacer quehaceres domésticos to do household chores 12
  hacer (wind)surf to (wind)surf 5
  hacer turismo to go sightseeing
  hacer un viaje to take a trip 5
  ¿Me harías el honor de casarte conmigo? Would you do me the honor of marrying me? 17
hacia *prep.* toward 14
hambre *f.* hunger
hamburguesa *f.* hamburger 8
hasta *prep.* until 6; toward
  Hasta la vista. See you later. 1
  Hasta luego. See you later. 1
  Hasta mañana. See you tomorrow. 1
  Hasta pronto. See you soon. 1
  hasta que *conj.* until 13
hay there is; there are 1
  Hay (mucha) niebla. It's (very) foggy.
  Hay que It is necessary that
  No hay de qué. You're welcome. 1
  No hay duda de There's no doubt 13
hecho/a *p.p.* done 14
heladería *f.* ice cream shop 14
helado *m.* ice cream 9
helado/a *adj.* iced 8
hermanastro/a *m., f.* stepbrother/stepsister 3

hermano/a *m., f.* brother/sister 3
hermano/a mayor/menor *m., f.* older/younger brother/sister 3
hermanos *m., pl.* siblings (brothers and sisters) 3
hermoso/a *adj.* beautiful 6
hierba *f.* grass 13
hijastro/a *m., f.* stepson/stepdaughter 3
hijo/a *m., f.* son/daughter 3
  hijo/a único/a *m., f.* only child 3
  hijos *m., pl.* children 3
híjole *interj.* wow 6
historia *f.* history 2; story 17
hockey *m.* hockey 4
hola *interj.* hi 1
hombre *m.* man 1
  hombre de negocios *m.* businessman 16
hora *f.* hour 1; the time
horario *m.* schedule 2
horno *m.* oven 9
  horno de microondas *m.* microwave oven 12
horror *m.* horror 17
  de horror horror (genre) 17
hospital *m.* hospital 10
hotel *m.* hotel 5
hoy *adv.* today 2
  hoy día *adv.* nowadays
  Hoy es... Today is... 2
hueco *m.* hole 4
huelga *f.* strike (*labor*) 18
hueso *m.* bone 10
huésped *m., f.* guest 5
huevo *m.* egg 8
humanidades *f., pl.* humanities 2
huracán *m.* hurricane 18

I

ida *f.* one way (*travel*)
idea *f.* idea 18
iglesia *f.* church 4
igualdad *f.* equality 18
igualmente *adv.* likewise 1
impermeable *m.* raincoat 6
importante *adj. m., f.* important 3
importar *v.* to be important to; to matter 7
imposible *adj. m., f.* impossible 13
impresora *f.* printer 11
imprimir *v.* to print 11
improbable *adj. m., f.* improbable 13
impuesto *m.* tax 18
incendio *m.* fire 18
increíble *adj. m., f.* incredible 5
indicar cómo llegar *v.* to give directions 14
individual *adj.* single (*room*) 5
infección *f.* infection 10
informar *v.* to inform 18
informe *m.* report 18

ingeniero/a *m., f.* engineer 3
inglés *m.* English (*language*) 2
inglés, inglesa *adj.* English 3
inodoro *m.* toilet 7
insistir (en) *v.* to insist (on) 12
inspector(a) de aduanas *m., f.* customs inspector 5
inteligente *adj. m., f.* intelligent 3
intento *m.* attempt 11
intercambiar *v.* to exchange
interesante *adj. m., f.* interesting 3
interesar *v.* to be interesting to; to interest 7
internacional *adj. m., f.* international 18
Internet Internet 11
inundación *f.* flood 18
invertir (e:ie) *v.* to invest 16
invierno *m.* winter 5
invitado/a *m., f.* guest 9
invitar *v.* to invite 9
inyección *f.* injection 10
ir *v.* to go 4
  ir a (+ *inf.*) to be going to do something 4
  ir de compras to go shopping 5
  ir de excursión (a las montañas) to go on a hike (in the mountains) 4
  ir de pesca to go fishing
  ir de vacaciones to go on vacation 5
  ir en autobús to go by bus 5
  ir en auto(móvil) to go by car 5
  ir en avión to go by plane 5
  ir en barco to go by boat 5
  ir en metro to go by subway
  ir en moto(cicleta) to go by motorcycle
  ir en taxi to go by taxi 5
  ir en tren to go by train
irse *v.* to go away; to leave 7
italiano/a *adj.* Italian 3
izquierda *f.* left 2
  a la izquierda de to the left of 2

J

jabón *m.* soap 7
jamás *adv.* never; not ever 7
jamón *m.* ham 8
japonés, japonesa *adj.* Japanese 3
jardín *m.* garden; yard 12
jefe, jefa *m., f.* boss 16
jengibre *m.* ginger 10
joven *adj. m., f., sing.* (**jóvenes** *pl.*) young 3
joven *m., f., sing.* (**jóvenes** *pl.*) young person 1
joyería *f.* jewelry store 14
jubilarse *v.* to retire (*from work*) 9
juego *m.* game
jueves *m., sing.* Thursday 2
jugador(a) *m., f.* player 4

Vocabulario Spanish-English

jugar (u:ue) *v.* to play 4
  jugar a las cartas *f., pl.* to play cards 5
jugo *m.* juice 8
  jugo de fruta *m.* fruit juice 8
julio *m.* July 5
jungla *f.* jungle 13
junio *m.* June 5
juntos/as *adj.* together 9
juventud *f.* youth 9

K

kilómetro *m.* kilometer 11

L

la *f., sing., def. art.* the 1; *f., sing., d.o. pron.* her, it, *form.* you 5
laboratorio *m.* laboratory 2
lago *m.* lake 13
lámpara *f.* lamp 12
lana *f.* wool 6
langosta *f.* lobster 8
lápiz *m.* pencil 1
largo/a *adj.* long 6
las *f., pl., def. art.* the 1; *f., pl., d.o. pron.* them; you 5
lástima *f.* shame 13
lastimarse *v.* to injure oneself 10
  lastimarse el pie to injure one's foot 10
lata *f.* (*tin*) can 13
lavabo *m.* sink 7
lavadora *f.* washing machine 12
lavandería *f.* laundromat 14
lavaplatos *m., sing.* dishwasher 12
lavar *v.* to wash 12
  lavar (el suelo, los platos) to wash (the floor, the dishes) 12
lavarse *v.* to wash oneself 7
  lavarse la cara to wash one's face 7
  lavarse las manos to wash one's hands 7
le *sing., i.o. pron.* to/for him, her, *form.* you 6
  Le presento a... *form.* I would like to introduce you to (name). 1
lección *f.* lesson 1
leche *f.* milk 8
lechuga *f.* lettuce 8
leer *v.* to read 3
  leer el correo electrónico to read e-mail 4
  leer un periódico to read a newspaper 4
  leer una revista to read a magazine 4
leído/a *p.p.* read 14
lejos de *prep.* far from 2
lengua *f.* language 2
  lenguas extranjeras *f., pl.* foreign languages 2

lentes de contacto *m., pl.* contact lenses
  lentes (de sol) (sun)glasses
lento/a *adj.* slow 11
les *pl., i.o. pron.* to/for them, you 6
letrero *m.* sign 14
levantar *v.* to lift 15
  levantar pesas to lift weights 15
levantarse *v.* to get up 7
ley *f.* law 13
libertad *f.* liberty; freedom 18
libre *adj. m., f.* free 4
librería *f.* bookstore 2
libro *m.* book 2
licencia de conducir *f.* driver's license 11
limón *m.* lemon 8
limpiar *v.* to clean 12
  limpiar la casa *v.* to clean the house 12
limpio/a *adj.* clean 5
línea *f.* line 4
listo/a *adj.* ready; smart 5
literatura *f.* literature 2
llamar *v.* to call 11
  llamar por teléfono to call on the phone
llamarse *v.* to be called; to be named 7
llanta *f.* tire 11
llave *f.* key 5; wrench 11
llegada *f.* arrival 5
llegar *v.* to arrive 2
llenar *v.* to fill 11, 14
  llenar el tanque to fill the tank 11
  llenar (un formulario) to fill out (a form) 14
lleno/a *adj.* full 11
llevar *v.* to carry 2; to wear; to take 6
  llevar una vida sana to lead a healthy lifestyle 15
  llevarse bien/mal (con) to get along well/badly (with) 9
llorar *v.* to cry 15
llover (o:ue) *v.* to rain 5
  Llueve. It's raining. 5
lluvia *f.* rain
lo *m., sing. d.o. pron.* him, it, *form.* you 5
  ¡Lo he pasado de película! I've had a fantastic time! 18
  lo mejor the best (thing)
  lo que that which; what 12
  Lo siento. I'm sorry. 1
loco/a *adj.* crazy 6
locutor(a) *m., f.* (TV or radio) announcer 18
lodo *m.* mud
los *m., pl., def. art.* the 1; *m. pl., d.o. pron.* them, you 5
luchar (contra/por) *v.* to fight; to struggle (against/for) 18

luego *adv.* then 7; later 1
lugar *m.* place 2, 4
luna *f.* moon 13
lunares *m.* polka dots
lunes *m., sing.* Monday 2
luz *f.* light; electricity 12

M

madrastra *f.* stepmother 3
madre *f.* mother 3
madurez *f.* maturity; middle age 9
maestro/a *m., f.* teacher 16
magnífico/a *adj.* magnificent 5
maíz *m.* corn 8
mal, malo/a *adj.* bad 3
maleta *f.* suitcase 1
mamá *f.* mom
mandar *v.* to order 12; to send; to mail 14
manejar *v.* to drive 11
manera *f.* way
mano *f.* hand 1
manta *f.* blanket 12
mantener *v.* to maintain 15
  mantenerse en forma to stay in shape 15
mantequilla *f.* butter 8
manzana *f.* apple 8
mañana *f.* morning, a.m. 1; tomorrow 1
mapa *m.* map 1, 2
maquillaje *m.* makeup 7
maquillarse *v.* to put on makeup 7
mar *m.* sea 5
maravilloso/a *adj.* marvelous 5
marcador *m.* marker 2
mareado/a *adj.* dizzy; nauseated 10
margarina *f.* margarine 8
mariscos *m., pl.* shellfish 8
marrón *adj. m., f.* brown 6
martes *m., sing.* Tuesday 2
marzo *m.* March 5
más *adv.* more 2
  más de (+ *number***)** more than 8
  más tarde later (on) 7
  más... que more... than 8
masaje *m.* massage 15
matemáticas *f., pl.* mathematics 2
materia *f.* course 2
matrimonio *m.* marriage 9
máximo/a *adj.* maximum 11
mayo *m.* May 5
mayonesa *f.* mayonnaise 8
mayor *adj.* older 3
  el/la mayor *adj.* oldest 8
me *sing., d.o. pron.* me 5; *sing. i.o. pron.* to/for me 6
  Me gusta... I like... 2
  Me gustaría(n)... I would like... 15
  Me llamo... My name is... 1

Me muero por... I'm dying to (for)...
mecánico/a *m., f.* mechanic 11
mediano/a *adj.* medium
medianoche *f.* midnight 1
medias *f., pl.* pantyhose, stockings 6
medicamento *m.* medication 10
medicina *f.* medicine 10
médico/a *m., f.* doctor 3; *adj.* medical 10
medio/a *adj.* half 3
medio ambiente *m.* environment 13
medio/a hermano/a *m., f.* half-brother/half-sister 3
mediodía *m.* noon 1
medios de comunicación *m., pl.* means of communication; media 18
y media thirty minutes past the hour (time) 1
mejor *adj.* better 8
el/la mejor *m., f.* the best 8
mejorar *v.* to improve 13
melocotón *m.* peach 8
menor *adj.* younger 3
el/la menor *m., f.* youngest 8
menos *adv.* less 10
menos cuarto..., menos quince... quarter to... (time) 1
menos de (+ *number*) fewer than 8
menos... que less... than 8
mensaje *m.* **de texto** text message 11
mensaje electrónico *m.* e-mail message 4
mentira *f.* lie 4
menú *m.* menu 8
mercado *m.* market 6
mercado al aire libre open-air market 6
merendar (e:ie) *v.* to snack 8; to have an afternoon snack
merienda *f.* afternoon snack 15
mes *m.* month 5
mesa *f.* table 2
mesita *f.* end table 12
mesita de noche night stand 12
meterse en problemas *v.* to get into trouble 13
metro *m.* subway 5
mexicano/a *adj.* Mexican 3
mí *pron., obj. of prep.* me 9
mi(s) *poss. adj.* my 3
microonda *f.* microwave 12
horno de microondas *m.* microwave oven 12
miedo *m.* fear
miel *f.* honey 10
mientras *conj.* while 10
miércoles *m., sing.* Wednesday 2
mil *m.* one thousand 2
mil millones billion
milla *f.* mile
millón *m.* million 2

millones (de) *m.* millions (of)
mineral *m.* mineral 15
minuto *m.* minute
mío(s)/a(s) *poss.* my; (of) mine 11
mirar *v.* to look (at); to watch 2
mirar (la) televisión to watch television 2
mismo/a *adj.* same 3
mochila *f.* backpack 2
moda *f.* fashion 6
moderno/a *adj.* modern 17
molestar *v.* to bother; to annoy 7
mono *m.* monkey 13
montaña *f.* mountain 4
montar a caballo to ride a horse 5
montón: un montón de a lot of 4
monumento *m.* monument 4
morado/a *adj.* purple 6
moreno/a *adj.* brunet(te) 3
morir (o:ue) *v.* to die 8
mostrar (o:ue) *v.* to show 4
moto(cicleta) *f.* motorcycle 5
motor *m.* motor
muchacho/a *m., f.* boy/girl 3
mucho/a *adj.*, a lot of; much; many 3
(Muchas) gracias. Thank you (very much); Thanks (a lot). 1
muchas veces *adv.* a lot; many times 10
Mucho gusto. Pleased to meet you. 1
mudarse *v.* to move (from one house to another) 12
muebles *m., pl.* furniture 12
muerte *f.* death 9
muerto/a *p.p.* died 14
mujer *f.* woman 1
mujer de negocios *f.* business woman 16
mujer policía *f.* female police officer
multa *f.* fine
mundial *adj. m., f.* worldwide
mundo *m.* world 8
muro *m.* wall 15
músculo *m.* muscle 15
museo *m.* museum 4
música *f.* music 2, 17
musical *adj. m., f.* musical 17
músico/a *m., f.* musician 17
muy *adv.* very 1
(Muy) bien, gracias. (Very) well, thanks. 1

N

nacer *v.* to be born 9
nacimiento *m.* birth 9
nacional *adj. m., f.* national 18
nacionalidad *f.* nationality 1
nada nothing 1; not anything 7
nada mal not bad at all 5
nadar *v.* to swim 4
nadie *pron.* no one, nobody, not anyone 7

naranja *f.* orange 8
nariz *f.* nose 10
natación *f.* swimming 4
natural *adj. m., f.* natural 13
naturaleza *f.* nature 13
navegador *m.* **GPS** GPS 11
Navidad *f.* Christmas 9
necesario/a *adj.* necessary 12
necesitar (+ *inf.*) *v.* to need 2
negar (e:ie) *v.* to deny 13
no negar (e:ie) *v.* not to deny 13
negocios *m., pl.* business; commerce 16
negro/a *adj.* black 6
nervioso/a *adj.* nervous 5
nevar (e:ie) *v.* to snow 5
Nieva. It's snowing. 5
ni...ni neither... nor 7
niebla *f.* fog
nieto/a *m., f.* grandson/granddaughter 3
nieve *f.* snow
ningún, ninguno/a(s) *adj.* no; none; not any 7
niñez *f.* childhood 9
niño/a *m., f.* child 3
no no; not 1
¿no? right? 1
no cabe duda de there is no doubt 13
no es seguro it's not certain 13
no es verdad it's not true 13
No está nada mal. It's not bad at all. 5
no estar de acuerdo to disagree
No estoy seguro. I'm not sure.
no hay there is not; there are not 1
No hay de qué. You're welcome. 1
no hay duda de there is no doubt 13
¡No me diga(s)! You don't say!
No me gustan nada. I don't like them at all. 2
no muy bien not very well 1
No quiero. I don't want to. 4
No sé. I don't know.
No te preocupes. *fam.* Don't worry. 7
no tener razón to be wrong 3
noche *f.* night 1
nombre *m.* name 1
norte *m.* north 14
norteamericano/a *adj.* (North) American 3
nos *pl., d.o. pron.* us 5; *pl., i.o. pron.* to/for us 6
Nos vemos. See you. 1
nosotros/as *sub. pron.* we 1; *obj. pron.* us
noticia *f.* news 11
noticias *f., pl.* news 18
noticiero *m.* newscast 18

Vocabulario

novecientos/as nine hundred 2
noveno/a *adj.* ninth 5
noventa ninety 2
noviembre *m.* November 5
novio/a *m., f.* boyfriend/girlfriend 3
nube *f.* cloud 13
nublado/a *adj.* cloudy 5
  Está (muy) nublado. It's very cloudy. 5
nuclear *adj. m., f.* nuclear 13
nuera *f.* daughter-in-law 3
nuestro(s)/a(s) *poss. adj.* our 3; our, (of) ours 11
nueve nine 1
nuevo/a *adj.* new 6
número *m.* number 1; (shoe) size 6
nunca *adv.* never; not ever 7
nutrición *f.* nutrition 15
nutricionista *m., f.* nutritionist 15

O

o or 7
o... o; either... or 7
obedecer *v.* to obey 18
obra *f.* work (*of art, literature, music, etc.*) 17
  obra maestra *f.* masterpiece 17
obtener *v.* to obtain; to get 16
obvio/a *adj.* obvious 13
océano *m.* ocean
ochenta eighty 2
ocho eight 1
ochocientos/as eight hundred 2
octavo/a *adj.* eighth 5
octubre *m.* October 5
ocupación *f.* occupation 16
ocupado/a *adj.* busy 5
ocurrir *v.* to occur; to happen 18
odiar *v.* to hate 9
oeste *m.* west 14
oferta *f.* offer
oficina *f.* office 12
oficio *m.* trade 16
ofrecer *v.* to offer 6
oído *m.* (sense of) hearing; inner ear 10
oído/a *p.p.* heard 14
oír *v.* to hear 4
ojalá (que) *interj.* I hope (that); I wish (that) 13
ojo *m.* eye 10
olvidar *v.* to forget 10
once eleven 1
ópera *f.* opera 17
operación *f.* operation 10
ordenado/a *adj.* orderly 5
ordinal *adj.* ordinal (*number*)
oreja *f.* (outer) ear 10
organizarse *v.* to organize oneself 12
orquesta *f.* orchestra 17
ortografía *f.* spelling
ortográfico/a *adj.* spelling
os *fam., pl. d.o. pron.* you 5; *fam., pl. i.o. pron.* to/for you 6
otoño *m.* autumn 5
otro/a *adj.* other; another 6
  otra vez again

P

paciente *m., f.* patient 10
padrastro *m.* stepfather 3
padre *m.* father 3
padres *m., pl.* parents 3
pagar *v.* to pay 6
  pagar a plazos to pay in installments 14
  pagar al contado to pay in cash 14
  pagar en efectivo to pay in cash 14
  pagar la cuenta to pay the bill
página *f.* page 11
  página principal *f.* home page 11
país *m.* country 1
paisaje *m.* landscape 5
pájaro *m.* bird 13
palabra *f.* word 1
paleta helada *f.* popsicle 4
pálido/a *adj.* pale 14
pan *m.* bread 8
  pan tostado *m.* toasted bread 8
panadería *f.* bakery 14
pantalla *f.* screen 11
  pantalla táctil *f.* touch screen
pantalones *m., pl.* pants 6
  pantalones cortos *m., pl.* shorts 6
pantuflas *f., pl.* slippers 7
papa *f.* potato 8
  papas fritas *f., pl.* fried potatoes; French fries 8
papá *m.* dad
  papás *m., pl.* parents
papel *m.* paper 2; role 17
papelera *f.* wastebasket 2
paquete *m.* package 14
par *m.* pair 6
  par de zapatos pair of shoes 6
para *prep.* for; in order to; by; used for; considering 11
  para que *conj.* so that 13
parabrisas *m., sing.* windshield 11
parar *v.* to stop 11
parecer *v.* to seem 6
pared *f.* wall 12
pareja *f.* (married) couple; partner 9
parientes *m., pl.* relatives 3
parque *m.* park 4
párrafo *m.* paragraph
parte: de parte de on behalf of 11
partido *m.* game; match (*sports*) 4
pasado/a *adj.* last; past 6
  pasado *p.p.* passed

pasaje *m.* ticket 5
  pasaje de ida y vuelta *m.* roundtrip ticket 5
pasajero/a *m., f.* passenger 1
pasaporte *m.* passport 5
pasar *v.* to go through
  pasar la aspiradora to vacuum 12
  pasar por la aduana to go through customs
  pasar tiempo to spend time
  pasarlo bien/mal to have a good/bad time 9
pasatiempo *m.* pastime; hobby 4
pasear *v.* to take a walk; to stroll 4
  pasear en bicicleta to ride a bicycle 4
  pasear por to walk around
pasillo *m.* hallway 12
pasta *f.* **de dientes** toothpaste 7
pastel *m.* cake; pie 9
  pastel de chocolate *m.* chocolate cake 9
  pastel de cumpleaños *m.* birthday cake
pastelería *f.* pastry shop 14
pastilla *f.* pill 10
patata *f.* potato 8
  patatas fritas *f., pl.* fried potatoes; French fries 8
patinar *v.* to skate 4
patineta *f.* skateboard 4
patio *m.* patio; yard 12
pavo *m.* turkey 8
paz *f.* peace 18
pedir (e:i) *v.* to ask for; to request 4; to order (*food*) 8
  pedir prestado *v.* to borrow 14
  pedir un préstamo *v.* to apply for a loan 14
peinarse *v.* to comb one's hair 7
película *f.* movie 4
peligro *m.* danger 13
peligroso/a *adj.* dangerous 18
pelirrojo/a *adj.* red-haired 3
pelo *m.* hair 7
pelota *f.* ball 4
peluquería *f.* beauty salon 14
peluquero/a *m., f.* hairdresser 16
penicilina *f.* penicillin
pensar (e:ie) *v.* to think 4
  pensar (+ inf.) *v.* to intend to; to plan to (*do something*) 4
  pensar en *v.* to think about 4
peor *adj.* worse 8
  el/la peor *adj.* the worst 8
pequeño/a *adj.* small 3
pera *f.* pear 8
perder (e:ie) *v.* to lose; to miss 4
perdido/a *adj.* lost 13, 14
Perdón. Pardon me.; Excuse me. 1
perezoso/a *adj.* lazy
perfecto/a *adj.* perfect 5
perfil *m.* profile 11
periódico *m.* newspaper 4
periodismo *m.* journalism 2

Vocabulario

periodista *m., f.* journalist 3
permiso *m.* permission
pero *conj.* but 2
perro *m.* dog 13
persona *f.* person 3
personaje *m.* character 17
   personaje principal *m.* main character 17
pesas *f. pl.* weights 15
pesca *f.* fishing
pescadería *f.* fish market 14
pescado *m.* fish (*cooked*) 8
pescar *v.* to fish 5
peso *m.* weight 15
pez *m., sing.* (**peces** *pl.*) fish (*live*) 13
pie *m.* foot 10
piedra *f.* stone 13
pierna *f.* leg 10
pimienta *f.* black pepper 8
pintar *v.* to paint 17
pintor(a) *m., f.* painter 16
pintura *f.* painting; picture 12, 17
piña *f.* pineapple
piscina *f.* swimming pool 4
piso *m.* floor (*of a building*) 5
pizarra *f.* whiteboard 2
placer *m.* pleasure
planchar la ropa *v.* to iron the clothes 12
planes *m., pl.* plans
planta *f.* plant 13
   planta baja *f.* ground floor 5
plástico *m.* plastic 13
plato *m.* dish (*in a meal*) 8; *m.* plate 12
   plato principal *m.* main dish 8
playa *f.* beach 5
plaza *f.* city or town square 4
plazos *m., pl.* periods; time 14
pluma *f.* pen 2
plumero *m.* duster 12
población *f.* population 13
pobre *adj. m., f.* poor 6
pobrecito/a *adj.* poor thing 3
pobreza *f.* poverty
poco *adv.* little 5, 10
poder (o:ue) *v.* to be able to; can 4
   ¿Podría pedirte algo? Could I ask you something? 17
   ¿Puedo dejar un recado? May I leave a message? 11
poema *m.* poem 17
poesía *f.* poetry 17
poeta *m., f.* poet 17
policía *f.* police (force) 11
política *f.* politics 18
político/a *m., f.* politician 16; *adj.* political 18
pollo *m.* chicken 8
   pollo asado *m.* roast chicken 8
poner *v.* to put; to place 4; to turn on (*electrical appliances*) 11
   poner la mesa to set the table 12
   poner una inyección to give an injection 10
   ponerle el nombre to name someone/something 9

ponerse (+ adj.) *v.* to become (+ *adj.*) 7; to put on 7
por *prep.* in exchange for; for; by; in; through; around; along; during; because of; on account of; on behalf of; in search of; by way of; by means of 11
   por aquí around here 11
   por ejemplo for example 11
   por eso that's why; therefore 11
   por favor please 1
   por fin finally 11
   por la mañana in the morning 7
   por la noche at night 7
   por la tarde in the afternoon 7
   por lo menos *adv.* at least 10
   ¿por qué? why? 2
   Por supuesto. Of course.
   por teléfono by phone; on the phone
   por último finally 7
porque *conj.* because 2
portátil *adj.* portable 11
portero/a *m., f.* doorman/doorwoman 1
porvenir *m.* future 16
   por el porvenir for/to the future 16
posesivo/a *adj.* possessive
posible *adj.* possible 13
   es posible it's possible 13
   no es posible it's not possible 13
postal *f.* postcard
postre *m.* dessert 9
practicar *v.* to practice 2
   practicar deportes *m., pl.* to play sports 4
precio (fijo) *m.* (fixed; set) price 6
preferir (e:ie) *v.* to prefer 4
pregunta *f.* question
preguntar *v.* to ask (*a question*) 2
premio *m.* prize; award 17
prender *v.* to turn on 11
prensa *f.* press 18
preocupado/a (por) *adj.* worried (about) 5
preocuparse (por) *v.* to worry (about) 7
preparar *v.* to prepare 2
preposición *f.* preposition
presentación *f.* introduction
presentar *v.* to introduce; to present 17; to put on (*a performance*) 17
   Le presento a… I would like to introduce you to (name). *form.* 1
   Te presento a… I would like to introduce you to (name). *fam.* 1
presiones *f., pl.* pressures 15
prestado/a *adj.* borrowed
préstamo *m.* loan 14

prestar *v.* to lend; to loan 6
primavera *f.* spring 5
primer, primero/a *adj.* first 5
primero *adv.* first 2
primo/a *m., f.* cousin 3
principal *adj. m., f.* main 8
prisa *f.* haste
   darse prisa *v.* to hurry; to rush 15
probable *adj. m., f.* probable 13
   es probable it's probable 13
   no es probable it's not probable 13
probar (o:ue) *v.* to taste; to try 8
probarse (o:ue) *v.* to try on 7
problema *m.* problem 1
profesión *f.* profession 3; 16
profesor(a) *m., f.* teacher 1, 2
programa *m.* program 1
   programa de computación *m.* software 11
   programa de entrevistas *m.* talk show 17
   programa de realidad *m.* reality show 17
programador(a) *m., f.* computer programmer 3
prohibir *v.* to prohibit 10; to forbid
pronombre *m.* pronoun
pronto *adv.* soon 10
propina *f.* tip 8
propio/a *adj.* own
proteger *v.* to protect 13
proteína *f.* protein 15
próximo/a *adj.* next 3, 16
proyecto *m.* project 11
prueba *f.* test; quiz 2
psicología *f.* psychology 2
psicólogo/a *m., f.* psychologist 16
publicar *v.* to publish 17
público *m.* audience 17
pueblo *m.* town
puerta *f.* door 2
puertorriqueño/a *adj.* Puerto Rican 3
pues *conj.* well
puesto *m.* position; job 16
puesto/a *p.p.* put 14
puro/a *adj.* pure 13

Q

que *pron.* that; which; who 12
   ¿En qué…? In which…?
   ¡Qué…! How…!
   ¡Qué dolor! What pain!
   ¡Qué ropa más bonita! What pretty clothes! 6
   ¡Qué sorpresa! What a surprise!
   ¿qué? what? 1, 2
   ¿Qué día es hoy? What day is it? 2

Vocabulario

Spanish-English

¿Qué hay de nuevo? What's new? 1
¿Qué hora es? What time is it? 1
¿Qué les parece? What do you (*pl.*) think?
¿Qué onda? What's up? 14
¿Qué pasa? What's happening? What's going on? 1
¿Qué pasó? What happened?
¿Qué precio tiene? What is the price?
¿Qué tal...? How are you?; How is it going? 1
¿Qué talla lleva/usa? What size do you wear? 6
¿Qué tiempo hace? How's the weather? 5
quedar *v.* to be left over; to fit (*clothing*) 7; to be located 14
quedarse *v.* to stay; to remain 7
quehaceres domésticos *m., pl.* household chores 12
querer (e:ie) *v.* to want; to love 4
queso *m.* cheese 8
quien(es) *pron.* who; whom; that 12
¿quién(es)? who?; whom? 1, 2
  ¿Quién es...? Who is...? 1
  ¿Quién habla? Who is speaking/calling? (*telephone*) 11
química *f.* chemistry 2
quince fifteen 1
  menos quince quarter to (time) 1
  y quince quarter after (time) 1
quinceañera *f.* young woman celebrating her fifteenth birthday 9
quinientos/as five hundred 2
quinto/a *adj.* fifth 5
quisiera *v.* I would like
quitar el polvo *v.* to dust 12
quitar la mesa *v.* to clear the table 12
quitarse *v.* to take off 7
quizás *adv.* maybe 5

R

racismo *m.* racism 18
radio *f.* radio (*medium*) 2; *m.* radio (set) 11
radiografía *f.* X-ray 10
rápido *adv.* quickly 10
ratón *m.* mouse 11
ratos libres *m., pl.* spare (free) time 4
raya *f.* stripe
razón *f.* reason
rebaja *f.* sale 6
receta *f.* prescription 10
recetar *v.* to prescribe 10
recibir *v.* to receive 3
reciclaje *m.* recycling 13
reciclar *v.* to recycle 13
recién casado/a *m., f.* newlywed 9

recoger *v.* to pick up 13
recomendar (e:ie) *v.* to recommend 8, 12
recordar (o:ue) *v.* to remember 4
recorrer *v.* to tour an area
recorrido *m.* tour 13
recuperar *v.* to recover 11
recurso *m.* resource 13
  recurso natural *m.* natural resource 13
red *f.* network; Web 11
reducir *v.* to reduce 13
refresco *m.* soft drink 8
refrigerador *m.* refrigerator 12
regalar *v.* to give (a gift) 9
regalo *m.* gift 6
regatear *v.* to bargain 6
región *f.* region; area
regresar *v.* to return 2
regular *adv.* so-so; OK 1
reído *p.p.* laughed 14
reírse (e:i) *v.* to laugh 9
relaciones *f., pl.* relationships
relajarse *v.* to relax 9
reloj *m.* clock; watch 2
renovable *adj.* renewable 13
renunciar (a) *v.* to resign (from) 16
repetir (e:i) *v.* to repeat 4
reportaje *m.* report 18
reportero/a *m., f.* reporter 16
representante *m., f.* representative 18
resfriado *m.* cold (*illness*) 10
residencia estudiantil *f.* dormitory 2
resolver (o:ue) *v.* to resolve; to solve 13
respirar *v.* to breathe 13
responsable *adj.* responsible 8
respuesta *f.* answer
restaurante *m.* restaurant 4
resuelto/a *p.p.* resolved 14
reunión *f.* meeting 16
revisar *v.* to check 11
  revisar el aceite *v.* to check the oil 11
revista *f.* magazine 4
rico/a *adj.* rich 6; *adj.* tasty; delicious 8
ridículo/a *adj.* ridiculous 13
río *m.* river 13
rodilla *f.* knee 10
rogar (o:ue) *v.* to beg 12
rojo/a *adj.* red 6
romántico/a *adj.* romantic 17
romper *v.* to break 10
  romper (con) *v.* to break up (with) 9
  romperse la pierna *v.* to break one's leg 10
ropa *f.* clothing; clothes 6
  ropa interior *f.* underwear 6
rosado/a *adj.* pink 6
roto/a *adj.* broken 14
rubio/a *adj.* blond(e) 3
ruso/a *adj.* Russian 3
rutina *f.* routine 7
  rutina diaria *f.* daily routine 7

S

sábado *m.* Saturday 2
saber *v.* to know; to know how 6
  saber a to taste like 8
sabrosísimo/a *adj.* extremely delicious 8
sabroso/a *adj.* tasty; delicious 8
sacar *v.* to take out
  sacar buenas notas to get good grades 2
  sacar fotos to take photos 5
  sacar la basura to take out the trash 12
  sacar(se) un diente to have a tooth removed 10
sacudir *v.* to dust 12
  sacudir los muebles to dust the furniture 12
sal *f.* salt 8
sala *f.* living room 12; room
  sala de emergencia(s) emergency room 10
salario *m.* salary 16
salchicha *f.* sausage 8
salida *f.* departure; exit 5
salir *v.* to leave 4; to go out
  salir con to go out with; to date 4, 9
  salir de to leave from 4
  salir para to leave for (*a place*) 4
salmón *m.* salmon 8
salón de belleza *m.* beauty salon 14
salud *f.* health 10
saludable *adj.* healthy 10
saludar(se) *v.* to greet (each other) 11
saludo *m.* greeting 1
  saludos a... greetings to... 1
sandalia *f.* sandal 6
sandía *f.* watermelon
sándwich *m.* sandwich 8
sano/a *adj.* healthy 10
se *ref. pron.* himself, herself, itself, *form.* yourself, themselves, yourselves 7
se *impersonal* one 10
  Se hizo... He/she/it became...
secadora *f.* clothes dryer 12
secarse *v.* to dry (oneself) 7
sección de (no) fumar *f.* (non) smoking section 8
secretario/a *m., f.* secretary 16
secuencia *f.* sequence
sed *f.* thirst
seda *f.* silk 6
sedentario/a *adj.* sedentary 15
seguir (e:i) *v.* to follow; to continue 4
según according to
segundo/a *adj.* second 5
seguro/a *adj.* sure; safe; confident 5
seis six 1
seiscientos/as six hundred 2
sello *m.* stamp 14
selva *f.* jungle 13

Vocabulario

semáforo *m.* traffic light 14
semana *f.* week 2
   fin *m.* **de semana** weekend 4
   semana *f.* **pasada** last week 6
semestre *m.* semester 2
sendero *m.* trail; path 13
sentarse (e:ie) *v.* to sit down 7
sentir (e:ie) *v.* to be sorry; to regret 13
sentirse (e:ie) *v.* to feel 7
señor (Sr.); don *m.* Mr.; sir 1
señora (Sra.); doña *f.* Mrs.; ma'am 1
señorita (Srta.) *f.* Miss 1
separado/a *adj.* separated 9
separarse (de) *v.* to separate (from) 9
septiembre *m.* September 5
séptimo/a *adj.* seventh 5
ser *v.* to be 1
   ser aficionado/a (a) to be a fan (of)
   ser alérgico/a (a) to be allergic (to) 10
   ser gratis to be free of charge 14
serio/a *adj.* serious
servicio *m.* service 15
servilleta *f.* napkin 12
servir (e:i) *v.* to serve 8; to help 5
sesenta sixty 2
setecientos/as seven hundred 2
setenta seventy 2
sexismo *m.* sexism 18
sexto/a *adj.* sixth 5
sí *adv.* yes 1
si *conj.* if 4
SIDA *m.* AIDS 18
siempre *adv.* always 7
siete seven 1
silla *f.* seat 2
sillón *m.* armchair 12
similar *adj. m., f.* similar
simpático/a *adj.* nice; likeable 3
sin *prep.* without 13
   sin duda without a doubt
   sin embargo however
   sin que *conj.* without 13
sino but (rather) 18
síntoma *m.* symptom 10
sitio *m.* place 3
sitio *m.* **web** website 11
situado/a *p.p.* located
sobre *m.* envelope 14; *prep.* on; over 2
   sobre todo above all 13
(sobre)población *f.* (over)population 13
sobrino/a *m., f.* nephew/niece 3
sociología *f.* sociology 2
sofá *m.* couch; sofa 12
sol *m.* sun 13
solar *adj. m., f.* solar 13
soldado *m., f.* soldier 18
soleado/a *adj.* sunny
solicitar *v.* to apply (*for a job*) 16
solicitud (de trabajo) *f.* (job) application 16

sólo *adv.* only 6
solo/a *adj.* alone
soltero/a *adj.* single 9
solución *f.* solution 13
sombrero *m.* hat 6
Son las dos. It's two o'clock. 1
sonar (o:ue) *v.* to ring 11
sonreído *p.p.* smiled 14
sonreír (e:i) *v.* to smile 9
sopa *f.* soup 8
sorprender *v.* to surprise 9
sorpresa *f.* surprise 9
sótano *m.* basement 12
soy I am 1
   Soy de... I'm from... 1
su(s) *poss. adj.* his; her; its; *form.* your; their 3
subir(se) a *v.* to get on/into (*a vehicle*) 11
sucio/a *adj.* dirty 5
sudar *v.* to sweat 15
suegro/a *m., f.* father-in-law/mother-in-law 3
sueldo *m.* salary 16
suelo *m.* floor 12
sueño *m.* sleep
suerte *f.* luck
suéter *m.* sweater 6
sufrir *v.* to suffer 10
   sufrir muchas presiones to be under a lot of pressure 15
   sufrir una enfermedad to suffer an illness 10
sugerir (e:ie) *v.* to suggest 12
supermercado *m.* supermarket 14
suponer *v.* to suppose 4
sur *m.* south 14
sustantivo *m.* noun
suyo(s)/a(s) *poss.* (of) his/her; (of) hers; its; *form.* your, (of) yours, (of) theirs, their 11

T

tabla de (wind)surf *f.* surf board/sailboard 5
tableta *f.* tablet (computer) 11
tal vez *adv.* maybe 5
talentoso/a *adj.* talented 17
talla *f.* size 6
   talla grande *f.* large
taller *m.* **mecánico** garage; mechanic's repair shop 11
también *adv.* also; too 2; 7
tampoco *adv.* neither; not either 7
tan *adv.* so 5
   tan... como as... as 8
   tan pronto como *conj.* as soon as 13
tanque *m.* tank 11
tanto *adv.* so much
   tanto... como as much... as 8
   tantos/as... como as many... as 8
tarde *adv.* late 7; *f.* afternoon; evening; P.M. 1
tarea *f.* homework 2

tarjeta *f.* (post) card
tarjeta de crédito *f.* credit card 6
tarjeta de débito *f.* debit card 6
tarjeta postal *f.* postcard
taxi *m.* taxi 5
taza *f.* cup 12
te *sing., fam., d.o. pron.* you 5; *sing., fam., i.o. pron.* to/for you 6
   Te presento a... *fam.* I would like to introduce you to (name). 1
   ¿Te gustaría? Would you like to?
   ¿Te gusta(n)...? Do you like...? 2
té *m.* tea 8
   té helado *m.* iced tea 8
teatro *m.* theater 17
teclado *m.* keyboard 11
técnico/a *m., f.* technician 16
tejido *m.* weaving 17
teleadicto/a *m., f.* couch potato 15
(teléfono) celular *m.* (cell) phone 11
telenovela *f.* soap opera 17
teletrabajo *m.* telecommuting 16
televisión *f.* television 2
televisor *m.* television set 11
temer *v.* to fear; to be afraid 13
temperatura *f.* temperature 10
temporada *f.* period of time 5
temprano *adv.* early 7
tenedor *m.* fork 12
tener *v.* to have 3
   tener... años to be... years old 3
   tener (mucho) calor to be (very) hot 3
   tener (mucho) cuidado to be (very) careful 3
   tener dolor to have pain 10
   tener éxito to be successful 16
   tener fiebre to have a fever 10
   tener (mucho) frío to be (very) cold 3
   tener ganas de (+ *inf.*) to feel like (*doing something*) 3
   tener (mucha) hambre *f.* to be (very) hungry 3
   tener (mucho) miedo (de) to be (very) afraid (of); to be (very) scared (of) 3
   tener miedo (de) que to be afraid that
   tener planes *m., pl.* to have plans
   tener (mucha) prisa to be in a (big) hurry 3
   tener que (+ *inf.*) *v.* to have to (*do something*) 3
   tener razón *f.* to be right 3
   tener (mucha) sed *f.* to be (very) thirsty 3
   tener (mucho) sueño to be (very) sleepy 3
   tener (mucha) suerte to be (very) lucky 3
   tener tiempo to have time 14

Vocabulario

Spanish-English

tener una cita to have a date; to have an appointment 9
tenis *m.* tennis 4
tensión *f.* tension 15
tercer, tercero/a *adj.* third 5
terco/a *adj.* stubborn 10
terminar *v.* to end; to finish 2
   terminar de (+ inf.) *v.* to finish (*doing something*)
terremoto *m.* earthquake 18
terrible *adj. m., f.* terrible 13
textear *v.* to text 11
ti *obj. of prep., sing., fam.* you 9
tiempo *m.* time 14; weather 5
   tiempo libre free time
tienda *f.* store 6
tierra *f.* land; soil 13
tinto/a *adj.* red (wine) 8
tío/a *m., f.* uncle/aunt 3
tíos *m., pl.* aunts and uncles 3
título *m.* title 16
tiza *f.* chalk
toalla *f.* towel 7
tobillo *m.* ankle 10
tocar *v.* to play (*a musical instrument*) 17; to touch 17
todavía *adv.* yet; still 3, 5
todo *m.* everything 5
todo(s)/a(s) *adj.* all
todos *m., pl.* all of us; *m., pl.* everybody; everyone
todos los días *adv.* every day 10
tomar *v.* to take; to drink 2
   tomar clases *f., pl.* to take classes 2
   tomar el sol to sunbathe 4
   tomar en cuenta to take into account
   tomar fotos *f., pl.* to take photos 5
   tomar la temperatura to take someone's temperature 10
   tomar una decisión to make a decision 15
tomate *m.* tomato 8
tonto/a *adj.* foolish 3
torcerse (o:ue) (el tobillo) *v.* to sprain (one's ankle) 10
tormenta *f.* storm 18
tornado *m.* tornado 18
tortuga (marina) *f.* (sea) turtle 13
tos *f., sing.* cough 10
toser *v.* to cough 10
tostado/a *adj.* toasted 8
tostadora *f.* toaster 12
trabajador(a) *adj.* hard-working 3
trabajar *v.* to work 2
trabajo *m.* job; work 16
traducir *v.* to translate 6
traer *v.* to bring 4
tráfico *m.* traffic 11
tragedia *f.* tragedy 17
traído/a *p.p.* brought 14
traje *m.* suit 6
   traje de baño *m.* bathing suit 6
trajinera *f.* type of barge 3
tranquilo/a *adj.* calm; quiet 15

Tranquilo/a. Relax. 7
Tranquilo/a, cariño. Relax, sweetie. 11
transmitir *v.* to broadcast 18
tratar de (+ inf.) *v.* to try (*to do something*) 15
trece thirteen 1
treinta thirty 1, 2
   y treinta thirty minutes past the hour (time) 1
tren *m.* train 5
tres three 1
trescientos/as three hundred 2
trimestre *m.* trimester; quarter 2
triste *adj.* sad 5
tú *sing., fam. sub. pron.* you 1
tu(s) *fam. poss. adj.* your 3
turismo *m.* tourism
turista *m., f.* tourist 1
turístico/a *adj.* touristic
tuyo(s)/a(s) *fam. poss. pron.* your; (of) yours 11

U

Ud. *form. sing.* you 1
Uds. *pl.* you 1
último/a *adj.* last 7
   la última vez the last time 7
un, uno/a *indef. art.* a; one 1
   a la una at one o'clock 1
   una vez once 6
   una vez más one more time
uno one 1
único/a *adj.* only 3; unique 9
universidad *f.* university; college 2
unos/as *m., f., pl. indef. art.* some 1
urgente *adj.* urgent 12
usar *v.* to wear; to use 6
usted (Ud.) *form. sing.* you 1
ustedes (Uds.) *pl.* you 1
útil *adj.* useful
uva *f.* grape 8

V

vaca *f.* cow 13
vacaciones *f. pl.* vacation 5
valle *m.* valley 13
vamos let's go 4
vaquero *m.* cowboy 17
   de vaqueros *m., pl.* western (genre) 17
varios/as *adj. m. f., pl.* various; several
vaso *m.* glass 12
veces *f., pl.* times 6
vecino/a *m., f.* neighbor 12
veinte twenty 1
veinticinco twenty-five 1
veinticuatro twenty-four 1
veintidós twenty-two 1
veintinueve twenty-nine 1
veintiocho twenty-eight 1

veintiséis twenty-six 1
veintisiete twenty-seven 1
veintitrés twenty-three 1
veintiún, veintiuno/a *adj.* twenty-one 1
veintiuno twenty-one 1
vejez *f.* old age 9
velocidad *f.* speed 11
   velocidad máxima *f.* speed limit 11
vencer *v.* to expire 14
vendedor(a) *m., f.* salesperson 6
vender *v.* to sell 6
venir *v.* to come 3
ventana *f.* window 2
ver *v.* to see 4
   a ver *v.* let's see
   ver películas *f., pl.* to see movies 4
verano *m.* summer 5
verbo *m.* verb
verdad *f.* truth 4
   (no) es verdad it's (not) true 13
   ¿verdad? right? 1
verde *adj., m. f.* green 6
verduras *pl., f.* vegetables 8
vestido *m.* dress 6
vestirse (e:i) *v.* to get dressed 7
vez *f.* time 6
viajar *v.* to travel 2
viaje *m.* trip 5
viajero/a *m., f.* traveler 5
vida *f.* life 9
video *m.* video 1
videoconferencia *f.* videoconference 16
videojuego *m.* video game 4
vidrio *m.* glass 13
viejo/a *adj.* old 3
viento *m.* wind
viernes *m., sing.* Friday 2
vinagre *m.* vinegar 8
vino *m.* wine 8
   vino blanco *m.* white wine 8
   vino tinto *m.* red wine 8
violencia *f.* violence 18
visitar *v.* to visit 4
   visitar monumentos *m., pl.* to visit monuments 4
visto/a *p.p.* seen 14
vitamina *f.* vitamin 15
viudo/a *adj.* widower/widow 9
vivienda *f.* housing 12
vivir *v.* to live 3
vivo/a *adj.* clever; living
volante *m.* steering wheel 11
volcán *m.* volcano 13
vóleibol *m.* volleyball 4
volver (o:ue) *v.* to return 4
volver a ver(te, lo, la) *v.* to see (you, him, her) again
vos *pron.* you
vosotros/as *fam., pl.* you 1
votar *v.* to vote 18
vuelta *f.* return trip

vuelto/a *p.p.* returned 14
vuestro(s)/a(s) *poss. adj.* your 3; your, (of) yours *fam., pl.* 11

Y

y *conj.* and 1
   y cuarto quarter after (time) 1
   y media half-past (time) 1
   y quince quarter after (time) 1
   y treinta thirty (minutes past the hour) 1
   ¿Y tú? *fam.* And you? 1
   ¿Y usted? *form.* And you? 1
ya *adv.* already 6
yerno *m.* son-in-law 3
yo *sub. pron.* I 1
yogur *m.* yogurt 8

Z

zanahoria *f.* carrot 8
zapatería *f.* shoe store 14
zapatos de tenis *m., pl.* tennis shoes, sneakers 6

Vocabulario

English-Spanish

A

a **un/a** *m., f., sing.; indef. art.* 1
@ (*symbol*) **arroba** *f.* 11
a.m. **de la mañana** *f.* 1
able: be able to **poder (o:ue)** *v.* 4
aboard **a bordo**
above all **sobre todo** 13
accident **accidente** *m.* 10
accompany **acompañar** *v.* 14
account **cuenta** *f.* 14
　on account of **por** *prep.* 11
accountant **contador(a)** *m., f.* 16
accounting **contabilidad** *f.* 2
ache **dolor** *m.* 10
acquainted: be acquainted with **conocer** *v.* 6
action (genre) **de acción** *f.* 17
active **activo/a** *adj.* 15
actor **actor** *m.,* **actriz** *f.* 16
addict (*drug*) **drogadicto/a** *m., f.* 15
additional **adicional** *adj.*
address **dirección** *f.* 14
adjective **adjetivo** *m.*
adolescence **adolescencia** *f.* 9
adventure (genre) **de aventuras** *f.* 17
advertise **anunciar** *v.* 18
advertisement **anuncio** *m.* 16
advice **consejo** *m.*
　give advice **dar consejos** 6
advise **aconsejar** *v.* 12
advisor **consejero/a** *m., f.* 16
aerobic **aeróbico/a** *adj.* 15
　aerobics class **clase de ejercicios aeróbicos** 15
　to do aerobics **hacer ejercicios aeróbicos** 15
affected **afectado/a** *adj.* 13
　be affected (by) **estar** *v.* **afectado/a (por)** 13
affirmative **afirmativo/a** *adj.*
afraid: be (very) afraid (of) **tener (mucho) miedo (de)** 3
　be afraid that **tener miedo (de) que**
after **después de** *prep.* 7; **después de que** *conj.* 13
afternoon **tarde** *f.* 1
afterward **después** *adv.* 7
again **otra vez**
age **edad** *f.* 9
agree **estar** *v.* **de acuerdo** 17
　I agree. **Estoy de acuerdo.** 17
　I don't agree. **No estoy de acuerdo.** 17
agreement **acuerdo** *m.*
AIDS **SIDA** *m.* 18
air **aire** *m.* 13
　air pollution **contaminación del aire** 13
airplane **avión** *m.* 5
airport **aeropuerto** *m.* 5
alarm clock **despertador** *m.* 7

alcohol **alcohol** *m.* 15
　to consume alcohol **consumir alcohol** 15
alcoholic **alcohólico/a** *adj.* 15
all **todo(s)/a(s)** *adj.*
　all of us **todos**
allergic **alérgico/a** *adj.* 10
　be allergic (to) **ser alérgico/a (a)** 10
alleviate **aliviar** *v.*
almost **casi** *adv.* 10
alone **solo/a** *adj.*
along **por** *prep.* 11
already **ya** *adv.* 6
also **también** *adv.* 2; 7
altar **altar** *m.* 9
aluminum **aluminio** *m.* 13
　(made) of aluminum **de aluminio** 13
always **siempre** *adv.* 7
American (*North*) **norteamericano/a** *adj.* 3
among **entre** *prep.* 2
amusement **diversión** *f.*
and **y** 1, **e** (*before words beginning with i or hi*)
　And you? **¿Y tú?** *fam.* 1; **¿Y usted?** *form.* 1
angel **ángel** *m.* 9
angry **enojado/a** *adj.* 5
　get angry (with) **enojarse** *v.* **(con)** 7
animal **animal** *m.* 13
ankle **tobillo** *m.* 10
anniversary **aniversario** *m.* 9
　(wedding) anniversary **aniversario** *m.* **(de bodas)** 9
announce **anunciar** *v.* 18
announcer (*TV/radio*) **locutor(a)** *m., f.* 18
annoy **molestar** *v.* 7
another **otro/a** *adj.* 6
answer **contestar** *v.* 2; **respuesta** *f.*
antibiotic **antibiótico** *m.* 10
any **algún, alguno/a(s)** *adj.* 7
anyone **alguien** *pron.* 7
anything **algo** *pron.* 7
apartment **apartamento** *m.* 12
apartment building **edificio de apartamentos** 12
app **aplicación** *f.* 11
appear **parecer** *v.*
appetizers **entremeses** *m., pl.* 8
applaud **aplaudir** *v.* 17
apple **manzana** *f.* 8
appliance (electric) **electrodoméstico** *m.* 12
applicant **aspirante** *m., f.* 16
application **solicitud** *f.* 16
　job application **solicitud de trabajo** 16
apply (*for a job*) **solicitar** *v.* 16
　apply for a loan **pedir (e:i)** *v.* **un préstamo** 14
appointment **cita** *f.* 9
　have an appointment **tener** *v.* **una cita** 9
appreciate **apreciar** *v.* 17

April **abril** *m.* 5
archeologist **arqueólogo/a** *m., f.* 16
archeology **arqueología** *f.* 2
architect **arquitecto/a** *m., f.* 16
area **región** *f.*
Argentine **argentino/a** *adj.* 3
arm **brazo** *m.* 10
armchair **sillón** *m.* 12
army **ejército** *m.* 18
around **por** *prep.* 11
　around here **por aquí** 11
arrange **arreglar** *v.* 11
arrival **llegada** *f.* 5
arrive **llegar** *v.* 2
art **arte** *m.* 2
　(fine) arts **bellas artes** *f., pl.* 17
article **artículo** *m.* 18
artist **artista** *m., f.* 3
artistic **artístico/a** *adj.* 17
arts **artes** *f., pl.* 17
as **como** 8
　as a child **de niño/a** 10
　as... as **tan... como** 8
　as many... as **tantos/as... como** 8
　as much... as **tanto... como** 8
　as soon as **en cuanto** *conj.* 13; **tan pronto como** *conj.* 13
ask (*a question*) **preguntar** *v.* 2
　ask for **pedir (e:i)** *v.* 4
asparagus **espárragos** *m., pl.* 8
aspirin **aspirina** *f.* 10
at **a** *prep.* 1; **en** *prep.* 2
　at + *time* **a la(s)** + *time* 1
　at home **en casa**
　at least **por lo menos** 10
　at night **por la noche** 7
　At what time...? **¿A qué hora...?** 1
　At your service. **A sus órdenes.**
ATM **cajero automático** *m.* 14
attempt **intento** *m.* 11
attend **asistir (a)** *v.* 3
attic **altillo** *m.* 12
audience **público** *m.* 17
August **agosto** *m.* 5
aunt **tía** *f.* 3
　aunts and uncles **tíos** *m., pl.* 3
autumn **otoño** *m.* 5
avenue **avenida** *f.*
avoid **evitar** *v.* 13
award **premio** *m.* 17

B

backpack **mochila** *f.* 2
bad **mal, malo/a** *adj.* 3
　It's bad that... **Es malo que...** 12
　It's not bad at all. **No está nada mal.** 5
bag **bolsa** *f.* 6
bakery **panadería** *f.* 14

Vocabulario

English-Spanish

balanced **equilibrado/a** *adj.* 15
  to eat a balanced diet **comer una dieta equilibrada** 15
balcony **balcón** *m.* 12
ball **pelota** *f.* 4
banana **banana** *f.* 8
band **banda** *f.* 17
bank **banco** *m.* 14
bargain **ganga** *f.* 6; **regatear** *v.* 6
baseball *(game)* **béisbol** *m.* 4
basement **sótano** *m.* 12
basketball *(game)* **baloncesto** *m.* 4
bath: take a bath **bañarse** *v.* 7
bathing suit **traje** *m.* **de baño** 6
bathroom **baño** *m.* 7; **cuarto de baño** *m.* 7
battery **batería** *f.* 11
be **ser** *v.* 1; **estar** *v.* 2
  be... years old **tener... años** 3
  be sick of... **estar harto/a de...** 18
beach **playa** *f.* 5
beans **frijoles** *m., pl.* 8
beautiful **hermoso/a** *adj.* 6
beauty **belleza** *f.* 14
  beauty salon **peluquería** *f.* 14; **salón** *m.* **de belleza** 14
because **porque** *conj.* 2
  because of **por** *prep.* 11
become (+ *adj.*) **ponerse** (+ *adj.*) 7; **convertirse** *v.*
bed **cama** *f.* 5
  go to bed **acostarse (o:ue)** *v.* 7
bedroom **alcoba** *f.*, **recámara** *f.*; **dormitorio** *m.* 12
beef **carne de res** *f.* 8
beer **cerveza** *f.* 8
before **antes** *adv.* 7; **antes de** *prep.* 7; **antes (de) que** *conj.* 13
beg **rogar (o:ue)** *v.* 12
begin **comenzar (e:ie)** *v.* 4; **empezar (e:ie)** *v.* 4
behalf: on behalf of **de parte de** 11
behind **detrás de** *prep.* 2
believe (in) **creer** *v.* **(en)** 3; **creer** *v.* 13
  not to believe **no creer** 13
believed **creído/a** *p.p.* 14
bellhop **botones** *m., f. sing.* 5
below **debajo de** *prep.* 2
belt **cinturón** *m.* 6
benefit **beneficio** *m.* 16
beside **al lado de** *prep.* 2
besides **además (de)** *adv.* 10
best **mejor** *adj.*
  the best **el/la mejor** *m., f.* 8
  lo mejor *neuter*
better **mejor** *adj.* 8
  It's better that... **Es mejor que...** 12
between **entre** *prep.* 2
beverage **bebida** *f.* 8
  alcoholic beverage **bebida alcohólica** *f.* 15
bicycle **bicicleta** *f.* 4

big **grande** *adj.* 3
bill **cuenta** *f.* 8
billion **mil millones**
biology **biología** *f.* 2
bird **ave** *f.* 13; **pájaro** *m.* 13
birth **nacimiento** *m.* 9
birthday **cumpleaños** *m., sing.* 9
  have a birthday **cumplir** *v.* **años**
black **negro/a** *adj.* 6
blanket **manta** *f.* 12
block (city) **cuadra** *f.* 14
blog **blog** *m.* 11
blond(e) **rubio/a** *adj.* 3
blouse **blusa** *f.* 6
blue **azul** *adj. m., f.* 6
boat **barco** *m.* 5
body **cuerpo** *m.* 10
bone **hueso** *m.* 10
book **libro** *m.* 2
bookcase **estante** *m.* 12
bookshelves **estante** *m.* 12
bookstore **librería** *f.* 2
boot **bota** *f.* 6
bore **aburrir** *v.* 7
bored **aburrido/a** *adj.* 5
  be bored **estar** *v.* **aburrido/a** 5
  get bored **aburrirse** *v.* 17
boring **aburrido/a** *adj.* 5
born: be born **nacer** *v.* 9
borrow **pedir (e:i)** *v.* **prestado** 14
borrowed **prestado/a** *adj.*
boss **jefe** *m.*, **jefa** *f.* 16
bother **molestar** *v.* 7
bottle **botella** *f.* 9
  bottle of wine **botella de vino** 9
bottom **fondo** *m.*
boulevard **bulevar** *m.*
boy **chico** *m.* 1; **muchacho** *m.* 3
boyfriend **novio** *m.* 3
brakes **frenos** *m., pl.*
bread **pan** *m.* 8
break **romper** *v.* 10
  break (one's leg) **romperse (la pierna)** 10
  break down **dañar** *v.* 10
  break up (with) **romper** *v.* **(con)** 9
breakfast **desayuno** *m.* 8
  have breakfast **desayunar** *v.* 2
breathe **respirar** *v.* 13
bring **traer** *v.* 4
broadcast **transmitir** *v.* 18; **emitir** *v.* 18
brochure **folleto** *m.*
broken **roto/a** *adj.* 14
  be broken **estar roto/a**
brother **hermano** *m.* 3
brother-in-law **cuñado** *m.* 3
brothers and sisters **hermanos** *m., pl.* 3
brought **traído/a** *p.p.* 14
brown **café** *adj.* 6; **marrón** *adj.* 6
browser **buscador** *m.* 11
brunet(te) **moreno/a** *adj.* 3

brush **cepillar(se)** *v.* 7
  brush one's hair **cepillarse el pelo** 7
  brush one's teeth **cepillarse los dientes** 7
bucket **balde** *m.* 5
build **construir** *v.*
building **edificio** *m.* 12
bump into (*something accidentally*) **darse con** 10; (*someone*) **encontrarse** *v.* 11
bus **autobús** *m.* 1
  bus station **estación** *f.* **de autobuses** 5
business **negocios** *m. pl.* 16
  business administration **administración** *f.* **de empresas** 2
  business-related **comercial** *adj.* 16
businessperson **hombre** *m.* / **mujer** *f.* **de negocios** 16
busy **ocupado/a** *adj.* 5
but **pero** *conj.* 2; (*rather*) **sino** *conj.* (*in negative sentences*) 7
butcher shop **carnicería** *f.* 14
butter **mantequilla** *f.* 8
buy **comprar** *v.* 2
  buy online **comprar en línea** 6
by **por** *prep.* 11; **para** *prep.* 11
  by means of **por** *prep.* 11
  by phone **por teléfono**
  by way of **por** *prep.* 11
bye **chau** *interj. fam.* 1

C

café **café** *m.* 4
cafeteria **cafetería** *f.* 2
caffeine **cafeína** *f.* 15
cake **pastel** *m.* 9
  chocolate cake **pastel de chocolate** *m.* 9
calculator **calculadora** *f.* 2
call **llamar** *v.* 11
  be called **llamarse** *v.* 7
  call on the phone **llamar por teléfono**
calm **tranquilo/a** *adj.* 15
calorie **caloría** *f.* 15
camera **cámara** *f.* 11
camp **acampar** *v.* 5
can (*tin*) **lata** *f.* 13
can **poder (o:ue)** *v.* 4
  Could I ask you something? **¿Podría pedirte algo?** 17
Canadian **canadiense** *adj.* 3
candidate **aspirante** *m., f.* 16; **candidato/a** *m., f.* 18
candy **dulces** *m., pl.* 9
capital city **capital** *f.*
car **coche** *m.* 11; **carro** *m.* 11; **auto(móvil)** *m.* 5
caramel **caramelo** *m.* 9
card **tarjeta** *f.*; (*playing*) **carta** *f.* 5

Vocabulario

English-Spanish

A-37

care **cuidado** *m.*
   take care of **cuidar** *v.* 13
career **carrera** *f.* 16
careful: be (very) careful **tener** *v.* **(mucho) cuidado** 3
carpenter **carpintero/a** *m., f.* 16
carpet **alfombra** *f.* 12
carrot **zanahoria** *f.* 8
carry **llevar** *v.* 2
cartoons **dibujos** *m., pl.* **animados** 17
case: in case (that) **en caso (de) que** 13
cash (a check) **cobrar** *v.* 14;
   cash **(en) efectivo** 6
   cash register **caja** *f.* 6
   pay in cash **pagar** *v.* **al contado** 14; **pagar en efectivo** 14
cashier **cajero/a** *m., f.*
cat **gato** *m.* 13
celebrate **celebrar** *v.* 9
celebration **celebración** *f.*
(cell) phone **(teléfono) celular** *m.* 11
cemetery **cementerio** *m.* 9
cereal **cereales** *m., pl.* 8
certain **cierto/a** *adj.*; **seguro/a** *adj.* 13
   it's (not) certain **(no) es cierto/seguro** 13
chalk **tiza** *f.*
champagne **champán** *m.* 9
change **cambiar** *v.* **(de)** 9
change: in change **de cambio** 2
channel (*TV*) **canal** *m.* 11; 17
character (*fictional*) **personaje** *m.* 17
   (main) character *m.* **personaje (principal)** 17
charge **cargar** *v.* 11
charger **cargador** *m.* 11
chat **conversar** *v.* 2; **chatear** *v.* 11
cheap **barato/a** *adj.* 6
check **comprobar (o:ue)** *v.*; **revisar** *v.* 11; (*bank*) **cheque** *m.* 14
   check the oil **revisar el aceite** 11
checking account **cuenta** *f.* **corriente** 14
cheese **queso** *m.* 8
chef **cocinero/a** *m., f.* 16
chemistry **química** *f.* 2
chest of drawers **cómoda** *f.* 12
chicken **pollo** *m.* 8
child **niño/a** *m., f.* 3
childhood **niñez** *f.* 9
children **hijos** *m., pl.* 3
Chinese **chino/a** *adj.* 3
chocolate **chocolate** *m.* 9
   chocolate cake **pastel** *m.* **de chocolate** 9
cholesterol **colesterol** *m.* 15
choose **escoger** *v.* 8
chop (*food*) **chuleta** *f.* 8
Christmas **Navidad** *f.* 9
church **iglesia** *f.* 4
cinnamon **canela** *f.* 10
citizen **ciudadano/a** *m., f.* 18
city **ciudad** *f.*

class **clase** *f.* 2
   take classes **tomar clases** 2
classical **clásico/a** *adj.* 17
classmate **compañero/a** *m., f.* **de clase** 2
clean **limpio/a** *adj.* 5; **limpiar** *v.* 12
   clean the house *v.* **limpiar la casa** 12
clear (*weather*) **despejado/a** *adj.*
   clear the table **quitar la mesa** 12
   It's (very) clear. (*weather*) **Está (muy) despejado.**
clerk **dependiente/a** *m., f.* 6
climate change **cambio climático** *m.* 13
climb **escalar** *v.* 4
   climb mountains **escalar montañas** 4
clinic **clínica** *f.* 10
clock **reloj** *m.* 2
close **cerrar (e:ie)** *v.* 4
closed **cerrado/a** *adj.* 5
closet **armario** *m.* 12
clothes **ropa** *f.* 6
   clothes dryer **secadora** *f.* 12
clothing **ropa** *f.* 6
cloud **nube** *f.* 13
cloudy **nublado/a** *adj.* 5
   It's (very) cloudy. **Está (muy) nublado.** 5
coat **abrigo** *m.* 6
coffee **café** *m.* 8
   coffee maker **cafetera** *f.* 12
cold **frío** *m.* 5;
   (*illness*) **resfriado** *m.* 10
   be (*feel*) (very) cold **tener (mucho) frío** 3
   It's (very) cold. (*weather*) **Hace (mucho) frío.** 5
college **universidad** *f.* 2
collision **choque** *m.* 18
color **color** *m.*
comb one's hair **peinarse** *v.* 7
come **venir** *v.* 3
come on **ándale** *interj.* 14
comedy **comedia** *f.* 17
comfortable **cómodo/a** *adj.* 5
commerce **negocios** *m., pl.* 16
commercial **comercial** *adj.* 16
communicate (with) **comunicarse** *v.* **(con)** 18
communication **comunicación** *f.* 18
   means of communication **medios** *m. pl.* **de comunicación** 18
community **comunidad** *f.* 1
company **compañía** *f.* 16; **empresa** *f.* 16
comparison **comparación** *f.*
composer **compositor(a)** *m., f.* 17
computer **computadora** *f.* 1
   computer programmer **programador(a)** *m., f.* 3
   computer science **computación** *f.* 2
concert **concierto** *m.* 17

conductor (*musical*) **director(a)** *m., f.* 17
confident **seguro/a** *adj.* 5
confirm **confirmar** *v.* 5
   confirm a reservation **confirmar una reservación** 5
confused **confundido/a** *adj.* 5
congested **congestionado/a** *adj.* 10
Congratulations! **¡Felicidades!**; **¡Felicitaciones!** *f., pl.* 9
conservation **conservación** *f.* 13
conserve **conservar** *v.* 13
considering **para** *prep.* 11
consume **consumir** *v.* 15
container **envase** *m.* 13
contamination **contaminación** *f.*
content **contento/a** *adj.* 5
contest **concurso** *m.* 17
continue **seguir (e:i)** *v.* 4
control **control** *m.*; **controlar** *v.* 13
conversation **conversación** *f.* 1
converse **conversar** *v.* 2
cook **cocinar** *v.* 12; **cocinero/a** *m., f.* 16
cookie **galleta** *f.* 9
cool **fresco/a** *adj.* 5
   It's cool. (*weather*) **Hace fresco.** 5
corn **maíz** *m.* 8
corner **esquina** *f.* 14
cost **costar (o:ue)** *v.* 6
Costa Rican **costarricense** *adj.* 3
costume **disfraz** *m.* 9
cotton **algodón** *f.* 6
   (made of) cotton **de algodón** 6
couch **sofá** *m.* 12
couch potato **teleadicto/a** *m., f.* 15
cough **tos** *f.* 10; **toser** *v.* 10
counselor **consejero/a** *m., f.* 16
count **contar (o:ue)** *v.* 4
country (*nation*) **país** *m.* 1
countryside **campo** *m.* 5
(married) couple **pareja** *f.* 9
course **curso** *m.* 2; **materia** *f.* 2
courtesy **cortesía** *f.*
cousin **primo/a** *m., f.* 3
cover **cubrir** *v.*
covered **cubierto/a** *p.p.*
cow **vaca** *f.* 13
crafts **artesanía** *f.* 17
craftsmanship **artesanía** *f.* 17
crater **cráter** *m.* 13
crazy **loco/a** *adj.* 6
create **crear** *v.*
credit **crédito** *m.* 6
   credit card **tarjeta** *f.* **de crédito** 6
crime **crimen** *m.* 18
cross **cruzar** *v.* 14
cry **llorar** *v.* 15
Cuban **cubano/a** *adj.* 3
culture **cultura** *f.* 2, 17
cup **taza** *f.* 12
currency exchange **cambio** *m.* **de moneda**
current events **actualidades** *f., pl.* 18

Vocabulario

English-Spanish

curtains **cortinas** *f., pl.* 12
custard (*baked*) **flan** *m.* 9
custom **costumbre** *f.*
customer **cliente/a** *m., f.* 6
customs **aduana** *f.*
   customs inspector **inspector(a)** *m., f.* **de aduanas** 5
cycling **ciclismo** *m.* 4

D

dad **papá** *m.*
daily **diario/a** *adj.* 7
   daily routine **rutina** *f.* **diaria** 7
damage **dañar** *v.* 10
dance **bailar** *v.* 2; **danza** *f.* 17; **baile** *m.* 17
dancer **bailarín/bailarina** *m., f.* 17
danger **peligro** *m.* 13
dangerous **peligroso/a** *adj.* 18
date (*appointment*) **cita** *f.* 9; (*calendar*) **fecha** *f.* 5; (*someone*) **salir** *v.* **con (alguien)** 9
   have a date **tener una cita** 9
daughter **hija** *f.* 3
daughter-in-law **nuera** *f.* 3
day **día** *m.* 1
   day before yesterday **anteayer** *adv.* 6
death **muerte** *f.* 9
debit card **tarjeta** *f.* **de débito** 6
decaffeinated **descafeinado/a** *adj.* 15
December **diciembre** *m.* 5
decide **decidir** *v.* (**+** *inf.*) 3
declare **declarar** *v.* 18
deforestation **deforestación** *f.* 13
delicious **delicioso/a** *adj.* 8; **rico/a** *adj.* 8; **sabroso/a** *adj.* 8
delighted **encantado/a** *adj.* 1
dentist **dentista** *m., f.* 10
deny **negar (e:ie)** *v.* 13
   not to deny **no negar** 13
department store **almacén** *m.* 6
departure **salida** *f.* 5
deposit **depositar** *v.* 14
describe **describir** *v.* 3
described **descrito/a** *p.p.* 14
desert **desierto** *m.* 13
design **diseño** *m.*
designer **diseñador(a)** *m., f.* 16
desire **desear** *v.* 2
desk **escritorio** *m.* 2
dessert **postre** *m.* 9
destroy **destruir** *v.* 13
develop **desarrollar** *v.* 13
diary **diario** *m.* 1
dictatorship **dictadura** *f.* 18
dictionary **diccionario** *m.* 1
die **morir (o:ue)** *v.* 8
died **muerto/a** *p.p.* 14
diet **dieta** *f.* 15; **alimentación**
   balanced diet **dieta equilibrada** 15
   be on a diet **estar a dieta** 15
difficult **difícil** *adj. m., f.* 3

digital camera **cámara** *f.* **digital** 11
dining room **comedor** *m.* 12
dinner **cena** *f.* 8
   have dinner **cenar** *v.* 2
direct **dirigir** *v.* 17
director **director(a)** *m., f.* 17
dirty **ensuciar** *v.*; **sucio/a** *adj.* 5
   get (something) dirty **ensuciar** *v.* 12
disagree **no estar de acuerdo**
disaster **desastre** *m.* 18
discover **descubrir** *v.* 13
discovered **descubierto/a** *p.p.* 14
discrimination **discriminación** *f.* 18
dish **plato** *m.* 8, 12
   main dish *m.* **plato principal** 8
dishwasher **lavaplatos** *m., sing.* 12
disorderly **desordenado/a** *adj.* 5
divorce **divorcio** *m.* 9
divorced **divorciado/a** *adj.* 9
   get divorced (from) **divorciarse** *v.* **(de)** 9
dizzy **mareado/a** *adj.* 10
do **hacer** *v.* 4
   do aerobics **hacer ejercicios aeróbicos** 15
   do household chores **hacer quehaceres domésticos** 12
   do stretching exercises **hacer ejercicios de estiramiento** 15
   (I) don't want to. **No quiero.** 4
doctor **doctor(a)** *m., f.* 3; 10; **médico/a** *m., f.* 3
documentary (*film*) **documental** *m.* 17
dog **perro** *m.* 13
domestic **doméstico/a** *adj.*
   domestic appliance **electrodoméstico** *m.*
done **hecho/a** *p.p.* 14
door **puerta** *f.* 2
doorman/doorwoman **portero/a** *m., f.* 1
dormitory **residencia** *f.* **estudiantil** 2
double **doble** *adj.* 5
   double room **habitación** *f.* **doble** 5
doubt **duda** *f.* 13; **dudar** *v.* 13
   not to doubt **no dudar** 13
   there is no doubt that **no cabe duda de** 13; **no hay duda de** 13
download **descargar** *v.* 11
downtown **centro** *m.* 4
drama **drama** *m.* 17
dramatic **dramático/a** *adj.* 17
draw **dibujar** *v.* 2
drawing **dibujo** *m.*
dress **vestido** *m.* 6
   get dressed **vestirse (e:i)** *v.* 7
drink **beber** *v.* 3; **bebida** *f.* 8; **tomar** *v.* 2
drive **conducir** *v.* 6; **manejar** *v.* 11
driver **conductor(a)** *m., f.* 1

drug **droga** *f.* 15
   drug addict **drogadicto/a** *m., f.* 15
dry (oneself) **secarse** *v.* 7
during **durante** *prep.* 7; **por** *prep.* 11
dust **sacudir** *v.* 12; **quitar** *v.* **el polvo** 12
dust the furniture **sacudir los muebles** 12
duster **plumero** *m.* 12

E

each **cada** *adj.* 6
ear (outer) **oreja** *f.* 10
early **temprano** *adv.* 7
earn **ganar** *v.* 16
earring **arete** *m.* 6
earthquake **terremoto** *m.* 18
ease **aliviar** *v.*
east **este** *m.* 14
   to the east **al este** 14
easy **fácil** *adj. m., f.* 3
eat **comer** *v.* 3
ecological **ecológico/a** *adj.* 13
ecologist **ecologista** *m., f.* 13
ecology **ecología** *f.* 13
economics **economía** *f.* 2
ecotourism **ecoturismo** *m.* 13
Ecuadorian **ecuatoriano/a** *adj.* 3
effective **eficaz** *adj. m., f.*
egg **huevo** *m.* 8
eight **ocho** 1
eight hundred **ochocientos/as** 2
eighteen **dieciocho** 1
eighth **octavo/a** 5
eighty **ochenta** 2
either... or **o... o** *conj.* 7
elect **elegir (e:i)** *v.* 18
election **elecciones** *f. pl.* 18
electric appliance **electrodoméstico** *m.* 12
electrician **electricista** *m., f.* 16
electricity **luz** *f.* 12
elegant **elegante** *adj. m., f.* 6
elevator **ascensor** *m.* 5
eleven **once** 1
e-mail **correo** *m.* **electrónico** 4
   e-mail address **dirección** *f.* **electrónica** 11
   e-mail message **mensaje** *m.* **electrónico** 4
   read e-mail **leer** *v.* **el correo electrónico** 4
embarrassed **avergonzado/a** *adj.* 5
embrace (each other) **abrazar(se)** *v.* 11
emergency **emergencia** *f.* 10
   emergency room **sala** *f.* **de emergencia(s)** 10
employee **empleado/a** *m., f.* 5
employment **empleo** *m.* 16
end **fin** *m.* 4; **terminar** *v.* 2
   end table **mesita** *f.* 12
endure **aguantar** *v.* 14
energy **energía** *f.* 13
engaged: get engaged (to) **comprometerse** *v.* **(con)** 9

Vocabulario

English-Spanish

engineer **ingeniero/a** *m., f.* 3
English (*language*) **inglés** *m.* 2;
    inglés, inglesa *adj.* 3
enjoy **disfrutar** *v.* **(de)** 15
enough **bastante** *adv.* 10
entertainment **diversión** *f.* 4
entrance **entrada** *f.* 12
envelope **sobre** *m.* 14
environment **medio ambiente**
    m. 13
environmental science **ciencias**
    ambientales 2
equality **igualdad** *f.* 18
erase **borrar** *v.* 11
eraser **borrador** *m.* 2
errand **diligencia** *f.* 14
essay **ensayo** *m.* 3
establish **establecer** *v.* 16
evening **tarde** *f.* 1
event **acontecimiento** *m.* 18
every day **todos los días** 10
everything **todo** *m.* 5
exactly **en punto** 1
exam **examen** *m.* 2
excellent **excelente** *adj.* 5
excess **exceso** *m.* 15
    in excess **en exceso** 15
exchange **intercambiar** *v.*
    in exchange for **por** 11
exciting **emocionante** *adj. m., f.*
excursion **excursión** *f.*
excuse **disculpar** *v.*
Excuse me. (*May I?*) **Con**
    permiso. 1; (*I beg your*
    pardon.) **Perdón.** 1
exercise **ejercicio** *m.* 15;
    hacer *v.* **ejercicio** 15;
    (a degree/profession) **ejercer**
    v. 16
exit **salida** *f.* 5
expensive **caro/a** *adj.* 6
experience **experiencia** *f.*
expire **vencer** *v.* 14
explain **explicar** *v.* 2
explore **explorar** *v.*
expression **expresión** *f.*
extinction **extinción** *f.* 13
eye **ojo** *m.* 10

F

fabulous **fabuloso/a** *adj.* 5
face **cara** *f.* 7
facing **enfrente de** *prep.* 14
fact: in fact **de hecho**
factory **fábrica** *f.* 13
fall (down) **caerse** *v.* 10
    fall asleep **dormirse (o:ue)** *v.* 7
    fall in love (with) **enamorarse**
        v. **(de)** 9
    fall (season) **otoño** *m.* 5
fallen **caído/a** *p.p.* 14
family **familia** *f.* 3
famous **famoso/a** *adj.*
fan **aficionado/a** *m., f.* 4
    be a fan (of) **ser aficionado/a (a)**
far from **lejos de** *prep.* 2
farewell **despedida** *f.*

fascinate **fascinar** *v.* 7
fashion **moda** *f.* 6
    be in fashion **estar de moda** 6
fast **rápido/a** *adj.*
fat **gordo/a** *adj.* 3; **grasa** *f.* 15
father **padre** *m.* 3
father-in-law **suegro** *m.* 3
favorite **favorito/a** *adj.* 4
fear **miedo** *m.*; **temer** *v.* 13
February **febrero** *m.* 5
feel **sentir(se) (e:ie)** *v.* 7
    feel like (*doing something*) **tener**
        ganas de (+ *inf.***)** 3
festival **festival** *m.* 17
fever **fiebre** *f.* 10
    have a fever **tener** *v.* **fiebre** 10
few **pocos/as** *adj. pl.*
    fewer than **menos de**
        (+ *number*) 8
fifteen **quince** 1
    fifteen-year-old girl celebrating her
        birthday **quinceañera** *f.* 9
fifth **quinto/a** 5
fifty **cincuenta** 2
fight (for/against) **luchar** *v.* **(por/**
    contra) 18
figure (*number*) **cifra** *f.*
file **archivo** *m.* 11
fill **llenar** *v.* 11
    fill out (a form) **llenar (un**
        formulario) 14
    fill the tank **llenar el**
        tanque 11
finally **finalmente** *adv.*; **por**
    último 7; **por fin** 11
find **encontrar (o:ue)** *v.* 4
    find (each other) **encontrar(se)**
    find out **enterarse** *v.* 16
fine **multa** *f.*
(fine) arts **bellas artes** *f., pl.* 17
finger **dedo** *m.* 10
finish **terminar** *v.* 2
    finish (*doing something*)
        terminar *v.* **de (+** *inf.***)**
fire **incendio** *m.* 18; **despedir**
    (e:i) *v.* 16
firefighter **bombero/a** *m., f.* 16
firm **compañía** *f.* 16; **empresa**
    f. 16
first **primer, primero/a** 2, 5
fish (*food*) **pescado** *m.* 8;
    pescar *v.* 5; (*live*) **pez** *m., sing.*
        (**peces** *pl.*) 13
    fish market **pescadería** *f.* 14
fishing **pesca** *f.*
fit (*clothing*) **quedar** *v.* 7
five **cinco** 1
five hundred **quinientos/as** 2
fix (*put in working order*) **arreglar**
    v. 11; (*clothes, hair, etc. to*
    go out) **arreglarse** *v.* 7
fixed **fijo/a** *adj.* 6
flag **bandera** *f.*
flexible **flexible** *adj.* 15
flood **inundación** *f.* 18

floor (*of a building*) **piso** *m.* 5;
    suelo *m.* 12
    ground floor **planta baja** *f.* 5
    top floor **planta** *f.* **alta**
flower **flor** *f.* 13
flu **gripe** *f.* 10
fog **niebla** *f.*
folk **folclórico/a** *adj.* 17
follow **seguir (e:i)** *v.* 4
food **comida** *f.* 4, 8
foolish **tonto/a** *adj.* 3
foot **pie** *m.* 10
football **fútbol** *m.* **americano** 4
for **para** *prep.* 11; **por** *prep.* 11
    for example **por ejemplo** 11
    for me **para mí** 8
forbid **prohibir** *v.*
foreign **extranjero/a** *adj.* 17
    foreign languages **lenguas**
        f., pl. **extranjeras** 2
forest **bosque** *m.* 13
forget **olvidar** *v.* 10
fork **tenedor** *m.* 12
form **formulario** *m.* 14
forty **cuarenta** 2
four **cuatro** 1
four hundred **cuatrocientos/as** 2
fourteen **catorce** 1
fourth **cuarto/a** *m., f.* 5
free **libre** *adj. m., f.* 4
    be free (of charge) **ser**
        gratis 14
    free time **tiempo libre**; spare
        (free) time **ratos libres** 4
freedom **libertad** *f.* 18
freezer **congelador** *m.* 12
French **francés, francesa** *adj.* 3
    French fries **papas** *f., pl.*
        fritas 8; **patatas** *f., pl.* **fritas** 8
frequently **frecuentemente** *adv.*;
    con frecuencia *adv.* 10
Friday **viernes** *m., sing.* 2
fried **frito/a** *adj.* 8
    fried potatoes **papas** *f., pl.*
        fritas 8; **patatas** *f., pl.*
        fritas 8
friend **amigo/a** *m., f.* 3
friendly **amable** *adj. m., f.* 5
friendship **amistad** *f.* 9
from **de** *prep.* 1; **desde** *prep.* 6
    from the United States
        estadounidense *m., f.*
        adj. 3
    from time to time **de vez en**
        cuando 10
    I'm from... **Soy de...** 1
front: (cold) front **frente (frío)**
    m. 5
fruit **fruta** *f.* 8
    fruit juice **jugo** *m.* **de fruta** 8
    fruit store **frutería** *f.* 14
full **lleno/a** *adj.* 11
fun **divertido/a** *adj.*
    fun activity **diversión** *f.* 4
    have fun **divertirse (e:ie)** *v.* 9

A-39

Vocabulario

English-Spanish

function **funcionar** *v.*
furniture **muebles** *m., pl.* 12
furthermore **además (de)** *adv.* 10
future **porvenir** *m.* 16
   for/to the future **por el porvenir** 16
   in the future **en el futuro**

G

gain weight **aumentar** *v.* **de peso** 15; **engordar** *v.* 15
game **juego** *m.*; (*match*) **partido** *m.* 4
   game show **concurso** *m.* 17
garage (*in a house*) **garaje** *m.* 12; **garaje** *m.* 11; **taller (mecánico)** 11
garden **jardín** *m.* 12
garlic **ajo** *m.* 8
gas station **gasolinera** *f.* 11
gasoline **gasolina** *f.* 11
gentleman **caballero** *m.* 8
geography **geografía** *f.* 2
German **alemán, alemana** *adj.* 3
get **conseguir (e:i)** *v.* 4; **obtener** *v.* 16
   get along well/badly (with) **llevarse bien/mal (con)** 9
   get bigger **aumentar** *v.* 13
   get bored **aburrirse** *v.* 17
   get connected to the Internet **conectarse** *v.* **a Internet** 11
   get good grades **sacar buenas notas** 2
   get into trouble **meterse en problemas** *v.* 13
   get off of (a vehicle) **bajar(se)** *v.* **de** 11
   get on/into (a vehicle) **subir(se)** *v.* **a** 11
   get out of (a vehicle) **bajar(se)** *v.* **de** 11
   get ready **arreglarse** *v.* 7
   get up **levantarse** *v.* 7
gift **regalo** *m.* 6
ginger **jengibre** *m.* 10
girl **chica** *f.* 1; **muchacha** *f.* 3
girlfriend **novia** *f.* 3
give **dar** *v.* 6; (*as a gift*) **regalar** 9
   give directions **indicar cómo llegar** 14
glass (*drinking*) **vaso** *m.* 12; **vidrio** *m.* 13
   (made) of glass **de vidrio** 13
glasses **gafas** *f., pl.* 6
   sunglasses **gafas** *f., pl.* **de sol** 6
global warming **calentamiento global** *m.* 13
gloves **guantes** *m., pl.* 6
go **ir** *v.* 4
   go away **irse** 7
   go by boat **ir en barco** 5

go by bus **ir en autobús** 5
go by car **ir en auto(móvil)** 5
go by motorcycle **ir en moto(cicleta)** 5
go by plane **ir en avión** 5
go by taxi **ir en taxi** 5
go down **bajar(se)** *v.*
go on a hike **ir de excursión** 4
go out (with) **salir** *v.* **(con)** 9
go up **subir** *v.*
Let's go. **Vamos.** 4
going to: be going to (*do something*) **ir a (+** *inf.***)** 4
golf **golf** *m.* 4
good **buen, bueno/a** *adj.* 3, 6
   Good afternoon. **Buenas tardes.** 1
   Good evening. **Buenas noches.** 1
   Good morning. **Buenos días.** 1
   Good night. **Buenas noches.** 1
   It's good that… **Es bueno que…** 12
goodbye **adiós** *m.* 1
   say goodbye (to) **despedirse** *v.* **(de) (e:i)** 18
good-looking **guapo/a** *adj.* 3
government **gobierno** *m.* 13
GPS **navegador GPS** *m.* 11
graduate (from/in) **graduarse** *v.* **(de/en)** 9
grains **cereales** *m., pl.* 8
granddaughter **nieta** *f.* 3
grandfather **abuelo** *m.* 3
grandmother **abuela** *f.* 3
grandparents **abuelos** *m., pl.* 3
grandson **nieto** *m.* 3
grape **uva** *f.* 8
grass **hierba** *f.* 13
grave **grave** *adj.* 10
gray **gris** *adj. m., f.* 6
great **fenomenal** *adj. m., f.* 5; **genial** *adj.* 16
great-grandfather **bisabuelo** *m.* 3
great-grandmother **bisabuela** *f.* 3
green **verde** *adj. m., f.* 6
greet (each other) **saludar(se)** *v.* 11
greeting **saludo** *m.* 1
   Greetings to… **Saludos a…** 1
grilled **a la plancha** 8
ground floor **planta baja** *f.* 5
grow **aumentar** *v.* 13
guest (*at a house/hotel*) **huésped** *m., f.* 5 (*invited to a function*) **invitado/a** *m., f.* 9
guide **guía** *m., f.*
gymnasium **gimnasio** *m.* 4

H

hair **pelo** *m.* 7
hairdresser **peluquero/a** *m., f.* 16

half **medio/a** *adj.* 3
   half-brother **medio hermano** *m.* 3
   half-past… (*time*) **…y media** 1
   half-sister **media hermana** *f.* 3
hallway **pasillo** *m.* 12
ham **jamón** *m.* 8
hamburger **hamburguesa** *f.* 8
hand **mano** *f.* 1
hand in **entregar** *v.* 11
handsome **guapo/a** *adj.* 3
happen **ocurrir** *v.* 18
happiness **alegría** *v.* 9
happy **alegre** *adj.* 5; **contento/a** *adj.* 5; **feliz** *adj. m., f.* 5 be happy **alegrarse** *v.* **(de)** 13
   Happy birthday! **¡Feliz cumpleaños!** 9
hard **difícil** *adj. m., f.* 3
hard-working **trabajador(a)** *adj.* 3
hardly **apenas** *adv.* 10
hat **sombrero** *m.* 6
hate **odiar** *v.* 9
have **tener** *v.* 3
   have time **tener tiempo** 14
   have to (*do something*) **tener que (+** *inf.***)** 3
   have a tooth removed **sacar(se) un diente** 10
he **él** 1
head **cabeza** *f.* 10
headache **dolor** *m.* **de cabeza** 10
health **salud** *f.* 10
healthy **saludable** *adj. m., f.* 10; **sano/a** *adj.* 10
   lead a healthy lifestyle **llevar** *v.* **una vida sana** 15
hear **oír** *v.* 4
heard **oído/a** *p.p.* 14
hearing: sense of hearing **oído** *m.* 10
heart **corazón** *m.* 10
heat **calor** *m.*
Hello. (*on the telephone*) **Aló.** 11; **Bueno.** 11; **Diga.** 11
help **ayudar** *v.*; **servir (e:i)** *v.* 5
   help each other **ayudarse** *v.* 11
her **su(s)** *poss. adj.* 3; (*of*) hers **suyo(s)/a(s)** *poss. pron.* 11
her **la** *f., sing., d.o. pron.* 5
to/for her **le** *f., sing., i.o. pron.* 6
here **aquí** *adv.* 1
   Here is/are… **Aquí está(n)…** 5
Hi. **Hola.** 1
highway **autopista** *f.* 11; **carretera** *f.* 11
hike **excursión** *f.* 4
   go on a hike **ir de excursión** 4
hiker **excursionista** *m., f.*
hiking **de excursión** 4
him *m., sing., d.o. pron.* **lo** 5; to/for him **le** *m., sing., i.o. pron.* 6
hire **contratar** *v.* 16

Vocabulario

English-Spanish

his **su(s)** *poss. adj.* 3; (of) his **suyo(s)/a(s)** *poss. pron.* 11
history **historia** *f.* 2; 17
hobby **pasatiempo** *m.* 4
hockey **hockey** *m.* 4
hold up **aguantar** *v.* 14
hole **hueco** *m.* 4
holiday **día** *m.* **de fiesta** 9
home **casa** *f.* 2
  home page **página** *f.* **principal** 11
homemaker **amo/a** *m., f.* **de casa** 12
homework **tarea** *f.* 2
honey **miel** *f.* 10
hood **capó** *m.* 11; **cofre** *m.* 11
hope **esperar** *v.* (+ *inf.*) 2; **esperar** *v.* 13
  I hope (that) **ojalá (que)** 13
horror (genre) **de horror** *m.* 17
horse **caballo** *m.* 5
hospital **hospital** *m.* 10
hot: be (*feel*) (very) hot **tener (mucho) calor** 3
  It's (very) hot. **Hace (mucho) calor.** 5
hotel **hotel** *m.* 5
hour **hora** *f.* 1
house **casa** *f.* 2
household chores **quehaceres** *m. pl.* **domésticos** 12
housing **vivienda** *f.* 12
How...! **¡Qué...!**
  how **¿cómo?** *adv.* 1, 2
  How are you? **¿Qué tal?** 1
  How are you? **¿Cómo estás?** *fam.* 1
  How are you? **¿Cómo está usted?** *form.* 1
  How can I help you? **¿En qué puedo servirles?** 5
  How is it going? **¿Qué tal?** 1
  How is the weather? **¿Qué tiempo hace?** 5
  How much/many? **¿Cuánto(s)/a(s)?** 1
  How much does... cost? **¿Cuánto cuesta...?** 6
  How old are you? **¿Cuántos años tienes?** *fam.*
however **sin embargo**
hug (each other) **abrazar(se)** *v.* 11
humanities **humanidades** *f., pl.* 2
hundred **cien, ciento** 2
hunger **hambre** *f.*
hungry: be (very) hungry **tener** *v.* **(mucha) hambre** 3
hunt **cazar** *v.* 13
hurricane **huracán** *m.* 18
hurry **apurarse** *v.* 15; **darse prisa** *v.* 15
  be in a (big) hurry **tener** *v.* **(mucha) prisa** 3
hurt **doler (o:ue)** *v.* 10
husband **esposo** *m.* 3

I

I **yo** 1
  I hope (that) **Ojalá (que)** *interj.* 13
  I wish (that) **Ojalá (que)** *interj.* 13
ice cream **helado** *m.* 9
  ice cream shop **heladería** *f.* 14
iced **helado/a** *adj.* 8
  iced tea **té** *m.* **helado** 8
idea **idea** *f.* 18
if **si** *conj.* 4
illness **enfermedad** *f.* 10
important **importante** *adj.* 3
  be important to **importar** *v.* 7
  It's important that... **Es importante que...** 12
impossible **imposible** *adj.* 13
  it's impossible **es imposible** 13
improbable **improbable** *adj.* 13
  it's improbable **es improbable** 13
improve **mejorar** *v.* 13
in **en** *prep.* 2; **por** *prep.* 11
  in the afternoon **de la tarde** 1; **por la tarde** 7
  in a bad mood **de mal humor** 5
  in the direction of **para** *prep.* 11
  in the early evening **de la tarde** 1
  in the evening **de la noche** 1; **por la tarde** 7
  in a good mood **de buen humor** 5
  in the morning **de la mañana** 1; **por la mañana** 7
  in love (with) **enamorado/a (de)** 5
  in search of **por** *prep.* 11
in front of **delante de** *prep.* 2
increase **aumento** *m.*
incredible **increíble** *adj.* 5
inequality **desigualdad** *f.* 18
infection **infección** *f.* 10
inform **informar** *v.* 18
injection **inyección** *f.* 10
  give an injection *v.* **poner una inyección** 10
injure (oneself) **lastimarse** 10
  injure (one's foot) **lastimarse** *v.* **(el pie)** 10
inner ear **oído** *m.* 10
inside **dentro** *adv.*
insist (on) **insistir** *v.* **(en)** 12
installments: pay in installments **pagar** *v.* **a plazos** 14
intelligent **inteligente** *adj.* 3
intend to **pensar** *v.* **(+ *inf.*)** 4
interest **interesar** *v.* 7
interesting **interesante** *adj.* 3
  be interesting to **interesar** *v.* 7
international **internacional** *adj. m., f.* 18

Internet **Internet** 11
  get connected to the Internet **conectarse** *v.* **a Internet** 11
interview **entrevista** *f.* 16; **entrevistar** *v.* 16
interviewer **entrevistador(a)** *m., f.* 16
introduction **presentación** *f.*
  I would like to introduce you to (name). **Le presento a...** *form.* 1; **Te presento a...** *fam.* 1
invest **invertir (e:ie)** *v.* 16
invite **invitar** *v.* 9
iron (clothes) **planchar** *v.* **la ropa** 12
it **lo/la** *sing., d.o., pron.* 5
Italian **italiano/a** *adj.* 3
its **su(s)** *poss. adj.* 3; **suyo(s)/a(s)** *poss. pron.* 11
it's the same **es igual** 5

J

jacket **chaqueta** *f.* 6
January **enero** *m.* 5
Japanese **japonés, japonesa** *adj.* 3
jeans **(blue)jeans** *m., pl.* 6
jewelry store **joyería** *f.* 14
job **empleo** *m.* 16; **puesto** *m.* 16; **trabajo** *m.* 16
  job application **solicitud** *f.* **de trabajo** 16
jog **correr** *v.*
journalism **periodismo** *m.* 2
journalist **periodista** *m., f.* 3
joy **alegría** *f.* 9
juice **jugo** *m.* 8
July **julio** *m.* 5
June **junio** *m.* 5
jungle **selva, jungla** *f.* 13
just **apenas** *adv.*
  have just done something **acabar de (+ *inf.*)** 6

K

key **llave** *f.* 5
keyboard **teclado** *m.* 11
kilometer **kilómetro** *m.* 11
kiss **beso** *m.* 9
  kiss each other **besarse** *v.* 11
kitchen **cocina** *f.* 9, 12
knee **rodilla** *f.* 10
knife **cuchillo** *m.* 12
know **saber** *v.* 6; **conocer** *v.* 6
know how **saber** *v.* 6

L

laboratory **laboratorio** *m.* 2
lack **faltar** *v.* 7
lake **lago** *m.* 13

Vocabulario

lamp **lámpara** *f.* 12
land **tierra** *f.* 13
landscape **paisaje** *m.* 5
language **lengua** *f.* 2
laptop (computer) **computadora** *f.* **portátil** 11
large **grande** *adj.* 3
large (*clothing size*) **talla grande**
last **durar** *v.* 18; **pasado/a** *adj.* 6; **último/a** *adj.* 7
last name **apellido** *m.* 3
last night **anoche** *adv.* 6
last week **semana** *f.* **pasada** 6
last year **año** *m.* **pasado** 6
the last time **la última vez** 7
late **tarde** *adv.* 7
later (on) **más tarde** 7
See you later. **Hasta la vista.** 1; **Hasta luego.** 1
laugh **reírse (e:i)** *v.* 9
laughed **reído** *p.p.* 14
laundromat **lavandería** *f.* 14
law **ley** *f.* 13
lawyer **abogado/a** *m., f.* 16
lazy **perezoso/a** *adj.*
learn **aprender** *v.* (**a** + *inf.*) 3
least, at **por lo menos** *adv.* 10
leave **salir** *v.* 4; **irse** *v.* 7
leave a tip **dejar una propina**
leave behind **dejar** *v.* 16
leave for (*a place*) **salir para**
leave from **salir de**
left **izquierda** *f.* 2
be left over **quedar** *v.* 7
to the left of **a la izquierda de** 2
leg **pierna** *f.* 10
lemon **limón** *m.* 8
lend **prestar** *v.* 6
less **menos** *adv.* 10
less... than **menos... que** 8
less than **menos de** (+ *number*)
lesson **lección** *f.* 1
let **dejar** *v.*
let's see **a ver**
letter **carta** *f.* 4, 14
lettuce **lechuga** *f.* 8
liberty **libertad** *f.* 18
library **biblioteca** *f.* 2
license (*driver's*) **licencia** *f.* **de conducir** 11
lie **mentira** *f.* 4
life **vida** *f.* 9
lifestyle: lead a healthy lifestyle **llevar una vida sana** 15
lift **levantar** *v.* 15
lift weights **levantar pesas** 15
light **luz** *f.* 12
like **como** *prep.* 8; **gustar** *v.* 2
I like... **Me gusta(n)...** 2
like this **así** *adv.*
like very much **encantar** *v.*; **fascinar** *v.* 7
Do you like...? **¿Te gusta(n)...?** 2
likeable **simpático/a** *adj.* 3
likewise **igualmente** *adv.* 1

line **línea** *f.* 4; **cola** (*queue*) *f.* 14
listen (to) **escuchar** *v.* 2
listen to music **escuchar música** 2
listen to the radio **escuchar la radio** 2
literature **literatura** *f.* 2
little (*quantity*) **poco** *adv.* 10
live **vivir** *v.* 3; **en vivo** *adj.* 7
living room **sala** *f.* 12
loan **préstamo** *m.* 14; **prestar** *v.* 6, 14
lobster **langosta** *f.* 8
located **situado/a** *adj.*
be located **quedar** *v.* 14
long **largo/a** *adj.* 6
look (at) **mirar** *v.* 2
look for **buscar** *v.* 2
lose **perder (e:ie)** *v.* 4
lose weight **adelgazar** *v.* 15
lost **perdido/a** *adj.* 13, 14
be lost **estar perdido/a** 14
lot, a **muchas veces** *adv.* 10
lot of, a **mucho/a** *adj.* 3; **un montón de** 4
love (*another person*) **querer (e:ie)** *v.* 4; (*inanimate objects*) **encantar** *v.* 7; **amor** *m.* 9
in love **enamorado/a** *adj.* 5
love at first sight **amor a primera vista** 9
luck **suerte** *f.*
lucky: be (very) lucky **tener (mucha) suerte** 3
luggage **equipaje** *m.* 5
lunch **almuerzo** *m.* 4, 8
have lunch **almorzar (o:ue)** *v.* 4

M

ma'am **señora (Sra.); doña** *f.* 1
mad **enojado/a** *adj.* 5
magazine **revista** *f.* 4
magnificent **magnífico/a** *adj.* 5
mail **correo** *m.* 14; **enviar** *v.*, **mandar** *v.* 14; **echar (una carta) al buzón** 14
mail carrier **cartero** *m.* 14
mailbox **buzón** *m.* 14
main **principal** *adj. m., f.* 8
maintain **mantener** *v.* 15
major **especialización** *f.* 2
make **hacer** *v.* 4
make a decision **tomar una decisión** 15
make the bed **hacer la cama** 12
makeup **maquillaje** *m.* 7
put on makeup **maquillarse** *v.* 7
man **hombre** *m.* 1
manager **gerente** *m., f.* 8, 16
many **mucho/a** *adj.* 3
many times **muchas veces** 10
map **mapa** *m.* 1, 2
March **marzo** *m.* 5
margarine **margarina** *f.* 8

marinated fish **ceviche** *m.* 8
lemon-marinated shrimp **ceviche** *m.* **de camarón** 8
marital status **estado** *m.* **civil** 9
marker **marcador** *m.* 2
market **mercado** *m.* 6
open-air market **mercado al aire libre** 6
marriage **matrimonio** *m.* 9
married **casado/a** *adj.* 9
get married (to) **casarse** *v.* **(con)** 9
I'll marry you! **¡Acepto casarme contigo!** 17
marvelous **maravilloso/a** *adj.* 5
massage **masaje** *m.* 15
masterpiece **obra maestra** *f.* 17
match (*sports*) **partido** *m.* 4
match (with) **hacer** *v.* **juego (con)** 6
mathematics **matemáticas** *f., pl.* 2
matter **importar** *v.* 7
maturity **madurez** *f.* 9
maximum **máximo/a** *adj.* 11
May **mayo** *m.* 5
May I leave a message? **¿Puedo dejar un recado?** 11
maybe **tal vez** 5; **quizás** 5
mayonnaise **mayonesa** *f.* 8
me **me** *sing., d.o. pron.* 5
to/for me **me** *sing., i.o. pron.* 6
meal **comida** *f.* 8
means of communication **medios** *m., pl.* **de comunicación** 18
meat **carne** *f.* 8
mechanic **mecánico/a** *m., f.* 11
mechanic's repair shop **taller mecánico** 11
media **medios** *m., pl.* **de comunicación** 18
medical **médico/a** *adj.* 10
medication **medicamento** *m.* 10
medicine **medicina** *f.* 10
medium **mediano/a** *adj.*
meet (each other) **encontrar(se)** *v.* 11; **conocer(se)** *v.* 8
meet up with **encontrarse con** 7
meeting **reunión** *f.* 16
menu **menú** *m.* 8
message **mensaje** *m.*
Mexican **mexicano/a** *adj.* 3
microwave **microonda** *f.* 12
microwave oven **horno** *m.* **de microondas** 12
middle age **madurez** *f.* 9
midnight **medianoche** *f.* 1
mile **milla** *f.*
milk **leche** *f.* 8
million **millón** *m.* 2
million of **millón de** 2
mine **mío(s)/a(s)** *poss.* 11
mineral **mineral** *m.* 15
mineral water **agua** *f.* **mineral** 8

Vocabulario

English-Spanish

minute **minuto** *m.*
mirror **espejo** *m.* 7
Miss **señorita (Srta.)** *f.* 1
miss **perder (e:ie)** *v.* 4; **extrañar** *v.* 16
mistaken **equivocado/a** *adj.*
modern **moderno/a** *adj.* 17
mom **mamá** *f.*
Monday **lunes** *m., sing.* 2
money **dinero** *m.* 6
monkey **mono** *m.* 13
month **mes** *m.* 5
monument **monumento** *m.* 4
moon **luna** *f.* 13
more **más** 2
   more… than **más… que** 8
   more than **más de (+** *number***)** 8
morning **mañana** *f.* 1
mother **madre** *f.* 3
mother-in-law **suegra** *f.* 3
motor **motor** *m.*
motorcycle **moto(cicleta)** *f.* 5
mountain **montaña** *f.* 4
mouse **ratón** *m.* 11
mouth **boca** *f.* 10
move *(from one house to another)* **mudarse** *v.* 12
movie **película** *f.* 4
   movie star **estrella** *f.* **de cine** 17
   movie theater **cine** *m.* 4
Mr. **señor (Sr.); don** *m.* 1
Mrs. **señora (Sra.); doña** *f.* 1
much **mucho/a** *adj.* 3
mud **lodo** *m.*
murder **crimen** *m.* 18
muscle **músculo** *m.* 15
museum **museo** *m.* 4
mushroom **champiñón** *m.* 8
music **música** *f.* 2, 17
musical **musical** *adj., m., f.* 17
musician **músico/a** *m., f.* 17
must **deber** *v.* **(+** *inf.***)** 3
my **mi(s)** *poss. adj.* 3; **mío(s)/a(s)** *poss. pron.* 11

N

name **nombre** *m.* 1
   be named **llamarse** *v.* 7
   in the name of **a nombre de** 5
   last name **apellido** *m.* 3
   My name is… **Me llamo…** 1
   name someone/something **ponerle el nombre** 9
napkin **servilleta** *f.* 12
national **nacional** *adj. m., f.* 18
nationality **nacionalidad** *f.* 1
natural **natural** *adj. m., f.* 13
   natural disaster **desastre** *m.* **natural** 18
   natural resource **recurso** *m.* **natural** 13

nature **naturaleza** *f.* 13
nauseated **mareado/a** *adj.* 10
near **cerca de** *prep.* 2
necessary **necesario/a** *adj.* 12
   It is necessary that… **Es necesario que…** 12
neck **cuello** *m.* 10
need **faltar** *v.* 7; **necesitar** *v.* **(+** *inf.***)** 2
neighbor **vecino/a** *m., f.* 12
neighborhood **barrio** *m.* 12
neither **tampoco** *adv.* 7
neither… nor **ni… ni** *conj.* 7
nephew **sobrino** *m.* 3
nervous **nervioso/a** *adj.* 5
network **red** *f.* 11
never **nunca** *adj.* 7; **jamás** 7
new **nuevo/a** *adj.* 6
newlywed **recién casado/a** *m., f.* 9
news **noticias** *f., pl.* 18; **actualidades** *f., pl.* 18; **noticia** *f.* 11
newscast **noticiero** *m.* 18
newspaper **periódico** 4; **diario** *m.* 18
next **próximo/a** *adj.* 3, 16
   next to **al lado de** *prep.* 2
nice **simpático/a** *adj.* 3; **amable** *adj.* 5
niece **sobrina** *f.* 3
night **noche** *f.* 1
   night stand **mesita** *f.* **de noche** 12
nine **nueve** 1
nine hundred **novecientos/as** 2
nineteen **diecinueve** 1
ninety **noventa** 2
ninth **noveno/a** 5
no **no** 1; **ningún, ninguno/a(s)** *adj.* 7
   no one **nadie** *pron.* 7
nobody **nadie** 7
none **ningún, ninguno/a(s)** *adj.* 7
noon **mediodía** *m.* 1
nor **ni** *conj.* 7
north **norte** *m.* 14
   to the north **al norte** 14
nose **nariz** *f.* 10
not **no** 1
   not any **ningún, ninguno/a(s)** *adj.* 7
   not anyone **nadie** *pron.* 7
   not anything **nada** *pron.* 7
   not bad at all **nada mal** 5
   not either **tampoco** *adv.* 7
   not ever **nunca** *adv.* 7; **jamás** *adv.* 7
   not very well **no muy bien** 1
   not working **descompuesto/a** *adj.* 11
notebook **cuaderno** *m.* 1
nothing **nada** 1; 7
noun **sustantivo** *m.*
November **noviembre** *m.* 5

now **ahora** *adv.* 2
nowadays **hoy día** *adv.*
nuclear **nuclear** *adj. m., f.* 13
   nuclear energy **energía nuclear** 13
number **número** *m.* 1
nurse **enfermero/a** *m., f.* 10
nutrition **nutrición** *f.* 15
nutritionist **nutricionista** *m., f.* 15

O

o'clock: It's… o'clock. **Son las…** 1
   It's one o'clock. **Es la una.** 1
obey **obedecer** *v.* 18
obligation **deber** *m.* 18
obtain **conseguir (e:i)** *v.* 4; **obtener** *v.* 16
obvious **obvio/a** *adj.* 13
   it's obvious **es obvio** 13
occupation **ocupación** *f.* 16
occur **ocurrir** *v.* 18
October **octubre** *m.* 5
of **de** *prep.* 1
   Of course. **Claro que sí.; Por supuesto.**
offer **oferta** *f.*; **ofrecer (c:zc)** *v.* 6
office **oficina** *f.* 12
   doctor's office **consultorio** *m.* 10
often **a menudo** *adv.* 10
Oh! **¡Ay!**
oil **aceite** *m.* 8
OK **regular** *adj.* 1
old **viejo/a** *adj.* 3
old age **vejez** *f.* 9
older **mayor** *adj. m., f.* 3
   older brother, sister **hermano/a mayor** *m., f.* 3
oldest **el/la mayor** 8
on **en** *prep.* 2; **sobre** *prep.* 2
   on behalf of **por** *prep.* 11
   on the dot **en punto** 1
   on time **a tiempo** 10
   on top of **encima de** 2
once **una vez** 6
one **uno** 1
   one hundred **cien(to)** 2
   one million **un millón** *m.* 2
   one more time **una vez más**
   one thousand **mil** 2
onion **cebolla** *f.* 8
online: to buy online **comprar** *v.* **en línea** 6
only **sólo** *adv.* 6; **único/a** *adj.* 3
   only child **hijo/a único/a** *m., f.* 3
open **abierto/a** *adj.* 5, 14; **abrir** *v.* 3
open-air **al aire libre** 6
opera **ópera** *f.* 17
operation **operación** *f.* 10
opposite **enfrente de** *prep.* 14
or **o** *conj.* 7

Vocabulario

English-Spanish

orange **anaranjado/a** *adj.* 6; **naranja** *f.* 8
orchestra **orquesta** *f.* 17
order **mandar** 12; *(food)* **pedir (e:i)** *v.* 8
  in order to **para** *prep.* 11
orderly **ordenado/a** *adj.* 5
ordinal *(numbers)* **ordinal** *adj.*
organize oneself **organizarse** *v.* 12
other **otro/a** *adj.* 6
ought to **deber** *v.* **(+ *inf.*)** *adj.* 3
our **nuestro(s)/a(s)** *poss. adj.* 3; *poss. pron.* 11
out of order **descompuesto/a** *adj.* 11
outside **afuera** *adv.* 5
outskirts **afueras** *f., pl.* 12
oven **horno** *m.* 12
over **sobre** *prep.* 2
(over)population **(sobre)población** *f.* 13
over there **allá** *adv.* 2
own **propio/a** *adj.*
owner **dueño/a** *m., f.* 8

P

p.m. **de la tarde, de la noche** *f.* 1
pack (one's suitcases) **hacer** *v.* **las maletas** 5
package **paquete** *m.* 14
page **página** *f.* 11
pain **dolor** *m.* 10
  have pain **tener** *v.* **dolor** 10
paint **pintar** *v.* 17
painter **pintor(a)** *m., f.* 16
painting **pintura** *f.* 12, 17
pair **par** *m.* 6
  pair of shoes **par** *m.* **de zapatos** 6
pale **pálido/a** *adj.* 14
pants **pantalones** *m., pl.* 6
pantyhose **medias** *f., pl.* 6
paper **papel** *m.* 2
Pardon me. *(May I?)* **Con permiso.** 1; *(Excuse me.)* Pardon me. **Perdón.** 1
parents **padres** *m., pl.* 3; **papás** *m., pl.*
park **estacionar** *v.* 11; **parque** *m.* 4
parking lot **estacionamiento** *m.* 14
partner *(one of a married couple)* **pareja** *f.* 9
party **fiesta** *f.* 9
passed **pasado/a** *p.p.*
passenger **pasajero/a** *m., f.* 1
passport **pasaporte** *m.* 5
password **contraseña** *f.* 11
past **pasado/a** *adj.* 6
pastime **pasatiempo** *m.* 4
pastry shop **pastelería** *f.* 14
path **sendero** *m.* 13
patient **paciente** *m., f.* 10
patio **patio** *m.* 12

pay **pagar** *v.* 6
  pay in cash **pagar** *v.* **al contado; pagar en efectivo** 14
  pay in installments **pagar** *v.* **a plazos** 14
  pay the bill **pagar la cuenta**
pea **arveja** *m.* 8
peace **paz** *f.* 18
peach **melocotón** *m.* 8
peak **cima** *f.* 15
pear **pera** *f.* 8
pen **pluma** *f.* 2
pencil **lápiz** *m.* 1
penicillin **penicilina** *f.*
people **gente** *f.* 3
pepper *(black)* **pimienta** *f.* 8
per **por** *prep.* 11
perfect **perfecto/a** *adj.* 5
period of time **temporada** *f.* 5
person **persona** *f.* 3
pharmacy **farmacia** *f.* 10
phenomenal **fenomenal** *adj.* 5
photograph **foto(grafía)** *f.* 1
physical (exam) **examen** *m.* **médico** 10
physician **doctor(a), médico/a** *m., f.* 3
physics **física** *f. sing.* 2
pick up **recoger** *v.* 13
picture **cuadro** *m.* 12; **pintura** *f.* 12
pie **pastel** *m.* 9
pill (tablet) **pastilla** *f.* 10
pillow **almohada** *f.* 12
pineapple **piña** *f.*
pink **rosado/a** *adj.* 6
place **lugar** *m.* 2, 4; **sitio** *m.* 3; **poner** *v.* 4
plaid **de cuadros** 6
plans **planes** *m., pl.*
  have plans **tener planes**
plant **planta** *f.* 13
plastic **plástico** *m.* 13
  (made) of plastic **de plástico** 13
plate **plato** *m.* 12
play **drama** *m.* 17; **comedia** *f.* 17 **jugar (u:ue)** *v.* 4; *(a musical instrument)* **tocar** *v.* 17; *(a role)* **hacer el papel de** 17; *(cards)* **jugar a (las cartas)** 5; *(sports)* **practicar deportes** 4
player **jugador(a)** *m., f.* 4
playwright **dramaturgo/a** *m., f.* 17
pleasant **agradable** *adj.*
please **por favor** 1
Pleased to meet you. **Mucho gusto.** 1; **Encantado/a.** *adj.* 1
pleasing: be pleasing to **gustar** *v.* 7
pleasure **gusto** *m.* 1; **placer** *m.*
  The pleasure is mine. **El gusto es mío.** 1
poem **poema** *m.* 17
poet **poeta** *m., f.* 17
poetry **poesía** *f.* 17
police (force) **policía** *f.* 11

political **político/a** *adj.* 18
politician **político/a** *m., f.* 16
politics **política** *f.* 18
polka-dotted **de lunares** 6
poll **encuesta** *f.* 18
pollute **contaminar** *v.* 13
polluted **contaminado/a** *m., f.* 13
  be polluted **estar contaminado/a** 13
pollution **contaminación** *f.* 13
pool **piscina** *f.* 4
poor **pobre** *adj., m., f.* 6
  poor thing **pobrecito/a** *adj.* 3
popsicle **paleta helada** *f.* 4
population **población** *f.* 13
pork **cerdo** *m.* 8
  pork chop **chuleta** *f.* **de cerdo** 8
portable **portátil** *adj.* 11
  portable computer **computadora** *f.* **portátil** 11
position **puesto** *m.* 16
possessive **posesivo/a** *adj.*
possible **posible** *adj.* 13
  it's (not) possible **(no) es posible** 13
post office **correo** *m.* 14
postcard **postal** *f.*
poster **cartel** *m.* 12
potato **papa** *f.* 8; **patata** *f.* 8
pottery **cerámica** *f.* 17
practice **practicar** *v.* 2; *(a degree/profession)* **ejercer** *v.* 16
prefer **preferir (e:ie)** *v.* 4
pregnant **embarazada** *adj. f.* 10
prepare **preparar** *v.* 2
preposition **preposición** *f.*
prescribe *(medicine)* **recetar** *v.* 10
prescription **receta** *f.* 10
present **regalo** *m.*; **presentar** *v.* 17
press **prensa** *f.* 18
pressure **presión** *f.*
  be under a lot of pressure **sufrir muchas presiones** 15
pretty **bonito/a** *adj.* 3
price **precio** *m.* 6
  (fixed, set) price **precio** *m.* **fijo** 6
print **imprimir** *v.* 11
printer **impresora** *f.* 11
prize **premio** *m.* 17
probable **probable** *adj.* 13
  it's (not) probable **(no) es probable** 13
problem **problema** *m.* 1
profession **profesión** *f.* 3; 16
professor **profesor(a)** *m., f.*
profile **perfil** *m.* 11
program **programa** *m.* 1
programmer **programador(a)** *m., f.* 3
prohibit **prohibir** *v.* 10
project **proyecto** *m.* 11
promotion *(career)* **ascenso** *m.* 16
pronoun **pronombre** *m.*
protect **proteger** *v.* 13
protein **proteína** *f.* 15

Vocabulario

English-Spanish

provided (that) **con tal (de) que** *conj.* 13
psychologist **psicólogo/a** *m., f.* 16
psychology **psicología** *f.* 2
publish **publicar** *v.* 17
Puerto Rican **puertorriqueño/a** *adj.* 3
purchases **compras** *f., pl.*
pure **puro/a** *adj.* 13
purple **morado/a** *adj.* 6
purse **bolsa** *f.* 6
put **poner** *v.* 4; **puesto/a** *p.p.* 14
    put (a letter) in the mailbox **echar (una carta) al buzón** 14
    put on (*a performance*) **presentar** *v.* 17
    put on (*clothing*) **ponerse** *v.* 7
    put on makeup **maquillarse** *v.* 7

Q

quality **calidad** *f.* 6
quarter (*academic*) **trimestre** *m.* 2
    quarter after (*time*) **y cuarto** 1; **y quince** 1
    quarter to (*time*) **menos cuarto** 1; **menos quince** 1
question **pregunta** *f.*
quickly **rápido** *adv.* 10
quiet **tranquilo/a** *adj.* 15
quit **dejar** *v.* 16
quiz **prueba** *f.* 2

R

racism **racismo** *m.* 18
radio (*medium*) **radio** *f.* 2
    radio (set) **radio** *m.* 11
rain **llover (o:ue)** *v.* 5; **lluvia** *f.*
    It's raining. **Llueve.** 5; **Está lloviendo.** 5
raincoat **impermeable** *m.* 6
rain forest **bosque** *m.* **tropical** 13
raise (*salary*) **aumento** *m.* **de sueldo** 16
rather **bastante** *adv.* 10
read **leer** *v.* 3; **leído/a** *p.p.* 14
    read e-mail **leer el correo electrónico** 4
    read a magazine **leer una revista** 4
    read a newspaper **leer un periódico** 4
ready **listo/a** *adj.* 5
reality show **programa de realidad** *m.* 17
reap the benefits (of) *v.* **disfrutar** *v.* **(de)** 15
receive **recibir** *v.* 3
recommend **recomendar (e:ie)** *v.* 8; 12
record **grabar** *v.* 11

recover **recuperar** *v.* 11
recreation **diversión** *f.* 4
recycle **reciclar** *v.* 13
recycling **reciclaje** *m.* 13
red **rojo/a** *adj.* 6
red-haired **pelirrojo/a** *adj.* 3
reduce **reducir** *v.* 13; **disminuir** *v.* 16
    reduce stress/tension **aliviar el estrés/la tensión** 15
refrigerator **refrigerador** *m.* 12
region **región** *f.*
regret **sentir (e:ie)** *v.* 13
relatives **parientes** *m., pl.* 3
relax **relajarse** *v.* 9
    Relax. **Tranquilo/a.** 7
    Relax, sweetie. **Tranquilo/a, cariño.** 11
remain **quedarse** *v.* 7
remember **acordarse (o:ue)** *v.* **(de)** 7; **recordar (o:ue)** *v.* 4
remote control **control remoto** *m.* 11
renewable **renovable** *adj.* 13
rent **alquilar** *v.* 12; (*payment*) **alquiler** *m.* 12
repeat **repetir (e:i)** *v.* 4
report **informe** *m.* 18; **reportaje** *m.* 18
reporter **reportero/a** *m., f.* 16
representative **representante** *m., f.* 18
request **pedir (e:i)** *v.* 4
reservation **reservación** *f.* 5
resign (from) **renunciar (a)** *v.* 16
resolve **resolver (o:ue)** *v.* 13
resolved **resuelto/a** *p.p.* 14
resource **recurso** *m.* 13
responsibility **deber** *m.* 18; **responsabilidad** *f.*
responsible **responsable** *adj.* 8
rest **descansar** *v.* 2
restaurant **restaurante** *m.* 4
résumé **currículum** *m.* 16
retire (from work) **jubilarse** *v.* 9
return **regresar** *v.* 2; **volver (o:ue)** *v.* 4
returned **vuelto/a** *p.p.* 14
rice **arroz** *m.* 8
rich **rico/a** *adj.* 6
ride a bicycle **pasear** *v.* **en bicicleta** 4
ride a horse **montar** *v.* **a caballo** 5
ridiculous **ridículo/a** *adj.* 13
    it's ridiculous **es ridículo** 13
right **derecha** *f.* 2
    be right **tener razón** 3
    right? (*question tag*) **¿no?** 1; **¿verdad?** 1
    right away **enseguida** *adv.*
    right now **ahora mismo** 5
    to the right of **a la derecha de** 2
rights **derechos** *m., pl.* 18
ring **anillo** *m.* 17

ring **sonar (o:ue)** *v.* 11
river **río** *m.* 13
road **carretera** *f.* 11; **camino** *m.*
roast **asado/a** *adj.* 8
roast chicken **pollo** *m.* **asado** 8
romantic **romántico/a** *adj.* 17
room **habitación** *f.* 5; **cuarto** *m.* 2; 7
    living room **sala** *f.* 12
roommate **compañero/a** *m., f.* **de cuarto** 2
roundtrip **de ida y vuelta** 5
    roundtrip ticket **pasaje** *m.* **de ida y vuelta** 5
routine **rutina** *f.* 7
rug **alfombra** *f.* 12
run **correr** *v.* 3
    run errands **hacer diligencias** 14
    run into (*have an accident*) **chocar (con)** *v.*; (*meet accidentally*) **encontrar(se) (o:ue)** *v.* 11; (*run into something*) **darse (con)** 10
    run into (each other) **encontrar(se) (o:ue)** *v.* 11
rush **apurarse, darse prisa** *v.* 15
Russian **ruso/a** *adj.* 3

S

sad **triste** *adj.* 5; 13
    it's sad **es triste** 13
safe **seguro/a** *adj.* 5
said **dicho/a** *p.p.* 14
sailboard **tabla de windsurf** *f.* 5
salad **ensalada** *f.* 8
salary **salario** *m.* 16; **sueldo** *m.* 16
sale **rebaja** *f.* 6
salesperson **vendedor(a)** *m., f.* 6
salmon **salmón** *m.* 8
salt **sal** *f.* 8
same **mismo/a** *adj.* 3
sandal **sandalia** *f.* 6
sandwich **sándwich** *m.* 8
Saturday **sábado** *m.* 2
sausage **salchicha** *f.* 8
save (*on a computer*) **guardar** *v.* 11; save (money) **ahorrar** *v.* 14
savings **ahorros** *m.* 14
    savings account **cuenta** *f.* **de ahorros** 14
say **decir** *v.* 4;
    say (that) **decir (que)** *v.* 4
    say the answer **decir la respuesta** 4
scan **escanear** *v.* 11
scarcely **apenas** *adv.* 10
scared: be (very) scared (of) **tener (mucho) miedo (de)** 3
schedule **horario** *m.* 2
school **escuela** *f.* 1
sciences **ciencias** *f., pl.* 2
science fiction (genre) **de ciencia ficción** *f.* 17

Vocabulario — English-Spanish

scientist **científico/a** *m., f.* 16
scream **grito** *m.* 5; **gritar** *v.*
screen **pantalla** *f.* 11
scuba dive **bucear** *v.* 4
sculpt **esculpir** *v.* 17
sculptor **escultor(a)** *m., f.* 17
sculpture **escultura** *f.* 17
sea **mar** *m.* 5
   (sea) turtle **tortuga (marina)** *f.* 13
season **estación** *f.* 5
seat **silla** *f.* 2
second **segundo/a** 5
secretary **secretario/a** *m., f.* 16
sedentary **sedentario/a** *adj.* 15
see **ver** *v.* 4
   see (you, him, her) again **volver a ver(te, lo, la)**
   see movies **ver películas** 4
   See you. **Nos vemos.** 1
   See you later. **Hasta la vista.** 1; **Hasta luego.** 1
   See you soon. **Hasta pronto.** 1
   See you tomorrow. **Hasta mañana.** 1
seem **parecer** *v.* 6
seen **visto/a** *p.p.* 14
sell **vender** *v.* 6
semester **semestre** *m.* 2
send **enviar; mandar** *v.* 14
separate (from) **separarse** *v.* **(de)** 9
separated **separado/a** *adj.* 9
September **septiembre** *m.* 5
sequence **secuencia** *f.*
serious **grave** *adj.* 10
serve **servir (e:i)** *v.* 8
service **servicio** *m.* 15
set (*fixed*) **fijo/a** *adj.* 6
   set the table **poner la mesa** 12
seven **siete** 1
seven hundred **setecientos/as** 2
seventeen **diecisiete** 1
seventh **séptimo/a** 5
seventy **setenta** 2
several **varios/as** *adj. pl.*
sexism **sexismo** *m.* 18
shame **lástima** *f.* 13
   it's a shame **es una lástima** 13
shampoo **champú** *m.* 7
shape **forma** *f.* 15
   be in good shape **estar en buena forma** 15
   stay in shape **mantenerse en forma** 15
share **compartir** *v.* 3
sharp (*time*) **en punto** 1
shave **afeitarse** *v.* 7
shaving cream **crema** *f.* **de afeitar** 5, 7
she **ella** 1
shellfish **mariscos** *m., pl.* 8
ship **barco** *m.*
shirt **camisa** *f.* 6
shoe **zapato** *m.* 6
   shoe size **número** *m.* 6
   shoe store **zapatería** *f.* 14
   tennis shoes **zapatos** *m., pl.* **de tenis** 6

shop **tienda** *f.* 6
shopping, to go **ir de compras** 5
   shopping mall **centro comercial** *m.* 6
short (*in height*) **bajo/a** *adj.* 3; (*in length*) **corto/a** *adj.* 6
short story **cuento** *m.* 17
shorts **pantalones cortos** *m., pl.* 6
should (*do something*) **deber** *v.* (+ *inf.*) 3
shout **gritar** *v.*
show **espectáculo** *m.* 17; **mostrar (o:ue)** *v.* 4
   game show **concurso** *m.* 17
shower **ducha** *f.* 7
shrimp **camarón** *m.* 8
siblings **hermanos/as** *pl.* 3
sick **enfermo/a** *adj.* 10
   be sick **estar enfermo/a** 10
   get sick **enfermarse** *v.* 10
sign **firmar** *v.* 14; **letrero** *m.* 14
silk **seda** *f.* 6
   (made of) silk **de seda** 6
since **desde** *prep.*
sing **cantar** *v.* 2
singer **cantante** *m., f.* 17
single **soltero/a** *adj.* 9
   single room **habitación** *f.* **individual** 5
sink **lavabo** *m.* 7
sir **señor (Sr.), don** *m.* 1; **caballero** *m.* 8
sister **hermana** *f.* 3
sister-in-law **cuñada** *f.* 3
sit down **sentarse (e:ie)** *v.* 7
six **seis** 1
six hundred **seiscientos/as** 2
sixteen **dieciséis** 1
sixth **sexto/a** 5
sixty **sesenta** 2
size **talla** *f.* 6
   shoe size *m.* **número** 6
skate **patinar** 4
skateboard **andar en patineta** *v.* 4
ski **esquiar** *v.* 4
skiing **esquí** *m.* 4
   water-skiing **esquí** *m.* **acuático** 4
skirt **falda** *f.* 6
skull made out of sugar **calavera de azúcar** *f.* 9
sky **cielo** *m.* 13
sleep **dormir (o:ue)** *v.* 4; **sueño** *m.*
   go to sleep **dormirse (o:ue)** *v.* 7
sleepy: be (very) sleepy **tener (mucho) sueño** 3
slender **delgado/a** *adj.* 3
slim down **adelgazar** *v.* 15
slippers **pantuflas** *f., pl.* 7
slow **lento/a** *adj.* 11
slowly **despacio** *adv.* 10
small **pequeño/a** *adj.* 3
smart **listo/a** *adj.* 5
smile **sonreír (e:i)** *v.* 9
smiled **sonreído** *p.p.* 14
smoke **fumar** *v.* 15
   (not) to smoke **(no) fumar** 15

smoking section **sección** *f.* **de fumar** 8
   (non) smoking section *f.* **sección de (no) fumar** 8
snack **merendar (e:ie)** *v.* 8
   afternoon snack **merienda** *f.* 15
   have a snack **merendar** *v.* 8
sneakers **zapatos** *m., pl.* **de tenis** 6
sneeze **estornudar** *v.* 10
snow **nevar (e:ie)** *v.* 5; **nieve** *f.*
snowing: It's snowing. **Nieva.** 5; **Está nevando.** 5
so (*in such a way*) **así** *adv.* 10; **tan** *adv.* 5
   so much **tanto** *adv.*
   so-so **regular** 1
   so that **para que** *conj.* 13
soap **jabón** *m.* 7
soap opera **telenovela** *f.* 17
soccer **fútbol** *m.* 4
sociology **sociología** *f.* 2
sock(s) **calcetín (calcetines)** *m.* 6
sofa **sofá** *m.* 12
soft drink **refresco** *m.* 8
software **programa** *m.* **de computación** 11
soil **tierra** *f.* 13
solar **solar** *adj., m., f.* 13
   solar energy **energía solar** 13
soldier **soldado** *m., f.* 18
solution **solución** *f.* 13
solve **resolver (o:ue)** *v.* 13
some **algún, alguno/a(s)** *adj.* 7; **unos/as** *indef. art.* 1
somebody **alguien** *pron.* 7
someone **alguien** *pron.* 7
something **algo** *pron.* 7
sometimes **a veces** *adv.* 10
son **hijo** *m.* 3
song **canción** *f.* 17
son-in-law **yerno** *m.* 3
soon **pronto** *adv.* 10
   See you soon. **Hasta pronto.** 1
sorry: be sorry **sentir (e:ie)** *v.* 13
   I'm sorry. **Lo siento.** 1
soul **alma** *f.* 9
soup **sopa** *f.* 8
south **sur** *m.* 14
   to the south **al sur** 14
Spain **España** *f.*
Spanish (*language*) **español** *m.* 2; **español(a)** *adj.* 3
spare (free) time **ratos libres** 4
speak **hablar** *v.* 2
   Speaking. (*on the telephone*) **Con él/ella habla.** 11
special: today's specials **las especialidades del día** 8
spectacular **espectacular** *adj. m., f.*
speech **discurso** *m.* 18
speed **velocidad** *f.* 11
   speed limit **velocidad** *f.* **máxima** 11
spelling **ortografía** *f.*, **ortográfico/a** *adj.*

Vocabulario

English-Spanish

spend (*money*) **gastar** *v.* 6
spoon (*table or large*) **cuchara** *f.* 12
sport **deporte** *m.* 4
   sports-related **deportivo/a** *adj.* 4
spouse **esposo/a** *m., f.* 3
sprain (one's ankle) **torcerse (o:ue)** *v.* **(el tobillo)** 10
spring **primavera** *f.* 5
(city or town) square **plaza** *f.* 4
stadium **estadio** *m.* 2
stage **etapa** *f.* 9
stairs **escalera** *f.* 12
stamp **estampilla** *f.* 14; **sello** *m.* 14
stand in line **hacer** *v.* **cola** 14
star **estrella** *f.* 13
start (*a vehicle*) **arrancar** *v.* 11
station **estación** *f.* 5
statue **estatua** *f.* 17
status: marital status **estado** *m.* **civil** 9
stay **quedarse** *v.* 7
   stay in shape **mantenerse en forma** 15
steak **bistec** *m.* 8
steering wheel **volante** *m.* 11
step **escalón** *m.* 15
stepbrother **hermanastro** *m.* 3
stepdaughter **hijastra** *f.* 3
stepfather **padrastro** *m.* 3
stepmother **madrastra** *f.* 3
stepsister **hermanastra** *f.* 3
stepson **hijastro** *m.* 3
stereo **estéreo** *m.*
still **todavía** *adv.* 5
stockbroker **corredor(a)** *m., f.* **de bolsa** 16
stockings **medias** *f., pl.* 6
stomach **estómago** *m.* 10
stone **piedra** *f.* 13
stop **parar** *v.* 11
   stop (*doing something*) **dejar de (+ *inf.*)** 13
store **tienda** *f.* 6
storm **tormenta** *f.* 18
story **cuento** *m.* 17; **historia** *f.* 17
stove **cocina, estufa** *f.* 12
straight **derecho** *adv.* 14
   straight (ahead) **derecho** 14
straighten up **arreglar** *v.* 12
strange **extraño/a** *adj.* 13
   it's strange **es extraño** 13
street **calle** *f.* 11
stress **estrés** *m.* 15
stretching **estiramiento** *m.* 15
   do stretching exercises **hacer ejercicios** *m. pl.* **de estiramiento** 15
strike (*labor*) **huelga** *f.* 18
striped **de rayas** 6
stroll **pasear** *v.* 4
strong **fuerte** *adj. m., f.* 15
struggle (for/against) **luchar** *v.* **(por/contra)** 18

student **estudiante** *m., f.* 1; 2; **estudiantil** *adj.* 2
study **estudiar** *v.* 2
stupendous **estupendo/a** *adj.* 5
style **estilo** *m.*
suburbs **afueras** *f., pl.* 12
subway **metro** *m.* 5
   subway station **estación** *f.* **del metro** 5
success **éxito** *m.*
successful: be successful **tener éxito** 16
such as **tales como**
suddenly **de repente** *adv.* 6
suffer **sufrir** *v.* 10
   suffer an illness **sufrir una enfermedad** 10
sugar **azúcar** *m.* 8
suggest **sugerir (e:ie)** *v.* 12
suit **traje** *m.* 6
suitcase **maleta** *f.* 1
summer **verano** *m.* 5
sun **sol** *m.* 13
sunbathe **tomar** *v.* **el sol** 4
Sunday **domingo** *m.* 2
(sun)glasses **gafas** *f., pl.* **(de sol)** 6
sunny: It's (very) sunny. **Hace (mucho) sol.** 5
supermarket **supermercado** *m.* 14
suppose **suponer** *v.* 4
sure **seguro/a** *adj.* 5
   be sure **estar seguro/a** 5
surf **hacer** *v.* **surf** 5
surfboard **tabla de surf** *f.* 5
surprise **sorprender** *v.* 9; **sorpresa** *f.* 9
survey **encuesta** *f.* 18
sweat **sudar** *v.* 15
sweater **suéter** *m.* 6
sweep the floor **barrer el suelo** 12
sweets **dulces** *m., pl.* 9
swim **nadar** *v.* 4
swimming **natación** *f.* 4
   swimming pool **piscina** *f.* 4
symptom **síntoma** *m.* 10

T

table **mesa** *f.* 2
tablespoon **cuchara** *f.* 12
tablet (computer) **tableta** *f.* 11
take **tomar** *v.* 2; **llevar** *v.* 6
   take care of **cuidar** *v.* 13
   take someone's temperature **tomar** *v.* **la temperatura** 10
   take (*wear*) a shoe size **calzar** *v.* 6
   take a bath **bañarse** *v.* 7
   take a shower **ducharse** *v.* 7
   take off **quitarse** *v.* 7
   take out the trash **sacar** *v.* **la basura** 12
   take photos **tomar** *v.* **fotos** 5; **sacar** *v.* **fotos** 5

talented **talentoso/a** *adj.* 17
talk **hablar** *v.* 2
   talk show **programa** *m.* **de entrevistas** 17
tall **alto/a** *adj.* 3
tank **tanque** *m.* 11
taste **probar (o:ue)** *v.* 8
   taste like **saber a** 8
tasty **rico/a** *adj.* 8; **sabroso/a** *adj.* 8
tax **impuesto** *m.* 18
taxi **taxi** *m.* 5
tea **té** *m.* 8
teach **enseñar** *v.* 2
teacher **profesor(a)** *m., f.* 1, 2; **maestro/a** *m., f.* 16
team **equipo** *m.* 4
technician **técnico/a** *m., f.* 16
telecommuting **teletrabajo** *m.* 16
telephone **teléfono** 11
television **televisión** *f.* 2
   television set **televisor** *m.* 11
tell **contar** *v.* 4; **decir** *v.* 4
   tell (that) **decir** *v.* **(que)** 4
   tell lies **decir mentiras** 4
   tell the truth **decir la verdad** 4
temperature **temperatura** *f.* 10
ten **diez** 1
tennis **tenis** *m.* 4
   tennis shoes **zapatos** *m., pl.* **de tenis** 6
tension **tensión** *f.* 15
tent **tienda** *f.* **de campaña**
tenth **décimo/a** 5
terrible **terrible** *adj. m., f.* 13
   it's terrible **es terrible** 13
terrific **chévere** *adj.*
test **prueba** *f.* 2; **examen** *m.* 2
text **textear** *v.* 11
text message **mensaje** *m.* **de texto** 11
Thank you. **Gracias.** *f., pl.* 1
   Thank you (very much). **(Muchas) gracias.** 1
   Thanks (a lot). **(Muchas) gracias.** 1
   Thanks for inviting me. **Gracias por invitarme.** 9
that **que, quien(es)** *pron.* 12
   that (one) **ése, ésa, eso** *pron.* 6; **ese, esa, esa** *adj.* 6
   that (over there) **aquél, aquélla, aquello** *pron.* 6; **aquel, aquella** *adj.* 6
   that which **lo que** 12
   that's why **por eso** 11
the **el** *m.*, **la** *f. sing.*, **los** *m.*, **las** *f., pl.*
theater **teatro** *m.* 17
their **su(s)** *poss. adj.* 3; **suyo(s)/a(s)** *poss. pron.* 11
them **los/las** *pl., d.o. pron.* 5
   to/for them **les** *pl., i.o. pron.* 6
then (*afterward*) **después** *adv.* 7; (*as a result*) **entonces** *adv.* 5, 7; (*next*) **luego** *adv.* 7
there **allí** *adv.* 2
   There is/are... **Hay...** 1
   There is/are not... **No hay...** 1

Vocabulario — English-Spanish

therefore **por eso** 11
these **éstos, éstas** *pron.* 6;
  estos, estas *adj.* 6
they **ellos** *m.*, **ellas** *f. pron.* 1
thin **delgado/a** *adj.* 3
thing **cosa** *f.* 1
think **pensar (e:ie)** *v.* 4; (believe)
  creer *v.*
  think about **pensar en** *v.* 4
third **tercero/a** 5
thirst **sed** *f.*
thirsty: be (very) thirsty **tener
  (mucha) sed** 3
thirteen **trece** 1
thirty **treinta** 1; thirty (*minutes
  past the hour*) **y treinta; y
  media** 1
this **este, esta** *adj.*; **éste, ésta,
  esto** *pron.* 6
those **ésos, ésas** *pron.* 6; **esos,
  esas** *adj.* 6
those (over there) **aquéllos,
  aquéllas** *pron.* 6; **aquellos,
  aquellas** *adj.* 6
thousand **mil** *m.* 2
three **tres** 1
three hundred **trescientos/as** 2
throat **garganta** *f.* 10
through **por** *prep.* 11
Thursday **jueves** *m., sing.* 2
thus (*in such a way*) **así** *adv.*
ticket **boleto** *m.* 2, 17; **pasaje** *m.* 5
tie **corbata** *f.* 6
time **vez** *f.* 6; **tiempo** *m.* 14
  have a good/bad time **pasarlo
    bien/mal** 9
  I've had a fantastic time. **Lo
    he pasado de película.** 18
  What time is it? **¿Qué hora
    es?** 1
  (At) What time…? **¿A qué
    hora…?** 1
times **veces** *f., pl.* 6
  many times **muchas veces** 10
tip **propina** *f.* 8
tire **llanta** *f.* 11
tired **cansado/a** *adj.* 5
  be tired **estar cansado/a** 5
title **título** *m.* 16
to **a** *prep.* 1
toast (*drink*) **brindar** *v.* 9
  toast **pan** *m.* **tostado** 8
toasted **tostado/a** *adj.* 8
  toasted bread **pan tostado** *m.* 8
toaster **tostadora** *f.* 12
today **hoy** *adv.* 2
  Today is… **Hoy es…** 2
toe **dedo** *m.* **del pie** 10
together **juntos/as** *adj.* 9
toilet **inodoro** *m.* 7
tomato **tomate** *m.* 8
tomorrow **mañana** *f.* 1
  See you tomorrow. **Hasta
    mañana.** 1
tonight **esta noche** *adv.*
too **también** *adv.* 2; 7
  too much **demasiado** *adv.* 6;
    en exceso 15

tooth **diente** *m.* 7
toothpaste **pasta** *f.* **de dientes** 7
top **cima** *f.* 15
tornado **tornado** *m.* 18
touch **tocar** *v.* 17
touch screen **pantalla táctil** *f.*
tour **excursión** *f.* 4; **recorrido**
  m. 13
tour an area **recorrer** *v.*
tourism **turismo** *m.*
tourist **turista** *m., f.* 1;
  turístico/a *adj.*
toward **hacia** *prep.* 14;
  para *prep.* 11
towel **toalla** *f.* 7
town **pueblo** *m.* 4
trade **oficio** *m.* 16
traffic **circulación** *f.* 11; **tráfico**
  m. 11
  traffic light **semáforo** *m.* 14
tragedy **tragedia** *f.* 17
trail **sendero** *m.* 13
train **entrenarse** *v.* 15; **tren** *m.* 5
  train station **estación** *f.* **de
    tren** *m.* 5
trainer **entrenador(a)** *m., f.* 15
translate **traducir** *v.* 6
trash **basura** *f.* 12
travel **viajar** *v.* 2
  travel agency **agencia** *f.*
    de viajes
  travel agent **agente** *m., f.*
    de viajes
traveler **viajero/a** *m., f.* 5
treadmill **cinta caminadora** *f.* 15
tree **árbol** *m.* 13
trillion **billón** *m.*
trimester **trimestre** *m.* 2
trip **viaje** *m.* 5
  take a trip **hacer un viaje** 5
tropical forest **bosque** *m.*
  tropical 13
true: it's (not) true **(no) es
  verdad** 13
trunk **baúl** *m.* 11
truth **verdad** *f.* 4
try **intentar** *v.*; **probar (o:ue)** *v.* 8
  try (*to do something*) **tratar de
    (+ inf.)** 15
  try on **probarse (o:ue)** *v.* 7
t-shirt **camiseta** *f.* 6
Tuesday **martes** *m., sing.* 2
tuna **atún** *m.* 8
turkey **pavo** *m.* 8
turn **doblar** *v.* 14
  turn off (*electricity/appliance*)
    apagar *v.* 11
  turn on (*electricity/appliance*)
    poner *v.* 11; **prender** *v.* 11
twelve **doce** 1
twenty **veinte** 1
twenty-eight **veintiocho** 1
twenty-five **veinticinco** 1
twenty-four **veinticuatro** 1
twenty-nine **veintinueve** 1
twenty-one **veintiuno** 1;
  veintiún, veintiuno/a *adj.* 1

twenty-seven **veintisiete** 1
twenty-six **veintiséis** 1
twenty-three **veintitrés** 1
twenty-two **veintidós** 1
twice **dos veces** 6
twin **gemelo/a** *m., f.* 3
two **dos** 1
  two hundred **doscientos/as** 2

U

ugly **feo/a** *adj.* 3
uncle **tío** *m.* 3
under **debajo de** *prep.* 2
understand **comprender** *v.* 3;
  entender (e:ie) *v.* 4
underwear **ropa interior** 6
unemployment **desempleo** *m.* 18
unique **único/a** *adj.* 9
United States **Estados Unidos
  (EE.UU.)** *m. pl.*
university **universidad** *f.* 2
unless **a menos que** *conj.* 13
unmarried **soltero/a** *adj.* 9
unpleasant **antipático/a** *adj.* 3
until **hasta** *prep.* 6; **hasta que**
  conj. 13
upload **cargar** *v.* 11
urgent **urgente** *adj.* 12
  It's urgent that… **Es urgente
    que…** 12
us **nos** *pl., d.o. pron.* 5
  to/for us **nos** *pl., i.o. pron.* 6
use **usar** *v.* 6
used for **para** *prep.* 11
useful **útil** *adj. m., f.*

V

vacation **vacaciones** *f., pl.* 5
  be on vacation **estar de
    vacaciones** 5
  go on vacation **ir de
    vacaciones** 5
vacuum **pasar** *v.* **la aspiradora** 12
  vacuum cleaner **aspiradora** *f.* 12
valley **valle** *m.* 13
various **varios/as** *adj. m., f. pl.*
vegetables **verduras** *pl., f.* 8
verb **verbo** *m.*
very **muy** *adv.* 1
  (Very) well, thank you. **(Muy)
    bien, gracias.** 1
video **video** *m.* 1
  video game **videojuego** *m.* 4
videoconference
  videoconferencia *f.* 16
vinegar **vinagre** *m.* 8
violence **violencia** *f.* 18
visit **visitar** *v.* 4
  visit monuments **visitar
    monumentos** 4

Vocabulario

English-Spanish

vitamin **vitamina** *f.* 15
voice mail **correo de voz** *m.* 11
volcano **volcán** *m.* 13
volleyball **vóleibol** *m.* 4
vote **votar** *v.* 18

W

wait (for) **esperar** *v.* (+ *inf.*) 2
waiter/waitress **camarero/a** *m., f.* 8
wake up **despertarse (e:ie)** *v.* 7
walk **caminar** *v.* 2
   take a walk **pasear** *v.* 4
   walk around **pasear por** 4
wall **pared** *f.* 12; **muro** *m.* 15
wallet **cartera** *f.* 4, 6
want **querer (e:ie)** *v.* 4
war **guerra** *f.* 18
warm up **calentarse (e:ie)** *v.* 15
wash **lavar** *v.* 12
   wash one's face/hands **lavarse la cara/las manos** 7
   wash (the floor, the dishes) **lavar (el suelo, los platos)** 12
   wash oneself **lavarse** *v.* 7
washing machine **lavadora** *f.* 12
wastebasket **papelera** *f.* 2
watch **mirar** *v.* 2; **reloj** *m.* 2
   watch television **mirar (la) televisión** 2
water **agua** *f.* 8
   water pollution **contaminación del agua** 13
   water-skiing **esquí** *m.* **acuático** 4
way **manera** *f.*
we **nosotros(as)** *m., f.* 1
weak **débil** *adj. m., f.* 15
wear **llevar** *v.* 6; **usar** *v.* 6
weather **tiempo** *m.*
   The weather is bad. **Hace mal tiempo.** 5
   The weather is good. **Hace buen tiempo.** 5
weaving **tejido** *m.* 17
Web **red** *f.* 11
website **sitio** *m.* **web** 11
wedding **boda** *f.* 9
Wednesday **miércoles** *m., sing.* 2
week **semana** *f.* 2
weekend **fin** *m.* **de semana** 4
weight **peso** *m.* 15
   lift weights **levantar** *v.* **pesas** *f., pl.* 15
welcome **bienvenido(s)/a(s)** *adj.* 1
well: (Very) well, thanks. **(Muy) bien, gracias.** 1
well-being **bienestar** *m.* 15
well organized **ordenado/a** *adj.* 5

west **oeste** *m.* 14
   to the west **al oeste** 14 western (*genre*) **de vaqueros** 17
whale **ballena** *f.* 13
what **lo que** *pron.* 12
what? **¿qué?** 1
   At what time...? **¿A qué hora...?** 1
   What a pleasure to...! **¡Qué gusto (+ *inf.*)...!** 18
   What day is it? **¿Qué día es hoy?** 2
   What do you guys think? **¿Qué les parece?**
   What happened? **¿Qué pasó?**
   What is today's date? **¿Cuál es la fecha de hoy?** 5
   What nice clothes! **¡Qué ropa más bonita!** 6
   What size do you wear? **¿Qué talla lleva (usa)?** 6
   What time is it? **¿Qué hora es?** 1
   What's going on? **¿Qué pasa?** 1
   What's happening? **¿Qué pasa?** 1
   What's... like? **¿Cómo es...?**
   What's new? **¿Qué hay de nuevo?** 1
   What's the weather like? **¿Qué tiempo hace?** 5
   What's up? **¿Qué onda?** 14
   What's wrong? **¿Qué pasó?**
   What's your name? **¿Cómo se llama usted?** *form.* 1; **¿Cómo te llamas (tú)?** *fam.* 1
when **cuando** *conj.* 7; 13
When? **¿Cuándo?** 2
where **donde**
where (to)? (*destination*) **¿adónde?** 2; (*location*) **¿dónde?** 1, 2
   Where are you from? **¿De dónde eres (tú)?** *fam.* 1; **¿De dónde es (usted)?** *form.* 1
   Where is...? **¿Dónde está...?** 2
which **que** *pron.*, **lo que** *pron.* 12
which? **¿cuál?** 2; **¿qué?** 2
   In which...? **¿En qué...?**
   which one(s)? **¿cuál(es)?** 2
while **mientras** *conj.* 10
white **blanco/a** *adj.* 6
   white wine **vino blanco** 8
whiteboard **pizarra** *f.* 2
who **que** *pron.* 12; **quien(es)** *pron.* 12
who? **¿quién(es)?** 1, 2
   Who is...? **¿Quién es...?** 1
   Who is speaking? (*on telephone*) **¿Quién habla?** 11
   Who is speaking/calling? (*on telephone*) **¿De parte de quién?** 11

whole **todo/a** *adj.*
whom **quien(es)** *pron.* 12
whose? **¿de quién(es)?** 1
why? **¿por qué?** 2 widower/widow **viudo/a** *adj.* 9
wife **esposa** *f.* 3
win **ganar** *v.* 4
wind **viento** *m.*
window **ventana** *f.* 2
windshield **parabrisas** *m., sing.* 11
windsurf **hacer** *v.* **windsurf** 5
windy: It's (very) windy. **Hace (mucho) viento.** 5
wine **vino** *m.* 8
   red wine **vino tinto** 8
   white wine **vino blanco** 8
wineglass **copa** *f.* 12
winter **invierno** *m.* 5
wireless connection **conexión inalámbrica** *f.* 11
wish **desear** *v.* 2; **esperar** *v.* 13
   I wish (that) **ojalá (que)** 13
with **con** *prep.* 2
   with me **conmigo** 4; 9
   with you **contigo** *fam.* 5, 9
within (ten years) **dentro de (diez años)** *prep.* 16
without **sin** *prep.* 2; **sin que** *conj.* 13
woman **mujer** *f.* 1
wool **lana** *f.* 6
   (made of) wool **de lana** 6
word **palabra** *f.* 1
work **trabajar** *v.* 2; **funcionar** *v.* 11; **trabajo** *m.* 16
   work (*of art, literature, music, etc.*) **obra** *f.* 17
work out **hacer gimnasia** 15
world **mundo** *m.* 8
worldwide **mundial** *adj. m., f.*
worried (about) **preocupado/a (por)** *adj.* 5
worry (about) **preocuparse** *v.* **(por)** 7
   Don't worry. **No te preocupes.** *fam.* 7
worse **peor** *adj. m., f.* 8
worst **el/la peor** 8
Would you like to...? **¿Te gustaría...?** *fam.*
Would you do me the honor of marrying me? **¿Me harías el honor de casarte conmigo?** 17
wow **híjole** *interj.* 6
wrench **llave** *f.* 11
write **escribir** *v.* 3
   write a letter/an e-mail **escribir una carta/un mensaje electrónico** 4
writer **escritor(a)** *m., f* 17
written **escrito/a** *p.p.* 14
wrong **equivocado/a** *adj.* 5
   be wrong **no tener razón** 3

Vocabulario

X

X-ray **radiografía** *f.* 10

Y

yard **jardín** *m.* 12; **patio** *m.* 12
year **año** *m.* 5
   be... years old **tener...
     años** 3
yellow **amarillo/a** *adj.* 6
yes **sí** *interj.* 1
yesterday **ayer** *adv.* 6
yet **todavía** *adv.* 5
yogurt **yogur** *m.* 8
you **tú** *fam.* **usted (Ud.)** *form.
   sing.* **vosotros/as** *m., f. fam. pl.*
   ustedes (Uds.) *pl.* 1; (to, for)
   you *fam. sing.* **te** *pl.* **os** 6; *form.
   sing.* **le** *pl.* **les** 6
   you **te** *fam., sing.,* **lo/la** *form.,
   sing.,* **os** *fam., pl.,* **los/las**
   pl., d.o. pron. 5
You don't say! **¡No me digas!**
   fam.; **¡No me diga!** *form.*
You're welcome. **De nada.** 1; **No
   hay de qué.** 1
young **joven** *adj., sing.* (**jóvenes**
   pl.) 3
   young person **joven** *m., f., sing.*
   (**jóvenes** *pl.*) 1
   young woman **señorita
     (Srta.)** *f.*
younger **menor** *adj. m., f.* 3
younger: younger brother, sister *m.,
   f.* **hermano/a menor** 3
youngest **el/la menor** *m., f.* 8
your **su(s)** *poss. adj. form.* 3;
   tu(s) *poss. adj. fam. sing.* 3;
   vuestro/a(s) *poss. adj. fam.
   pl.* 3
your(s) *form.* **suyo(s)/a(s)** *poss.
   pron. form.* 11; **tuyo(s)/a(s)**
   poss. fam. sing. 11; **vuestro(s)
   /a(s)** *poss. fam.* 11
youth *f.* **juventud** 9

Z

zero **cero** *m.* 1

Índice

A

abbreviations (14) **483**
absolute superlatives (8) **286**
acabar de + *infinitive* (6) **207**
academic courses (2) **40, 41, 76**
accents (4), (10), (11) **123, 339, 375**
    on homonyms (11) **375**
accidental occurrences with se (10) **350**
adjectives
    demonstrative (6) **210**
    descriptive (3), (6) **88, 114, 192, 224**
    nationality (3) **89, 114**
    past participles used as (14) **493**
    position (3) **90**
    possessive (3) **93**
    ser with adjectives (3) **88**
    stressed possessive (11) **388**
adverbs (10) **354**
age questions (3) **83, 101**
al (contraction) (4) **126**
alphabet, Spanish (1) **9**
anglicisms, frequently used (18) **619**
animals (13) **442, 474**
appliances, household (12) **404, 440**
art terms (17) **578, 610**
articles, definite and indefinite (1) **14**
artisans (17) **578, 610**
artists (17) **578, 610**

B

b (5), (15) **161, 515**
bank terms (14) **476, 506**
bathroom objects (7) **226, 260**
birthdays (9) **300, 330**
body parts (7), (10) **226, 260, 332, 366**
buildings
    campus (2) **40, 76**
    general (4) **118, 150**

C

c (8) **271**
campus buildings (2) **40, 76**
capitalization (12) **411**
car terms (11) **370, 402**
celebrations (9) **300, 330**
chores
    daily (14) **476, 506**
    household (12) **404, 440**
city life (14) **476, 506**
classroom objects and people (2) **40, 76**
clothing (6) **190, 224**
colors (6) **192, 224**
commands
    familiar (**tú**) (11) **378**
    formal (**Ud.** and **Uds.**) (12) **418**
    with **nosotros** (14) **490**

comparisons (8) **281**
computer terms (11), (18) **368, 402, 619**
Con ritmo hispano
    Ricardo Arjona (8) **273**
    Susana Baca (7) **235**
    Andrés Calamaro (11) **377**
    Mirella Cesa (3) **87**
    Chila Jatun (15) **517**
    ChocQuibTown (13) **451**
    Cocofunka (10) **341**
    La Cuneta Son Machín (16) **551**
    Oscar D'León (14) **485**
    Jorge Drexler (18) **621**
    Erika Ender (12) **413**
    Luis Fonsi (5) **163**
    Gente de Zona (6) **199**
    Enrique Iglesias (2) **49**
    Maná (4) **125**
    Lin-Manuel Miranda (1) **11**
    Ana Tijoux (9) **309**
    Voces Universitarias de Honduras (17) **587**
conditional (17) **588**
conditional perfect (17) **592**
conducir
    present tense (6) **200**
    preterite tense (9) **310**
conjunctions
    requiring subjunctive (13) **460**
    requiring subjunctive or indicative (13) **461**
conocer and **saber** (6) **200**
courses (academic) (2) **40, 76**
courtesy expressions (1) **2, 7, 38**
Cultura
    ¡Los Andes se mueven! (13) **450**
    Beneficios en los empleos (16) **550**
    Las bicicletas en la ciudad (14) **484**
    Carolina Herrera (6) **199**
    César Chávez (16) **551**
    ¿Cómo te llamas? (3) **86**
    Curanderos y chamanes (10) **341**
    La elección de una carrera universitaria (2) **48**
    Fernando Botero: un estilo único (17) **587**
    Ferrán Adrià: arte en la cocina (8) **273**
    Frutas y verduras de América (8) **272**
    Las islas flotantes del lago Titicaca (12) **413**
    Luis Barragán: arquitectura y emoción (14) **485**
    El mate (7) **235**
    Los mensajes de texto (11) **377**
    Los mercados al aire libre (6) **198**
    Miguel Cabrera y Paola Espinosa (4) **125**
    Museo de Arte Contemporáneo de Caracas (17) **586**
    Noche Valdiviana (9) **309**
    Parientes talentosos (3) **87**
    El patio central (12) **412**
    La plaza principal (1) **11**
    El proceso de paz en Colombia (18) **621**
    Protestas sociales (18) **620**
    Punta del Este (5) **163**
    La quinua (15) **517**

Índice

Real Madrid y Barça: rivalidad total (4) **124**
Las redes sociales (11) **376**
Saludos y besos en los países hispanos (1) **10**
Semana Santa: más que una celebración (9) **308**
Servicios de salud (10) **340**
La Sierra Nevada de Santa Marta (13) **451**
La siesta (7) **234**
Spas naturales (15) **516**
La Universidad de Salamanca (2) **49**
El Viejo San Juan (5) **162**
current events (18) **612, 642**

D

d (6) **197**
daily schedules (7) **226, 260**
dar
    expressions (6) **203**
    present tense (6) **203**
    preterite tense (9) **311**
dates (months) (5) **154**
days of the week (2) **42, 76**
decir
    expressions (4) **136**
    present tense (4) **133**
    preterite tense (9) **310**
definite articles (1) **14**
del (contraction) (1) **20**
demonstrative adjectives and pronouns (6) **210**
describing clothes (6) **190, 195, 224**
describing routines (7) **226, 260**
descriptive adjectives (3) (6) **88, 114, 192, 224**
diphthongs and linking (3) **85**
direct objects: nouns and pronouns (5) **174**
directions, getting and giving (14) **481**
double object pronouns (8) **277**
downtown shops (14) **476, 506**

E

ecology terms (13) **442, 474**
emergencies, health-related (10) **332, 366**
entertainment, related verbs (17) **578, 610**
environmental terms (13) **442, 444, 474**
estar
    comparing ser and estar (5) **170**
    present tense (2) **59**
    preterite tense (9) **310**
    with conditions (5) **164**
    with emotions (5) **164**
    with health conditions (2) **59**
    with location (2) **59**
exercise terms (15) **508, 540**

F

familiar (**tú**) commands (11) **378**
family members and relatives (3) **78, 114**
farewells (1) **2, 38**

fitness terms (15) **508, 540**
food and drink (8) **262, 264, 298**
    parties, related foods (9) **300, 330**
formal (**Ud.** and **Uds.**) commands (12) **418**
forming questions (2) **55**
furniture (12) **404, 440**
future (16) **552**
future perfect (16) **556**

G

g (9) **307**
greetings and introductions (1) **2, 38**
grooming, personal (7) **226, 260**
gusta(n), me/te (2) **45, 52**
gustar (2) **52**
    verbs like gustar (7) **246**

H

h (9), (16) **307, 549**
hacer
    present tense (4) **136**
    preterite tense (9) **310**
    with time expressions (10) **337**
hay (1) **16**
health
    conditions (10) **332, 366**
    conditions with estar (5) **164**
    emergencies (10) **332, 366**
    fitness terms (15) **508, 540**
    questions (1) **2, 38**
    stress terms (15) **508, 540**
hotels (5) **152, 188**
housing
    appliances (12) **404, 440**
    chores (12) **404, 440**
    electronics (11) **368, 402**
    furniture (12) **404, 440**
    general terms (12) **404, 440**
    rooms (12) **404–406, 440**
    table settings (12) **406, 440**
    types (12) **404, 440**
hygiene, personal (7) **226, 260**

I

if clauses (18) **622**
imperfect and preterite contrasted (10) **346**
imperfect (*past*) subjunctive (16) **558**
imperfect tense, regular and irregular verbs (10) **342**
impersonal constructions with se (10) **350**
indefinite articles (1) **14**
indefinite words (7) **240**
indirect object pronouns (6) **202**
information questions (2) **55**
Internet terms (11), (18) **368, 402, 619**
interrogative words (2) **56**
interview terms (16) **544, 576**

intonation, question (2) **55**
introductions (1) **2, 38**
ir
    present tense (4) **126**
    preterite tense (7) **244**
    ir a + *infinitive* (4) **126**
irregular verbs
    imperfect tense (10) **342**
    preterite tense (9) **310**

J

j (9) **307**
job terms (16) **544, 576**

L

life's stages (9) **302, 330**
linking (3) **85**
ll (8), (16) **271, 549**
location with **estar** (2) **59**

M

mail terms (14) **478, 506**
meals (8) **264, 298**
media (18) **612, 642**
medical terms (10) **332, 366**
months of the year (5) **154**
movies (17) **580, 610**
music (17) **578, 610**

N

natural disasters (18) **612, 642**
nature terms (13) **442, 474**
negation with **no** (2) **51**
negative words (7) **240**
neologisms (18) **619**
news topics (18) **612, 642**
nosotros/as commands (14) **490**
nouns (1) **12**
numbers
    0-30 (1) **16**
    31 and higher (2) **63**
    ordinal (5) **155, 188**
nutrition (15) **510, 540**

Ñ

ñ (8) **271**

O

object pronouns
    direct (5) **174**
    double (8) **277**
    indirect (6) **202**
    prepositional (9) **318**
    reflexive (7) **236**
occupations (3), (16) **78, 114, 542, 576**
ofrecer, present tense (6) **200**
oír, present tense (4) **137**
ordinal numbers (5) **155, 188**

P

Panorama
    Argentina (11) **400**
    Bolivia (15) **538**
    Canadá (1) **36**
    Chile (9) **328**
    Colombia (13) **472**
    Costa Rica (10) **364**
    Cuba (6) **222**
    Ecuador (3) **112**
    El Salvador (17) **606**
    España (2) **74**
    Estados Unidos, los (1) **36**
    Guatemala (8) **296**
    Honduras (17) **608**
    México (4) **148**
    Nicaragua (16) **572**
    Panamá (12) **438**
    Paraguay (18) **638**
    Perú (7) **258**
    Puerto Rico (5) **186**
    República Dominicana (16) **574**
    Uruguay (18) **640**
    Venezuela (14) **504**
para and **por**, uses (11) **382**
parecer, present tense (6) **200**
participles
    past used as adjectives (14) **493**
    present with progressive tenses (5) **166**
parties, related people, items, foods (9) **300, 330**
parts of the body (7), (10) **226, 260, 332, 366**
past participles as adjectives (14) **493**
past perfect (*pluperfect*) subjunctive (17) **595**
past perfect tense (15) **522**
past (*imperfect*) subjunctive (16) **558**
pastimes (4) **116, 150**
perfect tenses
    conditional perfect (17) **592**
    future perfect (16) **556**
    past perfect (15) **522**
    past perfect subjunctive (17) **595**
    present perfect (15) **518**
    present perfect subjunctive (15) **525**
pero vs. **sino** (7) **241**
personal **a** (5) **174**
place settings (12) **406, 440**
pluperfect (*past perfect*) subjunctive (17) **595**
pluralization of nouns (1) **13**
poder
    present tense (4) **130**
    preterite tense (9) **310**

Índice

politics (18) **612, 642**
poner
    present tense (4) **136**
    preterite tense (9) **310**
por and **para**, uses (11) **382**
position of adjectives (3) **90**
possessive adjectives (3) **93**
possessive pronouns (11) **388**
post office terms (14) **478, 506**
prepositional object pronouns (9) **318**
prepositions often used with **estar** (2) **60**
present perfect subjunctive (15) **525**
present perfect tense (15) **518**
present subjunctive (12) **422**
preterite and imperfect contrasted (10) **346**
preterite tense
    irregular verbs (9) **310**
    regular verbs (6) **206**
    stem-changing verbs (8) **274**
    verbs that change meaning (9) **314**
professions (3), (16) **78, 114, 542, 576**
progressive tense
    present (5) **166**
pronouns
    demonstrative (6) **210**
    direct object (5) **174**
    double object (8) **277**
    indirect object (6) **202**
    possessive (11) **388**
    prepositional object (9) **318**
    reflexive (7) **236**
    relative (12) **414**
    subject (1) **19**
    use and omission of subject (2) **52**
punctuation (13) **449**

Q

querer, preterite tense (9) **310**
questions, forming (2) **55**
    age (3) **83**
    information questions (2) **55**
    intonation for questions (2) **55, 56**
    ¿Qué? and ¿cuál? (9) **316**
    question words (2) **56**
    tag questions (2) **55**

R

r and **rr** (7) **233**
reciprocal reflexives (11) **386**
reflexive verbs (7) **236**
regular verbs
    present tense
        -**ar** verbs (2) **50**
        -**er** and -**ir** verbs (3) **96**
    preterite (6) **206**

relative pronouns (12) **414**
restaurants (8) **269**
routines (7) **226, 260**

S

saber
    and **conocer** (6) **200**
    preterite tense (9) **310**
salir, present tense (4) **136**
se constructions
    accidental occurrences (10) **350**
    impersonal expressions (10) **350**
    reciprocal reflexives (11) **386**
    reflexive verbs (7) **236**
    unplanned occurrences (10) **350**
seasons of the year (5) **154**
sequencing actions, words for (7) **226, 260**
ser
    comparing **ser** and **estar** (5) **170**
    present tense (1) **20**
    preterite tense (7) **244**
    to show identification (1) **20**
    to show origin (1) **21**
    to show possession (1) **20**
    with adjectives (3) **88**
    with nationalities (3) **89**
    with professions (1) **21**
shape, staying in (15) **508, 540**
shopping (6) **190, 224**
shops downtown (14) **476, 477, 506**
si clauses (18) **622**
sickness vocabulary (10) **332, 366**
Spanish alphabet (1) **9**
spelling traps (17) **585**
sports and leisure activities (4) **116, 150**
stages of life (9) **302, 330**
stem changing verbs
    present tense (4) **129, 133**
    preterite tense (8) **274**
stress and accent marks (4) **123**
stress (tension) terms (15) **508, 540**
stressed possessive adjectives (11) **388**
subject pronouns (1) **19**
    use and omission (2) **52**
subjunctive
    in adjective clauses (14) **486**
    past (*imperfect*) (16) **558**
    past perfect (17) **595**
    present (12) **422**
    present perfect (15) **525**
    summary of uses (18) **626**
    to express indefiniteness and non-existence (14) **486**
    with conjunctions (13) **460, 461**
    with expressions of will and influence (12) **426**
    with expressions of emotion (13) **452**
    with expressions of doubt, disbelief, and denial (13) **456**

superlatives (8) **286**
    absolute superlatives (8) **286**
suponer, present tense (4) **136**

T

t (6) **197**
table settings (12) **406, 440**
tag questions (2) **55**
technology terms (11), (18) **368, 402, 619**
telephone, talking on (11) **373**
television terms (17) **580, 610**
telling time (1) **24**
tener
    expressions with (3) **101**
    present tense (3) **100**
    preterite tense (9) **310**
time expressions with **hacer** (10) **337**
topics in the news (18) **612, 642**
town places (4) **118, 150**
traducir
    present tense (6) **200**
    preterite tense (9) **310**
traer
    present tense (4) **136**
    preterite tense (9) **310**
travel terms (5) **152, 188**

U

unplanned occurrences with **se** (10) **350**
university vocabulary (2) **40, 76**

V

v (5), (15) **161, 515**
vacation vocabulary (5) **152, 188**
venir
    present tense (3) **100**
    preterite tense (9) **310**
ver
    present tense (4) **137**
    preterite tense (6) **207**
verbs describing routines and personal grooming (7) **226, 260**
verbs like **gustar** (7) **246**
verbs that change meaning in the preterite (9) **314**
verbs with irregular **yo** forms (**hacer, oír, poner, salir, traer,** and **ver**) (4) **136, 137**
vowels (2) **47**

W

weather expressions (5) **154**
work-related terms (3), (16) **78, 114, 542, 544, 576**
written accents (10), (11) **339, 375**

Y

y (16) **549**
years (e.g. 2007) (2) **64**

Z

z (8) **271**

Credits

Comics
31 © Joaquin Salvador Lavado (QUINO) Toda Mafalda - Ediciones de La Flor, 1993.
394-395 TUTE.

Literature
499 © Fundación mario Benedetti c/o Schavelzon Graham Agencia Literaria www.schavelzongraham.com
531 Cecilia de Menéndez Leal
565 de Burgos, Julia. "Julia de Burgos: yo misma fui mi ruta" from Song of the Simple Truth: The Complete Poems of Julia de Burgos. Willimantic: Curbstone Press, 1995.
601 Courtesy of Luisa Valenzuela.

Short Films
146 Courtesy of FeelSales/ContentLine.
534-535 Courtesy of Instituto Mexicano de Cinematografía (IMCINE).
568-569 Courtesy of Elemental Films.
604 By Jorge Naranjo and Nana Films (http://vimeo.com/35170814).

TV Clips
34 Courtesy of Edgardo Tettamanti.
72 © Cencosud Supermercados
110 Courtesy of Banco Galicia.
184 Courtesy of Visit Panama.
220 Courtesy of Juguettos.
256 Courtesy of Asepxia, Genommalab and Kepel & Mata.
294 Courtesy of Andres Felipe Roa.
326 Courtesy of Javier Ugarte (director).
362 Courtesy of Getting Better Creative Studio.
398 Courtesy of Popularlibros.com
436 Courtesy of Conforama España
470 Courtesy of Entropic Films.
502 Courtesy of Ogilvy & Mathers Honduras.
636 By permission of Subdirector de la Secretaria de Comunicaciones, Gobierno de Chile.

Photography Credits

Cover: Anna Gorin/Getty Images; (sky) Eric Lowenbach/Getty Images.

Front Matter (SE): iii: Andres Rodriguez/Shutterstock.

Front Matter (IAE): IAE-36: Rido/123RF.

Lesson 1: 1: Lumi Images/Alamy; **2:** John Henley/Getty Images; **3:** Martín Bernetti; **10:** (l) Rachel Distler; (r) Ali Burafi; **11:** (t) Hans Georg Roth/Getty Images; (ml) Elisabetta A. Villa/Getty Images; (mr) Paola Rios; (b) Chelsea Lauren/Variety/REX/Shutterstock; **12:** (l) Janet Dracksdorf; (r) Tom Grill/Corbis; **16:** (l) José Girarte/iStockphoto; (r) Blend Images/Alamy; **19:** (l) Goodluz/Shutterstock; (m) Anne Loubet; (r) Digi4tal Vision/Getty Images; **28:** (all) Martín Bernetti; **31:** (tl) Ana Cabezas Martín; (tml) Martín Bernetti; (tmr) Shvadchak Vasyl/123RF; (tr) Vanessa Bertozzi; (bl) Jan Pietruszka/Deposit Photos; (bm) Sanek70974/Fotolia; (br) Ramiro Isaza/Fotocolombia; **32:** Carolina Zapata; **33:** Paula Díez; **36:** (t) Robert Huberman/Alamy; (b) Photogal/Shutterstock; **37:** (tl) Timolina/Deposit Photos; (tr) Sean Drakes/Alamy; (ml) Stocksnapper/123RF; (mr) Toronto-Images.Com/Shutterstock; (b) Andres R/Shutterstock.

Lesson 2: 39: Radius Images/MaXx Images; **48:** (l) Martin Bernetti; (r) Pablo Corral/Getty Images; **49:** (t) Murle/Alamy; (m) Paul Almasy/Getty Images; (b) S Bukley/Shutterstock; **57:** Stephen Coburn/Shutterstock; **59:** (l) Paola Rios-Schaaf; (r) Image Source/Corbis; **68:** Jose Blanco; **69:** PNC/Media Bakery; **70:** (t) Martín Bernetti; (b) Aspen Photo/Shutterstock; **71:** Nora y Susana/Fotocolombia; **74:** (tl) Jose Blanco; (tr) Jose Blanco; (bl) Jose Tandem/Deposit Photos; (br) Iconotec/Fotosearch; **75:** (tl) Jacquelyn Martin/AP/REX/Shutterstock; (tr) Jose Blanco; (ml) Jose Blanco; (mr) Pete Goding/SIME/eStockphoto; (b) David Ramos/Getty Images.

Lesson 3: 77: Paul Bradbury/AGE Fotostock; **80:** (tl) Anne Loubet; (tr) Elena Kouptsova-Vasic/Shutterstock; (ml) Ana Cabezas Martin; (mr) Blend Images/Alamy; (bl) Martín Bernetti; (br) Bikerider London/Shutterstock; **86:** (tl) David Cantor/AP Images; (tr) Rafael Perez/Reuters; (b) Jeff Vespa/WireImage/Getty Images; **87:** (t) Chelsea Lauren/REX/Shutterstock; (ml) Marc Piasecki/Getty Images; (m) Eamonn McCormack/WireImage/Getty Images; (mr) Carlos Alvarez/Getty Images; (b) PG/Splash News/Newscom; **90:** (l) VaLiza/Shutterstock; (r) Fotoluminate/123RF; **92:** Andres Rodriguez/Alamy; **97:** (l) Tyler Olsen/Fotolia; (r) Blend Images/Alamy; **98:** Aldo Murillo/iStockphoto; **102:** (tl) Shakzu/Fotolia; (tm) Mihailomilovanovic/iStockphoto; (tr) Rosa Images/Media Bakery; (bl) Onoky/Fotolia; (bm) Jamie Grill/Getty Images; (br) Paula Dicz; **106:** (t) Glow Images/AGE Fotostock; (m) Hill Street Studios/Media Bakery; (b) GM Visuals/AGE Fotostock; **107:** (t) Nora y Susana/Fotocolombia; (m) Chuck Savage/Getty Images; (b) Antonio Diaz/Shutterstock; **108:** Janet Dracksdorf; **109:** ASIFE/Alamy; **112:** (t) Wildlife GmbH/Alamy; (ml) John Beatty/Getty Images; (mr) Ecuadorpostales/Shutterstock; (bl) Onairda/Getty Images; (br) Lauren Krolick; **113:** (tl) Michael S. Nolan/AGE Fotostock; (tr) Pablo Corral/Getty Images; (ml) Marin Stefani; (mr) Fotos593/Shutterstock; (b) Patricio Hidalgo/Alamy.

Lesson 4: 115: Manu Prats/Offset; **117:** George Shelley/Getty Images; **119:** Nora y Susana/Fotocolombia; **124:** (l) Javier Soriano/AFP/Getty Images; (r) Fernando Bustamante/AP Images; **125:** (t) Photoworks/Shutterstock; (m) Zuma Press/Alamy; (b) RB/Bauer-Griffin/Getty Images; **127:** (t) Radu Bercan/Shutterstock; (ml) Fotomicar/Shutterstock; (mm) David R. Frazier Photolibrary/Alamy; (mr) Iakov Filimonov/123RF; (bl) Henn Photography/Getty Images; (bm) Sigrid Olsson/AGE Fotostock; (br) Janet Dracksdorf; **135:** Warner Bros Pictures/Everett Collection; **139:** Anne Loubet; **141:** Agan/Shutterstock; **142:** Jolopes/Fotolia; **143:** Fernando Llano/AP Images; **144:** Paula Diez; **145:** Rick Gomez/Getty Images; **148:** (tl) Randy Miramontez/Shutterstock; (tr) Self-Portrait with Thorn Necklace and Hummingbird, 1940 (oil on canvas), Kahlo, Frida (1907-54)/ Harry Ransom Center, University of Texas at Austin, Austin, USA / Leemage / Bridgeman Images; (bl) Ruben Varela; (br) Carolina Zapata; **149:** (tl) Radius Images/Alamy; (tr) Bettmann/Getty Images; (mt) Corel/Corbis; (mb) David R. Frazier Photolibrary/Alamy; (b) Diego Grandi/Alamy.

Lesson 5: 151: Gemma Ferrando/Offset; **162:** (l) Emporarcosar/Shutterstock; (r) Efrain Padro/Alamy; **163:** (t) AFP/Getty Images; (m) Pierre-Yves Babelon/123RF; (b) Neilson Barnard/Getty Images; **165:** (tl) Nenetus/Fotolia; (tr) Hart Creations/iStockphoto; (bl) Fotografixx/iStockphoto; (br) Mediaphotos/iStockphoto; **167:** Ronnie Kaufman/Getty Images; **180:** Janet Dracksdorf; **181:** (tl) Corel/Corbis; (tr) Dudarev Mikhail/Shutterstock; (m) Epicstockmedia/123RF; (b) Volodymyr Goinyk/Shutterstock; **182:** Carolina Zapata; **186:** (tl) Eddie Toro/123RF; (tr) Jose Blanco; (bl) Israel Pabon/Shutterstock; (br) Capricornis Photographic/Shutterstock; **187:** (tl) Jose Blanco; (tr) Lawrence Manning/Getty Images; (ml) Michele Falzone/Getty Images; (mr) Daniel Alvarez/123RF; (b) Ricardo Arduengo/Getty Images.

Lesson 6: 189: Antonio Diaz/Shutterstock; **198:** (l) Jose Caballero Digital Press Photos/Newscom; (r) Janet Dracksdorf; **199:** (t) Carlos Alvarez/Getty Images; (ml) Guiseppe Carace/Getty Images; (mr) Mark Mainz/Getty Images; (b) John Parra/Getty Images; **201:** Jack Hollingsworth/Corbis; **204:** (all) Pascal Pernix; **209:** (tl) Mauro Grigollo/AGE Fotostock; (tr) Syda Productions/AGE Fotostock; (bl) James Carman/AGE Fotostock; (br) Ben Welsh/AGE Fotostock; **210:** (all) Paula Díez; **211:** Paula Díez; **216-217:** (collage) Paula Díez; Karkas/Shutterstock; Elnur/Shutterstock; Paul Buturlimov/Shutterstock; Sergey Peterman/Shutterstock; Andrey Armyagov/Shutterstock; Polryaz/Shutterstock; Paula Díez; Paula Díez; Vladyslav Starozhylov/Shutterstock; Fadedink.net/Shutterstock; V.S. Anandhakrishna/Shutterstock; Sagir/Shutterstock; **218:** Noam/Fotolia; **219:** Martín Bernetti; **222:** (al) Pascal Pernix; **223:** (tl) Don Emmert/AFP/Getty Images; (tr) Pascal Pernix; (ml) Pascal Pernix; (mr) Road Movie Prods/Kobal/REX/Shutterstock; (b) James Bloor Griffiths/Shutterstock.

Lesson 7: 225: Media Bakery; **228:** (tl) PhotoAlto/Alamy; (tr) Radnatt/Fotolia; (tml) Bernd Vogel/Getty Images; (tmr) Blend Images/Media Bakery; (bml) Kemler/iStockphoto; (bmr) Paula Diez; (bl) Zeljkosantrac/iStockphoto; (br) Paula Diez; **234:** Stewart Cohen/Blend Images/Corbis; **235:** (t) Ali Burafi; (m) Janet Dracksdorf; (b) Tommy Lindholm/Alamy; **237:** (l) Paula Diez; (r) PeopleImages/Getty Images; **239:** (l) Paula Diez; (r) Igor Mojzes/123RF; **242:** Jose Blanco; **243:** Anya Berkut/Fotolia; **252-253:** Didem Hizar/Fotolia; **254:** I Love Images/Alamy; **255:** Hill Street Studios/Getty Images; **258:** (t) Christian Vinces/Shutterstock; (ml) Reiner Elsen/Alamy; (mr) Ian Wood/Alamy; (bl) Juan Manuel Serrano Arce/Getty Images; (br) Oscar Espinosa/123RF; **259:** (tl) Martín Bernetti; (tr) Nicolamargaret/Getty Images; (ml) Manual Romaris/Getty Images; (mr) Marshall Bruce/iStockphoto; (b) Jarno Gonzalez Zarraonandia/Shutterstock.

Lesson 8: 261: Terry Vine/Media Bakery; **265:** Lauren Krolick; **267:** (l) Monkey Business/Shutterstock; (r) Anne Loubet; **272:** (t) Rachel Distler; (b) Greg Elms/Lonely Planet Images/Getty Images; **273:** (t) Pablo Cuadra/Getty Images; (ml) Rafael Rios; (mr) Studio Bonisolli/Stockfood; (b) Gerardo Mora/Getty Images; **275:** (t) Vanessa Bertozzi; (ml) Annie Pickert Fuller; (mm) Martin Bernetti; (mr) Margouillat Photo/Shutterstock; (bl) Susan Schmitz/Shutterstock; (bm) Nitr/Shutterstock; (br) Adlife Marketing/iStockphoto; **276:** Paula Diez; **278:** (l) Pixtal/AGE Fotostock; (r) Jose Blanco; **282:** (l) Andresr/Shutterstock; (r) Jose Blanco; **283:** (l) Jose Blanco; (r) Monkey Business/Shutterstock; **292:** Vanessa Bertozzi; **293:** Jack Hollingsworth/Getty Images; **296:** (t) Henryk Sadura/Shutterstock; (m) Martin Engelmann/Media Bakery; (b) Henryk Sadura/Shutterstock; **297:** (tl) Jenkedco/Shutterstock; (tr) Robert Matton AB/Alamy; (ml) Vladimir Korostyshevskiy/Shutterstock; (mr) Tom Salyer/Alamy; (b) Phil Clarke Hill/In Pictures/Getty Images.

Lesson 9: 299: Jupiter Images/Getty Images; **303:** Cathy Yeulet/123RF; **308:** (l) Javier Larrea/AGE Fotostock; (r) PictureNet/Getty Images; **309:** (t) GDA/El Mercurio/Chile/El Mercurio de Chile/Newscom; (m) GDA/El Mercurio/Chile/El Mercurio de Chile/Newscom; (b) Tim Mosenfelder/Getty Images; **322:** (t) Katrina Brown/123RF; (b) Digital Vision/Media Bakery; **323:** Carlos Hernandez/Media Bakery; **324:** Blend Images/Alamy; **328:** (tl) Lauren Krolick; (tr) Lauren Krolick; (ml) Kathryn Alena-Korf; (mr) Lauren Krolick; (bl) Bettmann/Getty Images; (br) Martin Bernetti/AFP/Getty Images; **329:** (tl) Lars Rosen Gunnilstam; (tr) Lauren Krolick; (ml) Nikolay Starchenko/Shutterstock; (mr) Lauren Krolick; (b) Bruce R. Korf.

Lesson 10: 331: Custom Medical Stock Photo/Alamy; **340:** (t) Ali Burafi; (b) Andresr/Shutterstock; **341:** (t) Courtesy of Arizona State University Hispanic Research Center; (ml) Phootlicensors International AG/Alamy; (mr) AFP/Getty Images; **345:** ISO K Photography/Fotolia; **349:** Oscar Artavia Solano; **355:** Martin Bernetti; **358:** Dream Pictures/Getty Images; **359:** Danita Delimont/Newscom; **360:** Anthony Redpath/Masterfile; **361:** Paula Diez; **364:** (tl) Oscar Artavia Solano; (tr) Oscar Artavia Solano; (ml) Timothy A. Clary/AFP/Getty Images; (mm) Oscar Artavia Solano; (mr) Oscar Artavia Solano; **365:** (tl) Nik Wheeler/Alamy; (tr) Atlantide Phototravel/Getty Images; (tml) Jacques M. Chenet/Corbis; (tmr) Megapress/Alamy; (m) Oscar Artavia Solano; (b) E. Rojas/Shutterstock.

Lesson 11: 367: Stefan Dahl Langstrup/Alamy; **376:** (l) GM Visuals/AGE Fotostock; (r) Quka/Shutterstock; **377:** (t) Zsolt Nyulaszi/Shutterstock; (bl) M. Timothy O'Keefe/Alamy; (br) Difusion/El Comercio de Peru/Newscom; **381:** LdF/iStockphoto; **385:** Katie Wade; **386:** (all) Paula Diez; **387:** (tl) AGE Fotostock; (tr) Ali Burafi; (bl) JGI/Jamie Grill/Getty Images; (br) Paula Diez; **390:** (t) Gmnicholas/iStockphoto; (ml) Elen 418/Shutterstock; (mm) Aleksandr Kurganov/Shutterstock; (mr) Liliana Bobadilla; (bl) LdF/iStockphoto; (bm) Auris/iStockphoto; (br) Scanrail1/Shutterstock; **396:** Chad Johnson/Masterfile; **397:** Morchella/Fotolia;**400:** (t) Ali Burafi; (ml) María Eugenia Corbo; (mr) Ali Burafi; (bl) F. Neukirchen/AGE Fotostock; (br) Lauren Krolick; **401:** (tl) María Eugenia Corbo; (tr) Ali Burafi; (ml) Ali Burafi; (mr) Rocharibeiro/Shutterstock; (b) Ali Burafi.

Lesson 12: 403: Gravity Images/Getty Images; **407:** (t) Terry J/iStockphoto; (b) Harry Neave/Fotolia; **412:** (l) Dusko Despotovic; (r) Martín Bernetti; **413:** (tl) Fran Fernandez; (tr) Rafal Cichaway/123RF; (b) AB1/Adriana M. Barraza/WENN/Newscom; **415:** (l) JGI/Tom Grill/Media Bakery; (r) Anne Loubet; **416:** Blend Images/Alamy; **432:** Wilmar Photography/Alamy; **434:** Dragon Images/Shutterstock; **435:** Jolanda Van Den Oudenalder/123RF; **438:** (tl) Sergi Reboredo/Alamy; (tr) Melba/AGE Fotostock; (m) Claudio Lovo/Shutterstock; (b) Hernan H. Hernandez/Shutterstock; **439:** (tl) Galina ?ina/Shutterstock; (tr) Danny Lehman/Corbis; (bl) Courtesy of www.Tahiti-Tourisme.com; (br) Jupiter Images/Getty Images.

Lesson 13: 441: Blend Images/Alamy; **443:** (tl) Gaccworship/Big Stock; (tr) Goodshoot/Alamy; (bl) National Geographic Singles 65/Inmagine; (br) Les Cunliffe/123RF; **450:** (t) Lauren Krolick; (b) Digital Vision/Fotosearch; **451:** (t) Oscar Garces/AGE Fotostock; (m) David South/Alamy; (bl) David Liittschwager/Getty Images; (br) Agencia el Universal GDA Photo Service/Newscom; **454:** Andy Shchekalev/123RF; **459:** (all) Courtesy of Mary Axtmann; **466:** (l) Apisit Sorin/EyeEm/Getty Images; **466-467:** (t) Borja Andreu/Shutterstock; (b) Yeryomina Anastassiya/Shutterstock; **467:** (r) Kitzzeh/Shutterstock; **468:** Frederic Prochassen/123RF; **472:** (tl) Andrey Gontarev/Shutterstock; (tr) Foto593/Shutterstock; (m) Jose Blanco; (b) Santiago Saldarriaga GDA Photo Service/Newscom; **473:** (tl) Ulf Andersen/Getty Images; (tr) Monica Maria Gonzalez; (ml) Jeremy Horner/Getty Images; (mr) Jess Kraft/Shutterstock; (b) Ardea.com/Mary Evans/Renato Granieri/AGE Fotostock.

Lesson 14: 475: Hilary Jane Morgan/AGE Fotostock; **484:** (l) Stuwdamdorp/Alamy; (r) David Wall/Alamy; **485:** (t) John Mitchell/Alamy; (m) Courtesy of the Barragan Foundation; (b) GV Cruz/WireImage/Alamy; **491:** Paula Diez; **498-499:** Filo/Getty Images; **500:** Masterfile RF; **501:** Paula Diez; **504:** (t) Janne Hamalainen/Shutterstock; (m) Alexander Chaikin/Shutterstock; (b) F. Neukirchen/AGE Fotostock; **505:** (tl) Julio Etchart/Alamy; (tr) Daniel Romero/VW Pics/Getty Images; (ml) Ken Welsh/Alamy; (mr) Nehopoto/Shutterstock; (b) Vladimir Melnik/Shutterstock.

Lesson 15: 507: Henglein and Steets/AGE Fotostock; **511:** Javier Larrea/AGE Fotostock; **516:** (l) Posztos/Shutterstock; (r) Oscar Artavia Solano; **517:** (t) David Mercado/Reuters/Newscom; (m) Stockcreations/Shutterstock; (b) Courtesy of Chila Jatun; **524:** Diego Cervo/iStockphoto; **530-531:** Michael Klippfeld/Getty Images; **532:** Martin Bernetti; **533:** Javier Larrea/AGE Fotostock; **538:** (tl) Elzbieta Sekowska/Shutterstock; (tr) Massimo Borchi/SIME/eStock Photo; (b) Peter Langer/AGE Fotostock; **539:** (tl) Daniel Wiedmann/Shutterstock; (tr) Anders Ryman/Alamy; (ml) VHL; (mr) Ben Pipe/SIME/eStockphoto; (b) Jess Kraft/Shutterstock.

Lesson 16: 541: Caiaimage/Lukasz Olek/Getty Images; **545:** (t) Orange Line Media/Shutterstock; (b)Paula Diez; **550:** PhotoAlto sas/Alamy; **551:** (t) VHL; (m) Galen Rowell/Getty Images; (b) Courtesy of Eterno Fotoarte; **560:** Pezography/Bigstock; **561:** RJ Lerich/Bigstock; **564:** (t) Courtesy of María Consuelo Sáez de Burgos; (b) Frida Khalo. Las dos Fridas. 1939. 2014 Banco de Mexico Diego Rivera Frida Kahlo Museums Trust, Mexico, D.F./Artists Rights Society (ARS), New York. Photo credit: Schalkwijk/Art Resource, NY; **566:** Martin Bernetti; **567:** Paula Diez; **572:** (tl) Endless Traveller/Shutterstock; (tr) RJ Lerich/Shutterstock; (tr) Tobe_dw/Shutterstock; (b) Johnny Louis/FilmMagic/Getty Images; **573:** (tl) Grigory Kubatyan/Shutterstock; (tr) Dennis Drenner/Washington Post/Getty Images; (ml) Holdeneye/Shutterstock; (mr) Thornton Cohen/Alamy; (b) Scott B. Rosen/Alamy; **574:** (tl) Salim October/Shutterstock; (tr) Daniel Indiana/Shutterstock; (b) Werner Otto/Alamy; **575:** (tl) Alvaro Leiva/Alamy; (tr) Aspen Photo/Shutterstock; (ml) Lucas Vallecillos/AGE Fotostock; (mr) Evannovostro/Shutterstock; (b) AKG-Images/The Image Works.

Lesson 17: 577: Dragon Images/Shutterstock; **581:** Andres Rodriguez/Fotolia; **586:** (l) Exposicion Cuerpo Plural, Museo de Arte Contemporaneo Caracas, Venezuala, Octubre 2005 (Sala1). Fotografia Morella Munox-Tebar. Archivo Mac; (r) Art Resource, NY; **587:** (t) Eric Roberts/VIP Productions/Getty Images; (m) Museo de Antioquia; (b) Courtesy of Ángel Lopez; **590:** GM Visuals/Media Bakery; **591:** DC Comics/DC Entertainment/Album/Newscom; **600-601:** (background) Bro Studio/Shutterstock; (foreground) Juanmonino/Getty Images; **602:** Lichtmaster/Shutterstock; **606:** (tl) John Coletti/Getty Images; (tr) L. Kragt Bakker/Shutterstock; (bl) Leif Skogfors/Getty Images; (br) Andre Nantel/Shutterstock; **607:** (tl) Edfuentesg/iStock-photo; (tr) Ondrej Prosicky/Shutterstock; (ml) Jose Cabezas/Reuters/Newscom; (mr) Sheridan Stancliff/Exactostock-1491/Superstock; (b) Corbis; **608:** (tl) B & T Media Group Inc/Shutterstock; (tr) Philippe Turpin/AGE Fotostock; (bl) Sandra A. Dunlap/Shutterstock; (br) Christian Kober/Alamy; **609:** (tl) Vik Vojtech/AGE Fotostock; (tr) Elmer Martinez/Stringer/Getty Images; (ml) Jose Antonio Velasquez. San Antonio de Oriente. 1957. Collection OAS AMA/Art Museum of Americas; (mr) B Trapp/AGE Fotostock; (b) Martin Bernetti.

Lesson 18: 611: Nano Calvo/AGE Fotostock; **615:** (t) Robert Paul Van Beets/Shutterstock; (b) VHL; **620:** (l) Jose Blanco; (r) TravelStockCollection - Homer Sykes/Alamy; **621:** (t) Haakon Mosvold LarsenAFP/Getty Images; (b) Juan Aguado/Redferns/Getty Images; **624:** Anne Loubet; **629:** (l) John ?mbik/Alamy; (r) Globe Guide Media/Shutterstock; **634:** Joel Nito/Stringer/Getty Images; **635:** Dream Pictures/Getty Images; **638:** (tl) Julian Peters ?tography/Getty Images; (bl) Ian Trower/Getty Images; (br) VHL; **639:** (tl) De Agostini/G. Kiner/Getty Images; (tr) Christian Rizzi/AFP/Getty ?ages; (ml) Hugh Percival/Fotolia; (mr) Thomas Vinke/Getty Images; (b) Jorge Saenz/AP Images; **640:** (tl) Peter Groenendijk/Robert Harding/Media Bakery; (tr) Hans Neleman/Getty Images; (b) Maria Eugenia Corbo; **641:** (tl) Janet Dracksdorf; (tr) Jonathon Larsen/Diadem Images/Alamy; (ml) Richard I'Anson/Getty Images; (mr) JMN/Cover/Getty Images; (b) Maria Eugenia Corbo.

Back Cover: Demaerre/iStockphoto.

About the Authors

José A. Blanco founded Vista Higher Learning in 1998. A native of Barranquilla, Colombia, Mr. Blanco holds a B.A. in Literature from the University of California, Santa Cruz, and a M.A. in Hispanic Studies from Brown University. He has worked as a writer, editor, and translator for Houghton Mifflin and D.C. Heath and Company and has taught Spanish at the secondary and university levels. Mr. Blanco is also the co-author of several other Vista Higher Learning programs: **Panorama, Aventuras,** and **¡Viva!** at the introductory level; **Enlaces, Facetas, Enfoques, Imagina,** and **Sueña** at the intermediate level; and **Revista** at the advanced conversation level.

Philip Redwine Donley received his M.A. in Hispanic Literature from the University of Texas at Austin in 1986 and his Ph.D. in Foreign Language Education from the University of Texas at Austin in 1997. Dr. Donley taught Spanish at Austin Community College, Southwestern University, and the University of Texas at Austin. He published articles and conducted workshops about language anxiety management, and the development of critical thinking skills, and was involved in research about teaching languages to the visually impaired. Dr. Donley was also the co-author of **Aventuras** and **Panorama**, two other introductory college Spanish textbook programs published by Vista Higher Learning.

Maps